Schulalltagsorientierte Sozialpädagogik
Begründung und Konzeptualisierung
schulbezogener Angebote der Jugendhilfe

GREIFSWALDER STUDIEN ZUR ERZIEHUNGSWISSENSCHAFT

Herausgegeben von Andreas Pehnke

Band 10

PETER LANG

Frankfurt am Main · Berlin · Bern · Bruxelles · New York · Oxford · Wien

Stephan Maykus

Schulalltagsorientierte Sozialpädgogik.
Begründung und Konzeptualisierung schulbezogener Angebote der Jugendhilfe

Eine theoretisch-empirische Bestimmung
von Aufgaben der Jugendhilfe
im Sozialisationsraum Schule

Die Deutsche Bibliothek - CIP-Einheitsaufnahme

Maykus, Stephan:
Schulalltagsorientierte Sozialpädagogik : Begründung und
Konzeptualisierung schulbezogener Angebote der Jugendhilfe ;
eine theoretisch-empirische Bestimmung von Aufgaben der
Jugendhilfe im Sozialisationsraum Schule / Stephan Maykus. -
Frankfurt am Main ; Berlin ; Bern ; Bruxelles ; New York ;
Oxford ; Wien : Lang, 2001
  (Greifswalder Studien zur Erziehungswissenschaft ; Bd. 10)
Zugl.: Greifswald, Univ., Diss., 2001
ISBN 3-631-38213-8

Gedruckt auf alterungsbeständigem,
säurefreiem Papier.

9
ISSN 0945-8581
ISBN 3-631-38213-8
© Peter Lang GmbH
Europäischer Verlag der Wissenschaften
Frankfurt am Main 2001
Alle Rechte vorbehalten.

Das Werk einschließlich aller seiner Teile ist urheberrechtlich
geschützt. Jede Verwertung außerhalb der engen Grenzen des
Urheberrechtsgesetzes ist ohne Zustimmung des Verlages
unzulässig und strafbar. Das gilt insbesondere für
Vervielfältigungen, Übersetzungen, Mikroverfilmungen und die
Einspeicherung und Verarbeitung in elektronischen Systemen.

Printed in Germany 1 2 3 4 6 7

www.peterlang.de

Vorwort des Herausgebers

Die hier vorliegende Dissertationsschrift von Herrn Stephan Maykus (Jg. 1971), die von der Philosophischen Fakultät der Ernst-Moritz-Arndt-Universität Greifswald im Januar 2001 angenommen wurde, reiht sich ein in das Spektrum des am Lehrstuhl für Schulpädagogik und schulbezogene Bereiche der Sozialpädagogik unter Leitung von Prof. Dr. Franz Prüß 1998 in Greifswald initiierten und erfolgreich begleiteten innovativen Forschungsprojektes zur Entwicklung der Kooperation von Jugendhilfe und Schule in Mecklenburg-Vorpommern.

Maykus` Ziel besteht darin, eine theoretisch-empirische Bestimmung von Aufgaben der Jugendhilfe im Sozialisationsraum Schule vorzunehmen und somit eine Begründung und Konzeptualisierung schulbezogener Angebote der Jugendhilfe zu entwickeln.

Die Arbeit besticht durch ihre tiefotende Analyse des Diskussions- und Forschungsstandes zur Zusammenarbeit von Jugendhilfe und Schule in der letzten Dekade des 20. Jahrhunderts und die entsprechend kritische Übertragung auf den pädagogischen Handlungsraum Schule.

Der Autor differenziert in sensibler Weise die gegenwärtigen Belastungen von Kindern und Jugendlichen an allgemeinbildenden Schulen, die sich beispielsweise in psychosozialen Problembelastungen wie Schul- und Leistungsangst zeigen. Auf dieser Basis werden Faktoren sowohl der Schule als auch der Jugendhilfe als Ressourcen sozialer Unterstützung bestimmt und deren Möglichkeiten und Grenzen erörtert.

Im Gesamtergebnis der Untersuchung bietet der Verfasser ein eigenständiges schulbezogenes Angebotssegment im Jugendhilfesystem, das sich in der Praxis als eine flexible und integrierte Hilfeform versteht. Stephan Maykus favorisiert eine „schulalltagsorientierte Sozialpädagogik", die in den jüngeren sozialpädagogischen Konzepten der „Lebensweltorientierung" und der „biografischen Lebensbewältigung" ihre Stützpfeiler hat. Er kennzeichnet schulbezogene Angebote der Jugendhilfe als eigenständiges Segment im Jugendhilfesystem, die als pädagogisch ausgerichtete Unterstützungsleistung eine lebensweltlich orientierte Transformation sozialstaatlicher Stützfunktionen darstellen. Diese beziehen sich, wie Maykus in seinen Thesen zur Dissertation zusammenfasst, mit ihrer lebenslagengestaltend-strukturierenden und problembearbeitend-integrierenden Aufgabenstellung auf die Erhaltung, Förderung oder Erweiterung von individuellen Spielräumen der Erfahrung und des Lernens, der Interaktion und Kommunikation sowie der Regeneration bzw. Belastungsregulation.

Herbert E. Colla, Professor für Sozialpädagogik an der Universität Lüneburg, würdigt in seinem Gutachten u.a., dass mit Hilfe des von Maykus vorgestellten Ansatzes im System von Schule sowohl ein Gefühl von Geborgenheit vermittelt werden könnte (und somit Abbau von schulspezifischen Ängsten) als auch Entwicklungs- wie Lernmöglichkeiten aufgebaut werden, besonders im Hinblick auf (pro)soziale Kompetenzen (Ansätze zur Gewaltprävention).

Natürlich sind bei einer so komplexen Untersuchung Rückfragen und Einwände möglich. So werden in dem verknappten Rückblick auf die DDR-Ära natürlich differenzierende Urteile über die DDR-Bildungsstrukturen bestenfalls nur angedeutet. Auffallend ist zudem, dass die speziellen Probleme des Transformationsprozesses in der deutschen Pädagogik kaum hinreichend berücksichtigt werden. Ebenso hätte eine Beachtung historischer Erfahrungswerte zur Kooperation von sozialpädagogischen Handlungsfeldern mit dem Sozialraum Schule, die beispielsweise schon in der Weimarer Republik einen Höhepunkt fanden (vgl. z.B. *Fragen der Bildung. Chemnitz 1928*), zur „historischen Vergewisserung" der Untersuchungsthematik beitragen können. Gemessen an der Gesamtleistung fallen diese Monita jedoch keineswegs entscheidend ins Gewicht.

Stephan Maykus schloß 1991 seine Schulausbildung mit dem Abitur in seiner Geburtsstadt Uelzen ab. Anschließend studierte er Germanistik, Politikwissenschaft und Sozialpädagogik an den Universitäten Göttingen und Lüneburg. 1998 erlangte er den Studienabschluss eines Diplom-Sozialpädagogen in Lüneburg und wechselte sodann als wissenschaftlicher Mitarbeiter an die Ernst-Moritz-Arndt-Universität Greifswald. Hier konnte er seine Fähigkeit zu selbständiger fachlicher Forschung überzeugend unter Beweis stellen, wovon natürlich zuvörderst die hier vorliegende Arbeit zeugt. Des Weiteren konnte er universitäre Lehrerfahrungen im Fach Sozialpädagogik sammeln und nationale und internationale Kongresse zur Sozialpädagogik aktiv mitgestalten. Derzeit arbeitet er an dem von Prof. Dr. Franz Prüß initiierten und geleiteten Forschungsprojekt zur wissenschaftlichen Begleitung der Landesinitiative Jugend- und Schulsozialarbeit in Mecklenburg – Vorpommern. Darüber hinaus ist Maykus beratend tätig in der Evaluation berufsbegleitender Fortbildung von Schulsozialarbeitern. Weitere Arbeitsschwerpunkte von ihm sind Sozialpädagogik des Kindes- und Jugendalters, Erziehungshilfen/Heimerziehung und Sozialpädagogik in der Kinder- und Jugendpsychiatrie.

Ich bin mir gewiß, dass dieses Buch in der erziehungswissenschaftlichen Zunft im allgemeinen wie in der Sozial- und Schulpädagogik im besonderen eine bemerkenswerte Resonanz finden wird. Es beinhaltet zugleich einen hohen Innovationswert für eine theoriegeleitete eigenständige soziale Praxis und wird deshalb Eltern, Lehrern, Erziehern, Sozialpädagogen u.a. bei der Ermittlung der eigenen pädagogischen Situation oder des Bedarfs an Unterstützung und Betreuung hilfreich zur Seite stehen.

Greifswald, 25. Februar 2001   Andreas Pehnke

Einleitende Worte

Seit Bestehen des Lehrstuhls "Schulpädagogik und schulbezogene Bereiche der Sozialpädagogik" 1994 beschäftigt sich die Greifswalder Forschungsgruppe systematisch mit den Fragen und Problemen der Schulsozialarbeit sowie ihren Spezifika. Aus der Engführung des Begriffes Schulsozialarbeit, womit in den 60er Jahren besonders die Unterstützung Benachteiligter, Beeinträchtigter oder Vernachlässigter am Ort Schule gemeint war, hat sich im Laufe der Zeit eine Erweiterung des Aufgabenspektrums vollzogen und wird mittlerweile ein Angebot für alle Schüler verstanden. Werden aber die Formen der Jugendarbeit in das Leistungsspektrum mit einbezogen und die Verantwortung der Jugendhilfe für die Angebote insgesamt hervorgehoben, ist die angemessene Bezeichnung dieses Leistungsbereiches als "Schulbezogene Jugendhilfe" zu fassen und als das umfassendere Leistungsangebot der Jugendhilfe am Ort Schule oder in ihrem Umfeld zu definieren und als ein eigenständiger Leistungsbereich der Jugendhilfe zu bestimmen. Aus dieser Sichtweise sind unterschiedliche wissenschaftliche Begleitungen von Modellprojekten und gezielte Untersuchungen durchgeführt worden, so auch zur "Entwicklung der Kooperation von Jugendhilfe und Schule in Mecklenburg-Vorpommern". Diese bildet die empirische Basis für die vorliegende Arbeit. Die Zielstellung geht jedoch weit darüber hinaus und zielt auf die Darstellung fachtheoretischer Überlegungen zum Gegenstand und zu den Aufgaben schulbezogener Angebote der Jugendhilfe, auf die Herausarbeitung praxisgestaltender Aspekte schulbezogener Angebote der Jugendhilfe und auf die Bestimmung jugendpolitischer Gestaltungselemente dieser Kooperation. St. Maykus nimmt eine theoretische Erörterung und sehr detaillierte Auswertung empirischer Befunde zur Untersuchungsproblematik vor. Das erfolgt in vier Kapiteln und in didaktisch solider Weise.

Im ersten Teil wird die aktuelle Problematik zur Schulsozialarbeit dargestellt und eine sorgfältige Bilanzierung des Diskussions- und Forschungsstandes zur Kooperation von Jugendhilfe und Schule vorgenommen. Dieses erfolgt ab dem Zeitraum 1990 und bezieht sich auf die allgemeinbildenden Schulen, schließt also Grundschulen, Berufliche Schulen und Förderschulen bewußt aufgrund ihrer Spezifik aus. Die Bilanzierung der Fachdiskussion seit den 90er Jahren erfolgt anhand wichtiger Vergleichskriterien wie dem theoretischen Hintergrund, der Begründung der Kooperation, den Institutionalisierungsformen, den Handlungsdimensionen und den Angebotsformen der Kooperation und wird übersichtlich in einer synoptischen Darstellung zusammengefaßt. Sein Ziel ist die Herausarbeitung des theoretischen Hintergrundes des Zusammenwirkens von Jugendhilfe und Schule und die Bildung eines fachtheoretischen Bezugsrahmens zur Profilschärfung von Sozialpädagogik in der Schule.

Im zweiten Teil der Arbeit wird eine Begründung schulbezogener Angebote der Jugendhilfe auf der Grundlage des sozialisationstheoretischen Ansatzes und aus interaktionistischer Sicht vorgenommen. Dabei wird die Bedeutung des Interaktionsprozesses für die Identitätsbildung und die Entwicklung identitätsfördernder Fähigkeiten bis hin zu ihrer Funktionalität für die "produktive Realitätsverarbeitung" (Hurrelmann) genau bestimmt. Die Analyse der Bewältigungsanforderungen, die an Kinder und Jugendliche im Sozialisationsprozeß gestellt sind, komplettiert die Darstellung. Die theoretische Auseinandersetzung mit den Belastungen von Schülern durch Schule, mit Problemen im Bereich der Schule und Jugendhilfe sowie den Faktoren der Schule und der Jugendhilfe als Ressource sozialer Unterstützung wird explizit geführt. Ausgehend von den Zielen der Jugendhilfe, wird auch eine gründliche und ausgewogene Analyse des Rechtsrahmens nach dem KJHG vorgenommen und im Theoriediskurs zur Sozialpädagogik hinsichtlich der Fachstandards und der Gestaltungsprinzipien auf der Basis der lebenswelt- und alltagsorientierten Sozialpädagogik (Thiersch) sowie des biographisch-lebensbewältigenden Ansatzes (Böhnisch) geführt. Auf dieser Grundlage leitet er dann das Konzept einer "schulalltagsorientierten Sozialpädagogik" ab. Damit wird das Augenmerk auf den Schüler in seiner Entwicklungssituation und auf seine Entwicklungsperspektive gerichtet, also der Schüler nicht als defizitäres Kind oder Jugendlicher gesehen, sondern als sich entwickelndes und dazu als notwendig erweisende verfügbare Entwicklungsbedingungen und Unterstützungen nutzendes Subjekt betrachtet.

Durch die Übertragung der fachtheoretischen und konzeptionellen Überlegungen zur Sozialpädagogik auf das Arbeitsfeld Schule kann St. Maykus eine begründete Kennzeichnung der schulbezogenen Angebote der Jugendhilfe als schulalltagsorientierte Sozialpädagogik vornehmen. Diese Angebotsform der Jugendhilfe im Raum Schule kann damit als schulalltagsorientierte Sozialpädagogik theoretisch begründet werden und hat eine dreifache Funktionalität: Beförderung der Schulentwicklung, Beeinflussung der Strukturgestaltung und Vernetzung der Infrastruktur sozialer Unterstützung für Heranwachsende. Die besondere wissenschaftliche Leistung dieses Teiles der Arbeit besteht in der Übertragung der fachtheoretischen und konzeptionellen Überlegungen in der Sozialpädagogik auf den Arbeitsbereich Schule und die theoretische Begründung der Notwendigkeit schulbezogener Angebote der Jugendhilfe.

Im dritten Teil der Arbeit wird die Bedeutung schulbezogener Angebote der Jugendhilfe aus empirischer Sicht herausgearbeitet und fundiert durch differenzierte Analysen belegt. Ausgehend von der Betrachtung von vier Problembereichen im Schulalltag (Leistungsanforderungen und -überforderungen, Schüler-Schüler-Beziehungen, Lehrer-Schüler-Beziehungen, Armutsaspekte) werden Belastungen der Schüler aus ihrer subjektiven Wahrnehmung heraus identifiziert, die Belastungsregulation und das Bewältigungshandeln der Schüler untersucht. Es konnte ein breites Belastungsspektrum festgestellt werden, das allen Jugendlichen Bewältigungshandeln abverlangt - welches jedoch nicht zwangsläufig zur Überforderung führt - und das für einen engeren Personenkreis Problemstrukturen erzeugt, auf die der einzelne mit überfordertem oder fehllaufendem Bewältigungshandeln reagiert. Ein Teil der Schüler wüßte niemanden, der ihm helfen könnte. Daraus ergibt sich also ein bestimmter Hilfebedarf und ein notwendiges Unterstützungspotential.

Bedeutsam ist das Ergebnis, daß in der Schule eine breite Belastungsstruktur besteht, aber eine engere Problemstruktur, die sich nicht auf eine bestimmte und identifizierbare Gruppe, sondern auf eine Vielzahl von Schülern bezieht. Somit sind sozialpädagogische Angebote nicht nur spezielle Hilfen für besondere Einzelfälle, sondern vielmehr Angebote als bedarfsgerechte Unterstützungen für potentiell alle Schüler. Nicht Normabweichungen sollten Hilfeanlaß sein, sondern Orientierungen an den komplexen Bewältigungsanforderungen der Heranwachsenden.

Der vierte Teil stellt in Form von formulierten Dimensionen die Anforderungen an das Arbeitsfeld "schulbezogene Angebote der Jugendhilfe" dar. Dabei werden einerseits ein Vorschlag zur Bildung eines erforderlichen Rechtsrahmens für die Erweiterung des KJHG in überlegter Weise unterbreitet und andererseits die fachlichen Anforderungen differenziert benannt und die erforderlichen Rahmenbedingungen bestimmt. St. Maykus hat in überzeugender Weise auf der Grundlage des sozialisationstheoretischen Ansatzes den theoretischen Nachweis erforderlicher schulbezogener Angebote der Jugendhilfe erbracht und diese Notwendigkeit durch die gezielte Auswertung wissenschaftlicher Untersuchungen der Projektgruppe empirisch belegt. Daß diese Leistungen von der Jugendhilfe erbracht werden sollten, wird durch die Analyse der rechtlichen Grundlagen und der gegenwärtigen Institutionen - und Verantwortungspraxis sowie der Rollenanalyse der Professionen Lehrer und Sozialpädagoge fundiert belegt. Die Arbeit stützt das erweiterte Konzept der "Schulbezogenen Jugendhilfe" aus theoretischer und empirischer Sicht in der Greifswalder Forschungsgruppe.

Franz Prüß

Inhaltsverzeichnis

Teil 1: Einführung: Problemstellung und Forschungsstand 15

1 Problemstellung und Erkenntnisinteresse 15
2 Bilanzierung: Diskussions- und Forschungsstand zur Kooperation von Jugendhilfe und Schule seit den 90er Jahren 21
3 Begründung der Forschungsfrage und Kernthesen/-fragen der Arbeit 33
4 Aufbau der Arbeit - Überblick über die Struktur und den Argumentationsweg 37

Teil 2: Fachtheoretische Überlegungen zum Gegenstand und zu Aufgaben schulbezogener Angebote der Jugendhilfe: Belastungen und Probleme im Kontext Schule und Ressourcen sozialer Unterstützung für ihre individuelle Bewältigung 39

1 Sozialisation von Kids und Jugendlichen 39
   1.1 Gegenstandsbereich, Ebenen und Phasen des Sozialisationsfeldes 39
   1.2 Sozialisation in interaktionistischer Sicht - kommunikative Vergesellschaftung und produktive Realitätsverarbeitung 42
   1.3 Bewältigungsanforderungen von Kids und Jugendlichen im Sozialisationsprozeß 46
   1.4 Individualisierungsprozesse als Auslöser für die Thematik der Lebensbewältigung in der Sozialisation von Kids und Jugendlichen 47
   1.5 Bewältigungsanforderungen in ihrer Relevanz für das Sozialisationsfeld Schule und Bedingungen in den neuen Bundesländern 50
   1.6 Individuelle Bewältigungsstrategien und soziale Unterstützung als Voraussetzung gelingender Sozialisationsprozesse 59

2 Schule als Sozialisationsfeld - Probleme und Problembewältigung im schulischen Kontext 63
   2.1 Aufgaben und Funktionen von Schule - Pädagogik in organisiert-strukturierter Form 64
   2.2 Das DDR-Schulsystem im Transformationsprozeß und Schüler-Sein unter neuen gesellschaftlichen Bedingungen 68
   2.3 Sozialisationsfeld Schule - Pädagogische Beziehungen in der Schule als Rollenbeziehungen 70
   2.4 Schule als Kumulationsfeld soziostruktureller und gesellschaftlicher Bedingungen - Bewältigungsanforderungen für Kids und Jugendliche 77
   2.5 Systematisierungsversuch: Probleme von Schule, Probleme für Schule und Probleme mit Schule 84

3 Lokal-gemeinschaftliche Netzwerke als Ressource sozialer Unterstützung im schulischen Kontext 87
   3.1 Familie als Ressource sozialer Unterstützung im Kontext Schule 87

	3.1.1 Normative Ebene: Zur Bedeutung der Familie für den Einzelnen	88
	3.1.2 Sozialisationswirkung der Familie: Aufgaben und Leistungen	90
	3.1.3 Familie und schulische Bildungsprozesse	92
	3.1.4 Zusammenhänge und Beziehungen zwischen Familie und Schule	94
	3.1.5 Familiäre Unterstützung im schulischen Kontext - Möglichkeiten und Grenzen	95
3.2	Peer-Kontakte und Freundeskreise als Ressource sozialer Unterstützung im schulischen Kontext	97
4	Herausforderungen für Schule und Jugendhilfe als öffentlich - institutionelle Netzwerke sozialer Unterstützung im schulischen Kontext	102
4.1	Anforderungen an Schule - Schule als Ressource sozialer Unterstützung	102
	4.1.1 Personale Träger sozialer Unterstützung in der Schule	105
	4.1.2 Konzeptualisierung von Schule als soziokulturelles Zentrum zur Ressourcenerschließung	111
	4.1.3 Schule als „Synergieraum Lern- und Entwicklungsprozesse gestaltender Professionen"	112
4.2	Anforderungen an Jugendhilfe - Jugendhilfe als Ressource sozialer Unterstützung	114
	4.2.1 Jugendhilfe - Praxisfeld zwischen Sozialpädagogik und Recht	114
	4.2.2 Jugend(sozial)arbeit als Pädagogik in frei gestaltbaren und vorstrukturierten Räumen - Funktionen von schulbezogenen Hilfen und Angeboten der Jugendhilfe nach der gegenwärtigen Systematik des KJHG: Trennung statt Integration	117
	4.2.2.1 Schulbezogene Jugendarbeit	117
	4.2.2.2 Schulbezogene Jugendsozialarbeit	119
	4.2.3 Institutionen der Jugendhilfe und Theoriediskurse der Sozialpädagogik: Fachstandards und Gestaltungsprinzipien	120
	4.2.3.1 Lebenswelt- und Alltagsorientierung	121
	4.2.3.2 Das Prinzip der biografischen Lebensbewältigung	125
	4.2.3.3 Prinzipien der Milieubildung und Netzwerkarbeit	126
	4.2.4 Übertragung der fachtheoretischen und konzeptionellen Überlegungen zur Sozialpädagogik auf die Alltagswelt Schule: Schulbezogene Angebote der Jugendhilfe sind schulalltagsorientierte Sozialpädagogik	130
5	Zusammenfassung von Teil 2 und Überblick über die Konzeptualisierung von schulbezogenen Angeboten der Jugendhilfe als schulalltagsorientierte Sozialpädagogik: Integration statt Trennung	137

Teil 3: Ermittlung der empirischen Relevanz des Gegenstandes schulbezogener Angebote der Jugendhilfe: Belastungen und Probleme im Kontext Schule und (nicht) vorhandene Ressourcen sozialer Unterstützung — 141

I Anmerkungen zum methodischen Vorgehen — 141

1 Operationalisierung der Auswertungsperspektive: Probleme und Belastungen in der Schule und Ressourcen sozialer Unterstützung — 142
2 Forschungsdesign - Stichprobenziehung und Erhebungsinstrument — 143
3 Begründung der Methodik — 144
4 Kritik: Erkenntnisgrenzen des methodischen Vorgehens und offene Fragen — 145
5 Beschreibung der Population — 146

II Darstellung der empirischen Ergebnisse — 149

1 Problembereiche im Schulalltag — 150
  1.1 Leistungsanforderungen und -überforderungen — 150
    1.1.1 Bedeutung von Schule — 150
    1.1.2 Leistungsanforderungen im Unterricht — 154
    1.1.3 Elternerwartungen — 155
    1.1.4 Erwartungsängste im Zusammenhang mit Leistungsanforderungen — 157
    1.1.5 Zusammenhänge zwischen inhaltlichen Dimensionen der Leistungsanforderungen und -überforderungen — 159
    1.1.6 Zusammenfassung: Leistungsanforderungen und -überforderungen — 161
  1.2 Schüler-Schüler-Beziehungen — 162
    1.2.1 Verhältnis der Schüler untereinander - Bezugsebene: Schule allgemein — 162
    1.2.2 Verhältnis der Schüler untereinander - Bezugsebene: Klassenverband (Solidarität und Egoismus) — 165
    1.2.3 Verhältnis der Schüler untereinander - Bezugsebene: Klassenverband (negative und abwertende Verhaltensweisen) — 168
    1.2.4 Zusammenhänge von: Leistungsanforderungen und Solidarität/Egoismus bzw. negativen Verhaltensweisen im Klassenverband — 170
    1.2.5 Zusammenfassung: Schüler-Schüler-Beziehungen — 171
  1.3 Lehrer-Schüler-Beziehungen: Verhältnis der Schüler zu den Lehrern - negative/positive Attributionen und Disziplin-/ Ordnungsorientierung — 171
  1.4 Familiär zu sichernde Mindeststandards - Armutsaspekte — 176
  1.5 Zusammenfassung: Objektive Belastungsstrukturen im Schulalltag — 178

2	Belastungssymptome im Schulalltag	179
2.1	Psychische Belastungssymptome: Stimmungen/Emotionen, Selbstbilder und Zukunftsängste	181
	2.1.1 Stimmungen und Emotionen (psychische Verfaßtheiten)	181
	2.1.2 Selbstbilder und -zuschreibungen sowie Marginalisierungs- und Stigmatisierungsaspekte	184
	2.1.3 Zukunftsängste	186
	2.1.4 Zusammenhänge von: psychischen Belastungssymptomen und Leistungsanforderungen, Schüler-Schüler-Beziehungen und Armutsaspekten	187
	2.1.5 Zusammenfassung: Psychische Belastungssymptome: Stimmungen/Emotionen, Selbstbilder, Zukunftsängste sowie Marginalisierungs- und Stigmatisierungsaspekte	188
2.2	Physische Belastungssymptome: Gesundheitszustand und körperliche Beschwerden/Erkrankungen	189
	2.2.1 Zusammenhänge von: physischen Belastungssymptomen und psychischen Belastungssymptomen, Leistungsanforderungen und Schüler-Schüler-Beziehungen	192
	2.2.2 Zusammenfassung: Physische Belastungssymptome	193
2.3	Zusammenfassung: Belastungssymptome im Schulalltag	194
3	Belastungsregulations- und Bewältigungshandeln	196
3.1	Problembewältigungs- und Selbstwirksamkeitsverhalten	197
3.2	Verhaltensweisen von (schulischer) Devianz in Täter- und Opferperspektive	200
3.3	Zusammenhänge von: Bewältigungshandeln und Belastungssymptomen, Leistungsanforderungen und Schüler-Schüler-Beziehungen	203
3.4	Zusammenfassung: Belastungsregulations- und Bewältigungshandeln	205
4	Problemverteilung und -kumulationen: eingrenzbare Problemgruppe vs. entgrenzte Probleme und Belastungen?	207
5	Ressourcen sozialer Unterstützung bei Belastungen und Problemen im Schulalltag	208
5.1	Familie als Ressource sozialer Unterstützung	209
5.2	Freundeskreis als Ressource sozialer Unterstützung	212
5.3	Angebotsstrukturen in der Schule	213
5.4	Jugendarbeitsangebote als Ressource sozialer Unterstützung	216
5.5	Schulsozialarbeit als Ressource sozialer Unterstützung	221
5.6	Spezifiziertes Ressourcenmodell	225
	5.6.1 Probleme im Bereich schulischer Anforderungen	226
	5.6.2 Probleme im Verhältnis der Schüler untereinander	228
	5.6.3 Probleme im Lehrer-Schüler-Verhältnis	229
	5.6.4 Psychische Belastungssymptome	229
	5.6.5 Probleme in Form eingeschränkter Selbstwirksamkeit und -regulation	230
5.7	Zusammenfassung: Ressourcen sozialer Unterstützung	232

	6	Zusammenfassende Interpretation der empirischen Ergebnisse (Teil 3) und Ansatzpunkte für die Konzeptualisierung schulbezogener Angebote der Jugendhilfe	234
Teil 4:		**Konzeptualisierung schulbezogener Angebote der Jugendhilfe als schulalltagsorientierte Sozialpädagogik - Gegenstands- und Aufgabenbestimmung**	**239**
	1	„Anspruchs- und Auslösedimension" (Wann sind schulbezogene Angebote der Jugendhilfe aufgefordert und angezeigt? Wie lautet der generelle Begründungszusammenhang?)	239
	2	„Bezugsdimension" (Hinsichtlich welcher Zielgruppen und -dimensionen können schulbezogene Angebote der Jugendhilfe verortet werden?)	244
	3	„Zieldimension" (Was sind fachliche Prämissen, Handlungsorientierungen und adressatenbezogene Ziele schulbezogener Angebote der Jugendhilfe?)	246
	4	„(Re-) Aktionsdimension" (Was sind die Qualitäten, Typen und Formen schulbezogener Angebote der Jugendhilfe?)	253
	5	„Professionalisierungsdimension" (Wie kann eine Verfachlichung und Qualifizierung dieses Handlungsfeldes erzielt werden?)	260
	6	„Implementierungsdimension" (Welche Rahmenbedingungen sind notwendig, um dieses Handlungsfeld zu etablieren?)	263
	7	Zusammenfassung von Teil 4 sowie offene Fragen und weiterführende Problematiken	269

Literaturverzeichnis 277

Teil 1: Einführung: Problemstellung und Forschungsstand

1 Problemstellung und Erkenntnisinteresse

„Schulsozialarbeit ist im Kommen" - mit diesen Worten hat Hermann Rademacker seinen Vortrag in der Arbeitsgruppe „Kooperation von Jugendhilfe und Schule" auf dem Bundeskongreß Soziale Arbeit 1998 in Dresden eingeleitet. Rademacker spricht eine Prognose aus, Schulsozialarbeit soll im Kommen sein, ein Handlungsfeld also, daß sowohl die Schule als auch die Sozialarbeit im Namen trägt. Diese Verbindung, dieses Aufeinanderbezogensein scheint also zukünftig wichtig, ist mithin im Kommen, als professionelle Herausforderung unmittelbar bevorstehend. Diese Prognose suggeriert Gewißheit darüber, was im Kommen ist. Es stellt sich zugleich die Frage, ob das, was auf uns zukommt, schon da ist, weiter intensiviert und ausdifferenziert wird oder ob da etwas Neues auf uns zukommt, vielleicht auch etwas Altes im neuen Gewande?

Zunächst: Schulsozialarbeit ist nichts Neues, die Überlegung, sozialpädagogisches Handeln in Schule zu integrieren, ist sowohl historisch als auch in der jüngeren Praxisentwicklung wiederzufinden, auch wenn die Beziehung von Schule und Sozialpädagogik eher ein Nebeneinander statt ein Miteinander deutlich werden ließ, denn die Entwicklungsgeschichte von Schule und Sozialpädagogik ist eine Geschichte der Abgrenzung der Institutionen (siehe auch die „versäulte" Anordnung von Schule, Familie und Sozialpädagogik nach Bäumer 1929). Zwar hatte Schule auch sozialpädagogische Funktionen erfüllt (wenn auch nicht unbedingt als solche beabsichtigt) wie z. B. in der „Industrieschule" des 19. Jh. und in den bis zum Ende des 19. Jh. vielfach als Ganztagsschule geführten Volks- und auch weiterführenden Schulen. Nicht nur Armenkindern sollte den größten Teil des Tages über Aufsicht, Schutz und eine nützliche Beschäftigung geboten werden. Am Ende des 19. Jh. schrumpfte diese Betreuungszeit aber zur Halbtagsschule zusammen. Der dadurch entstandenen Lücke (und der als gefährlich erachteten Lebensphase Jugend) sollte durch erzieherische Mittel der Jugendpflege begegnet werden. Es entstanden zudem Einrichtungen der Jugendfürsorge. Im Laufe des 19. Jh. hat sich damit neben der Familie und Schule die „Sozialpädagogik" als weiteres Erziehungsfeld mit eigenem Selbstverständnis und eigenen Institutionen herausgebildet. Eine Zusammenarbeit von Schule und Sozialpädagogik kam kaum zustande, seit der Reichsschulkonferenz von 1920 und der Verabschiedung des Reichsjugendwohlfahrtsgesetz (RJWG) 1922 hatten sich beide Instanzen in Deutschland weitgehend getrennt voneinander entwickelt. Versuche der Überwindung dieser Trennung gab es auf Seiten der Schule (z. B. Reformschulen, Landerziehungsheime) und der Jugendfürsorge (z. B. Arbeiterbildungseinrichtungen oder von der Jugendbewegung beeinflußte Heime) (vgl. zu historischen Aspekten Grossmann 1987; Konrad 1997). Erst später, in den 60er Jahren[1], wurde begonnen, eine enge(re) Zusammenarbeit von Schule und Sozialpädagogik umzusetzen. Es entstanden Ansätze der Schulsozialarbeit, also eine eindeutig institutionelle Beziehung von Sozialpädagogik auf Schule.
Die Zusammenarbeit von Jugendhilfe und Schule wurde in Deutschland im Rahmen der gesellschaftspolitischen Diskussion *Mitte der 60er und in den 70er Jahren* besonders aktuell. Impulse hierfür waren seitens der Schule eine beginnende bildungspolitische Sensibilisierung im Rahmen der Gesamtschul- und Bildungsreformdiskussion. Die Diskussion um die Bildungsreform mit ihren Leitvorstellungen der Chancengleichheit, der breiten Öffnung weiter-

---

[1] Wenngleich durch einzelne Vertreter bildungspolitische Innovationen realisiert wurden, so von H. Eyferth Ende der 40er Jahre, der Sozialpädagogik als integralen Bestandteil der Lehramtsausbildung an der Päd. Hochschule Lüneburg vorsah

führender Schulen sowie der Gründung von Gesamtschulen als demokratische Leistungsschulen waren Anlaß für die Auseinandersetzung mit „Sozialpädagogik in der Schule", die aber nicht als integraler Bestandteil von Schule gedacht war. Auf seiten der Sozialpädagogik war hingegen die sozialpolitische Diskussion der gesellschaftlichen Verursachung sozialer Probleme und die Forderung nach veränderten Sozialisationsprozessen u. a. in der Familie und der Schule Motiv für die Entwicklung von Schulsozialarbeit. Ziel dieser Debatte und des Entwurfes von Schulsozialarbeit war die Entstigmatisierung von Problemlagen durch eine „sozialpädagogische Schule".

In diesem Zeitraum bildeten sich also zwei kontroverse Denkfiguren heraus: einmal das Plädoyer für die Einbeziehung sozialpädagogischer Fachkräfte in Schule („Schulsozialarbeit durch Jugendhilfe"), zum anderen die Integration sozialpädagogischer Sinnelemente in die Lehrerrolle bzw. die sozialpädagogische Qualifikation der Schulpädagogik („sozialpädagogische Schule") (vgl. Homfeldt u. a. 1977, auch Hornstein 1971). Erste Projekte der Schulsozialarbeit in den 70er Jahren waren gemäß der bildungspolitischen Ziele vor allem Hilfe für benachteiligte und integrationsgefährdete Kinder und Jugendliche, um die negativen Auswirkungen einer leistungsorientierten Schule für bislang bildungsferne/benachteiligte Schichten der Gesellschaft einzudämmen[2]. Es entstanden sowohl Gemeinwesenarbeit in sozialen Brennpunkten (kompensatorische Erziehung) als auch Hausaufgabenhilfe und sozialpädagogische Schülerhilfen als konzeptionelle Schwerpunktsetzungen von Schulsozialarbeitsprojekten an Gesamt- und Ganztagsschulen (vgl. Olk u. a. 2000).

Als Bilanz für diesen Zeitraum kann man formulieren: Jugendhilfe hatte (auch) die Rolle des Ausfallbürgen zur Abstützung der schulischen Reformen und der Bildungsexpansion (eher Funktionalisierung ihrer Aufgaben und Leistungen für Schule).

In den *80er Jahren* war ein Abklingen der breit geführten Bildungsreformdebatte zu verzeichnen, ebenso ein zurückgehendes öffentliches Interesse an Schulsozialarbeit (vgl. ebd.). Es fand eine Verlagerung der Diskussion von Konzepten der Schulsozialarbeit auf die kommunale bzw. stadtteilbezogene Ebene statt. In diesem Zeitraum wurde Schulsozialarbeit stärker vor dem Hintergrund der Integration von ausländischen Kindern und Jugendlichen und dabei auftretender Probleme diskutiert. Hinzu kamen veränderte Bedingungen wie Probleme auf dem Arbeits- und Ausbildungsmarkt, das Infragestellen der Verwertbarkeit schulischer Abschlüsse, die Zunahme berufstätiger und auch alleinerziehender Mütter, die nach weiteren ganztägigen Betreuungsformen verlangten. Eine weitere Akzentuierung der Schulsozialarbeit wurde durch zunehmende Phänomene wie Drogenkonsum, Aggressivität und Gewalt, verschiedene Formen abweichenden Verhaltens Jugendlicher ausgelöst (vgl. Tillmann 1982; Raab u. a. 1987; Fromman u. a. 1987). Der konzeptionelle Schwerpunkt war vermehrt die Berufsorientierung und Berufsvorbereitung. Zielgruppen waren vor allem Hauptschüler[3] an Schulen in sozialen Brennpunkten.

Als Bilanz für diesen Zeitraum kann zusammengefaßt werden[4]: Jugendhilfe war eine (unverzichtbare) Stütze für die Betriebsfähigkeit der (Haupt-) Schulen (wiederum fand eine Funktionalisierung ihrer Aufgaben und Leistungen für eine ihrer sozialen Verantwortung nicht gerecht werdenden Schule).

---

[2] Blickt man auf die Entwicklung teilstationärer Konzepte der Erziehungshilfe mit schulbezogener Unterstützungsleistung, so können das 1947 gegründete „Freiburger Jugendhilfswerk" und das „Haus auf der Hufe" in Göttingen (1963) als Vorläufer gegenwärtiger Konzeptionen gelten (vgl. Bonhoeffer 1965; Colla 1968, 1973)

[3] Um verwirrende Konstruktionen zu vermeiden, wurde in dieser Arbeit ausschließlich die männliche Form gewählt; sie steht sowohl für die weibliche als auch für die männliche Form der Begriffe.

[4] Vergleiche die Diskussion zur Schulsozialarbeit in diesem Zeitraum überblickhaft bei Salustowicz 1983, 1986; auch Tillmann 1976, 1982; kritisch Holthaus u. a. 1980, Grossmann 1978, Herriger/Malinowski 1981

Für *Jugendhilfe und Schule in der DDR* gab es diese Berührungspunkte kaum, denn Jugendhilfe hatte eine enge Aufgabenstellung und war auf die Intervention beim Mißlingen der Normalbiografie sozialistischer Lebensweise zugeschnitten (Handlungsauslöser für Jugendhilfe: Fehlverhalten/Gefährdung der Kinder und Jugendlichen). Jugendhilfe in der DDR umfaßte vor allem Erziehungshilfe, Gerichtshilfe, Vormundschaftswesen und Unterhaltsregelungen. Die präventive Orientierung war ihr eher fremd. Schule hatte mit dieser marginalen Jugendhilfe kaum zu tun. Jedoch hatte die FDJ-Arbeit eine sozialisatorische Wirkung, die mit Angeboten wie Jugendclubs, Sport- und Kultureinrichtungen stark vertreten war. Schule in der DDR bedeutete Einheitsschule (Polytechnische Oberschule), die soziale Qualitäten und Funktionen hatte, mithin einen umfassenden Erziehungsauftrag (der auch der ideologischen Einflußnahme auf die Schülerschaft förderlich war). Es wurde eine enge Verzahnung des schulischen mit dem außerschulischen Bereich realisiert, die sich in Freizeitangeboten, schulischen Arbeits- und Interessengemeinschaften, Fördergruppen für Lernschwache und Zirkel der Begabtenförderung ausdrückte. Ferner kennzeichneten der Arbeitsweltbezug durch polytechnischen Unterricht und die positive Auswahl für die Erweiterte Oberschule das Schulsystem der DDR.
Nach der Wende vollzog sich eine Transformation des Bildungswesens. Jugendhilfe und Schule erhielten jeweils eine neue Funktionszuweisung. Jugendhilfe wurde kommunalisiert, ihre Trägerstrukturen und Leistungsprofile einer modernen Jugendhilfe nach dem KJHG angepaßt. Das Schulsystem wurde neu strukturiert, in Grund- und Sekundarschulen und in Sekundarschulen mit zwei bis drei Schulformen.

Seit den *90er Jahren* wird das Thema der Kooperation von Jugendhilfe und Schule mehr denn je diskutiert (vgl. Olk u. a. 2000; Flösser u. a. 1996; Rademacker 1994, 1996). Anfang der 90er Jahre war Schulsozialarbeit in den alten Bundesländern immer noch eher exotisch und legitimationsbedürftig. Ein wechselseitiges Unverständnis der Professionen, mangelnde Anerkennung und Akzeptanz sowie Kooperations-, Status- und Hierarchieprobleme waren (sind) kennzeichnend für die Begegnung von Sozialpädagogen und Lehrern, die professionsgeschichtlich bedingt sind. Zu diesem Zeitpunkt meint man in den neuen Bundesländern eine andere Ermöglichungsstruktur der Kooperation beobachten zu können, denn die Hinwendung von Schule zur sozialen Qualifizierung ist dort eher bekannt. Hingegen weist die Jugendhilfe dort weniger schulkritische Einschätzungen auf. Als Kardinalproblem erweist sich aber die befristete Finanzierung und der Mangel an grundständiger Qualifizierung von sozialpädagogisch Tätigen in der Schule.

Dennoch: Man kann gegenwärtig verbesserte Kooperationsbedingungen von Jugendhilfe und Schule verzeichnen: Schule stellt sich neuen Aufgaben und Handlungsanforderungen aufgrund gesellschaftlicher Entwicklungen und innerschulischer Wandlungsprozesse. Auf die Bildungsexpansion, das Qualifikationsparadox und veränderte Sozialisationsbedingungen reagiert Schule vermehrt mit Konzepten der inneren und äußeren Öffnung, der Konzeptualisierung von Schule als Lebensort und der Diskussion um Qualität und Teilautonomie von Schule. Jugendhilfe entwickelte parallel ein verändertes Selbstverständnis, das durch neue Strukturmaximen getragen wird. Das Konzept der Lebensweltorientierung in der Sozialpädagogik schließt den Lebensraum Schule nicht länger als Handlungsfeld. Die Aufgaben und Leistungen von Jugendhilfe gemäß des Kinder- und Jugendhilfegesetzes (KJHG) und die implizierte Dienstleistungsorientierung intensivieren den Beitrag der Jugendhilfe zur Gestaltung positiver Lebensbedingungen von Kindern und Jugendlichen, die eben auch den schulischen Rahmen einschließen.
Als Bilanz für die 90er Jahre läßt sich resümieren: Die Kooperation von Jugendhilfe und Schule ist aktueller denn je. Diese neue Diskussion basiert auf Anregungen aus der bildungs-

politischen und auch frauenpolitschen Debatte, auf Erkenntnissen über veränderte Lebenslagen und Bewältigungsanforderungen von jungen Menschen und ihren Familien in einer individualisierten Gesellschaft, auf dem neuen KJHG und dem damit verbundenen Rollenwandel der Jugendhilfe (Lebenswelt- und Dienstleistungsorientierung), auf Tendenzen innerer und äußerer Öffnung der Schule und auf vermehrte Probleme in der Schulpraxis. In den neuen Bundesländern entstand nach der Wende diese Diskussion aufgrund der Neu- und Umstrukturierung des Schul- und Jugendhilfesystems und den Auswirkungen des Transformationsprozesses auf das Aufwachsen von Kindern, Jugendlichen und ihren Familien (vgl. Flösser u. a. 1996; Rademacker 1994, 1996).

Daß Schulsozialarbeit „im Kommen" ist, scheint also von Rademacker richtig vorausgesehen, aber ist damit auch klar, was da „im Kommen" ist? Die Entwicklungsdynamik, vielleicht auch -euphorie, verklärt die Notwendigkeit der Auseinandersetzung über das, was da eigentlich kommt. Schaut man auf die Erscheinungsformen und Konzepte von Schulsozialarbeit (also auf das, was bereits da ist), so läßt sich erkennen, daß Schulsozialarbeit an allen Schulformen vertreten ist. Das Spektrum an Arbeitsansätzen reicht von der Hausaufgaben- und Schülerhilfe, der außerunterrichtlichen Freizeitgestaltung, der Betreuung/Beratung bei schulischen und persönlichen Problemen, über schulunterstützende und -verändernde Konzepte bis hin zu gemeinwesenorientierten Ansätzen. Konzeptionelle Kernbereiche sind v. a. Schülertreffs, problembezogene Einzelfallhilfe, soziale Gruppenarbeit mit Schülern, Elternarbeit, Beratung bei Übergängen (Schulwechsel, Berufsorientierung) sowie stadtteilorientierte, vernetzende Aktivitäten (vgl. Mühlum 1993, S. 258 ff.).

Die Zielsetzungen und inhaltlichen Schwerpunktsetzungen lassen sich dabei drei Haupttypen zuordnen: der (schulbezogenen) Jugendarbeit nach § 11 KJHG, der (schulbezogenen) Jugendsozialarbeit nach § 13 KJHG und einem kombinatorischen Typ im Überschneidungsbereich der §§ 11 und 13 des KJHG. Die Institutionalisierungsformen und Trägerschaften umfassen drei Grundtypen wie Projekte in schulischer Trägerschaft (Schulbehörde), in öffentlicher oder freier Trägerschaft der Jugendhilfe (vgl. Prüß 1995, 1997a, 1997b). Die Trägervorgaben und Organisationsformen haben starken Einfluß auf das Zusammenwirken von Jugendhilfe und Schule, das Züge eins Delegations-, Distanz-, Kooperations- oder Integrationsverhältnisses (Stadler) annehmen kann. Schulsozialarbeit hat sich in den letzten Jahren quantitativ deutlich ausgeweitet (vgl. Seckinger u. a. 1998, S. 109), was sich auch in einer begrifflichen und konzeptionellen Vielfalt widerspiegelt wie z. B. „Sozialarbeit an Schulen", „Jugendarbeit an Schulen" (Seithe), oder „schulbezogene Jugendhilfe" (Prüß). Schulsozialarbeit beginnt sich in den neuen Bundesländern verstärkt zu entwickeln, insbesondere aufgrund der Erweiterung der Angebote durch freie Träger.

Mit Blick auf die Erscheinungsformen und Konzepte der Schulsozialarbeit läßt sich ein Handlungsfeld zwischen Innovation und Irritation erkennen oder anders: daß Schulsozialarbeit kommt, scheint gewiß, was sie mitbringt und bedeutet, dagegen eher ungewiß. Erzeugt ein Blick auf Definitionsversuche von Schulsozialarbeit mehr Klarheit? Wie wird versucht, Schulsozialarbeit begrifflich zu fassen? Ausgewählte Definitionen sollen im folgenden einer kritischen Kommentierung unterzogen werden, wobei diese Definitionen und die Auseinandersetzung mit ihnen gleichzeitig erste Hinweise auf das wesentliche Erkenntnisinteresse der Arbeit formulieren und begründen lassen:

Schulsozialarbeit ist „(...) jede Form von Jugendarbeit, die auch die Schule selbst in ihr Vorgehen einbezieht, unabhängig von ihrer institutionellen Zuordnung." (Raab/Rademacker 1982)

Hier erfolgt eine Spezialisierung auf offene Jugendarbeit, die auch Schule mit einbezieht. Demnach wird Schulsozialarbeit nicht als spezielles Konzept verstanden, sondern als Jugendarbeit allgemein, die eben auch auf Schule bezogen ist. Der organisatorische Aspekt spielt für Raab/Rademacker eher keine Rolle, denn die Jugendarbeit mit Schülern wird unabhängig von der institutionellen Zuordnung zur Schulsozialarbeit gesehen. Diese institutionelle Zuordnung der Schulsozialarbeit spielt aber für ihren Auftrag und die Formulierung von Konzeptzielen eine große Rolle, wie auch in späteren Definitionsversuchen ausdrücklich hervorgehoben wird.

Schulsozialarbeit ist ein Oberbegriff „(...) für eine Gruppe verschiedener Aktivitäten innerhalb von Schulen, die vorwiegend außerhalb des Unterrichts, in Anlehnung an sozialpädagogische Methoden und mit pädagogischen, sozialen und gesellschaftlichen Zielsetzungen betrieben werden." (Fromman 1984)

Fromman stellt im Gegensatz zu Raab/Rademacker eine konzeptionelle Offenheit und Vielfalt in den Mittelpunkt, für die nur ein Oberbegriff fungieren kann, Schulsozialarbeit ist ein Rahmenkonzept für verschiedene sozialpädagogische Aktivitäten in der Schule. Fromman nimmt eine Verortung der sozialpädagogischen Angebote vor, sie sollen vorwiegend außerhalb des Unterrichts stattfinden. Ferner wird eine Beziehung zur sozialpädagogischen Berufsrolle hergestellt. Die sozialpädagogischen Aktivitäten sollen in Anlehnung an sozialpädagogische Methoden durchgeführt werden. Die Zielsetzungen von Sozialpädagogik werden sehr breit angelegt und als pädagogisch (erziehend, begleitend, beratend), sozial (die sozialen Beziehungen in der Schule betreffend und die Verantwortung für diese Beziehungen) und gesellschaftlich (Funktionszuweisung bei gesellschaftlichen Aufgaben wie Schule, Beruf und die gesellschaftliche Mitverantwortung an Problemen betreffend) umschrieben. Ein solcher konzeptionell breit angelegter Zugang spiegelt sich dann später auch in der Bezeichnung von Schule als sozialer Lebensraum und in dem Plädoyer für die Verbindung von schulischem und außerschulischem Lernen wider (vgl. Winkler 1993, Holtappels/Zimmermann 1990)

„Schulsozialarbeit ist also derjenige Teil der Sozialpädagogik, der sich mit seinen Angeboten und Maßnahmen an Kinder und Jugendliche im schulpflichtigen Alter wendet und damit auch in einer Wechselbeziehung zur Familie und Schule steht." (Grossmann 1987)

Hier wird die Wechselbeziehung zu Familie und Schule genannt, ansonsten auf Sozialpädagogik schlechthin abgehoben, die überwiegend mit Kindern und Jugendlichen im schulpflichtigen Alter agiert. Dieser Definitionsversuch bleibt also eher konturlos und bezieht sich auf allgemeine Aufgaben der Sozialpädagogik, ohne das Profil eines speziellen Arbeitsfeldes (Schulsozialarbeit) zu kennzeichnen.

„Schulsozialarbeit ist berufliche Sozialarbeit in und mit Schulen." (Mühlum 1993)

Mühlum betont im Vergleich zu den bisher genannten Definitionen die eindeutige Bezugnahme auf professionelle (berufliche) Sozialarbeit, mithin auf das Berufsbild der Sozialarbeit. Der Gegenstand und die Aufgaben von Schulsozialarbeit sind also abhängig von der Aufgabenbestimmung der Sozialarbeit. Auch der Institutionenbezug wird hervorgehoben, einmal als Institutionalisierungsform (in Schulen) und einmal als Kooperationsform (mit Schulen).

„Unter Schulsozialarbeit sollen im folgenden sämtliche Aktivitäten und Ansätze einer dauerhaft vereinbarten Kooperation von Jugendhilfe und Schule - bzw. von Fachkräften der Jugendhilfe und Lehrkräften - verstanden werden, durch die sozialpädagogisches Handeln am Ort bzw. im Umfeld der Schule ermöglicht wird. Schulsozialarbeit in diesem Sinne ist definitionsgemäß eine Aufgabe der Jugendhilfe." (Olk u. a. 1996)

Die Autoren heben einen Kontraktaspekt vor, der eine spezielle Qualität der Kooperation beschreibt: Schulsozialarbeit ist Ergebnis einer dauerhaft vereinbarten Kooperation von Jugendhilfe und Schule. Gleichzeitig wird hier nicht mehr nur die begriffliche Engführung auf Schulsozialarbeit wahrgenommen, sondern das Zusammenwirken zweier Handlungsfelder und Professionen genannt. Der Bezug auf die sozialpädagogische Berufsrolle und Handlungskompetenz wird vorgenommen und räumlich am Ort Schule realisiert gesehen (in und um Schule). Die Zuständigkeit und fachliche Verortung wird bei der Jugendhilfe angesiedelt.

„Die Schulbezogene Jugendhilfe (Schulsozialarbeit) ist ein Kooperationsfeld der Jugendhilfe, das in besonderem Maße die Lebenskontexte Familie und Schule berücksichtigt und bei der Wahrnehmung ihrer Aufgaben unmittelbar mit der Schule zusammenarbeitet und auch diese in ihrer Entwicklung unterstützt. Sie macht ein entsprechendes sozialpädagogisches Angebot an der Schnittstelle von Jugendhilfe und Schule und wird vom Selbstverständnis der Jugendhilfe her definiert und geprägt." (Prüß 1998)

Prüß prägt den Begriff der „Schulbezogenen Jugendhilfe", der ein Kooperationsfeld umfaßt. Auch hier wird also statt einer begrifflichen Engführung von Schulsozialarbeit ein breiter angelegtes Verständnis der Zusammenarbeit beschrieben. Jugendhilfe arbeitet hier in besonderem Maße mit Schule zusammen, wobei ihr auch ein Stellenwert für die Schulentwicklung beigemessen wird. Eine Scharnierfunktion zwischen Schule und Jugendhilfe wird beschrieben und Schulsozialarbeit im Selbstverständnis der Jugendhilfe verortet.

Betrachtet man die Definitionsversuche, so wird bei aller Unterschiedlichkeit deutlich, daß die begriffliche Engführung „Schulsozialarbeit" einem offeneren Konzept der „Kooperation von Jugendhilfe und Schule" weicht. Es werden in den aktuellen Definitionen Aspekte in den Blick genommen wie die organisatorische Stabilisierung und Kontinuität sozialpädagogischen Handelns, die Verfachlichung bzw. Verortung in der Jugendhilfe, die strukturgestaltenden Effekte für Schulentwicklung, allgemein also stärker die Überschneidungsbereiche zweier pädagogischer Professionen und Handlungsfelder.

Als Zwischenergebnis möchte ich folgende erste Begriffsklärung als Arbeitsgrundlage vorschlagen, die wesentliche Problematiken und Themenstellungen der Arbeit ableiten läßt:

- Mit Schulsozialarbeit ist weder ein eindeutiges und klar umrissenes Praxisfeld gemeint, noch kann man von einer Methode sprechen.
- Schulsozialarbeit ist gegenwärtig vielmehr als Oberbegriff, als konzeptuelle Klammer für die Tätigkeit von Sozialpädagogen mit spezifischen sozialpädagogischen Methoden und Zielen in der Schule oder im unmittelbaren Schulumfeld bzw. als vereinbarte, intensive und kontinuierliche Kooperation von Jugendhilfe und Schule zu verstehen.
- Das Fehlen eines theoretischen Bezugsrahmens der Sozialpädagogik verhinderte bislang eine eindeutige Profilbildung von Schulsozialarbeit.
- Stattdessen gibt es gegenwärtig eine Vielzahl von pädagogisch-konzeptionell und organisatorisch unterschiedlichen Angebotsformen der Schulsozialarbeit, die sowohl die Bear-

beitung von in der Schule auftretenden sozialen Problemen, Benachteiligungsstrukturen und Lernschwierigkeiten als auch die Freizeitarbeit und die Gestaltung des Schullebens mit spielerischen, sportlichen oder kulturellen Aktivitäten umfassen.
- Schulsozialarbeit ist Aufgabe der Jugendhilfe, hat als Teil der modernen, offensiven Jugendhilfe aber keine rechtlich verbindliche Verpflichtung auf Leistung, sie ist nicht explizit als Angebotsform erfaßt. Schulsozialarbeit kann lediglich indirekt aus § 13 Abs. 1 KJHG abgeleitet werden bzgl. „schulischer und beruflicher Ausbildung" sowie der „Eingliederung in die Arbeitswelt". Daneben wird im § 11 KJHG auf „schulbezogene Jugendarbeit" verwiesen.

Daraus resultierende Fragen sind für mich:
- Welche Bezüge von Sozialpädagogik auf Schule sind möglich?
- Wie lassen sich beide Sozialisationsräume kennzeichnen um Gemeinsamkeiten und unterschiedliche pädagogische Zugänge zu beschreiben?
- *Wie kann demnach das Zusammenwirken von Jugendhilfe und Schule systematisch begründet werden?*
- *Welche fachtheoretischen Bezüge können hergestellt werden, um die Kooperation zu begründen und Handlungsdimensionen sowie -formen zu entwickeln?*
- Wie ließe sich demnach ein Profil sozialpädagogischer Tätigkeit in der Schule umreißen?
- Wie können sozialpädagogische Angebote in der Schule im Jugendhilfesystem verortet werden?

Im folgenden soll daher in den Blick genommen werden, welche Antworten auf dieses erste erkenntnisleitende Interesse die aktuelle Fachdiskussion zur Kooperation von Jugendhilfe und Schule liefert. Gibt es zudem empirische Forschungszugänge, die diesen oder ähnlichen Aspekten nachgehen?

2 Bilanzierung: Diskussions- und Forschungsstand zur Kooperation von Jugendhilfe und Schule seit den 90er Jahren

Die (sicher nicht gänzlich vollständige, aber die grundlegenden Argumentationsmuster widerspiegelnde) Bilanz der Fachdiskussion seit den 90er Jahren wird anhand von Vergleichskriterien vorgenommen: dies sind der gewählte zentraltheoretische Hintergrund, die Begründung der Kooperation von Jugendhilfe und Schule, die favorisierte Institutionalisierungsform sozialpädagogischen Handelns in der Schule, Handlungsdimensionen/-prämissen und Adressatengruppen sowie Erscheinungsformen/Angebotsformen der Kooperation von Jugendhilfe und Schule. Die folgende Bilanzierung wird auch in tabellarischer Form hinsichtlich der genannten Aspekte zusammengefaßt (vgl. Tab. 1).

- *Welche theoretischen Bezüge werden in der Debatte um die Kooperation von Jugendhilfe und Schule hergestellt?*

Generell muß man sagen, daß ein zentraltheoretischer Hintergrund nur von wenigen Autoren ausdrücklich benannt bzw. systematisch entwickelt wird, um die Begründung der Kooperation von Jugendhilfe und Schule zu fundieren. Ausführlicher entwickelt und mit dem Konzept einer „Jugendschule" in Verbindung gebracht hat Mack (vgl. 2000) Bildungstheorie, Modernisierungstheorie sowie als sozialpädagogischen Zugang die Theorie der Alltagsorientierung und der Lebensbewältigung. Letztere werden aber nur hinsichtlich möglicher Berührungspunkte mit moderner Schulpädagogik geprüft und münden nicht in eine sozialpädagogische

Begründung (sondern eher in eine ergänzende - neben der Bildungstheorie - Fundierung) des entwickelten Ansatzes einer „Jugendschule".

Auch Hartmann (vgl. 1998) bezieht ihre Ausführungen zur Notwendigkeit einer Kooperation von Jugendhilfe und Schule zum Teil auf bildungstheoretische Annahmen, ohne diese aber mit ihrem Entwurf eines Vernetzungs- und Aufgabenmodells von Schulsozialarbeit in Verbindung zu bringen.

Eine eher systemtheoretisch orientierte Entwicklung des allgemeinen Konzeptes einer „schulbezogenen Jugendhilfe" liefern Bettmer/Prüß (vgl. 2000; Prüß/Bettmer 1996), die Betrachtung der funktionalen Ausdifferenzierung der Institutionen Schule und Jugendhilfe bildet dann den Ausgangspunkt für die Diskussion von Chancen und Grenzen ihres Zusammenwirkens.

Die Verbindung und Kenntlichmachung zweier sozialisationstheoretischer Bezüge sieht Hollenstein (vgl. 1999) als notwendig an, um einen Begründungszusammenhang für Schulsozialarbeit zu entwickeln: Er verschränkt neuere Sozialisationsprobleme von Kindern und Jugendlichen infolge von Individualisierungs- und Pluralisierungsbedingungen in der modernen Gesellschaft mit Problemen in der schulischen Sozialisation, um eine Dimensionierung sozialpädagogischer Hilfen und Angebote mit Schulbezug zu entwerfen.

Neben diesen erkennbar ausgeführten zentraltheoretischen Hintergründen, die für die Entwicklung der jeweiligen Argumentation herangezogen werden, gibt es bei den meisten Autoren eher theoretische Grundannahmen, vor allem allgemeiner modernisierungstheoretischer Art, die dann auch für die Entwicklung der Kooperation von Jugendhilfe und Schule als konstitutiv angenommen werden, sie aber nicht systematisch begründen läßt. Es läßt sich für das Thema der Kooperation von Jugendhilfe und Schule zwar keine Theorielosigkeit konstatieren, doch aber eine verbreitete Argumentation vor dem Hintergrund des „Ohnehin-Gewußten und-Geklärten" und als selbstverständlich Angenommenen, so daß diese Hintergrundfolie zwar für die Begründung der Kooperation benannt wird, nicht aber die Konzeptualisierung (also die Handlungsfolge der Begründung) systematisch entwickeln läßt. Damit stellt sich die zweite Frage:

- *Wie wird die Kooperation von Jugendhilfe und Schule bzw. Schulsozialarbeit begründet, was wird als Handlungsanlaß gesehen?*

Es lassen sich vor allem drei Argumentationswege erkennen, die

1. veränderte Bedingungen des Aufwachsens und damit verbundene Bewältigungsanforderungen für Kinder, Jugendliche und ihre Familien als Ausgangspunkt für die Begründung veränderter Unterstützungsnetzwerke nehmen, die auch das Zusammenwirken von Jugendhilfe und Schule einbeziehen (Zentral ist hier der Blick auf die Adressaten/Adressatenorientierung)
2. ebenfalls die Modernisierungsdynamik beschreiben, dann aber stärker auf Konsequenzen der Insitutionenentwicklung abstellen und Schulentwicklung, vor allem Schulöffnung, als Antwort auf Dilemmata von Schule verstehen, die durch unveränderte Schulkonzepte und veränderte Lebenslagen zustande kommen (zentral ist hier der Blick auf die Institution Schule - Institutionenorientierung)
3. vor dem Hintergrund der Transformationsprozesse in den neuen Bundesländern einen gesonderten Unterstützungsbedarf für junge Menschen und ihre Familien sehen, wobei die Transformation des Schul- und Bildungswesens nicht nur eine Vergewisserung über den neuen Stellenwert von Schule und Jugendhilfe notwendig macht, sondern auch deren Zusammenwirken neu begründet (Zentral ist der Blick auf ein Institutionensystem und veränderte Lebenslagen- Orientierung an neuer Funktionszuweisung von Schule und Jugendhilfe).

Die erste Position wird zum Beispiel von Jordan (vgl. 1995) vertreten, der neue Unterstützungsformen aus den veränderten Bedingungen des Aufwachsens von Kindern und Jugendlichen in einer individualisierten und pluralisierten Gesellschaft ableitet. Jordan/Sengling (vgl. 2000) verbinden mit der Modernisierungsdynmaik und erhöhter Bewältigungsanforderungen für junge Menschen die Notwendigkeit der Angebote schulbezogener Erziehungshilfen, die sich auf Probleme, die vor diesem Hintergrund in der Schule entstehen oder in sie hineingetragen werden, beziehen sollen.

Olk/Hartnuß (vgl. 1999) ergänzen diese im Schulumfeld erkennbaren Indikatoren für Schulsozialarbeit (Problemmilieus, Angebotsdefizit etc.) durch schulbezogene Indikatoren wie Konflikte zwischen Schülern, Gewalt etc. Auch Hurrelmann (vgl. 1996) argumentiert vor dem Hintergrund soziostruktureller Dynamiken, veränderter Lebenslagen und Unterstützungsmöglichkeiten der Sozialisationsinstanzen, um veränderte Netzwerke der Unterstützung für Jugendliche als aktueller denn je zu bewerten (hier die Kooperation von Jugendarbeit und Schule).

Ausgeprägter ist die Beziehung der zeitdiagnostischen Befunde auf die Frage nach der notwendigen Schulentwicklung als Antwort darauf. Diese zweite Position wird bei Glanzer (vgl. 1997) deutlich, der einen Interventionsanlaß aufgrund der Kumulationseffekte problembelasteter familialer und schulischer Sozialisation erkennt und daraus eine Neuakzentuierung von Schule mit sozialpädagogischer Perspektive ableitet (also stärker eine Institutionenkritik formuliert). Ähnlich argumentiert Braun (vgl. 1994, 1997), der davon ausgeht, daß Schule ein sozialpädagogisches Profil ausbilden muß, um die soziale Integrationsfähigkeit und Unterricht weiter realisieren zu können. Die mit den Pluralisierungsbedingungen verbundenen Probleme von Schule sollen durch ihre Konzeptualisierung als Lebensort abgefangen werden (wofür die Kooperation mit der Sozialarbeit nötig ist).
Rademacker (vgl. 1994, 1996) ist der Meinung, daß die Ergänzung von Schule um soziale Dienstleistungen zur Kompensation defizitärer Lebenslagen notwendig ist. Probleme in der Schulpraxis sowie der Selektionsdruck und Marginalisierungstendenzen (vor allem die Hauptschule betreffend) in der Schule fordern eine solche Entwicklung in seinen Augen heraus.
Mack (vgl. 2000) sieht das Konzept einer „Jugendschule" vor dem Hintergrund der Bewältigungsanforderungen im Bildungsprozeß von Kindern und Jugendlichen in einer individualisierten Gesellschaft als bedeutsam an, verbindet also den Blick auf die Jugendlichen mit einem Bild von Schule und ihrem Auftrag. Wulfers (vgl. 1991) beschreibt als Handlungsanlässe für Schulsozialarbeit Defizite in der unterrichtlichen, sozialen und psychischen Situation von Schülern, wobei der Beitrag der Schulsozialarbeit zur Öffnung von Schule und zur Verbesserung des Schullebens als zentral bewertet wird. Schulsozialarbeit reagiert dann vor allem auf strukturelle Dilemmata von Schule, auf schulleistungsbezogene Überforderungen und Ängste sowie auf konflikthafte soziale Beziehungen in der Schule.
Seithe (vgl. 1999) sieht in der Schulsozialarbeit die Konsequenz aus Modernisierungsprozessen und der konzeptionellen Annäherung der Erziehungseinrichtungen. Den Stellenwert von Schulsozialarbeit bestimmt sie demzufolge auch in der Optimierung der Funktionsfähigkeit des Systems und Lebensraumes Schule (ähnlich auch Olk u. a. 2000).
Als Voraussetzung für ein Gelingen der Änderungsbemühungen von Schule als Lernort zum Lebensort sieht Hartmann (vgl. 1998) die Kooperation von Jugendhilfe und Schule an, während Nieslony (vgl. 1997, 1998a, 1998b) die Verbesserung des sozialpädagogischen Auftrages von Schule durch Schulsozialarbeit als schulische Systembegleitung realisieren sehen will.

In der dritten Position werden diese Argumente vor dem Hintergrund der Transformationsprozesse in den neuen Bundesländern vertieft diskutiert. Hoyer/Väth (vgl. 1994) nehmen in Zusammenhang mit diesen Transformationsprozessen und dabei entstehender komplexer Problem.- und Konfliktfelder eine Persönlichkeitsdestabilisierung (durch die Transformationsgeschwindigkeit) von Kindern und Jugendlichen an, die sich in Schulschwierigkeiten und gruppenbezogenen Problemen äußern. Schulsozialarbeit könnte dabei einen kompensatorischen Zugang eröffnen. Glanzer (vgl. 1993) und Rademacker (vgl. 1994, 1996) nehmen eine ähnliche Position ein, wobei Prüß (vgl. 1995, 1997a, 1997b) nicht nur Problembelastungen und Konflikte, sondern auch die günstigen Bedingungen für eine effektive Kooperation von Jugendhilfe und Schule in den neuen Bundesländern beschreibt. In diesem Zusammenhang nehmen Bettmer/Prüß (vgl. 1996, 2000) die Institution Schule in den Blick und sehen den Handlungsanlaß für schulbezogene Jugendhilfe in Problemen im Bereich der Schule, die sich dort in spezifischer Weise äußern. Die Auflösung des „negativen Kompetenzkonfliktes" (Richter) zwischen Schule und Jugendhilfe soll durch eine sozialpädagogische Problembearbeitung in der Schule begünstigt werden.

Diese drei Positionen lassen sich nicht strikt voneinander trennen, die Autoren bewegen sich mit ihrer Argumentation auch in Überschneidungsbereichen zwischen ihnen, jedoch geben sie die Gewichtungen und Hauptlinien der Diskussion in markanter Form wieder. Es läßt sich ein gewisser Schwerpunkt auf die Diskussion von veränderten Lern- und Lebensbedingungen in der Schule erkennen, infolge von Modernisierungsdynamiken, so daß der Stellenwert von Sozialpädagogik in der Schule auch in diesem Rahmen verortet wird. Hat dieser Begründungsweg Auswirkungen auf die Institutionalisierung von Sozialpädagogik in der Schule?

- *Welche Formen der Institutionalisierung von Sozialpädagogik in der Schule sind in der Diskussion erkennbar (Trägerschaften, Zuständigkeiten) und welche Begriffe werden entsprechend gewählt?*

Die meisten Autoren sehen Schulsozialarbeit als Teil und Aufgabe moderner Jugendhilfe an: Prüß (vgl. 1995) und auch Olk u. a. (vgl. 2000) betonen am stärksten, daß soziale Arbeit in der Schule Jugendhilfe ist und eigenständige sozialpädagogische Arbeit unter ihrer Leitung. Bei einigen Autoren bleibt die Trägerschaft unklar (z. B Wulfers 1991; Braun 1994, 1997; Hoyer/Väth 1994). Nieslony (vgl. 1997, 1998a, 1998b) sieht Schulsozialarbeit zwar als Jugendhilfe an, möchte sie aber in privater Trägerschaft unabhängig von Schule und Jugendhilfe umgesetzt wissen, als interdisziplinärer Verbund, der weisungsunabhängig vertraglich vereinbarte schulreformbezogene Dienstleistungen erbringt.

Zum Teil wird Schulsozialarbeit auch in schulischer Trägerschaft eingeordnet, so versteht Glanzer (vgl. 1993, 1997) Sozialarbeit in der Schule als schulisches Regelangebot und damit auch in schulischer Trägerschaft organisiert und verantwortet.

Die Begrifflichkeiten variieren sehr stark zwischen Schulsozialarbeit, Soziale Arbeit an Schulen, Schuljugendarbeit, Jugendarbeit mit Schülern, schulbezogene Jugendsozialarbeit oder schulbezogene Jugendhilfe, um nur einige zu nennen. Hollenstein/Tillmann (vgl. 1999b) versuchen, das breite Spektrum an sozialpädagogischen Aktivitäten und Aufgaben in den Begriffspaar „Schulsozialarbeit im engeren Sinne" (Praxisentwicklung an Schulen) und „Schulsozialarbeit im weiteren Sinne" (Kooperation von Schule und Jugendhilfe, die nicht zu einer eigenständigen Praxisentwicklung an den Schulen führt) zu fassen. Als perspektivischer Arbeitstitel für beide Praxisansätze ergibt sich aus ihrer Sicht „Schule und Jugendhilfe - Schulsozialarbeit" (ebd., S. 31).

Welche Zielgruppen und Handlungsdimensionen/-prämissen werden mit der Kooperation von Jugendhilfe und Schule in Verbindung gebracht?

Erwartungsgemäß stehen die Schüler im Mittelpunkt des Interesses, sie machen die Hauptzielgruppe aus, generell werden aber auch Eltern und Lehrer zu den Adressaten der Schulsozialarbeit gezählt. Dabei ist nicht immer klar, ob sich die Schulsozialarbeit an alle Schüler richtet oder ob sie sich auf spezielle Zielgruppen in der Schülerschaft beziehen. Einen Problemgruppenbezug bzw. Handlungsschwerpunkt stellen Wulfers (vgl. 1991) und Mühlum (vgl. 1993) her, Wulfers will vor allem multibelastete Problemgruppen in der Schülerschaft der Schulsozialarbeit zugänglich machen, Mühlum schließt durch die Engführung von Schulsozialarbeit auf berufliche Sozialarbeit die Handlungsprinzipien moderner Jugendhilfe in ihrer Breite aus und sieht einen Schwerpunkt in der Problembearbeitung und Integrationsfunktion von Schulsozialarbeit.

Eine Dimensionierung von Handlungsebenen haben zum Beispiel Wulfers (vgl. 1991), Seithe (vgl. 1999) und Hartmann (vgl. 1998) vorgelegt, Wulfers verortet Schulsozialarbeit im unterrichtlichen, außerunterrichtlichen und außerschulischen Bereich (sieht den Schwerpunkt aber im unterrichtlichen Bereich), Hartmann stellt Schulsozialarbeit als biografie-, schul-, berufs- und freizeitorientiert dar. Hollenstein (vgl. 1999) bezeichnet die Aufgaben der Schulsozialarbeit als Unterstützungs-, Hilfe- und Handlungsraum vor dem Hintergrund einer modernisierungstheoretischen und schulsozialisatorischen Fundierung sozialpädagogischen Handelns in der Schule. Ausgehend von dieser theoretisch hergeleiteten Systematik gelingt es ihm, die Freizeitorientierung, Hilfe bei Benachteiligung und Problembelastetheit sowie die Schulentwicklung als Handlungsziele der Schulsozialarbeit zu begründen.

Als Handlungsprinzipien werden eine Reihe von Maximen der aktuellen (vor allem sozialpädagogischen) Fachdiskussion genannt, sie reichen von Sozialräumlichkeit, Netzwerkarbeit, Stadtteilorientierung, Sozialintegration, Gemeinwesenorientierung, Vernetzung, Schulöffnung, Lebensweltorientierung bis hin zu Prävention und Sozialplanung.

Ausgehend von den gängigen Begründungswegen kann man wohl davon ausgehen, daß sich Schulsozialarbeit aus Sicht der meisten Autoren potentiell an alle Schüler wendet, die Prämissen der Subjektorientierung betont (vgl. Jordan 1995), als Anbieter von sozialintegrativen Erfahrungsräumen zur Verringerung der Konfliktfelder und -situationen von Kindern und Jugendlichen beiträgt (vgl. Hoyer/Väth 1994), mithin einen pädagogischen Umgang mit jungen Menschen in veränderten Lebenslagen, als Hilfe zur Lebensbewältigung (vgl. Seithe 1999), bietet.

Braun/Wetzel (vgl. 2000) entwickeln ein Konzept „Sozialpädagogisches Handeln in der Schule" als offeneren Rahmen für Bezüge der Sozialpädagogik zur Schule, ohne dabei auf aktuelle Standards der Jugendhilfe infolge einer Aufgabenbestimmung von Sozialpädagogik näher einzugehen und für ihre Begründung eines „Hauses des Lernens" mit sozialpädagogischer Akzentuierung heranzuziehen. So bedeutet für Braun/Wetzel dann auch sozialpädagogisches Handeln in der Schule die Gestaltung von Schule als Lebensraum, die anhand mehrerer Ebenen eines entwicklungspädagogischen Handlungsfeldes Schule konkretisiert wird. Vorrangig scheint dabei die Konzipierung von Schule als kind- und jugendgemäßem Lebensort, die Intensivierung sozialen Lernens in der Schule sowie spielpädagogische, unterrichtsbezogene und geschlechtsspezifische Aspekte in der Schulentwicklung. Angesichts dieser breiten Perspektive wird Schulsozialarbeit enggeführt (reduziert) auf die Einzelfallarbeit bei Krisen von Schülern, die als Diskrepanz zwischen eigener Kompetenz und Anforderungen verstanden werden und im Rahmen pluralisierter Lebensbedingungen potentiell alle Schüler betreffen

können. Hierdurch soll eine Verallgemeinerung sozialpädagogischen Handelns in der Schule entstehen (Entstigmatisierung), die faktische Hilfestellung in Form beratender Unterstützungstätigkeit scheint dem dann aber entgegenzulaufen. Für Braun/Wetzel bedeutet Sozialpädagogik in der Schule zum einen eine breite Perspektive der offenen Milieugestaltung von Schule und zum anderen eine enge Perspektive der beratenden Unterstützung als Problembearbeitung, verstanden als Schulsozialarbeit.
Eine Standortbestimmung von Schulsozialarbeit wird dadurch erschwert. Sie ist vor allem Bestandteil der Schulentwicklung (aber nicht Jugendhilfe) und von Sozialpädagogen oder Lehrern gleichermaßen leistbar. Hiermit wird eine Profilbestimmung und Professionalisierung schulbezogener Angebote der Jugendhilfe verhindert und Sozialpädagogik vor allem als Importwissen für Schule zum Zwecke ihrer Weiterentwicklung gesehen. Dies ist zwar ein wichtiger Aspekt und argumentativer Zugang, der aber die Fundierung, Schärfung und Professionalisierung sozialpädagogischer Arbeit in der Schule als eigenständiges Handlungsfeld nicht vorsieht. Hier setzt wiederum eine tendenzielle Überforderung von Schule ein, der Institutionenwandel scheint das richtige Rezept zu sein. Ob dieser aber auf die komplexen Problemlagen junger Menschen angemessen reagieren kann, bleibt fraglich. Mir scheint das Zusammenwirken von Schule und Jugendhilfe als (gegenseitig) entwicklungsoffene sozialisatorische Räume die naheliegendere Perspektive zu sein, um jungen Menschen ein Netzwerk differenzierter Hilfen zur individuellen Lebensbewältigung bieten zu können - diese Grundüberlegung soll in dieser Arbeit begründet entwickelt werden.

- *Welche Erscheinungsformen von Schulsozialarbeit werden beschrieben (Angebotsformen)?*

Die Erscheinungsformen der Schulsozialarbeit stellen sich als sehr vielfältig dar und umfassen Angebote der Jugendarbeit, Jugendsozialarbeit und Ganztagsbetreuung: z. B. Freizeitarbeit, Beratung, Einzelfallhilfe, Klassenbetreuung, Elternarbeit, Fortbildung/Qualifizierung für Lehrer, berufliche Hilfen, Erlebnispädagogik, interkulturelle Pädagogik und Gesundheitsberatung. Eine solch breite Palette an Angeboten wird von allen Autoren (mit unterschiedlicher Gewichtung) als konstitutiv für sozialpädagogisches Handeln in der Schule angenommen.
Olk u. a (vgl. 2000) betonen ausdrücklich einen integrierten Ansatz der Schulsozialarbeit, der als fachpolitisch gut begründet eingeschätzt wird, so daß sich die Autoren vor allem auf die Qualitätsdimension einer derart (als integriert) verorteten Schulsozialarbeit konzentrieren und Strukturqualitäten eines komplexen sozialpädagogischen Angebotesprofils mit Elementen der Jugendarbeit und Jugendsozialarbeit formulieren. Aufgrund einer eher fachpolitischen Auseinandersetzung mit Schulsozialarbeit werden die Ergebnis- und Prozeßqualitäten sozialpädagogischen Handelns in der Schule ausgeblendet, da eine Vergewisserung über sie ihre fachtheoretische Fundierung notwendig machte. Dieser Aspekt wird von Olk u. a. (vgl. 2000, S. 207) als Perspektive für zukünftige wissenschaftliche Bemühungen um eine Aufgabenschärfung der Schulsozialarbeit benannt.

Ausgehend von dieser systematisierten Bilanz der Fachdiskussion stellt sich die Frage:

- *Welche Aspekte sind in wissenschaftlichen Untersuchungen berücksichtigt worden, und welche Forschungsinteressen sind im Feld der Schulsozialarbeit erkennbar?*

Der Modellversuch „Handlungsmöglichkeiten von Lehrern und Sozialpädagogen zur Überwindung von Schwierigkeiten benachteiligter Kinder und Jugendlicher in sozialen Brennpunkten" (eingerichtet von 1994 bis 1997 an drei sächsischen Mittelschulen) wurde vom DJI wissenschaftlich begleitet (vgl. Elsner 1996). Diese wissenschaftliche Begleitung hatte zum

Ziel „ im Sinne von Konzepten der Handlungsforschung die Entwicklung des Modellversuches analysierend zu dokumentieren, kritisch zu beraten und zu unterstützen" (ebd., S. 12). Es wurden zu den drei Schulen Fallstudien erarbeitet, die vier Aspekte beschreiben sollten: den Kontext (meint z. B das soziale Umfeld, Kooperationsbezüge, Geschichte der Schule), die Ressourcen (darunter werden konzeptionelle Vorgaben, personelle und materielle Zusammensetzung und der Bedarf gefaßt), den Entwicklungsprozeß (d. h. Kooperationsprozesse, Verlauf und Realisierung der Arbeitsvorhaben) und die Auswirkung und Veränderungen an den Schulen im Verlauf des Modellversuches.

Seithe (1998) hat das Landesprogramm „Jugendarbeit an Thüringer Schulen" wissenschaftlich begleitet bzw. evaluiert sowie eine Prozeßbegleitung und fachliche Beratung der Projekte und fachlichen Gremien, die sich mit der Konzeptualisierung von Sozialarbeit in der Schule befassen, vorgenommen. Ziel der Untersuchung war es, den Erfolg und die Ergebnisse des Landesprogrammes zu ermitteln, die geleistete Arbeit zu betrachten und daraus die (vorhandenen und zu entwickelnden) Rahmenbedingungen für ein qualifiziertes Jugendhilfeangebot abzuleiten. Das evaluative Vorgehen hat sich mit seinen erkenntnisleitenden wissenschaftlichen Thesen an der Notwendigkeit der Schulsozialarbeit als Lebensbewältigungshilfe (zurückgehend auf Böhnisch 1992, 1997), an soziodemographischen und regionalen Unterschieden der Bedarfslagen, den verschiedenen Konzeptualisierungen der Praxisprojekte und an den Veränderungen der Praxis aufgrund des Landesprogramms orientiert.

In Greifswald haben Prüß u. a. (1997a) das Projekt „Öffnung der Schulen" wissenschaftlich begleitet. In diesem Praxisprojekt wird die sozialpädagogische Arbeit ausschließlich auf eine Freizeitorientierung konzentriert (und somit auf den § 11 des KJHG bezogen). Das Forschungsinteresse richtete sich auf die Sinnhaftigkeit des Einsatzes von Freizeitpädagogen an Schulen und wollte in diesem Zusammenhang Fragen klären wie die Rolle des Freizeitpädagogen an der Schule und seine zweckmäßige fachliche und dienstliche Anbindung, den Bedarf, die Entwicklung und die Annahme von Freizeitpädagogen durch die Schüler sowie die Zusammenarbeit mit Partnern, Einrichtungen und Institutionen innerhalb und außerhalb der Schule.
Es liegt ferner eine Dokumentation zur Evaluation des Projektes „Schulsozialarbeit" im Landkreis Ludwigslust (vgl. Prüß u. a. 1997b) vor, das neben einer freizeitorientierten Tätigkeit auch Aufgaben der Jugendsozialarbeit übernimmt. Das Forschungsinteresse richtete auf die Funktion der Sozialpädagogen und ihr Aufgabenspektrum an der Schule (Rolle des Sozialpädagogen und seine Einbindung in die Schule, Bedarf an Hilfe und Unterstützungsleistungen, Angebotsstruktur, Nutzungspräferenzen durch Schüler, deren Problemlagen, Erfassung fachlicher Standards und Kooperationsformen mit der regionalen Hilfe- und Angebotsstruktur).

Eine weitere wissenschaftliche Begleitung in Mecklenburg-Vorpommern (vgl. Prüß u. a. 1997c) konzentrierte sich auf Jugendarbeit mit Schülern. Diese Studie zielte auf eine Zustandsanalyse und Bewertung des entsprechenden Förderprogramms für Jugendarbeit mit Schülern, das 1995 57 Projekt in Mecklenburg-Vorpommern umfaßte. Die Forschungsfragestellungen bezogen sich auf Rahmenbedingungen und deren Einfluß auf die Projekte, auf die Funktion und Wirkung der Projekte, auf den Institutionalisierungsprozeß und Wertungen der Kooperation durch Projektleiter und Lehrer sowie auf mögliche Entwicklungslinien und Fortschreibungen der Praxis.

Tab. 1: Bilanzierung der Fachdiskussion zur Kooperation von Jugendhilfe und Schule seit den 90er Jahren

Autoren	Theoretischer Hintergrund	Begründung	Begriff/ Institutionalisierung	Adressaten Handlungsdimensionen/-prämissen	Angebotsformen
Wulfers 1991	• nicht ausdrücklich benannt	• Probleme in der unterrichtlichen, sozialen und psychischen Situation der Schüler • Dilemmata von Schule • Beitrag zu Öffnung der Schule/Verbesserung des Schullebens	• nicht eindeutig geklärt	• vor allem multibelastete Problemgruppen (Schüler) • auch Eltern und Lehrer • SSA findet statt im unterrichtlichen (Schwer-punkt), außerunterrichtlichen und außerschulischen Bereich	• z. B. Mitarbeit im Unterricht, Pausen- und Schülertreffs, Supervision, Fort-/Weiterbildung, Hausaufgabenbetreuung, Gruppenarbeit, Beratung, berufliche Hilfen
Glanzer 1993, 1997	• nicht ausdrücklich benannt	• Kumulationseffekte problembelasteter familialer und schulischer Sozialisation • Neuakzentuierung von Schule mit sozialpädagogischer Perspektive	• Sozialarbeit in der Schule in schulischer Trägerschaft (Regelangebot der Schule)	• Schüler, Eltern, Lehrer • SSA verbindet personale, fachliche und Feldkompetenz/professionell-methodisches Handeln • Sozialarbeit in Schule ist erweitertes Organisationsprinzip von Schule (systemische Wirksamkeit)	• z. B. niedrigschwellige Beratungs-/Unterstützungsangebote, Freizeitarbeit, Stadtteilarbeit, Beratung/Fortbildung für Lehrer
Jordan 1995		• veränderte Lebenslagen in individualisierter Gesellschaft	• Jugendhilfe	• vor allem Schüler • Lebensweltorientierung • Stadtteilorientierung	• Stadtteil- und Netzwerkarbeit (im Verbund auch mit Schule)
Mühlum 1993	• nicht ausdrücklich benannt	• SSA ist Antwort auf Erschwernisse des Aufwachsens in moderner Gesellschaft	• Scharnierfunktion zwischen Schule und Jugendhilfe	• Schüler, Eltern, Lehrer • Freiheitlichkeit, Vertrauen, Ganzheitlichkeit, Befähigung, Integration, Prävention	• z. B. Schülertreff, Einzelfallhilfe, Schülergruppenarbeit, Elternarbeit, Orientierungshilfe in Lebensübergängen

Autoren	Theoretischer Hintergrund	Begründung	Begriff/ Institutionalisierung	Adressaten Handlungsdimensionen/-prämissen	Angebotsformen
Hoyer/Väth 1994	• nicht ausdrücklich benannt	• Komplexe Problem- und Konfliktfelder in individualisierter Gesellschaft • Transformationsprozesse in neuen Bundesländern/Folgeprobleme	• nicht eindeutig geklärt	• Schüler, Eltern, Lehrer • SSA als Anbieter sozialintegrativer Erfahrungsräume zur Verringerung der Konfliktfelder	• z. B. Beratung und Einzelfallhilfe für Schüler, Gruppenarbeit, Freizeitarbeit, Elternarbeit, Kooperation mit offener Jugendarbeit
Braun 1994, 1997	• nicht ausdrücklich benannt	• Konzeptualisierung von Schule als Lebensraum mit sozialpäd. Profil macht Kooperation mit Sozialarbeit nötig • Sicherung von Unterrichts und sozialer Integration	• nicht eindeutig geklärt	• Schüler, Eltern, Lehrer • soziales Lernen, reflexive Koedukation, Sozialintegration • didaktisch-methodische und soziale Öffnung des Unterrichts	• z. B. Erlebnispädagogik, Freizeitangebote und Kontakträume, psychosoziale Beratung, Gesundheits-, Berufsberatung, Fortbildung von Lehrern
Oelerich 1998	• als durchgängiger Hintergrund nicht benannt, Bezüge zur Lebenswelt- und Lebenslagenorientierung	• Lebenslage Schülersein im Kontext gesellschaftlicher Modernisierung	• Jugendhilfe und Schule, betrachtet als Relationen zwischen Institutionen, statt eines Spezialdienstes SSA	• v. a. Schüler in der Lebenslage Schülersein	• keine spezialisierten Angebotsformen (siehe Begriff), vielmehr Schulbezug als Querschnittsthema der Jugendhilfe
Rademacker 1994, 1996	• nicht ausdrücklich benannt	• Probleme in der Schulpraxis, Selektionsdruck/Marginalisierungserfahrung • Transformationsprozesse in neuen Bundesländern • Ergänzung von Schule um soziale Dienstleisterung zur Kompensation defizitärer Lebenslagen	• SSA ist Jugendhilfe, dort aber nicht unbedingt institutionalisiert	• Schüler, Eltern, Lehrer • Lebensweltorientierung, Sozialräumlichkeit • Sozialpädagogik als bildungspolitisches Handeln • Unterstützung der Bildungsinteressen benachteiligter Jugendlicher	• Standards der Jugendhilfeangebote (Jugendarbeit, Jugendsozialarbeit) • multikulturelle Erziehung

Autoren	Theoretischer Hintergrund	Begründung	Begriff/ Institutionalisierung	Adressaten Handlungsdimensionen/ -prämissen	Angebotsformen
Bettmer/Prüß 1996, 2000	• systemtheoretisch orientiert	• Probleme im Bereich der Schule • Auflösung des negativen Kompetenzkonfliktes von Schule und Jugendhilfe durch sozialp. Problembearbeitung in Schule	• SSA wird gegen allgemeine Perspektive einer „Schulbezogenen Jugendhilfe" eingetauscht	• Schüler, Eltern, Lehrer Handlungsmodalitäten und Ziele der Jugendhilfe allgemein • Unterstützung von Schulentwicklung	• Angebote der Jugendarbeit, Jugendsozialarbeit und in deren Überschneidungsbereich
Hurrelmann 1996	• nicht ausdrücklich benannt	• veränderte Netzwerke der Unterstützung • veränderte Lebenslagen in individualisierter Gesellschaft	• Jugendarbeit ergänzt Schule (Jugendhilfe)	• vor allem Schüler, aber auch Lehrer • unterrichtliche und außerunterrichtliche Angebote	• Methoden, Konzepte der offenen Jugendarbeit • Aufwertung von Klassenlehrer, Beratungslehrer • Schüler als Tutoren
Nieslony 1997, 1998a, 1998b	• nicht ausdrücklich benannt	• sozialpäd. Auftrag von Schule/Öffnungsbemühungen machen neues Verhältnis zu Jugendhilfe nötig	• SSA ist Jugendhilfe aber in privater Trägerschaft (nicht Schule/Jugendhilfe) als interdisziplinärer Verbund institutionalisiert	• Schüler, Eltern, Lehrer Verbund leistet weisungsunabhängig vertraglich vereinbarte schulreformbezogene Dienstleistungen	• schulbezogenes casemanagement • Dienstleistungen für Unterricht, Schulen, Schulträger
Hartmann 1998	• nicht ausdrücklich benannt	• Änderungsbemühung von Schule als Lernort zur Lebenswelt macht Kooperation mit Jugendhilfe nötig	• SSA ist Jugendhilfe	• Schüler, Eltern, Lehrer • SSA ist individuell, institutionell, gesamtgesellschaftlich ausgerichtet • SSA ist biografie-, schul-, berufs-, freizeitorientiert Prävention, Vernetzung	• z. B. Gemeinwesenarbeit (Stadtteilprojekte, Initiativen, Migrantenarbeit), Freizeitangebote, Beratung, Klassenbetreuung

Autoren	Theoretischer Hintergrund	Begründung	Begriff/ Institutionalisierung	Adressaten Handlungsdimensionen/-prämissen	Angebotsformen
Olk/Hartnuß 1999	• nicht ausdrücklich benannt	• schulumfeldbezogene Indikatoren (Problemmilieus, Angebotsdefizite etc.) • schulbezogene Indikatoren (soziale Konflikte zwischen Schülern, Gewalt etc.)	• SSA ist Jugendhilfe	• Schüler, Eltern, Lehrer • integrativ und ganzheitlich orientiert • gemeinwesenorientiert	• SSA ist komplexe sozialpädagogische Leistung in verschiedenen Feldern der Jugendhilfe • Elemente der Jugendarbeit, Jugendsozialarbeit, Ganztagsbetreuung
Hollenstein/Tillmann 1999a, 1999b Hollenstein 1999	• Sozialisationstheorie und sozialarbeitswissenschaftliche Bündelung von verschiedenen Theorieelementen	• neue Sozialisationsprobleme infolge von Modernisierungsschüben sowie schulische Sozialisationsprobleme in ihrer gegenseitigen Überlagerung	• SSA ist Jugendhilfeansatz • Unterscheidung von Praxisentwicklung an Schulen („SSA im engeren Sinne") und Kooperation von Jugendhilfe und Schule („SSA im weiteren Sinne")	• vor allem Schüler, auch Lehrer und Eltern • SSA ist Unterstützungsraum (Intervention bei Konflikten und Förderung/Öffnung von Handlungsfeldern der Schüler, Lehrer, Eltern), Hilferaum (bei Problembelastetheit von Schülern), Handlungsraum (Freizeitorientierung, Gestaltung des Schullebens)	• breite Fächerung von Angebotsformen: von der Freizeitarbeit und Gestaltung des Schullebens über Hilfe und Unterstützung benachteiligter Schüler bis zur Anregung von schulischer Organisationsentwicklung
Seithe 1999	• nicht ausdrücklich benannt	• SSA ist Konsequenz aus Modernisierungsprozeß und konzeptioneller Annäherung der Erziehungsinstanzen • Optimierung der Funktionsfähigkeit des Systems und des Lebensraums Schule	• SSA ist Jugendhilfe	• Schüler, Eltern, Lehrer • Sozialintegration und Hilfe zur Selbsthilfe • Lebensbewältigung, Lebensweltorientierung, Prävention	• Freizeit- und Erholungsangebote • Schaffung von Kommunikationsorten • Klassenbetreuung/ Gruppenarbeit • Einzelfallarbeit

Autoren	Theoretischer Hintergrund	Begründung	Begriff/ Institutionalisierung	Adressaten Handlungsdimensionen/-prämissen	Angebotsformen
Jordan/Sengling 2000	• nicht ausdrücklich benannt	• veränderte Lebenslagen in individualisierter Gesellschaft • Intervention bei schulisch relevanten Problemen	• Schulbezogene Erziehungshilfen sind Jugendhilfe	• Schüler, Eltern, Lehrer	• Horte • Sozialpädagogische Arbeit mit Schülern (z. B. Freizeitarbeit, Kontakträume, berufliche Hilfen) • Lehrerberatung, Elternarbeit
Mack 2000	• Bildungstheorie • Theorie der Lebensweltorientierung/ Lebensbewältigung • Modernisierungstheorie	• Bewältigungsanforderungen im Bildungsprozeß von Kindern und Jugendlichen in individualisierter Gesellschaft	• schulische Entwicklung im Mittelpunkt, weniger sozialpädagogische Angebote in Kooperation	• Schüler	• Konzeptualisierung einer „Jugendschule"
Olk u. a. 2000	• nicht ausdrücklich benannt (eher systemtheoretisch)	• Modernisierungsbedingungen machen veränderte päd. Konzepte notwendig (SSA hat Anteil daran)	• SSA ist Jugendhilfe (in ihrer Trägerschaft und unter ihrer Leitung)	• Schüler, Eltern, Lehrer • integrierter ganzheitlicher Ansatz	• Kinder- und Jugendarbeit am Ort und im Umfeld der Schule • schulbezogene Jugendsozialarbeit • Jugendberufshilfe und Berufsvorbereitung
Braun/Wetzel 2000	• nicht ausdrücklich benannt	• Kritik an Schule als reinem Lernort, die Probleme von Schülern mitproduziert (Institutionenkritik) • in Schule geäußerte komplexe Probleme von Schülern erfordern schulische Sozialerziehung	• nicht eindeutig geklärt • SSA wird von Sozialpädagogen oder qualifizierten Lehrern ausgeführt	• v. a. Schüler, Eltern bei koordinativer Hilfestellung • Entstigmatisierung • Freiwilligkeit • Autonomie/Selbstverantwortung wahren • Hilfe zur Selbsthilfe • Problembearbeitung bei Krisen von Schülern • schulorientierte Lebensraumgestaltung	• alltagsbezogene Einzelfallarbeit in der Schule als beratende Unterstützung (Schulsozialarbeit) • Gestaltung von Schule als Haus des Lernens

In Sachsen-Anhalt wurde die Übernahme sozialpädagogischer Funktionen und Aufgaben durch Schulsozialarbeiter sowie Kooperationschancen mit Lehrer am Ort der Schule erforscht (vgl. Olk u. a. 1996). Gegenstand der Untersuchung waren 20 Schulen im Landkreis Merseburg-Querfurt, an denen ein Modellprojekt „Schulsozialarbeit" eines freien Trägers realisiert wurde. Befragt wurden eine Auswahl von Schüler, die betreffenden Schulsozialarbeiter, die an den Modellprojekten beteiligten Lehrer sowie eine Auswahl von Eltern. Diese Gruppen sollten den Ist-Zustand der Kooperation von Jugendhilfe und Schule bewerten und ihre Unterstützungsbereitschaft bzw. Ablehnungshaltung gegenüber etwaigen konzeptionellen Änderungen äußern.

Das Ministerium für Bildung, Wissenschaft und Kultur des Landes Mecklenburg-Vorpommern förderte von 1998 bis 2000 ein Forschungsvorhaben, das die „Entwicklung der Kooperation von Jugendhilfe und Schule in Mecklenburg-Vorpommern" detailliert in den Blick genommen hat. Mit dem Forschungsprojekt wurden zwei zentrale Ziele verfolgt (vgl. Prüß u. a. 1999, 2000): Zum einen wurde mit der Untersuchung der Bestand an Projekten der schulbezogenen Jugendhilfe erfaßt und eine vergleichende Beurteilung der Projekte versucht, die als Orientierung für die Weiterentwicklung des Handlungsfeldes dient. Es wurden zu diesem Zweck die organisatorische und institutionelle Strukturierung und Ausstattung erfragt, genauso wie die Bandbreite der bearbeiteten Probleme und Aufgaben, die Vielfalt und Angemessenheit der eingesetzten Methoden sowie die Nutzung der vorhandenen Ressourcen in Kommune und Kreis abgebildet.
Zum anderen wurde der Bedarf an Projekten der schulbezogenen Jugendhilfe in Mecklenburg-Vorpommern ermittelt, indem eine repräsentative standardisierte Befragung von 1627 Schülern, 1026 Eltern, 387 Lehrern und 189 Mitarbeitern der schulbezogenen Jugendhilfe durchgeführt wurde. Ermittelt wurden jeweils die unterschiedliche Wahrnehmung von Problemen und Belastungen im Schulalltag sowie die Einschätzung der zur Verfügung stehenden Ressourcen sozialer Unterstützung durch die jeweilige Population. Es wurden auf diese Weise Konsequenzen für die weitere Entwicklung zweckmäßiger und effizienter Modelle der Kooperation von Jugendhilfe und Schule abgeleitet.

Wie läßt sich nunmehr der referierte Diskussions- und Forschungsstand zur Kooperation von Jugendhilfe und Schule mit den einleitend beschriebenen, ersten erkenntnisleitenden Fragen in Verbindung bringen? Wie können demnach Hauptfragen und -thesen dieser Arbeit und das Vorgehen begründet abgeleitet werden?

3 Begründung der Forschungsfrage und Kernthesen/-fragen der Arbeit

Ausgehend von den in Punkt 1 entwickelten ersten erkenntnisleitenden Fragen kann man sagen, daß die in der Fachdiskussion beschriebene *Vielfalt an Konzepten bisher kaum systematisiert* wurde, nur selten wurden Handlungsdimensionen benannt, die auch mit den Angebotsformen in Verbindung gebracht wurden (vgl. Seithe 1999).
Grund für diese eher fehlende Systematik von Angeboten und Zielsetzungen der Schulsozialarbeit ist, so meine These, die fehlende differenzierte Bezugnahme auf den sozialpädagogischen Diskurs (*fehlender ausdrücklicher Theorierahmen*). Schulsozialarbeit wird zwar überwiegend als Jugendhilfe verstanden (institutionelle Ebene), aber wenig mit der dazugehörigen Fachtheorie der Sozialpädagogik in Verbindung gebracht. Die fachtheoretische Ebene macht den institutionellen Rahmen aber erst in seiner Ausgestaltung diskutierbar. Die Bezugnahme auf den sozialpädagogischen Diskurs bleibt überwiegend in der Benennung von Zentralbegriffen und Maximen verhaftet, ohne sie auszuführen und mit den möglichen Aufgaben der

Schulsozialarbeit in Verbindung zu bringen. Eine solche systematische Klärung würde aber nicht nur den Begründungsweg fundieren, sondern auch das Ergebnis (Aufgaben der Schulsozialarbeit) transparenter machen.

Ähnlich verhält es sich mit den gängigen modernisierungstheoretischen Annahmen als Hintergrundfolie, auf der die Kooperation von Jugendhilfe und Schule vielfach begründet wird. Eine ausführliche Klärung dieser Bedingungen in ihren Auswirkungen auf das Handeln der Schüler und schließlich ihre Repräsentierung in der Schule geschieht eher nicht. Hier scheint eine sozialisationstheoretische Fundierung der Handlungsebene von jungen Menschen nötig, die vor dem Hintergrund von institutionellen Bedingungen der Schule konkretisiert werden. Es wäre dann ein Fundament geschaffen, dessen Anschlußfähigkeit an den sozialpädagogischen Diskurs geprüft werden kann, um Schulsozialarbeit nicht nur zu begründen, sondern auch als Angebot der Jugendhilfe zu konzeptualisieren.

Damit scheint die nächste Frage danach offen, *was beide Instanzen in die Kooperation einbringen*. Auf seiten der Schule sind dies Bestrebungen der Schulöffnung und der Gestaltung eines Lebensraumes Schule. Die Jugendhilfe wird in ihrem Anteil zu schnell in Form von Angeboten und Hilfesettings beschrieben, ihre genuine Fachlichkeit, der sozialpädagogische Blick auf die schulische Sozialisation aber kaum beschrieben.

Schließlich mündet die überwiegende Forderung nach einer klaren Zuständigkeit und *Verortung der Schulsozialarbeit in der Jugendhilfe* in keine eigenständige Plazierung dieser Angebote im Jugendhilfesystem. Es werden vielmehr bestehende Angebotsformen der Jugendhilfe subsumiert, womit sich ein eigenständiges Handlungsfeld aber nur schwer kreieren läßt.

Hinzu kommt, daß die theoretisch auf unterschiedlicher Ebene und Grundlage entwickelten Forderungen an die Etablierung von Schulsozialarbeit bislang nicht hinreichend durch die empirisch-wissenschaftliche *Forschung zur Schulsozialarbeit* fundiert werden, vielmehr werden einzelne Aspekte der Praxisgestaltung und -entwicklung (Rahmenbedingungen) evaluiert. D. h. die Erforschung von Schulsozialarbeit bleibt fast ausschließlich in der Betrachtung konkreter Angebote und schulischer Situationen verhaftet (im Sinne wissenschaftlicher Begleitung), in Form einer für Mecklenburg-Vorpommern repräsentativen Grundlagenstudie wurde von Prüß u. a. (vgl. 2000) eine Forschungsinteresse realisiert, das die Situation, Probleme in der Schule und Bewältigungsformen sowie Ressourcen sozialer Unterstützung erfaßt, um diese Aspekte als unmittelbaren Ausgangspunkt für die Entwicklung von Unterstützungsangeboten im schulischen Bereich zu nehmen.

Insgesamt werden die *empirischen Zugänge* zur Schulsozialarbeit aber *nicht systematisch mit einer sozialpädagogischen Argumentation in Verbindung* gebracht, so daß eine Bestimmung des Anteils von Jugendhilfe in der Kooperation aus Sicht der Sozialpädagogik in der Verbindung von Theorie und Empirie erkennbar wäre.

Für mich bleiben also weiterhin die **Fragen** erkenntnisleitend:
  theoretisch betrachtend:
- Wie läßt sich das Zusammenwirken von Jugendhilfe und Schule systematisch, auf einem zentraltheoretischen Hintergrund aufbauend, begründen?
- Welche Bezüge auf den sozialpädagogischen Diskurs sind möglich? Wie kann ein fachtheoretischer Bezugsrahmen der Sozialpädagogik zur Profilschärfung von Sozialpädagogik in der Schule beitragen?

empirisch betrachtend:
- Was sind Belastungs- und Problemstrukturen in der Schule? Welche Ressourcen sozialer Unterstützung im schulischen Bereich stehen den Schülern(nicht) zur Verfügung?

schlußfolgernd im Sinne einer Zusammenführung von Theorie und Empirie:
- Was ist demnach das Aufgabenprofil von Sozialpädagogik in der Schule (Handlungsanlaß)?
- Wie können schulbezogene sozialpädagogische Angebote der Jugendhilfe im Jugendhilfesystem verortet werden?

Ausgehend von der von mir geteilten modernisierungstheoretischen Begründung von Schulsozialarbeit in der Fachdiskussion und ihrer Kennzeichnung als Teil der Jugendhilfe, ist es **Ziel dieser Arbeit**

- eine theoretisch-empirische Bestimmung von Aufgaben der Jugendhilfe im Sozialisationsraum Schule vorzunehmen, eine Begründung und Konzeptualisierung *schulbezogener Angebote der Jugendhilfe* (als Begrifflichkeit und Kernkonzept) zu entwickeln. Im Ergebnis soll ein *eigenständiges schulbezogenes Angebotssegment im Jugendhilfesystem* beschrieben und verortet werden, das sich in der Praxis als eine flexible und integrierte Hilfeform darstellt.

Mit dieser Zielsetzung sind Eingrenzungen verbunden, die sogleich als Festlegung formuliert werden:

- Schulbezogene Angebote der Jugendhilfe als ein Segment im Jugendhilfesystem zu entwickeln, bedeutet hier, den Aufgabenbereich der schulbezogenen Jugendarbeit und Jugendsozialarbeit als Ausgangspunkt für die Konzeptualisierung eines eigenständigen schulbezogenen Ansatzes der Jugendhilfe zu nehmen. Betrachtet wird also nach der gegenwärtigen Systematik des KJHG der Geltungs- und Überschneidungsbereich der §§ 11 (Jugendarbeit) und 13 (Jugendsozialarbeit), nicht einbezogen werden die Horterziehung oder Erziehungshilfen mit Schulbezug (etwa die Tagesgruppe), da sie für die angestrebte Argumentation weniger Anknüpfungspunkte liefern.
- Die beschriebene Zielsetzung lenkt den Blick nahezu ausschließlich auf die Jugendhilfe, es soll der Anteil der Jugendhilfe an der Kooperation ausführlich geklärt werden. Diese Seite der Kooperationsbeziehung zu vertiefen, bedeutet nicht, die andere für unwichtig oder erschöpfend geklärt zu halten, man muß jedoch bei einer Seite anfangen und dies ist hier die Jugendhilfe. Nur kursorisch und als notwendige Rahmenbedingung, mithin Perspektive oder Ermöglichungsstruktur für die Kooperation mit der Jugendhilfe, wird die Schulentwicklung aufgegriffen, die sich gegenwärtig bereits stärker in der schulpädagogischen Diskussion wiederfindet. Dagegen soll die Beschäftigung mit schulbezogenen Angeboten der Jugendhilfe eine spezifische Akzentuierung von Jugendhilfeentwicklung anregen und begründen.
- Das zu entwickelnde Angebotssegment bezieht sich auf die Adressatengruppe der Kids und Jugendlichen an allgemeinbildenden Schulen, nicht betrachtet werden also Konsequenzen für sozialpädagogische Angebote an Grundschulen, Berufs- und Förderschulen, da hier spezifische Unterstützungs- und Entwicklungsbedarfe eine gesonderte Konzeptentwicklung und Verortung entsprechender Angebote der Jugendhilfe notwendig erscheinen lassen.

Dieses Erkenntnisinteresse mündet in drei **Kernthesen**:

1. Die Kooperation von Jugendhilfe und Schule ist auf sozialisationstheoretischer, subjekttheoretischer (also schülerbezogener) Ebene zu begründen.
2. Schulbezogene Angebote der Jugendhilfe sind auf der fachtheoretischen Ebene, im Rückgriff auf die jüngere sozialpädagogische Fachdiskussion, als „schulalltagsorientierte Sozialpädagogik" zu verstehen und in den Rahmenkonzepten der Lebenswelt- und Alltagsorientierung sowie der biografischen Lebensbewältigung zu verorten.
3. Schulbezogene Angebote der Jugendhilfe sind auf der konzeptionellen, angebotsbezogenen Ebene als integrierter und flexibler Handlungsansatz mit den Angebotssegmenten „lebenslagengestaltend-strukturierend" und „problembearbeitend-integrierend" zu entwickeln.

Um diesem Erkenntnisinteresse gerecht zu werden, verbindet das Vorgehen zwei **Methoden**:

- Ein theoretischer, auf der Literaturanalyse und -systematisierung basierender Zugang verbindet vier Analyseebenen miteinander:
  - *Makrostrukturelle Lebensbedingungen* (theoretisch erläutert mit dem Individualisierungstheorem und Konsequenzen für das Aufwachsen von jungen Menschen),
  - *sozialökologische Umweltbedingungen und interaktionelle Prozesse in Lebensumfeldern und Instititionen* (Schule als Institution und die Interaktionsbeziehungen in ihr werden gekennzeichnet sowie Bedingungen und Ressourcen sozialer Unterstützung der schulischen Sozialisation in Familie, peer-group, Schule und Jugendhilfe dargestellt),
  - *individuelle Ebene der Verarbeitung und der Handlungsmuster* (Bewältigungshandeln in Schule wird charakterisiert, aufbauend auf der Theorie des Interaktionismus und der produktiven Realitätsverarbeitung) sowie die
  - *fachtheoretisch-professionsbezogene Bündelung dieser Ebenen*, um den sozialpädagogisch versierten Blick auf die theoretisch beschriebenen und empirisch ermittelten Phänomene der Belastungsstrukturen in der Schule als Ansatzpunkt für die Konzeptualisierung schulbezogener Angebote der Jugendhilfe zu nehmen.

- Und ein empirischer, auf der Methodik quantitativ-empirischer Sozialforschung basierender Zugang stützt sich auf einen Datensatz aus dem Forschungsprojekt zur „Entwicklung der Kooperation von Jugendhilfe und Schule in Mecklenburg-Vorpommern"[5] und wird auf der Grundlage einer standardisierten, für Mecklenburg-Vorpommern repräsentativen Befragung von über 1600 Schülern der Klassenstufe 5 bis 10 (an Haupt-, Realschulen, Integrierten und Kooperativen Gesamtschulen sowie Gymnasien) zu Problemen in der Schule sowie Ressourcen sozialer Unterstützung entwickelt.

Über das genannte erkenntnisleitende Interesse der Arbeit hinaus werden Rückschlüsse für die weitere Qualifizierung des Tätigkeitsfeldes der schulbezogenen Angebote von Jugendhilfe und möglicherweise auch Anhaltspunkte für die Aus- und Weiterbildung von dort Beschäftigten erhofft. Die gestellte Thematik zielt somit auch auf eine praxisgestaltende Forschungsarbeit. Darüber hinaus könnten die Ergebnisse einer Aufgaben- und Gegenstandsbestimmung

---

[5] Die vorliegende Arbeit entstand im Rahmen des Projektes „Entwicklung der Kooperation von Jugendhilfe und Schule in Mecklenburg - Vorpommern". Das wissenschaftliche Projekt war am Institut für Erziehungswissenschaft der Universität Greifswald angebunden. Ich danke den Mitgliedern der Forschungsgruppe Prof. Dr. Franz Prüß (Projektleitung), Dr. Franz Bettmer und Dipl. - Päd. Birger Hartnuß für wertvolle Anstöße in anregenden Diskussionen und für konstruktive Kritik während der Verfolgung meines Vorhabens.

schulbezogener Angebote der Jugendhilfe auch einen Beitrag zur jugendhilfepolitischen Diskussion um schul- und familienergänzende Hilfen (die sich in einen kooperativen Zusammenhang einfügen) leisten. Die **thematische Relevanz** der vorliegenden Forschungsfrage läßt sich demnach auf drei Bereiche beziehen: Angestrebt werden

- Erkenntnisse über konzeptionell-theoretische Aspekte von schulbezogenen Angeboten der Jugendhilfe,

- Erkenntnisse über praxisgestaltende Aspekte von schulbezogenen Angeboten der Jugendhilfe (Systematisierungsmöglichkeiten der Aufgaben von schulbezogenen Angeboten der Jugendhilfe, Rückschlüsse für eine Qualifizierung der Angebotsform) und

- Erkenntnisse über jugendhilfepolitische Gestaltungselemente der Kooperation von Jugendhilfe und Schule (Bewertung der schulbezogenen Angebote der Jugendhilfe als ein Element des Spektrums an Jugendhilfeangeboten und Bestimmung ihres Stellenwertes im Jugendhilfesystem; rechtliche Verortung und effektive Organisations-/Institutionalisierungsformen).

Es ergibt sich damit die wie folgt beschriebene Struktur der Arbeit (ausführlichere Überblicksdarstellungen finden sich jeweils zu Beginn der Teilabschnitte, so daß hier nur die argumentative Architektur skizziert wird):

4 Aufbau der Arbeit - Überblick über die Struktur und den Argumentationsweg

Die Arbeit untergliedert sich in mehrere Teile:

Im *Teil 2* werden theoretische Überlegungen zum Gegenstand und zu den Aufgaben schulbezogener Angebote der Jugendhilfe vorgenommen. Nach einer sozialisationstheoretischen (auf der Basis des Interaktionismus entwickelten) Klärung von Bewältigungsanforderungen von Kids[6] und Jugendlichen heute wird die Relevanz von Individualisierungsprozessen als Auslöser für die Thematik der Lebensbewältigung junger Menschen für den Sozialisationsraum Schule überprüft. Der Sozialisationsraum Schule wird sodann aus interaktionistischer (rollentheoretischer) Sicht hinsichtlich ihrer institutionell beschreibbaren pädagogischen Beziehungen gekennzeichnet und als Kumulationsfeld soziostruktureller und gesellschaftlicher Bedingungen gefaßt. Einer Dimensionierung von schulbezogenen Problemebenen folgt die Darstellung von Ressourcen sozialer Unterstützung im schulischen Kontext, die von jungen Menschen in Anspruch genommen werden können und in Ergänzung zur individuellen Bewältigungskompetenz eine gelingende (schulische) Sozialisation mitbedingen. Neben der Familie, den peers und der Schule wird die Jugendhilfe ausführlich in ihrer schulbezogenen Unterstützungsfunktion thematisiert und das Konzept einer „schulalltagsorientierten Sozialpädagogik" als fachtheoretisches Fundament „schulbezogener Angebote der Jugendhilfe" begründet entwickelt.

Im *Teil 3* wird die empirische Relevanz des vorläufig gerahmten Gegenstandes und der Aufgaben schulbezogener Angebote der Jugendhilfe anhand einer standardisierten Befragung von

---

[6] Die Verwendung des Begriffes „Kids" ist an die Systematik von Böhnisch (vgl. 1992) angelehnt, der hier auf eine Altersgruppe aufmerksam macht, die in ihrer Entwicklung nicht mehr als Kind und noch nicht als Jugendliche einzustufen ist, aufgrund dieser „Zwischenstellung" mithin die Konzeptualisierung von für sie angemessene sozialpädagogische Angebote schwierig macht

Schülern der Klassenstufen 5 bis 10 der allgemeinen Bildungsgänge ermittelt. Die theoretisch beschriebenen Problem- und Belastungsstrukturen werden exemplarisch für Mecklenburg-Vorpommern empirisch erfaßt, um Schlußfolgerungen für die Aufgaben und die Konzeptualisierung schulbezogener Angebote der Jugendhilfe ableiten zu können (dann mit dem Anspruch länderübergreifend generalisierende Aussagen treffen zu können) - hier verstanden als Hilfe zur Lebensbewältigung im schulischen Kontext durch alltagsnahe sozialpädagogische Arrangements, die einen Beitrag zur Regulation von Belastungen und zur Bearbeitung von Problemen der Schüler haben, mithin vorhandene Ressourcen der Unterstützung besser abstimmen oder nicht vorhandene Ressourcen gemeinsam mit anderen Instanzen ausgleichen helfen.

Im nächsten Schritt, dem *Teil 4*, werden dann die theoretischen Überlegungen und die empirischen Befunde zusammengeführt, so daß eine präzisierte Gegenstands- und Aufgabenbestimmung schulbezogener Angebote der Jugendhilfe als schulalltagsorientierte Sozialpädagogik erfolgen kann. Diese Konzeptualisierung schulbezogener Angebote der Jugendhilfe wird anhand von sieben Dimensionen vorgenommen: Zunächst wird die „Auslösedimension" thematisiert („Aufforderungscharakter" für schulbezogene Angebote der Jugendhilfe - wann ist sie angezeigt?), die „Bezugsdimension" (Verortung der schulbezogenen Angebote der Jugendhilfe hinsichtlich von Zielgruppen und Handlungsdimensionen), es folgen die „(Re-) Aktionsdimension" (Konzepte, Angebotsformen, Methoden) und die „Zieldimension" (fachliche Prämissen, Leitlinien und einzelfallorientierte Ziele), bevor die „Professionalisierungsdimension" Fragen der Verfachlichung und Qualifizierung sowie die „Implementierungsdimension" Fragen der Institutionalisierung und organisatorischen Fixierung dieses sozialpädagogischen Handlungsfeldes bündelt und klären will.

Abschließend werden offene Fragen und Problematiken benannt, die den Blick über diese Arbeit hinaus öffnen sollen, Grenzen des Vorhabens bewußt und auf die Notwendigkeit weiterer Forschung aufmerksam machen und damit Perspektiven für die weitere Beschäftigung mit sozialpädagogischem Handeln in der Schule aufzeigen.

Teil 2: **Fachtheoretische Überlegungen zum Gegenstand und zu Aufgaben schulbezogener Angebote der Jugendhilfe: Belastungen und Probleme im Kontext Schule und Ressourcen sozialer Unterstützung für ihre individuelle Bewältigung**

1 Sozialisation von Kids und Jugendlichen

Unter Sozialisation wird im allgemeinen der Aneignungsprozeß von Werten und Normen der Gesellschaft durch die Menschen verstanden. Dieser Prozeß läßt sich durch zwei Anpassungsvorgänge beschreiben, die Gottschalch (vgl. 1994, S. 463) als autoplastisch und alloplastisch bezeichnet. Mit autoplastischer Anpassung ist der Anteil psychischer Strukturierungs- und Orientierungsleistungen gemeint, die notwendig sind für flexibles und wandlungsfähiges soziales Handeln. Die alloplastische Anpassung hingegen umfaßt den Abgleich und die Angleichung äußerer Anforderungen (wie Werte, Normen und situative Tatbestände in der Umwelt) an die eigenen Bedürfnisse und Kompetenzen, so daß man mit ihnen leben kann. Nach Gottschalch (ebd.) ist Sozialisation ein wechselseitiger Prozeß „ (...) zwischen den Teilnehmern an der Vergesellschaftung, in dem freilich die Wirkungsmacht der Gesellschaft - Gesellschaft hier begriffen als kompliziertes und in seiner Dynamik widersprüchliches Aggregat von Sozialisationsagenturen und -instanzen: Familie, Schule, Freundesgruppen, Arbeitswelt, politische Kultur, Religionsgemeinschaften- erheblich stärker ist als die der Sozialisanden."

Die Sozialisationstheorie und -forschung beschäftigt sich vor allem mit dem sozialkulturellen Aufbau der Persönlichkeit, seiner Konstituierung, die als Zusammenspiel sozial relevanter und auf das Soziale bezogene Emotionen und Motive, von Denken und Handeln eines Menschen gefaßt wird und durch Erziehung wie auch durch unbewußte und ungewollte (nicht intentionale) Einwirkungen der Umwelt (sowie den subjektiven Reaktionen darauf) bedingt und geformt wird.
Man unterscheidet heute u. a. lerntheoretische (z. B. Bandura), pychoanalytische (Erikson), entwicklungstheoretische (Piaget), ökologische (Bronfenbrenner), systemtheoretische (Parsons) und interaktionistische (Mead) Ansätze. Geulen/Hurrelmann (vgl. 1980) und Hurrelmann (vgl. 1990b) haben darüberhinaus versucht, umfassende sozialisatonstheoretische Modelle auszuarbeiten, wie im „Strukturmodell der Sozialisationsbedingungen" und dem Modell der „produktiven Realitätsverarbeitung" beschrieben.

1.1 Gegenstandsbereich, Ebenen und Phasen des Sozialisationsfeldes

Tillmann (1990, S. 10) möchte den Begriff der Sozialisation so präzise wie möglich fassen, um diesen Bereich der sozialen Realität beschreibbar und bearbeitbar zu machen, so daß er sich an die verbreitete Definition von Geulen/Hurrelmann (1980, S. 51) hält: Sozialisation ist demnach zu definieren „als der Prozeß der Entstehung und Entwicklung der Persönlichkeit in wechselseitiger Abhängigkeit von der gesellschaftlich vermittelten sozialen und materiellen Umwelt. Vorrangig thematisch ist dabei (...), wie sich der Mensch zu einem gesellschaftlich handlungsfähigen Subjekt bildet."

Nach Tillmann (vgl. ebd.) ist diese Definition deshalb zentral für die Beschäftigung mit Sozialisation, weil sie den Gegenstandsbereich hierfür in Umfang und Qualitäten absteckt. Es gehört die Gesamtheit aller Umweltbedingungen, die Einfluß auf die Subjektentwicklung nehmen, dazu, die ihrerseits in ihrer gesellschaftlichen Durchdringung und Beeinflussung beschrieben wird. Alle sozialen und materiellen Umweltfaktoren sind gesellschaftlich beeinflußt und können als Bedingungen des Sozialisationsprozesses bedeutsam werden. Die Plausibilität dieser Annahme ist einsichtig, wenn man sich einige Beispiele vor Augen führt: Elterliche Erziehungsstile oder Lernprozesse in der Schule (soziale Bedingungen des Aufwachsens) sind ebenso abhängig von der jeweiligen gesellschaftlichen Einbindung wie die Gestaltung von Wohngegenden und -häusern sowie Spielzeug oder anderer Freizeitutensilien (materielle Bedingungen) - auf beiden Ebenen sind die Tatbestände immer in gesellschaftlicher Bearbeitung existent. Diese Gesamtheit gesellschaftlich vermittelter Umwelt spielt gemäß der Definition für deren Betrachtung im Rahmen von Sozialisationsprozessen nur eine Rolle hinsichtlich ihrer spezifischen Bedeutung hierfür (also für die Entwicklung der Persönlichkeit).

Nach dieser Abgrenzung des Gegenstandsbereiches ist auch der Charakter des Austausches zwischen Person und Umwelt zu klären: Die Rede war bislang von der Entwicklung und Veränderung der menschlichen Persönlichkeit. Der Begriff der Persönlichkeit soll hier verstanden werden als ein Gefüge von beobachtbaren Verhaltensweisen und psychischen Prozessen und Zuständen (Gefühle, Motivationen etc.), die ein Individuum kennzeichnen. Entsprechend läßt sich der Begriff der Persönlichkeit mit Tillmann (1990, S. 11, in Anlehnung an Hurrelmann 1990b, 1994) umreißen „ (...) als das spezifische Gefüge von Merkmalen, Eigenschaften, Einstellungen und Handlungskompetenzen, das einen einzelnen Menschen kennzeichnet. Entstanden ist dieses organisierte Gefüge auf der biologischen Lebensgrundlage des Menschen durch die Erfahrungen, die der Einzelne im Laufe seiner Lebensgeschichte gemacht hat." Diese Bestimmung des Begriffs Persönlichkeit verweist auch auf die Spezifität des Gefüges eines Einzelnen, sprich auf die Individualität, die den Einzelnen von allen anderen unterscheidet, unverwechselbar macht. Diese Individualität wird flankiert von Sozialität im Sinne eines sozialen und kulturellen Rahmens, der die Mitglieder einer Gesellschaft verbindet und Interaktion ermöglicht (z. B. durch gleiche Sprache, Zuschreibungen von Rollenverhalten oder Kulturtechniken). Die Persönlichkeit entwickelt sich im Sozialisationsprozeß also zwischen diesen beiden Polen der Individuierung und Vergesellschaftung.

Eine dritte Grundaussage (neben dem Gegenstandsbereich und dem Begriff der Persönlichkeit) ist von der oben genannten Definition von Sozialisation abzuleiten: das Verhältnis vom Individuum zu den Bedingungen seiner Umwelt. Gemeinsam mit Tillmann (vgl. 1990) und Hurrelmann (vgl. 1990b, 1994) gehe ich davon aus, daß heranwachsende Menschen einen aktiv-gestaltenden Einfluß auf Lebens- und Lernprozesse haben, nicht einfach den Bedingungen des Aufwachsen ausgeliefert sind, sondern immer auch auf sie einwirken und sich damit zum handlungsfähigen Menschen, zum Subjekt entwickeln: „Sozialisation ist nicht einfach die (freiwillige oder erzwungene) Übernahme gesellschaftlicher Erwartungen in psychische Strukturen, sondern ein Prozeß der aktiven Aneignung von Umweltbedingungen durch den Menschen. Die prinzipielle Möglichkeit des Menschen, sich zu seiner Umwelt aktiv, individuell und situativ verschieden zu verhalten, steht in einem Spannungsverhältnis zu den gesellschaftlichen Anforderungen, die auf Anpassung und Normierung ausgerichtet sind" (Tillmann 1990, S. 12).

Der benannte Austauschprozeß zwischen dem Subjekt und seiner gesellschaftlich vermittelten Umwelt findet in einem Sozialisationsfeld statt, daß sich in gesellschaftliche Ebenen und biographische Phasen strukturieren läßt. Ebenen des Sozialisationsprozesses müssen unterschieden werden, weil sich das Individuum in konkreten sozialen Umwelten bewegt, die strukturell wieder in übergeordnete Zusammenhänge eingebunden sind. Sozialisationsprozesse sind in

Kleingruppen (z. B. Familie, peers) und Institutionen (z. B. Kindergarten, Schule) eingebunden und davon beeinflußt. Diese wiederum werden von gesellschaftlichen Prozessen verändert und überformt. Soziale und ökonomische Grundstrukturen beeinflussen den Sozialisationsprozeß und wirken vermittelt auf den Einzelnen ein (z. B. durch familiäres Zusammenleben oder Lernprozesse in der Schule). Um derart vielschichtige Sozialisationsbedingungen und ihre einzelnen Faktoren zu ordnen, haben Geulen/Hurrelmann ein Strukturmodell (siehe Abb. 1) der Sozialisationsbedingungen entworfen, das die Beziehung unterschiedlicher Faktoren zueinander verdeutlichen und deren Bedeutung für die Persönlichkeitsbildung aufzeigen soll (entnommen aus Tillmann 1990, S. 17):

Abb. 1: Strukturmodell der Sozialisationsbedingungen

Ebene	*Komponenten (beispielhaft)*
4 - Gesamtgesellschaft	ökonomische, soziale, politische, kulturelle Struktur
3 - Institutionen	Betriebe, Schulen, Universitäten etc.
2 - Interaktionen und Tätigkeiten	Eltern-Kind-Beziehungen; schulischer Unterricht; Kommunikation zwischen Gleichaltrigen, Freunden, Verwandten
1 - Subjekt	Erfahrungsmuster, Einstellungen, Wissen, emotionale Strukturen, kognitive Fähigkeiten

Erfaßt ist dort zunächst die Ebene des Subjektes, die hinsichtlich der Entwicklung von Persönlichkeitsmerkmalen (Einstellungen, Wissen, emotionale Strukturen etc.) betrachtet wird, also diejenigen Aspekte betrifft, die zur Handlungsfähigkeit und Auseinandersetzung mit der Umwelt beitragen (Subjektwerdung im gesellschaftlichen Austausch). Interaktionen und Tätigkeiten machen die zweite Ebene der sozialisatorischen Umwelt aus, die in unserer Gesellschaft vor allem in Institutionen integriert sind (Ebene 3). Die gesamtgesellschaftliche Ebene stellt den größeren Zusammenhang für Veränderungen institutioneller und sozialstruktureller Bedeutungen und Gegebenheiten dar. Die Ebenen stehen in einem hierarchischen Verhältnis zueinander, die höhere Ebene konstituiert die Rahmenbedingungen für die nächst niedrigere, wobei dies dann in einer wechselseitigen Dynamik zu fassen ist (siehe Pfeile) (vgl. ebd.).
Die Gestaltung des Sozialisationsfeldes in gesellschaftliche Ebenen ist zu ergänzen durch die Betrachtung des Lebenslaufes als weitere basale Strukturierung des Sozialisationsprozesses: Die Entwicklung der Persönlichkeit und individueller Kompetenzen geschieht in sukzessiven Erfahrungs- und Lernprozessen, frühere und spätere Erfahrungen greifen ineinander. Eine solche Entwicklung wird begrifflich oft in primärer (frühe Sozialisation in der Familie), sekundärer (nachfolgende Sozialisaton in Familie, Schule, peer-group) und tertiäre Sozialisation gefaßt (Erwachsenenalter). Präziser untergliedert wird der Lebenslauf in der Entwicklungspsychologie, wo Oerter/Montada (vgl. 1987) Lebensphasen (Altersabschnitte) in ihrer gesellschaftlichen Bedingtheit systematisiert haben. Zur Unterscheidung der Phasen werden Übergänge (auch Entwicklungsaufgaben) formuliert, die eine Systematisierung fundieren: nach dem Säuglingsalter, der frühen Kindheit (Eintritt in den Kindergarten) ist in diesem Zusammenhang die Kindheit (Schuleintritt) und Jugend zentral (Geschlechtsreife, Schulentlassung, evtl. Eintritt in das Berufsleben), die ergänzt werden durch das Erwachsenenalter (Be-

rufstätigkeit, Gründung eines eigenen Haushaltes) und Alter (Pensionierung). Auch hier gilt, daß die Reihung der verschiedenen Lebensphasen als wechselseitige Abhängigkeit gesehen werden muß, die biographische Verknüpfung stellt einen zentralen Sachverhalt des Sozialisationsprozesses dar.

Zusammengefaßt: In diesem Abschnitt wurde der Begriff der Sozialisation eingegrenzt, so daß eine Bestimmung des Gegenstandsbereiches und grundlegender Annahmen zum Subjekt-Umwelt-Verhältnis möglich waren. Es wurde ferner eine Strukturierung des Sozialisationsfeldes nach gesellschaftlichen Ebenen und Phasen des Lebenslaufes unternommen. Um diese Vorannahmen sozialisationstheoretisch zu fundieren, wird im folgenden der Interaktionismus überblickhaft erläutert, um als Zentraltheorie für die weitere Argumentation zu fungieren. Die interaktionistische Sozialisationstheorie scheint geeignet, um das Verhältnis zwischen den Ebenen sowie die Persönlichkeitsentwicklung in der Lebensspanne vor dem Hintergrund eines aktiv-aneignenden Subjektes zu untermauern.

1.2 Sozialisation in interaktionistischer Sicht - kommunikative Vergesellschaftung und produktive Realitätsverarbeitung

Die interaktionistische Sozialisationstheorie konzentriert sich auf die Interaktion zwischen den Subjekten. Ausgangspunkt dieser Theorie ist die Analyse von Handlungsvollzügen im Alltag, in „normalen" Lebenszusammenhängen, statt in Experimentalbezügen. Davon ausgehend steht der Prozeß der Identitätsbildung im Mittelpunkt, vor allem basierend auf den theoretischen Prämissen des „Symbolischen Interaktionismus" (Mead 1968, 1987a, 1987b).

Tillmann faßt für die Entwicklung des Selbst als Form kommunikativer Vergesellschaftung zwei wesentliche Grundsachverhalte zusammen, zum einen „daß der einzelne ein gemeinsames Symbolsystem (Sprache) mit den anderen teilt, so daß Verständigung möglich wird; und daß der einzelne mit stabilisierten Verhaltenserwartungen konfrontiert wird, die die anderen an ihn richten. Dabei wird unterstellt, daß systematische Brüche zwischen verschiedenen Verhaltenserwartungen bestehen, so daß von Fall zu Fall eine Interpretation von Normen, Erwartungen und Bedürfnissen erforderlich ist. In diesem Kommunikationsprozeß ist das Subjekt aktiv tätig, indem es Situationen und Anforderungen interpretiert und diese mit selbstentworfenem Handeln beantwortet" (1990, S. 120).

Die überblickhafte Darstellung von Grundlagen des Symbolischen Interaktionismus soll im folgenden die Erläuterung des Prozesses der Identitätsbildung fundieren. Mit dem Begriff der Interaktion (Kommunikationsprozeß zwischen Subjekten als konstitutiv für die Identitätsbildung) ist zunächst die Klärung der sogenannten Rollenübernahme verbunden: Veith (vgl. 1996, S. 353 f.) bündelt das Meadsche Handlungsverständnis im Prinzip der temporären Hierarchie, die besagt, daß einzelne Handlungen immer von einer Endhandlung gesteuert sind. Diese Endhandlung wird bereits in der persönlichen Haltung eines Akteures zu Beginn einer Handlung deutlich, z. B. kann die Antwortreaktion des Gegenübers innerlich vorweggenommen werden und durch dieses Vorausdenken die angestrebte soziale Handlung korrigiert oder neu aufgebaut werden. Es findet ein psychischer Mechanismus statt, der von Veith als Einstellungsübernahme bezeichnet wird. Durch Antizipation auf der Grundlage signifikanter Symbole kann das Handeln an erwarteten Reaktionen orientiert werden. Da diese Orientierung auf normativ geregelte Handlungszusammenhänge bezogen ist, prägt Mead den Begriff der Rollenübernahme. Das wechselseitige Einbringen von Identitätsanteilen in den Kommunikationsprozeß bezeichnet man oft auch mit dem Begriffspaar „role-making" und „role-taking", letzteres meint die beschriebene Perspektivübernahme, ersteres das Einbringen des eigenen Identitätsentwurfes, der nicht der antizipierten Rollendefinition des Anderen entsprechen muß.

Angesprochen wurde hier bereits die Interaktion auf der Grundlage signifikanter Symbole. Auf diesen Interaktionsprozeß soll nun in Verbindung mit der Identitätsbildung eingegangen werden: Die Grundannahme ist hier wie gesagt, daß der Mensch auf soziale Bezüge und Interaktion für die Identitätsbildung angewiesen ist und daß das gesellschaftliche Geschehen ein offener dynamischer Prozeß ist (in dem auch Identität ständig neu behauptet werden muß). Wichtig ist zudem, daß der Mensch im Sinne des Interaktionismus in einer symbolischen Umwelt lebt, d. h. die Dinge erhalten eine gemeinsame Bedeutung aufgrund sozialer Interpretation („meanings"). In diesem Rahmen sind noch einmal die Prämissen des symbolischen Interaktionismus wichtig, die besagen, daß wir den Dingen gegenüber aufgrund ihrer Bedeutung, die diese Dinge für uns haben, handeln. Hinzu kommt, daß diese Bedeutungen soziale Konstrukte sind und in einem Interpretationsprozeß gehandhabt und verändert werden. Vor diesem Hintergrund entwirft Mead ein Identitätskonzept, das nur in sozialen Zuammenhängen denkbar ist und nicht von alleine, als einfach gegeben, existiert. Der kommunikative Aspekt ist dabei wichtig, wobei Mead davon ausgeht, daß wir signifikant kommunizieren, d. h. wir kommunizieren auf der Grundlage signifikanter Symbole, beide Interaktionspartner verbinden mit Gesten die gleiche Bedeutung, und es werden gleiche Reaktionen hervorgerufen.

Mead unterscheidet ferner die reflektive und nicht-reflektive Intelligenz, wobei erstere gekennzeichnet ist durch die Fähigkeit, die Reaktionen anderer auf eigenes Verhalten antizipieren und damit Verhalten kontrollieren zu können (siehe oben; die nicht-reflektive Intelligenz besitzt entsprechend diese Fähigkeit nicht). Identität ist dann bewußt, wenn man sich zum Gegenstand der Reflexion machen kann, nicht bewußte Identität ist charakterisiert durch die unreflektierte Übernahme von Normen und Erwartungen in das Handeln. Es wird deutlich, daß Identität nach Mead nie unabhängig von sozialen Determinanten ist, wobei auch bewußte Identität immer ein Denken in fremdbestimmten Kategorien ist. Diese Dialektik drückt Mead im Selbstkonzept mit den Teilen „me" und „I" aus. Das „me" stellt dabei das Resultat verinnerlichter gesellschaftlicher und sozialer Normen dar, das mit zunehmender Ausdifferenzierung ein weites Spektrum psychisch zugänglicher Verhaltenserwartungen umfaßt und zur Bewertungsgrundlage für jegliche Erfahrungen wird. Das „I" hingegen ist der Sitz spontaner Handlungsimpulse, die als nicht bewußtseinsfähig beschrieben, aber in Form von Subjektivität in Verhaltensformen manifestiert werden. Das „self" verbindet die spontan-kreativen Handlungsimpulse und die verinnerlichten Normierungen und Werthaltungen zu einer dauerhaft personalen Identitätsstruktur (vgl. Veith 1996, S. 360 f.), die der Erfordernissen einer ständigen Neubehauptung von Identität in interaktiven Zusammenhängen gerecht werden soll. Goffman hat diese Grundannahme weiterentwickelt und sich insbesondere mit Bewältigungsstrategien „beschädigter" Identität befaßt (vgl. 1992, S. 9 ff., 56 ff.), so daß z. B. diskreditierte oder diskreditierbare Personen für seine Analyse von zentraler Bedeutung sind (vor dem Hintergrund, daß Identität in Goffmans Sinne vollständig sozial determiniert ist, was bei Mead durch das 'I' und die Bewußtheit abgeschwächt wird). Diese Argumentation möchte ich aber hier vernachlässigen, vielmehr sind die Begriffe soziale und personale Identität in diesem Zusammenhang von Bedeutung. Soziale Identität meint nach Goffman Persönlichkeitszuschreibungen durch die Umwelt und die darauf bezogene Selbstinterpretation, personale Identität macht die Unverwechselbarkeit des Individuums aus (i. S. einer durch einmaligerweise kombinierte Lebensereignisse in einer Biographie). Erweitert werden diese Begriffe von Goffman durch die „phantom normalcy", d. h. die Lösungsstrategie in bezug auf Identität, die wir wählen, wenn wir in mehreren Interaktionen gleichzeitig mit Erwartungen konfrontiert werden, die wir nicht erfüllen können (Handeln auf einer „als-ob-Basis"). Ich füge den Begriff der „phantom uniqueness" von Habermas hinzu, der die Fähigkeit meint, Kontinuität und Konsistenz zu behaupten und dadurch handlungsfähig zu bleiben. Krappmann (vgl. 1993, S. 70 ff.) betont die Notwendigkeit einer Balance zwischen eben der horizontalen Ebene (Interaktionsteilnahme: social identity und phantom normalcy) und der vertikalen Ebene (phantom uniqueness und personal identity). Beide Ebenen bedingen einander und führen in ausgleichender Anwendung zur Identitätsbalance (Ich-Identität). Für Krappmann bedeutet Identität entsprechend kein festes Persönlichkeitsmerkmal, sondern sie muß in jeder Interaktion neu hergestellt werden. Eine gelungene Identität ist dabei gekennzeichnet durch die kompetente Teilnahme an Widersprüchlichkeiten und Mißverständnissen im Interaktionsprozeß und soll Balance halten zwischen den Anforderungen anderer und den eigenen (Kontinuität wahren), zwischen der Zustimmung zu Kompromissen und der Äußerung von Vorbehalten sowie einer gemeinsamen Handlungsorientierung und der Tatsache, daß dies nie völlig möglich ist.

Die sozialisationstheoretische Bedeutsamkeit sieht Tillmann (1990, S. 134) in diesem Ansatz, weil „der Prozeß der Persönlichkeitsentwicklung als Einheit von Vergesellschaftung und Individuum gefaßt wird. Indem sich der einzelne in reflektiver Weise die Sprachsymbole, Werte und Normen seiner sozialen Umgebung aneignet, wird er ein handlungsfähiges Mitglied der Gesellschaft und zugleich ein einmaliges, unverwechselbares Individuum. Weil eine so verstandene Ich-Identität in Interaktionsprozessen immer wieder neu auszuhandeln und zu balancieren ist, kommt die biographische Dimension ins Spiel: frühe Kindheit, Eltern, Familie, Schule, Studium, Heirat etc. stellen eine Abfolge von Erfahrungen dar, in deren Verlauf auch die eigene Identität uminterpretiert und weiterentwickelt wird."

Diese ständig neue Leistung, in alltäglichen Interaktionen Identität zu behaupten, verlangt nach Krappmann Grundqualifikationen des Rollenhandelns. Er formuliert folgende identitätsfördernde Fähigkeiten (vgl. 1993, S. 132 ff.):
1. Ambiguitätstoleranz: die Fähigkeit, divergierende Erwartungen und Rollendefinitionen interpretierend zu dulden, erwachsend aus der Tatsache, daß Rollenerwartungen stets diffus und interpretationsbedürftig sind.
2. Frustrationstoleranz: die Fähigkeit, das unterschiedliche Ausmaß der Bedürfnisbefriedigung in komplementären Rollen auszugleichen.
3. Rollendistanz: die Fähigkeit, sich über angenommene Rollenerwartungen hinwegsetzen zu können, Autonomie durch eigene Interpretationen und Bewertungen zu gewinnen.
4. Empathie: die Fähigkeit, Rollenerwartungen aus der Sicht des Gegenüber erschließen und beurteilen zu können (meist Einfühlung gekoppelt mit Beherrschung des Symbolsystems/ Sprachkompetenz).
5. Identitätsdarstellung: die Fähigkeit angemessener Selbstpräsentation.

Nimmt man diesen Ansatz als ein Idealkonzept für die Bedingungen von Persönlichkeitsentwicklung sowie deren subjektive Ausgestaltung, so läßt sich dies auch, mit Brumlik gesprochen (vgl. 1983), als eine normative Sozialisationstheorie verstehen. Es werden Ziele und Anforderungen an pädagogische Räume formuliert, die durch ihre Interaktionsstrukturen eine gelingende Identitätsentwicklung sowohl fördern als auch erschweren können. Es wurde im vorstehenden Abschnitt also auch ein Analyseinstrumentarium entwickelt, daß die Frage aufkommen und untersuchen lassen läßt: „Welche Strukturen eines Rollensystems verhindern oder erschweren, daß Heranwachsende ihre Identitäten entwerfen und erproben, Empathie und Rollendistanz entwickeln und autonomes Handeln ermöglichen können?"

Eingebettet wird diese Frage der Identitätsentwicklung vor dem Hintergrund förderlicher Bedingungen hierfür aber nicht nur in institutionelle Kontexte, sondern gegenwärtig vermehrt auch in sozialstrukturelle Analysen, die Möglichkeitsräume und Überforderungen mit selbstverantworteter Biographie- und Identitätsgestaltung aufzeigen. Zentral ist hier der Individualisierungsprozeß (vgl. Beck 1983, 1986; Beck u. a. 1996, Berger 1996), der mit der These begründet wird, daß sich die klassische Industriegesellschaft in einem fundamentalen Wandel befindet, der das Verhältnis von Individuum und Gesellschaft grundlegend verändert hat und zwar in Richtung einer Auf- und Ablösung vorgegebener sozialer Lebensformen (sozialstrukturelle Entwicklung). Daneben wird auch die subjektive Seite des Modernisierungsprozesses angesprochen, indem die Anforderungen an Bewältigung und Gestaltung der biographischen Prozesse thematisiert werden (vgl. Heitmeyer/Olk 1990; Kohli 1988, Brose/Hildenbrandt 1988), damit eben auch Prozesse der Identitätsbildung und der Notwendigkeit, über die beschriebenen Grundqualifikationen des Rollenhandelns zu verfügen, um Ungewißheiten und Unsicherheiten im individuellen Lebenslauf zu meistern.

Die soziologischen Ansätze machen darauf aufmerksam, „daß die Herauslösung von Individuen aus ihren traditionellen Lebensformen und konventionellen Moralvorstellungen das Risiko einer sozialen Isolierung, zugleich aber auch die Möglichkeit für eine komplexe und selbstbewußte Identitätsbildung enthalten" (Hurrelmann 1994). Wie diese neuen Optionen aber individuell ausgefüllt werden, ob sie zu einer gelingenden Identitätsbildung führen, hängt davon ab, ob die jeweils konkreten Lebensbedingungen genutzt werden (können).

Angesprochen ist also die Kompetenz, Möglichkeitsräume zu strukturieren und nutzbar zu machen. Für junge Menschen sind diese Anforderungen an Individualisierungsprozesse besonders hoch. Die mit verschiedensten Übergangsereignissen und Entwicklungsaufgaben abverlangten Interpretations- und Verarbeitungsleistungen müssen gehändelt, Komplexitäten also bewältigt werden. Die biographische Selbstgestaltung samt ihrer Verantwortetheit ist eine zentrale Anforderung im Leben junger Menschen.

Im folgenden wird ein Modell resümierend vorgestellt, das diese Verarbeitungs- und Aneignungsprozesse im sozialisatorischen Raum kennzeichnet und aus der interaktionistischen Sicht abgeleitet ist. Es ermöglicht ferner die Beschreibung von Bedingungen für eine gelingende Sozialisation und damit zusammenhängende Faktoren für die Entstehung von Problemverhalten und Entwicklungsproblemen, wie in den folgenden Kapiteln zu sehen sein wird.

Die interaktionistische Sichtweise liefert die theoretische Basis für die Grundannahme, daß die Persönlichkeitsentwicklung in einem Prozeß der Auseinandersetzung zwischen psychischindividuellen Vorgängen mit Anforderungen der Umwelt stattfindet. Hurrelmann (vgl. 1990b, S. 63) spricht von einer Auseinandersetzung mit der inneren und der äußeren Realität. Konstitutiv für diese Bemühungen sind Kompetenzen der Realitätsaneignung und -verarbeitung, ebenso wie Bewältigungsstrategien und Möglichkeiten der verändernden Einwirkung auf äußere Bedingungen. Beschrieben wird somit ein wechselseitiger Einfluß- und Veränderungskreislauf zwischen Person- und Umweltmerkmalen. Hurrelmann faßt diese Annahme zusammen als „ein Modell der wechselseitigen Beziehungen zwischen Subjekt und gesellschaftlich vermittelter Realität, eines interdependenten Zusammenhangs von individueller und sozialer Veränderung und Entwicklung. Dieses Modell stellt das menschliche Subjekt in einen sozialen und ökologischen Kontext, der subjektiv aufgenommen und verarbeitet wird, der in diesem Sinn also auf das Individuum einwirkt, aber zugleich immer auch durch das Individuum beeinflußt, verändert und gestaltet wird" (1990b, S. 64).

Diese Modellvorstellung hat Hurrelmann auf die knappe Formel der „produktiven Realitätsverarbeitung" gebracht. Diese Annahme, daß sich Individuen im sozialen Kontext entwickeln und intrapersonelle Prozesse auf interpersonelle bezogen sind, baut direkt auf die oben genannte interaktionistische Sichtweise auf. Die Persönlichkeitsentwicklung ist eine potentiell reflexiv-bewußte und läuft in zwischenmenschlicher Interaktion ab, was noch einmal deutlich wird, wenn man sich das Meadsche Verständnis der Persönlichkeit als ein Resultat aus Person-Umwelt-Interaktionen, als Dialektik von Vergesellschaftung und Individuation vergegenwärtigt.

Das Modell der „produktiven Realitätsverarbeitung" stellt eine Rahmung für die individuelle Handlungspraxis von Kids und Jugendlichen in der sozialisatorischen Spannung von Sozialintegration und Lebensbewältigung sowie Individualisierung dar. Die Betrachtung von Bewältigungsanforderungen und Strukturen des Aufwachsens im Kindes- und Jugendalter soll daher im nächsten Kapitel geschehen.

1.3 Bewältigungsanforderungen von Kids und Jugendlichen im Sozialisationsprozeß

Mit einem Rollenkonzept (bisher aus interaktionistischer Sicht dargestellt, das in Abschnitt 2 zur institutionellen Bedingung Schule durch ein strukturfunktionales Modell ergänzt wird) läßt sich der Sozialisationsprozeß im Kindes- und Jugendalter strukturieren. Sozialisation ist demnach sowohl ein schrittweises Hineinwachsen und Übernehmen von Rollen wie Kinderrolle, Schülerrolle, Berufsrolle, Mitgliedsrolle in Vereinen etc., als auch ein aus der Subjektperspektive zu konstituierender Aneignungsprozeß, indem Rollen mit personalen Charakteristika ausgefüllt werden und dieser Aneignungsprozeß Persönlichkeit erst entstehen läßt (vgl. Böhnisch 1996, S. 67).

Mit Blick auf ein Konzept der Sozialpädagogik im Kindes- und Jugendalter entwirft Böhnisch (vgl. 1997, 1992, S. 72 ff.) die Grundbegriffe Lebensbewältigung und Sozialintegration, in dessen Spannungsfeld bzw. Handlungsspielräumen Sozialpädagogik ihren Gegenstand und ihre Aufgabe findet. Dieser Schritt soll später auf die konzeptuelle Klärung schulbezogener Angebote der Jugendhilfe unter Rückgriff auf die empirischen Ergebnisse konkretisiert werden. An dieser Stelle sind die Begriffe Sozialintegration und Lebensbewältigung aber geeignet, um den genannten Aneignungsprozeß zu beschreiben. Er kann meiner Meinung nach mit diesen Begriffen treffend charakterisiert werden, und zwar als Voraussetzung für die Bewältigung gesellschaftsstruktureller Dynamiken und Anforderungen ebenso wie als Konsequenz aus diesen Bedingungen, die dem einzelnen jungen Menschen ein eigenverantwortetes und selbstgestaltetes Lebensmanagement abverlangen. Was versteht Böhnisch also unter den Begriffen Lebensbewältigung und Sozialintegration?

Mit dem Begriff der Sozialintegration ist zunächst eine mehr oder weniger stark ausgeprägte Übereinstimmung von subjektiven Wertorientierungen und -vorstellungen mit den gesellschaftlich gültigen Normen und Werten gemeint. Die Jugendphase wird weithin als der Prozeß des Hineinwachsens in die Gesellschaft gekennzeichnet, die sowohl eine stabile Persönlichkeitsentwicklung als auch eine gelingende Vermittlung personaler und gesellschaftlicher Werte („Gesellschaftsfähigkeit") zum Ergebnis haben sollen. Konflikte und Bewältigungsprobleme können daher mit Böhnisch oder auch Hurrelmann (vgl. 1994) als Probleme der Vermittlung und Ausbalancierung von Individualisierung und Integration gefaßt werden. Sozialintegration versteht Böhnisch dabei vor allem in zwei Bedeutungsgehalten: zum einen ist der Prozeß des Hineinwachsens von Kindern und Jugendlichen in eine pluralisierte Gesellschaft gemeint (gesteuert und strukturiert durch entwicklungsbedingte Integrationskonflikte sowie durch die Suche nach Ausdrucksformen eigenständiger Lebensführung), zum anderen ist die tendenzielle Übereinstimmung persönlicher und gesellschaftlicher Werte und Normen gemeint, die in einem konflikthaften Gestaltungs- und Vermittlungsprozeß zustande kommt. Die Konflikthaftigkeit ist aus der Entwicklungsdynamik der Adoleszenz heraus notwendig und verlangt Antworten in Form von Bewältigungsverhalten des jungen Menschen (in dafür zur Verfügung stehenden Räumen und Milieus).

Lebensbewältigung meint nach Böhnisch (1992, S, 78) „die in Alltagssituationen abverlangte biographische Verfügbarkeit von psychischen und sozialen Kompetenzen zur Bewältigung von Lebensereignissen." Dabei betont Böhnisch, daß das Verhalten von Kindern und Jugendlichen weniger norm-, sondern vielmehr situationsorientiert ist (mit dem Hinweis auf mögliche schichtspezifische Differenzierungen dieser Annahme). Diese Situationsorientierung des Bewältigungsverhaltens von Kids und Jugendlichen wird auf die geringen strukturfunktionalen Effekte der Einbindung, z. B. in Berufspositionen und deren Prägung zurückgeführt. Kids und Jugendliche erfahren die Welt eher sozialräumlich und mit einem „normdiffusen Aufforderungscharakter" (ebd.). Ein weiterer Grund für die Situationsorientierung des Handelns ist die sogenannte Entstrukturierung der Jugendphase (vgl. Heitmeyer/Olk 1990; Hurrelmann 1994, S. 287 ff.; Schröder 1995, S. 22 ff.), die eine Verläßlichkeit von Entwicklungswegen und Kalkulierbarkeit von Entwicklungsaufgaben kaum mehr zuläßt. Vielmehr ist sie durch einen offenen Entwicklungsprozeß gekennzeichnet, der für den jungen Menschen nicht mehr als Schonraum, sondern als zugemutete und abverlangte Verbindung von persönlicher Experimentier- und sozialer Bewältigungszeit erfahrbar wird. Diese Offenheit und Unübersichtlichkeit, Chancen und Zwänge/Gefahren einer individualisierten und pluralisierten Gesellschaft führt zu Strukturen des Aufwachsens, die mit den Begriffen Sozialintegration und Lebensbewältigung von Böhnisch angemessen gerahmt werden.

Mit Blick auf sozialpädagogisches Handeln verweist diese begriffliche Annäherung an die Analyse von Bewältigungsanforderungen von Kids und Jugendlichen darauf, daß im Zentrum der Betrachtung „das Verstehen und die situative Akzeptanz der positiven Subjektivität, die Jugendliche in ihrem Verhalten realisieren wollen (steht). Es verweist weiter darauf, daß sozialpädagogisches Handeln immer auch milieustrukturierend ausgerichtet sein muß". Böhnisch folgert daraus, daß „die Arbeit mit funktionalen Äquivalenten und alternativen Milieus ( ) auch genutzt werden (kann), Jugendliche Horizonte für einen neuen „Lebenssinn" zu eröffnen, der aus der konkreten Individualität der Jugendlichen heraus im neuen Bezug zur sozialen Umwelt geweckt werden soll" (1992, S. 79). Dieser Aspekt soll bei der Aufgabenbestimmung schulbezogener Angebote der Jugendhilfe wieder aufgegriffen werden.

Nachdem mit den Begriffen Sozialintegration und Lebensbewältigung die Strukturen des Aufwachsens gekennzeichnet wurden, sollen nun konkrete Bedingungen einer individualisierten Gesellschaft in ihren Auswirkungen auf die Sozialisation von Kids und Jugendlichen beschrieben werden. Thema ist im folgenden also die thesenartige Auseinandersetzung mit dem Individualisierungsprozeß als Auslöser für die Konstituierung von Bewältigunggstrategien junger Menschen.

1. 4 Individualisierungsprozesse als Auslöser für die Thematik der Lebensbewältigung in der Sozialisation von Kids und Jugendlichen

Sozialisationsverläufe von Kids und Jugendlichen haben sich pluralisiert - eine Vielzahl von Sozialisationseinflüssen steuert die sozialisatorsche Entwicklung und verlangen dem Einzelnen eine Auseinandersetzung mit daraus entstehenden widersprüchlichen Faktoren und Effekten in der individuellen Biographie ab.

Die Schule hat zwar einen maßgeblichen Anteil bei der Strukturierung des Alltags von Kindern und Jugendlichen, steuert die sozialisatorische Entwicklung aber kaum mehr durchgehend. Das Monopol auf die Zeit der jungen Menschen wird zugunsten eines Zusammenspiels verschiedener partikularer sozialer Orte eingeschränkt: eine Vielzahl außerschulischer Einflüsse, wie vor allem die der peers, der Medien- und Konsumwelt, bedingen die personale und soziale Entwicklung junger Menschen. Die Rede ist vermehrt von einer pluralistischen Sozialisation (vgl. z. B. Giesecke 1996), die zwei Aspekte umschließt. Zum einen haben sich die Entwicklungsverläufe von Kids und Jugendlichen pluralisiert, i. S. einer schwindenden Eindeutigkeit und Linearität der Entwicklung, einhergehend mit der Beobachtung, daß Brüche und Übergänge im Sozialisationsverlauf nicht mehr einfach von den Bildungsinstitutionen übergangen bzw. maskiert werden können. Aspekte der Sozialintegration und Bewältigung werden breiter und nicht von Schule und Familie allein kompensierbar und bearbeitbar. Auf der anderen Seite meint pluralistische Sozialisation das Aufwachsen im Pluralismus und damit verbunden die Konfrontation mit Wahlmöglichkeiten und Entscheidungszwängen für Kids und Jugendliche. Diese Optionen und Chancen einer pluralistischen Gesellschaft samt ihrer Vielfalt an Werten, Normen, Handlungs- und Erfahrungsmöglichkeiten werden verkörpert und transportiert mittels verschiedener Sozialisationsinstanzen, die jeweils Teilaspekte der Wirklichkeit von jungen Menschen darstellen. Diese Teilaspekte haben auch unterschiedliche Regeln und Ziele, nach denen sie funktionieren und mit denen sie an Kids und Jugendliche herantreten. Es entstehen widersprüchliche Erwartungen der unterschiedlichen Instanzen an den Einzelnen, der diese ausbalancieren und mit seinem persönlichen Lebensentwurf in Einklang bringen muß (dies stellt einen Aspekt gelingender Sozialisation dar). Damit sind die geistigen, psychischen und emotionalen Lernanforderungen zur Bewältigung von Wahlmöglichkeiten und erlebter Komplexität prinzipiell für alle Kids und Jugendlichen gestiegen.

Jeder Sozialisationsfaktor hat seine spezifische Bedeutung für den Prozeß des Heranwachsens, die durch die Instanzen Schule und Familie nicht ersetzt werden können und in ihrem Zusammenspiel von ihnen auch nicht verantwortbar sind.

Wenn Entwicklung sich im Zusammenspiel sozialer Orte als sozialisatorischer Rahmen realisiert, dann verantworten die jeweiligen Instanzen ihre Förderung zum Zwecke eines gelingenden Aufwachsens auch nur bezüglich der Möglichkeiten ihres sozialen Ortes, für den sie zuständig sind. Die im Zusammenhang mit pluralistischer Sozialisation einhergehende Entwicklungszielrichtung der eigenverantwortlichen Lebensplanung und -gestaltung durch junge Menschen kann von Schule und Familie gefördert und unterstützt werden, nicht aber stellvertretend für den jungen Menschen bewältigt werden. Vielmehr sind Lernräume notwendig, die die Übernahme der Verantwortung für das eigene Leben im Rahmen vorhandener Optionen vorbereiten und begleiten (und diese bereitzustellen, verantworten Schule und Familie wesentlich). Diese Lern- und Erfahrungsräume werden von den verschiedenen Sozialisationsinstanzen in unterschiedlicher Weise und mit einer spezifischen Bedeutung für den Einzelnen vorgehalten. Es entsteht ein Zuammenspiel sozialer Orte (Sozialisationsfelder), die die sozialisatorische Gesamtheit konstituieren. Die zentralen Bestandteile der sozialisatorischen Gesamtheit (v. a. Familie, peers, Schule, Jugendhilfe) werden deshalb auch in den folgenden Abschnitten separat hinsichtlich ihrer Aufgaben, Möglichkeiten und Grenzen bei der Beeinflussung und Gestaltung von Sozialisationsverläufen dargestellt, insbesondere mit Blick auf die Unterstützungsleistung im Bereich der Schule.

Individualisierungsdynamiken lassen sozialisatorische Verläufe brüchig und nicht mehr standardisierbar und kalkulierbar in ihren verschiedenen Übergängen werden. Diese Unwägbarkeiten, konflikthaften Erfahrungen und daraus resultierenden Bewältigungsstrategien junger Menschen verlangen einen biographischen Steuerungsmechanismus der Sozialisation.

Im Rahmen einer pluralisierten Gesellschaft werden Individualisierungsdynamiken zum zentralen Thema bei der Beschreibung von Vergesellschaftungsmodi und Strukturprinzipien. Der Begriff der Individualisierung soll hier in zweifacher Hinsicht fungieren: Erstens ist damit die Herauslösung (der Jugendlichen) aus den traditionellen, familialen, sozialen Milieus und damit verbunden neue Formen der Vergemeinschaftung und Integration gemeint, mit Beck gesprochen „Herauslösung aus historisch vorgegebenen Sozialformen und -bindungen im Sinne traditioneller Herrschafts- und Versorgungszusammenhänge („Freisetzungsdimension"), Verlust von traditionellen Sicherheiten im Hinblick auf Handlungswissen, Glauben und leitende Normen („Entzauberungsdimension") und -womit die Bedeutung des Begriffs gleichsam in ihr Gegenteil verkehrt wird- eine neue Art der sozialen Einbindung („Kontroll- bzw- Reintegrationsdimension")" (1986, S. 206). Damit hängt auch die Diagnose einer Entstrukturierung der Jugendphase zusammen, zweitens, mit der man die Tendenz beschreibt, daß in der Jugendphase Übergangs- und Statuspassagen nicht mehr eindeutig und verläßlich sein müssen, Jugendliche stärker eigenverantwortlich und auf sich gestellt ihre Lebensperspektiven ausgestalten und sich diese in ihrer biographischen Entwicklung individualisiert und pluralisiert hat. Kennzeichnend ist für die Jugendphase sowohl die Suche nach Orientierungen als auch nach neuen Formen der Integration. Böhnisch spricht darüberhinaus von Individualisierung als der Charakteristik einer bestimmten Lebenslage junger Menschen (vgl. 1992, S. 90). Er versteht unter Lebenslagen sozialstaatlich vermittelte Zuschnitte von Chancen, Belastungen und Ressourcen. Man könnte auch pragmatisch sagen: Unter Lebenslage versteht man ein Set von Bewältigungsmöglichkeiten als Spielräume der Erfahrung, Kommunikation, Regeneration, Mitgestaltung und Versorgung, die einem jungen Menschen eine mehr oder weniger ausgeprägte Teilhabe am gesellschaftlichen Vollzug und Leben ermöglichen. Spielräume sind gleichzeitig Aussagen über die sozialen Netzwerke, in die junge Menschen eingebunden sind, schließlich über das Ressourcen- und Unterstützungssystem, auf das zurückgegriffen werden kann und eine gelingende Sozialisaton wesentlich bestimmt. Der biographische Steuerungsmechanismus bei der Bewältigung von Anforderungen der Individualisierungsdynamik umfaßt auch die Organisation hierfür notwendiger sozialer Unterstützung.

Der sozialisatorische Prozeß in einer modernen Gesellschaft verlangt jungen Menschen die Fähigkeit zur Ausbildung von Anpassungskompetenz bei widersprüchlichen Erwartungen und gleichzeitig die Fähigkeit zur flexiblen Reaktion auf andere sowie zur eigenständigen Gestaltung von neuen Orientierungen ab.

Die hohen Anforderungen an junge Menschen im Sozialisationsprozeß stellen sich auf zwei Ebenen dar: Einmal ist Jugendlichen abverlangt, mit wachsenden und dynamischen Anforderungen der gesellschaftlichen Entwicklung zurechtzukommen (Anpassungskompetenzen) und gleichzeitig die Fähigkeit zur flexiblen Gestaltung neuer Orientierungen auszubilden (Erschließungs- und Strukturierungskompetenz). Daß für diese Leistung auch Räume der Entlastung, Gültigkeit und Verläßlichkeit notwendig sind, in denen die dazu notwendige Persönlichkeitsentwicklung Stabilität gewinnt, ist vor dem Hintergrund der geschilderten soziostrukturellen Zeitdiagnose genauso plausibel wie ungewiß. Zum zweiten haben junge Menschen auch in konkreten Sozialisationsfeldern und -institutionen Spannungen zwischen zwei verschiedenen Kompetenzen auszugleichen: einmal gibt es die Vorgaben des durch die arbeitsgesellschaftliche Rahmung hervorgebrachten sozialintegrativen Sozialisationsraumes (z. B. Schule, Ausbildung, Familie) zu erfüllen, und dazu die Brüchigkeit der Selbstverständlichkeit eines solchen Raumes in Ausprägung einer situativ abverlangten Bewältigungsanforderung auszubalancieren. Böhnisch beschreibt diese Anforderung treffend mit der Ausbalancierung zweier Sozialisationswelten, die auch den Aspekt der Identitätsfrage ergänzend gewichtet: „Identität für Kinder und Jugendliche heute bedeutet nicht nur, daß man den gesellschaftlichen Anforderungen in Schule und Ausbildung genügt und zugleich mit sich -als Persönlichkeit- eins werden muß. Identitätsbalance im Kindes- und vor allem im Jugendalter in einer Gesellschaft, die durch Individualisierung und Pluralisierung gekennzeichnet ist, bedeutet vielmehr, den auf Zukunft ausgerichteten sozialintegrativen Anforderungen in Schule und Ausbildung gerecht werden zu müssen und zugleich Muster gegenwartsbezogener Lebensführung entwickeln zu können" (vgl. ebd., S. 86).

Abschließend kann man den Aspekt der Bewältigung von Anforderungen einer individualisierten und pluralisierten Gesellschaft mit Böhnisch (vgl. ebd.) auf drei Ebenen beziehen:

1. Handlungsebene (meint die Handlungsmöglichkeit und -kompetenz in alltäglichen Zusammenhängen),
2. Sozialisationsprozeß (Bewältigung der Übergänge und Diskrepanzen im Entwicklungsverlauf),
3. Lebenslage (Selbstbehauptung in gesellschaftlichen Verhältnissen nach biographischen Möglichkeiten).

Ausgehend von der systematisierten und thesenartigen Darstellung der Strukturen des Aufwachsens mit ihren zentralen Kategorien Integration und Individuation/Bewältigung läßt sich nun die Frage stellen, was Bewältigungsanforderungen und Zusammenhänge von Kids und Jugendlichen sind bzw. welche unterschiedlichen Einflüsse ausbalanciert werden müssen, um nicht nur diese Anforderungen sozialisatorischer Teilbereiche zu erfüllen, sondern diese auch hinsichtlich ihrer Sozialisatonseffekte als Formen der sozialen Unterstützung in Anspruch nehmen zu können.

1.5 Bewältigungsanforderungen in ihrer Relevanz für das Sozialisationsfeld Schule und Bedingungen in den neuen Bundesländern

Wie gesehen, ist Offenheit ein Phänomen der modernen Industriegsellschaft und verlangt Jugendlichen vielfältige Anpassungs-, Aushandlungs- und Integrationsleistungen ab. Vor dem Hintergrund individualisierungstheoretischer Analysen konstatiert Lenz (vgl. 1998, S. 53), daß die posttraditionale Lebensführung unter dem Zwang steht, biographisch zu denken, an die Stelle traditioneller Sicherheiten tritt der individualisierende Zwang, Chancen und Risiken abzuwägen. Lenz ergänzt die Dimensionen Freisetzung, Entzauberung, Kontrolle (Beck) der Individualisierungsthese durch die „Biografisierungs- und Zuschreibungsdimension". Damit meint Lenz, „(...) daß die Handlungs- und Planungskompetenz in Sachen der eigenen Biographie vielfach von außen als Erwartung und Verpflichtung an das Individuum herangetragen, ihm zugeschrieben wird (...). Das Individuum ist gezwungen, sich als 'Handlungszentrum', als 'Planungsbüro' zu begreifen, und wird auch für das Nichterreichen versperrter Entscheidungsmöglichkeiten mit individueller Schuldzuweisung konfrontiert" (ebd.).

Unter den Bedingungen der reflexiven Modernisierung wird die Jugendphase zu einem Ort zunehmender Diffusität und Biografisierung. Die „biografische Lebensbewältigung" (Böhnisch 1997) wird zur zentralen jugendphasenspezifischen Kategorie, aus der folgende Veränderungstendenzen resultieren (vgl. Lenz 1998, S. 59 ff.):

– lebensgeschichtlich frühere Eigenständigkeit Jugendlicher, einhergehend mit veränderten Umgangsformen zwischen Jugendlichen und Eltern und stärkerem Anteil der Reziprozität der Entwicklung; Bedeutungszuwachs der peers als familienunabhängiger Lebenskontext,

- vormals erwachsenenspezifische Erfahrungswelten erschließen sich nunmehr vollständig den Jugendlichen (z. B. bezgl. Sexualität oder Nutzung des Konsumwaren-/ Medienmarktes),
- Wechsel der dominanten Kontrollagenturen (statt signifikanter anderer, wie z. B. Eltern, eher sekundäre und anonyme Instanzen, wie z. B. die Konsumwelt, die Macht der Moden und Konjunkturen),
- Auseinanderklaffen eigenständiger Lebensführung und Erlangen materieller Selbständigkeit (v. a. zurückzuführen auf die längere Verweildauer im Bildungssystem) sowie
- Sinn- und Orientierungskrisen in pluralistischer Sozialisation.

Vor diesem Hintergrund wird deutlich, daß die Kategorien Lebensbewältigung und Sozialintegration in ihrer Spannung (wesentlich geprägt durch die Ablösung von der Familie, den Generationenkonflikt und die Suche nach einem eigenen Status) nur für die Jugendphasen (von den jüngeren Jugendlichen/Kids bis zu den älteren) sinnvoll anwendbar ist, sich also wesentlich auf die Population dieser Untersuchung bezieht (die 11 bis 16jährigen). Sie seien im folgenden (auch hinsichtlich schulischer Belange) charakterisiert (vgl. dazu Mansel/Hurrelmann 1994, S. 10 ff.; Böhnisch 1992, S. 134 ff.; Hurrelmann 1994):

Die sogenannten *Kids* zeigen Verhaltensweisen, die man früher eher der klassischen Jugendphase, dem (nach-) pubertären Alter von 14-17 zugeschrieben hätte. Die 9-11jährigen zeigen ein wechselhaftes, schwer kalkulierbares Verhalten zwischen Suche nach Eigenständigkeit und Bedürfnis nach Zuwendung und dem Gefühl der emotionalen Abhängigkeit. Diese Verfrühung der Jugendphase hat zur Konsequenz, daß die Kids zwischen die übliche pädagogische Angebotsstruktur fallen, nicht auf Spielplätze, aber auch nicht in Jugendhäuser passen. Ihr Wunsch nach der eigenständigen Gestaltung von Räumen gleicht einer Alltagsbewältigung, einem Versuch, „die spezifische Lebenskonstellation aus noch eindeutigem Familienstatus, Schülersein und zunehmend entwicklungsnotwendiger Suche nach eigenen außerfamiliären Sozialräumen in einen lebbaren Zusammenhang zu bringen. Jugendliche sind es noch keine, weil sie nicht wie diese Ablösung von den Erwachsenen öffentlich demonstrieren. Kinder sind sie aber längst nicht mehr, da ihre Spiele und Aktivitäten nicht mehr an die familiale Kontrolle gebunden, an diese rückverwiesen sind" (Böhnisch 1992, S. 134f.). Für die Verfrühung der Jugendphase, die Ausdifferenzierung einer eigenständigen Phase zwischen Kindheit und Jugend ist auf Auswirkungen des modernen differenzierten Schulsystems (mit einer frühen Separierung der Kinder von der Familie und einer Intensivierung des Lebenszuschnitts „Schülersein") sowie auf die sozialräumliche Erweiterung des Erfahrungsfeldes im Rahmen pluralistischer Sozialisation zurückzuführen. Zudem treten die Phänomene physisch-psychischer und sozial-kultureller Akzeleration, die das Bild einer zunehmend eigenständigen Sozialisationsgröße (sozialräumlicher und medialer Prägung) zwischen Familie und Schule liegend vervollständigt. Vor dieser sozialisatorischen Rahmung macht Böhnisch auf die Dimension des sich über das Räumliche in die Gesellschaft Hineinwachsens aufmerksam. Es gerät damit der sozialräumliche Aspekt der Sozialintegration in den Blick, den Böhnisch (in Anlehnung an den Begriff der Aneignung) als ein komplexes und wechselseitiges Spannungsverhältnis zwischen Heranwachsenden und ihrer sozialräumlichen Umwelt beschreibt, und der auch auf die in diesen sozialräumlichen Umwelten vermittelten und repräsentierten Perspektiven sozialen und gesellschaftlichen Lernens rekurriert: hier sind die aus sozialpädagogischer Sicht sogenannten Integrationskonflikte mit Bewältigungsaufforderung zentral. Junge Menschen müssen sich in der pluralisierten sozialräumlichen Welt „so in Szene setzen können, daß sie dabei autonom bleiben und nicht abhängig (nur passiv konsumierend bis gewalttätig werden)" (ebd., S. 137), um sie zu bewältigen. Wo es nicht gelingt, ist Sozialpädagogik als strukturierende Element, als Ermöglicherin persönlich erlebter, geleiteter Komplexität angezeigt (dies soll in Abschnitt 4 ausführlicher aufgegriffen werden).

Schule als rationale Lebensform verlangt (nicht nur) dieser Altersgruppe eine Unterordnung des aktuellen Lebens unter das Bildungsziel, unter einer Zukunftsorientierung ab, verlangt gleichsam die Kompetenz der Ausbalancierung von gegenwartsorientiertem Leben junger Menschen und zukunftsorientierter Funktion des Schulalltags. Die Zeitnormierung, der Lerngeschwindigkeitsdruck in der Schule und wachsender leistungsbezogener Außendruck (vor allem seitens der Eltern) verlangen nach Räumen für Eigenleben und offene Gruppenerlebnisse als Pendant zu den Normierungen schulisch bestimmter Lebenssituationen. Damit hängt die Notwendigkeit der Normalisierung und des Ausgleichs von Erfahrungen institutioneller und organisatorischer Zwänge der Schule zusammen - Aspekte, die ebenso wichtig für die Entwicklung der jungen Menschen, wie gleichzeitig ungewiß in ihrer Abrufbarkeit sind. Erfahrungen und Erlebnisse sozialer Unterstützung in Familie, Freundeskreis oder Freizeitgruppe verstehen sich nicht mehr nur von selbst, müssen stärker selbst organisiert werden, ein Management des Sozialen ist jungen Menschen heute abverlangt. Auch hier hat die Jugendhilfe einen spezifischen Zugang zur Schule, zum lebensweltlichen Zusammenhang des Schülerseins zu entwickeln und Normalisierungs- bzw. Regenerationsräume anzubieten, die Schule selbst nicht produziert und familiär nicht unbedingt gesichert sind (siehe auch hier Abschnitt 4 sowie 2).

Für *Jugendliche* besteht die Anforderung im schulischen Kontext neben der genannten Ausbalancierung institutioneller Anforderungen und eigenen, gegenwartsorientierten Entwürfen vor allem in der Bewältigung schwer kalkulierbarer und ungewisser Übergänge von der Schule in den Beruf. Jugendliche sehen sich damit konfrontiert, daß die Selbstverständlichkeit ihrer späteren Einmündung in (eine weiterführende) Schule und Beruf (Statuspassage) nicht mehr ohne weiteres gegeben ist. Es fällt schwer, Zusammenhänge zwischen aktueller Ausbildungssituation und zukünftigen Berufs- und Lebensvorstellungen zu konstruieren. Die Chancen der Bewältigung der Lebensphase Jugend werden gerade im Statusübergang durch schichts-, geschlechts- und regionalspezifische Benachteiligungen vermindert, hier sind deutlich lebenslagenspezifisch variierende Sozialisationsverläufe erkennbar, die im Zusammenhang zu den Dimensionen sozialer Ungleichheit stehen.
Die strukturell belastende Ausgangssituation des Auseinanderklaffens von Bildungsperspektive und Berufsgewißheit, des Qualifikationsparadox, führt zu einer stärkeren Gegenwartsorientierung von Jugendlichen, die sich vor allem an Wert- und Verhaltensbereichen außerhalb der schulischen und beruflichen Welt ausrichtet. Die Lebensführung wird vielmehr ausgerichtet an Räumen, in denen Jugendliche als selbständig anerkannt werden und ihnen eine eigenverantwortliche Lebensgestaltung ermöglichen. Hierfür herrschen die peer-groups und die Medien-/Konsumwelt vor (vgl. Abschnitt 3). Die Bewältigung und Ausbalancierung von traditionellen, schulisch vermittelten Jugendbildern (für später lernen) und deren Aufweichung in das Prinzip „heute leben, weil morgen ungewiß ist" läßt das Jugendverhalten strategisch werden. Schule wird als notwendig akzeptiert bei gleichzeitig wohldosiertem Arbeitseinsatz und dem Versuch, jugendliche Alltagskulturen auch in die Schule hineinzutragen, sie als sozialen Erfahrungsraum im Kreise der Freunde erträglicher zu gestalten. Damit entsteht eine Bewältigungsbalance, die den Gegenwarts- und Zukunftsbezug in pragmatischer Weise aufhebt, lebbare Gegenwart ermöglicht das Aushalten zugemuteter ungewisser Zukunft.

Bewältigungsanforderungen ergeben sich aber nicht nur im Umgang mit Freiheiten, Optionen und Ungewißheiten, der Notwendigkeit ihrer Handhabbarmachung, sondern auch in der Konfrontation mit sozialen Benachteiligungen, die durch Individualisierungsprozesse nicht außer Kraft gesetzt, vielmehr unkenntlicher werden. Die Individualisierungsperspektive schärft auch den analytischen Blick darauf, wie Jugendliche den sozialen Verhältnissen ausgesetzt sind, wobei sich „soziale Benachteiligung ( ) heute weniger als kollektive soziale Deklassierung (äußert), sondern eher als soziale Nichtberücksichtigung von Gruppen im gesellschaftlichen Entwicklungsprozeß (...). Im modernen Sozialstaat ist also die soziale Benachteiligung weniger über die traditionellen Muster sozialer Deklassierung und Randgruppenexistenz begreifbar, sondern eher über das Bild des Ausgeschlossenseins von der gesellschaftlichen Entwicklungsperspektive" (Böhnisch 1992, S. 14f.). Marginalisierungs- und Benachteiligungsprozesse haben auch im Erleben und bezüglich der individuell abverlangten Kompensation verändert. Der einzelne ist in seiner sozialen Benachteiligung stärker auf sich verwiesen, muß sehen, wie er selbst zurechtkommt, sich durchschlägt - auch Formen der Bewältigungskompetenz. Hier ist noch einmal zu betonen, daß Verhaltensweisen und Lebensäußerungen (genau wie gewählte Bewältigungsstrategien) immer auf soziale Bedingungen, Chancen, Spielräume und Benachteiligungsstrukturen verweisen. Der Bezug auf die Lebenslage umschließt biografisch verdichtete Chancen- und Einschränkungsstrukturen der jungen Menschen und wird damit erneut evident (siehe oben).

Strukturell belastende Ausgangssituationen können zur Überforderung der Bewältigungsressourcen in der Jugendphase führen - kennzeichnen kann man dies als
- strukturelle Rollenüberforderungen im (widersprüchlichen) Prozeß der Sozialisation,
- bedrohliche Situationen durch Erfahrungen fehlender Kompetenzen zur effektiven Belastungsreaktion (Entstehung innerer Erregung und Spannung),
- Erfahrung erlernter Hilflosigkeit, wenn durch individuelle Bewältigungsressourcen die objektiven (Belastungen auslösenden Faktoren) nicht geändert werden können (Angleichung von inneren Ansprüchen und äußerer Realität ist dann nicht möglich) sowie
- generelle Erfahrungen der Zukunfts-, Anpassungs- und Bewältigungsunsicherheit.

Problematische Bewältungsregulationen in eher rückzugsorientierter Art -auf psychischer und sozialer Ebene (emotionale Anspannung, negative Selbstwertschätzung, Verhaltensstörungen) oder auf somatischer und psychischer Ebene (psychosomatische Beschwerden, subjektiv negative Einschätzungen des Gesundheitszustandes)- oder konfrontativ, nach außen gerichteter Art (Belastungsregulation mit gesundheitsschädlichen Folgen/Selbstschädigung wie Drogenkonsum, Medikamentenmißbrauch, Risikoverhalten, suizidales Verhalten (vgl. Colla 1999b) oder Schädigung anderer wie Gewalt, Kriminalität) werden von Mansel/Hurrelmann (vgl. 1994, S. 173) als Ausdruck psychosozialer Kosten der modernen Lebensweise und Folge antizipierter oder tatsächlicher Schwierigkeiten in der Lebensphase Jugend angesehen. Hier soll nicht die (schnell entstehende) Perspektive einer Kausalbeziehung zwischen erlebter Belastung und (gemäß individueller und sozialer Bedingungsfaktoren) gewählter Form der Problemverarbeitung eingenommen werden, vielmehr geht es um die Benennung von Phänomenen problematischen Verhaltens bzw. der Beeinträchtigung des Lebensvollzugs, die in ihrer Entstehung komplexer Natur eines bio-psycho-sozialen Zusammenspiels sein können (vgl. z. B. die für den Schulalltag relevanten (Teil-)Leistungsstörungen und -schwächen). Ob nun Formen abweichenden Verhaltens Antwort auf (Bewältigung von) Problemlagen unterschiedlicher Art sind, oder jungen Menschen die Bewältigung einer gegebenen (nicht als Verarbeitungsform zu bezeichnenden) biografisch individuellen Situation abverlangt ist (z. B. der Umgang mit einer chronischen körperlichen Erkrankung), der schulische Sozialisationskontext ist davon betroffen. Er ermöglicht mehr oder weniger einen gekonnten Umgang des jungen Menschen damit. Auf jeden Fall ist Schule damit konfrontiert, daß diese Erfahrungswelten die

Deutungs- und Wahrnehmungsmuster von Schülern den schulischen Alltag durchdringen. Sie sind nicht auf schulische Ziele normierbar, sondern in ihrem Umgang damit, ihrer Erfahrung und Bewältigung auf ihre je individuelle und soziale Lebenslage verwiesen: Probleme, die Schüler machen und die sie haben, werden in Schule hineingetragen.

Die empirische Grundlage dieser Arbeit bezieht eine Population von Schülern aus dem Land Mecklenburg-Vorpommern ein. Notwendig ist daher die Frage, die Drößler (vgl. 1998) anhand einiger Befunde neuer Jugendstudien stellt und beantwortet: Hat sich für Jugendliche in der ehemaligen DDR die Frage nach Offenheit und Halt, nach dem Spannungsverhältnis von Lebensbewältigung und Sozialintegration gar nicht gestellt? Stehen die Jugendlichen in den neuen Bundesländern heute daher vor völlig neuen Problemen?

Ausgehend von den referierten jugendspezifischen Möglichkeiten und Belastungen der Lebensführung interessieren Drößler insbesondere die Fragen, wo bzw. wie Jugendliche Halt suchen, wo Rückbezug/Hilfe, Unterstützung und Rat bezüglich der vielfältigen Entwicklungsaufgaben erwartet wird. Dabei stellt für ihn die Einbindung Jugendlicher in formelle und informelle Beziehungsnetzwerke eine Schlüsselfunkton dar Soziale Beziehungen sind Räume der Konstituierung individuellen Halts. Sie haben eine Funktionalität für den einzelnen, machen das Handeln durchschaubar, planbar sicherer (Entlastungsfunktion) (vgl. ebd., S. 75 f.). Am Beispiel der AgAG-Studie (vgl. Böhnisch u.a. 1997) und der Shell-Studie (vgl. 1992) geht Drößler der Frage nach, welche sozialen Beziehungen von Jugendlichen aufgegriffen werden. Dabei steht die Gruppe ostdeutscher Jugendlicher im Mittelpunkt. Es sollen mögliche Spezifika der ostdeutschen Jugendphase, sozialisatorische Kontinuitäten und Brüche ermittelt werden, die auch Anschlußfähigkeiten für Konzepte der Jugendhilfe bieten. Es ist hier eine thematische Perspektive und zugleich Breite angesprochen, die an dieser Stelle nur vorläufig und kurz behandelt werden soll, ausführlichere Bemerkungen hierzu werden insbesondere in die Auseinandersetzungen der Kapitel 2 und 3 eingebettet, schließlich in ihrem Wert für die Konzeptualisierung bedarfsgerechter Jugendhilfeangebote eingeschätzt (Kapitel 4 und 5).

Zurück zur Ausgangsfrage: das traditionelle Muster von Jugend als einem Übergangsmoratorium hatte in der DDR weitgehend Gültigkeit und unterlag nur punktuell bzw. selektiv gesellschaftlichen Modernisierungsprozessen. Statt eines offenen und soziokulturell eigenständigen Bildungsmoratoriums war Jugend stärker im Sinne biografischer Organisiertheit und Verbindlichkeit zu verstehen. Die Shell-Studie (vgl. 1992) hatte die Jugend in Ostdeutschland nach der Wende als eine relativ standardisierte charakterisiert. Spezifika der ostdeutschen Jugendphase sind demnach Schnelligkeit im Übergang zwischen Statuspasagen, Normierung (v. a. hinsichtlich Altersnormierungen) und soziale Gebundenheit (stärkere Institutionalisierung der Statuspassagen). Drößler (vgl. 1998, S. 81) beantwortet die Eingangsfrage trotzdem mit einem Ja und einem Nein: die Frage nach Offenheit und Halt war zwar auch neu für ostdeutsche Jugendliche, da traditionelle Orientierungen verlorengingen, worauf sie ungenügend vorbereitet und daher in einer doppelten Schwierigkeit verhaftet waren. Der gesellschaftliche Wandel verunsicherte genauso Erwachsene und Eltern, die oftmals wenig Möglichkeit für Halt gaben. Auf der anderen Seite mußten Jugendliche in der DDR auch biografische Freiräume ausfüllen und sinnstiftende Elemente konstituieren. Jugend hatte ebenso einen Gestaltungsauftrag, der bewältigt werden mußte. Die Persönlichkeitsentwicklung außerhalb gesellschaftspolitischer Muster/Normalkarrieren (Entwicklung des Selbstbildes) mußte eigenständig gesucht und konstruiert werden.

Mit Blick auf die Bewertung und Inanspruchnahme sozialer Beziehungen als Unterstützungspotentiale wurde bereits in der Shell-Studie die Familie als emotional hoch besetzter Ort für die meisten Jugendlichen herausgestellt: neben materieller und finanzieller Sicherung werden

vor allem Beratungs- und Hilfeangebote gewährt, die mit steigendem Alter etwas abnehmend in Anspruch genommen werden. Aber mit Drößler (1998, S. 88) kann man zusammenfassen: „Die Orientierung an der Familie und der Rückbezug auf die Herkunftsfamilie erscheint in diesem Sinne als ein bewährtes und tradiertes Sozialisations- und Bewältigungsmuster unter den ostdeutschen Jugendlichen, mit einem markanten Schwergewicht bei den Orientierungs- und Beratungsfunktionen, und zwar über einen bedeutsamen biografischen Zeitraum hinweg." Auch vier Jahre nach der Wende haben Studien (wie z. B. Silbereisen u. a.1996 oder Böhnisch u. a. 1997) belegt, daß sich am Stellenwert der Familie für die meisten Jugendlichen nichts geändert hat. Allerdings führen Belastungen zur Einschränkung ihres Potentials: Eltern sind oftmals überfordert, belastet mit eigenen Orientierungsproblemen, sie besitzen kaum Erfahrung bezüglich der neuen Schul-, Berufs-, biografischen Risikosituationen, denen Jugendliche heute ausgesetzt sind. Vorstellungen der Eltern werden von Jugendlichen als überholt gewertet, Konflikte sind vorprogrammiert. Die Gleichaltrigengruppe gewinnt in diesem Zuge an Bedeutung, aber auch mit einer nur begrenzten Unterstützungsfunktion, denn die oben beschriebene Situation betrifft alle gleichermaßen.
Dieses Dilemma führt zunehmend zur Attraktivität anderer Erwachsener, die Angebote machen, die Eltern und Freunde weniger leisten können (z. B. Lehrer, ältere Freunde etc). Wie Böhnisch u. a. (1997) erarbeiten, werden Mitarbeiter der Jugendarbeit stärker als Erwachsene nachgefragt, sie sind Bezugspersonen mit ihnen zuerkannten Lebensbewältigungskompetenzen als Personen, die bei Orientierungsschwierigkeiten Rat und Unterstützung geben können. Projekte der Jugendarbeit werden zum wichtigen Bestandteil des sozialen Beziehungsnetzes Jugendlicher, haben eine milieubildende Wirkung (vgl. Böhnisch u. a. 1998).

Neben diesen allgemeinen Befunden kann der Blick auch auf das hier betrachtete Land Mecklenburg-Vorpommern gelenkt werden. Es liegen detaillierte Betrachtungen der Lebenslagen junger Menschen (im Alter von 14-29) in Mecklenburg-Vorpommern vor, die auch eine Nachzeichnung psychosozialer Belastungen und Problemlagen, subjektive und kollektive Verarbeitungsformen der Umbruchsituation seit der Wende versuchen (vgl. Brüggemann/Schmidt 1996, Brüggemann-Helmold u. a. 1996). Auch Brüggemann-Helmold u. a. (vgl. 1996) gehen von der These aus, daß Jugend im Kontext gesellschaftlicher Modernisierung vor allem als Muster der Lebensbewältigung zu begreifen ist. Die Autoren konstatieren ebenfalls, daß für Jugend in der DDR seit den 80er Jahren ein jugendspezifischer Modernisierungsprozeß festgestellt werden kann, der Autonomisierungs- und Individualisierungspotentiale freisetzte (von einem allgemeinen Modernisierungsrückstand kann nicht gesprochen werden). Es sind aber Differenzierungen hinsichtlich des Individualisierungsprozesses im Osten erkennbar: der gesellschaftliche Wandel in den neuen Bundesländern hat ein immenses Tempo, von einem vergleichbaren Verlauf kann nicht ausgegangen werden. Jugendliche in Ostdeutschland erleben die Individualiserungsprozesse als harte Konfrontation wegen der gleichzeitigen Auflösung und Entwertung bisheriger Handlungs- und Orientierungsmuster. Unabgestimmtheiten zwischen der System- und Sozialintegration verlangen jungen Menschen in den neuen Bundesländern eine Auseinandersetzung mit Neuartigem im doppelten Sinne ab: die Organisation der eigenen Lebensführung und deren Bezugnahme auf veränderte Bedeutungen gesellschaftlicher Funktionssysteme.

Nach den Einschätzungen der Lebensbedingungen und Lebenschancen gefragt, lassen sich die Äußerungen der jungen Menschen wie folgt bündeln:
– Es findet eine ambivalente Beurteilung der Veränderungen der Lebensverhältnisse statt (nachhaltige Verschlechterungen sozialer und beruflicher Aspekte der Lebensqualität, indi-

viduell erlebte Zukunftsunsicherheit und die fehlende Verläßlichkeit des eigenen Lebensentwurfes werden benannt).
- Es wird eine negative Veränderung bezüglich gemeinschaftlicher Erfahrungen in den Lebenswelten festgestellt (deutliche Veränderung der Unterstützung durch Familie, Freunde, Nachbarschaft - Funktionsverlust sozialer Netzwerke) sowie auch
- eine Steigerung der Lebensqualität: meint die Zunahme individueller Entscheidungsfreiheiten, demokratische Mitbestimmung, Verwirklichung eines eigenen Lebensstils, gestiegene Konsummöglichkeiten (Zugewinn an Freiheiten).

Die partielle Entwertung von Schulabschlüssen (Qualifikationsparadox) führt zu erhöhter Belastung durch Leistungsdruck, zu verstärkten Leistungsanforderungen und zunehmendem Disziplinierungs- und Selektionsdruck. Jugendlichen ist abverlangt, ein angemessenes Muster der Lebensplanung und -führung zu entwickeln, und zwar vor dem Hintergrund unbestimmter und widersprüchlicher Lebensbedingungen (Brisanz der Widersprüchlichkeiten) (vgl. Brüggemann/Schmidt 1996, S. 153).
In der Bewertung der Lebensbedingungen durch die jungen Menschen werden zwei unterschiedliche Beschreibungsdimensionen deutlich: die Einschätzung des sozioökonomischen Status und psychosoziale Belastungen (Belastungsausprägungen z. B. in Schule und Beruf). Die Charakterisierung unterschiedlicher „Lebenslagentypen" umfaßt nach Brüggemann-Helmold u. a. (vgl. 1996, S. 821 ff.) „die Etablierten", „die Armen", „die Optimisten" und „die Belasteten". Einen verstärkten Handlungsbedarf von Sozial- und Jugendhilfepolitik lösen dabei „die Armen" und „die Belasteten" aus: Auf der einen Seite dominiert finanzielle Armut mit deutlichen Einschränkungen und reduzierten Bewältigungspotentialen sowie Handlungsmöglichkeiten (hier herrscht eine eher resignative Zukunftssicht vor, unter den Befragten ist ein großer Teil von Arbeitslosigkeit betroffen), auf der anderen Seite sind überproportional viele Schüler und jüngere Jugendliche vertreten, die ein allgemein ausgeprägtes Belastungspotential mitteilen (Zukunftsunsicherheit, Zweifel an eigener Leistungsfähigkeit, Perspektivlosigkeit), trotz durchschnittlichem sozioökonomischen Status.
Auch in dieser Untersuchung (vgl. Brüggemann/Schmidt 1996) wurde für die Familie als psycho-sozialer Raum der Unterstützung ein zentraler, durch die Jugendlichen zugeschriebener, Stellenwert ermittelt. Die familiäre Situation ist für die meisten Jugendlichen in Mecklenburg-Vorpommern demnach zufriedenstellend, sie ist eine zentrale Ressource materieller und sozialer Unterstützung und gilt als verläßlichste Instanz für Hilfe (bei über 70% der Jugendlichen). Auch hier werden aber die Grenzen der Leistungsfähigkeit von Familie aufgrund struktureller Dynamiken erkannt. formelle Hilfesysteme gewinnen an an Bedeutung, was aber vorerst weniger heißt, „daß die Selbstregulierungskompetenzen der familialen Kontexte abnehmen, sondern vielmehr, daß die Qualität bzw. Komplexität der Probleme zunimmt und somit tendenziell zu Überforderungen führt" (S. 154).

Soweit einige überblickhafte Befunde zu Bewältigungsanforderungen junger Menschen in den neuen Bundesländern bzw. in Mecklenburg-Vorpommern - die Kritik sei vorweggenommen: Es wurden Befunde vorgestellt, die Bewältigungsanforderungen im Transformationsprozeß nachzeichnen. Grundlage der vorliegenden Arbeit sind aber Angaben von Kids und Jugendlichen, die diese Umbruchsituation gar nicht oder nur eingeschränkt in ihren Auswirkungen miterlebt haben, warum dann der Blick auf diese Ergebnisse? Einmal, weil die Bewältigung transformationsbedingter Problemkonstellationen noch längere Zeit Kräftepotentiale (der Sozialisationsinstanzen, vor allem der formellen) binden wird und es einer Verfestigung struktureller und sozialer Benachteiligungen entgegenzuwirken gilt. Der Blick muß auf die Entstehungsprozesse geworfen werden, um Auswirkungen auf das Leben junger Menschen fast 10

Jahr nach der Wende zu verfolgen und ihnen konzeptuell im Rahmen sozialer Unterstützung (präventiv und lebenslagengestaltend) begegnen zu können. Damit ist ein zweiter Grund angesprochen: Mit den geschilderten Bewältigungsanforderungen ist eine Rahmung für die weitere Erläuterung geschaffen worden. Anforderungen ergeben sich für Jugendliche in den folgenden Bereichen bzw. haben auch Auswirkungen auf das Aufwachsen junger Menschen, die nicht mehr die Transformation, aber deren Effekte zu spüren bekommen:
- Radikalisierung der Lebensphase Jugend in den neuen Bundesländern,
- Belastungspotentiale familialer Kontexte,
- Unsicherheiten schulischer, beruflicher, sozialer Perspektiven,
- Verlust bzw. Einschränkung und ungenügender Aufbau sozialer Netzwerke sowie
- Wandel des Schul- und Bildungssystems und seiner Aufgaben

sind Aspekte, die in den folgenden Abschnitten 2 bis 4 wieder aufgegriffen werden.

Zusammengefaßt: Für Jugendliche in den neuen Bundesländern, so Brüggemann/Schmidt (1996, S. 142 f.), hat sich die Lebensphase Jugend erheblich radikalisiert. Der Anpassungsdruck an ein plurale und individualisierte Gesellschaft bei gleichzeitigen Brüchen (bis dahin vertrauter) sozialer Integration führt zu erhöhten Strukturierungs- und Bewältigungsanforderungen. Die Projektgruppe „Jugendhilfe im Umbruch" hat im Rahmen einer repräsentativen Befragung von Jugendlichen in Mecklenburg-Vorpommern im Alter von 14-26 Jahren schwerwiegende Probleme mit Kindern und Jugendlichen allgemein aus deren Sicht benennen lassen (die anschlußfähig sind an die vorhergehenden Überlegungen): „derzeit ein sehr großes Problem" mit steigender Tendenz von 1993 bis 1996 sind „Jugendarbeitslosigkeit", „fehlende Zukunftschancen", „Alkoholismus/Drogenkonsum", „Orientierungslosigkeit", „Konkurrenz- und Leistungsdruck" sowie „Armut". Sehr stark persönlich belastet sehen sich die Befragten vor allem von der „hohen Arbeitslosigkeit", der Frage nach „Zukunftschancen", „Leistungsdruck" und „Armut".
Damit hängt auch eine veränderte Bearbeitbarkeit und Unterstützung bei diesen Problemlagen zusammen, denn wenn Risiken und Gefährdungen nicht mehr individuellem oder spezifischem Gruppenverhalten zuzurechnen, vielmehr strukturell bedingt und biografisch eingebunden sind, „(...) sind eindimensionale Zuschreibungen an die Problemlösungskapazitäten einzelner Sozialisationsinstanzen von vornherein zum Scheitern verurteilt. Weder ausschließlich die Familie, noch die Schule, noch die Jugendhilfe alleine können diesem komplexen Anforderungsgefüge wirkungsvoll entgegentreten. Vielmehr ist besonders in Rechnung zu stellen, daß sich umfassende Umstrukturierungserfordernisse, neue gesellschaftliche Funktonsbestimmungen sowie veränderte Anforderungsprofile auch für das Bildungswesen und das System der Jugendhilfe ergeben haben." Die sich abzeichnende partielle Überforderung von Familie und Schule als Sozialisationsinstanzen verlangen eine veränderte Infrastruktur sozialer Unterstützung, das ein Netzwerk formeller und informeller Ressourcen für junge Menschen darstellt und den neuen Anforderungen der Lebensbewältigung gerecht wird.

Wiederum verallgemeinert, bezogen auf junge Menschen in den alten und neuen Bundesländern, lassen sich Bewältigungsanforderungen noch einmal in einem Modell (siehe Abb. 2) überblickhaft darstellen.

Abb. 2: Strukturmodell der Bewältigungsanforderungen von Kids und Jugendlichen

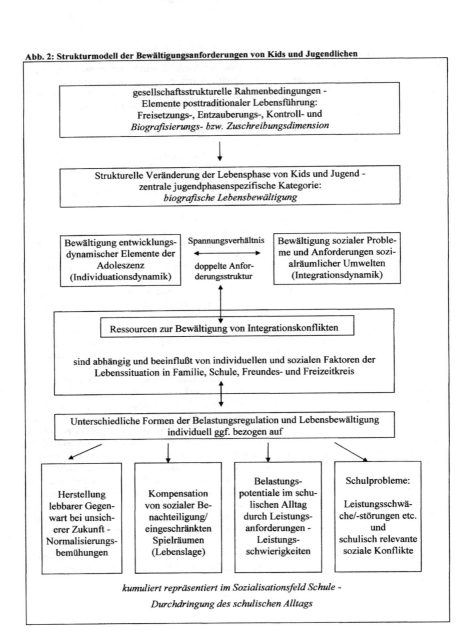

1.6 Individuelle Bewältigungsstrategien und soziale Unterstützung als Voraussetzung gelingender Sozialisationsprozesse

Die in den vorhergehenden Abschnitten geschilderten Bewältigungsanforderungen von Kids und Jugendlichen können sowohl Entwicklungsanreize (Entwicklungsaufgaben mit dosierter Diskrepanz zwischen Gekonntem und Nichtgekonntem) als auch Belastungs- und Überforderungspotentiale darstellen. Situationen der Überforderung und krisenhaftes Erleben treten immer dann auf, wenn die individuellen Handlungskompetenzen nicht ausreichen, um die Anforderungen der Individuation (Aufbau einer individuellen Persönlichkeitsstruktur) und Integration (soziale Verortung und Mitgliedschaft der Person) aufeinander zu beziehen und auszugleichen. Anders gesprochen: Kids und Jugendlichen ist zur Bewältigung der an sie gestellten Anforderungen eine Balancierung von drei Komponenten der Entwicklungsdynamik abverlangt:

individuelle Leistungsfähigkeit ⟷ soziokulturelle Entwicklungsnormen ⟷ individuelle Zielsetzungen und Entwürfe in der jeweiligen Lebensphase

Eine Ausbalancierung dieser Komponenten dämmt das Spannungsverhältnis von Individuations- und Integrationsprozessen ein, das die vielfältigen und von jungen Menschen zunehmend eigenverantwortlich zu gestaltenden Rollenanforderungen in Interaktionsfeldern umfaßt. Eine gelingende Sozialisation tritt demnach nicht nur ein, wenn die Synthese von Individuation und Integration (und damit autonomes Handeln und eine ausgewogene Ich-Identität) erreicht wird, wie von Hurrelmann (vgl. 1994, S. 74 f, 1990) beschrieben, sondern vor allem dann, wenn die individuelle Leistungsfähigkeit mit neuen Handlungsanforderungen eine Erweiterung und Flexibilität erlangt, die Selbststeuerung der soziokulturellen Entwicklungsnormen, repräsentiert in entsprechenden situations- und rollenbezogenen Handlungen, ihre Reflexion und Modellierung sowie der Abgleich mit individuellen Zielsetzungen und persönlichen Entwürfen der Lebensphase „Kids" oder „Jugendlicher" gelingt. Das damit zusammenhängende Bewältigungshandeln, das Bemühen, Diskrepanzen zwischen der eigenen Position und des eigenen Entwicklungsstandes sowie den Anforderungen zu beheben, setzt sich zusammen aus Fertigkeiten (zur Bewältigung umschriebener, situativ abgrenzbarer Anforderungen), Kompetenzen (Set an Fähigkeiten und Möglichkeiten ihrer problembezogenen und flexiblen Anwendung) und Verarbeitungsformen (Reaktionen auf Anforderungen im Sinne von Verarbeitungsprozessen, die in psychische Zustände münden können wie aggressive Verarbeitung, selektive Wahrnehmung oder Rückzug).

Vergegenwärtigen wir uns die Aussagen zur individualisierten Gesellschaftsstruktur mit ihren Auswirkungen auf die Jugendphase, so läßt sich an dieser Stelle eine erhöht Komplexität und Widersprüchlichkeit normativer Vorgaben konstatieren, die von jungen Menschen eigenständig und eigenverantwortlich erschlossen, reduziert und gestaltend in den eigenen biographischen Verlauf integriert werden müssen. Die obige schematische Darstellung von Entwicklungsdynamiken ist also als eine analytische Systematisierung zu verstehen, die bereits einen individuellen Reflexions- und Ordnungsprozeß voraussetzt und als solcher individuell geleistet sein will.

Bewältigung heißt also vor allem der Rückgriff auf individuelle Strategien der Bewältigung, die kompetentes Rollenhandeln und Selbststeuerungsfertigkeiten meint (Handlungskompetenz als Set an verfügbaren Fertigkeiten zur Auseinandersetzung mit äußeren Anforderungen). Diese personale Bedingung für die Bewältigung von Anforderungen ist aber entscheidend geprägt von der sozialen Unterstützung durch wichtige Bezugsgruppen, die vielfältige Anregungen, Hilfen und Erfahrungsspielräume für die Erprobung und Stabilisierung von Handeln bieten können (spezifische Qualitäten der Unterstützung als soziale Bedingungen). Das Zusammenspiel von personalen und sozialen Bedingungen konstituiert letztendlich die in Lern- und Erfahrungsräumen erworbene Fähigkeit zur Erlangung von Komplexität (Erfassung der Differenziertheit von sozialen Räumen) und ihrer Reduzierung, die in ein handhabbares und die eigene Entwicklung leitendes Norm- und Wertsystems zur Strukturierung der Handlungsperspektive mündet - es entsteht die genannte Individuations- und Integrationsleistung.

Probleme in diesem Prozeß treten nach Hurrelmann (vgl. 1994, S. 194) insbesondere dann auf, wenn in den Bereichen schulischer/beruflicher Qualifikation, Geschlechtsrollenübernahme/Beziehung zu Gleichaltrigen, Nutzung des Konsum- und Warenmarktes sowie des Aufbaus eines eigenen Norm- und Wertsystems kurzzeitig oder länger anhaltend „unangemessene und unzureichende Kompetenzen erworben und die von der sozialen Umwelt erwarteten und angeforderten Fertigkeiten und Fähigkeiten, Motivationen und Dispositionen nicht erbracht werden können. Die Handlungs- und Leistungskompetenzen der Person entsprechen in diesem Fall nach Profil und Struktur nicht den jeweils durch institutionelle oder Altersnormen festgelegten vorherrschenden Standards." Eine nicht aufgehobene Diskrepanz zwischen eigenen Fähigkeiten und äußeren Anforderungen kann zu erheblichen Belastungen führen mit Auswirkungen auf die weitere Persönlichkeitsentwicklung.

Die Entwicklung von Mustern der Problembewältigung wird im Verlauf der Jugendphase in der Regel unflexibler, die Strategien in der Persönlichkeitsstruktur verankert. Ob eine Problemkonstellation zu einer dauerhaften, als unüberwindbar erlebten, Belastung führt, hängt von dem Ausmaß und der Flexibilität der Kompetenzen für die Problembewältigung ab, das sich in unterschiedlichen Erscheinungsformen der Verarbeitung äußern kann (eher nach außen oder innen gekehrt bzw. mit (non-) konform oder deviant bewertetem Verhalten). Immer sind neben den individuellen Bewältigungsstrategien auch die Unterstützungspotentiale der sozialen Umwelt von zentraler Bedeutung für die Entwicklung und Stabilisierung konstruktiver und effektiver Formen der Problemverarbeitung und -bewältigung.

Soziale Unterstützung wird häufig im Kontext des „Netzwerkes von Unterstützung" gefaßt (vgl. Keupp/Röhrle 1987, Röhrle 1994, Bubert 1994, Bullinger/Nowak 1998). Die Bedeutung sozialer Unterstützung im Sinne eines sozialen Beziehungsgefüges mit wichtigen Personen und Bezugsgruppen wird vor allem hinsichtlich des besseren Umgangs mit ungünstigen Lebensbedingungen, kritischen Lebensereignissen oder -belastungen betont: die Gruppenunterstützung bei Problemen führt im Sinne eines „sozialen Immunsystems" (Nestmann 1988) dazu, daß die Betreffenden weniger Symptome der Belastung zeigen, wie z. B. psychische oder somatische Auffälligkeiten. Neben der Abpufferung und Abfederung von Belastungen spielt auch die Befriedigung von Integrationsbedürfnissen, gerade in einer individualisierten Gesellschaft, für die einzelne Person eine große Rolle. Das soziale Netzwerk bestimmt neben der Unterstützungs- auch wichtige Verortungs- und Integrationsaufgaben (soziale Positionierung des Individuums). Die beschriebenen veränderten Lebensbedingungen von Kids und Jugendlichen führen zu einem spezifischen Bedarf der Unterstützung, die von den unterschiedlichen Sozialisationsinstanzen mit jeweils spezifischen Anteilen und in gegenseitiger Abschottung („systemische Geschlossenheit") realisiert wird, etwa in der Schule, Familie, im Freundeskreis, in Freizeiteinrichtungen etc. Hurrelmann (vgl. 1994, S. 237 f.) sieht hierbei die Schwierigkeit, daß Probleme von Kids und Jugendlichen unzulässig parzelliert und einer analytischen Trennung unterzogen werden, die nicht der Erfahrung der jungen Menschen entsprechen: Jugendliche haben nicht nur in einer Instanz Probleme (z. B. nur in der Schule, Familie), sondern diese müssen auf die lebensweltliche Struktur insgesamt bezogen werden, die aus einer pluralisierten Gesellschaftsstruktur resultiert. Daher ist im sozialisatorischen Zusammenhang, wie auch in der Bearbeitung von Problemen ein Zusammenspiel sozialer Orte (also der sozialisationsrelevanten Instanzen) für die Entwicklung des jungen Menschen wichtig. Die veränderten Lebensbedingungen führen aber nicht nur zu einem veränderten Unterstützungsbedarf, sondern auch zur Notwendigkeit der eigenständigen Konstituierung und Pflege des Beziehungsnetzes: die Gestaltung alltäglicher Beziehungen muß von jungen Menschen weitgehend selbst inszeniert werden, der Status selbstverständlicher Gegebenheiten von Sozialität versteht sich immer weniger von selbst. Das Netzwerk der Unterstützung ist Ergebnis einer aktiven Leistung der Subjekte und ihr soziales Kapital (vgl. Keupp 1987, S. 33 ff.).

Dieses Zusammenspiel wird mit dem Begriff des sozialen Netzwerkes als reale, empirisch beschreibbare soziale Beziehungen zwischen Individuen gefaßt. Hierbei ist auch der Rollenbezug erneut wichtig: Individuen leben in verschiedensten Interaktionsbeziehungen und -zusammenhängen und sind dort unterschiedlichen Anforderungen und Erwartungen ausgesetzt. Diese Wechselseitigkeit von Rollenzuschreibungen und -erwartungen kann eine unterschiedliche Größe, Dichte und Intensität haben - sprich das soziale Netzwerk, repräsentiert durch Möglichkeiten der Kontaktaufnahme, Kooperation und Kommunikation, kann eine mehr oder weniger ausgeprägte soziale Unterstützung darstellen.

Bullinger/Nowak (vgl. 1998, S. 70 ff.) unterscheiden primäre und sekundäre Netzwerke, die mir geeignet scheinen, das Unterstützungsnetzwerk von jungen Menschen (typisiert und eher am Idealfall orientiert) darzustellen (Hurrelmann hingegen unterscheidet formelle und informelle Unterstützung, Prüß die natürlichen, obligatorischen und freiwilligen Unterstützungsformen):

- primäre Netzwerke werden als lokal-gemeinschaftliche Netzwerke definiert, in die der einzelne per Geburt bzw. mittels Optionswahl tritt. Es sind hier vor allem mikrosoziale Lebensbereiche der Individuen angesprochen wie z. B. familiäre, freundschaftliche und verwandtschaftliche/nachbarschaftliche Netzwerke,
- sekundäre Netzwerke hingegen meinen soziale Institutionen wie Schule, Jugendhilfeeinrichtungen oder Freizeitstätten, die als global-gesellschaftliche Netzwerke gekennzeichnet werden (in die der Einzelne hineinsozialisiert wird und die den Alltag entscheidend prägen). Man kann hier auch vom öffentlich-institutionellen Netzwerk sprechen, das u. a. infrastrukturell sozialstaatliche Dienstleistungen vorhält.

Die Unterstützung in diesen Bereichen kann hinsichtlich ihrer Bedeutung mit folgenden Leitfragen erfaßt werden:
- In welche sozialen Netzwerke ist jemand eingebunden?
- Welche Unterstützung wird dort erfahren?
- Welche Potentiale sind in diesen Netzwerken enthalten?
- Welche Potentiale können erschlossen werden?

Diese Fragen sind auf die Analyse und Bewertung des Unterstützungsnetzwerkes, der Organisation und die Rückgriffmöglichkeiten auf soziale Unterstützung gerichtet und zielen damit auf soziale Beziehungen und Austauschprozesse, in denen verschiedene Akteure und Beziehungskomponenten situations- und problemspezifisch zusammenwirken, so daß mindestens ein Interaktionspartner irgendeine Form der Hilfe erwarten/erhalten kann. Oder mit Schwartzer (1992 zit. n. Bullinger/Nowak 1998, S. 101) gesprochen: „Soziale Unterstützung (...) umfaßt die Interaktion zwischen zwei oder mehr Menschen, bei der es darum geht, einen Problemzustand, der bei einem Betroffenen Leid erzeugt, zu verändern oder mindestens das Ertragen dieses Zustandes zu erleichtern, wenn sich objektiv nichts ändern läßt (...). Soziale Unterstützung kann als ein Spezialfall sozialer Interaktion angesehen werden, der sowohl positive als auch negative Wirkungen hervorrufen kann."

Es sind hier Wirkungen und Effekte sozialer Unterstützung angesprochen, die die Änderung der problematischen Situation (z. B. durch Verhaltensanpassung oder durch die Abstimmung der Lebensumstände mit den individuellen Möglichkeiten), die Änderung der subjektiven Bedeutung der Situation (durch Änderung von Wahrnehmungen und daraus resultierenden Strategien) oder die Linderung der empfundenen Belastung durch motivationale und emotionale Unterstützung betreffen. Diese Wirkungen können auf verschiedene Arten der sozialen Unterstützung bezogen werden, deren Bestandteile auf die Interaktion, auf die Vermittlung von Bewußtseins- und Gefühlszuständen/Einstellungen sowie auf Emotionen gerichtet sein (vgl. ebd.):

- interaktionsbezogen: meint z. B. personenbezogene (Betreuung), güterbezogene Leistungen, materielle Unterstützung, Informations- und Wissensvermittlung, Ratschläge, Beratung, gemeinsame Aktivitäten etc.
- bezogen auf Bewußtseins-/Gefühlszustände bzw. Einstellungen: umfaßt die Vermittlung von Anerkennung, Wertschätzung oder Status, die Vermittlung sozialer Normen als Orientierungsleistung, die Vermittlung eines Zugehörigkeitsbewußtseins, Befriedigung von Integrationsbedürfnissen, die Gewährung von Gewißheit und Verläßlichkeit sozialen Rückhaltes etc.
- bezogen auf emotionale Aspekte: ist die Vermittlung von Geborgenheit, Liebe, Zuneigung und die Ermutigung, Motivierung sowie die Gewährung von Schutz und Entlastung gemeint.

Diese allgemeinen Arten und Wirkungen der Unterstützung der sozialen Unterstützung sollen als Hintergrund für die Darstellung der kommenden Abschnitte dienen: Erläutert werden die sozialisatorischen Kontexte von Kids und Jugendlichen (Familie, peers, Schule, Jugendhilfe), die hinsichtlich ihrer Sozialisationseffekte und Potentiale der Unterstützung bei Problemen im schulischen Bereich enggeführt werden. Die Frage nach der Bewältigung von Problemen im schulischen Kontext soll also jeweils als Reduzierungs- und Präzisierungsinstrument fungieren.

Vergegenwärtigen wir uns also noch einmal die bisherige Argumentationslinie: Ausgehend von der Klärung des Gegenstandsbereiches, den Ebenen und Phasen des Sozialisationsfeldes wurde Sozialisation aus interaktionistischer Sicht theoretisch gerahmt. Mit den Begriffen der Sozialintegration und Lebensbewältigung sind Strukturen des Aufwachsens von Kids und Jugendlichen gekennzeichnet worden, die in Individualisierungsprozessen den Auslöser für ihre Thematisierung haben. Nachdem allgemeine Bewältigungsanforderungen und -strukturen benannt worden sind, wurde die Bedeutung von individuellen Bewältigungsstrategien und von sozialer Unterstützung für gelingende Sozialisationsprozesse dargestellt. Es ist nunmehr ein Ausgangspunkt umrissen, der folgende Fragen fundiert und eingeleitet hat:

- Wie läßt sich Schule als sozialisatorischer Kontext aus interaktionistischer Sicht analysieren? Welche Probleme im Bereich der Schule treten auf und lassen sich vor diesem Hintergrund identifizieren? Welches Bewältigungshandeln entwickeln Schüler bei den enstprechenden Problemen?

Davon ausgehend kann analysiert werden, welche Ressourcen sozialer Unterstützung den Kids und Jugendlichen bezüglich der schulischen Probleme zur Verfügung stehen. Hier werden die Sozialisationsinstanzen Familie, peers, Schule, Jugendhilfe als soziale Unterstützer thematisiert. Zunächst aber zur Schule als sozialisatorischem Kontext und zur Ermittlung von Problemen/Problemlagen im schulischen Bereich.

2 Schule als Sozialisationsfeld - Probleme und Problembewältigung im schulischen Kontext

Sozialisation vollzieht sich im Zusammenspiel sozialer Orte, die auch einen institutionellen Rahmen haben können. Schule stellt einen solchen Rahmen dar. Sie ist Teil des Erziehungs- und Bildungssystems und hat mit ihrem pädagogischen Auftrag auch einen geplanten und institutionellen Sozialisationsauftrag. Institutionen haben in einer modernen Gesellschaft sowohl entlastenden und Sicherheit stiftenden (Verläßlichkeit und Kalkulierbarkeit bestimmter Aufgabenerledigungen wie soziale Sicherung oder eben Unterrichtung von Heranwachsenden), als auch konfrontierenden und normierenden Charakter (mit Institutionen sind Handlungsnormierungen und Formen sozialer Kontrollle bei Abweichungen von diesen Normen verbunden). Entsprechend gilt, daß die Kommunikations- und Handlungsformen von Personen einer Institution durch zugeschriebene Aufgaben, Rollenerwartungen und Machtstrukturen institutionsspezifischer Art determiniert sind. In der Schule haben Lehrer und Schüler definierte Aufgaben zu erfüllen und dabei auch wechselseitigen Rollenerwartungen zu entsprechen - organisatorische Strukturen sollen diese Handlungsvollzüge sichern. Tillmann (vgl. 1990, S. 103) merkt in diesem Zusammenhang an, daß Institutionen auch immer Felder der Sozialisation sind, da Menschen in ihnen aufeinandertreffen, kooperieren, interagieren, sich beeinflussen und dadurch einen Prozeß der Persönlichkeitsentwicklung unterzogen werden.

Schule stellt ein spezifisches Sozialisationsfeld dar, dessen Inhalte und Formen der Kommunikation von anderen Institutionen unterschieden werden kann. Institutionen prägen aufgrund unterschiedlicher Kommunikationsformen und -inhalte auch den Sozialisationsprozeß in spezifischer Weise. Tillmann (vgl. ebd., S. 104) sieht daher zwei Ebenen der Analyse von Sozialisationsprozessen in Institutionen, hier der Schule, als zentral an:

- Die *Klärung der Aufgaben und Funktionen*, die eine Institution zu erfüllen hat und aus denen sich bestimmte Verhaltensanforderungen und Rollenerwartungen an ihre Mitglieder ergeben - diese müssen identifiziert und dargelegt werden.
- Die *Klärung der Aneignungs- und Verarbeitungsformen*, die Mitglieder einer Institution wählen, um auf die institutionellen Anforderungen zu reagieren und sie mit eigenen Entwürfen und Deutungen in Einklang zu bringen, zumindest vereinbar zu machen.

Ich ergänze diese beiden Ebenen durch eine dritte, die der
- *Klärung von Interdependenzen* einer Institution mit außerinstitutionellen Bedingungen und daraus entstehenden Anforderungen und Spannungen im innerinstitutionellen Gefüge.

Diese Schritte sind erkenntnisleitend für die Ermittlung von Problemen im Bereich der Schule und die darauf abgestimmte Entwicklung (sozialpädagogischer) Unterstützungsleistungen - sie stehen daher im folgenden Abschnitt im Mittelpunkt: Nach einem Blick auf die Funktionen und Aufgaben von Schule allgemein, ihrer Kennzeichnung als Ort von Pädagogik in strukturiert-organisierter Form wird das DDR-Schulsystem im Transformationsprozeß kurz resümiert, um das Schülersein unter veränderten gesellschaftlichen Bedingungen zu charakterisieren. Danach wird das Sozialisationsfeld Schule hinsichtlich seiner Strukturen aufgeschlüsselt sowie die sozialisatorische Wirkung von Schule aus rollentheoretischer Sicht beschrieben. Schließlich soll Schule als Kumulationsfeld soziostruktureller und gesellschftlich-ökonomischer Bedingungen gefaßt werden, das im schulischen Alltag und in der Konfrontation mit einer strukturell belastenden Ausgangssituation Bewältigungsanforderungen an Jugendliche stellt. Die Zusammenfassung dieses Abschnittes mündet dann in einen Systematisierungsversuch von Problemebenen im Sozialisationsfeld Schule.

2.1 Aufgaben und Funktionen von Schule - Pädagogik in organisiert-strukturierter Form

Fend (vgl. 1980) hat eine Schematisierung der Reproduktionsfunktionen des Schulsystems vorgelegt, deren Leitbegriffe Qualifikation, Selektion und Integration sind:
- *Qualifikation* meint die Leistung der Schule für die Produktion und Ökonomie, bezogen auf Berufsqualifikationen, Arbeit und Arbeitsverhältnisse,
- *Selektion* meint die Mitwirkung der Schule bei der Eingliederung der Heranwachsenden in die gegebene Sozialstruktur mittels Zugangsberechtigungen in Form von Zeugnissen. Hinzu tritt der Begriff der Allokation (Plazierung im sozialen Gefüge), um das Ergebnis der Selektion zu benennen,
- *Integration* bzw. Legitimation sind diejenigen Begriffe, die die Rechtfertigung und Transparentmachung dieser gesellschaftlichen Zuweisungsprozesse umfassen.

Nach Fend ist die zentrale Aufgabe der Schule (und nur für sie typisch) als gesellschaftliche Einrichtung bzw. Institution sowohl die Reproduktion der Gesellschaft als auch die Herausbildung der Persönlichkeit, indem sie kulturelle Wissensbestände an die nachwachsende Generation weitervermittelt.

Meyer (vgl. 1997, S. 321 ff.) sieht Schule vor eine Balancierungsaufgabe gestellt, indem sie drei pädagogische Grundfunktionen miteinander verbinden und gleichermaßen umsetzen soll. Dies sind ...
- die *Reproduktionsfunktion* als Reproduktion und Weiterentwicklung der Gesellschaft durch die Qualifizierung und Integration des Einzelnen (hier sind die Grundbegriffe nach Fend vereint).
- die *Humanfunktion* als Gewährung eines schützenden Rahmens Schule und die Unterstützung der Entwicklung eines menschlichen Miteinanders (hier ist vor allem die Orientierung an Gleichwertigkeit und Menschlichkeit in der Beziehungskultur gemeint).
- die *Emanzipationsfunktion* als die pädagogische Gestaltung von Entwicklungsaufgaben des Einzelnen zur Erreichung von Individualität und Gemeinschaftsfähigkeit (hier steht die Entwicklung der Mündigkeit, Selbständigkeit, Gemeinschaftsfähigkeit im Mittelpunkt).

Diese Grundfunktionen von Schule stellen nach Meyer (vgl. ebd., S. 326) in balancierter Form die wesentlichen Stützpfeiler einer Schule dar, die als Lern- und Lebensraum konzipiert wird.

Vor dem Hintergrund einer modernitätstheoretischen Position begründet Forneck (vgl. 1997) eine differente Funktion von Schule, die 4 Aspekte berücksichtigt:
- *Bildungssozialisation*: Schule soll eine Grundlage für den gesellschaftlichen und kulturellen Zusammenhang der Heranwachsenden sozialisieren; es soll auf die Möglichkeit eines gemeinsam erarbeiteten Horizonts im Bildungsprozeß aufmerksam gemacht werden, der aufgrund veränderter Sozialisationsbedingungen nicht mehr vorausgesetzt werden kann,

- *Kohärenz und Verständigung*: Schule soll zur Verständigung befähigen und damit eine mögliche Kohärenz der zukünftigen erwachsenen Gesellschaftsmitglieder (unterschiedlicher religiöser, kultureller, weltanschaulicher und sozialer Herkunft) sozialisieren,
- *Rationalität und Verständigung*: Schule soll diese Menschen in einen Prozeß der rationalen Verständigung über Sachverhalte einführen (Befähigung zur Teilhabe an den in der Kultur ausdifferenzierten Diskursen mit ihren Rationalitätspotentialen),
- *Bildung als Einübung in Diskurse*: Schule soll Diskursfähigkeit herstellen, die (nach einer Habermasschen Unterscheidung), auf drei Handlungs- und Rationalitätsdimensionen zustande kommt, dem teleologischen, normorientierten und dramaturgischen Handeln.

Wenden wir uns noch einmal den Leitbegriffen der Funktionen von Schule nach Fend zu, um uns, in Anlehnung an Ausführungen von Diederich/Tenorth (vgl. 1997, S. 73 ff.) zu diesen Begriffen, der pädagogischen und sozialisatorischen Aufgabe der Schule anzunähern:

Schulwissen und Qualifikation: Das Schulwissen bzw. der Wissenskanon läßt sich mit Blick auf eine interne und externe Dimension kennzeichnen, mit je spezifischen Leistungen und Wirkungen. Schulwissen ist zunächst im Kanon von Inhalten festgelegt und in Zielen übergeordneter Art beschrieben (z. B. in Verfassungen, Schulgesetzen, Präambeln von Lehrplänen etc.). Der Lehrstoff ist als Rahmenplan gegenwärtig, der unterrichtliche rahmen wird aber vor allem durch Stundentafeln abgesteckt. Sie stellen eine thematisch zeitliche Ordnung und Abgrenzung unterschiedlicher Themen samt Zeitvorgabe des Schulwissens dar, was von den Funktionen der unterschiedlichen Schularten abhängig unterschiedliche Bildungsziele impliziert (z. B. basale Kulturtechniken, elementare Bildung im Zentrum der Stundentafeln von Elementarschulen im Gegensatz zu höheren Schulen mit einer Betonung weiterführender Studien bzw. fortgeschrittener und erweiterter Allgemeinbildung). Diese Unterscheidung von Lehrplänen nach den hierarchisch angeordneten Stufen des Bildungswesens ist die interne Struktur/Dimension des Schulwissens. Hier ist der Begriff der Kultur eingeführt auf überlieferungswürdiges Wissen, die Qualifikationsfunktion von Schule bezieht sich aber darüber hinaus auf einen weitergefaßten Kulturbegriff, der die komplexe Lebenspraxis insgesamt betrifft. Mit Diederich/Tenorth (1997, S. 92) kann man pointieren, daß „die Schule nicht allein Kenntnisse universalisiert, sondern auch einen bestimmten Habitus sozialisiert, d. h. einen Stil prägt und -im günstigen Fall- auch kultiviert, indem die Lernenden lernen, die Welt reflexiv aufzufassen und begründet zu gestalten. (...) Schule erzeugt insofern, systematisch und abstrakt gedacht, selbst eine Kultur, d. h. einen eigenen Lebensstil und ein Bewußtsein für Differenzen; sie befördert eine Wahrnehmung der feinen Unterschiede in der Kultur und prägt Sensibilität für den eigenen Platz innerhalb des sozialen Gefüges." Die Institution Schule arbeitet sowohl an der Aufgabe der allgemeinen Bildung als auch an der Erzeugung und Vermittlung von Einstellungen, Haltungen, Verhaltensweisen durch Auseinandersetzung mit Wissen. Ob dieses hohe Ziel gegenwärtig erreicht wird, mag bezweifelt werden, es ist eher eine fachliche Spezialisierung (infolge einer wissenschaftlichen Parzellierung von Problemen des Lebens) statt einer Bildung der Persönlichkeit zu autonomen Handeln beobachtbar.

Integration durch die Schulklasse als sozialer Ort: Die Potenz der Klasse als Sozialisationsraum (vgl. ebd., S. 95 ff.) kann man sowohl auf die Untergruppierungen wie Cliquen, Tischgruppen oder ähnliches beziehen (die bedeutsam für den einzelnen sind hinsichtlich der Möglichkeit von Erfahrungen z. B. der Intimität oder auch Verhaltenskontrolle), als auch auf die gesamte Schulklasse, die eine „wir-die-Differenz", „Klassengeist" und Homogenität ermöglicht, genauso wie in ihr Statushierarchien produziert werden. Es ist allerdings eine geringe Ausprägung von Konzentration auf ein zentrales Gruppenziel für die „Gruppe" Schulklasse zu konstatieren (Polarisation). In jedem Fall kann man die Schulklasse als Terrain für vielfältige Ausgestaltungen sozialen Lernens und sozialer Erfahrungen bezeichnen: außerunterrichtliche Folgen der Mitgliedschaft in einer Schulklasse (z. B. Freundschaftsbeziehungen, gemeinsame Interessen), die biografische Organisation von Identität im Raum Schule aber auch die Definition, Entstehung und Manifestation abweichenden Verhaltens sind hier wesentliche Punkte.

Die Schulklasse wird in der Organisationsform des Unterrichts zusammengeführt, dessen Konstitutionsbedingungen Disziplin, Leistung und Motivation sind. Mit Disziplin sind Verhaltensanforderungen der Institution gemeint, die sich aus dem offiziellen (Lernstoff) und dem geheimen (Schultaktiken und Bewältigungsverhalten) Curriculum zusammensetzen, die ein Schüler bedienen muß, um „objektiv" oder in den Augen des Lehrers erfolgreich zu sein. Bezüglich der Konstitutionsbedingung Leistung ist festzuhalten, daß die altershomogene Zusammensetzung der Klasse jedem Schüler die Möglichkeit des Vergleichs (seiner Leistung) mit anderen bietet. Zudem fördert die leistungsheterogene Zusammensetzung Vergleich und damit Belastungspotentiale in Form von Leistungsdruck, denn der Vergleichsprozeß bedeutet die Auseinandersetzung mit mehreren konkurrierenden Ansprüchen, Normen und Werten gleichzeitig, er verlangt Entscheidungsprozesse in konfliegierenden Situationen (Komplexität des Sozialisationsprozesses auch im schulischen Kontext) und schließlich kognitive Verarbeitungsprozesse. Die Motivation schließlich öffnet ein schwieriges Feld, das hier nicht erschlossen werden kann, denn es ist weitgehend unklar, ob das Leistungsmotiv als intrinsisch bezeichnet werden kann, da es durch Abwägungen (Orientierung an Hoffnung und Erfolge) als auch durch Erwartungsängste (Furcht vor Mißerfolg) maßgeblich gesteuert ist Intrinsisch kann dann wohl die „Neugier" (das Neue und Ungekannte als genereller Anreiz für Lernprozesse) bezeichnet werden, die manche Schülerpersönlichkeit kennzeichnet.

Selektion durch Gliederung des Schulsystems: Angesprochen sind hier vier zentrale, gegenwärtig diskutierte Aspekte wie die Dauer des gemeinsamen Unterrichts, die Durchlässigkeit der Bildungsgänge (statt früher Selektion?), die Angleichung von Bildungschancen und das Verhältnis von „innerer" und „äußerer" Schulreform, vermehrt auch die Frage nach dem „Profil" und „Klima" einer Schule. Gerade in Fragen der Gestaltung des Bildungswesens wird nach Diederich/Tenorth (vgl. ebd., S. 112) deutlich, „welche Rolle sich der Staat in der öffentlichen Erziehung gegenüber dem Schulpublikum anmaßt, in welches Verhältnis er generell Freiheit und Gleichheit setzt. Bei Heranwachsenden ist die speziellere Frage, in welchem Maß soziale Herkunft und Anstrengungen der Familie den Lebenslauf beeinflussen sollen oder aber (ergänzend, ersetzend, jedoch nicht immer erwünscht und manchmal störend) Angebote öffentlicher Einrichtungen, die im Falle der Schule verbindlich sind."

Hiervon ausgehend erkennt Forneck (vgl. 1997, S. 46 ff.) die Konfrontation der Institution Schule mit drei Formen des Außendrucks: einem Entstandardisierungs-, Entmaterialisierungs- und Individualisierungsdruck: Mit der Aufweichung eines standardisierten Beschäftigungssystems, so Forneck, und der Vorstellung einer beruflichen Kontinuität wird auch die Legitimation eines standardisierten Bildungssystems aufgeweicht, die Entstandarisierung des (Berufs-) Lebens führt zu innerpädagogischen Entwicklungen wie „Individualisierung des Lernens" oder „Schulautonomie". Mit dieser Entstandardisierung des Beschäftigungssystems werden material angebbare Wissens- und Fähigkeitsbestände, die zu einer spezifischen Qualifikation führen, intransparent; seit langem wird von Schule neben der Wissensvermittlung (materialer Bildung) auch die Vermittlung formaler Fähigkeiten (Unterscheidung nach Klafki) verlangt, dies deutet sich in der Diskussion der Punkte wie „Lernen des Lernens" an, Schule ist also auch mit einem „Entmaterialisierungsdruck" konfrontiert. Im Zuge der Individualisierung von Lebenslagen steht Schule eine Vielfalt an Lebensentwürfen gegenüber, der sie mit einem einheitlichen und material bestimmbaren Bildungsbegriff nicht mehr begegnen kann:

„Der Bildungsbegriff wird verabschiedet und an dessen Stelle tritt ein reformpädagogisch aufgeladener Lernbegriff. (...). Die Materialität von Bildung (Klafki) tritt zugunsten des Formalen von Bildung zurück" (ebd., S. 48).

Diese „Entwicklungsdrücke" werden von Holtappels (vgl. 1994) auf Entwicklungslinien des Wandels der Erziehungsbedingungen und der Qualifikationsanforderungen zurückgeführt (vgl. auch Helsper u. a. 1996, S. 11 ff.), repräsentiert auf zwei Ebenen:
1. veränderte sozialisatorische Bedingungen des Aufwachsens von Kindern und Jugendlichen (wie Wandel der Familienkonstellationen, Verlust von Erfahrungsräumen der Kinder in der Wohnumwelt, Tendenzen gesellschaftlicher Individualisierung und Mediatisierung von Erfahrung und Informalisierung des Lebensalltags) sowie
2. Wandlungsprozesse mit Auswirkung auf Bildungsanforderungen und -inhalte (qualifikatorische Zukunftsanforderungen), meint die Zunahme der Kompliziertheit und Komplexität gesellschaftlichen Wissens.

Holtappels (vgl.1994) hält daher für Kinder und Jugendliche ein Wissen notwendig, das sowohl Bildungswissen (zur Erschließung und Ordnung von Erfahrungen und Informationen im Lebensalltag) als auch ein Wissen umfaßt, das die schrittweise Ermittlung und Erschließung bisher nicht zugänglichen Wissens ermöglicht. Nach Holtappels werden neue Schlüsselqualifikationen bedeutsam, die er Basis-, Horizont- und Breitenqualifikation nennt und ein Bildungswissen konstituieren, das eine ordnende, systematisierende, orientierende Funktion hat und auch eine kritische Reflexion und Analyse des Gegebenen fördert. Für die Erlangung eines solchen Bildungswissens schreibt Holtappels der Schule eine wichtige Funktion zu: „Außer der Schule scheint trotz ihrer Unzulänglichkeiten gegenwärtig keine Institution in der Lage, Kinder und Jugendliche mit einem solchen Bildungsverständnis auf ihre Gegenwarts- und Zukunftsbewältigung vorzubereiten. Schule bedeutet hier auch eine Gegenwelt und Gegenkultur, indem sie eine Grundbildung gewährt, die jenseits von medialer Informationsüberflutung, unreflektierten und unaufgeklärten Alltagserfahrungen und Zuständigkeiten, gegen die von ideologischen Einflüssen und Interessenlagen gefärbte mediale Wirklichkeitskonstruktion wirkt, gesellschaftliche Orientierungen und Emanzipation von familiärer Sozialisation gewährt" (49 f.). Und an anderer Stelle: „Festzuhalten bleibt: sowohl hinsichtlich der Art und der Formbestimmtheit der für die Zukunftsbewältigung erforderlichen Bildungsinhalte als auch im Hinblick auf Chancengleichheitsaspekte scheint die Rolle der Schule eher wichtiger, wenn auch zugleich schwieriger zu werden" (52).

Wie immer man die Aufgaben und Funktionen von Schule (Wozu ist die Schule da? vgl. Giesecke 1996), Reformziele und Modernisierungsprozesse in der Gesellschaft, als Änderungsdruck ausübendes Element, fassen will, diese kurze Skizze kann mit Melzer (vgl. 1987) wie folgt zugespitzt werden, um zentrale Themenkomplexe für die nächsten Abschnitte abzustekken:
Die schulische Lebenswelt wird grundlegend bestimmt durch die gesellschaftlichen Funktionen und unterliegt deshalb strukturellen Entfremdungsprozessen. Schule als relative Lebenswelt weist Bezüge zu anderen Lebenswelten auf, zur Familie, zu den Lehrern und Schülern, es finden Intersektionen statt (z. B. bezüglich der Familie in Form von Stützleistungen bei Hausaufgaben oder psychische Stabilisierungsleistungen), so Melzer (vgl. ebd. 69). Die Funktionen der Schule, und das ist für die weitere Betrachtung wesentlich, sind in einen ganzheitlichen (schulischen) Sozialisationsprozeß eingebunden, der auf Erfahrungen in den Feldern der pluralistischen Sozialisation basiert (z. B. in der Familie oder im Freundeskreis). Gesellschaftliche Entfremdungsphänomene, so Melzer (ebd., S. 70) „wie Herrschaft, Verdinglichung, Konkurrenz und Widersprüchlichkeit, zeigen sich auch in der Schule und im Bewußtsein der in ihr

Agierenden, sie schlagen sich (...) in einem „Leiden an Schule nieder." Melzer leitet daraus eine Betrachtung der Schule als „alltägliche Lebenswelt als Intermedium" ab, in dem die dort repräsentierten Ebenen Gesellschaft, Individuum, Institution und Kommunikation rekonstruiert werden können:

- strukturelle Herrschaftsmechanismen; haben größte Auswirkung auf die Kommunikation und Sozialisation (Schule als rationale Organisation mit klaren Rollenzuweisungen), der Zugriff von Schule auf ihre Mitglieder ist zentral für die Internalisierung und Weitergabe dieser Einflüsse in Form von Einstellungen und Verhaltensweisen;
- Verdinglichung des Schülers (Reduzierung auf die Schülerrolle): notwendig, um der eigendynamischen Anforderungsstruktur von Schule gerecht zu werden; hinzu kommt die Segmentierung einzelner Bereiche der Schülerpersönlichkeit und Betonung der kognitiven Komponente sowie dadurch ein fehlender Subjekt- und Anwendungsbezug der Lerninhalte, sinnstiftend bleibt für Schüler vor allem die „Hinterbühne", die Schule als sozialer Treffpunkt;
- Konkurrenz: als leistungsgesellschaftliches Phänomen mit individueller Repräsentanz der Schüler untereinander auftretend und auf die Persönlichkeitsentwicklung und die Verhaltensebene der Schüler wirkend (z. B. Ausgrenzungsprozesse oder mangelnde Solidarität);
- gesellschaftlich bedingte Widersprüchlichkeit der Institution Schule: der zeigt sich vor allem in den Gegensatzpaaren „Geringhaltung von Bildungskosten vs. Bürgerrecht auf Bildung", „Loyalitätssicherung durch Ideologisierung vs. Befähigung zur kritischen Reflexion gesellschaftlicher Zusammenhänge", „Selektions- und Allokationsfunktion vs. Herstellung von Chancengleichheit" sowie „Qualifikationsfunktion/Vermittlung verwertbarer Fachkenntnisse vs. allseitig entwickeltes Individduum".

„Je länger man sich mit Schule beschäftigt, um so facettenreicher (...) wird das Bild: mannigfaltige Formen der Herrschaftsausübung und -erduldung, der Verdinglichung, der Konkurrenz; aber auch Freiräume, individuelle Handlungsmöglichkeiten - also ein durch und durch widersprüchliches Bild, das Schule abgibt" (Melzer 1987, S. 78).
Wir wollen diesen Facetten noch etwas nachgehen, indem wir, nach einem kurzen Blick auf das DDR-Schulsystem im Transformationsprozeß, das Sozialisationsfeld Schule strukturieren und (gemäß der hier entwickelten Rahmentheorie) aus interaktionistischer Sicht die pädagogischen Beziehungen in der Schule als Rollenbeziehungen näher charakterisieren. Dabei begegnen wir zentralen Aussagen dieses Abschnittes wieder, die dann genauer auf das Erleben und Verhalten des Schülers im Erfahrungsraum Schule bezogen werden können.

2.2 Das DDR-Schulsystem im Transformationsprozeß und Schüler-Sein unter neuen gesellschaftlichen Bedingungen

Der Umbau des Schulsystems wurde in der DDR unter dem Schlagwort der „sozialistischen Entwicklung des Schulwesens" vorangetrieben und war etwa 1965 im wesentlichen abgeschlossen. Es entstand ein polytechnisch ausgerichtetes Schulsystem, mit den Merkmalen der Einheitlichkeit, der zentralistischen Schulverwaltung, der ideologischen Ausrichtung, der Selektivität des Abiturzugangs sowie der guten personellen Ausstattung bei schlechten materiellen Bedingungen. Der Zusammenbruch der DDR in den Jahren 1989/90 löste einen Transformationsprozeß aus, der hinsichtlich einer Makro-Perspektive und einer Perspektive bezüglich der Veränderungen im Schulbereich (bezüglich der hier vorliegenden thematischen Relevanz) darstellbar ist (im folgenden wird auf Ausführungen von Tillmann 1994, 1996; Flösser u. a. 1996; Melzer 1996 zurückgegriffen):

- Makro-Perspektive des Transformationsprozesses: Mit dem Zusammenbruch der DDR setzte in allen gesellschaftlichen Bereichen mit rascher Geschwindigkeit ein einseitiger Veränderungsprozeß ein, nämlich die Anpassung an die Verhältnisse der alten Bundesrepublik. Der Übergang von der DDR zur Bundesrepublik ist Teil einer weltpolitischen Entwicklung, bezogen auf das Ende real-sozialistischer Gesellschaften und dem Zusammenbruch des sowjetischen Weltreichs. Flösser u. a. (1996, S. 15) sprechen davon, daß „ ( ) wir es hier mit einem massiven, einem unerwarteten, einem umfassenden Einbruch von Weltpolitik und Weltgeschichte in den pädagogischen Alltag zu tun (haben)." Im Vergleich zu Transformationsprozessen anderer Staaten Ost- und Mitteleuropas findet Transformation innerhalb eines nationalstaatlichen Gebildes statt. Es geht im Kern um die Übertragung von gesetzlichen Normierungen und institutionellen Regelungen der alten Bundesrepublik auf das „Beitrittsgebiet", legitimiert durch einen demokratischen Willensbildungsprozeß der Mehrheit der DDR-Bevölkerung.
- Transformationsprozeß im Schulbereich: von den unmittelbar nach der „Wende" hoffnungsvoll diskutierten Reformansätzen für Schule ist wenig umgesetzt worden. Anfang 1991 wurden in allen neuen Ländern unter westdeutscher Federführung neue Schulgesetze entworfen. Zugleich wurden die Kultusministerien und die ihr nachgeordneten Behörden installiert. Mit Beginn des Schuljahres 1991/1992 war in den meisten Ländern bereits ein gegliedertes Schulsystem entstanden. Von 1991 bis 1993 stand der organisatorische Umbau und die Umwandlung sämtlicher Schulen im Mittelpunkt. Schulträgerschaften wurden definiert und Personalverschiebungen großen Ausmaßes sowie der Abbau von Lehrerstellen vorgenommen. Parallel dazu wurde der administrative Reformprozeß weiterbetrieben: die staatlichen Fortbildungseinrichtungen wurden auf- und ausgebaut, es wurden neue Rahmenpläne erstellt und Grunderlasse verabschiedet.

Tillmann (vgl. 1994, 1996, S. 33 ff.) geht davon aus, daß der Wandlungsprozeß im Schulsystem - verglichen mit anderen Teilsystemen - eher weniger tiefgreifend ist. Er begründet dies mit der Tatsache, daß alle strukturellen Veränderungen im Schulsystem (z. B. die Auflösung der Einheitsschule zugunsten konkurrierender Schulformen) sich innerhalb eines stabilen Rahmens eines staatlichen Pflichtschulsystems vollzogen. Es wurde zwar die staatliche Ebene gewechselt (von der zentralen Zuständigkeit der DDR zu den dezentralen Zuständigkeiten der neuen Bundesländer), weitreichende Wandlungen in der Trägerschaft gab es im Schulsystem jedoch nicht (siehe im Gegensatz dazu den Jugendhilfebereich). Ein weiteres Moment der Kontinuität ist die personelle Stabilität. Rund 80% der DDR-Lehrer sind weiterhin im Schuldienst tätig. All diese, oft als hektisch und überschnell erlebten, Umstellungsprozesse vollzogen sich, so Tillmann, in einem organisatorisch und personell recht stabilen Rahmen.
Zur Spezifik der Schulentwicklung in Ostdeutschland merken Helsper u. a. (1996, S. 20 ff.) an, daß die Lehrerschaft ihre Rolle und Stellung in der veränderten gesellschaftlichen Situation finden mußte, was nicht selten mit Belastungen und einem Umschwenken von Euphorie in Resignation verbunden war. Gegenwärtig ist nach einer Konsolidierungsphase Offenheit für Prozesse der inneren Schulreform zu beobachten. Neben der Lehrerschaft haben die Einstellungs- und Verhaltensänderungen natürlich auch bei Kindern und Jugendlichen stattgefunden, und zwar in einem Zeitraffertempo (Modernisierungsschub), während sich diese Prozesse im Westen im Laufe von Jahrzehnten vollzogen.

Unter Bezugnahme auf Forschungsergebnisse zur Transformation des Schulwesens und deren Folgen für Schüler führen Schubarth u. a. (1996, 101 ff.) Problembelastungen aufgrund bereits veränderter und sich weiter veränderter Sozialisationsbedingungen auf, es sind:

- die Bewältigung des erhöhten Leistungs- und Erwartungsdrucks von Eltern und Lehrern,
- die Bewältigung von Mißerfolgen bei der gleichzeitigen Bemühung um Stabilität des Selbstwertgefühls,
- die Auseinandersetzung mit der Hierarchisierung der Schularten und dem eigenen Status in diesem Gefüge,
- die Herstellung von Motivation für einen hohen Bildungsabschluß und deren Aufrechterhaltung trotz des antizipatorisch erfahrenen Bildungsparadox,
- die Entwicklung von Bewältigungs- und Handlungsstrategien in risikobelasteter und durch Individualisierungsphänomene gekennzeichneter Phase des Aufwachsens (kompetenter Umgang mit Chancen und Zwängen),
- eine veränderte Schulstruktur (mehr Leistungsbetonung, weniger sozialer Erfahrungsraum infolge der (im Vergleich zur DDR) Reduzierung der sozialen Funktion von Schule zugunsten des unterrichtlichen Vermittlungsaspektes),
- die teilweise Erfahrung aggressiver und gewaltbetonter Beziehungen zwischen Schülern sowie
- die Nachwirkungen des (zum Teil autoritären und rigiden) Erziehungs- und Unterrichtsstils der DDR-Schule ausgesetzt zu sein.

Es ist also eine gleichzeitige Überlagerung von Modernisierungsschüben (z. B. Bildungsexpansion, Verlängerung der Schulzeit, Zuwachs von Freiheitsgraden, individuelle Schullaufbahnen) und Modernisierungsverzögerungen (z. T. Fortbestehen eines konservativen Schulklimas, „alter" Methoden sowie „Schattenseiten" der Individualisierung wie verstärkte Selektion, Produktion von Negativkarrieren, unzureichende Unterstützungsleistung seitens der Gesellschaft) zu erkennen (vgl. Schubarth u. a. 1996), was, sozialisationstheoretisch gewendet, heißt, „daß solche strukturellen Sozialisationskonflikte, wie der zwischen Schülerrolle und Schüler-sein, der zwischen Selektion und Qualifikation und der zwischen den verschiedenen Sozialisationsinstanzen einer neuen Ausbalancierung bedürfen. Dies gilt zwar prinzipiell auch für die alten Bundesländer, der Problemdruck scheint aber in den neuen Ländern erheblich größer zu sein" (ebd., S. 116).

Um diese Problembelastungen in den schulischen Kontext besser einordnen zu können, soll im folgenden Abschnitt das Sozialisationsfeld Schule hinsichtlich seiner Struktur gekennzeichnet werden und dabei eine Beschreibung der sozialisatorischen Wirkung von Schule und ihrer pädagogischen Beziehungen aus interaktionistischer Sicht vorgenommen werden.

2.3 Sozialisationsfeld Schule - Pädagogische Beziehungen in der Schule als Rollenbeziehungen

Im Rahmen des Bildungswesens ist das Schulsystem gekennzeichnet durch Merkmale organisierter Normen und formalisierter Rollenerwartungen. Diese Merkmale sollen der (in Abschnitt 2.1 genannten) Aufgabe von Schule dienlich sein, für die (Bildungs-)Sozialisation des gesamten gesellschaftlichen Nachwuchses zu sorgen. Die institutionellen Strukturen haben dabei sicherzustellen, daß systematischer (an Lehrplänen orientierter) und kontinuierlicher Unterricht durch professionelle Lehrer für alle Heranwachsenden realisiert werden kann. Damit Schule dieses Ziel möglichst optimal erfüllen kann, gibt es, wie gezeigt, Lehrpläne, Richtlinien, Stundenpläne o. ä. (Lernorganisation) und festgelegte hierarchische Kompetenzen (Verwaltungsorganisation), die dann in die strukturelle Gesamtgliederung des Schulsystems nach Schulformen und Bildungsgängen mündet (Makroorganisation) (vgl. Tillmann 1990, S. 104 f.).

Ein Blick auf den institutionellen Charakter von Schule zeigt, daß dort pädagogische Arbeit in umfassende organisatorische Strukturen eingebunden ist. Diese organisatorische Sicherung des Bildungs- und Erziehungsauftrages hat zwei Motive: Zum einen ist sie Voraussetzung für eine kontinuierliche Vorhaltung von Erziehung und Unterricht in tagtäglicher Form, zum anderen sind in Schule organisierte Lernprozesse in einen staatlich organisierten Behördenapparat eingebunden, womit administrative Kontrollierbarkeit und politische Beeinflußbarkeit des Lernens stattfinden kann. Unterricht dient der gezielten, intentionalen Beeinflussung mit dem Ziel, gesellschaftlich erwünschte Kenntnisse, Fähigkeiten, Normen und Werthaltungen in einem individuellen Aneignungsprozeß des Schülers zu vermitteln. Schule zielt somit tendenziell in ihrem institutionellen Charakter auf eine gezielte und gleichgerichtete Persönlichkeitsbeeinflussung der Heranwachsenden (vgl. ebd., S. 105 ff.).

Mit Ulich (vgl. 1991, S. 381 ff., 1983) lassen sich schulische Sozialisationsbedingungen mit Hilfe eines Bezugsrahmens systematisieren, der Struktur- und Prozeßdimensionen unterscheidet. Meines Erachtens ist hier eine dritte Dimension zu ergänzen, die ich „Interdependenzdimension" nennen möchte und Aspekte umfaßt, mit denen Schule konfrontiert ist und die schulische Prozesse beeinflussen: Das sind soziostrukturelle Merkmale, gesellschaftsökonomische und bildungspolitische Aspekte sowie Bedingungen sozialer Orte pluralistischer Sozialisation (wie Unterkunft, materieller Spielraum, Freizeit, Erziehung, Betreuung/soziale Beziehungen aber auch Not und Belastungen) und regionaler/sozialräumlicher Kontexte. Schulische Sozialisationsbedingungen sind dann nicht nur institutionell produzierte, sondern institutionell repräsentierte Sozialisationsbedingungen (die teilweise institutionell geschaffen sind, teilweise in sie hineingetragen werden und dort die Sozialisationsbedingungen prägen), ein so erweitertes Dimensionen-Modell könnte wie folgt aussehen (siehe Abb. 3).

Ein Mehrebenenmodell gewinnt an Qualität, so Ulich (vgl. 1991), wenn die Schülerperspektive im sozialen Erfahrungsraum Schule berücksichtigt wird, und zwar hinsichtlich
– der Leistungsanforderungen und -beurteilungen,
– der sozialen Beziehungen zu Mitschülern und Lehrern,
– der sozialen Regeln und Sanktionen,
– der Lernprozesse und Inhalte sowie
– der verschiedenen Lebenswelten der Schüler und ihre Konkordanzen und Diskrepanzen.

Abb. 3: Mehrebenenmodell schulischer Sozialisation

Strukturdimension	Interdependenzdimension	Prozeßdimension
• Schule als Institution • Schulsystem (Organisation und Differenzierung von Schule und Unterricht) • Schulklasse als organisatorische Grundeinheit • Struktur der Lehrer-Schüler-Interaktion	• soziostrukturelle Merkmale • gesellschafts-ökonomische Aspekte • lebensweltliche Strukturen	• Normierung und Kontrolle des Schülerverhaltens • Leistung, Leistungsbewertung, Selektion • Unterrichtskommunikation/Wissensvermittlung

Zeitdiagnostische Versuche zur schulischen und Bildungssozialisation lassen sich mit der Verschulung der Jugendphase, der generellen Verstärkung des Leistungs- und Konkurrenzdrucks aufgrund faktischer und normativer Höherqualifizierung, der Bedeutsamkeit guter Schulabschlüsse für die Berufschancen bei ihrer gleichzeitigen relativen Wertlosigkeit (Qualifikationsparadox) und dem beachtlichen Erwartunsgdruck der Eltern bei gleichzeitiger Gefahr für die Schüler, diese Erwartungen nicht zu erfüllen, pointieren - hierzu soll im nächsten Abschnitt 2. 5 zur Schule als Kumulationsfeld soziostruktureller und gesellschaftsökonomischer Bedingungen eine genauere Betrachtung bezüglich der Bewältigungsanforderungen für Jugendliche erfolgen.

Die Höherqualifizierung bei den Schulabschlüssen und Engpässe in qualifizierten Berufen führen zu sozialen Verdrängungseffekten, die zu Lasten geringer qualifizierter Schulabgänger gehen. Diese Konkurrenzsituation erfahren Schüler vermehrt als Verunsicherung und Zukunftsangst. Kurz: Der Leistungswettbewerb und die Leistungsbeurteilung (Individualisierung von Schulerfolg/-versagen) als Belastungspotential wird verstärkt durch soziostrukturelle und gesellschaftlich-ökonomische Bedingungen (Probleme für Schule) wie Arbeitslosigkeit, Qualifikationsparadox, Sinn- und Orientierungskrisen (vgl. Ulich 1983, S. 35 ff.). Der Schulalltag bedeutet damit vermehrt eine Belastung für Schüler, institutionell erzeugt (Probleme von Schule) sind hierbei folgende Aspekte:
– Schule ist soziale (Zwangs-)Tatsache,
– die zeitliche Beanspruchung und Belastung,
– schulsystembedingte Übergänge/Übertrittsentscheidungen,
– das Leistungsprinzip mit seiner hohen psychischen Belastung,
– Konkurrenzdruck,
– Isolierung der Schüler vom Lebensumfeld sowie
– abstrakte, lebensferne Lerninhalte.

Damit sind subjektive Probleme der Schüler (Probleme mit Schule) verbunden, die vor allem zurückzuführen sind auf das geringe Angebot an Freizeitaktivitäten in der Schule, auf Probleme mit Lehrern, Unterrichtsstörungen, fehlendem Interesse am Unterricht, zu wenig Zeit der Erwachsenen dort für Schüler, zu viele Strafen/Verbote, zu viele und schwierige Hausaufgaben, Unsicherheit während des Unterrichts und zu hohe Leistungsanforderungen.
Reaktionsformen und Handlungsstrategien zwischen Anpassung und Abweichung zur Bewältigung von Schule können sein (vgl. Holtappels 1987; Ulich 1983, 1991):
– *konformistisch-unkritisches Muster*: ständige Mitarbeit und regelmäßiges Lernen, Anpassung an Unterricht und Regeln, Anpassung an und Einschmeicheln bei Lehrern,
– *taktische Aneignung von Schule*: sich in der Schule anders verhalten als bei Freunden/Zuhause, sich bei Normverstößen nicht erwischen lassen, Mühe demonstrieren etc. und
– *oppositionelles und schuldeviantes Verhalten*: sich nichts gefallen lassen, kompromißloser Standpunkt, Distanzierung, Widerstand.

Diese Bewältigungsformen sind als Verhaltenskompromiß zwischen schulischen Forderungen und eigenen Bedürfnissen zu deuten (siehe unten).

Mit Ulich (vgl. 1983, S.) lassen sich vor diesem Hintergrund die Sozialisationsräume und -wirkungen der Schule nach sechs Aspekten untergliedern:

1. *Schulsystem, Schulorganisation, Schulklima*: hier werden systemspezifische Sozialisationseffekte von Schule thematisiert, die bislang in nicht konsistente Ergebnisse zu fassen sind, ferner werden Qualitätskriterien von Schule ermittelt, eine „gute Schule" zu kennzeichnen versucht. Auch das Schulklima hat Auswirkungen auf das Erreichen kognitiver, affektiver

und sozialer Lernziele, ob auch das Selbstkonzept und Selbstwertgefühl davon beeinflußt sind, ist nicht abschließend geklärt.
2. *Schüler-Schüler-Beziehungen*: die sozialen Beziehungen zwischen Schülern haben starke sozialisatorische Relevanz, wobei schulische Einflüsse von außerschulischen (peer-) Kontexten überlagert sind. Neben Freundschafts- und solidarischen Beziehungen spielt auch das Leistungs- und Konkurrenzprinzip eine große Rolle: lernbezogene Haupttendenzen der Interaktion sind Hilfeleistungen, Zusammenarbeit, Leistungsvergleich und Wetteifer, Bemühung um Anerkennung, Abqualifizierung anderer - die zentrale Anforderung für Schüler besteht in der Ausbalancierung von Konkurrenz- und Gemeinschaftsnormen.
3. *Lehrer-Schüler-Beziehungen*: lassen sich als asymmetrische Interaktionsstruktur mit ungleicher Machtverteilung beschreiben, wobei es (aus Schülersicht) vier Hauptprobleme in der Lehrer-Schüler-Beziehung gibt: die Versachlichung der Beziehung, die Lehrermacht, restriktive Formen sozialer Kontrolle/Erwartungen, geringes Engagement für soziale schwache oder auffällige Schüler.
4. *Kommunikationsprozesse und Lerninhalte im Unterricht*: hier sind Aspekte zu berücksichtigen wie die Förderung der Schülerrolle als passiv-reaktiv, die sozialisatorische Bedeutung der Lehrersprache, der schulspezifischen Vermittlungs- und Aneignungsformen der Lerninhalte, der inhaltlichen Distanzierung schulischen Lernens von lebensweltlichen Aspekten der Schüler.
5. *Schulleistung/Angst und Versagen*: Leistungsurteile sind immer Ausdruck sozialer Anerkennung bzw. fehlender Anerkennung oder gar Mißachtung seitens der Lehrer, werden als solche auch erfahren und beeinflussen die psychische Disposition des Schülers. Schule konstituiert sich im Erleben der Schüler vornehmlich über die Leistungsdimension (Noten). Gegenwärtig ist ein beträchtliches Ausmaß an Leistungsdruck erkennbar, zurückzuführen auf häufige Prüfungen, Versäumnisängste, Lernanstrengungen und verdorbener Lernspaß wegen Prüfungsdruck. Schulangst, als weiteres wichtiges Phänomen, stellt sich als ein komlexes Interaktionsgefüge zwischen Leistungsstand und Lehrer- und Elternerwartungen dar: angstinduzierende Faktoren sind vor allem hoher Leistungsdruck, starke Schülerkonkurrenz, unklare Leistungsmaßstäbe und negative Einstellungen der Lehrer zu Schülern. Schlechte Schulleistungen, ein negatives Selbstbild und ausgeprägte Schulangst verdichten sich zum komplexen Syndrom des Schulversagens, dessen psychosoziale Belastungen und biographisch bedeutsamen Folgen vielfach empirisch nachgewiesen wurden.
6. *Schulische Normen und abweichendes Schülerverhalten*: abweichendes Verhalten meint den Verstoß gegen schulische Normen, ist als Regelverletzung zu verstehen (schulische Devianz). Bedingungen, die schulabweichendes Verhalten fördern sind restriktive Lehrerkontrollen, ein negatives Lehrer-Schüler-Verhältnis, negative Erfahrungen mit den Lerninhalten, dem Unterrichtsverlauf, dem Lehrerengagement und mit den Mitbestimmungsmöglichkeiten, die subjektive schulische Belastung und Schulzufriedenheit/-involvement sowie ein zunehmendes Alter. Hierdurch geförderte Formen abweichenden Schülerverhaltens können Unterrichtsstörungen (z. B. Nebenbeschäftigungen, Lärm machen, anderer Schüler ärgern) oder mogeln, abschreiben, das Belügen oder Beschimpfen von Lehrern sein. Die Folgen permanenter Regelverletzungen sind Etikettierungen und Kontrollmaßnahmen als Manifestation der Abweichung (sekundäre Devianz), womit eine sukzessive Übernahme der Zuschreibung in das Selbstbild des Schülers verbunden ist.

Diese Kennzeichnung der Sozialisationsräume und -wirkungen von Schule, die Strukturierung der schulischen Sozialisationsbedingungen in Dimensionen soll nun aus interaktionistischer Sicht reformuliert werden:

Die Institution Schule bedeutet, Kommunikation mit pädagogischen Zielsetzungen und Intentionen dauerhaft zu organisieren. Inhalte und Strukturen dieser Kommunikation sind in erheblichem Maße durch die Institution vorbestimmt und weitgehend unabhängig und entzogen von Aushandlungsprozessen der an ihr Beteiligten. Tillmann (vgl. 1990, S. 140 ff.) sieht hier eine Nähe zu den von Habermas entworfenen Dimensionen der Repressivität, Rigidität und sozialen Kontrolle im schulischen Kommunikationsprozeß. Eine genauere Betrachtung der schulischen Kommunikation vor dem theoretischen Hintergrund des Interaktionismus wirft die Fragen auf:
- Welche institutionellen Anforderungen sind gesetzt (im Sinne von Rahmenbedingungen und Strukturen)?
- Welche Möglichkeiten für die Entwicklung eigener Identitätsentwürfe und role-making sind den Akteuren im institutionellen Kontext gegeben?

Wir sind also erneut auf rollentheoretische Aspekte verwiesen, auf die Klärung pädagogischer Beziehungen in der Schule als Rollenbeziehungen: Schule kann ihre funktionale und universalistische (das heißt verallgemeinernde, die Persönlichkeit des Schülers nur begrenzt berücksichtigende) Ausrichtung bei Kindern und Jugendlichen nur durchsetzen, wenn diese in der Schul- und Unterrichtszeit auf die Übernahme von Schülerrollen (und den damit verbundenen Erwartungen und Regeln) verpflichtet. Mit Mead wird der Prozeßcharakter der Rollenbildung in interaktionellen Kontexten betont (siehe Abschnitt 1), ein zweites Rollenmodell versucht in einer strukturfunktionalen Sicht Rolle als in ihrer Ausgestaltung abhängig von den Handlungsorientierungen des Einzelnen, den unterschiedlichen Erwartungen von Interaktionspartnern und den abverlangten/konfrontierten Anforderungen (funktionale Aspekte) des gesellschaftlichen Systems zu fassen (vgl. Parsons 1972).

Die Subjektperspektive im interaktionistischen Rollenkonzept wurde im Zusammenhang mit sozialisationstheoretischen Ausführungen bereits geklärt - einen Kontrast dazu bietet die systemische Sicht, die die gesellschaftliche Perspektive im Verhältnis von Individuum und Gesellschaft betont: Parsons strukturfunktionale Gesellschaftstheorie ist geleitet von der Frage, wie Gesellschaft Stabilität erlangt, was die Gesellschaft zusammenhält bei den vielen und unterschiedlich gelagerten Interessen, die Einzelpersonen in ihrem Lebensvollzug ausmachen. Diese Stabilität kommt für ihn zustande, weil er Individuen nicht nur als Subjekte trieb- und bedürfnisorientierter Art sieht, sondern auch als soziale Wesen, die in ihrer gegenseitigen Beziehung durch die Logik sozialer Systeme geprägt sind. Im Begriff der Rolle werden hier zwei Segmente gefaßt, das der Subjekt- und das der Sozial- und Gesellschaftsebene, wobei letzteres schwerpunktmäßig in der strukturfunktionalen Theorie betrachtet wird (die Akteure werden aber nicht ignoriert, eine Bezugnahme auf die interaktionistische Perspektive ist daher möglich). Hier wird also das gesellschaftliche Handeln in Beziehungen zwischen Menschen als zentral hervorgehoben, es baut auf gemeinsame gesellschaftliche Zusammenhänge von Werten, Normen, Motiven, Zielsetzungen und Erwartungen auf, die sich aus Systemen zusammensetzen (kulturell, sozial, personal). Das soziale Handeln von Gesellschaftsmitgliedern ist konstituiert durch eine Verknüpfung dieser systemischen Perspektive und daher funktional auf Gesellschaft und ihre Erhaltung bezogen. Soziale Beziehungen sind hier Ergebnisse einer Integration in Gesellschaftsbezüge, Rollenübernahme bedeutet die Teilnahme an, Rollenhandeln die funktionale Ausrichtung auf Gesellschaftlichkeit.

In Anlehnung an Böhnisch (vgl. 1996, S. 74 f.) gehe ich davon aus, daß eine Verschränkung der Rollenkonzepte notwendig ist, da die Betrachtung subjektiver und systemischer Aspekte die Ambivalenz von Erziehungsprozessen und -arrangements am deutlichsten hervorhebt:

Gerade im Sozialisationsfeld Schule sind mit dem Begriff der Schülerrolle die subjektorientierte und die institutionsorientierte Perspektive untrennbar verbunden. Die analytische Trennung wird hier zur Verdeutlichung vorgenommen, in der sozialen Wirklichkeit scheint mir eine solche Trennung nicht sinnvoll, da sie dort faktisch nicht vollziehbar ist. Wie weiter oben dargestellt, sind identitäts- und entwicklungsbezogene Lernprozesse immer im Zusammenspiel der Auseinandersetzung des Individuums mit sich selbst und seiner sozialen Umwelt zu verstehen - neben dem Prozeß der Individuation ist die Integration letztendlich ein Erlernen (und die Übernahme) sozialer Rollen, gesteuert sowohl durch internalisierte Verhaltensmaximen gemeinsamer gesellschaftlicher Zuammenhänge als auch durch persönlich modulierte Rollenerwartungen.

Das strukturfunktionale Konzept betont den sozialen Status und daraus resultierende Rollenerwartungen an eine Person - die Schülerrolle ist vor diesem Hintergrund durch zwei Aspekte bestimmt: die funktionale Position „Lernender" und den Status „Noch-nicht-Erwachsener". Da in der Schule die Erfüllung der funktionalen Verhaltenserwartungen eine große Rolle spielt, tritt der Aspekt der Disziplinierung bzw. sozialen Kontrolle hinzu, repräsentiert durch Leistungsnormen und ihre Möglichkeit der Durchsetzung. Die schulische Kommunikation ist durch diese funktionale Struktur gesteuert, ein Unterlaufen dieses Rollenverständnisses wird von Schülern aber immer wieder praktiziert - die schematisch-analytische Sicht wird gebrochen durch den subjektiven Eigensinn und Eigenarten der Schülerpersönlichkeiten, die aus lebensweltlichen Erfahrungen und Gruppendynamiken entstehen und der Schulsituation gegenläufig, mit Blick auf ihre Funktionserfüllung auch abträglich sind (Störungen des Schul- und Unterrichtsablaufes). Zur Erklärung dieser Verhaltensweisen und ihres Entstehungsgefüges ist wiederum die interaktionistische Perspektive notwendig, sie richtet den Blick auf den jungen Menschen, der Träger unterschiedlicher Rollen ist und erfaßt die rollenübergreifende (Schüler-)Persönlichkeit - oft heißt es auch, wie schon mehrmals genannt, es wird das „Schülersein", nicht die „Schülerrolle" betont.

Betont man den Blickwinkel aus der Schülerrolle bei der Sicht auf schulisches Geschehen, so läßt sich dieses aus interaktionistischer Sicht mit Hilfe von 6 Punkten näher kennzeichnen (vgl Tillmann 1990, S. 140 ff):
1. Kommunikation in formalisierter Form des Unterrichts (der Unterricht nimmt eine beherrschende Stellung ein zum Zwecke der Vermittlung von Kenntnissen und ist geprägt durch die Aspekte Hierarchie und Zwang sowie Leistung und Konkurrenz),
2. Verpflichtung zur Teilnahme am schulischen Unterricht (es ist eine bedürfnisunabhängige Teilnahme am Unterricht gefordert, was unter Umständen mit Sanktionsmöglichkeiten der Institution durchgesetzt wird),
3. höhere Definitionsmacht der Lehrer (meint die Durchsetzung von Rolleninterpretationen und Situationsdeutungen, Sanktionsmöglichkeit von Schülerverhalten, das die Vermittlung von Lernstoff in geplanter Zeit nicht zuläßt),
4. Leistungsorientierung als bestimmendes Element der unterrichtlichen Kommunikation (Lernprozesse sind überwiegend formelle Leistungsbewertungen in Form von Zensuren oder Zeugnissen),
5. generalisierte Regeln an Schüler (Erwartungen der Institution sind vor allem an die Übernahme der Rolle des fleißigen und leistungsbewußten Schülers orientiert - das Lernen vorgegebener Inhalte und die Erledigung der Hausaufgaben z. B. wird grundsätzlich erwartet),
6. spezifische Anforderungen einzelner Lehrer (die neben den generalisierten Verhaltensanforderungen jeweils auf die unterschiedlichen unterrichtlichen Situationen - repräsentiert durch Persönlichkeitsmerkmale flexibler Rolleninterpretation der - bewältigt und erfüllt sein wollen).

Allen Verhaltensanforderungen und Regeln ist gemeinsam, daß sie machtvoll vorgetragen und Verstöße mit Hilfe von Sanktionierungen geahndet werden. Dieser Anforderung (als einer neben vielen in jugendlichen Biographien) steht das eigene Bedürfnis des Schülers entgegen, Persönlichkeit und Identität (auch im unterrichtlichen Kontext) darzustellen, personale Identität erkennen zu lassen. Im Spannungsfeld zwischen institutionellen Anforderungen und eigenen Bedürfnissen entwickeln Schüler Anpassungsstrategien („situationsspezifische Taktiken", siehe weiter oben), die aus interaktionistischer Sicht ein konstruktives Merkmal schulischer Kommunikation darstellen: „Schüler bewegen sich in einer Institution, die ihnen übermächtig erscheint. In ihren Taktiken drückt sich zum einen ihre Normen- und Rollendistanz aus, zum anderen wird damit auf die diffizilen Formen von Anpassung und Widerstand verwiesen, die Schüler in jahrelanger Schulerfahrung entwickelt haben. Auf diese Weise verteidigen sie ihre eigenen Handlungsspielräume und ihre Identitätsentwürfe" (ebd., S. 143). Mit Hilfe des Interaktionismus werden aber nicht nur Anpassungsstrategien, sondern auch Prozesse der Rolleninterpretation und Spielräume für role-making beschreibbar. Im Kontext Schule ist in diesem Zusammenhang das Thema Leistung dominierend im Identitätsentwurf verankert: Schüler verarbeiten alle, wenn auch in unterschiedlicher Form und mit unterschiedlichen Ergebnissen (die sich im Selbstbild widerspiegeln) das Leistungskriterium, ausgehend von der Erfahrung (ausgeprägter) Erfolgs- bzw. Mißerfolgserlebnisse in der Schule: man kann zum Beispiel die Pole benennen mit Schülern, die Mißerfolgserlebnisse erfahren, eher normdistanziertes und verweigerndes Verhalten zeigen, durch schlechte Noten auffallen, „sitzenbleiben" und sich selbst oft als Schulversager sehen mit Sorge um ihre schulische bzw. berufliche Zukunft; auf der anderen Seite eher Schüler mit Erfolgserfahrungen, konstruktivanpassungsbereitem und qualifikatonsbezogenem Verhalten, sich selbst als erheblich an diesem Leistungsstand beteiligt sehen (Selbstwirksamkeitserfahrung). In den Identitätsentwurf des einzelnen spielen neben der im schulischen Kontext erlebten eigenen Leistungs- und Handlungsfähigkeit auch Stigmatisierungs- und Etikettierungsprozesse durch Lehrer mit der möglichen Produktion sekundärer Devianz eine Rolle (siehe ebenfalls oben).

Die bisherigen Beschreibungen machen deutlich, daß die Schülerrolle vor dem Hintergrund beider Rollentheorien (der strukturfunktionalen und der interaktionistischen) betrachtet werden sollte (vgl. Böhnisch 1996, S. 75 f.). Das Gesamt der an den Schüler gerichteten Verhaltenserwartungen sind aus der (bereits benannten) gesellschaftlichen Funktion von Schule und den Funktionsprinzipien und -merkmalen ableitbar. Diese Rollenerwartungen sind unabhängig von der Persönlichkeit des Schülers formuliert, die Schülerrolle ist austauschbar (im Sinne einer Mitgliedsrolle), die Schule ist nicht vom einzelnen Schüler in seinen Individualitäten abhängig - hier steht das funktionalistische Rollenverständnis im Vordergrund. Die subjektive Perspektive wird dagegen deutlicher, wenn die Schülerrolle hinsichtlich individueller Bewältigungsanforderungen thematisiert wird (der Focus dieser Arbeit also): bei Schulübergängen, sozialen Problembelastungen mit Auswirkung auf die Schule oder der generellen entwicklungsbedingten jugendkulturellen Auseinandersetzung mit Schule tritt die Verarbeitung individuell erfahrener und interaktionell zu bewältigender Zumutungen in den Mittelpunkt der Betrachtung. Die Analyse von Schülerbiographien (vgl. Hurrelmann 1990a, 1994) macht deutlich, daß ein schrittweiser Internalisierungs- und Integrationsprozeß hinsichtlich der schulspezifischen Verhaltenserwartungen vollzogen wird, was wiederum in Verschränkung beider Rollenkonzepte gesehen werden muß: Internalisierung und Integration bedeutet zum einen die tendenzielle Übereinstimmung von persönlichen Entwürfen (Wertvorstellungen und Zielsetzungen) mit gesellschaftlichen Normen, erworben vor allem im Erfahrungsraum Schule und Elternhaus (strukturfunktional läuft dieser Prozeß im Persönlichkeitssystem ab); zum anderen ist aber auch der subjektiv-interaktionistische Akt der Verfügbarmachung und Erklärung von Bedeutungsgehalten des Schulbesuches für einen selbst gemeint, Schulleistungen sind dann nicht (nur) durch rechtlichen Zwang, sondern durch soziale Erwartungen, berufsbiographische Antizipationen (lebensphasenspezifische Orientierung an Bildungsabschlüssen/Berufszielen) und Vergleichen des Selbst mit anderen (wesentlich in der peer-group) motiviert und gesteuert.

Die Verwertbarkeit und Brauchbarkeit von Schule für spätere Berufsperspektiven ist immer mehr Bewertungskriterium für Schüler (utilitaristische Perspektive), womit der breit angelegte Erziehungs- und Bildungsanspruch von Schule (funktionale Integrationsabsicht) stärker verengt wird auf eine pragmatische, individuell-biografische Integrationswirklichkeit, die sich im Managen des Schulalltags mit dem Ziel der Sicherung von Berufs- und Lebenschancen erschöpft: Schule wird zum Kumulations- und Interdependenzfeld institutionsimmanenter und soziostruktureller wie gesellschaftlicher Bedingungen, die sich Jugendlichen als Bewältigungsaufforderung stellt.

2.4 Schule als Kumulationsfeld soziostruktureller und gesellschaftlicher Bedingungen - Bewältigungsanforderungen für Jugendliche

Im Jugendalter wird die Positionierung im sozialstrukturellen Gefüge eingeleitet, es wird entschieden, welche Position am Ende des Prozesses der Integration in die Erwachsenengesellschaft steht (stehen könnte). Wesentliche Instanzen für die Steuerung dieses Integrationsprozesses sind
- Bildungs-/Ausbildungseinrichtungen (direkte Steuerung der Positionierung durch vorentscheidende Vergabe von Bildungszertifikaten und Selektion nach Qualifikationsniveaus) sowie
- die Familie (indirekte Steuerung der Positionierung durch Unterstützung und Anregung der Leistungsfähigkeit ihrer Kinder in den Bildungsinstitutionen; die direkte Einflußnahme ist geringer geworden, entscheidend sind letztendlich Zertifikate, Protegierung allein genügt nicht) (vgl. Hurrelmann 1994, S. 88).

Die Verortung der eigenen Person in der sozialen Privilegienstruktur hängt ab von individuellen Verhaltensweisen und Kompetenzen, von sozioökonomischen Bedingungen des Herkunftsmilieus und von objektiv gegebenen Chancenstrukturen (siehe Abschnitt 1).

Vor dem Hintergrund des wachsenden Stellenwertes des Bildungssystems läßt sich das Verhältnis von Schule und Jugendlichen hinsichtlich zweier Aspekte genauer kennzeichnen (vgl. Helsper 1993, S. 358 f.; Hurrelmann 1994, S. 106):

Ausdehnung der Schulzeit und Verlängerung der Jugendphase: Die Schulzeit hat sich lebensgeschichtlich und alltäglich ausgedehnt, was eine Zunahme der täglichen Unterrichtszeit, das Anwachsen der schulischen Fahr- und Wartezeiten und für immer mehr Schüler an weiterführenden Schulen ein höheres Maß an häuslicher Schularbeit bedeutet. Parallel dazu findet eine Reduzierung der Bedeutung von Arbeit und Erwerbstätigkeit im Jugendalter statt; die Verlängerung der Schulzeit wird auf der einen Seite als eine Ausweitung des Entfaltungs- und Selbständigkeitsraumes, als „Bildungsmoratorium" gesehen (vgl. z. B. Fuchs 1983), auf der anderen Seite wird auch der Verlust produktiver Erfahrungen und eine Kolonialisierung lebensweltlicher Zusammenhänge durch Leistungszwänge der Schule beklagt (vgl. z. B. Baethge 1985). Der Übergang in den Arbeitsmarkt und das Beschäftigungssystem verschiebt sich biografisch nicht nur nach hinten, der Übergang ist auch komplizierter und mit Belastungen und Ungewißheiten verschiedenster Art verbunden. Der allgemeinbildenden Schule kommt daher ein immer größerer Stellenwert als Sozialisationsinstanz im Jugendalter zu: Um spätere Chancen der Plazierung im Sozialsystem aufzubauen und zu sichern, müssen sich die meisten Jugendlichen immer länger auf die schulischen Anforderungen und Zumutungen einlassen. Jugendzeit ist damit immer auch Schulzeit (vgl. Schweitzer/Thiersch 1983), Schule hat das Monopol auf die Zeit und die Strukturierung des Lebensrhythmus von jungen Menschen. Daneben bestimmt Schule als umfassender Erfahrungsort auch die soziale Orientierung: "Die Schule ist der Arbeitsplatz der Jugendlichen, an dem sich über eine lange Spanne des Lebenszeit hinweg wichtige Gedanken und Planungsvorstellungen orientieren" (Hurrelmann 1994, S. 106).

Soziale und geschlechtsspezifische Benachteiligung in der Schule: Auf der quantitativen Ebene ist eine Aufhebung geschlechtsspezifischer schulischer Benachteiligung festzustellen, die zunehmend dominierenden Bildungs- und beruflichen Verselbständigungswünsche bei den Mädchen stoßen aber auf gesellschaftliche Barrieren, die sich vor allem in weiterbestehenden geschlechtsspezifischen Stereotypen und familialistischen Orientierungen äußern können. Es zeigt sich durchgängig eine deutliche schichtspezifische Benachteiligung, die Schule ist trotz aller Veränderungen eine Institution der Reproduktion sozialer Ungleichheit geblieben, die Benachteiligung betrifft wesentlich Jugendliche aus Arbeitermilieus. Man kann sagen, daß die Schule eine eingeschränkte eigenständige Relevanz für die Bildungskarriere Jugendlicher hat, vielmehr setzen sich außerschulische Determinanten des Schulerfolgs in der Schule durch.

Schule greift wie kaum eine andere Sozialisationsinstanz strukturierend und definierend in die Lebensphase Jugend ein. Die biografische Bedeutung der Schulzeit ist hoch, wie Hurrelmann (vgl. 1994, S. 111) an einigen Befunden verdeutlicht:

- Versagenserlebnisse in der Schule stellen identitätsbedrohende Attribuierungen dar (negative Zuschreibungen und Leistungsbeurteilungen), den nur schwer ein stabiles Selbstkonzept entgegengesetzt werden kann.
- In „Schule" nicht gelingende Anpassungsprozesse werden individuell zugeschrieben und meist resignativ erlebt.
- Die Folge ist eine instrumentell-taktische Leistungsanstrengung, um vielleicht doch noch einen akzeptablen Schulabschluß zu bekommen oder
- ein Ausweichen auf Anerkennung außerhalb der offiziellen Schulkultur, im Sinne von sozial abweichendem Verhalten (z. B. Aggressivität, Gewalt, Drogen).
- Schüler im unteren Bereich des Schulsystems werden bei Schulversagen mit persönlich erlebter Auswegslosigkeit konfrontiert, es entsteht oft Schulmüdigkeit und der Wunsch, schnell in das Berufsleben zu wechseln (diese Motivation ist allerdings brüchig aufgrund der antizipierten Schwierigkeiten auf dem Arbeitsmarkt).
- Es kann eine Haltung zur Schule entwickelt werden, die nur eine Minimalanforderung in der Schule erfüllen läßt, so daß die als bedeutsam definierten außerschulischen Entfaltungsmöglichkeiten intensiv gelebt werden können (Entfremdung von Schülerdasein und persönlicher Identität).
- Schule ist zudem Ort der Entstehung von vielfältigen sozialen Beziehungen (Freundschaften, peer-Erfahrungen).

Schule hat mit ihrem hochdifferenzierten Berechtigungs- und Prüfungssystem als Instrument der Lebensplanung einen enormen Bedeutungszuwachs erfahren. Der Erwerb von Bildungstiteln wird zunehmend zur Grundvoraussetzung für die Existenzsicherung, da die Laufbahngestaltung an Zugangsvoraussetzungen und Eingangsbedingungen geknüpft wird. Die Bedeutung der Schule als laufbahnstrukturierende Instanz (vgl. Schröder 1995, S. 78) läßt sich auf quantitative Veränderungen (wie der Bildungsexpansion und dem Bildungsparadox, Probleme der Berufseinmündung) und auf qualitative Veränderungen mit Auswirkungen auf den Lebensraum Schule beziehen (wie gesellschaftlichen Individualisierungstendenzen, der Spezialisierung/Instrumentalisierung des Schüler-Lehrer-Verhältnisses, der Demokratisierung/Individualisierung der Erziehungskultur, geäußert im Wandel der Wertekultur - seit den 50er Jahren läßt sich ein kontinuierlicher Rückgang konventioneller Normen (z. B. Ordnung, Disziplin) und ein stetiger Anstieg Individualität stärkender Werte (z. B. Urteilsfähigkeit, Selbständigkeit) beobachten - und in veränderten Erwartungen der Eltern an schulische Leistungen). Stellt man die Wandlungen des Lebensraumes Schule in den Zusammenhang mit der Entwicklung der Moderne allgemein, so läßt sich mit Fend (1988, S. 149) sagen:

„Die Schule als Feld der in den letzten Jahrzehnten perfektionierten Organisation des Leistungsprinzips, der methodischen Ausbildung des Nachwuchses und der nach universalen Kriterien organisierten Allokation dieses Nachwuchses zu beruflichen Laufbahnen ist in ein starkes Spannungsverhältnis zu solchen Entwicklungstendenzen der Moderne geraten, die Personalität, Autonomie und Selbstentfaltungsrechte jedes Individuums betonen. Schule ist zum Feld der Vorsortierung der heranwachsenden Generation für spätere berufliche Laufbahnen geworden, eine Vorsortierung, die im Kampf vieler Mitbewerber erfolgt. (...) Um diesen Allokationsprozeß zu legitimieren, muß er einerseits rechtlich möglichst gut abgesichert sein und die Revidierbarkeit von Entscheidungen muß zumindest als Illusion erhalten bleiben. Erfolg oder Mißerfolg auf diesem Kampffeld wird andererseits in die individuelle Verantwortung jedes Heranwachsenden gelegt: es kommt nur auf seine Leistung an. Dies ist Teil des Individualisierungsschubes in der Moderne. Er bedeutet aber auch, daß es der heranwachsenden Person schwer 'gemacht' wird, einfach 'so zu sein, wie sie ist'. Sie steht unter einem permanentem Entwicklungs- und Veränderungsauftrag."

Schröder (vgl. 1995, S. 79 f.) schätzt deshalb des „Aufwachsen in Widersprüchen" als Normalfall jugendlicher Lebensführung ein, Schule stellt demnach ein institutionalisiertes Risiko dar, das große Verunsicherungspotentiale für die Lebensplanung junger Menschen birgt. Folgen seiner Meinung nach eine stärkere Instrumentalisierung der Schule, die gleichzeitig dem Anspruch der Befriedigung sinnstiftender Momente im Lernprozeß gerecht werden soll - dieser scheinbare Widerspruch hat Konsequenzen für die Einstellung zur Schule, wie Schröder (vgl. ebd., S. 80 ff.) mit Blick auf eigene Untersuchungen/Klärungen von Entwicklungstrends zusammenfaßt:
Schulfreude: Insgesamt herrscht eine allgemein positive Einstellung zur Schule vor. Die ausgesprochene Freude an Schule läßt sich Anfang der 90er Jahre jedoch nur für ein Drittel der Schüler nachweisen (geschlechtsspezifische Unterschiede sind hier nicht erkennbar). Die Schulfreude variiert schichtspezifisch (Jugendliche höherer sozialer Herkunft gehen häufiger gern zur Schule als Jugendliche mittlerer oder niedriger sozialer Herkunft) und parallel zum Aspirationsniveau der Jugendlichen (je höher das Aspirationsniveau, desto höher die Schulfreude).
Motive für Lust und Frust an Schule: Die zentralen Gründe für Schulfreude sind (Rangfolge) die Mitschüler/Freunde/Klassengemeinschaft, der Spaß am Lernen, Wissen für die Zukunft oder ein Bildungsinteresse allgemein. Die häufigsten Nennungen für Frust an Schule sind Langeweile, ungerechte/strenge Lehrer, die Überforderung durch Lernstoff und Leistungsdruck. Generell läßt sich sagen, daß Schule als sozialer Raum wichtig erscheint, das Mißfallen an Schule wird vor allem mit dem Verhältnis zu Lehrern, mit der methodisch-didaktischen

Gestaltung des Unterrichts und dem Streß bzw. der Leistungsorientierung begründet (vgl. auch Behnken u. a. 1991, S. 123; Schubarth 1998, S. 243 ff.).
Schule als Vorbereitung auf den Beruf: Es ist die Tendenz erkennbar, daß die Schule nach Angaben der Jugendlichen als Vorbereitung auf das spätere Berufsleben Einbußen erfahren hat, was wiederum mit den genannten Veränderungen des Bildungswesens insgesamt gesehen werden muß.
Belastungen durch Schule: Unabhängig von soziodemographischen Merkmalen kann man für die Schülerschaft generell von einer subjektiv empfundenen, relativ starken psychosozialen Belastung durch Schule sprechen (neben ebenso auftretenden Momenten persönlicher Glücks- und Erfolgserfahrungen, empfundener Freude und Zufriedenheit), sicher als Ausdruck gesellschaftlich induzierter Leistungsanforderungen.

Die vorhandene/fehlende Schulfreude, Präferenzen/Antipathien gegen bestimmte schulische Anforderungen und Leistungserwartungen, der Stellenwert der Schule als Institution zur Vorbereitung auf das spätere Berufsleben muß jeweils gesehen werden vor dem Hintergrund der strukturellen Veränderungen des Bildungswesens und gesamtgesellschaftlicher Dynamiken, die Büchner (1994, S. 12) dazu verleiten, einen neuen Sozialcharakter der Schülergeneration als Modernisierungsfolgeerscheinung zu erkennen: „in den Schulklassen sitzt heute eine Schülergeneration mit einem neuen Sozialcharakter, wie er sich insbesondere aus der veränderten Qualität des außerschulischen Lebenszusammenhanges der Schüler und nicht zuletzt aus dem Wandel der „zivilisierten" Standards des zwischenmenschlichen Umgangs von Erwachsenen mit Heranwachsenden (und umgekehrt) ergibt. Er ist nicht zuletzt Ergebnis von gestiegenen Anforderungen und Erwartungen an eine selbstverantwortliche Lebenshaltung und Lebensführung der jungen Generation, die sich nicht mehr mit den traditionellen Vorstellungen der eher passiven Schülerrolle vertragen." Seine Beobachtung führt er auf erhöhte Belastungen und Konflikte, Orientierungsprobleme und das höhere Maß an von jungen Menschen erwarteten Verarbeitungs- und Bewältigungskompetenzen zurück, ohne daß eindeutig geklärt wäre, wo und wie diese Kompetenzen erworben werden.
Büchner (ebd., S. 14) geht resümierend davon aus, „daß sich neben vielfältigen allgemeinen Modernisierungs- und gesellschaftlichen Individualisierungstendenzen besonders Entwicklungen wie die beobachtbare Pluralisierung der Lebenslagen, Familienformen und familialen Lebensstile, der Wandel der Sozialcharaktere und Normalbiographien als auch veränderte soziale Kontroll- und Beteiligungsformen im Kinderleben niederschlagen und mehr oder weniger direkt auch auf das Leben (und Lernen) in der Schule zurückwirken."

Schule muß sich demnach auf Veränderungen im Leben junger Menschen einstellen wie
— veränderte familiale Sozialisationsbedingungen und Wandel des Generationenverhältnisses (siehe Abschnitt 3),
— Formenwandel der Freizeitgestaltung junger Menschen sowie
— veränderte raum-zeitliche Ordnungsprinzipien und Mediatisierung der modernen jugendlichen Normalbiographie (siehe Abschnitt 1).
Schule mit ihrem gesellschaftlich induziertem Anforderungsdruck hat einen enormen Bedeutungszuwachs erhalten, der für einige Jugendliche zu schwer bewältigbaren psychosozialen Belastungen führen kann. Helsper (vgl. 1993, S. 362 ff.) faßt psychosoziale Problembelastungen von Jugendlichen im Leistungssystem Schule zusammen und berücksichtigt dabei sieben Aspekte:

1. Im Rahmen von Schulstreßdebatten wird die *Schulangst* als Ausdruck zunehmender Leistungsorientierung betont. Allerdings lassen sich Trendaussagen kaum formulieren, da die ermittelten Ausmaße der Leistungsangst in den Studien sehr unterschiedlich sind.
2. Empirisch gesichert ist dagegen der Zusammenhang von *Leistungsangst* und tatsächlichen schulischen Leistungen: je besser die Schulleistung, desto geringer die Leistungsangst. Jedoch steigt bei Spitzenschülern die Leistungsangst (Angst, etwas zu verlieren), welche bei extrem schlechten Schülern deutlich absinkt (zunehmendes Desinteresse an eigener Leistung).
3. Das Ausmaß der Leistungsangst ist wesentlich durch das *Schul- oder Klassenklima* geprägt: hoher Leistungsdruck, Disziplin- und Anpassungsdruck, Strenge und Kontrolle wirken sich eher negativ aus.
4. *Elterliche Erziehungseinstellungen* haben großen Einfluß auf die Entstehung von Leistungsdruck: bei starkem *Leistungsdruck* und hoher Erwartung an die schulischen Leistungen, bei der Dominanz des Themas Schulleistungen in der Beziehungsgestaltung sowie der Neigung zu Überforderungen und negativem Sanktionsverhalten erhöht sich die Leistungsangst, erhält sie ihre ausgeprägte emotionale Qualität.
5. Die Entstehung von *Konflikten mit Eltern* wegen der schulischen Leistungen ist problemverschärfend, so daß die emotionale Anspannung durch die Kumulation negativer Effekte in Schule und Elternhaus steigt und zudem die Familie als emotionaler Rückhalt und Ort der Verläßlichkeit an Unterstützung wegfällt.
6. Die Belastung durch schulische Leistungsanforderungen und Leistungsversagen bzw. erwartetes Versagen ist auch mitverantwortlich für psychosoziale Belastungen, die sich in Form depressiver Syndrome, emotionaler Anspannung oder psychosomatischen Erscheinungen (also *Beeinträchtigungen des Gesundheitszustandes*) zeigen können.
7. Leistungsangst und die *Selbsteinschätzung* der Leistung hängen eng zusammen, im Laufe der Schulzeit wird die Selbsteinschätzung eigener Fähigkeiten zunehmend durch schulische Bewertungen geprägt. Die Auswirkungen auf das allgemeine *Selbstwertgefühl* sind aber nicht eindeutig mit der Leistung zusammenzuschauen: Das Bild der eigenen Persönlichkeit wird aus Erfahrungen unterschiedlicher und komplexer Lebensbereiche zusammengefügt, von denen die Schulerfahrungen nur einen Anteil darstellen; diese Komplexität bietet auch Kompensationsmöglichkeiten für den eigen Selbstwert (z. B. in peer-groups).

Allgemein läßt sich die höhere Belastungssituation in der Schule auf die folgenden Gründe zurückführen:

– Rollenungewißheit/Statusverunsicherung (im Sinne noch nicht gewonnener beruflicher Identität),
– Leistungsdruck gesellschaftlich induzierter Leistungserwartungen und -anforderungen sowie
– Konfrontation mit hohen elterlichen Erwartungen bezüglich der Schulleistungen und (aus-)bildungsbezogenen Aspirationen.

Diese Aspekte bilden ein Spannungsfeld, daß sich als Dreieck mit den Eckpunkten Schule, Eltern und Schüler/Heranwachsende darstellt. Die von Schülern abverlangten Bewältigungsanforderungen in diesem Spannungsfeld lassen sich auf zwei Ebenen charakterisieren: zum einen sind dies Anforderungen in der Schule, auf der anderen Seite ist dies die Konfrontation der Jugendlichen mit einer strukturell belastenden Ausgangssituation. Beide Ebenen sollen hier nur modellhaft veranschaulicht werden (siehe Abb. 4), da sie in den vorangegangenen Abschnitten bereits theoretisch gerahmt wurden:

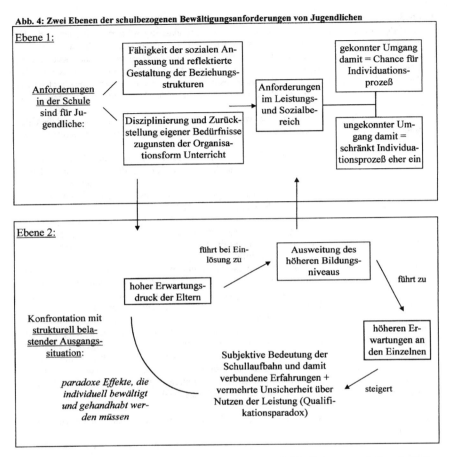

Abb. 4: Zwei Ebenen der schulbezogenen Bewältigungsanforderungen von Jugendlichen

Faßt man die Auswirkungen der Modernisierung und Individualisierung auf die schulische Sozialisation zusammen, so läßt sich eine Verschulung von Jugend, das Anstreben eines möglichst hohen Berufsabschlusses, eine allgemeine Bildungsexpansion bei relativ gleichbleibender Struktur der sozialen Ungleichheit im Bildungswesen, eine tendenzielle Zunahme schulischer Konkurrenz und ein Anstieg des leistungsbezogenen Außendrucks auf Heranwachsende konstatieren. Schubarth (1998, S. 241) sieht hier eine Tendenz, „daß Schule zunehmend Individualisierung erzwingt, den einzelnen Jugendlichen zunehmend auf sich selbst zurückverweist, zugleich aber zu der Entwicklung einer stabilen Ich-Identität, die für Kinder und Jugendliche zum Aushalten bzw. Ausbalancieren der Situation notwendig ist, nur wenig beiträgt." In der Schule sind zwar heute auch mehr Freiräume infolge von Liberalisierungs- und Informalisierungsprozessen entstanden, damit auch gewachsene Möglichkeiten einer selbstbestimmten Identität im Zuge pluralistischer Sozialisation: die Intensitäten der verschiedenen Sozialisationsinstanzen relativieren sich gegenseitig, da keine der Instanzen den Alltag der Kinder und Jugendlichen gänzlich kontrolliert und beeinflußt. Schule befindet sich trotz allem in einem strukturellem Widerspruch zwischen „funktionalem" und „sozialem" Raum. Sie ermöglicht Identitätsbildung und Persönlichkeitsentwicklung, gleichzeitig stellt sie kaum Bewältigungsressourcen für damit zusammenhängende Individualisierungsrisiken und Belastungen zur Verfügung (vgl. ebd., S. 241 f).

Mit Blick auf den hier gewählten theoretischen Hintergrund der Rollentheorie kann man zusammenfassend sagen, daß dem Schüler selbst ein bewältigungsorientiertes Schulmanagement abverlangt ist, das die Spannung zwischen den schulischen Verhaltensanforderungen (Schülerrolle) und lebensweltlichem Schülersein ausgleichen muß. Schule bindet den Schüler an sich mittels der Schülerrolle und wendet sich damit ab von dem, wie Böhnisch (1996, S. 78) es nennt, pädagogischen Aufforderungscharakter des Schülerseins: „Mit der Orientierung an der Schülerrolle wird aber der alltägliche außerschulische Lebenszusammenhang, wie er in die Schule hineinwirkt, nicht begreifbar. Daß die Schule jeden Morgen verlangt, daß unterschiedliche Schüler schulfähig - wach, gefrühstückt, motiviert - auftreten, und daß sie sich nicht oder wenig darum kümmert, was nach der Schule mit den in der Schule erzwungenen, weil von der Schülerrolle ausgegrenzten Gefühlsstaus und Emotionsaufschüben passiert, entspringt der Logik des funktionalen Schülerrollenverständnisses. Das interaktionistische Rollenverständnis vermittelt uns dagegen eher einen Zugang zu diesem Schule und Alltag durchziehenden Schülersein (...)."

Hier entsteht eine zentrale Frage: wer (welche Netzwerke sozialer Unterstützung bzw. welche Erfahrungsräume mit pädagogisch arrangiertem Charakter) reagiert auf die Befindlichkeiten des alltäglichen Lebens von jungen Menschen, auf Sinn-, Orientierungs- und Bewältigungsprobleme, die ihren Ausgangspunkt vor allem außerhalb der Schule haben (z. B. jugendphasenspezifisch-entwicklungsbedingt sind oder aber, als soziostrukturell verankerte Phänomene, in dieser Lebensphase besonders sensibel bedacht werden, wie Existenzängste o. ä.), sich aber in verschiedenster Weise innerhalb der Schule ausdrücken? Unabhängig vom Entstehungsort ist das subjektive Problemempfinden auf jeden Fall von pädagogischer Relevanz. Um dieser Frage genauer nachzugehen, wird in den folgenden Abschnitten 3 und 4 das Potential sozialer Unterstützung von lokal-gemeinschaftlichen (Familie, peers) und gesellschaftlich-institutionellen (Schule, Jugendhilfe) Netzwerken hinsichtlich schulisch relevanter Belange und Probleme geprüft. Zunächst soll aber, als Resümee dieses Abschnittes, eine Systematisierung von Problemebenen im Sozialisationsfeld Schule versucht werden:

2.5 Systematisierungsversuch: Probleme von Schule, Probleme für Schule, Probleme mit Schule

Schule konnte als Sozialisationsraum dargestellt werden, der sowohl gesellschaftlich induzierte Widersprüchlichkeiten als auch Freiräume für die persönliche Identitätsentwicklung und das Rollenhandeln bietet. Das Sozialisationsfeld Schule, gekennzeichnet durch Rollenbeziehungen, die gemäß der strukturfunktionalen und der interaktionistischen Theorie betrachtet werden sollten, läßt sich in Dimensionen nach strukturellen, prozeßbezogenen und interdependent-interinstitutionellen Aspekten untergliedern: in die Sozialisationskomponenten der Schule (vor allem Schulsystem/Schulorganisation/Schulklima, Schüler-Schüler-Beziehungen, Lehrer-Schüler-Beziehungen, Kommunikationsprozesse im Unterricht, Schulleistung und (schulische) Devianz) wirken immer auch soziostrukturelle und lebensweltliche Merkmale hinein. Betrachtet man Schule vor diesem Hintergrund als Kumulations- und Interdependenzfeld soziostruktureller und gesellschaftlicher Bedingungen, das in seiner gesteigerten biografischen Relevanz für Jugendliche sowohl im schulischen Alltag als auch in der lebenslagenbezogenen Auseinandersetzung mit einer strukturell belastenden Ausgangssituation des Qualifikationsparadox ein bewältigungsorientiertes Schulmanagement abverlangt, so umfaßt eine (analytische, der Betrachtung geschuldete) Unterteilung von Problemebenen im Sozialisationskontext Schule drei Aspekte (siehe auch Abb. 6 und 7):

- *Probleme von Schule*: meint Probleme aufgrund der gesellschaftlich bedingten Widersprüchlichkeit der Institution Schule und ihrer Funktionen: Dies zeigt sich vor allem in den bereits oben benannten, von Melzer formulierten Gegensatzpaaren „Geringhaltung von Bildungskosten vs. Bürgerrecht auf Bildung", „Loyalitätssicherung durch Ideologisierung vs. Befähigung zur kritischen Reflexion gesellschaftlicher Zusammenhänge", „Selektions- und Allokationsfunktion vs. Herstellung von Chancengleichheit" sowie „Qualifikationsfunktion/Vermittlung beruflich verwertbarer Fachkenntnisse vs. allseitig entwickeltes Individuum",

- *Probleme für Schule*: hier sind veränderte Lebens- und Lernbedingungen junger Menschen angesprochen, die individuell repräsentiert in den Schulalltag dringen und auf soziostrukturelle und gesellschafts-ökonomische Dynamiken zurückzuführen sind wie z. B. Überlastungen von Familien, Armut, Jugendarbeitslosigkeit, Mangel an Freizeiträumen, Pluralität der Lebensstile, Orientierungslosigkeit sowie Bewältigungsregulationen in Form abweichenden Verhaltens und

- *Probleme mit Schule*: die Jugendliche aufgrund der schulisch-institutionellen und gesellschaftlich-strukturellen Bedingungen haben und ihnen Bewältigungsleistungen abverlangen, v. a. angesichts fehlender Sinnhaftigkeit von Schulbildung (Qualifikationsparadox) sowie der Erfahrung, daß Schule kaum Rückhalt beim Umgang mit Leistungs-, Konkurrenzdruck und Zukunftsängsten bietet.

Abb. 5 : Dimensionierung von Problemlagen in der Schule bzw. mit schulischer Relevanz

Probleme von Schule	↔	Probleme für Schule	↔	Probleme mit Schule

Probleme von Schule:

aufgrund gesellschaftlich bedingter Widersprüchlichkeit der Institution Schule und ihrer Funktionen (Melzer):

1. Loyalitätssicherung durch Ideologisierung vs. Befähigung zur kritischen Reflexion gesellschaftlicher Zusammenhänge
2. Selektions-/Allokationsfunktion vs. Herstellung von Chancengleichheit
3. Qualifikationsfunktion/Vermittlung beruflich verwertbarer Fachkenntnisse vs. allseitig entwickeltes Individuum

„Dilemmata" der Schule:

- Bildungsinhalte (brüchige Sinngrundlage)
- Zeitnormierung im Lernprozeß
- Begrenztheit der Lernräume
- Aufsplittung komplexer Wissenszusammenhänge in Unterrichtsfächer
- wenig binnendifferenzierte Förderung
- Dominanz formalisierter Leistungsnachweise

Probleme für Schule:

aufgrund veränderter Lebens- und Lernbedingungen junger Menschen und ihrer individuellen Repräsentierung im Schulalltag (durch soziostrukturelle und gesellschaftsökonomische Dynamiken bedingt)

meint Phänomene wie

- Überlastung von Familien
- Armut im Kindes- und Jugendalter
- Jugendarbeitslosigkeit
- Mangel an Freizeiträumen
- Pluralität und Orientierungslosigkeit
- Bewältigungsregulationen in Form abweichenden Verhaltens
- etc.

Probleme mit Schule:

Jugendlichen abverlangte Bewältigungsleistungen aufgrund schulisch-institutioneller und gesellschaftlich-struktureller Bedingungen

- Verschulung der Jugendphase
- Verstärkung des Leistungs- und Konkurrenzdrucks aufgrund faktischer und normativer Höherqualifizierung
- Qualifikationsparadox
- Gefahr, (Eltern-)Erwartungen nicht zu erfüllen

↓

Leistungsüberforderungen
soziale Verdrängungseffekte und Konkurrenzsituationen
Verunsicherung/Zukunftsangst

↓

Reaktionsformen/Bewältigungshandeln zwischen Abweichung und Anpassung (Verhaltenskompromiß)

↓

Erfahrung des geringen Rückhalts von Schule beim Umgang mit Belastungen

Diese Problemlagen (komplexer Entstehung und Erscheinung) lassen sich kaum noch individuell oder gruppenspezifisch zurechnen, sondern sind vielmehr strukturell bedingt und biografisch eingebunden. Daher sind eindimensionale Zuschreibungen an Problemlösungskapazitäten einzelner Sozialisationsinstanzen nicht möglich: weder Familie, noch Schule, noch Jugendhilfe allein kann dieser komplexen Anforderung effektiv begegnen. Es ist eine vernetzte Infrastruktur sozialer Unterstützung für junge Menschen notwendig, die auch kooperative, übergreifende Konzepte eines Zusammenwirkens von Jugendhilfe und Schule einbezieht.

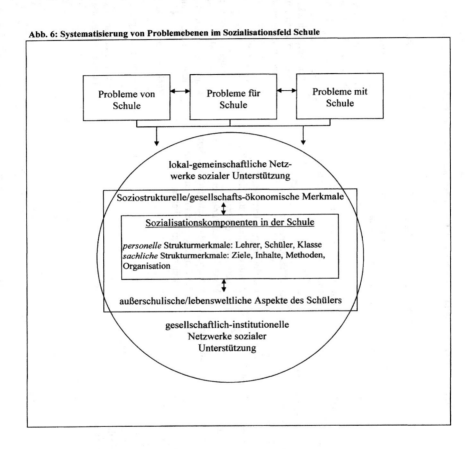

Abb. 6: Systematisierung von Problemebenen im Sozialisationsfeld Schule

3 Lokal-gemeinschaftliche Netzwerke als Ressource sozialer Unterstützung im schulischen Kontext

Im folgenden Abschnitt sollen die lokal-gemeinschaftlichen Netzwerke „Familie" und „peergroup" in ihrer Bedeutung für den Einzelnen, insbesondere auch für deren Beitrag zur Problembearbeitung im schulischen Kontext, gekennzeichnet werden. Lokal-gemeinschaftliche Netzwerke wurden in Abschnitt 1 als diejenigen Netzwerke definiert, in die der Einzelne hineingeboren wurde oder sich durch eigene Optionsentscheidung gewählt hat. Primäre Netzwerke sind im mikrosozialen lebensweltlichen Vollzug verortet.

3.1 Familie als Ressource sozialer Unterstützung im Kontext Schule

Eine zentrale Bedeutung kommt der Familie nach Rauschenbach (1999, S. 206) „(...) unter dem Blickwinkel von Elternschaft und Erziehung, also unter pädagogischen Gesichtspunkten zu: Familie ist demnach der soziale Ort, an dem Erziehung am unvermitteltsten geschieht, an dem zwischenmenschliche Solidarität am selbstverständlichsten anzutreffen ist. Familie ist das mikrosoziale System, in dem die generative Re-Produktion der Gesellschaft ihren Ausgangspunkt nimmt, Familie verkörpert die zeitliche, räumliche und soziale Nahtstelle, mittels dieser Neugeborenen an die jeweilige Weltgesellschaft angeschlossen werden. Und die Familie stellt das Interaktionssystem und jene Vergemeinschaftungsform dar, die eine elementare soziale Integration der nachwachsenden Generation in die jeweils bestehende Gesellschaft sicherzustellen hat. Die Familie ist damit der empirische, biographische, sozialisatorische Ausgangspunkt des Aufwachsens von Kindern in diese Gesellschaft."
Familie wird hier als Zentrum der Erziehung, als Mittelpunkt privater Erziehung (und damit ihre gesellschaftspolitische Bedeutung, vgl. Art. 6 GG und KJHG §1) beschrieben, von denen sich andere Interaktionssystem abgrenzend definieren (wie familienunterstützend, -ergänzend oder -ersetzend).

Gegenwärtig betont Nave-Herz (vgl. 1998, S. 15) das sehr weite soziologische Verständnis von Familie: mit Familie bezeichnet man demnach die Eltern- oder die Mutter-/Vater-Kind-Einheit, Familien gibt es nach diesem Verständnis auch ohne Ehe.
Höhn/Dorbritz (1995, S. 149) kennzeichnen Familie als eine Institution, „die durch die Gesellschaft dem Individuum mit dem Ziel 'zur Verfügung gestellt wird, sowohl soziale als auch individuelle Interessen zu wahren." Und in Anlehnung an F. X. Kaufmann (1988, S. 392) ist Familie demnach „ein Geflecht von kulturellen Leitbildern, sozialen Normen und daran anschließenden sozialen Kontrollmechanismen." Aus der Sicht der Individuen ist Familie ein angebotenes Handlungsmuster, das dem Einzelnen die Sinngebung für sein Handeln liefert.

Dieses Mikrosystem Familie hat sich deutlich gewandelt, die moderne Version der Kleinfamilie wird durch eine typologische Formenvielfalt ergänzt (nicht ersetzt, vgl. Trends von Scheidungsraten, neuen Formen des Zusammenlebens und Aspekte der Familien- und Eheunwilligkeit bei Nave-Herz 1998, BMFSFJ 1997), Familie verliert an einstiger struktureller Stabilität. Gängig sind Schlußfolgerungen dieses Wandels, die Funktionsverluste der Familie auf der einen und einen Bedeutungszuwachs auf der anderen Seite verzeichnen wollen. So viel steht fest: Familie hat sich pluralisiert in eine Vielzahl unterschiedlicher Haushaltsstrukturen (vgl. z. B. Peuckert 1996, S. 20 ff., Fthenakis 1998, S. 12 ff., Behnken 1990, S. 111 ff., Höhn/Dorbritz 1995, S. 150 f., Kaufmann 1995, S. 96 ff., Schütze 1993, S. 340 ff.), sie hat an Selbstverständlichkeit und normativer Grundsätzlichkeit eingebüßt, ihre Bedeutung als sozial-emotionale Lebens- und Erziehungsgemeinschaft hat sich geändert, womit auch Folgen für andere Sozialisationsorte und -instanzen verbunden sind.[7]

Unter pädagogischen Gesichtspunkten sind hier nach Rauschenbach (vgl. 1999, S. 209) zwei wesentliche Tendenzen zusammenfassend zu berücksichtigen: Einmal hat eine Veränderung und Entkoppelung von in Familie eingelagerten Erziehungsdimensionen und -charakteristika stattgefunden (wie das privat- konstante Generationengefüge, das dauerhaft-reziproke Interaktionssystem oder die Alltäglichkeit dieser Lebens- und Versorgungsgemeinschaft), zum zweiten ist aber auch eine partielle Verlagerung von Bestandteilen dieser Dimensionen aus dem Familiensystem heraus zu konstatieren, einhergehend mit der Tendenz einer Gesellschaft der Moderne, die „generative und soziale Re-Produktion" fundamental umzustellen, von privat auf öffentlich, von informell auf institutionell und von Familie auf die sekundäre Sozialität sozialer Dienste. Es wird hier also der Bedeutungszuwachs von systematischer und institutionell organisierter Erziehung konstatiert.

Ausgehend von dieser ersten einleitenden Verortung soll im folgenden der Stellenwert von Familie als Ressource sozialer Unterstützung bestimmt werden, wobei die Unterstützung im schulischen Kontext hier (gemäß der Hauptfragestellung) schwerpunktmäßig herausgearbeitet werden soll. Ausgehend vom vorstehenden Problemaufriß wird die normative Ebene, die Bedeutung der Familie für die Einzelnen und die innerfamilialen Beziehungen in den Blick nimmt (3.1.1), schließlich die familiäre Unterstützungsleistung im schulischen Kontext und Bedingungen ihrer Einschränkung focussiert (3.1.1.1 und 3.1.1.2). Abschließend werden Möglichkeiten und Grenzen der Familie als Ressource sozialer Unterstützung bei Problemen im Bereich Schule zusammenfassend dargestellt (3.1.1.3).

3. 1. 1 Zur Bedeutung der Familie für den Einzelnen: Intergenerativer Dialog und verändertes Binnenklima der Familie

Der seit den 50er Jahren zu beobachtende Wandel von Erziehungsstilen und -zielen läßt sich mit Schröder (vgl. 1995, S. 46) auf eine gesteigerte Kommunikation zwischen Kindern und Eltern pointieren, als „Trendwende des intergenerativen Dialogs in der Familie" (ebd., S. 62) bezeichnen. Zeichen für einen Trend von der Erziehung zur Beziehung in der Familie sind höhere Freiheitsgrade in der Erziehung, ein lockeres (stärker informelles) Elternverhalten, der Verzicht auf körperliche Strafen, positive Bestärkungen statt negativer Sanktionen, die individuelle Förderung und Erziehung zu mehr Selbständigkeit und Selbstbestimmtheit sowie eine ausgeprägtere Rationalisierung in der Erziehung (vgl. Schröder 1995, S. 46 f.; Textor 1991, S. 113 ff.; Hurrelmann 1994, S. 138 ff.; Hurrelmann 1990a, S. 84 ff.). Wie bewerten Kinder und

---

[7] Übergreifender argumentiert, gleichsam am gesellschaftlichen Entwicklungsprozeß orientiert, wird der soziale Wandel der demographischen Merkmale und der realen Formen des Zusammen- bzw. Alleinlebens von einem sozialen Wandel des modernen Leitbildes des ehelich-familialen Verhaltens, was Peuckert (vgl. 1996, S. 27 ff.) mit Verweis auf Tyrell begrifflich als „Prozeß der Deinstitutionalisierung" faßt. Dieser Prozeß ist gekennzeichnet durch kulturelle Legitimationseinbußen (v. a. der Institution Ehe), durch Einbußen bei der Verbindlichkeit von Geschlechtsrollen, den Abbau der sozialen Normen und Kontrollmechanismen, die das Monopol Ehe/Familie gewährleisten sowie durch eine Auflösung/Entkoppelung des bürgerlichen Familienmusters. Höhn/Dorbritz (vgl. 1995, S. 149) sprechen von einer Entflechtung der Familie aus den gesellschaftlichen Strukturen, eine Verselbständigung infolge der abgeschwächten starren Verhaltensmustervorgaben.
Als theoretische Erklärungsmuster für den sozialen Wandel werden vor allem die Theorie der gesellschaftlichen Differenzierung (die neuen Lebensformen stellen Fortsetzung des gesamtgesellschaftlichen Differenzierungsprozesses dar, die Ausdifferenzierung steigert die Anpassungsfähigkeit an die Anforderungen einer modernen Gesellschaft) und die Modernisierungs- und Individualisierungstheorie (nach der familiale Veränderungen Ergebnis langfristig stattfindender Modernisierungs- und Individualisierungsprozesse sind und Zeichen einer Ausdehnung der Spielräume privat-familialen Handelns) genannt (vgl. Meyer 1996, Höhn/Dorbritz 1995, Peuckert 1996).

Jugendliche ihr Verhältnis zu den Eltern, stimmen sie mit dem elterlichen Erziehungsstil überein, welche Wert erhält die individuelle, vom Lebensstil der Eltern abweichende biographische Laufbahngestaltung? Mit Hilfe von Untersuchungsergebnissen von Schröder lassen sich diese Fragen anhand dreier inhaltlicher Dimensionen beantworten (vgl. zum folgenden 1995, S. 48 ff.):

Die emotionale Dimension des Eltern-Kind-Verhältnisses: Generell kann man sagen, daß Konflikte zwischen den Generationen vor allem partikular auf die Familie beschränkt sind und daher stark variieren, je nach unterschiedlichen familienspezifischen Konstellationen mit ihren mehr oder weniger ausgeprägten konfliktrelevanten Merkmalen. Allgemein lassen sich solche „intergenerativen Konflikte" als jugendphasenspezifische Beziehungs-, insbesondere Ablösekonflikte identifizieren (siehe Kapitel 1). Trotz dieser (normalen und entwicklungsbedingt notwendigen) Konflikte zwischen Eltern und Kindern ergeben soziologische Jugendbefragungen seit Jahrzehnten ein stabiles Ergebnis: die Mehrheit der Jugendlichen hat ein gutes Verhältnis zu ihren Eltern, das emotionale Klima in der Familie wird durchgehend als gut bezeichnet. Jedoch ist eine eindeutige sozialstrukturelle Abhängigkeit der emotionalen Dimension des Eltern-Kind-Verhältnisses ebenso seit langem unverändert: Bei Befragten höherer sozialer Herkunft ist ein eindeutig positiveres Verhältnis zu den Eltern nachzuweisen (das mit steigendem Alter Einbußen erfährt, ein ebenso bekannter Fakt der zunehmenden Gleichaltrigenorientierung, vgl. Kapitel 3. 2).

Die pädagogische Dimension des Eltern-Kind-Verhältnisses: Insgesamt kann Schröder einen relativ hohen Grad der Übereinstimmung mit den elterlichen Erziehungsstilen bei Mädchen und Jungen feststellen, für zwei Drittel trifft dies zu (bei abnehmender Tendenz mit steigendem Alter und wiederum sozialstrukturellen Unterschieden: Jugendliche unterer sozialer Schichten und Bildungsstände grenzen sich eher von elterlichen Erziehungspraktiken ab). Allerdings führen die genannten jugendphasenspezifischen Beziehungs- und Ablösekonflikte mit zunehmendem Alter auf der Handlungs- und Interaktionsebene zur Notwendigkeit einer aktiven Abgrenzung von den (als positiv beurteilten) Erziehungsstilen der Eltern, die jugendlichen Autonomieansprüche werden aktiv durchgesetzt (so daß mehr als die Hälfte der Jugendlichen der Meinung sind, daß „Eltern sich in Sachen einmischen, die sie nichts angehen"). Sozialstrukturelle Unterschiede lassen sich auch hinsichtlich der Tolerierung jugendlicher Autonomieansprüche feststellen: Eltern höherer sozialer Schichten gewähren diese eher als Eltern niedrigerer sozialer Herkunft.

Der Lebensstil der Eltern: Die Institution Familie als Wertorientierung und Lebensziel hat einen hohen Stellenwert für die Jugendlichen, wobei die emotional-pädagogische Bedeutung zentral ist (siehe unten ausführlicher die Unterstützungsfunktion der Familie und ihre Inanspruchnahme/Annahme durch Jugendliche). Die Familie hat hingegen kaum Leitbildfunktion bezüglich des Lebensstils. Jugendliche grenzen sich deutlich vom „life-style" der Eltern ab, was mit zunehmendem Alter ausgeprägter und demonstrativer geschieht. Berücksichtigt man sozialstrukturelle Merkmale, so läßt sich für Jugendliche der breiten Mittelschicht am ehesten die Tendenz einer Übernahme des elterlichen Lebensstils feststellen. Jugendliche niedrigerer sozialer Schicht grenzen sich eher in der Hoffnung auf eine bessere soziale Plazierung (durch regionale und bildungsbezogene Mobilität) ab, Jugendliche höherer Schicht tun dies eher infolge einer intellektuell-reflexiven Hinterfragung institutioneller Normen und Handlungsweisen.

Vor dem Hintergrund der strukturellen Veränderungen privater Lebens- und Familienformen sowie des Wandels familiärer Binnenbeziehungen stellt sich nun die Frage: welche Sozialisationswirkung haben Familien, was sind ihre Leistungen und Aufgaben und welche Schlußfolgerungen lassen sich für die familiale Unterstützung bei schulischen Problemen ziehen?

3. 1. 1. 1 Sozialisationswirkung der Familie: Aufgaben und Leistungen

Wie einleitend zu diesem Abschnitt erwähnt, kann man Familie als eine Institution bezeichnen, die damit auch die Wirkung einer Bündelung von Verhaltensweisen, ihrer Ausrichtung und Zuordnung zu bestimmten Aufgaben zeigt. Familie schafft als institutioneller Rahmen die Erfahrung wiederkehrender und beständiger Handlungsabläufe (Routinisierung), macht die Welt verfügbar und verständlich, sie bietet schließlich Entlastung und Orientierung (vgl. Lenz/Böhnisch 1997, S. 40; aus psychologischer Sicht vgl. Schneewind 1991). Die Funktion der Familie hat eine starke Spezialisierung erfahren, eine Konzentration auf ihre „eigentliche Aufgabe", die Sozialisationsfunktion. Bezugnehmend auf Nave-Herz kennzeichnen Lenz/Böhnisch (vgl. 1997, S. 40) die funktionale Spezialisierung der Familie mit einer Konzentration auf Bildung und Erhaltung des Humanvermögens, Nachwuchssicherung sowie auf die physische Stabilisierung und psychische Regeneration und Reproduktion ihrer Mitglieder. Gegenwärtig werden statt des Funktionsbegriffs, der auf Effekte der Familienerziehung für andere gesellschaftliche Teilbereiche abzielt, wie soziale, ökonomische, kulturelle Komponenten der familialen Leistungen bezüglich der nachwachsenden Generation oder der Stabilisierung der Solidarität zwischen den Generationen (vgl. Kaufmann 1995, S. 63 ff.) stärker Aufgaben (im Sinne von Rechtspflichten oder öffentlicher Diskurse über das, was Familien sollen) und vor allem Leistungen der Familie (Gruppenaspekt) thematisiert. Das meint die Betrachtung der Alltags- und Handlungsebene der Familie als eine Vielfalt an aufeinander bezogenen Handlungen und Zuwendungen. Das Sozialgebilde Familie bündelt dabei zwei Aufgaben- und Kompetenzbereiche (vgl. Lenz/Böhnisch 1997, S. 41 f. und Büchner 1994, S. 65 ff.):
- kommunikativ-affektive Komponente: bezieht sich auf die alltägliche familiale Kommunikation und Kooperation, das Bündnis gemeinsamer Lebensbewältigung und damit auch die soziale Unterstützung der Familienmitglieder (emotional und praktisch-instrumentell),
- haushälterische Komponente: meint die Haushaltsführung, Krankheitsvorsorge/-betreuung, Regeneration, Freizeitgestaltung, Kindererziehung - kurz: die effektive Nutzung verfügbarer Ressourcen zugunsten der Familie in ihren Innen- und Außenbezügen.

Diese Kompetenzen entstehen im Vollzug des Familienlebens selbst, ist dieses Familienleben bereits belastet, reduzieren sich die Kompetenzen der Problembearbeitung (mit dem Rückkoppelungseffekt defizitärer Problemlöseressourcen auf die Entstehung neuer Belastungen bzw. auf die Verschärfung der Probleme aufgrund ihrer Unbearbeitetheit), was mit Blick auf die soziale Unterstützungsfunktion und ihre Grenzen weiter unten noch einmal aufgegriffen wird.

Die Familie übt (trotz einsetzender Ablösungsprozesse bei Jugendlichen) erhebliche Sozialisationseinflüsse aus, sie ist ein wirksames soziales Bezugssystem bei der Bewältigung von Anforderungen in der Schule, bei der Planung der beruflichen Laufbahn und Entfaltung des Wert- und Normensystems. Familie erhält in der Jugendphase eine ambivalente Rolle zwischen Loslösung (abnehmende Bedeutung als Wohn- und Lebensgemeinschaft je nach Ausformung der räumlichen Ablösung) und Bindung (Familie als vielseitiges und umfassendes soziopsychisches Bezugssystem mit intensiver emotionaler Dichte der Binnenbeziehungen).

Die Familie verliert als Sozialisationsinstanz aber keinesfalls generell an Bedeutung, vielmehr müssen verschiedene Dimensionen der Ablösung Jugendlicher differenziert betrachtet und in ihrer Gesamtkonstellation bewertet werden (was hier ausbleiben muß). Anknüpfend an die Überlegungen in Kapitel 1 kann der Familie nur noch eine Teilfunktion bei den Erziehungsaufgaben zugesprochen werden, sie ist im Sozialisationsprozeß immer mehr eine Instanz unter anderen (vor allem infolge der Etablierung öffentlicher Erziehungseinrichtungen im Jugendalter) (vgl. Mansel/Hurrelmann 1994, S. 13 ff.; Hurrelmann 1994).

Betrachtet man Familie in der Terminologie der Netzwerktheorie, so ist sie als eigenständiges und soziales Beziehungsgeflecht charakterisierbar. Sie ist ein begrenztes Netzwerk mit relativ dauerhaften und engen zwischenmenschlichen Beziehungen. Nestmann (vgl. 1997, S. 217 ff.) benennt als Merkmale des sozialen Netzwerkes Familie Überschaubarkeit und Abgrenzbarkeit, die dichte Struktur mit der Tendenz zur Intensität von Beziehungen, mit hoher Zuverlässigkeit und Verbindlichkeit von Funktionen wie Schutz und Hilfe aufgrund einer schnelleren Registrierung von und Intervention bei Problemen. Damit wird auch ein identitätsbildender, -stabilisierender und -erhaltender Aspekt betont, der im Rahmen von erlebter Zugehörigkeit und Geborgenheit eher realisiert wird als in losen Netzwerken. Die dichte Struktur löst auch eine ausgeprägtere soziale Kontrolle und Regulation aus, die Förderung von Konformität und Sanktionierung von Abweichung. Dichte Netzwerke können schließlich auch Entwicklungsdynamiken be- oder verhindern. Das soziale Netzwerk ist ferner geprägt durch Erreichbarkeit und direkt Zugangswege zueinander, was entscheidende Voraussetzungen für ihre allumfassende Unterstützungsfunktion ist. Familie kann mit Nestmann (vgl. ebd.) schließlich als eher „multiplex" bezeichnet werden, das bedeutet, sie deckt ein breites Spektrum von Transformationen zwischen den Netzwerkmitgliedern ab.

Ausgehend von diesen Merkmalen des Sozialgebildes Familie lassen sich die zumeist katalogartigen Aufstellungen von Aufgaben und Leistungen der Familie insbesondere hinsichtlich des Kernbereichs der Sozialisation (neben Aspekten der Reproduktion, Fortpflanzung, Orientierungsleistung und Vorstrukturierung sozialisatorischer Rahmenbedingungen, vor allem in Bezug auf die Kleinkindstphase diskutiert) zusammenfassend wie folgt systematisieren (vgl. Textor 1991, S. 98 ff.; Kaufmann 1995, S. 36 ff.; Lenz/Böhnisch 1997, S. 42 ff.):

- *Emotionale Stabilisierung der Familienmitglieder*: Die Bildung und Aufrechterhaltung des familialen Zusammenhalts auf der Basis einer emotionalen Verbundenheit der Familienmitglieder wird angesichts allgemeiner Individualisierungstendenzen (Anonymisierung und Neutralisierung zwischenmenschlicher Beziehungen) zur Aufgabe und Leistung selbst - Familie wird zum „sozialen Raum erlebter zwischenmenschlicher Affektivität". In der Familie wird der Mensch als Person, in all seinen Lebensbezügen (ohne Reduzierungen auf bestimmte Rollenzuschreibungen) angesprochen.
- *Prägung spezifischer Moralität und Emotionalität*: Im alltäglichen Miteinander der Familienmitglieder findet eine nachhaltige Beeinflussung des Kindes statt. Die Einstellung zu Mitmenschen wird geprägt und wesentliche Persönlichkeitseigenschaften, emotionale und psychische Verfaßtheiten (auch die Lern- und Leistungsbereitschaft im Rahmen schulischer Bildungsprozesse) im familiären Umgang beeinflußt. Ferner wird die Balance von Ich-Bewußtsein und Solidaritätsbezügen eingeübt, damit auch die dosierte Übernahme von Verantwortung.
- *Soziale Unterstützung und gegenseitige Hilfe*: In der Familie und von Familienmitgliedern erfährt der einzelne zwei Hauptarten der Unterstützung: psychische und emotionale Unterstützung (hier ist die Familie naheliegendste Quelle) und instrumentell-konkrete Hilfen (wie Ratschläge, Informationen etc.), beides sowohl von Familienmitgliedern, als auch von

externen Personen (je nach Alter und Problemlage). Mit dieser sozialen Unterstützung fördert Familie sowohl das Erlernen von Bewältigungsstrategien als auch das Gefühl der Sicherheit und des Rückhalts bei verläßlicher Hilfe. Effekte der Unterstützung sind sowohl das Verhindern von Belastungen und die Senkung/Vermeidung von Risiko (schützende, gesundheitsfördernde Aspekte) als auch die Abfederung und Reduzierung vorhandener Belastungen (als Stützfunktion zur Überwindung des Zugemuteten).

Im Kontext pluralistischer Sozialisation besteht die zentrale Leistung der Familie darin, soziale Basiskompetenzen zu vermitteln, statt spezifische Einzelkompetenzen zu vermitteln (was außerfamiliale Instanzen viel besser können, z. B. die Schule). Für die Familie ist dabei das zeitliche Nebeneinander unterschiedlicher Leistungen und die Koppelung von Haushaltsführung und Erziehungsaufgaben charakteristisch.

Welche Bezüge lassen sich von dieser allgemeinen Charakterisierung von Aufgaben und Leistungen der Familie zum schulischen Bildungsprozeß herstellen? Zwei Aspekte sind hier von Bedeutung: die Beeinflussung der Schullaufbahn hängt von den Bildungswünschen der Eltern ab (Bildungsaspirationen) und dem Ausmaß der Förderung und Begleitung des schulischen Lernens (Unterstützung des schulischen Bildungsprozesses) durch die Eltern. Im folgenden sollen daher Zusammenhänge familiärer und schulischer Sozialisation näher betrachtet werden.

3. 1. 3 Familie und schulische Bildungsprozesse

Bildungsleistungen in der Familie haben Einfluß auf den schulischen Bildungsprozeß: Schulleistungen und Schulabschlüsse werden von Fähigkeiten und Dispositionen mitbestimmt, die zu einem großen Teil in der Familie vermittelt werden. Zu diesen Voraussetzungen gehören nach Büchner (1994, S. 77), auf ein interaktionistische Sichtweise (damit der vorliegenden Zentraltheorie) gestützt,
- „die Fähigkeit zum *Perspektivenwechsel* (Probleme aus verschiedenen Blickwinkeln betrachten, vor allem aus dem Blickwinkel von Personen mit anderen Auffassungen),
- erworbene *Bearbeitungsweisen* für sich stellende Aufgaben und Probleme (zum Beispiel differenzierte Wahrnehmung, kognitive Stile, Lösungsstrategien),
- *sprachliches Ausdrucksvermögen* (Darstellungsformen, Komplexität, wechselseitiges Aufeinandereingehen) sowie
- *motivationale Dispositionen* (Durchhaltevermögen, Toleranz für Mehrdeutiges, Ertragen von Gegenargumenten, Bereitschaft, auf voreilige Erfolge zu verzichten)."

Die genannten familialen Interaktionszusammenhänge können mit der Bildungsentwicklung in Verbindung gebracht werden, denn die kommunikativ-affektive und die haushälterische Komponenten des familiären Zusammenlebens sind auch für die Entstehung der Grundvoraussetzungen erfolgreichen Lernens bedeutsam. Familien als hochkomplexe Interaktionssysteme verbinden die Auseinandersetzung mit Anforderungen, die von der Umwelt herangetragen werden als auch mit denen, die Familienmitglieder mit- bzw. einbringen. Dies kann für Familie eine Herausforderung bedeuten und die Bemühung um adäquate Lösungen, erfahrungsgesteuertes Handeln sowie übergreifende Zielorientierungen auslösen. Es würde dann eine *problemlösende Interaktion* ausgeübt und für die Kinder als produktive Muster der Lebensbewältigung erfahrbar. Problemlösende Interaktion ermöglicht Interaktionsprozesse, die die grundsätzlichen Fähigkeiten des Rollenhandelns einschließt: Empathie und Perspektivenwechsel, Erprobungshandeln und Fehlerfreundlichkeit, Verhandlungs- und Austauschorientie-

rung, Motivation für die gründliche Auseinandersetzung mit Problemen. Es werden also generelle Fähigkeiten eingeübt, die auch für die Bearbeitung von Lern- und Leistungsanforderungen in der Schule zentral sind.
Demgegenüber kann aber auch eine *problemverzerrende und -verkennende Interaktion* stattfinden. Dies trifft dann ein, wenn sich Familien diesen Anforderungen verschließen, Reaktionen darauf eher rigide-ritualistisch oder diffus-zusammenhanglos sind. Konsequenzen aus dieser Interaktionsstruktur werden auch im Zusammenhang mit der Entstehung von Sozialpathologien und psychischen Störungen diskutiert.
Hier zeigt sich erneut, daß die Qualität der Eltern-Kind-Interaktion ein wesentlicher Aspekt der sozialisatorischen Funktion der Familie ist und in Wechselbeziehung zum schulischen Bildungsprozeß des Kindes steht. Diese Perspektive nimmt auch die bildungsorientierte Sozialisationsforschung auf, die zum Beispiel in der Erziehungsstilforschung der Frage nachgeht, welche Faktoren im familialen Zusammenleben das Lernverhalten, die Leistungsmotivation und das Erlernen kompetenten Rollenhandelns beeinflussen. Eine hohe Bedeutsamkeit konnte in diesem Zusammenhang den Leistungserwartungen der Eltern, der elterlichen Aufmerksamkeit für schulische Leistungen und der Zuneigung und der Anteilnahme der Eltern an den (schulischen) Problemen der Kinder nachgewiesen werden.
Eine Dimensionierung der familiären Unterstützung des schulischen Bildungsprozesses und damit auch bei der Bewältigung von Problemlagen im Kontext Schule umfassen sieben Aspekte (positive Wirkung):

1. *Beziehungsgestaltung und Förderung problemlösender Interaktion* (Lernmotivation und Leistungsbereitschaft wecken, Umgang im Sinne eines Aushandlungscharakters, Anregung zur aktiven und konstruktiven Auseinandersetzung mit schulischen Anforderungen),
2. *Aufmerksamkeit für schulischen Lernprozeß* (Interesse am schulischen Lernen, an der Leistungsentwicklung und an Unterrichtsinhalten, Kenntnis von Vorkommnissen und Situationen im Schulalltag),
3. *Teilnahme und Teilhabe am schulischen Geschehen* (Besuch von Elternabenden, -sprechtagen, -sprechstunden, Mitbestimmung und Mitwirkung in der Schule),
4. *instrumentell-konkrete Hilfen* (kontinuierliche Unterstützung, bei Hausaufgaben helfen, sie überwachen, bei Konflikten in der Schule beraten, schlichten, sich einsetzen),
5. *Lern- und Erfahrungsräume gestalten* (Selbständigkeit und Ausdauer stimulieren, Möglichkeiten des Normalisierungshandelns für Kinder, entwicklungsfördernde Angebote) und
6. *Regeneration und Spannungsabbau ermöglichen* (gemeinsame Unternehmungen, Unterstützung von Hobbies und Freizeitgestaltung).

Eine negative Wirkung des elterlichen Einflusses ist vor allem bei Überbehütungen (Verhindern von Bewältigungen notwendiger Entwicklungsaufgaben und Erfahrungen der Selbstwirksamkeit), beim Zwang zur Unterordnung und Konformität, bei inkonsistentem Verhalten und Über- oder Unterforderungen (also einer Mißachtung der individuellen Möglichkeiten des Kindes geschuldetes Verhalten) zu erwarten.
Hurrelmann (vgl. 1994) und Büchner (vgl. 1994) sehen eine klare Wechselwirkung von Faktoren im sozialisatorischen Kontext der Familie und der Bildung bzw. der schulischen Situation: Erfahrungen im schulischen Lernprozeß können in die Familie ausstrahlen und andererseits haben familiäre Erfahrungen und Bedingungsgefüge Auswirkungen auf den Schulalltag und die Schulleistungen. Welche Zusammenhänge und Beziehungen gibt es zwischen Familie und Schule?

3.1.4 Zusammenhänge und Beziehungen zwischen Familie und Schule

Schulische und familiäre Sozialisationsbedingungen können aus Sicht des Schülers kaum voneinander getrennt werden. Erfahrungen der Schüler mit ihren Schulleistungen hängen auch von der Bewertung durch die Eltern ab und letztere können (bei hinreichende Kompetenz und Zeit) diese schulischen Belastungen reduzieren oder Unterstützung leisten (siehe oben). Zwar ist eine Trennung der Lebenswelten Familie und Schule offensichtlich (z. B. permanente Kontrolle und Beurteilung des Schülerverhaltens in der Schule, die Ausklammerung persönlicher Bedürfnisse und die rigide Regelung des Alltags in der Schule als familienfremde Merkmale und die Erfahrung der gegenseitigen Inkompatibilität der beiden Lern- und Erfahrungsräume), ebenso ist eine wechselseitige Durchdringung des schulischen und familiären Alltags erkennbar, in der alltäglichen Erfahrung der Kinder sind diese lebensweltlichen Bezüge nicht trennscharf. Auch außerschulische Aktivitäten können nur in Abhängigkeit von schulischen und familiären Bedingungen gestaltet werden (vgl. hierzu und zum folgenden Ulich 1993, S. 43 ff., Melzer 1997, S. 299 ff.).

Bezüglich des *Verhältnisses der Eltern zur Schule* ihrer Kinder lassen sich drei Tendenzen aus machen: Die Informiertheit der Eltern über Schule hat zugenommen, der Stellenwert von Schule im Bewußtsein der Eltern ist gestiegen. Die (hohen) Bildungserwartungen der Eltern sind weniger abhängig von sozialstrukturellen Faktoren, die das schulische Qualifikationsniveau aber weiterhin deutlich beeinflussen. Grundsätzlich beobachten Eltern stark die Leistungsentwicklung des Kindes, um Anzeichen für die Zukunftschancen wahrzunehmen und lenken zu können (die Bedrohung des Scheiternsrisiko soll minimiert werden). Schule als Qualifizierungsinstanz ermöglicht oder verhindert solche Chancen, daher ist das Verhältnis von Schule und Familie potentiell konfliktbelastet. Durch diese Grundsituation (hohe Leistungserwartungen und Überwertung von Zeugnissen) findet eine zunehmende Belastung der Familieninteraktion statt (was z. T. auch familienimmanent begründbare Konflikte sind, sie sich im schulischen Bezug äußern).

Das *Verhältnis von Eltern zu Lehrern* ist durch Problemfelder gekennzeichnet wie eine fehlende echte Partnerschaft (Partizipation der Eltern und Kooperation beschränkt sich auf Pflichtveranstaltungen und Partikularinteressen wie dem Fortkommen des eigenen Kindes), Konflikte aufgrund unterschiedlicher Aufgabenzuschreibungen an Schule (Interessenkollision), überhöhte Erwartungen und Anforderungen der Lehrer an Eltern bezüglich der Betreuung und Begleitung des schulischen Lernprozesses, gegenseitige Ängste, unterschiedliche Wertmuster bei der Leistungsorientierung, Kompetenzkonflikte bei schuldeviantem Verhalten (gegenseitige Schuldzuweisungen) sowie spezifischen Formen der Abhängigkeits- und Unterlegenheitserfahrungen.

Das *Beziehungsverhältnis von Schülern und Eltern* wurde bereits im Kapitel 2 erwähnt, es gestaltet sich im Spannungsfeld von Leistungsdruck, Unterstützung und Ängsten aus. Die Bedeutung von Schule im familiären Alltag wird deutlich am starken Interesse an Schulleistungen (Leistungsaspekt), an der Betonung des Themas Schule in der Familienkommunikation und an den Konsequenzen der Lehrerurteile über das Kind für das Erziehungsverhalten in der Familie. Gleichzeitig ist ein eingeschränktes Verständnis für den Inhaltsaspekt der Schulleistungen seitens der Eltern vorhanden.

Ein Ausweg aus diesen oft eher negativen Merkmalen der Beziehungen und Zusammenhängen zwischen Familie und Schule wird gegenwärtig stärker in der Relativierung der Schule seitens der Eltern, in einer an den individuellen Möglichkeiten des Kindes ausgerichteten Förderungshaltung (innerfamilialer Aspekt) sowie in neuen Wegen der Elternpartizipation (Aspekt der Beteiligung an Schule) gesehen.

3.1.5 Familiäre Unterstützung im schulischen Kontext - Möglichkeiten und Grenzen

Die Ausführungen zu schulischen Bewältigungsanforderungen und zu normativen Aspekten der Familiensituation heute sollen nun resümiert werden in der Frage „welche Chancen und Grenzen beinhaltet der familiäre Kontext für die Unterstützung im schulischen Bildungsprozeß?"

Wie gezeigt liegen die schulischen Bewältigungsanforderungen von jungen Menschen zusammengefaßt in den Bereichen des Umgangs mit Rollenungewißheit (das Noch-nichterreichen des Erwachsenen- und Berufsstatus), mit dem gesellschaftlich induzierten Leistungsdruck (Qualifizierungsdruck mit gleichzeitigem Bildungsparadox sowie der Bewältigung von faktischen oder antizipierten Versagenserlebnissen) sowie dessen Repräsentierung im familiären Kontext (meint vor allem die gestiegenen Erwartungen der Eltern). Schule stellt also ein institutionalisiertes Risiko mit Verunsicherungspotential für die Lebensplanung der jungen Menschen dar, das Aufwachsen in Widersprüchen verlangt dem einzelnen ein „bewältigungsorientiertes Schulmanagement" ab.

Folgen des gesellschaftlichen Wandels und der Wende haben nicht nur Auswirkungen auf die Jugendphase, sondern beeinflussen auch den familiären Bereich. Ökonomische und soziale Folgen aber auch individuelle Probleme mit den Anpassungs- und Umstrukturierungserfordernissen an die neuen Verhältnisse sind in der Familie spürbar, geäußert, werden dort ver- und bearbeitet. Die gravierendsten Veränderungen mit hohem Belastungs- und Überforderungspotential sind der Einbruch auf dem Arbeitsmarkt, Arbeitslosigkeit sowie der drohende Verlust ökonomischer Selbständigkeit von alleinerziehenden Frauen, die besonders vom gesamtgesellschaftlichen Wandel betroffen sind (vgl. die detaillierte Betrachtung der Situation Alleinerziehender in den neuen Bundesländern von Möhle 1997). Aus Sicht der ostdeutschen Jugendlichen steigt der Stellenwert von Familie als psychosozialer Raum der Unterstützung (vgl. Kap. 2), gleichzeitig werden die Familien in den neuen Bundesländern mit besonderen Belastungen konfrontiert, wie veränderten Erziehungs- und Rollenanforderungen und der Notwendigkeit, Familie hinter berufliche Anforderungen zurückzustellen. So haben dann auch Brüggemann-Helmold u.a. (1996, S. 239) in Befragungen von Jugendlichen und Eltern feststellen können, daß diese „(...) ( ) den formellen Hilfe- und Unterstützungssystemen eine wachsende Bedeutung für die eigene Lebensbewältigung zu(schreiben). Dieser hohe Stellenwert, der den formellen, professionell erbrachten Hilfeleistungen für die zukünftige Lebensgestaltung nach Meinung der Befragten zukommt, beinhaltet aber (vorerst) weniger, daß die Selbstregulierungskompetenzen der familiären Kontexte abnehmen, sondern vielmehr, daß die Qualität bzw. Komplexität der Probleme zunimmt und somit tendenziell zu Überforderungen führt."
Hier haben sich also auch Angebote schulbezogener Jugendhilfe als Ressource sozialer Unterstützung im schulischen Kontext bei eingeschränkten Hilfemöglichkeiten durch andere Instanzen konzeptionell zu verorten.

Die *Unterstützungsmöglichkeiten* der Familie im schulischen Kontext liegen vor allem in der Konstruierung eines sozialen und emotionalen Rückhalts und stabiler Beziehungsstrukturen, die sich vor allem in der Gestaltung des innerfamilialen Dialogs als problemlösende Interaktion widerspiegeln. Daneben spielen auch die konkreten Hilfen in und die Teilhabe am schulischen Prozeß eine wichtige Rolle (sich einsetzen, vertreten und anregen, motivieren, kontrollieren). Es ist also vor allem die Vermittlung (und durch gelebte Erfahrung gefestigter) sozialer Basisqualifikation für kompetentes Rollenhandeln, die im familiären Kontext wesentlich angeregt und erworben wird. Das Ausleben dieser Qualifikation und damit auch deren stetige Ausdifferenzierung durch Lernprozesse und Auseinandersetzungen mit Entwicklungsaufgaben findet aber vornehmlich außerhalb der Familie statt - damit sind *Unterstützungsgrenzen der Familie* angesprochen:

Diese Grenzen liegen im Sozialisationsfeld Familie als Teilort im pluralistischen Zusammenspiel sozialisatorischer Kontexte, sie hat also ihren spezifisch benannten Anteil am Aufwachsen und damit an Unterstützungsleistungen. Familie bietet Unterstützung im Sinne des familiären (von Schule entkoppelten und von Unterrichtsprozessen ausgeschlossenen) Blicks auf Schule, sie bietet basale Unterstützungsleistungen und damit keinen schulspezifischen Zugang zu den Bewältigungsanforderungen. Familie hat gegebenenfalls einen Anteil an der Realisierung und Inanspruchnahmemöglichkeit von Räumen für Belastungsregulationen Jugendlicher, stellt selbst aber keinen dar, zumal sie oft selbst zum Ort der Verstärkung von Leistungsdruck wird und damit in ihrer Unterstützung auf Kontrollaspekte und nicht Bewältigungshilfen hin orientiert sein kann. Die Enge und Dichtheit dieses sozialen Netzwerkes verlangt also nach Erfahrungsräumen außerhalb ihrer Lebensvollzüge, verlangt nach Begegnungen und Kontakten, die Perspektivenwechsel und Anregungen ermöglichen, Sichtweisen ergänzen, Bewältigungsstrategien herausfordern und gleichzeitig im gemeinsamen Austausch lernend weiterentwickeln.

Diese Unterstützungsgrenzen eines Sozialisationsfeldes, das immer auch wesentlich für sich selbst, für das Handeln im familiären Kontext, qualifiziert und nicht andere Erfahrungsräume gleichsam stellvertretend repräsentiert (damit auch nicht die dortigen Lern- und Hilfearrangements) werden desweiteren durch besondere Belastungen hervorgerufen, die zum Teil von außen auf Familie treffen, sie in ihrer Sozialisationsfunktion im allgemeinen und in ihrer Funktion als Ressource sozialer Unterstützung im schulischen Kontext im speziellen einschränken:

Als Beispiel für strukturell eingebundene Belastungsfaktoren sei hier die Armutsentwicklung genannt. Armutsstrukturen beeinflussen bzw. beeinträchtigen das Aufwachsen von vielen Kindern und Jugendlichen und damit auch den schulischen Bildungsprozeß: Daß Armut in Deutschland zunehmend Kinderarmut bedeutet, wurde zahlreich beschrieben (vgl. z. B. Zimmermann 1998, Klocke/Hurrelmann 1998, Olk/Rentzsch 1998, Schäfers/Zimmermann 1995) und im 10. Kinder- und Jugendbericht nachdrücklich herausgearbeitet (vgl. BMFSFJ 1998). Dabei tritt nach Analysen von Joos (vgl. 1997, S. 59 f. und S. 73 f.) die Familienform als stärkste Determinante für das Armutsrisiko von Kindern auf (dieser Befund trifft für die alten und neuen Bundesländer gleichermaßen zu): vor allem Ein-Eltern- und kinderreiche Familien weisen ein verstärktes Armutsrisiko auf, ein niedriges Bildungsniveau der Eltern kommt als Risikofaktor für die Entstehung von Armutsstrukturen hinzu.[8]

Armut von Kindern und Jugendlichen wird von Dangschat (1998, S. 121, auch Grundmann 1998, S. 162; Neuberger 1997, S. 85 ff.) in dreifacher Hinsicht als problematisch angesehen:

---

[8] Hier kann keine Erläuterung von Armutskonzepten, statistischen Befunden (etwa zu Sozialhilfequoten) und theoretischen Erklärungsansätzen gegeben werden, vgl. hierzu die genannte Literatur und im Überblick Ansen 1998, Hübinger 1996

„- strukturell: durch niedrige Einkommen und geringe materielle Ressourcen, die sich in eingeschränktem Konsum (Kleidung, Freizeit), hoher Verschuldung, schlechte Ernährung, in eingeschränkter Gesundheit, schlechter Wohnraumversorgung, benachteiligendem Wohnumfeld oder gar Obdachlosigkeit und in eingeschränkten Aktivitäts- und Aktionsräumen ausdrücken;
- bildungsspezifisch: durch schlechtere Lernmöglichkeiten (als Folge überbelegter Wohnungen und häufig geringer Unterstützung des Lernens seitens des Elternhauses und belastender Schulbedingungen) und daher niedrigere Bildungsabschlüsse;
- entwicklungspsychologisch: durch das Aufwachsen in einem Haushalt mit belastenden Milieus und Mustern der Lebensbewältigung (Drogen (illegal, Alkohol, Zigaretten, Tabletten), Aggressivität, Lethargie, Erleben ökonomischer Abhängigkeit der Eltern)."

Eingeschränkte finanzielle Ressourcen und die stark belastete Familiensituation ziehen also zumeist massive Einschränkungen des Lern- und Erfahrungsspielraums von Kindern und Jugendlichen nach sich (vgl. hierzu auch Ansen 1999), z. B. in Form von unzureichenden Rückzugsmöglichkeiten zu Hause, unzureichender Unterstützung oder auch der Ausgrenzung aus der Kinder- und Jugendkultur (kein Taschengeld, kein Geld für Lehr- und Lernmittel, kein Geld für Klassenfahrten oder für Kinobesuche, Ausflüge, Teilnahme an Geburtstagen etc.) Diese Erfahrungen können sich in generellen Stigmatisierungs- und Ausgrenzungsprozessen verdichten, die materielle Einschränkung ist dann verknüpft mit sozialer und psychischer Deprivation, etwa in der Erfahrung von „Zweitklassigkeit" oder sozialer Abwertung (z. B. in der Schule: Kinder und Jugendliche werden bei peergroup-Normen immer wieder auf ihre deprivierte Situation verwiesen). Junge Menschen in Armutslagen können sowohl psychosoziale Belastungen als auch eine beeinträchtigte emotionale Stabilität sowie verminderte Schulleistungen und Erwartungen an Schule zeigen (vgl. Neuberger 1995), nie aber ist hier automatisch auf fehllaufende Sozialisationsprozesse zu schließen, inhaltliche Nuancierungen wären wichtig, um dieses Thema erschöpfend zu klären. Festzuhalten bleibt, daß die Verarbeitung von Folgen der Armut immer auf (ggf. eingeschränkte) familiäre, kontextuelle und individuelle Ressourcen verweist.

Neben den Unterstützungsleistungen und -grenzen der Familie sind gerade bei psychosozialen Problemdimensionen unterschiedlicher Ursache und räumlicher Äußerung Freundschaftsbeziehungen häufige, aus Sicht von Jugendlichen angemessene und eher gewählte Hilfequellen: der beste Freund, die beste Freundin stehen zur Seite, gerade wenn Belastungen aus der Familie und aus Familienkonflikten heraus entstehen. Dann erfüllt der Freundeskreis Funktionen wie Geselligkeit, Verfolgung gemeinsamer Interessen und Aktivitäten in der Freizeit, die Vermittlung von Zugehörigkeitsgefühl, Anerkennung und Wertschätzung, aber auch die Beförderung neuer Orientierungen und Entscheidungen - welchen Stellenwert hat der Freundeskreis für die gemeinsame Bearbeitung von (schulischen) Problemen und Anforderungen?

3.2 Peer-Kontakte und Freundeskreise als Ressource sozialer Unterstützung im schulischen Kontext

Mansel/Hurrelmann (1994, S. 16) sehen die Gleichaltrigen als bevorzugte Interaktionspartner in der Freizeit an, deren Bedeutung ab dem 10. Lebensjahr stetig zunimmt: „Die Beziehung zu Gleichaltrigen gestaltet sich im Jugendalter zu einem wandlungsfähigen und vielseitigen Erfahrungsraum, wodurch zu einem Teil die in der Kindheitsphase ausgeprägten Einflußgrößen der Herkunftsfamilie substituiert werden. Die Gleichaltrigen stellen keine formelle, strukturell fixierte gesellschaftliche Institution dar, sondern entwickeln sich als informelles und flexibles

Bezugssystem in unterschiedlichen situativen Anknüpfungen. Diese große Flexibilität führt dazu, daß die soziokulturelle Lebenslage der Jugendlichen einen erheblichen Einfluß darauf hat, zu welchen Gruppierungen ein Zugang gelingt und aufrechterhalten wird. Deshalb können die Gleichaltrigen als Sozialisationsinstanz nicht unabhängig von den gegebenen soziokulturellen Lebensbedingungen gesehen werden."

Die Gleichaltrigengruppe („peer-group") kann mit Böhnisch (vgl. 1996, S. 92) als allgemeine jugendliche Gesellungsform beschrieben werden, die eine deutliche sozialstatistische Zunahme seit den 60er Jahren erfahren hat. Die Gleichaltrigenorientierung und die Integration in Gleichaltrigengruppen ist in diesem Zeitraum kontinuierlich gestiegen, wobei sich geschlechtsspezifische Unterschiede weitgehend nivelliert haben (vgl. Schröder 1995, S. 116). Mit dem Begriff „peer" ist sowohl der gleichaltrige Gefährte als auch die Gleichheit der Stellung im Verhältnis zueinander gemeint (vgl. Krappmann 1991, S. 364), peers sind die als Interaktionspartner akzeptierten Gleichaltrigen, also diejenigen, die in sozialer Wechselseitigkeit und Akzeptanz aufeinander bezogen sind (gemeint ist also nicht Gesamtheit der altersgleichen Jugendlichen). Die Interaktionsstruktur in der peer-group ist also gegenüber der Schule oder Familie weniger hierarchisch, vielmehr ist das Grundmuster der Beziehung als symmetrisch, reziprok und kooperativ zu kennzeichnen: In der Gleichaltrigenwelt konfrontieren sich peers gegenseitig mit ihren Erwartungen und Absichten, sie müssen ihre Sichtweisen und Vorhaben wechselseitig koordinieren. Wiederum ausgehend von der interaktionistischen Sichtweise entwickeln sich die Kompetenzen interpersonaler Verständigung in der natürlichen Interaktion der Gruppe, die soziale Situation hat einen Aufforderungscharakter an den einzelnen, der individuell nur durch eine Erweiterung und Ausdifferenzierung des sozialen, kognitiven und emotionalen Vermögens bewältigt und beantwortet werden kann. Die peer-group liefert damit wesentliche Entwicklungsverläufe für die Sozial- und Identitätsentwicklung, sie stellt einen Rahmen für Interaktion dar, der vom einzelnen als relevant erlebt wird, als ein Raum, der es ermöglicht, Erfahrenes gegenseitig leb- und verarbbeitbar zu machen: solche sinnstiftende Elemente sind Beziehungen. Als relevant erlebte Beziehungen zu Gleichaltrigen stellen gelebte gemeinsame Erfahrungen dar und erleichtern auf der Basis von Gemeinsamkeit und gegenseitiger Anteilnahme Verhaltensänderungen und -koordinationen, sie ermöglichen also flexibles Rollenhandeln und Rollenerprobungen (vgl. Krappmann 1991, S. 362).

Die Gleichaltrigengruppe als größeres Netzwerk bietet viele Möglichkeiten für Beziehungen und somit eine breite Streuung von Anregungen und Informationen. In ihr sind Alternativen vielfältiger und Wahlmöglichkeiten größer als in kleinen, engen Netzwerken (wie der Familie), fordern aber auch mehr Aktivität zu deren Erhaltung. Als loses, lockeres Netzwerk sind peer-Beziehungen weniger verbindlich, langfristig und intensiv, in ihr werden zumeist unterschiedliche normative Bedingungen erfahren, die eine geringere Regulations- und Kontrollfunktion haben. Die peer-Beziehungen umfassen oft Zonen unterschiedlicher und gegensätzlicher Orientierungen, was eine wichtige Ressource für den einzelnen darstellt: sie öffnen die enge Perspektive geschlossener Netzwerke, sind Brücken über das eigene Netzwerk hinaus (vgl. Nestmann 1997).

Merkmale der Gleichaltrigengruppe sind (vgl. Mansel/Hurrelmann 1994):
– die überwiegende Freizeitgebundenheit dieser Gesellungsform (sie gewähren Mitgliedern gruppenbezogene Teilnahmechancen und Erfahrungen in einem als relevant empfundenen sozialen Raum),
– ihre Organisation vornehmlich außerhalb der Familie und des Bildungssystems (ausdrücklich nicht von Erwachsenen initiiert, geleitet, kontrolliert),

- die ggf. dominante Stellung der peer-group als Orientierungs- und Handlungsfeld, abhängig von der Lebenslage und Interessenorientierung der Jugendlichen,
- Spontaneität und Offenheit der Gruppenbildung oder auch feste (stärker hierarchisierte) soziale Gefüge.

Soziale Kompetenzen, die in peer-groups erlernt werden können (sozialisierende Funktion der Gleichaltrigengruppe, vgl. Kolip 1993, S. 77. ff.; Oerter/Montada 1987, S. 318; Hurrelmann 1994, S. 150 ff.) beziehen sich auf die aktive Aneignung von Räumen und Stilen jugendzentrierter peer-Kulturen (durch Gruppeninteraktion), im Gegensatz zur Übernahme wie in der Schule oder Familie. Dabei hat die Gleichaltrigengruppe für den einzelnen die Funktion
- zu Orientierung und Stabilisierung beizutragen, emotionale Geborgenheit und Solidarität zu gewähren (Orientierungen und Sinnbezüge),
- sozialen Freiraum für die Erprobung von Aktivitäten und Handlungsmustern zu eröffnen: das Einbringen kommunikativer Bedürfnisse und das Spielen von Teilrollen, die in anderen Sozialisationsfeldern wie Schule, Familie altersphasenspezifisch vorenthalten werden. Dieses Rollenspiel hat gestaltende Wirkung bei der Ausprägung persönlicher und sozialer Identität, es trägt bei zur
- Identitätsfindung (es werden Identifikationsmöglichkeiten, Lebensstile und Bestätigung für Selbstdarstellungen geboten) und
- peers setzen wirksame Maßstäbe und normierende Standards für das individuelle Verhalten, was den Ablöseprozeß vom Elternhaus erleichtert.

Ermöglicht die peer-group eher das Erlernen sozialer Integration in größeren Gruppen, so ermöglichen Freundschaftsbeziehungen eine engere und intimere Interaktion. Freundschaften als freiwillige Zusammenschlüsse zwischen Menschen, begründet auf wechselseitiger Intimität und emotionaler Verbundenheit, haben dann auch stärker unterstützende Funktionen im engeren Sinne: sie erleichtern das Aufgreifen emotionaler oder sexueller Themen, die Reziprozität der Bindung gibt aber keine Garantie für ein dauerhaftes Fortbestehen, vielmehr stellen der Aufbau und die Pflege von Freundschaften eine Anforderung für Jugendliche dar. Ab dem 15. Lebensjahr gewinnt die „Clique" an Bedeutung, im weiteren Verlauf der Jugendphase nehmen soziale Beziehungen heterosexueller Natur an Bedeutung zu (häufig aus dem Kontext einer gemischtgeschlechtlichen Clique heraus).

Schröder (vgl. 1995, S. 129) hat ermittelt, daß die Beratungsfunktion bei der Jugend der 80er und 90er Jahre eindeutig am stärksten von der Gruppe der Gleichaltrigen gewährt wird, an zweiter Stelle stehen die Eltern als Ansprechpersonen (Peer-Orientierung bei der Problembewältigung). Oswald (vgl. 1992) beschreibt eine Doppelorientierung der Jugendlichen, die sich in komplementären Kommunikationsstrukturen als Ausdruck der Ausdifferenzierung jugendlicher Lebenswelten niederschlägt: der Bedeutungsgewinn der peers verläuft parallel zu einem Bedeutungserhalt der Eltern als Beziehungspersonen, es findet eine stärkere soziale Vernetzung der Hilferessourcen mit unterschiedlicher Relevanz bei unterschiedlichen Problemen statt: Die Wahl der Ansprechpartner hängt mit Themenbereichen der Kommunikation zusammen, daher ist die Komplementarität aller Sozialisationsinstanzen und deren produktive Nutzung durch das realitätsverarbeitende Subjekt wichtig. Wir werden sehen, welche (aus Sicht der Schüler) relevanten Stützleistungen und Beratungsfunktionen nach Problembereichen differenziert werden können.

Die flexible Struktur der Gleichaltrigengruppe ist also ein umfassendes und bedeutsames Bezugssystem für Jugendliche, das einen zentralen Beitrag zur Lebens- und Problembewältigung

leistet. Dieser Aspekt kann nunmehr mit Blick auf die schulische Sozialisation verdeutlicht werden:
Mit der Bildungsextensivierung und Verschulung der Jugendphase (vgl. Kap. 2). hat die peer-group in der schulischen Sozialisation einen Bedeutungszuwachs erfahren. Das Sozialisationsfeld Schule ist ein komplexes Lernfeld, das unterschiedliche soziale Normen, Leistungsanforderungen, Solidaritätserwartungen und Anstrengungsbeschränkungen an den einzelnen heranträgt. In der peer-group-Interaktion wird das Erlernen von Beziehungsmustern am besten ermöglicht, der peer-Raum ist Ergänzungsort sozialen Lernens zwischen den eher instrumentalisierten Beziehungen zu Lehrern und den emotional eher belasteten Beziehungsmustern in der Familie.
Die Schulklasse gilt zwar traditionell nicht als echte Gruppe, sondern ist vorrangig formelle Gruppenorganisation, die aber informelle peer-Strukturen hervorrufen kann (Herlyn 1994, S. 229. zit. n. Böhnisch 1996, S. 98 f.):
„Wegen der nicht hinreichend gesicherten Gemeinsamkeit des verfolgten Zwecks und der fehlenden Interaktion unter allen Schülern wird der Schulklasse, so wie die Schulverwaltung sie einrichtet, von einigen Forschern der Gruppencharakter nicht ohne weiters zugesprochen. Man klassifiziert sie statt dessen als 'soziale Organisation' (...). Gleichzeit wird aber (...) nicht ausgeschlossen, daß aus dieser Schulklasse eine soziale Gruppe werden kann, weil insbesondere die Raum und Zeitbedingungen der Schulklasse als fördernde Faktoren angesehen werden: Das regelmäßige und langfristige Beisammensein der Schüler (...) begünstigt nicht nur die Kontaktaufnahme untereinander, sondern würde sie nahezu zwangsläufig herbeiführen (...). Diesen interaktionsfördernden Faktoren von Raum und Zeit steht aber andererseits das spezielle, der Schulklasse vorgegebene Unterrichtsziel entgegen."

Diese informelle peer-Struktur ist funktional für den Ablauf des Schulvormittags, mit Böhnisch (1996, S. 99) könnte man sagen, sie ist der „jugendkulturelle Sozialkitt des Schulunterrichts". Die Schulklasse ist immer auch Sozialraum, in dem Jugendliche zusammen sind und aufeinander bezogen agieren, die Schulklasse produziert einen gruppendynamischen Aufforderungscharakter. Diese Gruppenprozesse fördern im interaktionistischen Sinne das Miteinanderumgehen und Empathie, es können subjektiv erlebte Rollenzwänge im schulisch normierten Rahmen abgebaut und situative Distanz zur als starr und reglementierend empfundenen Schülerrolle hergestellt werden.
Neben dieser Unterstützungsfunktion der Schulklasse mit eher informellen, oft verdeckten, situativen peer-Strukturen betont Böhnisch (vgl. 1996, S. 100 ff.) die Kompensations- und Schutzfunktion von offenem jugendkulturellem peer-Erleben außerhalb der Schule, das sowohl gemeinsam mit Schülern aus der Schulklasse als auch mit klassenfremden Gleichaltrigen ausgestaltet wird. Die Kompensationsfunktion des peer-Erlebens besteht in der entlastenden und selbstwertfördernden Funktion, den Darstellungsmöglichkeiten und kommunikativen Bedürfnissen, die auf Schule und die von ihr produzierten Bewältigungsanforderungen bezogen sind, aber auch von ihnen wegführen, sie erträglich und lebbar machen. Es werden Räume und Gelegenheitsstrukturen ausgefüllt, die Schule nicht bietet und die so in ihr nicht realisierbar sind.

Neben der zentralen Unterstützungsfunktion von peers sind auch *Unterstützungsgrenzen* zu benennen. Die Mietglieder der peer-groups sind oftmals von den gleichen Problemen betroffen, d. h. es fehlt dann der Blick des Unbelasteten und Weiterführenden, der unter diesen Bedingungen und durch Solidaritätserfahrungen nicht immer gruppenintern gebildet werden kann, sondern von außen angeregt werden muß. Hier sind Impulse durch andere Bezugspersonen mit aktivierender Funktion notwendig (wie z. B. Sozialpädagogen, Lehrer oder ältere Geschwister), deren Anregungen dann aber in der peer-group ein Medium finden und durch gemeinsame Lernprozesse eine Form von „Entwicklungsgemeinschaft" (Prüß) fördern können. Unterstützungsrenzen sind auch dann vorhanden, wenn die peer-group kein positives Sozialverhalten, sondern destruktive und problemverschärfende Verhaltensstrategien bei ihren Gruppenmitgliedern generiert. Peer-groups können eine Versuchungsstruktur und (Sub-) Kultur des Abweichenden darstellen (wie gewaltorientierte Jugendgruppen als deviantes Cliquenverhalten). Eine solche negative Aufladung des Gruppengefühls und -agierens geht in der Regel zusammen mit eingeschränkten Erfahrungen der Sozialräumlichkeit, je höher die Mangelerfahrung im Kontext sozialräumlicher Aneignung, desto höher die (einseitige und Abhängigkeit fördernde) Orientierung an gruppenbezogenen Symboliken zum Zwecke der Kompensation (vgl. Böhnisch 1993).

Wiederum den Blick auf Unterstützungsleistungen der peers gelenkt, muß man sagen, daß ihr Einfluß auf schulische Orientierungen schwer auszumachen ist. Zentral ist aber, daß sich in den Beziehungen zu Gleichaltrigen eine selbsttätige und jugendkulturell eigenwillige Auseinandersetzung mit Schule entwickeln kann: „Die peer-group erscheint als jugendkultureller Raum der Selbsttätigkeit und Selbstverständigung, dessen Funktionalität sich deshalb nicht nur an der Schule, sondern am Gesamtzusammenhang jugendlicher Sozialisation mißt" (Böhnisch 1996, S. 101).

In jedem Fall ist moderne Schule das große potentielle Erfahrungsfeld für Beziehungen und für demokratische moderne Sozialisation, denn in der Schule als Lebensraum, so Preuss-Lausitz (vgl. 1999), gehören Freundschaften und Lernen zusammen, was er (zwar für eine jüngere Population als die hier betrachtete, aber sicher mit Übertragungsmöglichkeiten) empirisch nachweisen konnte: es ist eine enge Verzahnung von Schule und außerschulisch realisierten Freundschaften erkennbar, vor allem dann, wenn der Wohnort und das Schuleinzugsgebiet eng zusammenfallen. Für die große Mehrheit der Schüler kann eine soziale Zufriedenheit in der Schule bescheinigt werden, Schule hat im subjektiven Erwartungshorizont der Befragten für Freundschaften eine zentrale Rolle, wobei sich das Freundschaftskonzept von Mädchen und Jungen gleichermaßen auf Solidarität, Verständnis, emotionale Sicherheit und gemeinsame Aktivitäten bezieht (vgl. ebd., S. 172 ff. und 184 f.).

Preuss-Lausitz (1999, S. 184 f.) bezeichnet Schule vor diesem Hintergrund bereits (und nicht als Ergebnis reformpädagogischer Bemühungen) als „Lebensort", „(...) trotz der meist wenig kommunikativen Räume, Schulhöfe, Zeitrhythmen und Gestaltungsmöglichkeiten. Für etwa ein Zehntel aller Kinder besteht allerdings soziale Isolation am Ort Schule und am Nachmittag; für diese Kinder ist das Engagement der Lehrer, der Eltern und nicht zuletzt der Gleichaltrigen nötig. Der moderne Zwang zur eigenaktiven Planung, Herstellung und Pflege der sozialen Netzwerke einschließlich der Freundschaften kann von diesen Kindern nicht ohne erwachsene, pädagogische Unterstützung geleistet werden. Die moderne Schule muß für diese Kinder eine über die Lernaufgaben hinausgehende Aufgabe übernehmen - sonst stellen diese die „Modernisierungsverlierer" im sozialen Feld. Für alle übrigen Kindern sollten deren Freundschaftbedürfnisse auch am Ort Schule ein respektierter und offen unterstützter Teil des Alltags im Leben der Schüler sein."

Schule spielt also durchaus eine Rolle im sozialen Unterstützungsnetzwerk Jugendlicher, mediatisiert durch die Erfahrungen mit Gleichaltrigen im Sozialraum Klasse und auf dem Schulgelände - welche weiteren Unterstützungspotentiale im Raum Schule sind vorhanden, wie können neue aktiviert und aufgebaut werden? Und wie kann, unmittelbar auf schulische Situationen bezogen, Jugendhilfe pädagogische Gruppen als sozialräumliche Gelegenheits-

struktur mit den Polen Freizeitgestaltung und erlebte Gemeinschaft konstituieren, sich als außerschulische und schulbezogene Sozialpädagogik thematisch-inhaltlich daran orientieren?
Um diesen Fragen nachzugehen, werden Schule und Jugendhilfe bezüglich ihrer Unterstützungsfunktion und -ressourcen bei schulischen Anforderungen im folgenden betrachtet, der Blick wird nun von den lokal-gemeinschaftlichen auf die gesellschaftlich-institutionalisierten Netzwerkbestandteile gerichtet.

4 Probleme im Bereich der Schule: Herausforderungen für Schule und Jugendhilfe als öffentlich-institutionelle Netzwerke sozialer Unterstützung im schulischen Kontext

Im folgenden Abschnitt werden die öffentlich-institutionellen Netzwerke „Schule" und „Jugendhilfe" in ihren Charakteristischen Merkmalen und mit Blick auf deren Beitrag zur Bearbeitung und Bewältigung von Problemen und Belastungen im schulischen Kontext gekennzeichnet. Das öffentlich institutionelle Netzwerk wurde in Abschnitt 1 als dasjenige Netzwerk definiert, das unter anderem infrastrukturell sozialstaatliche Dienstleistungen vorhält. Man kann hier auch von sekundären Netzwerken sprechen, die zum Beispiel soziale Institutionen wie Schule, Jugendhilfeeinrichtungen oder Freizeitstätten umfassen.

Die folgende Graphik (Abb. 7) vergleicht die Sozialisationsfelder Schule (wiederholend-pointierend; vgl. Kap. 2) und Jugendhilfe (einleitend-überblickhaft) bezüglich ihrer Funktionen und Aufgaben sowie strukturell-organisatorischen Charakteristika

4.1 Anforderungen an Schule - Schule als Ressource sozialer Unterstützung

Nachdem in Kapitel 2 Schule als sozialisatorischer Kontext beschrieben werden konnte und ihre Aufgaben, Funktionen sowie organisatorischen Charakteristika herausgearbeitet wurden (siehe auch die vorstehende graphische Übersicht), soll nun die Kernfrage behandelt werden, inwiefern Schule strukturell und organisatorisch in der Lage ist, neben ihrem Bildungsauftrag auch als Ressource sozialer Unterstützung vor dem Hintergrund gestiegener Bewältigungsanforderungen im Jugendalter zu fungieren.
Die Frage wie Jugendliche angemessen unterstützt werden können verweist nach Hurrelmann (vgl. 1990c) auf eine spezifische Interpretation und Erklärung konstruktiver, aber auch fehllaufender, abweichender Bewältigungsstrategien, die sich als Verhaltensauffälligkeiten oder Gesundheitsbeeinträchtigungen äußern können. Wie in Kapitel 1 entwickelt, sollten diese Verhaltensphänomene junger Menschen generell als Ergebnis und Ausdruck einer spezifischen Form der Auseinandersetzung mit den aktuellen Lebens- und Lernanforderungen, Entwicklungsaufgaben sowie Belastungen gesehen werden, fehllaufende Bewältigungsstrategien im speziellen als Folge überforderter individueller Bewältigungskompetenz bzw. als Äußerung eines nicht angemessen bewältigten Integrationskonfliktes. Bewältigungsstrategien sind also als Prozeßabbild der Verarbeitung von Lebensanforderungen zu sehen und verweisen damit auf soziale, kontextuell und individuelle Ressourcen zur Bewältigung, die in Sozialisationsfeldern erworben und ausdifferenziert werden (am ehesten in entwicklungsfördernder, strukturierter Offenheit; siehe Kapitel 3). Hiervon ausgehend sieht es Hurrelmann (vgl. 1990b, 1990c) als vorrangiges Ziel an, durch gezielte Maßnahmen der pädagogischen, psychologischen, therapeutischen, sozialen, ökonomischen und ökologischen Prävention und Intervention die individuellen Verarbeitungskompetenzen und sozialen Unterstützungsressourcen junger Menschen zu mobilisieren und zu stärken.

Abb. 7: Charakterisierung der Sozialisationsfelder Schule und Jugendhilfe

Schule	(gesellschaftliche) Funktionen und Aufgaben	Jugendhilfe
	rechtliche Codifizierung und Grundsätze	
• Schulpflicht, Grundgesetz, Landeschulgesetze • Teil des Bildungs- und Erziehungssystems mit geplantem, institutionellem Auftrag der Qualifikation (formalisierte Inhalte, Ziele, Rahmenbedingungen und Erfolgskontrolle) • Schulwesen ist landesspezifisch zentral verwaltete und geleitete öffentliche Institution • Legitimationsrahmen: staatliche Aufsicht • gesellschaftliche Anerkennung: durch Herausbildung von Eliten		• Freiwilligkeit, Bundesgesetz KJHG, Landesausführungsgesetze zum KJHG • subsidiär definierter Teil des Erziehungssystems und des Systems sozialer Hilfe (neben Altenhilfe, Gesundheitshilfe, Sozialhilfe/soziale Sicherung) • Legitimationsrahmen: aktualisierte Professionalität im fachlichen Diskurs • gesellschaftliche Anerkennung: eher durch Problemgruppenbezug und -bearbeitung
	Institutionalisierungsformen	
• horizontale Untergliederung (Grundschulen, Sekundarschulen) • vertikale Untergliederung der Sekundarschulen (in 2 oder 3 Schulformen, HS/RS/Gym) • Berufsschulen, Förderschulen • Schulämter und Schulbehörden		• Vielfalt von institutionellen Erscheinungsformen gemäß der Aufgaben und Leistungen des KJHG • Trägerpluralität, Gesamtverantwortung beim öffentlichen Träger der Jugendhilfe (Jugendamt), Zusammenarbeit mit freien Trägern, Subsidiarität • Landesjugendämter
	Funktionen	
• Qualifikation • Allokation/Selektion • Integration • Bildungssozialisation, Kohärenz und Verständigung, Bildung als Einübung in Diskurse		• Hilfe zur Lebensbewältigung und Sozialintegration von Kindern und Jugendlichen und deren Familien • Beitrag zur Schaffung/Erhaltung positiver Lebensbedingungen und Entwicklungsmöglichkeiten, Förderung der sozialen und individuellen Entwicklung • Abbau von Benachteiligungsstrukturen

Schule	Jugendhilfe (Jugend(sozial)arbeit)
<u>Strukturelle und organisatorische Aspekte</u>	
• Kennzeichen: organisierte Normen und formalisierte Rollenerwartungen	• Kennzeichen: weniger Normen und Reglementierungen durch Erwachsene, gering formalisierte Rollenerwartungen bzw. problemspezifisch definierte Normen und Rahmenbedingungen
• Lernorganisation, Verwaltungsorganisation, Makroorganisation	
• Kommunikation/Ziele weitgehend unabhängig von Aushandlungsprozessen der an ihr Beteiligten	• Orientierung an den Bedürfnissen der Kinder und Jugendlichen, Beteiligung der Kinder und Jugendlichen an der Planung und Gestaltung von Angeboten
• institutioneller Charakter von Schule: Pädagogik in organisiert-strukturierter Form	• institutioneller Charakter von Jugend(sozial)arbeit: Pädagogik in frei gestaltbaren Räumen, in vorstrukturierten Gruppenangeboten bzw. in Settings mit Themen- oder Problembezug
Sozialisationsräume und Interaktionsbeziehungen	
• Schulklima	• Elemente arrangierter Lebensräume (Institutionenklima)
• Schüler-Schüler-Beziehungen	• Gleichaltrigen-Beziehungen
• Lehrer-Schüler-Beziehungen	• Beziehungen zwischen Jugendlichen und als relevant erlebten Erwachsenen (sozialpädagogischen Fachkräften)
• Kommunikation/Lerninhalte im Unterricht	
• Leistungsorientierung/schulische Normen	• eher offene und symmetrische Kommunikation
Interaktionsanforderungen	
• Verpflichtung zur Teilnahme am Unterricht	• Selbstmotivation und Eigeninitiation
• höhere Definitionsmacht der Lehrer	• gemeinsame Aushandlung von Prozessen/Ereignissen
• Leistungsorientierung als bestimmendes Element in der Kommunikation	• Selbst- und Gruppenbezug als bestimmendes Element in der Kommunikation
• spezifische Anforderungen einzelner Lehrer	• spezifische Erfahrungen mit unterschiedlichen Profilen der Erwachsenen
(Focus: generalisierte Regeln an alle Schüler/Segmentierung der Schülerpersönlichkeit - „Schülerrolle")	(Focus: Bedürfnisorientierung und individuelle Bewältigungsthematik - „Schülersein")

Schule hat daran einen Anteil: Sie hat neben den Aufgaben der Wissensvermittlung, des intellektuellen Trainings auch immer die Gestalt eines sozialen Forums, das anregender Bestandteil des Alltags Jugendlicher ist und (bewußt arrangiert, als Lebensraum inszeniert) wichtige soziale Erfahrungsräume eröffnet sowie die individuelle Entwicklung der Schüler fördert.

Neben der unterrichtsinhaltlichen Dimension gibt es auch immer die interaktive, soziale und Entwicklungsprozesse anregende Dimension von Schule (vgl. Kapitel 2). Schule als Bestandteil des sozialen Unterstützungsnetzwerkes junger Menschen zu betrachten, bedeutet für Hurrelmann (vgl. 1990c), zwei zentrale Forderungen zu stellen:
- Schule sollte ihre Arbeitsbedingungen so gestalten, daß sie keine gravierenden Störungen des psychophysischen Bewußtseins produziert (betrifft Dimension „Probleme von Schule" in ihrer Äußerung von „Dilemmata" von Schule) und
- Schule muß ihr Selbstverständnis stärker mit der Tatsache in Verbindung bringen, daß ein größer werdender Teil von Jugendlichen mit außerschulischen Belastungen konfrontiert ist und gezielte Unterstützung im Raum Schule benötigt (betrifft Dimensionen „Probleme für Schule" und „Probleme mit Schule").

Diese Forderungen münden in die Frage, welche Unterstützungspotentiale vorhanden sind, was sie leisten, wie diese vorhandenen Unterstützungspotentiale im Raum Schule aktiviert bzw. weiterentwickelt und wie neue Unterstützungssysteme (der Kooperation von Jugendhilfe und Schule) aufgebaut werden können.
Um diesen Fragen nachzugehen, soll die folgende überblickhafte Darstellung von Unterstützungspotentialen in der Schule gegliedert werden in
- *personale Träger sozialer Unterstützung* (4.1.1) in der Schule (hierzu zählen die Mitschüler/der Klassenverband, Klassenlehrer, Beratungs-/Vertrauenslehrer sowie Schulpsychologen) und
- *strukturelle Aspekte zur Ressourcenerschließung* (4.1.2) (Konzeptualisierung von Schule als soziokulturelles Zentrum über Öffnungsbemühungen),
um Schule schließlich als „*Synergieraum Lern- und Entwicklungsprozesse gestaltender Professionen*" zu kennzeichnen (4.1.3), in dem die Kooperation mit der Jugendhilfe einen qualifizierenden Stellenwert in Ergänzung zu den genannten personalen Trägern sozialer Unterstützung in der Schule erhält.

4. 1. 1 Personale Träger sozialer Unterstützung in der Schule

Mitschüler/Klassenverband: Die Gleichaltrigengruppe und der Klassenverband als soziale Unterstützer wurden bereits in den Kapiteln 2 und 3 beschrieben, daher seien hier nur einige Stichworte genannt. Schule rekrutiert zum großen Teil den Freundeskreis der Schüler, in ihr sind Lernen und Freundschaften untrennbar verbunden. Ein hoher Grad an Solidarität und an Gegenseitigkeit in der Klasse erhöht die Chancen einer problemnahen sozialen Unterstützung, die sich in gemeinsamer Streßbewältigung, in emotionaler Unterstützung, Verläßlichkeit und Sicherheit, im Austausch gemeinsamer (schulbezogener) Realitätserfahrungen zeigen kann. Der Aktivierung und der Erhaltung des sozialen Unterstützungspotentials in der Klasse ist damit von großer Bedeutung, die Einsicht in die Beratungs- und Unterstützungskompetenz Gleichaltriger durch Problemnähe und Akzeptanz auf der Basis gemeinsamer Erfahrungen zeigt sich auch in aktuellen Entwicklungen wie der Förderung von Schülern zu Streitschlichtern oder Mediatoren - die Qualifizierung von Schülern für diese Aufgaben bedeutet, sie als Experten ihres Alltags anzusehen und sie in dieser Rolle auch zu stärken.

Neben der peer-Kultur gewinnt vermehrt ein schulisches Beratungsangebot als angemessene Reaktion auf veränderte Lebensbedingungen und den Problemdruck in der Schule an Stellenwert. Hurrelmann (vgl. 1992) sieht schulische Beratung als eine wesentliche qualitativ-inhaltliche Maßnahme der Schule an, die ihr Unterstützungspotential erhöhen kann und erklärt Beratung per se zur Aufgabe von Lehrern. Beratung von Lehrern bezieht sich in seinen Augen schon immer auf persönliche, leistungsbezogene, schullaufbahnbezogene und berufsbezogenen Fragen von Schülern. Das Selbstverständnis solcher Beratung in der Schule kennzeichnet Bärsch (vgl. 1992) mit den Zielen der Hilfe zur Selbsthilfe, der Reduzierung reiner Symptom- und Problemorientierung, der ganzheitlichen, das soziale Umfeld der Schüler einbeziehenden Sichtweise, der schulischen Förderung (vgl. Böhm 1992) und der vorrangig präventiven denn kurativen Orientierung.

Aufgaben der pädagogischen Beratung in der Schule/Schulberatung in verallgemeinerter Form sind nach Rüdiger (vgl. 1990, S. 27 ff.):
- *Schul- bzw. Bildungslaufbahnberatung*: schließt Aspekte ein wie die Information über schulische und schulanschließende Bildungsgänge, die Ermittlung und Vermittlung individueller Schuleignungsvoraussetzungen, die Abstimmung dieser Fragen mit den besonderen Bildungserwartungen von Schülern und Eltern. Ziel dieser Vermittlungsfunktion zwischen Individuum und Bildungssystem ist ein begründete Wahlentscheidung für bestimmt Lernniveaus, Schulformen, Lerngruppen etc.
- *Einzelfallhilfe*: hat die Bearbeitung individueller Schwierigkeiten und Störungen des Erlebens und Sozial- sowie Lernverhalten des Schülers zum Ziel. Es die Lernfähigkeit verbessert bzw. wiederhergestellt werden im Sinnen einer Verhaltensnormalisierung in der schulischen Lerngruppe.
- *Systembezogene Beratung*: zielt auf die Optimierung schulischer Lernsituationen und eine bildungswirksame Gestaltung des gesamten Schulsystems. Es soll die Vermittlung zwischen schulinternen konzeptionellen Prozessen mit dem lokalem Schulsystem und -umfeld stattfinden.

Von Lehrern wird oftmals eine Überlastung mit dem komplexen Klärungs- und Beratungsbedarf der Schüler berichtet, der sowohl eine gesprächsorientierte Problemlösung samt Entwicklungsberatung (vgl. Brandstädter 1985, Hilke/Aschenbach 1985, Montada 1985) als auch erzieherisch wirksames Fördern des Einzelnen notwendig erscheinen läßt, so daß Hurrelmann (vgl. 1992, S. 15 f.) für diese Fragen je einzelne, eigenständige Beratungssysteme fordert. Spezifische Rollenträger schulischer Beratung sind vor allem Klassenlehrer, Beratungslehrer und Schulpsychologen, deren Aufgaben aber auch Unterstützungsgrenzen und Problematiken vor dem Hintergrund der genannten Aufgabenfelder von Schulberatung im folgenden benannt werden:

Klassenlehrer: Der Klassenlehrer ist eine rollentypische Ansprechperson mit dichtem Kontakt zu Schülern den von ihm unterrichteten Klassen. Der Klassenlehrer ist der nächststehende pädagogische Berater, er hat unmittelbaren und kontinuierlichen Kontakt zu den Schülern. Er erlebt sie in ihrem Lern- und Sozialverhalten, in ihren situativen Reaktionen und nimmt Veränderungen zeitnah wahr. Der Klassenlehrer hat damit auch unmittelbar die Möglichkeit, auf Problemverhalten von Schülern zu reagieren, er muß nicht auf Ratsuche warten (wie beim Beratungslehrer oder Schulpsychologen). Der Klassenlehrer wird von Schülern vor allem bei Fragen und Problemen mit schulischer Relevanz gewählt. Dies belegt auch Martin (vgl. 1996) mit einer Befragung von Schülern hinsichtlich ihrer Erwartungen an Klassenlehrer. Aus der Sicht der Schüler sind demnach wesentliche Aufgaben des Klassenlehrers Beratung (bei Bildungs-, berufsausbildungsbezogenen Fragen und besonderen Problemen einzelner Schüler), Gespräche mit den Schülern (Eintreten für die Belange der Schülerschaft, Sensibilität für ihre Interessen und Belastungen), die Zusammenarbeit mit den Eltern sowie Erziehungsaufgaben allgemein. Das Wirken im persönlichen Bereich und außerhalb der Schulzeit sowie die Funktion des Klassenlehrers als Vorbild bzw. Respektperson wird von den Schülern zwiespältig gesehen, es scheint eine Grenzsetzung der Inanspruchnahme sozialer Unterstützung durch den Klassenlehrer zwischen Privatleben und Themen mit schulischer Relevanz zu verlaufen. Die Schwierigkeit dürfte aus Schülersicht darin liegen, daß nicht immer zwischen Lehrerrolle und -person unterschieden werden kann, so daß ein Vertrauensverhältnis zum Klassenlehrer nur bei bestimmten, schulbezogenen Fragen denkbar ist. Den pädagogischen Sinn der Klassenlehrertätigkeit differenziert Martin (vgl. 1996) somit auch nach einer Funktionsebene und einer Sinnebene. Erstere kennzeichnet die Tätigkeit des Klassenlehrers als Beitrag zum Funktionieren der Institution Schule und zur Bewältigung der in ihr stattfindenden Sozialisationsprozesse, wobei Tätigkeitsmerkmale wie das Organisieren, Kontrollieren, Registrieren, Informieren, Kooperieren, Beraten und Fördern zentral sind. Die Sinnebene hingegen betont eher erzieherisch wirksame Begegnungen und Interaktionen als Aufgabe der Indiviualerziehung und als Beitrag zur Personwerdung des einzelnen Schülers.

Vergegenwärtigt man sich diesen Idealanspruch an die Klassenlehrertätigkeit, so kommen Zweifel an der Umsetzbarkeit dieser Zielsetzung auf, die auch Martin (1996, S. 286) erkennt: „Es besteht nicht nur die Gefahr der zeitlichen Überlastung, sondern auch die der psychischen Überforderung. (...) Können sie allen Schülern ihrer Gruppe gleichermaßen gerecht werden? Welche Probleme und Bedrängnisse entstehen dadurch, daß das nicht möglich ist? Kann ein Mensch zugleich Fachlehrer, psychologischer Berater, Berufsberater, Verwaltungsfachmann, Reiseleiter usw. usw. sein? Natürlich nicht! Aber die Lösung des Problems kann nicht darin liegen, daß ein Lehrerstand „distanzierter Dienstleister" kreiert wird, der die schulischen Aufgaben der Sozialisation und Individualerziehung nicht lösen, den Erwartungen und Bedürfnissen der Schülerschaft nicht pädagogisch begegnen und den Maßstäben humanen, wissenschaftsgeleiteten Erziehungshandelns nicht genügen kann."

Statt einer Allzuständigkeit des Klassenlehrers sollte seine Beratungs- und Unterstützungsfunktion realistisch eingeschätzt werden: sie wird sich gemäß der Erfahrungen vor allem auf schulbezogene Fragen (Lernförderung, Leistungsprobleme) richten und sollte zukünftig qualifiziert sein durch ein sozialpädagogisches Analyse- und Reflexionswissen zur angemessenen Problemwahrnehmung und -defintion, was eine Delegations- und Koordinationskompetenz des Klassenlehrers bei anderen (persönlichen, außerschulischen) Fragen zum Ergebnis hätte. Die Gesprächs- und Kooperationskompetenz mit anderen Fachkräften sollte dann im Vordergrund stehen statt des Tätigwerdens im jedem Falle und bei jedem der oben benannten Anlässe.

Die Funktionen des Klassenlehrers in der Schulberatung lassen sich (vereinfacht nach Rüdiger 1990, S. 32f.) gemäß der benannten Aufgabenfelder wie folgt zusammenfassen:

1. Schullaufbahnberatung:
– allgemeine und individuelle Orientierung/Information der Eltern und Schüler über Einschulungsregelungen, weiterführende Schulen in der Region, entsprechende Eignungsvoraussetzungen auf Elternabenden und in Einzelgesprächen
– erste rahmende Erfassung anamnestischer Daten

- Verhaltensbeobachtung von schulpflichtig werdenden/gewordenen bzw. von übertrittswilligen Problemkindern
- Realisierung von Einschulungs- und Schulleistungstests
- erste Beratungsgespräche zu Einschulungs-/Übertrittsfragen

2. Einzelfallhilfe bei Auffälligkeiten des Lern und Sozialverhaltens:
- erste situationsbezogene, anamnestische, informative Gespräche mit Eltern und Schülern
- Beobachtung des Lern- und Sozialverhaltens der Schüler
- Beratung und Hilfen zur Verbesserung von Lern- und Arbeitstechniken
- Durchführung von Maßnahmen zur inneren Differenzierung des Unterrichts bzw. zur Verhaltensmodifikation
- Kooperation mit schulinternen und -externen Beratungsinstanzen

3. Beratung von Schule und Lehrern/Systemberatung:
- Analyse und Artikulation von erlebten Problemen im Unterricht und in der Organisation des Schulalltags
- Mitarbeit bei der Durchführung von Schulversuchen

Beratungslehrer: Die Aufgabenschwerpunkte des Beratungslehrers sind nach Literaturmeinungen vor allem die Schullaufbahnberatung und berufswahlbezogene Beratung (Orientierung über berufliche Ausbildungsmöglichkeiten), danach folgt die Einzelfallhilfe und die Mitwirkung bei der Schulentwicklung, neben der Kooperation mit anderen Diensten wie dem Schulpsychologischen Dienst (vgl. Friedel 1993, Barres u. a. 1990, Grewe 1990, Rüdiger 1990). Küching (vgl. 1992) betont die Multiplikatorenfunktion von Beratungslehrern, die andere Lehrer zur Beratung befähigen bzw. dabei unterstützen sollen. Küching vertritt dabei das Verständnis, daß Schule an sich Beratung und die größte Beratungseinrichtung für Kinder und Jugendliche ist (zu Schule gehört neben Erziehung/Unterrichtung auch immer Beratung, vor allem Lernberatung). Lehrer sollten sich vor diesem Hintergrund als „Lernprozeßberater" (ebd., S. 89) sehen, die fachinhaltliche und soziale Lernprozesse vereinen.

Die Praxis bzw. empirische Untersuchungen (überblickhaft Friedel 1993, S. 17 f) zeigen hingegen, daß dieses breite Beratungslehrerverständnis im Schulalltag eher gegen die Rolle eines Sonderdienstes getauscht wird. Es ist nämlich eine zunehmende Schwerpunktverschiebung zugunsten der Einzelfallhilfe zu beobachten, was sicher auf den zunehmenden Problemdruck und den Wunsch der (separaten) Situationsänderung durch „Spezialisten" zurückzuführen ist, nicht aber auf die besondere Eignung der Beratungslehrer für diese Tätigkeit. Die Integration der Beraterrolle in das Schulsystem erweist sich dabei als mehrfach problematisch: zum einen ist der Beratungslehrer dem Schulleiter weisungsgebunden, als Mitglied der Organisation Schule wirkt er in einer Hierarchie, die mit administrativen Interessen besetzt ist - die Einschränkung von Autonomie ist die Folge. Zum anderen ist die Integration dieser Beraterrolle in den Schulalltag davon abhängig, ob Schüler diese Hilfe überhaupt in Anspruch nehmen, wobei das Mißtrauen wegen der Doppelrolle des Beratungslehrers zwischen „Lehrer mit Sanktionsmacht" und „Berater als Vertrauensperson" bei Schülern recht hoch ist. Auch das Verhältnis des Beratungslehrers zu den anderen Lehrern ist oftmals sehr ambivalent und durch wenig Akzeptanz gekennzeichnet, da diese aus Angst vor Kritik oder Konkurrenz Schwellen- und Kontaktängste ausbilden können. Auf seiten des Beratungslehrers kann daher eine Rollenambiguität als Ausdruck der mangelnden Koordination zwischen den Rollen erlebt werden.

Eine realistische Einschätzung der Aufgaben von Beratungslehrern betont eher den Vorrang schulnaher Beratungsanlässe, wie die Schullaufbahnberatung oder situativ auftretende Lern- und Verhaltensschwierigkeiten von Schülern. Die konkrete Einzelfallhilfe sollte eher sekundär bzw. klärend-vorbereitenden Charakter haben, im Sinne einer Tätigkeit als Verbindungsperson zu professionellen Helfern.

Die Funktionen des Beratungslehrers in der Schulberatung lassen sich (vereinfacht nach Rüdiger 1990, S. 32f.) gemäß der benannten Aufgabenfelder wie folgt zusammenfassen:

1. Schullaufbahnberatung:
   - Orientierung und Information über Voraussetzungen schulischen Lernerfolgs, über Chancen und möglichen Belastungen beim Besuch weiterführender Schulen, über alternative Bildungswege, über spezialisierte Einrichtungen (etwa der Nachförderung)
   - diagnostische Erfassung kognitiver, motivationaler, emotionaler und sozialer schulischer Lernvoraussetzungen (z. B. durch gezielte Verhaltensbeobachtungen, anamnestische, explorative Gespräche)
   - diagnosegestützte Entscheidungshilfen im Beratungsgespräch

2. Einzelfallhilfe bei Auffälligkeiten des Lern und Sozialverhaltens:
   - diagnostische Erfassung kognitiver, motivationaler, emotionaler und sozialer schulischer Lernvoraussetzungen (z. B. durch gezielte Verhaltensbeobachtungen, anamnestische, explorative Gespräche)
   - diagnosegestützte Entscheidungshilfen im Beratungsgespräch
   - Empfehlung und Mitbetreuung innerschulischer Fördermaßnahmen (z. B. Verbesserung von Lerntechniken, innere Differenzierung des Unterrichts)
   - Empfehlung kooperativer außerschulischer Hilfs- und Beratungsdienste
   - non-direktive Beratungsgespräche
   - Kooperation mit schulinternen und -externen Beratungsinstanzen

3. Beratung von Schule und Lehrern/Systemberatung:
   - Beratung von Schulleitung und Lehrern bei Problemen im Schulalltag
   - Mitarbeit bei der Planung und Auswertung von Schulversuchen

Schulpsychologen: Schulpsychologisch tätig sind in der Regel Diplom-Psychologen, die im Tätigkeitsfeld der Schule Beratung von Lehrern, Schülern und Eltern sowie der Schulleitung ausüben (vgl. Gutzwiller 1998, Malsch 1992, Friedel 1993). Der Schulpsychologe ist verantwortlicher Träger der Beratung im Schulsystem und ist auf größere Schuleinheiten, Schulzentren bzw. kommunale oder regionale (Kreis-) Schulsysteme bezogen. Die Beratung wird auf der Grundlage psychologischer Untersuchungen und Diagnostik durchgeführt, daneben sind aber auch die Betreuung und Förderung von Schülern sowie Therapie Aufgaben des Schulpsychologen. Als Schwerpunkt der Arbeit wird weithin die individualpsychologische Beratung lern- und verhaltensgestörter Schüler auf der Grundlage psychologischer Diagnoseverfahren gesehen, neben der Schullaufbahnberatung (auf der Grundlage von Testverfahren), der Systemberatung und der Kooperation mit anderen Diensten.

Die Gewichtung der Arbeitsschwerpunkte kann sehr unterschiedlich sein, das Selbstverständnis der jeweiligen Schulpsychologischen Dienste variiert und wird auch durch das Fremdbild erheblich mitbestimmt (z. B. „Anwalt des Kindes", „pädagogische Feuerwehr", „Heilung von Problemkindern und Störenfrieden"). Schulpsychologische Dienste können schulextern organisiert sein (z. B. in Form schulpsychologischer Hauptstellen der Schulämter, Bezirksregierungen, Landesinstitute) oder auch schulintern (als Beratungsdienste z. B. an Gesamtschulen). Der Schulpsychologe ist der Schuladministration nicht weisungsgebunden und unterliegt der Schweigepflicht.

Die Funktionen des Schulpsychologen in der Schulberatung lassen sich (vereinfacht nach Rüdiger 1990, S. 32f.) gemäß der benannten Aufgabenfelder wie folgt zusammenfassen:

1. Schullaufbahnberatung:
- Orientierung und Information über Voraussetzungen schulischen Lernerfolgs, über Chancen und möglichen Belastungen beim Besuch weiterführender Schulen, über alternative Bildungswege, über spezialisierte Einrichtungen (etwa der Nachförderung) im regionalen Tätigkeitsbereich und in Kooperation mit (Beratungs-)Lehrern
- differenzierte Verhaltens-, Leistungs-, Begabungs- und Persönlichkeitsdiagnosen bei besonderen Problemfällen (auf der Grundlage anspruchsvoller, förderorientierter diagnostischer Individualverfahren)
- Entscheidungshilfen bei besonderen Problemfällen im Beratungsgespräch
- Mitausbildung, Fortbildung und Supervision von (Beratungs-)Lehrern

2. Einzelfallhilfe bei Auffälligkeiten des Lern und Sozialverhaltens:
- Realisierung anspruchsvoller persönlichkeitsdiagnostischer Verfahren
- Empfehlung von therapeutischen Maßnahmen/Verfahren der Verhaltensmodifikation, die durch Beratungslehrer/Klassenlehrer ausgeführt werden
- Beratung, Behandlung/Therapie besonderer Problemfälle (auch mit spezifischen Behandlungsmethoden, z. B. Gruppendynamik oder Spieltherapie) auch in Kooperation mit der Erziehungsberatungsstelle
- psychologisch orientierte Elternberatung
- Kooperation mit schulinternen und -externen Beratungsinstanzen

3. Beratung von Schule und Lehrern/Systemberatung:
- Einsatz von Verfahren zur Verhaltensmodifikation von Lehrern/Supervision
- Beratung bei Problemen im regionalen Schulsystem
- Planung und Evaluation von Schulversuchen

Die Beratung von Schülern durch Klassen-, Beratungslehrer und Schulpsychologen verfolgt übergreifend das Ziel, die Qualität des schulischen Lernens und Lebens der Schüler zu verbessern (Schaffung eines entsprechenden Lernklimas), wobei Friedel (vgl. 1993) zwei Aufgaben der Schulberatung miteinander verbunden wissen will:
1. personenbezogene Aufgaben (kognitive, emotionale, sozial-kommunikative Entfaltung des Schülers): hierzu zählen Orientierungs- und Entscheidungshilfen (Berufs-, Studienwahlfragen, Lernhilfen/-methoden, themenbezogene Informationen, Freizeit), Konfliktberatung (intrapsychische, interpersonale Konflikte mit gesprächsorientierter Lösung, Therapie, Rollenspiele etc.) und Förderarbeit/Training mit Schülern (z. B. bei Leistungsschwächen, Teilleistungsstörungen, Konzentrationsschwierigkeiten)
2. sachbezogene Aufgaben: umfassen die Schulhaus- und -hofgestaltung mit Spiel- und Sportgeräten, Ausstattung von Freizeit-, Pausen- und Klassenräumen sowie die Arbeits- und Lernmittelauswahl.

Diese Zielsetzung der Schulberatung ist Ausdruck eines Trends der Schupsychologie, sich von der kurativen Einzelfallarbeit hin zu einer präventiven Arbeit an Schulen zu entwickeln, damit auch den Erwartungen (der Lehrer und der Schulleitung) zu widerstehen, nur Diagnostik, Schullaufbahnberatung und therapeutische Arbeit am einzelnen Schüler zu leisten (vgl. Grewe 1990). Mit diesem Trend wird auch die Steigerung der Effektivität der eigenen Beratungstätigkeit und der Integrationschancen der institutionalisierten Beraterrollen erhofft. Die beschriebenen qualitativ-inhaltlichen Maßnahmen schulischer Beratung, um mit Hurrelmann (vgl. 1992) zu sprechen, als Antwort auf veränderte Lebens- und Lernbedingungen werden also vermehrt mit strukturellen Aspekten der Schulentwicklung in Verbindung gebracht, beide Dynamiken sollen sich gegenseitig befruchten, um Schule als soziales Kommunikationszentrum zur Ressourcenerschließung zu gestalten:

4.1.2 Konzeptualisierung von Schule als soziokulturelles Zentrum zur Ressourcenerschließung

Schule ist mit den veränderten Bedingungen des Aufwachsens konfrontiert, es werden Belastungen und Probleme in sie hineingetragen, auf die sie reagieren muß. Schule produziert aber auch Probleme aufgrund des gewachsenen Qualifizierungsdrucks auf junge Menschen und aufgrund ihrer scheinbar nicht mehr vollends angemessenen Organisation und Ausgestaltung, also aufgrund ihrer, diesen neuen Anforderungen noch nicht hinreichend angepaßten, Schulmodelle. Den qualitativ-inhaltlichen Maßnahmen der Schule zur Optimierung ihrer Potentiale an sozialer Unterstützung (vor allem in Form von Schulberatung) stehen damit auch strukturelle Entwicklungen gegenüber, die zum Teil Konsequenz, zum Teil aber auch Voraussetzung für die erhöhte Unterstützungsbereitschaft von Schule sind - wesentlich sind hier Bestrebungen einer stärkeren Beziehung der Schule zu den lebensweltlichen Erfahrungen der Schüler. Diese Hinwendung zu den lebensweltlichen Vollzügen Jugendlicher soll durch Schulöffnungskonzepte und gemeinwesenorientierte Konzepte optimiert werden (vgl. hierzu und im folgenden Holtappels 1994). Diese Ansätze umfassen Zielsetzungen und Orientierungen wie
- die Verbesserung der Lebensqualität des lokalen Schulumfeldes,
- die Vernetzung der Schule mit anderen Organisationen und Einrichtungen des Gemeinwesens,
- Kooperation mit Eltern, stärkerer Partizipation,
- Schule als multifunktionales Gemeinde- und Stadtteilzentrum,
- Annäherung und Kooperation von Jugendhilfe und Schule,
- Entwicklung praxisrelevanter und gemeinwesenorientierter Lerninhalte und -formen.

Mit diesen Zielen wird sowohl eine
- *Öffnung der Schule nach innen* verfolgt, meint das Hereinholen von Ereignissen, Organisationen etc. in den Schulalltag, die Anreicherung und Veränderung der Unterrichtsinhalte, der Unterrichtsorganisation und des Schullebens, so daß Lern- und Erfahrungsmöglichkeiten an Lebensweltbezug, Praxisrelevanz und Authentizität gewinnen - als auch eine
- *Öffnung der Schule nach außen* im Sinne eines Mitwirkens der Schule in Projekten des Gemeinwesens oder das Aufsuchen anderer Lernorte. Die Zusammenarbeit mit anderen Institutionen, Organisationen, Initiativen und Vereinen des Schulumfeldes soll eine erhöhte Teilhabe an sozialen, kulturellen und politischen Belangen des Gemeinwesens ermöglichen.

Schulöffnung meint also zum einen die Bezugnahme auf das Schulumfeld (auch als *soziokulturelle Funktion* der Schule benannt), zum anderen auch einen Bildungs- und Lernaspekt (die *pädagogisch-soziale Funktion*).
Varianten dieser Schulöffnung können sein:
- eine wechselseitig unterstützende Beziehung zwischen Schule und Gemeinwesen,
- die gemeinsame Nutzung von Einrichtungen zwischen Schulen und Gemeinwesen (Ressourcennutzung),
- die Mehrfachnutzung der Schulgebäude und des Schulgeländes,
- die Kooperation mit außerschulischen Partnern,
- zusätzliche Angebote im Freizeitbereich oder auch
- die Einbeziehung des Gemeinwesens in die Entscheidungsfindung und das Management der Schulen.

Alles in allem haben diese Varianten gemeinsam, daß Schule stärker als Lebensraum verstanden wird, nicht als reine Lernfabrik - die Gestaltung des Schullebens als schülerorientierter Lern-, Lebens- und Erfahrungsraum wird betont. Schule wird stärker als Teil sozio-kultureller Netzwerke mit vielfältigen interinstitutionellen Kooperationen verstanden, ist selbst aber auch Ort, an dem ein Netzwerk von Institutionen, Organisationen der Bildungs-, Jugend-, Kultur- und Sozialarbeit entstehen kann. Schulöffnungskonzepte beinhalten
- eine organisatorisch-technische Dimension (im Sinne einer Öffnung in zeitlicher, organisatorischer, räumlich-materieller Hinsicht),
- eine pädagogische Dimension (im Sinne eines curricular-didaktischen, erzieherisch orientierten Öffnungsansatzes), aber auch
- eine personelle Dimension (im Sinne der Kooperation verschiedener Professionen).

Diese personelle Dimension eines Zusammenwirkens pädagogischer Fachkräfte steht im Zentrum meines Verständnisses von Schule als „Synergieraum Lern- und Entwicklungsprozesse gestaltender Professionen", das die Notwendigkeit der Kooperation mit der Jugendhilfe zur effektiven Unterstützung junger Menschen als Hilfe zum Erlernen und Optimieren von Bewältigungsstrategien wie folgt begründen läßt:

4.1.3 Schule als „Synergieraum Lern- und Entwicklungsprozesse gestaltender Professionen"

Schule als Synergieraum Lern- und Entwicklungsprozesse gestaltender Professionen anzusehen, entspringt folgender Überlegung:
Die erfolgte Dimensionierung von Problemen mit schulischer Relevanz kann abgeglichen werden mit Problemen, die von Schule definiert werden (Probleme und institutionsspezifische Problemdefinition). Diesen institutionsspezifisch definierten Probleme soll mit schulisch institutionalisierten Hilfeträgern begegnet werden, die bestimmte Hilfeformen zur Problemlösung realisieren sollen (institutionsspezifische Hilfeträger und -formen). Es kann also ein Vergleich von Problemen und Hilfeträgern/-formen in der Schule vorgenommen werden, der meiner Meinung nach aus der Institutionslogik heraus eine Passung zum Ergebnis hat, die Problemstruktur und -genese aber unbeachtet läßt, so daß eine Diskrepanz zwischen Problemen und Hilfen entsteht. Es stellt sich nun die Frage, wie die Diskrepanz eingeebnet werden kann. Eine Lösung scheint die Konzipierung von Schule als Synergieraum Lern- und Entwicklungsprozesse gestaltender Professionen, die komplexen Problemstrukturen mit einem Zusammenspiel unterschiedlicher Hilfeträger und -formen sowie institutionalisierter Räume begegnet - und hierbei hat Jugendhilfe mit schulbezogenen Angeboten einen spezifischen Stellenwert (dessen fachtheoretische Bestimmung und empirische Relevanz in dieser Arbeit ja

zu einer Begründung und Konzeptualisierung dieser Angebotsformen zusammengeführt werden soll). Im einzelnen:

Probleme mit schulischer Relevanz wurden als strukturell bedingt und biografisch eingebunden charakterisiert, die kaum noch individuell oder (rand-)gruppenspezifisch zuzuschreiben sind. Es ist also eine tendenzielle Entgrenzung von Problemen und Belastungen zu verzeichnen und damit auch eine Erweiterung der Adressatengruppen, die einen stärkeren Biographiebezug statt eine Klientelorientierung plausibel erscheinen lassen. Die Dimensionierung von Problemen in der Schule oder mit schulischer Relevanz konnte bezogen werden auf schulisch-institutionelle und gesellschaftliche Bedingungen (Probleme von und für Schule), ihre Äußerungsformen sind Bewältigungsstrategien zwischen Anpassung und Abweichung, mithin als Probleme mit Schule faßbar. Es wurde also eine komplexe Problemgenese, -struktur und -äußerung erkennbar, die den Focus auf die individuelle Bewältigungsthematik setzt (Komplexität - Focus: Bewältigung).

Problemdefinitionen von Schule sind demgegenüber von der Funktion der Schule her definiert. Probleme sind Abweichungen von institutionell organisierten Normen und formalisierten Regeln, die die Funktionserfüllung von Schule sichern sollen. Die Probleme sind also institutionsspezifisch definiert, beziehen sich eher auf den Rahmen „Probleme von Schule". Die institutionsspezifische Problemdefintion berücksichtigt demnach Leistungsprobleme, Störungen des Erlebens und Lernverhaltens, Auffälligkeiten des Sozial- und Lernverhaltens. Das Ziel der Intervention (die institutionsspezifische „Problemlösung") ist dann die Wiederherstellung der Lernfähigkeit bzw. die Verhaltensnormalisierung in schulischen Lernrguppen (Komplexitätsreduzierung - Focus: Störung/Normabweichung).

Träger der Hilfen, die die Funktionserfüllung von Schule sichern sollen, sind wie gesehen Klassenlehrer, Beratungslehrer und Schulpsychologen, deren Hilfeformen zum einen eher instrumentell-konkret sind (sachorientiert und damit tendenziell an alle Schüler gerichtet), zum (größeren) Teil aber speziell einzelfall- bzw- gruppenbezogen (problembezogen und damit an besondere, auffällige Schüler gerichtet). Hilfearten sind dann von einer stärker beratend-gesprächsorientierten Methodik, über die Vermittlung von Lerntechniken bis hin zu psychologisch-therapeutischen Verfahren (der Verhaltensmodifikation) gestreut, suggerieren einen indikationsbezogenen (und auf den jeweiligen Rollenträger abgestimmten) Beratungsanlaß, der im Schulalltag oftmals nicht gegeben ist. Es ist also eher eine Parzellierung von Beratungsanlässen mit Spezialisierungstendenzen erkennbar.

Kurz: Der tendenziellen Entgrenzung von Problemen und Belastungen (betrifft tendenziell alle Schüler) sowie den weiterhin vorhandenen auffälligen und spezialisierter Hilfe bedürftigen „Problemfällen" (betrifft einige Schüler), samt des fließenden Übergangs zwischen diesen Adressaten, steht ein Hilfesystem in Form von Schulberatung gegenüber, das eher auf Abweichungen von institutionsspezifischen Normen ausgerichtet ist und den (der Schulberatung neuerdings eigenen) Anspruch der Prävention und Lebensraumgestaltung von Schule nicht gerecht werden kann. Diese Diskrepanz zwischen Hilfeanlässen und Hilfeformen/-arten ist nicht durch eine weitere Ausdifferenzierung der Lehrerrollen oder Schulpsychologen einzuebnen, die Differenzierung der Lehrerolle hat bereits ihre Grenze erfahren, nicht aber die Ausdifferenzierung pädagogischer Rollen in der Schule - daher scheint mir der Gedanke von Schule als Synergieraum Lern- und Entwicklungsprozesse gestaltender Professionen plausibel, in dem ein Zusammenspiel verschiedener Hilfeträger, ihrer unterschiedlichen und gemeinsamen Blickwinkel, Kompetenzen und Zielsetzungen dem Zusammenspiel von komplexen Entstehungs- und Äußerungsformen schulischer Probleme und Belastungen eher entspricht. Es entstünden dann spezifische pädagogische Orte, die einen fließenden Übergang zwischen Räumen der Prävention, Belastungsregulation oder Problembearbeitung im Bedarfsfalle zulassen und sich nicht von vornherein an bestimmten Normabweichungen, sondern an den je individuellen Bewältigungsthematiken orientieren.

Diese Zielsetzung setzt einen spezifischen Blick auf die Problem- und Belastungsstrukturen voraus, der meiner Meinung nach wesentlich von der Sozialpädagogik geleistet werden könnte - es schließt sich also die Kernfrage an, welchen Stellenwert Jugendhilfe in diesem Synergieraum Schule hat, welche spezifischen Angebotsformen sie konzipieren kann, wie sie fachtheoretisch verortenbar und begründbar sind und was letztendlich ihre Aufgaben im Lebensraum Schule sein können:

4. 2 Anforderungen an Jugendhilfe - Jugendhilfe als (Problemlösungs-) Ressource

Jugendhilfe soll im folgenden in ihrem Spezifikum als Praxisfeld zwischen Sozialpädagogik und Recht (4. 2. 1) beschrieben werden, deren professionelle Standards und Gestaltungsprinzipien in institutionellen Settings auf die fachtheoretische Verortung innerhalb des sozialpädagogischen Diskurses angewiesen ist (4. 2. 2). Es werden das Konzept der Lebenswelt- und Alltagsorientierung und der biografischen Lebensbewältigung als zentrale Merkmale und theoretische Stützpfeiler moderner Sozialpädagogik herausgearbeitet, deren Interventionsziele als lebenslagengestaltend-strukturierend und problembearbeitend-integrierend gekennzeichnet werden. Schließlich wird die Übertragung der fachtheoretischen und konzeptionellen Überlegungen zur Sozialpädagogik auf die Alltagswelt Schule versucht (4. 2. 3), so daß eine erste Annäherung an das Konzept „schulbezogener Angebote der Jugendhilfe als schulalltagsorientierte Sozialpädagogik" vollzogen werden kann.

4. 2. 1 Jugendhilfe - Praxisfeld zwischen Sozialpädagogik und Recht

Der Begriff der Jugendhilfe ist nicht eindeutig definiert und wird außerordentlich weit interpretiert, es werden viele, auch divergierende Inhalte unter diesem Begriff subsumiert (vgl. Münder 1996, 1998; Kunkel 1999; Textor 1992, Proksch 1992, Jordan/Sengling 1994, Gernert 1993). Eindeutig ist aber, daß mit Jugendhilfe ein Praxisfeld zwischen Sozialpädagogik und Recht verbunden ist, ein Praxisfeld, das dynamische Erziehungsprozesse und statische Rechtsnormen verbinden, arrangieren muß. Gernert (vgl. 1993) definiert Jugendhilfe als „ein von der Gesellschaft bereitzustellendes System von direkten und indirekten Leistungen, das der Verbesserung von Entwicklungschancen von Kindern und Jugendlichen dienen soll und durch pädagogisch unterstützende Hilfen Benachteiligungen abbauen hilft." Jugendhilfe hat eine unterstützend-ergänzende Funktion, eine ersetzende (betrifft vor allem die Fremdunterbringung) und eine real-utopische Funktion (meint Einmischung/Partizipation in Fragen der Sozialplanung und Jugendhilfepolitik zur nachhaltigen Konfrontation des Faktischen mit dem Möglichen).

Jugendhilfe als Praxisfeld ist veranstaltete Sozialpädagogik (sie bezieht ihre fachtheoretische Fundierung und die abgeleiteten Handlungs- und Gestaltungsprinzipen aus ihr, siehe 4. 1. 2). Sie hat aber auch immer den gesetzlichen Rahmen zu berücksichtigen, den der Staat für Jugendhilfe konstruiert, um das Ziel der gesellschaftlichen Integration von Kindern, Jugendlichen und jungen Erwachsenen zu erreichen.

Die rechtlichen Rahmenbedingungen der Jugendhilfe sind vor allem das SGB VIII (im folgenden KJHG) mit seinen Aufgaben und Leistungen (Jugendhilferecht) und weiteren jugendrechtlich relevanten Gesetzen wie das Jugendstrafrecht, Jugendschutzgesetze, weitere Bundesgesetze (z. B. BGB mit Familienrecht, BSHG, Ausbildungsförderungsgesetz), Ländergesetze (z. B. Kindergarten- oder Jugendbildungsgesetze), Kommunalrechte und die Verfassung (vgl. Münder 1998, Kunkel 1999, Gernert 1993). Die Rechtsneuordnung der Jugendhilfe mit dem KJHG seit 1991 bedeutet einen Perspektivenwechsel vom Ordnungs- und Eingriffsstandpunkt zur Angebots- und Dienstleistungsorientierung, dieser Funktionswandel sollte damit auf eine zureichende rechtliche Basis gestellt werden. Es entstand eine Leistungsorientierung mit erweitertem Blick: neben der Konzentration auf die Kinder und Jugendlichen wird auch die Einbeziehung der Familien und des sozialen Umfeldes explizit betont. Die Neuordnung der Jugendhilfe nach dem KJHG berücksichtigt den gesellschaftlichen Wandel und die veränderten Lebenslagen bzw. Bewältigungsanforderungen von jungen Menschen und ihren Familien, sie konstituiert die institutionellen Rahmenbedingungen für eine lebensweltorientierte Jugendhilfe.

Inhaltliche Schwerpunkte der rechtlichen Regelung sind:
– Differenzierung des Leistungssystems der Jugendhilfe (§§ 11-41) nach den Bereichen Jugendarbeit/Jugendsozialarbeit/erzieherischer Kinder- und Jugendschutz, Förderung der Erziehung in der Familie, Förderung von Kindern in Tageseinrichtungen, Hilfen zur Erziehung und Eingliederungshilfen für seelisch behinderte Kinder und Jugendliche,
– Abbau der eingriffs- und ordnungsrechtlichen Instrumentarien (§§41, 42, 50 III),
– Betonung von Beratungspflichten des Jugendamtes (u. a. §§ 11, 16 ff, 26, 37 f.),
– Kooperationspflicht mit Beteiligten (§§ 5, 8, 36 ff.),
– Achtung und Stärkung der Autonomie der Familie sowie Selbstverantwortung und Mitarbeit junger Menschen und ihrer Familien (§§ 1 II, 8, 16 ff.).

Die wesentlichen Leitvorstellungen des KJHG als tragende Grundsätze für die Jugendhilfe und die Bestimmungen für das Verhältnis Eltern-Kind-Staat lassen sich wie folgt zusammenfassen (erweitert nach Proksch 1992):

Recht auf Erziehung: Leistungen der Jugendhilfe sollen das Recht des jungen Menschen auf Förderung und Erziehung unter Berücksichtigung der elterlichen Erziehungsverantwortung (GG Art 6 II) realisieren, wie in der Leitnorm des KJHG (§ 1) beschrieben. Adressaten der Jugendhilfe sind alle jungen Menschen bis zum 27. Lebensjahr. Es besteht aber vor dem Hintergrund dieser Leitnorm kein unmittelbarer Anspruch auf Tätigwerden der Jugendhilfe, der § 1 begründet keinen subjektiv-öffentlichen Rechtsanspruch der Kinder und Jugendlichen. Eigenständige Eingriffstatbestände des KJHG sind ausgeschlossen, sie gelten nur für vorläufige Maßnahmen wie Inobhutnahme oder Herausnahme). Jugendhilfe hat eine unterstützend-subsidiäre Stellung.

Rechtsstellung Minderjähriger und ihrer Eltern: Das Recht auf Erziehung und Förderung richtet sich gegen die Personensorgeberechtigten (z. B. bei Hilfe zur Erziehung entscheiden sie über die etwaige Inanspruchnahme der Leistung), nur bei Verweigerung der Hilfe und gleichzeitiger Gefährdung des Kindeswohls kann der Elternwille vormundschaftgerichtlich umgangen werden. Die Rechte des Kindes und des Jugendlichen stellen sich als Teilmündigkeiten dar, sie können z. B. Anträge auf Sozialleistungen stellen (§ 36 SGB I) und müssen bei Hilfeplanungen beteiligt werden (§ 36).

Beachtung der Grundrichtung der Erziehung: Die Erziehungsrichtung der Personensorgeberechtigten und die religiöse Erziehung sind bei der Angebots- und Hilfestellung zu beachten, ferner ist ein Konsens und Verständigung mit den Betroffenen bei der Hilfeplanung zu suchen (betrifft vor allem die Hilfen zur Erziehung). Berücksichtigung finden soll auch die wachsende Mündigkeit junger Menschen (§ 9 I), soziale und kulturelle Bedürfnisse der Kinder, Jugendlichen und ihrer Familien sowie geschlechtsspezifische Lebenslagen zur Förderung der Gleichberechtigung (§ 9 III).

Rechtsansprüche und Leistungsverpflichtungen: Es besteht für die Jugendhilfe eine Gewährleistungspflicht, gemäß SGB I §§ 13 - 15 ist sie angehalten, bedarfsgerechte Sozialleistungen, zuständige Dienste und einfache Zugänglichkeiten zu ihnen zu realisieren. Die Rechtsnormen haben eine unterschiedliche Regelungsdichte: man unterscheidet „Muß-Leistungen", die verpflichtend zu erbringen sind (wie §§ 18, 21 oder 27) sowie „Soll-Vorschriften" als Verpflichtung zur Leistung im Regelfall und „Kann-Vorschriften" ohne Leistungsverpflichtung.

Leistungen für seelisch behinderte Kinder und Jugendliche: sind nunmehr nachdrücklich in das KJHG (§ 35a) und damit die Jugendhilfepraxis aufgenommen worden, als verbindliche Hilfe mit den Verfahrens- und Durchführungsvorschriften wie bei den Hilfen zur Erziehung.

Zusammenarbeit der öffentlichen mit der freien Jugendhilfe: Das Jugendhilfesystem umschließt eine Vielzahl unterschiedlicher Träger, Strukturen, Intentionen und Einzelaufgaben (siehe das Leistungsspektrum). Jugendhilfe vor Ort ist eingebettet in ein breites Spektrum von Kirchen, Verbänden, Initiativen und Selbsthilfegruppen, Gemeinden, Städte und Kreise. Ein plurales Jugendhilfeangebot ist für die Erfüllung der Leitlinien unabdingbar, eine Zusammenarbeit der öffentlichen (Kreise, kreisfreie Städte mit der Gesamverantwortung) mit der freien Jugendhilfe notwendig, die sich im Subsidiaritätsgrundsatz, dem eigenständigen Betätigungsrecht der freien Jugendhilfe für Leistungen und der Förderungsverpflichtung freier Jugendhilfe ausdrückt.

Jugendhilfepraxis als veranstaltete Sozialpädagogik realisiert in ihren institutionellen Settings wie Kindergärten/Kindertagesstätten, Heimen/betreuten Wohnformen, Jugendzentren/Jugendbildungsstellen, Horten, Beratungsstellen, Jugendschutzstellen, Jugendhilfestationen u. v. m. beratende, erziehende, unterstützende, begleitende, vertretende, erschließende Hilfen und Angebote und kooperiert dabei z. B. mit Schulen, der Sozialhilfe, der Arbeitsverwaltung, Polizei, Justizbehörden oder der Kinder- und Jugendpsychiatrie.

Exkurs: Für die Jugendhilfe in den neuen Bundesländern bedeutet der Zusammenbruch des DDR-Sozialismus eine einschneidende Umgestaltung der bis dahin auf Konformität ausgerichteten, durch Kontrolle und Eingriff geprägten Jugendhilfe, die Flösser/Otto (vgl. 1996, S. 42 ff.) auf drei Ebenen festmachen:
1. politische Ebene: hier waren vor allem Herausforderungen zu bewältigen wie der Verwaltungsaufbau im Zuge der Kommunalisierung der Jugendhilfe, die Konstituierung der Jugendhilfeausschüsse, die Etablierung einer pluralen Träger- und Anbieterstruktur auf der Basis einer jugendhilfepolitischen Kultur (vgl. auch Gawlik/Krafft/Seckinger 1995),
2. organisatorische Ebene: oftmals vorgefundene organisatorische Konventionen und eine dadurch erschwerte Verfachlichung und Modernisierung der Jugendhilfe verzögerte den Ausbau von Einrichtungen und Diensten flächendeckender Art,
3. professionelle Ebene: bis heute läßt sich ein schwieriger Anpassungsprozeß aufgrund der nicht vergleichbaren Ausbildungsniveaus erkennen, der Installierung eines breiten Umschulungs- und Nachqualifizierungsprogramms bedingte (vgl. auch Galuske/Rauschenbach 1994).

Der notwendige Aufbauprozeß der Jugendhilfe in den neuen Bundesländern wird nunmehr verstärkt durch finanzielle Restriktionen und oftmals fehlende übergreifende sozialpolitische Innovationen gesteuert. Den wachsenden Hilfe- und Unterstützungsleistungen entspricht die Jugendhilfe nur eingeschränkt mit ihrer Angebotsstruktur. Das zentrale Problem, so auch Brüggemann u. a. (vgl. 1997, S. 242) ist die defizitäre Versorgung mit sozialen Einrichtungen und Diensten in den neuen Bundesländern (vgl. auch Seckinger u. a. 1998, S. 107; Gawlik u. a. 1995). Das ausgebaute Netz an Einrichtungen der Betreuung konnte nur unter Mühe teilweise und oftmals gar nicht erhalten bleiben, das Angebot an Beratungsstellen mußte gänzlich neu aufgebaut werden. Der Aufbau differenzierter Leistungsbereiche der Jugendhilfe geht nur zögerlich voran. Sowohl im städtischen als auch ländlichen Bereich wird die Infrastruktur an Einrichtungen und Leistungen für junge Menschen und deren Familien als unzureichend bewertet (vgl. auch Landesjugendbericht Mecklenburg-Vorpommern 1998). Generell besteht ein Bedarf an Freizeitmöglichkeiten als Lern- und Erfahrungsraum.

4. 2. 2 Jugend(sozial)arbeit als Pädagogik in frei gestaltbaren und vorstrukturierten Räumen - Funktionen von schulbezogenen Hilfen und Angeboten der Jugendhilfe nach der gegenwärtigen Systematik des KJHG: Trennung statt Integration

Aus dem Leistungsspektrum der Jugendhilfe sind für den Themenbereich der Sozialpädagogik in der Schule vor allem die Angebote der Jugendarbeit (§ 11) und der Jugendsozialarbeit (§ 13) relevant: Es sollen zum einen erforderliche Angebote der Jugendarbeit zur Förderung der Entwicklung junger Menschen vorgehalten werden, die außerschulische Jugendbildung, Jugendarbeit in Sport, Spiel und Geselligkeit, arbeitswelt-, schul-, familienbezogene Jugendarbeit, internationale Jugendarbeit, Kinder- und Jugenderholung und Jugendberatung in offener und gemeinwesenorientierter Art umschließen können (§ 11). Daneben soll jungen Menschen in Benachteiligungslagen „ (...) im Rahmen der Jugendhilfe sozialpädagogische Hilfen angeboten werden, die ihre schulische und berufliche Ausbildung, Eingliederung in die Arbeitswelt und ihre soziale Integration fördern." Im einzelnen können schulbezogene sozialpädagogische Hilfen und Angebote nach der bisherigen Systematik des KJHG (das einen integrierten Ansatz sozialpädagogischer Hilfen in der Schule bislang nicht kenntlich macht, sondern vielmehr eine Zielgruppen- und Konzepttrennung vornimmt - im Sinne von präventiv versus problembearbeitend) wie folgt beschrieben werden:

4. 2. 2. 1 Schulbezogene Jugendarbeit

Begriff und Ziele: Schulbezogene Jugendarbeit gehört zu den Schwerpunkten der Jugendarbeit gemäß § 11 KJHG und ist mit ihren Angeboten den in § 11 Abs. 1 KJHG beschriebenen Zielsetzungen verpflichtet:
„Jungen Menschen sind die zur Förderung ihrer Entwicklung erforderlichen Angebote der Jugendarbeit zur Verfügung zu stellen. Sie sollen an den Interessen junger Menschen anknüpfen und von ihnen mitbestimmt und mitgestaltet werden, sie zur Selbstbestimmung befähigen und zu gesellschaftlicher Mitverantwortung und zu sozialem Engagement anregen und hinführen."

Schulbezogene Jugendarbeit (übertragen aus Standards der offenen Jugendarbeit, vgl. Böhnisch/Münchmeier 1987, Münchmeier 1998, Fromme 1998, Boristowski 1998, Deinet 1998, Lange 1997) bietet Schülern im Rahmen der Jugendhilfe sozialpädagogische Hilfen und Angebote in der Schule oder ausdrücklich auf Schule bezogene, im unmittelbaren Schulumfeld angesiedelte Angebote, die einen Beitrag zu ihrer Persönlichkeitsbildung darstellen, ihre individuelle und soziale Entwicklung fördern und dazu beitragen, Bildungsbenachteiligungen abzubauen. Schulbezogene Jugendarbeit stellt eine breite Palette von Freizeit-, Bildungs-, Erholungs- und Begegnungsmöglichkeiten für Schüler dar, die trotz unterschiedlicher pädagogischer Konzepte folgende gemeinsame Merkmale haben: Freiwilligkeit der Teilnahme, Orientierung an den Bedürfnissen der Kinder und Jugendlichen, Beteiligung der Kinder und Jugendlichen an der Planung und Gestaltung der Angebote, Verzicht auf Leistungskontrollen und starre Regelwerke, Gruppenorientierung und Erfahrungsbezug.

Schulbezogene Jugendarbeit verbindet zwei Angebotssegmente: zum einen freie, gestaltbare Räume und Treffs, die einen Freiraum für selbständige Kinder- und Jugendkulturen bieten, zum anderen konzipiert sie vorstrukturierte Gruppenangebote und Projekte als Gelegenheits- und Kontakträume für Schüler. Sie zielt dabei auf die Befähigung der Schüler zur sinnvollen Gestaltung ihrer freien Zeit, auf die Herausbildung eigener Lebensentwürfe und persönlicher Ziele und auf den Erwerb von Kompetenzen zum konstruktiven Umgang mit gesellschaftlichen Anforderungen und Bedingungen (Orientierungsaufgabe).

Schulbezogene Jugendarbeit ist schwerpunktmäßig eine präventive Arbeit und wendet sich einerseits an alle Schüler, die in den Angeboten der schulbezogenen Jugendarbeit Freiräume für Selbsttätigkeit und Eigeninitiative erfahren können. Zum anderen wendet sich schulbezogene Jugendarbeit aber auch an benachteiligte, beeinträchtigte oder vernachlässigte Schüler, stellt also eine sozialpädagogische Instanz der Unterstützung und Hilfe in gefährdeten Sozialisationsprozessen dar.

Funktionen: Schulbezogene Jugendarbeit stellt mit ihren Angeboten eine Bereicherung des Lebensraumes Schule dar, indem sie sowohl „personale Angebote" als auch „sozialräumliche Angebote" zur Verfügung stellt:
- Personale Angebote der schulbezogenen Jugendarbeit umfassen Erfahrungs- und Freizeiträume in der Gleichaltrigenkultur (Geselligkeit), aber auch die Möglichkeit der Kontaktaufnahme mit Erwachsenen, die als Bezugs-, Vertrauens- und Ansprechpersonen fungieren können. Die sozialpädagogischen Fachkräfte sollten hierbei sowohl über animatorische und gestaltende Kompetenzen als auch über kommunikative, beratend-begleitende Kompetenzen bei der Klärung und Bearbeitung von jugendspezifischen Sinn- und Orientierungsfragen verfügen.
- Sozialräumliche Angebote: Angebote der schulbezogenen Jugendarbeit stellen Orte der Freizeit dar, die soziale Netze, Stützpunkte und Kontaktstellen für Schüler bedeuten können. Sie sind zudem Erlebnisräume jugendgemäßer Lebensweisen, als offene Kommunikationsangebote ermöglichen sie Schülern Selbstentfaltungs-, Erprobungs- und Lernprozesse.

Schulbezogene Jugendarbeit umfaßt vor allem fünf Funktionen:
1. *Prävention:* Angebote der schulbezogenen Jugendarbeit haben einen Anteil an der grundlegenden und spezifischen Förderung von Kompetenzen der Lebensführung und Konfliktbewältigung bei Schülern.
2. *Hilfe zur Lebensbewältigung:* Schulbezogene Jugendarbeit zeigt Lösungsmöglichkeiten bei Problemen in den Bereichen Familie, Schule, Freizeit und Freunde auf, sie erhält eine beratende, stützende und ressourcenerschließende Funktion.
3. *Bildungsfunktion:* Schulbezogene Jugendarbeit trägt mit ihren Angeboten zur Vermittlung von Fähigkeiten und Fertigkeiten in außerunterrichtlichen Bildungsangeboten bei, sie leistet Hilfe und Unterstützung bei der Entwicklung eigener tragfähiger Wert- und Orientierungsmuster.
4. *Freizeitfunktion:* Schulbezogene Jugendarbeit bietet Räume und Treffs zu eigeninitiierten und gemeinsamen Freizeitaktivitäten von Schülern und trägt bei zur Förderung sozialer, emotionaler, kognitiver, kreativer, sportlicher u. a. Fähigkeiten.
5. *Identifkations- und Integrationsfunktion:* Schulbezogene Jugendarbeit bietet Gelegenheits- und Möglichkeitsräume für Kontakte, Geselligkeit und Gemeinschaftserlebnisse von Schülern.

4.2.2.2 Schulbezogene Jugendsozialarbeit

Begriff und Ziele: Schulbezogene Jugendsozialarbeit wird im § 13 KJHG verortet und ist ein dort beschriebener Teilbereich der Jugendhilfe mit dem Ziel der schulischen, beruflichen und sozialen Integration junger Menschen, d. h. deren chancengleiche Teilhabe am gesellschaftlichen Leben. Diese allgemeine Zielsetzung entspricht den Formulierungen in § 13 Abs. 1 KJHG:

„Jungen Menschen, die zum Ausgleich sozialer Benachteiligungen oder zur Unterstützung individueller Beeinträchtigungen in erhöhtem Maße auf Unterstützung angewiesen sind, sollen im Rahmen der Jugendhilfe sozialpädagogische Hilfen angeboten werden, die ihr schulische und berufliche Ausbildung, Eingliederung in die Arbeitswelt und ihre soziale Integration fördern."

Im Kern der Angebote des §13 KJHG (vgl. zum folgenden Fülbier 1997, Fülbier/Schaefer 1999) sind Hilfen zur Überwindung der ersten und zweiten Schwelle des Arbeitsmarktes (Übergang Schule/Beruf und Übergang Berufsausbildung/Beschäftigung) genauso gemeint wie schul- oder schülerbezogene Jugendsozialarbeit. Letztere um so mehr als im Kontext lebensweltorientierter Konzepte und Methoden die Entwicklung der Persönlichkeit und sozialer Kompetenz junger Menschen gleichwertig neben der beruflichen Qualifizierung steht und schulbezogene Jugendsozialarbeit verstärkt auf einem ganzheitlichen Förderkonzept basiert. Adressaten der schulbezogenen Jugendsozialarbeit sind Schüler, die zur sozialen Integration und Sicherung der schulischen Ausbildung Hilfe bedürfen. Die Praxis zeigt, daß v. a. sozial benachteiligte und individuell beeinträchtigte Kinder und Jugendliche zur Zielgruppe schulbezogener Jugendsozialarbeit zählen.

Schulbezogene Jugendsozialarbeit setzt konzeptionell und methodisch an der Erkenntnis an, daß Schule nur ein alltäglicher Lebensraum neben anderen für Schüler ist, sie orientiert daher ihr Angebote und Konzepte an Spezifika der jugendlichen Lebensräume und Lebenslagen. Hier sind sowohl familien- und umfeldbezogene Konzepte wichtig wie auch das Gerechtwerden zielgruppenspezifischer Anforderungen (vor allem interkulturell und geschlechtsspezifisch ausgerichtete Angebote sind hier gegenwärtig von Bedeutung).
Schulbezogene Jugendsozialarbeit wird in der Regel in Form von sozialer Einzelfallhilfe und sozialer Gruppenarbeit angeboten. Daneben ist die Netzwerkorientierung und -gestaltung von zentraler Bedeutung (Ressourcenmobilisierung). Dies gilt insbesondere im Bereich außerschulischer Aktivitäten mit Cliquen und peer-groups. Neben der Schule und der Familie sollen der weitere Sozialraum und jugendspezifische Szenen und Kulturen im Gemeinwesen als Kontakt- und Anknüpfungspunkt für die Arbeit mit Schülern dienen.

Aktivitäten der schulbezogenen Jugendsozialarbeit können demnach u. a. sein:
- arbeitsweltbezogene Bildungs- und Orientierungsangebote
- schülerorientierte Unterstützung und Begleitung im Einzelfall
- begleitend-beratende Hilfe bei psychosozialen Problemen im Einzelfall
- soziale Gruppenarbeit in Schulklassen und offenen Gruppen
- Elternarbeit

Funktionen: Schulbezogene Jugendsozialarbeit, als Teil der Jugendhilfe gemäß §13 KJHG verstanden und auf einem ganzheitlichen, lebensweltorientierten Förderansatz basierend, umfaßt schwerpunktmäßig folgende Funktionen:

1. *Berufliche Orientierungshilfe*: Schulbezogene Jugendsozialarbeit führt z. B. Hilfen zur Berufswahlentscheidung, Erweiterung des geschlechtsspezifischen Berufsspektrums oder Bewerbungstrainings durch.
2. *Persönlichkeitsbildung*: Schulbezogene Jugendsozialarbeit trägt mit ihren Angeboten zur Förderung bewußter Lebensplanungs- und gestaltungskompetenz bei, erhöht die Fähigkeiten der Konfliktbewältigung von Schülern und leitet Schüler zur Stärkung eines realistischen und sinnstiftenden Selbstkonzeptes an.
3. *Lernhilfen*: Schulbezogene Jugendsozialarbeit beinhaltet auch die Organisation und Durchführung von Hausaufgabenhilfen, Förderangeboten, Übungen zur Konzentrationsförderung etc., die eine Beitrag zur Erhöhung der Lernmotivation und -bereitschaft sowie zur Sicherung der schulischen Ausbildung im Einzelfall leisten.
4. *Förderung der sozialen Kompetenz*: Schulbezogene Jugendsozialarbeit zielt mit ihren Angeboten und Hilfen auf das Einüben von sozialem Umgang miteinander, das Einüben von Mitbestimmung und Verantwortung sowie auf die Förderung des sozialen Engagements.
5. *Hilfen zur Alltags- und Lebensbewältigung*: Schulbezogene Jugendsozialarbeit trägt bei zur sozialen und individuellen Existenzsicherung, sie fördert die Problemlösungskompetenz und den konstruktiven Umgang mit alltäglichen Anforderungen, sie ermöglicht Schülern die Erfahrung aktiver Selbstwirksamkeit und Selbstkompetenz.

Oftmals werden die Aufgaben von Schulsozialarbeit in Anlehnung an Rechtsnormen beschrieben, „sie sei § 11 und § 13", ohne aber eine fachtheoretische Fundierung schulbezogener Angebote der Jugendhilfe vorzunehmen, diese wird gleichsam als selbstverständlich angesehen, obwohl sie sich bei weitem nicht von selbst versteht. Ich möchte deshalb im folgenden Standards der sozialpädagogischen Fachdiskussion skizzieren und als Hintergrundfolie für eine erste Annäherung an eine Aufgabenbestimmung und fachtheoretische Verortung schulbezogener Angebote der Jugendhilfe nutzen. Dann kann mit Hilfe der empirischen Ergebnisse zu Problemen und Belastungen in der Schule und Ressourcen sozialer Unterstützung der Schüler eine präzisierte Gegenstands- und Aufgabenbestimmung vorgenommen werden, die eine angemessene rechtliche Codifizierung eines integrierten Ansatzes begründen kann.

Das Setting der Institutionen von Jugendhilfepraxis ist also angewiesen auf ihre fachtheoretische Aufladung, auf die daraus abzuleitenden Handlungs- und Gestaltungsprinzipien - sie findet ihre Theorie in der Sozialpädagogik und gemäß der schon beschriebenen zentraltheoretischen Annahmen im lebensweltorientierten Ansatz nach Thiersch und im biografisch-lebensbewältigenden Ansatz nach Böhnisch.

4. 2. 3 Institutionelle Settings der Jugendhilfe und Theoriediskurs der Sozialpädagogik: Fachstandards und Gestaltungsprinzipien

Das hier beschriebene Forschungsinteresse und die theoretische Rahmung haben die angestrebte Aufgabenbestimmung schulbezogener Angebote der Jugendhilfe vorbereitet: Nach der Verortung der Forschungsfrage und des Forschungsgegenstandes und der Bezugnahme auf ein auch sozialpädagogisches Handlungsfeld wird nun der sozialpädagogische Diskurs ergänzt, um diese Elemente zu vereinen und genuin sozialpädagogische Forschung zu begründen. Hier bedeutet dies eine sozialisationstheoretische Analyse des Lebensraumes Schule in ihren Berührungspunkten zu sozialpädagogischen Konzepten und fachtheoretischen Überlegungen. Anschlußfähig erweisen sich vor allem die lebenswelt- und alltagsorientierte Sozialpädagogik nach Thiersch (vgl. 1986, 1992a, 1995a) und der biografisch-lebensbewältigende Ansatz nach Böhnisch (vgl. 1992, 1997):

4.2.3.1 Lebenswelt- und Alltagsorientierung

Jugendhilfe als veranstaltete Sozialpädagogik wird in der jüngeren Fachdiskussion im Konzept der Lebensweltorientierung verortet (vgl. Thiersch 1992a, 1995). Eine an der Lebenswelt orientierte Jugendhilfe bedeutet, nach den Verhältnissen der jungen Menschen zu fragen, in denen sie sich vorfinden und behaupten, nach räumlichen, zeitlich-biografischen und sozialen Erfahrungen zu fragen, ebenso wie nach den pragmatischen und alltäglichen Deutungs- und Handlungsmustern, mit denen sich Jugendliche in ihren Verhältnissen arrangieren. Die Lebenswelt der Jugendlichen zu betrachten heißt auch, ihre Strukturen und Ressourcen in der Determiniertheit gesellschaftlicher und sozialer Voraussetzungen zu erkennen. Schließlich wird die Lebenswelt der Jugendlichen als Ort subjektiver Anstrengung der Lebensbewältigung verstanden. Lebensweltorientierung als Konzept der Sozialpädagogik heißt demnach, in der Lebenswelt der Adressaten anzusetzen, an ihren Erfahrungen und Routinen, um im Medium dieser Analyse und der vorfindbaren Ressourcen - aber mit spezifischen Möglichkeiten professionell inszenierter Programme - zum gelingenderen Lebensarrangement der Jugendlichen beizutragen (vgl. Thiersch 1998b, S. 25 ff.).
Lebensweltorientierung bedeutet nach Thiersch (vgl. 1998a, S. 83) also, daß Sozialpädagogik ihre Aufgaben vor dem Hintergrund heutiger lebensweltlicher Verhältnisse, ihren spezifischen Strukturen, Ressourcen und Problemen bestimmen soll. Hierbei resultiert aus der Betrachtung der spezifischen politischen, sozialen und individuellen Konstituenten und Lebensmuster heutiger Lebensverhältnisse die Frage nach den Aufgaben, Schwierigkeiten und Möglichkeiten angemessener Arrangements der Sozialpädagogik.

Die Betonung der Orientierung an der Lebenswelt und lebensweltorientierter Konzepte der Sozialpädagogik ist durch spezifische Prämissen, einer spezifischen Sichtweise auf die Verhältnisse geprägt, sie repräsentiert ein sozialwissenschaftliches Selbstverständnis der Sozialpädagogik:
Die Forderung nach Lebensweltorientierung in der Sozialpädagogik ist verwurzelt in der Hermeneutik (W. Dilthey), verstehenden Soziologie (M. Weber), phänomenologischen Soziologie (A. Schütz), symbolischen Interaktionismus (G. H. Mead), Ethnomethodologie (H. Garfinkel), Phänomenologie (E. Husserl) und kritischen Theorie (J. Habermas, H. Marcuse, T. W. Adorno, es sind jeweils nur einige Hauptvertreter genannt) (vgl. Thiersch 1978, S. 11). Die Denkrichtungen haben ihre Gemeinsamkeit darin, daß sie auf ähnliche oder ergänzende Weise thematisieren, was als wissenschaftlicher Kern zu betonen und zu erforschen ist, einige grundsätzliche Übereinstimmungen lassen sich zusammenfassen:
- an die soziale Lebenswelt verstehend anzuknüpfen ist grundlegende Erfordernis jeder wissenschaftlichen Denkrichtung, die in den kommunikativen und interaktiven Prozessen der Entwicklung sozialen Sinns einen wesentlichen Bestandteil ihres Gegenstandes erkennt,
- Anknüpfungspunkt ist der soziale Ort der kommunikativen und interaktiven Sinnsetzungsprozesse, in denen die einzelnen Gesellschaftsmitglieder soziale Identität aufbauen und in deren Rahmen Verständigung über gesellschaftliche Normen etc. stattfindet,
- grundlegend für die Theoriebildung ist der Blick auf die subjektive Dimension, wie sie sich in sozialen Prozessen, verschiedenen Kontexten des Alltagshandelns usf. erschließt.

Der Begriff der Lebenswelt, der von der Phänomenologie in die Soziologie und dann in die Sozialpädagogik übernommen wurde, erscheint als zentral, um diese Orientierung im Gegenstandsverständnis der Sozialwissenschaften und speziell in der Sozialpädagogik zu kennzeichnen. Die Lebenswelt, verstanden als je personale Erfahrung, als „unsere Welt", als biografisch, räumlich und zeitlich offen und variabel, beinhaltet als Paradigma folgende

Grundannahmen, die Böhnisch (vgl. 1996, S. 162) nach Schütz und Berger/Luckmann pointiert zusammenfaßt:
- die Wahrnehmung von Welt ist durch die alltägliche Erfahrung gesteuert, diese alltäglichen Sozialbezüge (alltagsweltliche Sozialmatrix) sind durch typisierende Einstellungen geprägt,
- die alltägliche Erfahrungswelt ist Grund- und Basiswelt, die Verläßlichkeit gibt (Erfahrung von Normalität),
- die routinisierte Erfahrungswelt ist räumlich und gesellschaftlich beschränkt, d. h. determiniert und begrenzt.

Die Struktur des lebensweltlichen Erfahrungsraums ist also geprägt durch die Pole der sozialen Regressionsperspektive und der sozialen Gestaltungsperspektive (vgl. ebd.), mit Thiersch (1998a, S. 84) gesprochen: „Die Frage nach der Lebenswelt zielt auf Deutungs-/Handlungsmuster in denen Menschen sich vorfinden und in denen sie agieren; sie zielt demnach auf Subjektivität. Darin erscheint der Mensch nicht primär als Individuum in seinen Kompetenzen, sondern in den Verhältnissen, in der Bedingtheit durch Verhältnisse und in den Möglichkeiten, sich zu ihnen zu verhalten, sie übernehmend, festigend, umdeutend oder destruierend zu gestalten. Die Verhältnisse werden als strukturiert gesehen, strukturiert durch die Bedeutung der zeitlichen Ordnung, der räumlichen Gliederung und der sozialen Netze mit ihren Ressourcen und Problemen (...)." Und an anderer Stelle: „Lebenswelt ist schließlich ein vielgliedriges Geflecht unterschiedlicher Lebensräume (z. B. in der Familie, der Schule, der Straße der Nachbarschaft), die im einzelnen durchaus unterschiedlich bestimmt sein können und damit besondere Anstrengungen auch im biographisch gegebenen Nacheinander, in dem die Lebensfelder relevant werden, und Anstrengungen in den verschiedenen Bewältigungsaufgaben verlangen" (ebd.).

Lebensweltorientierung ist dabei immer ein beschreibendes und normatives Konzept der Konfrontation des Faktischen mit dem Möglichen und hat darin auch ihren wesentlichen Beitrag zur Weiterentwicklung der Jugendhilfe verstanden:

Vor dem Hintergrund gesellschaftlicher Individualisierung- und Pluralisierungsphänomene und ihrer Folgen für das Aufwachsen von Kindern und Jugendlichen bekommt das Konzept einer lebensweltorientierten Jugendhilfe besondere Relevanz. Es betont, daß Unterstützungen, Anregungen bzgl. Bildungs-, Erziehungs- und Orientierungsaufgaben, die Gestaltung von Räumen und Situationen als Hilfe zur Selbsthilfe so strukturiert sein sollen (vgl. Thiersch 1992b, S. 23)
- daß sie ihren Ausgang nehmen in den gegebenen Struktur-, Verständnis- sowie Handlungsmustern und
- daß sie die individuellen, sozialen und politischen Ressourcen so stabilisieren, stärken, wecken, daß Menschen sich in ihnen arrangieren können, einen gelingenderen Alltag leben.

Lebensweltorientierte Jugendhilfe bedeutet eine ganzheitliche Wahrnehmung von Lebensmöglichkeiten, Schwierigkeiten, wie sie im Alltag erfahren werden. Lebensweltorientierte Jugendhilfe agiert in der Offenheit und in den Brüchigkeiten und Zumutungen unserer Zeit, was neue Aufgaben der Klärung und Unterstützung in der Normalität unserer Verhältnisse notwendig erscheinen läßt. Soziale Arbeit kann demnach nicht nur „klassischen" Aufgaben der Arbeit mit Benachteiligten, den Randgruppen der Gesellschaft übernehmen, sondern auch Angebote in den Belastungen der Normalität unserer schwieriger werdenden Lebensverhältnisse organisieren (vgl. ebd., S. 26).

Lebensweltorientierte Jugendhilfe konzentriert sich in spezifischen Entwicklungs- und Strukturmaximen, die vor allem in den Begriffen der Prävention, Regionalisierung/Dezentralisierung, Integration, Partizipation und Alltagsorientierung bekannt geworden sind (vgl. BMFSFJ 1990). Die Handlungsmaxime der Alltagsorientierung soll ausführlicher in Anlehnung an Thiersch betrachtet werden, da sie als Hintergrundfolie für die Dimensionierung von Interventionsebenen schulbezogener Angebote der Jugendhilfe fungiert:

Die Rede vom Alltag kann als Orientierung, als Konzept verstanden werden, das vielfältige Entwicklungen und Forschungen in der Sozialpädagogik bündelt. Alltag kann gefaßt werden als heuristisches Konzept und als spezifischer Modus des Handelns (vgl. Thiersch 1992c, S. 42 ff.). Alltag stellt ein sozialwissenschaftliches Konzept zur Rekonstruktion von Lebensverhältnissen und Handlungsmustern dar (phänomenologisch-sozialwissenschaftliches Konzept). Zur Konturierung des Konzeptes seien mit Thiersch einige elementare Annahmen verdeutlicht. Die Strukturen des Alltags sind Alltäglichkeit und Alltagswelten (vgl. 1986):

Alltäglichkeit ist Schnittstelle objektiver Strukturen und subjektiver Verständnis- und Bewältigungsmuster. Sie ist geprägt durch die Lebensgeschichte und individuelle biografische Erfahrungen, durch gesellschaftliche Entwicklungstendenzen und soziostrukturelle Dynamiken, schließlich durch die Verteilung der Lebensressourcen. Alltäglichkeit ist geprägt durch komplexe Wirklichkeit, sie ist aber nicht identisch mit Wirklichkeit überhaupt, sondern strukturell beeinflußte, subjektiv inszenierte Wirklichkeit. Alltäglichkeit meint ein Verhältnis zur Wirklichkeit, eine besondere Form des Verstehens und Handelns, die elementare, gleichsam primär gegebene (in der Alltäglichkeit agieren Menschen zunächst überall, wo sie sich in Lebensverhältnissen vorfinden). Alltäglichkeit meint auch soziales Handeln, soziale Beziehungen, Lernen, Sich-Auseinandersetzen etc. (soziales Handeln hat Realität nur in der Verständigung und Interaktion, in den Deutungsmustern, die als gültig ausgehandelt wurden). Alltäglichkeit ist schließlich pragmatisches Handeln, denn Situationen müssen bewältigt, Schwierigkeiten geklärt, Aufgaben gelöst werden. Alltäglichkeit ist dabei strukturiert durch Überschaubarkeit, Rollen, Routinen und Typisierungen, verbürgt Verläßlichkeit (die oft durchbrochen wird durch subjektives Erleben und neue Herausforderungen), aber auch Widersprüchlichkeit zwischen Offenheit und Enge der eigenen Erfahrung, zwischen Verantwortlichkeiten und Selbsteinschränkungen usf.

Die Bestimmung von Alltäglichkeit erfolgt zunächst in Schritten der Beschreibung, Ordnung und Interpretation der Handlungsweisen und dient als Hintergrundfolie für die Erklärung von Phänomenen in spezifischen Konzepten, wie z. B. hier in interaktionistischer Art. Alltagsorientierung meint also eine besondere Beachtung und Interpretation komplexer Phänomene der Alltäglichkeit, diese agiert

- in der erfahrenen Zeit: hier in der Jugendzeit, die sich als plural, entstrukturiert und mit Bewältigungsanforderungen zeigt,
- in erfahrenen Räumen: die Aneignung von Räumen ist zentral, die Gestaltung eigener räumlich-situativer Welten als Anforderung an Jugendliche, die darin ihre Bezugspunkte und Orientierung finden
- in erfahrenen sozialen Bezügen: in Familie, Nachbarschaft, Gemeinwesen, in Räumen sozialer Unterstützung und Ressourcen, im Nebeneinander verschiedener Erfahrungsmuster und sozialer Settings.

Alltäglichkeit zielt zunächst auf Arrangements und Zustände, deren Bewältigung neue, „gelingendere" Arrangements deutlich werden läßt (vgl. Thiersch 1992c, S. 50). Akzentuiert wird also eine zeitliche Perspektive, eine „biographische Situation" (A. Schütz). Als Grunddimension der Einbettung der Alltagspraxis des einzelnen in einen umfassenden Kontext. Alltäglichkeit richtet den Blick also auf das Subjekt als Akteur und verantwortlicher (Mit-) Gestalter der eigenen Umwelt und individuellen Biografie als auch auf das Gebundensein des Einzelnen an den Kontext seines Alltagshandelns. Die Sicherung der Subjektqualität des Handelns ist dabei von einer Bewältigungsleistung abhängig, die drei Aspekte umfaßt: die Behauptung von Selbsttätigkeit in einer Balance von eigenen Interessen und fremden Erwartungen, der Teilhabe an gesellschaftlichen Ressourcen und Handlungsräumen sowie der Orientierungsleistung vor dem Hintergrund prinzipieller Begrenztheit eigener Handlungsmöglichkeiten im biografischen Prozeß (vgl. Leu 199, S. 78 ff.; Geulen 1999, Leu/Krappmann 1999 und die interaktionistischen Grundlagen in Abschnitt 1).

Alltagswelten meinen spezifische konkrete Lebensfelder (z. B. Lebenslagen von Armut, Jugend, Alter) und Lebenswelten in unterschiedlichen institutionellen Arrangements (z. B. Familie oder Schule). Alltagswelten sind Erfahrungs- und Handlungsräume, die in gemeinsamer verbindlicher Verständigung erfahren werden. Thiersch fordert die Beschreibung von Alltagswelten in ihren Möglichkeiten, Leistungen und Überformungen zum Zwecke der Konkretisierung der Alltäglichkeit, die sich in ihnen darstellt.

Das Alltagskonzept enthält immer auch einen kritischen Impetus: „Ich habe Alltag verstanden als soziale, pragmatische Wirklichkeit in ihren Widersprüchen, die es gegen die Verführung zur Suggestion von Überschaubarkeit und Verläßlichkeit zu nutzen gilt im Kampf um einen gelingenderen Alltag, - im Kampf um die Veränderung der gesellschaftlichen Verhältnisse, die einen humanen, freundlichen und freien Alltag verhindern" (Thiersch 1986, S. 53). Colla (1990, S. 32) merkt dazu an, daß „Thiersch von der Forderung aus(geht), den gegebenen Alltag als „pseudokonkret" zu entlarven, also seine Täuschungen transparent zu machen, um die Selbstrealisierung des Menschen zu fördern. In der Spannung von Utopie und Faktizität wird Alltag zum Reservoir für verschüttete, blockierte Möglichkeiten zu transzendierenden Antizipationen, die der Idee eines befreiten Alltags geschuldet sind."

Grundlegendes Ziel der alltagsorientierten Sozialpädagogik ist demnach ein gelingenderer Alltag der Adressaten durch die Verknüpfung ihres Alltags mit institutionell-professionellen Möglichkeiten moderner Sozialpädagogik. Ihre Maximen sind (vgl. Thiersch 1986, S. 46 ff.):

– Sozialpädagogik soll da ansetzen, wo Probleme ihrer Klientel entstanden sind, also in der Komplexität des gegebenen Alltags,
– auf der Grundlage von Akzeptanz und Verständnis für die Situation der Adressaten sind Möglichkeiten eines gelingenderen Alltags zu erschließen,
– die institutionell-professionellen Arbeitsweisen in der Sozialpädagogik bedürfen einer Kritik durch den Alltag. D. h. es gilt durch den Rückbezug auf den Alltag der Klientel zu prüfen, ob die Institutionen oder die Adressaten die zu lösenden Probleme definieren und inwieweit die zunächst gegebenen Lebensprobleme durch die Macht der Institutionen und Experten überformt und verfremdet werden,
– Sozialpädagogik muß den Zusammenhang von politischen, materiellen, instrumentellen und sozialen Problemen und Aufgaben sehen. Alltagsorientierung versteht sich als Kritik einer durch Techniken und Methoden verengten Problemsicht und -bearbeitung in der Sozialpädagogik.

Zusammenfassend kann man Alltag beschreiben als Modus des Handelns, als eine spezifische Art, Wirklichkeit zu erfassen, sich in ihr zu orientieren, sie zu gestalten, als einen Handlungsmodus, dem konkrete Konstellationen als soziale Settings von Alltagswelten entsprechen (z. B. Schule). Zum anderen bedeutet Alltag ein heuristisches Konzept, ein Konzept zur Koordination von Fragen und Erkenntnisinteressen. Alltagsorientierung meint somit ein spezifisches Verstehens- und Handlungskonzept, einen Zugang zum Alltag, der eingebunden ist in das übergreifende Konzept der Lebensweltorientierung (vgl. Thiersch 1992c, S. 46).

Wie schon erwähnt, wird im Kontext von Individualisierung und Pluralisierung der schwieriger werdende Alltag zum Ort der Lebensbewältigung und eigenverantworteten Lebensführung, ein Aspekt, den Böhnisch verstärkt als konzeptionellen Kern der Sozialpädagogik herausarbeitet:

4. 2. 3. 2 Das Prinzip der biografischen Lebensbewältigung

Der Begriff der Lebensbewältigung wurde bereits eingeführt, um die Lebensphase Jugend zu charakterisieren und in wesentlichen Bewältigungsanforderungen zu kennzeichnen (vgl. Böhnisch 1992), die in Schule hineinreichen, dort auch entstehen, zumindest dort aber auf pädagogische Antworten drängen. Demgegenüber und daraus schlußfolgernd soll hier entsprechend kurz der Aspekt der „biografischen Lebensbewältigung" als allgemeiner Problemzugang der Sozialpädagogik beschrieben werden, wie er von Böhnisch (vgl. 1997) vertreten wird.

Die Bewältigungsthematik hängt wie gesehen eng mit gesamtgesellschaftlichen Dynamiken zusammen und findet ihre Verortung im Individualisierungsprozeß als soziologische Strukturkategorie der Freisetzung und Optionsvielfalt aber auch verstellter, indvidualisierter sozialer Ungleichheit und neuer Formen der Integration und Vergemeinschaftung. Dieser soziologischen Kategorie, diesem soziologischen Befund der risikogesellschaftlichen Verhältnisse entspricht auf der subjektiven Seite die Frage nach dem Umgang mit neuen Anforderungen, Unsicherheiten und Belastungen, gemeint ist gleichsam die Repräsentierung dieses soziologisch-strukturellen Sachverhaltes in der individuellen Biografie, im individuellen Erleben. Böhnisch (vgl. 1997, S. 25) faßt diesen soziostrukturellen Aufforderungscharakter für den einzelnen, das Sich-Auseinandersetzen mit dem Aufgegebenen als „biografische Lebensbewältigung" zusammen, als ein Streben nach psychosozialer Handlungsfähigkeit und Orientierung.

Das sozialpädagogische Konzept der „biografischen Lebensbewältigung" geht dabei über die gesellschaftliche Perspektive, der zugeschriebenen Funktion von Sozialpädagogik als Reproduzentin von Sozialintegration mittels Hilfen für Menschen in Desintegrationslagen dissozialen Verhaltens und sozialer Ausgrenzung hinaus und erachtet die Subjektperspektive, den Blick auf den Betroffenen als zentral. Damit rückt die sich individuell stellende Bewältigungsthematik in Desintegrationslagen in den Vordergrund, das Erleben aktuellen Verlustes eigener Handlungsfähigkeit und Selbstwirksamkeit sowie die Erfahrung eingeschränkter Spielräume der Teilhabe an sozialen und gesellschaftlichen Ressourcen, mithin also das Thema Lebensbewältigung, wie es ich dem einzelnen stellt. Das je entwickelte und praktizierte Verhalten zur Bewältigung des Belastenden, zur Handhabbarmachung des als problematisch Erlebten kann der gesellschaftlichen Integrationsperspektive zuwiderlaufen, drückt in der Regel aber trotzdem (interpretatorisch zu erschließende) sozialintegrative Absichten aus, ist immer orientiert an der Handlungsfähigkeit in der Situation und biografisch vermittelten Kompetenzen, die die Lebensbewältigung steuern. Das Konstrukt Biografie stellt den Hinweis auf das handelnde Subjekt und sich wandelnden gesellschaftlichen Prozessen im Lebenslauf dar, hier konkretisiert im Lebensalter Jugend, die in entstrukturierter, mit Entwicklungsaufgaben und er

Erfahrung neuer Standardisierungsphänomene und Zwänge begegnet, damit die Notwendigkeit der Selbstthematisierung und eigenverantwortlichen Gestaltung der individuellen Biografie bedingt. Das hierbei entstehende Spannungsfeld zwischen Offenheit und Halt wird strukturiert durch die individuelle Lebensbewältigung (vgl. ebd., S. 29 f.).

Die geschilderten Bewältigungsanforderungen für Jugendliche lassen sich mit Böhnisch (vgl. 1997, S. 36 ff.) in vier Grunddimensionen unterteilen, vier psychosozial strukturierte Handlungssegmente, die zur Behebung erfahrener Krisenhaftigkeit und Überforderung aktiviert werden (und nach Böhnisch verallgemeinerbar sind auf alle Lebensalter, sicher aber die Jugendphase insbesondere betrifft):
– Erfahrung des Selbstwertverlustes - Suche nach Wiedergewinnung des Selbstwertes
– Erfahrung sozialer Orientierungslosigkeit - Suche nach Orientierung und Integration
– Erfahrung fehlenden sozialen Rückhalts - Suche nach Halt und Unterstützung
– Erfahrung von Ausgrenzung und Desintegration - Sehnsucht nach Normalisierung

Auf diese Grunddimensionen der Lebensbewältigung sind sozialpädagogische Arbeitsprinzipien abzustimmen, die durch professionelle Wahrnehmung und Verstehensakte gekennzeichnet sind, situative und personale Strukturierungsangebote darstellen und sich im Prinzip der Milieubildung und Netzwerkarbeit ausdrücken. Diese Arbeitsprinzipien als Vervollständigung der fachtheoretischen Rahmung „Lebensweltorientierung" und „Lebensbewältigung" sollen die Interventionsebene in den Blick holen, bevor die Übertragung der sozialpädagogischen Standards auf den alltagsweltlichen Zusammenhang Schule vollzogen wird.

4. 2. 3. 3   Prinzipien der Milieubildung und Netzwerkarbeit

Die Leitkonzepte „Lebensweltorientierung" und „Lebensbewältigung" moderner Sozialpädagogik möchte ich nun in eine kurze Darstellung verdichteter Interventionsziele und darauf abgestimmter Arbeitsprinzipien münden lassen. Die Interventionsziele fasse ich in den Begriffspaaren „lebenslagengestaltend-strukturierend" und „problembearbeitend-integrierend" zusammen, die nur für die Darstellung analytisch getrennt werden, sie sind ansonsten Bestandteile integrierter Hilfen. Arbeitsprinzipien sind die Milieubildung und Netzwerkarbeit, die von Böhnisch (vgl. 1992, 1994, 1996, 1997, 1998a, 1998b, 1999) konzeptuell vereint werden. Im einzelnen:

Lebenslagengestaltend-strukturierende Perspektive: Die sozialpädagogische Bemühung um den Begriff bzw. das Konstrukt Lebenslage betont eine dreifache theoretische Perspektive (vgl. Chassé 1999): der Lebenslagenansatz verbindet die Betrachtung objektiver Lebensbedingungen, subjektiver Orientierungen, Einstellungen, Präferenzen sowie diese Bezüge vermittelnde Instanzen von Milieu, Kultur oder Lebenswelt. Das Aufgreifen des Lebenslagenansatzes in der Sozialpädagogik hat sowohl modernisierungstheoretische (soziostrukturelle) als auch subjektorientierte (subjektanalytische) Gründe. Es ist anschlußfähig an die beschriebenen Individualisierungsphänomene und ihre Entsprechung in sozialpädagogischen Konzepten der Lebensbewältigung und Lebensweltorientierung. Chassé (vgl. ebd., S. 148 ff.) bestimmt den Stellenwert der Sozialpädagogik als ein unverzichtbaren Bestandteil allgemeiner sozialer Infrastruktur infolge der risikogesellschaftlichen Verhältnisse und der Entstehung sozialer Risiken, da hiermit eine tendenzielle Universalisierung sowohl der Problemlagen als auch der Adressatengruppen verbunden ist. Wie bereits mit Thiersch benannt, ergibt sich daraus eine Akzentverschiebung der Sozialpädagogik bezüglich ihrer Adressaten (vom Randgruppenbezug zur Normalisierung) und ihrer Aufgaben (von der reinen Bearbeitung materieller Notlagen hin zu komplexen, psychosozialen Problemen). Lebensweltorientierung heißt damit auch die Vermittlung von subjektiven Gestaltungs- und Bewältigungsleistungen mit sozialstaatlich erbrachten Dienstleistungen der Integration, schließlich bedeutet dies auch eine Revision traditioneller Normalitätsvorstellungen und darauf abgestimmter Interventionsformen: im Zentrum sozialpädagogischen Tuns steht nunmehr die Gestaltung von Lebenslagen und Lebensformen, die Lebenslage der Adressaten ist Angelpunkt der Konzeptualisierung von Sozialpädagogik (vgl. ebd.). Neben dieser adressatenbezogenen Perspektive spielt eine übergreifende eine wichtige Rolle, die strukturelle Rahmenanalyse, eine Differenzierung von Lebensverläufen sowie die Rekonstruktion des Dualismus von Subjekt und Strukturbedingungen - die sozialpädagogische Thematisierung des Konzeptes Lebenslage bewegt sich intermittierend zwischen diesen Polen (integrative Thematisierung). Aus sozialpädagogischer Perspektive erfaßt die Lebenslage Zugänge und Zugangsmöglichkeiten zu materiellen, immateriellen und sozialen Ressourcen (inklusive sozialer Unterstützung und Netzwerke) sowie Rahmungen sozialer und individueller Spielräume der gesellschaftlichen Teilhabe als Voraussetzungen und Konstituenten für Lebensbewältigung. Sozialpädagogik bekommt damit in ergänzender und aktivierender Form die Aufgabe der Sinnkonstitution und Sinnvermittlung als erlebte Unterstützung. Sie ist Vermittlerin zwischen individueller, milieubezogener und sekundär (sozialpädagogisch inszenierter) erzeugter Gestaltung der Orientierung und Strukturierung des lebensweltlichen Arrangements.

Problembearbeitend-integrierende Perspektive: Zentrale Begriffe der Sozialpädagogik sind Not sowie soziale Probleme unter Bedingungen der Individualisierung, die unverändert eine Auslösedimension für sozialpädagogisches Handeln darstellen - wie läßt sich das soziale Problem mittels Kriterien näher fassen, um Interventionsformen darauf abzustimmen? Schmidt (1998, S. 20f.) definiert die Entstehung sozialer Probleme „(...) aufgrund von Diskrepanzen zwischen sozialen Standards/Ansprüchen einer Gesellschaft und ihrer faktischen Realisierung. Es wird grundsätzlich zwischen latenten und akuten Problemen unterschieden. Ein soziales Problem stellt, bezogen auf eine bestimmt Bezugsebene, eine negative Normalabweichung dar. Die Definition, was nun ein soziales Problem ist, geschieht durch die Interaktion zwischen den verschiedenen Meinungsmachern einer Gesellschaft."

Die Kennzeichnung von sozialpädagogisch relevanten Dimensionen des sozialen Problems (als individuell-konkreter und abstrakt-konkreter Sachverhalt) ist auf die Benennung von Basisgegenständen, auf Kernelement eines sozialen Sachverhaltes angewiesen, auf die sozialpädagogische Intervention bezogen ist. Mit Hilfe des Lebenslagenansatzes lassen sich Spielräume der Teilhabe an gesellschaftlichen und sozialen Ressourcen systematisieren (vgl. z. B. Hübinger 1996), deren Einschränkung und konkrete Ermangelung sozialpädagogische Unterstützung auslösen kann. Es sind er Versorgungs-/Einkommensspielraum, der Kommunikations-/Interaktionsspielraum, der Lern-/Erfahrungs-/Bildungsspielraum, der Dispositions- und Entscheidungsspielraum sowie der Regenerationsspielraum. Bezugspunkt des sozialpädagogischen Handelns ist der Mensch in seinen sozialen Bezügen (gleichsam im Kontext der Lebensbewältigung und Lebensweltorientierung festgeschrieben), Interventionsbezug ist das soziale Problem in seiner Repräsentierung in der individuellen Biografie, ausgedrückt in der Einschränkung eines oder mehrerer der genannten Kernelemente des soziale Sachverhaltes. Genauer: das soziale Problem läßt sich mit Schmidt (vgl. 1998, S. 26) in eine akute und eine latente Problematik differenzieren, ich möchte diese Begriffspaare übersetzen in „Probleme" und „Belastungen":

- *akute Problematik (individuell-konkreter Sachverhalt - Problem)*: meint, daß ein Individuum in einem konkreten Fall betroffen ist, eines oder mehrere der genannten Problemmerkmale und dadurch eine Not- und Mangelsituation vorliegt, die eine Lösungsschwierigkeit bedingen - ich definiere „Problem" als die Diskrepanz zwischen eigenen Kompetenzen/Fähigkeiten der Bewältigung und den gestellten Anforderungen, so daß eine Problemlösung aus eigener Kraft nicht möglich ist und er Aktivierung bzw. Unterstützung bedarf (gemäß eine erfüllten gesetzlichen Auftrages und/oder fehlender anderer sozialer Ressourcen kann dies die Sozialpädagogik tun).
- *latente Problematik (abstrakt-konkreter Sachverhalt - Belastung):* meint gesellschaftlich induzierte entgrenzte soziale Risiken und Gefährdungen, die auch eine Entsprechung im individuellen Erleben haben (also nicht in Abstraktheit verhaften bleiben und den einzelnen nicht berühren, sondern gerade aufgrund ihres übergreifenden, unkalkulierbaren und wenig beeinflußbaren Potential zur Bedrohung werden können): Hier liegen die genannten Kernelemente eines sozialen Sachverhaltes zwar (noch) nicht vor, die latente Problematik betrifft aber Ereignisse, die mittel- oder langfristig Problemmerkmale akuter Sachverhalte erwarten lassen. Ich definiere „Belastung" als diejenigen Situationen, die neben abstrakten auch individuell-konkrete Sachverhalte umschließt, die Bewältigungsverhalten herausfordern, ohne zwangsläufig eigene Bewältigungsstrategien zu überfordern, aber auf (auch professionell inszenierte) Räume zur Entfaltung des Bewältigungshandelns und zur Abfederung der Belastung angewiesen sind.

Hier ist also die unmittelbare Verbindung zu lebenslagengestaltend-strukturierenden Angeboten gegeben und die Notwendigkeit eines integrierten Hilfeansatzes notwendig, dessen fachtheoretische Basis bereits erläutert wurde: während akute Problematiken („Probleme") Integrationshilfen zur Teilhabe an Normalität notwendig machen, sind latente Problematiken („Belastungen") auf Strukturierungsangebote zum Umgang mit schwieriger gewordener Normalität angewiesen.

Sozialpädagogisches Handeln, das auf die Bearbeitung von Problemen und die Organisation von Räumen der Belastungsreduktion (auf die Gestaltung von Lebenslagen) abzielt, mithin am Primat der Hilfe zur Selbsthilfe organisiert ist, bedeutet die Schaffung bzw. Optimierung jener Milieubedingungen, die Erfahrungen der Selbstwirksamkeit und gekonnten Bewältigungshandelns erst begünstigen und stützen. Sozialpädagogik setzt dabei auf die potentielle Fähigkeit der Klienten, ihre biografischen Ressourcen zu realisieren, wenn sie begleitet und aktiviert werden. Sozialpädagogik verfolgt nach Böhnisch (vgl. 1998a, S. 11 ff.) daher die Prinzipien der biografisch-rückgebundenen Intervention und der sozialräumlichen Arbeit der Milieubildung. Böhnisch (vgl. ebd.) definiert Milieu als biografisch verfügbaren, sozialräumlichen und sozialemotionalen Kontext der Gegenseitigkeit, in dem sich Bewältigungskompetenzen entwickeln können. Milieu ist damit auch das räumliche Setting der Entfaltung interaktiver Personalität pädagogischer Beziehungen, es stellt eine typische, von anderen Sozialbezügen unterscheidbare Struktur und besondere Qualität sozialen Zusammenlebens dar. Milieu ist der Begriff, mit dem nach Böhnisch (vgl. 1994, S. 203 ff., 1998b, S. 165) die besondere Bedeutung persönlich überschaubarer, sozialräumlicher Gegenseitigkeits- und Bindungsstrukturen als Rückhalte für soziale Orientierung pointiert zusammengeführt werden.
Der soziale Prozeß der Entwicklung und Strukturierung solcher Kontexte heißt dann *Milieubildung*, als sozialpädagogisches Gestaltungsprinzip. Drei Dimensionen spielen für den Entwicklungsprozeß der Milieubildung eine Rolle (vgl. Böhnisch 1998a, S. 12 ff.; ergänzend 1992, S. 246 ff.):

- *personal-verstehende Dimension*: umfaßt die Analyse der sozioemotionalen Funktionen des Milieubezugs für Jugendliche, einen professionellen Verstehens- und Wahrnehmungszugang zu Milieukonstitutenten als personal verfügbaren Bewältigungskontext und die Anerkennung des Stellenwertes des Milieus für die Selbstwertkonstituierung und soziale Orientierung. Sozialpädagogische Arbeitsprinzipien dieser Dimension lassen sich bündeln im Biografieprinzip (die Berücksichtigung unterschiedlicher biografischer Voraussetzungen und Optionsmöglichkeiten und des Biografisierungsdrucks in einer individualisierten Gesellschaft), im Selbstwertprinzip (Berücksichtigung der entwicklungspsychologischen Dynamik des Selbstwertgefühls, der Herausbildung eines Selbstkonzeptes und seiner Bedeutung für das Bewältigungshandeln Jugendlicher), im Zeitprinzip (Berücksichtigung der jugendkulturellen Gegenwartsorientierung und spezifischer Gegenwartskompetenz) und im soziokulturellen Prinzip (Berücksichtigung von milieuspezifischen Ausdrucksformen jugendkultureller Eigenständigkeit und Befindlichkeiten symbolischer Art).

- *aktivierende Dimension*: umfaßt das sozialpädagogische Handeln als Beitrag zum „gelingenderen Alltag" mittels Qualifizierung des Milieus als Ressource. Die Schaffung von Lernerfahrungen bei Gewährung eigener lokaler Räume des Rückzugs (Alltagssicherheit) und beratende Handlungsformen sind hier von Bedeutung. Sozialpädagogische Arbeitsprinzipien sind hier vor allem das Gruppenprinzip (Berücksichtigung der gruppenorientierten Aufbaus soziokultureller Eigenständigkeit Jugendlicher als Szeneelemente milieuspezifischer Art) und das sozialräumliche Prinzip (Berücksichtigung des Sozialräumlichen als Strukturprinzip der Gleichaltrigenkultur und ihrer besonderen Beziehungs-, Handlungs- und Orientierungsmöglichkeiten als Anregungsstruktur für jugendphasenspezifische Aneignungsprozesse in institutionell und rational nicht besetzten Räumen als Gegenstück zum kognitiv-instrumentellen Lernen)- Ziel ist hier die Gestaltung von Gegenseitigkeitsstrukturen sozialer Beziehungen.

- *pädagogisch-interaktive Dimension*: umfaßt die personale Dimension des sozialpädagogischen Könnens (vgl. Colla 1996, 1999a). Wie schon erwähnt, suchen Jugendliche vermehrt die Orientierung an der erwachsenen aber auch jugendzugewandten Persönlichkeit des Sozialpädagogen, am anderen, als relevant erlebten Erwachsenen (Böhnisch 1998b, S. 161), „(...) welche die Jugendlichen in ihrer jugendkulturellen Eigenart verstehen und belassen können und trotzdem ihnen als zu respektierenden Erwachsenen beggnen, an denen sich die Jugendlichen orientieren können, an denen sie vieles beobachten und für sich übersetzen können, was sie zum Erwachsensein hinzieht, auch wenn sie jugendkulturell selbständig und in Distanz (oder gar Opposition) zur Erwachsenenwelt sind." Die Entwicklungsthematik des Jugendalters mit ihrer Ambivalenz zwischen Zukunftsdimension (erahnter Erwachsenenstatus) und Gegenwartsdimension (gelebter Jugendkultur) fordert sowohl die peer-group als auch relevante Erwachsenen auf, eine pädagogische Interaktion im Sinne einer pädagogischen Beziehung zu gestalten als „(...) personale Teilhabe der Erwachsenen an der Entwicklungsthematik Jugend wie Teilhabe der Jugendlichen an der Thematik des Erwachsenseins in der sensiblen Balance von jugendkultureller Distanz und personaler Nähe" (ebd., S. 162). Personale Teilhabe heißt dann nicht einfach Modellernen oder Auseinandersetzung mit vorgehaltenen Angeboten, sondern personal vermittelte Deutungsspielräume, die Offenheit und Grenzen mitteilen und personale Verständigung im Kontext von Vertrauen, Verläßlichkeit und Erreichbarkeit ermöglichen.

Ist mit diesen Dimensionen der Milieubildung vor allem die Perspektive der Alltagsarbeit angesprochen, so läßt sich mit Böhnisch (vgl. 1998a) die *Netzwerkperspektive* als sozialräumlich-integrative Vernetzungsarbeit ergänzen. Hiermit ist die Öffnung der Milieuperspektive nach außen gemeint, die Strukturierung der Alltagsbasis in Richtung Aufschließung und Aktivität der eigenen und gegenseitigen Möglichkeiten als Ressourcen. Im Mittelpunkt steht hier auch die Organisation und Optimierung des sozialräumlichen Zusammenspiels unterschiedlich verorteter Sozialisationsimpulse (vgl. ebd., S. 12 ff.).

Alles in allem und auf die Adressatengruppe der Jugendlichen verdichtet, hat Sozialpädagogik einen jugendpädagogisch-konzeptionellen Schwerpunkt darin zu sehen, ein „sozialemotional verdichtetes und pädagogisch reflexives Unterstützungssystem" (Böhnisch 1998b, S, 165) zu gestalten, gleichsam Lebensräume und Erfahrungsfelder zu gestalten, in denen jugendkulturelle Bedürftigkeiten sichtbar, Milieurückhalt und Abfederung von Belastungen geboten sowie pädagogische Beziehungen aufgebaut werden können.

Wie lassen sich diese Grundannahmen auf der „konzeptionell-institutionellen Ebene" und der „fachtheoretisch-professionskonstituierenden Ebene" nun auf das Sozialisationsfeld Schule übertragen? Wie läßt sich die Alltagswelt Schule kennzeichnen, darin stattfindende Alltäglichkeit beschreiben? Welche Schlußfolgerungen lassen sich daraus für sozialpädagogisches Handeln ziehen, um eine erste Konzeptualisierung schulbezogener Angebote der Jugendhilfe zu vollziehen, die mit Hilfe der empirischen Ergebnisse über Belastungen und Probleme im Kontext Schule und verfügbaren sozialen Ressourcen zu einer Gegenstands- und Aufgabenbestimmung schulbezogener Angebote der Jugendhilfe vereint werden sollen:

4. 2. 4 Übertragung der fachtheoretischen und konzeptionellen Überlegungen zur Sozialpädagogik auf die Alltagswelt Schule: Schulbezogene Angebote der Jugendhilfe sind schulalltagsorientierte Sozialpädagogik

Schulbezogene Angebote der Jugendhilfe sind als Schlußfolgerung aus den vorstehenden fachtheoretischen Rahmungen veranstaltete Sozialpädagogik in der Schule oder in ihrem Umfeld, an den lebensweltlichen Erfahrungen, wie sie in Schule hineingetragen, dort repräsentiert sind, orientiert - aber auch an den alltäglichen Vollzügen der schulisch bestimmten Lebensräume, den schulisch induzierten Belastungen und Problemen. Schulbezogene Angebote der Jugendhilfe setzen also an den Bewältigungsanforderungen im Kontext Schule an, den in ihr entstehenden, in sie hineingetragenen und in ihr verdichteten, von der Schule gemäß ihrer Funktion und von anderen Instanzen wie Familie und Freundeskreis nicht angemessen bearbeiteten Phänomenen der Lebensbewältigung.

Schule ist nach Thiersch ein Segment des Alltags von Kindern und Jugendlichen, stellt eine spezifische Alltagswelt dar. Die alltagsorientierte Sozialpädagogik dient daher als fachtheoretische Folie, um schulbezogene Angebote der Jugendhilfe zu fundieren. Um deutlich zu machen, daß ich eine Angebotsform im Raum Schule und auf die fließenden Übergänge in den außerschulischen Raum bezogen konzipiere, die auf diesen Ausschnitt des Alltags in besonderem Maße bezogen ist, möchte ich von „schulalltagsorientierter Sozialpädagogik" sprechen. Hiermit soll die Übertragung des alltagsorientierten Ansatzes von Thiersch auf die Alltagswelt Schule hervorgehoben werden.

Die Übertragung der allgemeinen fachtheoretischen Standards jüngerer Sozialpädagogik auf den Lebensraum Schule zur Kennzeichnung wesentlicher konzeptioneller Orientierungspunkte für schulbezogene Angebote der Jugendhilfe läßt sich nunmehr direkt aus der erfolgten zentraltheoretischen Rahmung ableiten - sie verbindet die konzeptionell-institutionelle Ebene

(schulbezogene Angebote der Jugendhilfe) mit der fachtheoretisch-professionskonstituierenden Ebene (schulalltagsorientierte Sozialpädagogik):
Lebensweltorientierung im Kontext Schule beinhaltet Alltagsorientierung als spezifischen Verstehens- und Erklärungszugang zum alltagsweltlichen Zusammenhang Schule, der als sozialwissenschaftliches Konzept der Beschreibung hier auf eine interaktionistische Sichtweise verweist, Schule also als Alltagswelt kennzeichnen und darin stattfindende Alltäglichkeit identifizieren will. Zentrale Fragen lauten daher
- Welche interaktiv-kontextuellen Dimensionen charakterisieren die Alltagswelt Schule?
- Welche spezifischen Aspekte von Alltäglichkeit sind in ihr vorfindbar?
- Was bedeutet die Gestaltung des Lebenslagenelementes „schulischer Erfahrungsraum"? Wie sehen Strukturierungsangebote demnach aus?
- Wie läßt sich der Problembegriff auf den schulischen Kontext übertragen? Was sind demnach Integrationshilfen?
- Welche Bedeutung hat der kritische Impetus des Alltagskonzeptes für die Betrachtung von Schule?

Die Bestimmung wesentlicher Elemente des Sozialisationsfeldes Schule hat wichtige Anhaltspunkte und inhaltliche Dimensionen bereits aufgezeigt (vgl. Abschnitt 2), daher soll ein daran angelehnter Überblick dazu dienen, vor allem die konzeptionelle Ebene der Angebote schulbezogener Jugendhilfe greifbarer zu machen:
Schule als Alltagswelt zu verstehen, bedeutet diesen Erfahrungsraum in seiner Funktion und den daraus resultierenden Folgen für das Handeln der Mitglieder (hier die Schüler) zu erfassen, wie bereits im Abschnitt 2 gesehen. Es kommt also darauf an, Schule sowohl aus der institutionsorientierten (Rahmenbedingungen, Zwänge aber auch Opportunitätskontexte betreffende) und der subjektorientierten (das individuelle Erleben und Verhalten betreffende) Perspektive zu betrachten. Schule kann als Lebenslagenelement, als Bestandteil der Lebenslage Jugendlicher verstanden werden, trägt aber gleichzeitig wesentliche Konstituenten der Lebenslage allgemein. Es sind dies die genannten objektiven Bedingungen, die darauf bezogene subjektive Ebene des Erlebens und Verhaltens sowie die vermittelnden Instanzen lebensweltlicher Zusammenhänge. Der Erfahrungsraum Schule als Lebenslagenelement unterteilt sich demnach in (unter Rückgriff auf die benannten Begrifflichkeiten):

Abb. 8: Erfahrungsraum Schule als Lebenslagenelement

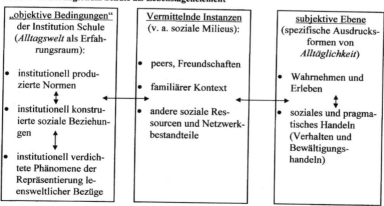

An diesem Wechselspiel, an den an diesem Schnittpunkt auftretenden Belastungen und Problemen von Schülern sind schulbezogene Angebote der Jugendhilfe orientiert. Die Bühne dieser Auseinandersetzung mit den Anforderungen von Schule stellen vor allem die interaktiven Beziehungen im Schulalltag her sowie spezifische Settings, die die schulisch normierte Interaktion herstellen sollen, genauso wie die Hinterbühne, das Sich-Entziehen und Ausleben jugendkultureller Stile in Abgrenzung zu institutionellen Normen. *Alltagswelt Schule* läßt sich gliedern in

- *institutionell produzierte Leistungsanforderungen und -normen*: umfaßt Elemente wie Erwartungen der Eltern an schulische Leistungen, die eigene Bedeutsamkeit von schulischen Leistungen, der Schweregrad von Unterrichtsstoff und das Unterrichtstempo (Belastungspotentiale, Über-/Unterforderungen), Selbsteinschätzung der Leistungen, Versetzungen etc.
- *institutionell konstruierte Beziehungen zwischen Schülern*: umfaßt die institutionell geprägte Sozialität und in ihr auftretender Elemente wie Solidarität, Konkurrenz, Stigmatisierung, Ausgrenzung, Devianz in den sozialen Räumen „Klasse" und „Schule allgemein" (Schulgebäude/-gelände) etc.
- *institutionell konstruierte Beziehungen zwischen Schülern und Lehrern*: umfaßt vor allem das Lehrerbild der Schüler und Erfahrungen, die sich auf Aspekte der Lehrerrolle und -person beziehen wie Leistungsorientierung, Durchsetzung schulischer Ordnungsregeln, Aspekte des Umgangs, der Begegnung und sozialen Unterstützung etc.
- *institutionell konstruierter sozialer Raum Unterricht und darin stattfindende Kommunikationsprozesse*: umfaßt Aspekte wie Unterrichtsformen und -methoden, außerunterrichtliche Angebote, Mitbestimmungs- und Gestaltungsmöglichkeiten etc.
- *institutionell verdichtete Phänomene der Repräsentierung anderer lebensweltlicher Zusammenhänge in der Schule*: umfaßt Elemente wie familiär zu sichernde Mindeststandards, Vorhandensein sozialer Netzwerke und Chancen sozialer Teilhabe (Freundeskreis, Angebote an Jugendfreizeiteinrichtungen) und das familiäre Milieu etc.

Diese Dimensionen der Alltagswelt Schule als rationale Organisation mit klaren Rollenzuweisungen und der Tendenz der Reduzierung der Schülerpersönlichkeit auf die Schülerrolle bedingt spezifische *Ausdrucksformen von Alltäglichkeit* in ihr, von Begrenzungen und Beförderungen des Erlernens und Ausagierens kompetenten Rollenhandelns, von Erlebensweisen dortiger Erfahrungen und Verhaltensstrategien als Antwort darauf - Alltäglichkeit fragt nach dem Sich-Arrangieren in der Alltagswelt Schule, nach der Subjektperspektive und dem je individuellen bewältigungsorientierten Schulmanagement:

- Welche *psychischen Zustände und Verfaßtheiten* im Zusammenhang mit individuell wahrgenommenen Diskrepanzen zwischen eigenen Entwürfen, Bedürfnissen, Kompetenzen und Anforderungen der Schule (im interaktiven Kontext der Begegnung mit Schülern und Lehrern) sind erkennbar? Wie wird der Schulalltag erlebt, welche Bewältigungsanforderungen sind ablesbar? Zu fragen ist nach Emotionen, Stimmungen, Spannungen, Ängsten, der Wahrnehmung von Stigmatisierungs- und Ausgrenzungsprozessen, Benachteiligungstendenzen, dem Selbstbild, Freundschaftsbeziehungen, Erfahrungen der Solidarität und des Miteinanders, der Einschätzung von Selbstwirksamkeit in der Schule.
- Welche *individuellen Verhaltensweisen* von Schülern sind als Elemente des sozialen und pragmatischen Handelns in der Schule, als Bewältigungshandeln, als Form der Belastungsregulation erkennbar? Zu fragen ist nach Phänomenen der Verweigerung, des Rückzugs, der Konformität, Innovation, Opposition und Devianz, die Schüler aus Verhaltensform wählen bzw. denen Schüler in den sozialen Räumen von Schule ausgesetzt sind. Zu fragen

ist aber auch nach der Organisation von Unterstützung, das Aufeinanderzugehen und die Strategien der aktiven Problemlösung und Gestaltung des Schullebens aus eigener Kraft.

Alltäglichkeit bedeutet, die verfestigten, gleichsam automatisch und unhinterfragt ablaufenden Handlungsmuster zu analysieren, zu beschreiben und möglichen Veränderungsperspektiven gegenüber zu öffnen. Welche Verhaltensweisen scheinen als Strategien zur Herstellung von Überschaubarkeit und Kalkulierbarkeit eingesetzt, welche Formen des Umgangs, des Ausdrucks von Stilen, der Formierung von Gruppen und sozialräumlichen Arealen sind beobachtbar, wo kann Sozialpädagogik ansetzen, um verstehend-beschreibend Anknüpfungspunkte für angemessenes professionelles Handeln zu finden? Wie lassen sich Phänomene des *sozialen Handelns* in der Schule beschreiben, wie sind Strukturen der Gegenseitigkeit, des Miteinander, aber auch Konkurrenz-, Machtkämpfe und Marginalisierungstendenzen in ihren Entwicklungsdynamiken beschreibbar? Und: Welche Strategien wählen Schüler, um diese Situationen, ihren konstruierten Alltag in der vorgegebenen Alltagswelt zu bewältigen, Konflikte zu lösen, Probleme zu bearbeiten - diese Fragen zielen also auf das *pragmatische Handeln* im Lebensraum Schule.

Dabei ist es Aufgabe der Sozialpädagogik, Verläßlichkeiten und gewohnten Strukturen des Schulalltags in dosierter Form den Boden zu entziehen, Schüler mit dem Möglichen zu konfrontieren, neue Erfahrungen und Arrangements zu gestalten, immer auch die Möglichkeit des entlastenden Rückzugs in Gekanntes vorhaltend. Sozialpädagogik öffnet damit das verstellte, ungeahnte oder abgeschriebene Potential des Handelns, das durch Strukturierungsangebote und Integrationshilfen aktiviert werden kann.

Daß diese Rahmungen vor dem Hintergrund der vielfältigen Möglichkeiten, Angebotsformen und professionellen Programme präzisiert werden und in ein Gestaltungsprinzip und -konzept münden müssen, ist evident. Es lassen sich aber als Annäherung an eine Bestimmung institutionell inszenierter Programme und Angebote der schulbezogenen Jugendhilfe vor allem zwei konzeptionelle Ebenen benennen (vgl. Maykus 2000), die Bestandteile eines integrierten jugendpädagogischen Zugangs zum Schulalltag sind und damit einem gegenseitigen fließenden Übergang prinzipiell geöffnet sind:

lebenslagengestaltend-strukturierende schulbezogene Angebote:
Angebote und Aktivitäten dieses Programmsegments sind im Sinne eines organisierten sozialräumlichen Milieukontextes der Gegenseitigkeit zu verstehen, die sowohl an sozialräumlichen Aneignungsprozessen und erlebter pädagogischer Erfahrung mit Erwachsenen orientiert sind (Verbindung von Raum- und Beziehungsorientierung). Bezogen auf das Lebenslagen-Element Schule realisieren sie die Erweiterung und Optimierung von Interaktions-/ Kommunikationsspielräumen, von Lern- und Bildungsspielräumen und Regenerationsspielräumen für den einzelnen Schüler als Antwort auf konkrete institutionelle Anforderungen und Erfahrungen im Lebensraum Schule, der diese Spielräume nicht ausreichend gewährt und produziert. Im Mittelpunkt steht dabei die Unterstützung und Hilfe zur Reduzierung und Handhabbarmachung von erlebter Komplexität, Offenheit und Orientierungsschwierigkeiten, die sich auf die Wahrnehmungsdimension (personales Erleben) und die Verhaltensdimension (Bewältigungshandeln) beziehen.

Hier verortete Angebote umfassen einen jugendpädagogisch-spezifischen Zugang zur Schule, der versucht, Reduzierungen lebensweltlicher Zusammenhänge auf die „Schülerrolle" zu überwinden, indem milieubildende Räume sowie Beziehungsangebote geboten werden und als soziale Unterstützung abrufbar sind. Hier wird vor allem auf die fachlichen Standards der offenen Jugendarbeit (vgl. Böhnisch/Münchmeier 1987, Böhnisch u. a. 1998, Münchmeier

1998) zurückgegriffen, die beziehungsreiche Lebenskontexte zur Verfügung stellt: dies sind personale Angebote (meint erwachsene Vertrauens- und Ansprechpersonen sowie peer-Kontakte), sozialräumliche Angebote (meint Orte der Freizeit, soziale Netze/Stützpunkte und Erfahrungsräume jugendgemäßer Lebensweisen) als auch eine an dem Charakter der Jugendphase orientierte subjektbezogene Pädagogik. Hier werden also präventive, Hilfen zur Lebensbewältigung aufzeigende, bildungs-, freizeit- und identifikationsorientierte Funktionen (verändert nach Boristowski 1998) gebündelt- darauf abgestimmt sind
- Räume zum Erlernen von Bewältigungskompetenz (Verhaltenserweiterung - sozialräumlich-aneignender Aspekt) und
- Räume zur Abfederung von Belastungen bzw. zur Entfaltung von Bewältigungshandeln (strukturpräventiver Aspekt - Verhaltensstützung),

die als Lern- und Erfahrungsräume offener Art ohne Interventionscharakter zu verstehen sind, die sozialräumliche Entwicklungsthematik der Jugendlichen im Kontext Schule, aber auch latente Problematiken (Belastungen) aufgreift.

problembearbeitend-integrierende schulbezogene Hilfen:
Hierunter sind verhaltenskorrigierende und Sozialintegration fördernde Hilfen mit Interventionscharakter gebündelt, die die Schaffung von individuellen Spielräumen und die Kompetenz ihrer Ausgestaltung erst schaffen soll bzw. mit derart eingeschränkten Spielräumen im konkreten Einzelfall konfrontiert ist, daß kein angemessenes Bewältigungshandeln möglich ist. Diese Hilfen sind also orientiert an subjektiven Problemen, geäußert als Diskrepanz zwischen den eigenen Kompetenzen des Schülers und institutionellen Anforderungen der Schule, so daß ihm eine Problemlösung aus eigener Kraft nicht möglich ist. Es sind somit schülerzentrierte Hilfen für Kinder und Jugendliche, die durch die Schule in ihren sozialen Defiziten und Belastungen nicht aufgefangen werden können. Im Mittelpunkt stehen Angebote zur Entgegenwirkung von Ausgliederungs- und Benachteiligungstendenzen (z. B. bei Verhaltensstörungen, Formen (schulisch) devianten Verhaltens) - darauf abgestimmt sind
- Räume zur Bearbeitung von Situationen und Verfaßtheiten überforderten/fehllaufenden Bewältigungshandelns (Verhaltenskorrektur - problembearbeitender Aspekt).

Diese Angebotssegmente sind als Bestandteile eines integrierten jugendpädagogischen Zugangs zum Lebensraum Schule zu verstehen, der sich auf eine sozialpädagogische Betrachtung des institutionellen Rahmens stützt. Schulbezogene Angebote der Jugendhilfe sind dabei nicht als Dienstleistung zur Erlangung eines problemfreien Unterrichtsgeschehens zu sehen, sondern als Beitrag zur Hilfe zur Lebensbewältigung im schulischen Kontext, als Beitrag zu einem gelingenderen Alltag aus der Perspektive des Schülers, dem sich die Bewältigungsthematik stellt (bezogen auf Probleme mit Schule), was auf außerschulische Lebensräume ausstrahlt, genauso wie außerschulische Bedingungsgefüge für die Entstehung von schulischen Problemen beachtet (Probleme für Schule) und die Möglichkeiten ihrer Bearbeitung durch anderer soziale Dienste geprüft werden. Schulbezogene Angebote der Jugendhilfe haben also neben der Milieubildung auch netzwerkorientierte Aufgaben zu leisten, das Erschließen von Ressourcen sozialer Unterstützung für den einzelnen Schüler im Lebensraum Schule und im Zusammenspiel der beteiligten sozialisatorischen Orte (vor allem Freundeskreis und Familie) im außerschulischen Raum.

Schulbezogene Angebote der Jugendhilfe sind damit auch orientiert an den vermittelnden Instanzen zwischen institutionellen Anforderungen und subjektivem Erleben und Verhalten, an den sozialen Milieus, die Erfahrungen brechen, fördern, Deutungshilfen leisten und die Abfederung von Belastungen ermöglichen, oder sie verstärken, gar mitproduzieren. Schulbezogene

Angebote der Jugendhilfe leisten hierauf bezogen Netzwerkarbeit, sie koordinieren soziale Ressourcen, erschließen oder verweisen auf kompetente Hilfeträger, die spezifische Probleme und Belastungen angemessen bearbeiten können. Sie blicken damit auf das „lebensweltliche Scharnier" zwischen der Institution Schule und dem subjektiven Agieren in ihr, nutzen diesen Blick für die Konzipierung und Verankerung ihres Tuns, öffnen die Perspektive und inszenierte Milieus über den schulbezogenen Rahmen hinaus, um damit Schüler (auch) für diesen zu qualifizieren.

Das Hauptziel schulbezogener Angebote der Jugendhilfe ist die Realisierung des Anteils von Jugendhilfe an der Persönlichkeitsbildung junger Menschen (neben den anderen Instanzen), an der Schaffung positiver Lebensbedingungen und Entfaltungsräume im Kontext Schule. Sie sind dabei konzeptuell orientiert an dem Primat der Förderung kompetenten Rollenhandelns und der Optimierung von Bewältigungskompetenz in gegebenen Strukturen und den institutionellen Anforderungen Schule. Sie trägt in diesem Rahmen zur Herstellung oder Verbesserung von Lernfähigkeit und Lernmotivation bei, ohne ihre professionellen Programme auf diesen Aspekt zu reduzieren. Schulbezogene Angebote der Jugendhilfe zielen damit auf die Erweiterung bzw. Entfaltung von Spielräumen der Interaktion und Kommunikation (Austausch, Verständigung, Anerkennung, Erfahrungen der Gegenseitigkeit), des Lernens und der Bildung (Lernbedingungen mitgestalten, Schüler motivieren, befähigen) sowie der Regeneration (Organisation von Rückzugsräumen, Gegenpolen zu schulischen Anforderungen, Freizeitgestaltung) eines jeden Schülers zur Vermeidung von Benachteiligungs- und Ausgrenzungstendenzen.

Schulbezogene Angebote der Jugendhilfe tragen also (gemäß der beschriebenen Zentraltheorie) zur Subjektwerdung von Kindern und Jugendlichen bei. Sie gestalten Lernräume, in denen Kinder und Jugendliche die aktive Auseinandersetzung mit ihrer Umwelt erlernen und Rollenhandeln erproben können (produktiv-realitätsverarbeitendes Subjekt). Diese Räume werden zu genuin sozialpädagogischen Orten (vgl. Winkler 1988) durch ihre spezifischen Zielsetzungen und Formen der Ausgestaltung, nicht durch spezifische Erziehungsziele: Sozialpädagogik, orientiert am allgemeinpädagogischen Ziel der Unterstützung der Subjektwerdung von Kindern und Jugendlichen, stellt im Kontext Schule spezifisch inszenierte Räume her, die Strukturierungs- und Integrationsangebote vereinen und als sozialräumliches Angebot Aneignungsprozesse von Kindern und Jugendlichen in Auseinandersetzung mit ihren Strukturen, Herausforderungen und personal-interaktiven Dimensionen erlebter pädagogischer Beziehung zu relevanten Erwachsenen ermöglichen.

Sozialpädagogik in der Schule, von mir verstanden als **schulalltagsorientierte Sozialpädagogik**, ist in ihren Aufgaben auf die Schule verwiesen. Ihr gemeinsames Ziel besteht, so Thiersch (1992d, S. 144),„(...) in der Arbeit an Bildungsgeschichten, an der Entdeckung und Stabilisierung von Lebenssouveränität." Sozialpädagogik bekommt in ihrem Profil und in ihren Erfahrungen aus Sicht von Thiersch (ebd.) eine Bedeutung für Schule, weil sie „gleichsam vom worse case der gesellschaftlichen Entwicklung her bestimmt (ist) und, jedenfalls ihrer strukturbedingten Tendenzen nach, ausgesetzt und offen für Entwicklungen, Wandlungen und Krisen im Jugend- (und Gesellschafts-) Leben. Damit „paßt" sie in die besonderen Aufgaben und Schwierigkeiten einer Zeit, in der überlieferte Normalitätsentwürfe brüchig und durch Krisen hindurch, neue Orientierungen gesucht werden. In dieser Offenheit ist Sozialpädagogik herausfordernd für Schule."
Überträgt man diese sozialpädagogisch fundierten Vorüberlegungen zu Aufgaben von Jugendhilfe im Sozialisationsfeld Schule auf die Dimensionierung von Problemlagen in der Schule (bzw. in der pluralistischen Sozialisation mit schulischer Relevanz) (vgl. Kap. 2), so

ergibt sich der Stellenwert schulbezogener Angebote hinsichtlich dreier Aspekte: dem Schulentwicklungsaspekt (bezüglich Problemen von Schule), dem Aspekt der Strukturgestaltung (bezüglich Problemen für Schule) und dem Aspekt der Gestaltung sozialpädagogischer Räume (bezüglich Problemen mit Schule). Noch einmal zusammengefaßt:

Problemlagen und -dimensionen im schulischen Kontext (bzw. in der pluralistischen Sozialisation mit schulischer Relevanz) lassen sich kaum noch individuell oder (rand-) gruppenspezifisch zurechnen, sondern sind vielmehr *strukturell bedingt und biografisch eingebunden* - daher gilt:
- *Eindimensionale* Zuschreibungen und *Problemösungskapazitäten* einzelner Sozialisationsinstanzen sind *nicht möglich*: weder Familie, noch Schule, noch Jugendhilfe allein kann dieser komplexen Anforderung effektiv begegnen
- Es ist vielmehr eine regionalisierte, *vernetzte Infrastruktur sozialer Unterstützung für junge Menschen* notwendig, die auch kooperative, übergreifende Konzepte eines Zusammenwirkens von Jugendhilfe und Schule einbezieht (siehe Abb. 9).

Bevor nun im Teil 3 die Darstellung der empirischen Ergebnisse zu Problemen und Belastungen in der Schule sowie (nicht) verfügbaren Ressourcen sozialer Unterstützung erfolgt, noch einmal eine Zusammenfassung der theoretischen Rahmung und eine überblickhafte Darstellung des ersten Konzeptes „schulbezogener Angebote der Jugendhilfe als schulalltagsorientierte Sozialpädagogik":

Abb. 9: Problemdimensionen von Schule und der Stellenwert schulbezogener Angebote der Jugendhilfe

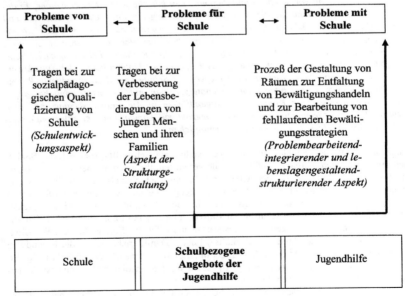

5 Zusammenfassung des Teils 2 und Überblick über die Konzeptualisierung des integrierten Ansatzes „schulbezogene Angebote der Jugendhilfe als schulalltagsorientierte Sozialpädagogik": Integration statt Trennung

Ziel der Arbeit ist die fachtheoretische Begründung schulbezogener Angebote der Jugendhilfe als schulalltagsorientierte Sozialpädagogik und die empirische Fundierung des Ausmaßes und der Relevanz ihres Gegenstandes: Probleme und Belastungen im Kontext Schule sowie die Potentiale darauf abgestimmter sozialer Unterstützungsressourcen aus Sicht der Schüler, um Hinweise für die Aufgaben schulbezogener Angebote der Jugendhilfe zu erhalten, die sich als Bearbeitung und Lösung der ermittelten Probleme und Belastungen, mithin als Hilfe zur Lebensbewältigung im schulischen Kontext bestimmen lassen.

Nach einer exemplarischen, aber die wesentlichen argumentativen Begründungszusammenhänge berücksichtigenden Bestandsaufnahme zur Theoriediskussion und Forschung zur Schulsozialarbeit wird ein Forschungsinteresse begründet, das Aspekte der schulischen Sozialisation, die grundlegende Situation in der Schule (hier vor allem Probleme in der Schule, durch die Schule produzierte und die in ihr geäußerten, verdichteten, außerhalb entstandenen) und Bewältigungsformen der Adressaten im Rückgriff auf soziale Ressourcen (Problemlösungskompetenzen und -ressourcen) erfaßt, um diese Sachverhalte als unmittelbaren Ausgangspunkt für die Konzeptualisierung von Unterstützungsmöglichkeiten im Bereich Schule zu nehmen.

Zunächst wurde die Sozialisation von Kids und Jugendlichen, ausgehend von einer Gegenstandsbestimmung und Kennzeichnung der Ebenen und Phasen des Sozialisationsfeldes hinsichtlich des Verhältnisses von Individuum und Umwelt, näher bestimmt. Das Konzept der „produktiven Realitätsverarbeitung" (Hurrelmann) wird hierfür als grundlegend angesehen und vor dem Hintergrund interaktionistischer Sozialisationstheorie in seinen Grundzügen vorgestellt. Es ist gleichzeitig die Aktualisierung und Ausdifferenzierung von interaktionistischen Grundannahmen für ein modernes Sozialisationsverständnis, als Verbindung des subjektiven Handelns in situativen Kontexten der Biografie und durch deren Bedingungen mitbeeinflußt (vgl. Leu/ Krappmann 1999). Daraus werden Bewältigungsanforderungen von Kids und Jugendlichen im Sozialisationsprozeß abgeleitet und mit den Begriffen der Lebensbewältigung und Sozialintegration (Böhnisch) systematisch gefaßt sowie als subjektbezogene Entsprechung strukturanalytischer Befunde der Individualisierungstheorie verstanden. Die allgemeinen, jugendphasenspezifischen Bewältigungsanforderungen werden in ihrer Relevanz für das Sozialisationsfeld Schule geöffnet und mit spezifischen Entwicklungsbedingungen in den neuen Bundesländern in Verbindung gebracht. Die Bedeutung individueller Bewältigungskompetenz für gelingende Sozialisationsprozesse, (auch) abhängig von sozialer Unterstützung, wird unter Bezugnahme auf die Netzwerktheorie beschrieben.

Kennzeichnung von Schule als Sozialisationsfeld war der nächste Schritt, ihre Aufgaben und Funktionen wurden als Pädagogik in organisiert-strukturierter Form pointiert. Mit Hilfe der zentraltheoretischen Grundannahmen lassen sich pädagogische Beziehungen in der Schule als Rollenbeziehungen sowie Sozialisationsräume und -wirkungen der Schule kennzeichnen. Diese Strukturierung der schulischen Sozialisationsbedingungen wurde aus interaktionistischer Sicht reformuliert und mündet in die Charakterisierung der Schule als Kumulations- und Interdependenzfeld soziostruktureller Dynamiken, das Schülern vermehrt ein bewältigungsorientiertes Schulmanagement abverlangt.

Resümierend wurde eine Systematisierung von Problemebenen im Sozialisationsfeld Schule versucht (Probleme von Schule, für Schule, mit Schule), die eine Rahmung für die präzisierte Bestimmung der Begriffe „Probleme" und „Belastungen" darstellt.

Hiervon ausgehend war die Frage zentral, welche Ressourcen sozialer Unterstützung den Kids und Jugendlichen bezüglich der genannten schulischen Bewältigungsanforderungen zur Verfügung stehen (können) - es wurden die Sozialisationsinstanzen Familie, peers, Schule und Jugendhilfe als Unterstützungsfelder thematisiert. Auf die Jugendhilfe wurde ein Schwerpunkt gesetzt (entsprechend des angestrebten Ziels einer Aufgabenbestimmung schulbezogener Angebote der Jugendhilfe): Jugendhilfe wurde als Institutionensetting in Beziehung zum fachtheoretischen Diskurs der Sozialpädagogik gesetzt, aus dem sie ihre Gestaltungs- und Handlungsprinzipien gewinnt.

Sozialpädagogik wurde als lebenswelt- und alltagsorientiert (Thiersch) sowie als Hilfe zur biografischen Lebensbewältigung (Böhnisch) verortet. Darauf sind Arbeitsprinzipien der Milieubildung und Netzwerkarbeit abgestimmt, deren Interventionsziele mit den Begriffen lebenslagengestaltend-strukturierend und problembearbeitend-integrierend geprägt wurden.

Eine Übertragung der fachtheoretischen und konzeptionellen Überlegungen zur Sozialpädagogik auf Schule folgte: die Alltagswelt Schule konnte in ihren interaktiv-kontextuellen Dimensionen beschrieben und spezifische Aspekte von Alltäglichkeit in ihr aufgegriffen werden. Lebenslagengestaltend-strukturierende schulbezogene Angebote und problembearbeitend-integrierende schulbezogene Hilfen sind als Angebotssegmente eines integrierten jugendpädagogischen Zugangs zum Lebensraum Schule zu verstehen, der sich auf eine sozialpädagogische Betrachtung ihres institutionellen Rahmens stützt.

Das Konzept *schulbezogener Angebote der Jugendhilfe als schulalltagsorientierte Sozialpädagogik* läßt sich graphisch zusammengefaßt wie folgt darstellen (siehe Abb. 10).

Abb. 10: Dimensionierung schulbezogener Angebote der Jugendhilfe als schulalltagsorientierte Sozialpädagogik

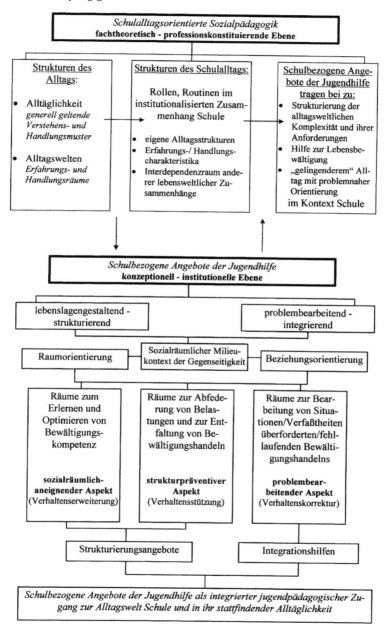

Teil 3: Ermittlung der empirischen Relevanz des Gegenstandes schulbezogener Angebote der Jugendhilfe: Belastungen und Probleme im Kontext Schule und (nicht) vorhandene Ressourcen sozialer Unterstützung

I Anmerkungen zum methodischen Vorgehen

Zunächst soll in diesem Abschnitt der Frage nachgegangen werden, wie das Ziel der Untersuchung in eine empirische Erhebung übersetzt werden kann, wie also Problemlagen im Kontext Schule so strukturiert und systematisiert werden können, daß sie von Schülern erfragbar werden.

Hier greife ich auf die Untersuchung von Prüß/Bettmer/Hartnuß/Maykus (vgl. 2000) zurück, deren Zielsetzung und Forschungsdesign die empirische Grundlage für das hier entwickelte Konzept der Arbeit darstellt, die angestrebte Zusammenführung von Empirie mit sozialpädagogischer Fachtheorie also ermöglicht:
Das Ministerium für Bildung, Wissenschaft und Kultur des Landes Mecklenburg-Vorpommern förderte von 1998 bis 2000 ein Forschungsvorhaben, das die „Entwicklung der Kooperation von Jugendhilfe und Schule in Mecklenburg-Vorpommern" detailliert in den Blick genommen hat. Mit dem Forschungsprojekt wurden zwei zentrale Ziele verfolgt (vgl. Prüß u. a. 1999, 2000): Zum einen wurde mit der Untersuchung der Bestand an Projekten der Kooperation von Jugendhilfe und Schule erfaßt und eine vergleichende Beurteilung der Projekte versucht, die als Orientierung für die Weiterentwicklung des Handlungsfeldes dient. Es wurden zu diesem Zweck die organisatorische und institutionelle Strukturierung und Ausstattung erfragt, genauso wie die Bandbreite der bearbeiteten Probleme und Aufgaben, die Vielfalt und Angemessenheit der eingesetzten Methoden sowie die Nutzung der vorhandenen Ressourcen in Kommune und Kreis abgebildet.

Zum anderen wurde der Bedarf an Projekten der Kooperation von Jugendhilfe und Schule in Mecklenburg-Vorpommern ermittelt, indem eine repräsentative standardisierte Befragung von 1627 Schülern, 1026 Eltern, 387 Lehrern und 189 Schulsozialarbeitern durchgeführt wurde. Ermittelt wurden jeweils die unterschiedliche Wahrnehmung von Problemen und Belastungen im Schulalltag sowie die Einschätzung der zur Verfügung stehenden Ressourcen sozialer Unterstützung durch die jeweilige Population. Es wurden auf diese Weise Konsequenzen für die weitere Entwicklung zweckmäßiger und effizienter Modelle der Kooperation von Jugendhilfe und Schule abgeleitet. Als Bedarf galten in diesem Zusammenhang solche Problemlagen im schulischen Sozialisationsprozeß, die mit den bestehenden Ressourcen von Schule, Familie und Jugendhilfe, d. h. ohne zusätzliche Angebote der schulbezogenen Jugendhilfe, nicht angemessen bearbeitet werden können.
Auf dieser Grundlage werde ich als erstes eine Operationalisierung der Auswertungsperspektive vornehmen (1.) und die Kernannahme als modellhaften Variablenzusammenhang darstellen. Es folgt eine Formulierung von Vorannahmen, die die zusammenfassende Interpretation der empirischen Ergebnisse strukturiert (2.). Das Forschungsziel wird nun in das Forschungsdesign der genannten Untersuchung (vgl. Prüß u. a. 2000) übertragen, das methodische Vorgehen präzisiert (3.), um die gewählte (quantitative) Methodik vor dem Hintergrund der gewählten Fragestellung zu begründen (4.).

Die Entscheidung für eine bestimmte Methodik zu fällen, bedeutet auch immer, sich für eine bestimmte Form von Ergebnissen (die mit dieser Methodik produziert werden können) zu entscheiden. Eine andere Qualität von Ergebnissen müßte auch mit Hilfe anderer Methoden angestrebt werden. Es soll somit nach der Begründung der gewählten Methodik auch kritisch ihre Grenze bei der Generierung von Erkenntnis aufgezeigt werden, so daß offene Fragen nicht nur benannt, sondern auch als über das Ziel der Untersuchung hinausgehend (und daher als hier zu vernachlässigen) gekennzeichnet werden (5.).
Die Beschreibung der Befragungspopulation dient schließlich als Hintergrundinformation (6.), für die folgende Darstellung der empirischen Ergebnisse.

1 Operationalisierung der Auswertungsperspektive:
Belastungen und Probleme in der Schule und Ressourcen sozialer Unterstützung

Wie einleitend beschrieben, ist das Ziel der landesweiten und repräsentativen Untersuchung in Mecklenburg-Vorpommern, sozialisationsrelevante Problemlagen von Kindern und Jugendlichen im Kontext Schule sowie (nicht) vorhandene Ressourcen sozialer Unterstützung zur Bearbeitung dieser Probleme zu erfassen.

Wie lassen sich also Problemlagen im Kontext Schule so strukturieren und systematisieren, daß sie abbildbar und von Schülern erfragt werden können?

Zu diesem Zweck liegt der empirischen Erhebung ein vereinfachtes Modell der theoretisch beschriebenen Variablenzusammenhänge zugrunde, das die Befragungsinhalte strukturiert: Neben einer Auswahl von Problemen im schulischen Kontext (*Problemelemente* genannt, insgesamt fünf Bereiche, von denen ausgewählte Ergebnisse dargestellt werden) werden *Wahrnehmungen* dieser Probleme aus der Sicht von Schülern erfaßt sowie mögliche Verhaltensweisen, die zur Bewältigung erlebter Belastung dienen können. Man könnte hier auch von *Belastungssymptomen* und *Bewältigungsversuchen* der Schüler sprechen. Schließlich werden die den Schülern zugänglichen *Ressourcen sozialer Unterstützung* ermittelt, die zur Bearbeitung der erfaßten Probleme im schulischen Kontext herangezogen werden können. Die Erfassung von Problemen und Belastungen im schulischen Kontext gliedert sich nach:

1. *Problemelemente*: meint Situationselemente in der Schule, die von den Befragten als objektiv (im Schulalltag existent) wahrgenommen werden (Teilaspekte von Situationen und Anforderungen in der Schule, die beobachtbar sind) - hierzu zählen
   - Leistungsanforderungen (Einschätzung der eigenen Fähigkeiten zur Bewältigung des Lernstoffes hinsichtlich des Inhalts und des Umfanges)
   - Schüler-Schüler-Beziehung (meint die soziale Interaktion zwischen Schülern am Ort Schule und im Bezug auf schulische Zusammenhänge (Klasse, Schulhof etc.) - zentral sind hier Aspekte wie Solidarität, Konkurrenz/Konfliktaustragung, Konformitätsdruck und Ausgrenzungsprozesse)
   - Lehrer-Schüler-Beziehung (Verhaltens- und Handlungsformen der Lehrer in der konkreten sozialen Interaktion mit Schülern im Zusammenhang professioneller Anforderungen)
   - Schule als Lebensort (Nutzungsmöglichkeiten von Räumen, Schulangebote bzgl. außerunterrichtlicher Bildung und Freizeitangeboten)
   - Familiär zu sichernde materielle Mindeststandards (von der Familie bereitzustellende Grundausstattung für die Kinder zur Teilhabe an schulischen Lern- und Lebensprozessen).

2. *Wahrnehmung von Problemlagen und Belastungsanzeichen*: Erfassung psychischer Zustände von Schülern im Zusammenhang mit individuell wahrgenommenen Diskrepanzen

zwischen den Entwürfen der Schüler und Anforderungen der Institution Schule (siehe Problemelemente). Diese Diskrepanzen regen Lernprozesse an, können jedoch auch zu Überforderungen führen. Zentral sind psychische Zustände/Verfaßtheiten wie Emotionen, Spannungen, Stimmungen etc. In diesem Zusammenhang sollen auch körperliche Belastungssymptome (Erkrankungen) ermittelt werden.

3. *Verhaltensweisen zur Belastungsregulation (Bewältigungshandeln)*: Erfassung individueller Verhaltensweisen, die zur Bewältigung von Problemlagen dienen können und einen Spannungsabbau bewirken. Zentral sind hier individuelle Strategien der Reaktion auf äußere Anforderungen wie Rückzug, Verweigerung, Konformität oder Rebellion und abweichendes, (schul-)deviantes Verhalten.

4. *Einschätzung der Ressourcen sozialer Unterstützung*: Erfassung von vorhandenen Unterstützungsressourcen in der Familie, dem Freundeskreis und in Jugendfreizeitangeboten sowie Erfassung der (mit vorgegebenen hypothetischen Problemen erfragten) Problemlösungskompetenzen und sozialen Unterstützungspotentiale bei ausdrücklicher schulischer Relevanz.

Kernannahme ist dabei, daß
— die ermittelten Problemebenen im schulischen Kontext sich in spezifischer Weise auf die Ebene individuellen Erlebens und Verhaltens abbilden lassen,
— entsprechende, darauf abgestimmte Handlungsstrategien ermittelbar sind, die als Bewältigungshandeln verstanden werden und
— soziale Ressourcen der Unterstützung bei schulisch relevanten Problemen als Bewältigungshilfe in Form spezifischer Hilfearten von spezifischen Hilfeträgern (bezogen auf die Problemelemente) von Schülern (nicht) abgerufen werden.

Die Darstellung und Operationalisierung dieser gemäß meiner theoretischen Vorannahmen systematisierten inhaltlichen Dimensionen schulischer Problemelemente, ihrer Wahrnehmung und Bewältigung im konkreten Handeln erfolgt im Ergebniskapitel (Abschnitt II).

2 Forschungsdesign - Stichprobenziehung und Erhebungsinstrument

Im Rahmen wurden die genannten Themenbereiche objektiver Problemelemente, psychischer und physischer Belastungsanzeichen sowie Verhaltens- und Bewältigungsformen erfaßt. Für die Befragten sollte eine hohe Anonymität bei der Erhebung dieser zum Teil persönlichen Aspekte hergestellt werden, daher wurde den Schülern ein Fragebogen vorgelegt, den sie selbst und ohne jede Kontrolle durch andere ausfüllen konnten.

Die Befragung der Schüler wurde im Klassenverband durchgeführt. Dabei war jeweils ein Interviewer in der Klasse anwesend, um Rückfragen der Schüler zu beantworten (vgl. Prüß u. a. 2000).

Das Untersuchungssample setzt sich aus Schülern der Klassenstufen 5 bis 10 aller allgemeinbildenden Schulen zusammen. Um ein repräsentatives Abbild für die Schüler dieser Klassenstufen und Schulformen Mecklenburg-Vorpommerns zu erhalten, ist das Untersuchungssample geschichtet gebildet worden. Es wurde eine Stichprobe im Umfang von 1,5 % gezogen, die hinsichtlich der Schulart, der Klassenstufen und des Geschlechts ein verkleinertes Abbild der Grundgesamtheit darstellt. Die Befragung fand an 34 Schulen in Mecklenburg-Vorpommern in insgesamt 82 Klassen statt, bei der Auswahl der Schulen wurde auch die regionale Verteilung berücksichtigt.

Die Teilnahme der Schüler an der Befragung war freiwillig, zusätzlich wurde die Einwilligung der Eltern eingeholt.
Die Datenauswertung erfolgt anhand des Statistik- Paketes SPSS. Die Verfahren der Datenspeicherung und -auswertung erfüllen die datenschutzrechtlichen Grundlagen.

3 Begründung der Methodik

Die Auswahl einer bestimmten Forschungsmethodik hängt mit der zu klärenden Frage- und Problemstellung zusammen, dem jeweiligen Erkenntnis- und Verwertungsinteresse. Deshalb sei im folgenden die Forschungsmethodik in Abhängigkeit von der zentralen Fragestellung verdeutlicht:

Schulbezogene Angebote der Jugendhilfe wurden in Teil 2 in ihrer Bedeutsamkeit für die Bearbeitung von Problemen und Belastungen im Schulalltag beschrieben, das heißt in ihrer Funktion (Bearbeitung und Beitrag zur Lösung) mit Blick auf einen bestimmten Gegenstand (Probleme und Belastungen) theoretisch plausibilisiert. Dies geschah vor allem vor dem Hintergrund empirischer Befunde und theoretischer Reflexionen anderer Studien zur Individualisierungstheorie (gesamtgesellschaftliche Ebene), zu Handlungsbedingungen in einer Institution (institutionelle Ebene Schule) und zu Handlungsformen und Bewältigungsverhalten (individuelle Ebene des Agierens). Diese analytischen Bereiche wurden zusammengeführt und in einem vierten, dem des sozialpädagogischen Fachdiskurses, als Konzeptmatrix für schulbezogene Angebote der Jugendhilfe, gebündelt.

Bisher erfolgte eine theoretisch plausibilisierte Vorannahme über das Notwendige, das heißt eine fachtheoretisch konzeptualisierte (schulalltagsorientierte) Aufgabe schulbezogener Angebote der Jugendhilfe, die in der Bearbeitung ihres ebenso hergeleiteten Gegenstandes besteht. Es wurde *ein erstes Begründungs*segment vorgestellt, das den Stellenwert schulbezogener Angebote der Jugendhilfe beschreibt. Die Begründung des Stellenwertes einer sozialpädagogischen Angebotsform wird aber wesentlich durch die Erkundung des Ausmaßes und der Verteilung ihres Gegenstandes beeinflußt. Es ist also ein *zweites Begründungssegment* aufgezeigt, das mit Hilfe einer empirischen Grundlagenuntersuchung von Prüß u. a. (vgl. 2000) geliefert wird. Empirische Forschung hat demnach die Aufgabe, Aussagen über das Auftreten sozialer Sachverhalte zu machen, das Ausmaß und die quantitative Verteilung von Problemen und Belastungen im Schulalltag zu erkennen. Im ersten Begründungssegment ist also die Erkundung eines bestimmten Gegenstandes vorbereitet worden, die eine Forschungsmethodik zum Zwecke der Produktion von Erkenntnisinteressen mit beschreibender und strukturierender Funktion auf den Plan ruft. Es stellt sich somit die Frage nach dem Ausmaß und der Verteilung der Gegenstandselemente (Probleme) und Bedingungsfaktoren für ermittelte Gegenstandselemente. Dieser Frage ist mit Hilfe einer breit angelegten quantitativen und repräsentativen Studie (hier für ein Bundesland, vgl. ebd.) zu ermitteln.

Kurz: Die theoretisch plausibilisierte Reaktion auf einen Gegenstand (hier die sozialpädagogische Bearbeitung von Problemen und Belastungen im Schulalltag - Ebene des Fachkonzeptes/Begründungssegment 1) wird mit dem empirisch ermittelten Ausmaß des Gegenstandes (Probleme und Belastungen im Schulalltag - Ebene statistischer Modelle/Begründungssegment 2) zusammengeführt, so saß beide Segmente die Bestimmung des Stellenwerts eines sozialpädagogischen Handlungsansatzes zum Ergebnis haben.

Der Nutzen dieses Vorgehens liegt in der präzisierten Möglichkeit, das Rahmenkonzept „schulbezogener Angebote der Jugendhilfe als schulalltagsorientierte Sozialpädagogik" hinsichtlich seiner Aufgaben und Handlungsaspekte zu füllen: Aufgrund
- der empirischen Ergebnisse sind Schwerpunktsetzungen bestimmter Handlungsnotwendigkeiten erkennbar (durch Aussagen über Verteilungen und Bedingungskonstellationen). Es lassen sich also Hinweise für Angebotsschwerpunkte finden (Gegenstände des Handelns - Interventionsziele) und mit Hilfe
- der fachtheoretischen Grundlegungen lassen sich diese Aussagen qualifizieren sozialpädagogisch begründete Handlungskonzepte und Arbeitsprinzipien übersetzen (Reaktionen auf die Gegenstände - Interventionsformen).

Quantitativ-empirische Forschung, Statistik bedeutet Modelldenken, das Denken in Modellen, die für ganz bestimmte Problemstellungen entwickelt worden sind. Hier repräsentiert ein Modell Beziehungen zwischen Variablen, wie der Zusammenhang zwischen Problembelastung und Bewältigungshandeln. Grundlagenorientierte Forschung bedeutet immer die Produktion von möglichst allgemeingültigem Wissen, die Beschreibung sozialer Sachverhalte und abstrakter Zusammenhänge. Nicht der einzelne Fall, sondern die generelle Tendenz steht im Vordergrund des Interesses - welche Erkenntnisgrenzen lassen sich bei diesem Vorgehen kritisch anmerken?

4 Kritik: Erkenntnisgrenzen des methodischen Vorgehens

Statistischen Modellen wird in der Regel vorgeworfen, sie betrachten den Menschen lediglich hinsichtlich einzelner, isolierter Modelle und verstellen damit den Blick auf die sozialen Zusammenhänge, sie machen schließlich aus einer Vielzahl von individuellen Lebenszusammenhängen eine Vereinheitlichung und Verallgemeinerung. Diese Vorwürfe tragen wahre Aspekte in sich, trotzdem: niemals kann eine „Ganzheit" analysiert werden, empirische Untersuchungen müssen sich immer auf eine begrenzte Zahl von Elementen der Realität beschränken. Statistische Modelle

- beinhalten im Vergleich zur abgebildeten Realität erhebliche Vereinfachungen und Formalisierungen (also eine Reduzierung von sozialer Komplexität, die Unterscheidung von Wesentlichem und Unwesentlichem in Abhängigkeit von der Fragestellung),
- lassen sich nur auf zählbare Tatbestände anwenden (die Operationalisierung ermöglicht dann eine Anwendbarkeit auf soziale Sachverhalte) und
- beziehen sich nie auf den Einzelfall, sondern auf Gruppen vergleichbarer Fälle.

Ist dies nicht ein Widerspruch zum entwickelten Rahmenkonzept einer schulalltagsorientierten Sozialpädagogik, das auf interaktionistische Annahmen gründet, mithin die wesentliche Grundlage qualitativer Sozialforschung? Nein, denn es geht hier nicht um die Überprüfung, die Rekonstruktion einer Wirkung oder des pädagogischen Handelns im Alltag, sondern erst um die Begründung eines derart verorteten Konzeptes. Das Konzept der Alltagsorientierung in der Sozialpädagogik dient der Strukturierung und Wahrnehmung von institutionellen Bedingungen und des Handelns in ihnen, aber nicht nur auf den Einzelfall, sondern auch auf eine Gruppe von Adressaten bezogen. Dies ist der Stellenwert des Konzeptes für die Begründung grundlegender Forschungsfragen, neben seinem Stellenwert für die Arbeit in der konkreten Praxis (heuristisches Konzept in doppelter Weise).

Erst nach der Bestimmung des Stellenwerts (mit Hilfe der beiden genannten Begründungssegmente) kann ein qualitativer Blick auf die dann umgesetzte Praxis geschehen - die Erkenntnisgrenze ist hier auch gleichzeitig die Grenze der zu bearbeitenden Fragestellung.

Sie zu übertreten, wäre Aufgabe weiterer Forschung und Studien, die aber nicht innerhalb einer Arbeit geleistet werden kann. Hier deutet sich die Notwendigkeit eines integrativen Forschungskonzeptes an, daß Bestandteil der forschenden Identität der sozialpädagogischen Disziplin sein müßte und nicht einzelnen Studien per se auferlegt ist (ein Aspekt, der in Kap. 7/Teil 4 verdeutlicht wird).

Das Übertreten der Grenze würde gemäß des vorliegenden Konzeptes eine Untersuchung von sozialpädagogischem Handeln bedeuten, damit auch vom Alltagshandeln der Schüler. Im Zentrum des forschenden Blicks steht dann das Wiederkehrende, Gewohnte, Nebenhandlungen, Szenen am Rande, Leerlauf etc. als Bestandteile des Alltagshandelns. Der Blick wäre gerichtet auf kleinste Handlungsschritte, die Basis sind für Handlungssequenzen im Alltag (hier der Schule). Gemeint ist also eine Interaktionsanalyse, genau wie eine Untersuchung von Handlungsprogrammen und deren Wirkung (z. B. die Wirkung eines auf der Grundlage schulalltagsorientierter Sozialpädagogik entwickelten Projektes der Arbeit mit Gewaltopfern). Dies würde eine direkte Untersuchungssituation, explorative Gespräche, beteiligte Beobachtungen und damit die Vermeidung hemmender Kommunikationsformen (wie z. B. standardisierte Verfahren) notwendig machen.

Die formulierte Erkenntnisgrenze (und die in deren Rahmen möglichen Erkenntnisse) qualifizieren meiner Meinung nach auch ihr Übertreten, die Beschäftigung mit weiteren, präzisierten und in ein anderes Forschungsdesign übersetzten Untersuchungen.
Kurz: Ziel ist nicht die Rekonstruktion von sozialpädagogischem Handeln und dem der Adressaten, sondern die Kennzeichnung deren Stellenwerts im Forschungsprozeß sowie im sozialpädagogischen Handeln gleichermaßen, nachdem ein solches Handlungskonzept samt der damit zu bearbeitenden Aufgaben und Arbeitsprinzipen begründet wurde - und diese detaillierte Begründung (auf zwei Segmente aufbauend) ist hier das Ziel.

5 Beschreibung der Population

Die Befragung der Schüler wurde in 82 Klassen der Klassenstufen 5 bis 10 aus insgesamt 34 Schulen durchgeführt (vgl. dazu Prüß u. a. 2000). Dabei erfolgte die Auswahl nach regionalen und schulbezogenen Kriterien, so daß die hier zugrundeliegende Schülerpopulation ein verkleinertes Abbild der Schülerschaft in Mecklenburg-Vorpommern ergibt.
Die volle Klassenstärke der ausgewählten Klassen betrug 1843 Schüler, davon waren zum Befragungszeitpunkt (Mai/Juni 1999) 1661 anwesend, 1633 nahmen an der Befragung teil. Bezogen auf die anwesenden Schüler ergibt sich damit ein Rücklauf bzw. eine Teilnahmequote von 98 %.

Von den 1633 ausgefüllten Fragebögen waren lediglich 6 nicht auswertbar. Die der folgenden Analyse zugrundeliegende Population umfaßt damit 1627 Fragebögen von Schülern.
Die nachfolgende Abbildung veranschaulicht die Zusammensetzung der Schülerpopulation nach Schulformen bzw. Bildungsgängen (Abb. 2):

Abb. 2: Schülerpopulation nach Schultypen

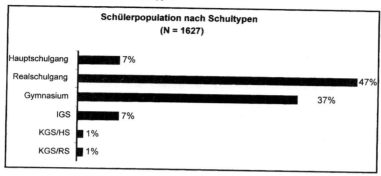

Hinsichtlich der einbezogenen Klassenstufen ergibt sich folgendes Bild (Abb. 3):

Abb. 3: Schülerpopulation nach Klassenstufen

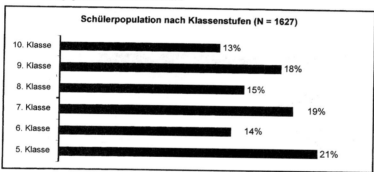

Von den an der Befragung teilnehmenden Schülern sind 53 % Mädchen und 47 % Jungen.

Der überwiegende Teil der Schüler (82 %) lebt in der klassischen Kernfamilie, also zusammen mit Mutter und Vater, 15 % leben nur mit der Mutter und 2 % nur mit dem Vater zusammen. Andere familiäre Lebensformen wie z. B. bei Verwandten, in Pflegefamilien oder Heimen sind die Ausnahme. Die Mehrheit der Schüler hat Geschwister: 55 % der Befragten haben eine Schwester bzw. einen Bruder, 20 % haben zwei Geschwister, 16 % der Schüler wachsen als Einzelkind auf (siehe Abb. 4).

Abb. 4: Schülerpopulation nach Lebensform I

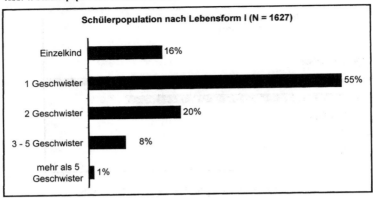

Abb. 5: Schülerpopulation nach Lebensform II

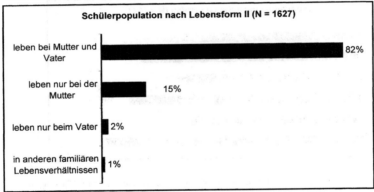

Die Auswahl der Untersuchungsklassen wurde nach der regionalen Verteilung der Schülerschaft in Mecklenburg-Vorpommern vorgenommen. Dabei wurde zunächst der Schulstandort als Auswahlkriterium herangezogen. Da der Schulstandort nicht mit dem Wohnort der Schüler übereinstimmen muß, wurde auch der Wohnort der Schüler erfragt und ob sich die Schule an ihrem Wohnort befindet (Abb. 6):

Abb. 6: Schülerpopulation nach Wohnort/Schulstandort

Schülerpopulation nach Wohnort/Schulstandort (N = 1627)

- Dorf/Land: 52%
- Kleinstadt: 29%
- Großstadt: 19%
- Schule nicht am Wohnort: 42%
- Schule am Wohnort: 58%

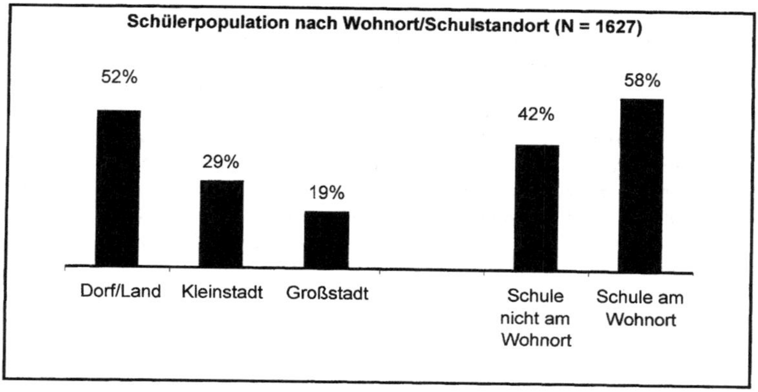

Über die Hälfte der Schüler wohnen nach eigenen Angaben in einem Dorf bzw. im ländlichen Bereich, knapp 30 % leben in einer Kleinstadt und ungefähr ein Fünftel der Befragten in Großstädten. Für 42 % der Schüler befindet sich die von ihnen besuchte Schule nicht an ihrem Wohnort.

II Darstellung der empirischen Ergebnisse

Gemäß der aufgezeigten Variablenzusammenhänge folgt die Darstellung der empirischen Ergebnisse der folgenden Systematik:
Zunächst werden Probleme im Schulalltag ermittelt (Problembereiche; Kap. 1), um dann psychische und physische Bewältigungssymptome in der Schule darzustellen (Wahrnehmungsebene; Kap. 2). Im dritten Schritt werden verschiedene Formen von Belastungsregulations- und Bewältigungshandeln der Schüler referiert (Kap. 3), so daß danach der Frage nachgegangen werden kann, wie sie die Verteilung und das Ausmaß der Probleme und deren Bewältigung im Schulalltag darstellt (Kap. 4). Abschließend werden die den Schülern zur Verfügung stehenden Ressourcen sozialer Unterstützung bei Problemen und Belastungen im Schulalltag ermittelt (Kap. 5), damit abschließend eine zusammenfassende Interpretation der empirischen Ergebnisse Ansatzpunkte liefert für die Konzeptualisierung schulbezogener Angebote der Jugendhilfe.

In den jeweiligen Teilkapiteln werden die Ergebnisse zunächst nach der Gesamtauswertung dargestellt, hierzu sind tabellarische Übersichten angefertigt worden. Ergebnisse, die durch Berechnungen nach Standarddifferenzierungen zustande gekommen sind, werden nur in Textform ergänzt. Dieser beschreibenden Auswertung folgen bi- und multivariate Zusammenhangsprüfungen, die wiederum in Textform verdeutlicht werden. Problemstrukturen, die in den inhaltlichen Teilbereichen ermittelt werden, sind zusätzlich graphisch veranschaulicht. Die Kernergebnisse eines jeden Abschnittes werden in Zusammenfassungen resümiert.

1 Problembereiche im Schulalltag

Die Ermittlung von Problembereichen im Schulalltag betrifft Situationselemente in der Schule, die von den Befragten als dort existent (oder auf den Schulalltag bezogen) wahrgenommen werden. Erhoben werden Teilaspekte von Situationen und Anforderungen in der Schule, die beobachtbar sind. Hierzu zählen Leistungsanforderungen und -überforderungen (1. 1; Einschätzung der eigenen Lernsituation im Unterricht, schulleistungsbezogene Ängste sowie leistungsbezogener Außendruck), die Schüler-Schüler-Beziehung als soziale Interaktion am Ort Schule mit Aspekten wie Solidarität, Konkurrenz, gewaltförmiges Verhalten etc. (1. 2), die Beziehung der Schüler zu den Lehrern (1. 3) sowie schulbezogene Armutsaspekte (1. 4). Abschließend werden die ermittelten Problembereiche im Schulalltag zusammengefaßt und graphisch verdeutlicht (1. 5).

1.1 Leistungsanforderungen und -überforderungen

Mit Leistungsanforderungen ist hier ein sehr weites Verständnis von direkt schulbezogenen Anforderungen gemeint: Zum einen umfaßt es die Frage nach den Leistungsanforderungen im Unterricht (Unterrichtsstoff und -tempo im subjektiven Erleben, 1. 1. 2) und einer möglichen Überforderung damit (Leistungsdruck seitens der Schule-Leistungsanforderungen und -überforderungen im engeren Sinne). Zum anderen sind aber auch Anforderungen gemeint, die den Umgang mit Elternerwartungen bezüglich der Schulleistungen betreffen und die auf einen Erwartungsdruck der Eltern schließen lassen (Leistungsdruck seitens der Eltern, 1. 1. 3). Damit zusammenhängend werden schulleistungsbezogene Ängste thematisiert, die in Verbindung mit erlebtem Leistungsdruck als Versagensängste interpretiert werden können (1. 1. 4). Zunächst soll aber der Blick auf Schule vorangestellt werden (1. 1. 1), die Einschätzung der Bedeutung von Schule für den Einzelnen, um diese Information nicht nur als allgemeinen Aufhänger und als Generaleinschätzung, sondern auch als Differenzierungskriterium zu nutzen. Schließlich soll eine Zusammenschau der hier betrachteten Aspekte vorgenommen werden, d. h. Zusammenhänge in Form von Korrelationen und eine zusammenfassende Interpretation vorgenommen werden (1. 1. 5 und 1. 1. 6).

1.1.1 Bedeutung von Schule

In Kapitel 2 (Teil 2) wurde die Institution Schule als sozialer und funktionaler Raum charakterisiert: Um die Reproduktionsfunktion des Schulsystems zu erfüllen (Qualifikation, Selektion, Integration), ist Schule auf veranstaltete Pädagogik in strukturiert-organisierter Form angewiesen, die der eigendynamischen Anforderungsstruktur von Schule gerecht zu werden versucht. Zu diesem Zwecke findet, rollentheoretisch gesprochen, eine Reduzierung der Jugendlichen auf die Schülerrolle statt, eine Segmentierung einzelner Bereiche der Schülerpersönlichkeit und eine Betonung der kognitiven Komponente. Schule ist also gekennzeichnet durch Merkmale organisierter Normen und formalisierter Rollenerwartungen, pädagogische Arbeit ist in umfassende organisatorische Strukturen eingebunden, die sicherstellen sollen, daß systematischer und kontinuierlicher Unterricht für alle Heranwachsenden realisiert werden kann (vgl. Kap. 2. 1 und 2. 2/Teil 2). Dieser funktionale Aspekt von Schule wird ergänzt durch einen sozialen, der oft als „Hinterbühne" für Schüler bezeichnet wird und Schule als sozialen Treffpunkt, als Ort jugendkultureller peer-Erfahrungen meint. Schule ist ein Ort der Entstehung von vielfältigen sozialen Beziehungen, die auch der zentrale Grund für Schulfreude sind (vgl.

Kap. 2. 5/Teil 2). Entsprechend dieser Grundannahmen wurde der Blick auf Schule hinsichtlich dieser beiden Aspekte operationalisiert.

Um Schule in ihrem Stellenwert als sozialem Raum zu erfragen, wurden Items formuliert, die Freundschaftsbeziehungen in der Schule und Schule als sozialen Treffpunkt, als Drehscheibe für weitere Aktivitäten betrachten. Daneben wurde das Verbringen von Freizeit und erlebte soziale Unterstützung am Ort Schule benannt. Die Schüler machten Aussagen zu den Vorgaben: Die Schule ist für mich ein Ort ...
- wo ich viele Freunde habe
- wo ich meine Freunde treffe und mich mit ihnen für die Freizeit verabreden kann
- wo ich nach dem Unterricht auch meine Freizeit verbringen kann
- wo ich Unterstützung finde, wenn ich Probleme habe

Schule als funktionaler Raum wurde hinsichtlich der eingeschränkten, lernstofforientierten Erfahrungen, der Leistungsorientierung und entsprechenden Bewertung der Persönlichkeit sowie der Formalisierung und Reglementierung zuungunsten von Freiräumen abgefragt. Die Schüler sollten folgenden Formulierungen Zustimmungen erteilen: Schule ist für mich ein Ort ...
- wo man nur lernen kann, was einem die Lehrer vorgeben
- an dem man nur nach Noten beurteilt wird
- wo man wenig Freiheiten hat und viele Regeln einhalten muß

Die Schüler schätzen hierbei den Grad ihrer Zustimmung auf einem ordinalskalierten 4er-Antwortschema ein (von „trifft voll zu" bis „trifft überhaupt nicht zu"). Die folgenden Tabelle gibt einen Überblick über die Antworten unterteilt nach den beiden Aspekten sozialer und funktionaler Raum Schule:

Tab. 1: Was bedeutet die Schule für Dich? Für mich ist die Schule ein Ort ...

	trifft voll zu	trifft eher zu	(trifft voll zu/ trifft eher zu)	trifft eher nicht zu	trifft überhaupt nicht zu	(trifft eher nicht zu/ trifft überhaupt nicht zu)
...wo ich viele Freunde habe (n = 1620)	55,9 %	34,1 %	90,0 %	8,0 %	2,0 %	10,0 %
... wo ich meine Freunde treffe und mich für die Freizeit verabreden kann (n = 1622)	35,1 %	33,0 %	68,1 %	24,5 %	7,4 %	31,9 %
... wo ich nach dem Unterricht auch meine Freizeit verbringen kann (n = 1618)	7,1 %	11,4 %	18,5 %	23,8 %	57,7 %	81,5 %
... wo ich Unterstützung finde, wenn ich Probleme habe (n = 1619)	10,2 %	25,2 %	35,4 %	40,2 %	24,4 %	64,6 %
... wo man nur lernen kann, was einem die Lehrer vorgeben (n = 1617)	27,9 %	40,1 %	68,0 %	24,5 %	7,5 %	32,0 %
... an dem man nur nach Noten beurteilt wird (n = 1612)	19,4 %	29,4 %	48,8 %	37,8 %	13,4 %	51,2 %
... wo man wenig Freiheiten hat und viele Regeln einhalten muß (n = 1615)	29,9 %	37,6 %	67,5 %	26,4 %	7,1 %	33,5 %

Betrachtet man die Ergebnisse zur Einschätzung von Schule als sozialem Raum (siehe im folgenden Tab. 1), fällt auf, daß Schule für die große Mehrheit der Schüler ein Ort von Freundschaftbeziehungen ist. 90 % der Schüler sagen, daß dies voll oder eher für sie zutrifft (über die Hälfte sagt, das trifft voll zu). Diese große Mehrheit der Schüler betritt im Schulalltag die genannte „Hinterbühne", den Raum von erlebten Freundschaften, Kontakten zu Mitschülern und peer-Erfahrungen. Hier gehören Freundschaften und Lernen zusammen, in Beziehungen zu Gleichaltrigen kann eine selbsttätige und jugendkulturell eigenwillige Auseinandersetzung mit Schule entwickelt werden (vgl. Kap. 3. 2/Teil 2). Für eine Zahl von 10 % der Schüler trifft dies aber eher oder überhaupt nicht zu. Für diese Kinder und Jugendlichen besteht eher soziale Isolation am Ort Schule, die Herstellung und Pflege dortiger Netzwerke einschließlich darüberhinausgehender Freundschaften kann hier scheinbar nicht ohne Unterstützung geleistet werden.

Freundschaftsbeziehungen in der Schule haben einen größeren Stellenwert in den unteren Klassen (höchst signifikanter Verteilungsunterschied nach Chi-Quadrat-Test von Pearson auf dem Niveau von p = ,000). In den Klassen 5 bis 8 wird dem zwischen 91 % und 93 % zugestimmt, in den oberen Klassen 9 und 10 wird dies weniger, ohne aber an deutlichem Stellenwert zu verlieren (die Anteile liegen hier noch bei 86, 7 % bis 87, 9 % an voll oder eher zustimmenden Schülern). Es gibt hier keine schulform- oder geschlechtsbezogenen signifikanten Unterschiede.

Etwas geringer fällt die Treffpunkt- und Drehscheibenfunktion von Schule aus, diesem wird nur noch von 68, 1 % der Schüler voll oder eher zugestimmt, erkennbar ist aber trotzdem ein ziemlich hoher Stellenwert der Schule hierfür. Differenziert man diese Aussagen nach Schulformen, so trifft die Treffpunktfunktion von Schule für Hauptschüler weniger zu (55, 8 % sagen, dies trifft voll oder eher zu), wenn auch noch für mehr als die Hälfte. An den anderen Schulformen ist dieser Aspekt stärker ausgeprägt (Realschule 69, 7 %, Gymnasium 68, 5 % und Integrierte Gesamtschule 69, 3 % - trifft voll oder eher zu).Das Antwortverhalten nach Klassenstufen betrachtet, ergibt das gleiche Bild wie bei den Freundschaftsbeziehungen, mit steigender Klassenstufe nimmt die Zustimmung ab (jeweils höchst signifikante Verteilungsunterschiede auf dem Niveau von p = ,000).Vielleicht hängt dieser Unterschied zwischen erlebten Freundschaftsbeziehungen und der Treffpunkt- und Drehscheibenfunktion von Schule mit einem anderen deutlichen Ergebnis zusammen:

Nur 18, 5 % der befragten Schüler geben an, nach dem Unterricht auch ihre Freizeit in der Schule verbringen zu können, für eine große Mehrheit trifft dies also eher/überhaupt nicht zu. Der Aspekt der Freizeitgestaltung als respektierter und offen unterstützter Teil des Alltags von Schülern scheint in Schulen dieser Befragten weniger eine Rolle zu spielen. Es läßt sich hier ein Indikator dafür ablesen, daß strukturelle Aspekte der Ressourcenerschließung (vgl. Kap. 4. 1/Teil 2) im Sinne von Schulöffnungskonzepten (hier der Variante zusätzlicher Freizeitangebote) nicht sehr ausgeprägt sind. Eher scheint dies an Hauptschulen und Integrierten Gesamtschulen realisiert, dort trifft für 28, 9 % bzw. 31, 5 % der Schüler die Möglichkeit der Freizeitaktivitäten nach dem Unterricht eher oder voll zu (gegenüber 13, 5 % an Gymnasien und 19, 9 % an Realschulen; höchst signifikante Verteilungsdifferenz auf dem Niveau von p = ,000). Mit steigender Klassenstufe wird die Schule als Freizeitort unattraktiver bzw. fehlen enstprechende Angebote (31 % in Klasse 5 und 4, 5 % in Klasse 10 voll oder eher zustimmender Schüler; höchst signifikante Verteilungsdifferenz auf dem Niveau von p = ,000). Jungen stimmen der Freizeitfunktion von Schule eher zu als Mädchen (sehr signifikante Verteilungsdifferenz auf dem Niveau von p = ,009).

Konnte für eine große Mehrheit der Schüler Schule als Ort von Freundschaftsbeziehungen ermittelt werden, so stellt sie nur für gut ein Drittel der Befragten einen Ort dar, an dem Unterstützung bei Problemen erwartbar ist (für 35, 4 % der Schüler trifft dies voll oder eher zu). Für eine große Zahl an Schülern (knapp zwei Drittel, 64, 4 %) trifft dies eher nicht oder überhaupt nicht zu. Am geringsten ist diese Unterstützungsleistung am Ort Schule aus Sicht von Hauptschülern gegeben (dort stimmen 25, 2 % der Aussage voll oder eher zu), die Angaben der Gymnasiasten und Realschüler entsprechen ungefähr der Gesamtverteilung, nur die Schüler der Integrierten Gesamtschule zeichnen ein anderes Bild: gut die Hälfte dieser Schüler (50, 4 %) sieht Unterstützung bei Problemen in der Schule realisiert (höchst signifikante Verteilungsdifferenz auf dem Niveau von p = ,000). Mit steigender Klassenstufe die Zustimmung hierzu ab, zwischen Mädchen und Jungen lassen sich keine nennenswerten Unterschiede in diesem Punkt feststellen.

Schule als sozialer Raum bedeutet also eher selbsttätige und eigeninitiierte Beziehungsgestaltung (Freundschaftsbeziehungen und Treffpunktfunktion). In Schule strukturell eingebundene, organisierte und für Schüler abrufbare Elemente sozialer Funktionalität (Freizeitgestaltung und Unterstützungs-/Hilfeleistung bei Problemen) sind aus der Sicht der Schüler weitaus geringer vorhanden.

Die Wahrnehmung von Schule als funktionalem Raum ist stark ausgeprägt: Sie wird von gut zwei Dritteln der Schüler bejaht, ausgedrückt in einer Reduzierung der Lernerfahrungen auf Lernstoffvorgaben und in der Starken Reglementierung des Schulalltags. Eine Zahl von 68 % der Schüler sieht Schule als einen Ort an, wo man nur lernen kann, was einem die Lehrer vorgeben (dies wird am Gymnasium am wenigsten beklagt: 60, 3 % der Schüler gegenüber je rund 72 % an Haupt- und Realschulen, Integrierten Gesamtschulen, voll oder eher zustimmend; höchst signifikante Verteilungsdifferenz auf dem Niveau von p = ,000). Ähnlich hoch ist der Anteil von Schülern (67, 5 %), der Schule als einen Ort sieht, wo man wenig Freiheiten hat und viele Regeln einhalten muß (dies wiederum am Gymnasium weniger). Mit steigender Klassenstufe steigt auch die Sensibilität für die Formalisierung des Schulalltags und geringere Freiheiten (bzw. ist hier die Diskrepanz zwischen eigenen Bedürfnissen und institutionellen Vorgaben zunehmend größer; höchst signifikante Verteilungsdifferenz auf dem Niveau von p = ,000). Der funktionale Charakter von Schule, ihre organisatorischen Strukturen als Sicherung des Bildungs- und Erziehungsauftrages spiegeln sich also in Erleben der Mehrzahl der Schüler wieder. Hier ist die Verpflichtung der Kinder und Jugendlichen auf die Schülerrolle während der Schul- und Unterrichtszeit zum Zwecke der funktionalen und universalistischen Ausrichtung von Schule erkennbar (vgl. Kap. 2. 3/Teil 2). Etwas geringer, aber immerhin noch von knapp der Hälfte der Befragten bejaht, fällt die Reduzierung der Wahrnehmung der Schülerpersönlichkeit auf die Schulleistung aus (48, 8 % der Schüler voll oder eher zustimmend, daß man in der Schule nur nach Noten beurteilt wird), trotzdem ist dieser Aspekt der Segmentierung der Schülerpersönlichkeit bei einem recht hohen Anteil der Befragten wahrgenommen. Die Sensibilität für diesen Aspekt im Schulalltag und im Umgang mit den Lehrern steigt wiederum mit den höheren Klassenstufen (höchst signifikante Verteilungsdifferenz auf dem Niveau von p = ,000), so daß schulinterne Bewertungs- und Wahrnehmungsmaßstäbe den Bedürfnissen einer zunehmend sich ausdifferenzierenden jugendlichen, selbständigen Persönlichkeit weniger gerecht werden.

Zusammenfassend läßt sich sagen, daß sich Schule für Schüler als ambivalenter Lebensraum darstellt: Auf der einen Seite ist er als Ort von Freundschaftsbeziehungen und peer-

Erfahrungen anzusehen, auf der anderen Seite ebenso als Ort starker Reglementierung und eingeschränkter Entfaltung jugendkultureller Bedürfnisse. Den Schülern ist eine Ausbalancierung dieser beiden Pole abverlangt, die sicher auch eine gegenseitige Kompensationsfunktion haben: Freundschaftsbeziehungen stellen den jugendkulturellen Sozialkitt in der als übermächtig erlebten Institution Schule dar. Sie sind eigeninitiiertes Gegengewicht, das aber weniger in schulisch organisierten Räumen stattfindet, strukturell eingebundene Aspekte der Sozialität und Unterstützung werden von den meisten Schülern verneint. Problematisch ist, daß für eine Zahl von 10 % der Schüler Schule kein Ort von Freundschaftsbeziehungen ist und die eher auf inszenierte Räume und Kontaktgelegenheiten angewiesen scheinen, um diese Netzwerke zu bilden.

1.1.2 Leistungsanforderungen im Unterricht

Leistungsanforderungen im Unterricht als ein konkreter Aspekt der Prüfung von Leistungsanforderungen und -überforderungen in Schule bezieht sich hier auf zwei Punkte: zunächst wird der Zeitfaktor betrachtet, das Unterrichtstempo in Verbindung mit Über- oder Unterforderungstendenzen:

– der Unterricht ist so schnell, daß ich nicht mitkomme bzw.
– der Unterricht ist so langsam, daß ich mich langweile

Daneben wird der Schweregrad des Unterrichtsstoffes abgefragt, wiederum in Verbindung mit Über- oder Unterforderungstendenzen:

– der Unterricht ist so schwer, daß ich ihn überhaupt nicht verstehe bzw.
– der Unterricht ist so leicht, daß ich mich unterfordert fühle

Die Schüler treffen ihre Einschätzung hinsichtlich der Häufigkeit dieser erlebten Aspekte auf einem ordinalskalierten 4er-Antwortschema (von „das ist fast immer so" bis „das kommt so gut wie nie vor").

Tab. 2: Wie ist es bei Dir im Unterricht? Ist der Stoff manchmal zu schwer? Geht es Dir manchmal zu schnell?

	das ist fast immer so	das ist oft so	(das ist fast immer so/das ist oft so)	das ist selten der Fall	das kommt so gut wie nie vor	(das ist selten der Fall/ das kommt so gut wie nie vor)
Der Unterricht ist so schnell, daß ich nicht mitkomme (n = 1618)	2,8 %	12,5 %	15,3 %	65,0 %	19,7 %	84,7 %
Der Unterricht ist zu langsam, so daß ich mich langweile (n = 1614)	3,4 %	20,5 %	23,9 %	50,7 %	25,4 %	76,1 %
Der Unterrichtsstoff ist so schwer, daß ich ihn überhaupt nicht verstehe (n = 1616)	1,4 %	11,6 %	13,0 %	55,0 %	32,1 %	87,1 %
Der Unterrichtsstoff ist so leicht, daß ich mich unterfordert fühle (n = 1614)	1,4 %	9,0 %	10,4 %	49,9 %	39,7 %	89,6 %

Für eine kleine Zahl von Schülern (2,8 % bzw. 1,4 %) ist der Unterricht fast immer so schnell, daß sie nicht mitkommen bzw. der Unterrichtsstoff so schwer, daß sie fast immer nicht mitkommen (siehe im folgenden Tab. 2). Formuliert man die Bedingung weicher und faßt diejenigen Schüler zusammen, die fast immer bzw. oft diese Situationen im Unterricht erleben, so wird eine recht hohe Zahl an Schülern sichtbar, die man als leistungsüberfordert in weiten Teilen des Schulalltags bezeichnen kann: nunmehr sind es 15, 3 % bzw. 13 % der Schüler, für die diese Überforderung zutrifft. Leistungsüberforderungen in diesem Sinne treten an den Gymnasien und Hauptschulen etwas weniger auf (sehr signifikante Verteilungsdifferenz auf dem Niveau von p = ,002: 8, 9 % an Gymnasien und 10 % an Hauptschulen gegenüber 15, 3 % an Realschulen und 20, 7 % der Schüler an Integrierten Gesamtschulen, die entsprechende Angaben machen). Zwischen Klassenstufen und den Geschlechtern gibt es keine signifikanten Verteilungsunterschiede.

Unterforderungstendenzen aus Sicht von fast einem Viertel der Schüler (23, 9 %) bezüglich des Unterrichtstempos („zu langsam") fast immer oder oft gegeben, 10, 4 % der Schüler sagen, daß der Unterrichtsstoff so leicht ist, daß sie sich fast immer oder oft unterfordert fühlen.

1. 1. 3 Elternerwartungen

Im Rahmen der Charakterisierung der schulischen Bildungssozialisation in Kap. 2. 3/Teil 2 wurde ein beträchtliches Ausmaß an Leistungsdruck für Schüler erkennbar, dessen komplexes Interaktionsgefüge auch wesentlich durch Elternerwartungen gesteuert wird. Daneben wurde die Konfrontation der Schüler mit einer strukturell belastenden Ausgangssituation widersprüchlicher Effekte zwischen Qualifikationsparadox und gesteigertem Erwartungsdruck seitens der Eltern in Kap. 2. 5/Teil 2 als eine Ebene der schulbezogenen Bewältigungsanforderungen von Jugendlichen beschrieben. Elterliche Erwartungshaltungen haben großen Einfluß auf die Entstehung von Leistungsdruck: Bei hoher Erwartung an die schulischen Leistungen, bei der Dominanz des Themas Schulleistungen in der Familienkommunikation sowie der Neigung zu Überforderungen und negativem Sanktionsverhalten erhöht sich der Leistungsdruck für Schüler. Dabei ist die Entstehung von Konflikten mit den Eltern aufgrund der (schlechten) schulischen Leistungen problemverschärfend, so daß die emotionale Anspannung durch eine Kumulation negativer Effekte in Schule und Elternhaus steigt, zudem die Familie an Stellenwert als soziale Ressource der Unterstützung einbüßt.

Um die Elternerwartungen aus Sicht der Schüler abzubilden, sind die Itemformulierungen zwei inhaltlichen Dimensionen zugeordnet, die auch durch eine Faktorenanalyse (Extraktionsmethode: Hauptkomponentenanalyse, Rotationsmethode: Varimax mit Kaiser-Normalisierung) rechnerisch differenziert wurden:

Tab. 3: Faktorenanalyse - Elternerwartungen

	Faktorladung
Faktor 1 : *Leistungs- und Notenzentrierung/Restriktion*	
Meine Eltern wollen nur, daß ich gute Noten nach Hause bringe	,691
Wenn meine Eltern mit mir über die Schule sprechen, dann nur über meine Noten	,656
Meine Eltern wollen nur, daß ich den Schulabschluß schaffe	,580
Ich muß Bestrafungen fürchten, wenn ich keine guten Noten nach Hause bringe	,574
Faktor 2 : *Relativierung von Schule/Desinteresse*	
Meinen Eltern sind meine Leistungen in der Schule egal	,745
Meinen Eltern reicht es, wenn sie sehen, daß ich mich in der Schule anstrenge - Noten sind für sie nicht so wichtig	,613

Die Leistungs- und Notenzentrierung von Eltern sowie restriktive Erziehungsmethoden bei schlechten Leistungen sollen mit folgenden Items gemessen werden:
- Meine Eltern wollen nur, daß ich gute Noten nach Hause bringe
- Wenn meine Eltern mit mir über die Schule sprechen, dann nur über meine Noten
- Meine Eltern wollen nur, daß ich den Schulabschluß schaffe
- Ich muß Bestrafungen fürchten, wenn ich keine guten Noten nach Hause bringe

Die Relativierung von Schulleistungen sowie Desinteresse der Eltern an den schulischen Leistungen des Kindes wurden erfaßt mit den Items
- Meinen Eltern sind meine Leistungen in der Schule egal
- Meinen Eltern reicht es, wenn sie sehen, daß ich mich in der Schule anstrenge - Noten sind für sie nicht so wichtig

Die Schüler haben dabei ihre Zustimmung auf einem ordinalskalierten 4er-Antwortschema (von „trifft voll zu" bis „trifft überhaupt nicht zu") eingeschätzt.

Die Notenzentrierung der Eltern (siehe im folgenden Tab. 4) zeigt sich sehr ausgeprägt: Aus Sicht von 69, 4 % der Schüler (voll oder eher zustimmend) wollen die betreffenden Eltern nur, daß ihr Kind gute Noten nach Hause bringt, das schulische Lernen wird hier also auf das Produkt, auf das Ergebnis reduziert, das zudem zufriedenstellend sein soll (die Erwartungen der Eltern erfüllen soll). Die Erwartungen der Eltern in den Klassen 8 und 9 sind besonders hoch, treffen aber in diesem Umfang auf alle Klassenstufen zu, ältere und jüngere Schüler sind also mit nahezu den gleichen Erwartungen (dem Erwartungsdruck) der Eltern konfrontiert. An Gymnasien wird diese Erwartung etwas weniger geäußert (62, 4 % stimmen voll/eher zu gegenüber 71, 9 % an Hauptschulen, 74, 3 % an Realschulen und 74, 4 % an Integrierten Gesamtschulen). Jungen sind diesem Erwartungsdruck höher ausgesetzt als Mädchen (75 % voll/eher zustimmend gegenüber 64, 2 % der Mädchen). Alle Verteilungsunterschiede sind hier höchst signifikant auf dem Niveau von $p = ,000$ (Chi-Quadrat-Test).

Tab. 4: Was erwarten Deine Eltern von Dir in der Schule?

	trifft voll zu	trifft eher zu	(trifft voll zu/ trifft eher zu)	trifft eher nicht zu	trifft überhaupt nicht zu	(trifft eher nicht zu/ trifft überhaupt nicht zu)
Meine Eltern wollen nur, daß ich gute Noten nach Hause bringe (n = 1617)	24, 9 %	44, 5 %	69, 4 %	25, 8 %	4, 9 %	30, 7 %
Wenn meine Eltern mit mir über die Schule sprechen, dann nur über meine Noten (n = 1619)	6, 4 %	18, 7 %	25, 1 %	52, 4 %	22, 5 %	74, 9 %
Meine Eltern wollen nur, daß ich den Schulabschluß schaffe (n = 1619)	30, 7 %	36, 4 %	67, 1 %	23, 9 %	9, 0 %	32, 9 %
Ich muß Bestrafungen fürchten, wenn ich keine guten Noten nach Hause bringe (n = 1618)	3, 2 %	6, 4 %	9, 6 %	19, 4 %	71, 0 %	90, 4 %
Meinen Eltern sind meine Leistungen in der Schule egal (n = 1616)	0, 5 %	2, 2 %	2, 7 %	17, 4 %	80, 0 %	97, 4 %
Meinen Eltern reicht es, wenn sie sehen, daß ich mich in der Schule anstrenge - Noten sind für sie nicht so wichtig (n = 1617)	16, 6 %	33, 6 %	50, 2 %	36, 7 %	13, 0 %	49, 7 %

Eine ähnlich hohe Zahl von Schülern (67, 1 %) sagt, daß ihre Eltern nur den Schulabschluß realisiert sehen wollen und ihr Interesse an den schulischen Leistungen darauf reduzieren. Hier liegt ein höchst signifikanter Verteilungsunterschied vor zwischen Haupt- und Realschülern (mit 82, 8 % und 74, 9 % voll/eher zustimmenden Schülern) gegenüber den Gymnasien (55, 5 %) sowie den Integrierten Gesamtschulen mit entsprechenden Angaben der Schüler von 62, 1 % (p = ,000). Die Sorge der Eltern scheint hier besonders groß zu sein, daß ihr Kind keinen angemessenen Schulabschluß als Voraussetzung für die Einmündung in den Arbeitsmarkt/die Berufsausbildung erhält.

Die Leistungsorientierung ist also insgesamt recht hoch ausgeprägt und bezieht sich auf die Noten und den Schulabschluß. Geringer fällt die Zahl der Schüler aus, die sich in der Familienkommunikation zum Thema Schule einzig auf die Noten reduziert sehen, dies trifft für gut ein Viertel der Schüler zu (voll oder eher zustimmend). Für sich genommen ist dies eine relativ hohe Zahl, die noch einmal die Leistungsorientierung der Eltern unterstreicht.
Die überwiegende Zahl der Schüler muß zu Hause bei schlechten Schulleistungen keine Bestrafungen fürchten, über 90 % machen diese Angabe (Bestrafungen werden eher oder überhaupt nicht befürchtet). Problematisch ist, daß 9, 6 % der Schüler (stärker in unteren Klassen und mehr Jungen als Mädchen; höchst bzw. sehr signifikanter Verteilungsunterschied von p = ,001 und ,002) einem restriktiven Erziehungsstil ausgesetzt sind.
Trotz dieser erkennbaren hohen Erwartungen der Eltern an die Schulleistungen, sind auch Relativierenden dieser Leistungsorientierung erkennbar. Immerhin die Hälfte der Schüler (50, 2 %) macht die Erfahrung, daß auch Anstrengungen honoriert werden, ohne zu sehr auf die Noten fixiert zu sein. Genauso groß ist damit aber auch die Zahl der Schüler, die diese Relativierung nicht beobachten kann. Entsprechend der ausgeprägten Elternerwartungen gibt es nur eine kleine Zahl von Schülern (2, 7 %), deren Eltern kein Interesse an den schulischen Leistungen zeigen (trifft voll/eher zu). Wenn auch auf eine geringe Zahl bezogen, läßt sich ein höchst signifikanter Verteilungsunterschied (p = ,000) erkennen: Für Hauptschüler trifft diese Situation am stärksten zu, 9, 1 % dieser Schüler machen entsprechende Angaben (im Vergleich dazu trifft diese -voll/eher zustimmend- an Realschulen mit 3 %, an Gymnasien mit 0, 7 % und an Integrierten Gesamtschulen mit 4, 5 % zu).

Zusammenfassend läßt sich also eine ausgeprägte Erwartungshaltung der Eltern bezüglich der Schulleistungen erkennen (Noten, Schulabschluß), die quer zu Schulformen und Klassenstufen liegt (nur geringe Verteilungsunterschiede aufzeigt). Restriktive Erziehungsstile und Desinteresse an schulischen Leistungen sind aber für eine kleine Zahl von Schülern erfahrungsleitend in der Familienkommunikation.

1. 1. 4 Erwartungsängste im Zusammenhang mit Leistungsanforderungen

In Kap. 2. 5/Teil 2 wurden schulbezogene Bewältigungsanforderungen für Jugendliche beschrieben, von denen Leistungs- bzw. Versagensängste eine große Rolle spielen. Der dort beschriebene gesellschaftlich induzierte Anforderungscharakter hat einen enormen Bedeutungszuwachs erhalten, der für einige Jugendliche zu schwer bewältigbaren psychosozialen Belastungen führen kann. Im Rahmen dieses Belastungspotentials wird hier schulleistungsbezogene Angst betrachtet, die mit Krohn verallgemeinert bezeichnet werden kann als „... unangenehm erlebter Erregungsanstieg angesichts einer komplexen Situation, die die Person für gefährlich hält und für die sie keine wirksamen Reaktionen zu haben glaubt" (1975, zit. n. Sieland 1994, S. 184). Die schulleistungsbezogenen Ängste bekommen vor allem dann eine Relevanz, wenn der individuell erlebte Druck durch antizipiertes Versagen der Schullaufbahn generell verstärkt wird und gegebenenfalls durch leistungsbezogenen Außendruck (von Lehrern und Eltern) dann noch potenziert wird. Das Bewußtsein für den Stellenwert guter Schulleistungen (bei gleichzeitig erlebtem Qualifkationsparadox - Bewältigungsanforderung zweiter Ordnung) und die Erfahrung von Mißerfolg oder situationsspezifischen Mißerfolgskognitionen führt dann zu erlebter Aussichtslosigkeit (auf die oft nicht mit produktiven, die Situation verändernde und die Angst reduzierenden, Mitteln reagiert wird).

Auf die Frage „Wenn Du an die Leistungsanforderungen in der Schule denkst, inwiefern trifft dann das Folgende auf Dich zu?" sind Items vorgegeben worden, die prüfungsbezogene Ängste, schullaufbahnbezogene Ängste (Schulabschluß, Versetzungsgefährdung) und durch das hohe Lerntempo induzierte Versagensängste abrufen:
− Vor Prüfungen und Klassenarbeiten habe ich große Angst
− Ich habe Angst, die Versetzung nicht zu schaffen
− Ich habe Angst, daß ich die Schule nicht schaffe
− Wenn ich mal fehle, habe ich gleich Angst, den Anschluß zu verlieren

Die Schüler schätzen hierzu den Grad ihrer Zustimmung auf einem ordinalskalierten 4er-Antwortschema von „trifft voll zu" bis „trifft überhaupt nicht zu" ein (siehe Tab. 5).
Die situationsbezogene, spezifische Prüfungsangst ist am stärksten ausgeprägt und betrifft über die Hälfte der Schüler, die sagen, daß sie der vorgegebenen Formulierung voll oder eher zustimmen (56, 5 % entsprechende Angaben) (siehe im folgenden Tab. 5). Die Prüfungsängste nehmen mit steigender Klassenstufe zu (von 45 % der Schüler aus Klasse 5 auf 59, 7 % der Schüler aus Klasse 10, die voll oder eher zustimmen; sehr signifikanter Verteilungsunterschied p = , 003). Schüler an Realschulen und Integrierten Gesamtschulen machen diese Aussagen höchst signifikant häufiger als Schüler an Hauptschulen und Gymnasien (54, 5 % bzw. 57, 8 % gegenüber 43, 7 % bzw. 48, 2 %; p = ,000). Mädchen geben deutlich stärker an als Jungen, große Angst vor Prüfungen zu haben, gegenüber den Jungen läßt sich ein höchst signifikanter Verteilungsunterschide ermitteln (p = ,000) von 62, 9 % der Mädchen zu 39, 0 % der Jungen, die voll oder eher zustimmen.

Tab. 5: Wenn Du an die Leistungsanforderungen in der Schule denkst, inwiefern trifft dann das Folgende auf Dich zu?

	trifft voll zu	trifft eher zu	(trifft voll zu/ trifft eher zu)	trifft eher nicht zu	trifft überhaupt nicht zu	(trifft eher nicht zu/ trifft überhaupt nicht zu)
Vor Prüfungen und Klassenarbeiten habe ich große Angst (n = 1615)	18, 6 %	32, 9 %	56, 5 %	39, 2 %	9, 3 %	48, 5 %
Wenn ich mal fehle, habe ich gleich Angst, den Anschluß zu verlieren (n = 1614)	7, 8 %	18, 7 %	26, 5 %	44, 6 %	28, 9 %	73, 5 %
Ich habe Angst, die Versetzung nicht zu schaffen (n = 1615)	11, 0 %	18, 8 %	29, 8 %	32, 8 %	37, 3 %	70, 1 %
Ich habe Angst, daß ich die Schule nicht schaffe (n = 1613)	13, 3 %	19, 8 %	33, 1 %	33, 9 %	32, 9 %	66, 8 %

Etwas geringer, aber relativ stark ausgeprägt, werden schullaufbahnbezogene Ängste geäußert: Konkret bezogen auf die Angst, die Schule nicht zu schaffen, stimmen gibt ein Drittel (33, 1 %) der Befragten voll oder eher zu. Fast genauso hoch ist die Angst, die Versetzung nicht zu schaffen (mit 29, 8 % entsprechender Angaben). Bemerkenswert ist, daß diese schullaufbahnbezogenen Ängste, quer zu den Klassenstufen liegen (keine signifikanten Verteilungsunterschiede), also auch in unteren Klassen diese Angstphänomene im beschriebenen Ausmaß auftreten. Die frühzeitige Konfrontation mit Entwicklungsdrücken und -anforderungen (siehe Kap. 1/Teil 2: Kids zeigen klassische Jugendphasenelemente und Jugendliche die aus Stadien junger Erwachsener) bedeutet auch eine frühere Auseinandersetzung mit antizipiertem Bildungsversagen und den entsprechenden Konsequenzen (frühzeitiger Belastungspotentiale).

Die schullaufbahnbezogenen Ängste treffen häufiger für Schüler von Realschulen zu (höchst signifikanter Verteilungsunterschied zu den anderen Schulformen, p = ,000), was damit zusammenhängen kann, daß an Realschulen viele Schüler lernen, die versuchen bzw. aufgrund des Elterndrucks dazu angehalten werden, eine höherrangigen Schulabschluß zu schaffen, obwohl ihr Leistungsniveau eher dem der Anforderungen in der Hauptschule entspricht.
Gut ein Viertel der Schüler entwickelt Ängste (26, 5 %), wenn sie mal im Unterricht fehlen und sich das Lerntempo bzw. den verpaßten Lernstoff vergegenwärtigen. Diese recht hohe Zahl von Schülern, die hier voll oder eher zustimmen, ist ein Indikator für den hohen Leistungsdruck in Verbindung mit der Lerngeschwindigkeit und überfüllten Lehrplänen - die Stoffmenge und das Vermittlungstempo lassen ein folgenarmes (Mißerfolge und Versagenserlebnisse nicht sofort herbeiführendes) Fehlen im Unterricht kaum zu.

Zusammenfassend läßt sich ein recht großes schulleistungsbezogenes Angstpotential feststellen. Manifest ist es für eine Schülerzahl zwischen einem Viertel und einem Drittel, wobei die spezifische, situationsbezogenen Prüfungsängste sogar über die Hälfte der Schüler als große Angst beschäftigt.

1. 1. 5 Zusammenhänge zwischen inhaltlichen Dimensionen der Leistungsanforderungen und -überforderungen

Bivariate Zusammenhänge zwischen inhaltlichen Dimensionen der Leistungsanforderungen und -überforderungen sollen bezüglich folgender Aspekte dargestellt werde:
- zwischen der Bedeutung von Schule als sozialem und funktionalem Raum,
- zwischen den Erwartungen der Eltern an schulische Leistungen und schulbezogenen Ängsten,
- zwischen den Leistungsanforderungen und schulbezogenen Ängsten sowie
- zwischen den Leistungsanforderungen und den Erwartungen der Eltern.

Zudem wird in mit Hilfe einer multiplen linearen Regressionsanalyse der Zusammenhang zwischen Leistungsanforderungen (abhängige Variable) und Elternerwartungen bzw. schulleistungsbezogenen Ängsten (unabhängige Variablen) geprüft.

Es zeigt sich zunächst, daß Schüler, für die die Schule ein Ort von Freundschaftsbeziehungen ist, diesen auch als Treffpunkt nutzen (mittlere Korrelationskoeffizient nach Spearman von r = ,355), dort eher ihre Freizeit verbringen (r = ,131) und auch Unterstützung bei Problemen finden können (r = ,131). Enstprechend der positiven (gleichsinnigen) Korrelation trifft für Schüler, die an der Schule eher keine Freundschaftsbeziehungen haben, das Gegenteil zu, für sie ist der Ort Schule kaum sozialer Raum von peer-Erfahrungen. Für Schüler mit Freundschaftsbezieheungen am Ort Schule erscheint die Schule auch weniger funktional, sie erleben

Schule weniger als einen stark reglementierten Raum, an dem nur Leistungen und Noten zählen. Dies wird durch eine negative (gegenläufige) Korrelation zwischen Freundschaftsbeziehungen am Ort Schule und den Aspekten „nur lernen, was einem die Lehrer vorgeben" (r = -, 091), „nur nach Noten beurteilt wird" (r = -, 084) und „wenig Freiheiten und viele Regeln" (r = -, 051) deutlich.
Vielleicht kann man hier sagen, daß es den Betreffenden gelingt, den strukturellen Widerspruch von Schule als sozialem und funktionalem Raum nicht zu einem ausgeprägten und täglich erlebten persönlichen Widerspruch werden zu lassen und, daß die Spannung zwischen den schulischen Verhaltensanforderungen (Schülerrolle) und lebensweltlichem Schülersein auch mit Hilfe der „Hinterbühne" peer-group gelingt (vgl. Kap. 2. 5 und 3. 2/Teil 2). Die von diesen Schülern erlebte informelle peer-Struktur ist wie in Kap. 3. 2/Teil 2 beschrieben funktional für den Ablauf des Schulvormittags, Schule als sozialer Raum produziert einen gruppendynamischen Aufforderungscharakter und fördert im interaktionistischen Sinne den Abbau subjektiv erlebter Rollenzwänge im schulisch normierten Rahmen sowie situative Distanz zu als starr erlebten Reglementierungen. Wichtig ist aber auch die Möglichkeit einer über den schulischen Rahmen hinausgehenden Kompensationsfunktion von peer-Erfahrungen als entlastende und selbstwertförderndes Element, die auf Schule und die in ihr produzierten Bewältigungsanforderungen bezogen Kommunikationsbedürfnisse befriedigt, ebenso aber von diesen Bezügen wegführt, Schule erträglich und lebbar macht.
Gemeint sind also Aspekte jugendkultureller Kontaktstrukturen im Raum Schule, deren Funktion diejenigen Schüler, die am Ort Schule eher sozial isoliert sind, in diesem Raum weniger zur Verfügung stehen (mit, wie gezeigt, entsprechenden Auswirkungen auf das Bild von Schule).

Zwischen den Elternerwartungen und schulleistungsbezogenen Ängsten der Schüler lassen sich insgesamt schwächere Korrelationen ermitteln, die sich auf den Zusammenhang zwischen restriktivem Elternverhalten bei schlechten Noten (Bestrafungen) bzw. der Notenzentrierung der Eltern und den Ängsten bezieht: Schüler, deren Eltern nur an guten Noten interessiert sind, leiden eher unter Prüfungsängsten (r = ,052) und der Angst, die Schule nicht zu schaffen (r = ,066). Die Erfahrung der Schüler mit Bestrafungen der Eltern bei schlechten Noten läßt sich dagegen mit allen vorgegebenen Bezügen von Ängsten in Verbindung bringen. Stärker (wenn auch auf der Basis von schwacher Korrelation) ist dieser Zusammenhang bei Versetzungsängsten (r = ,123) und der Angst, den Schulabschluß nicht zu schaffen (r = ,121) gegeben. Die Korrelation zwischen Bestrafungen und Prüfungsängsten (r = ,073) und Ängsten, den Anschluß zu verlieren (r = ,076) ist geringer.

Der Zusammenhang zwischen Elternerwartungen und -druck und schulleistungsbezogenen Ängsten ist also durchaus gegeben. In ähnlichen Größenordnungen läßt sich auch eine Beziehung zu den Leistungsanforderungen darstellen.
Hier läßt sich erkennen, daß diejenigen Schüler, denen der Unterricht fast immer oder oft zu schnell ist, eher mit Bestrafungen im Elternhaus rechnen müssen (r = ,152), zum Teil auf keine Teilnahme der Eltern an schulischen Leistungen zählen können (Eltern sind die Leistungen egal: r = ,085), einer Leistungsorientierung in der Familienkommunikation ausgesetzt sind (r = ,132) und dem alleinigen Wunsch der Eltern nach einem Schulabschluß gerecht werden sollen (r = ,145). Nahezu gleiche Korrelationskoeffizienten erhält man, wenn man Schüler, denen der Unterrichtsstoff zu schwer ist, in Verbindung mit den von ihnen geäußerten Elternerwartungen bringt.
Schüler, die mit den Anforderungen im Unterricht eher überfordert sind, sehen sich gleichzeitig einem erhöhten Erwartungsdruck der Eltern ausgesetzt, ein Zusammenhang, der sicher

auch als ein sich wechselseitig verstärkender Problem- und Konfliktkreislauf im persönlichen Erleben darstellbar ist (vgl. Kap. 2. 5/Teil 2) und den individuellen Leistungsdruck im Schulalltag (neben den objektiven Anforderungen) noch erhöht.
Eine vergleichbare Belastungssituation ist erkennbar, wenn man Leistungsüberforderungen (hier als Beispiel: „der Unterricht ist zu schnell") mit schulleistungsbezogenen Ängsten zusammenschaut: Schüler, die mit dem Vermittlungstempo im Unterricht überfordert sind, haben eher große Angst vor Prüfungen (r = ,251), Versetzungsangst (r = ,367), Angst davor, die Schule nicht zu schaffen (r = ,325) und sehen sich bei Fehlstunden/Fernbleiben vom Unterricht mit unaufholbaren Versäumnissen konfrontiert (r = ,215).

Mit der multiplen linearen Regressionsanalyse wurde der Zusammenhang zwischen den Leistungsüberforderungen (Unterricht ist zu schnell oder zu schwer) und schulleistungsbezogenen Ängsten sowie Elternerwartungen geprüft. Die Prüfung ergibt, daß die Variable „der Unterricht ist mir zu schnell" beeinflußt wird durch die Variablen Versetzungsangst, Prüfungsangst, Angst vor Versäumnissen (schulleistungsbezogene Ängste) und befürchteten Bestrafungen im Elternhaus, Desinteresse der Eltern an schulischen Leistungen sowie der Zentrierung der schulbezogenen Familienkommunikation auf die Noten (negative familiäre Erziehungsatmosphäre). Der multiple Korrelationskoeffizient, der diesen Zusammenhang wiedergibt, beträgt r =,430 (mittlere Korrelation). Ein ähnliches Verhältnis ergibt sich bei der Variablen „der Unterrichtsstoff ist mir zu schwer", dort gehen in die Regressionsanalyse die Variablen Versetzungsangst, Prüfungsangst und Angst, die Schule nicht zu schaffen für schulleistungsbezogene Ängste ein, sowie Desinteresse der Eltern an schulischen Leistungen und Notenzentrierung in der Familienkommunikation als Aspekte negativer schulbezogener Erziehungsatmosphäre in der Familie (der multiple Korrelationskoeffizient beträgt hier r = ,394).

Man kann also sagen, daß sich die Problemstruktur bezüglich der Leistungsanforderungen und -überforderungen als ein Gefüge aus Überforderungen mit dem Vermittlungstempo und dem Schweregrad des Lernstoffes, leistungsbezogenen Angstsituationen und -kognitionen sowie eher negativer schulbezogener Erziehungsstile in der Familie (restriktive, leistungszentrierte Erwartungshaltung bzw. Desinteresse) darstellt.

1. 1. 6 Zusammenfassung: Leistungsanforderungen und -überforderungen

Der strukturelle Widerspruch von Schule zwischen sozialem und funktionalem Raum spiegelt sich im Erleben der Schüler wider: Schule wird als Raum von Freundschaftsbeziehungen und peer-Erfahrungen gesehen, aber auch als Ort starker Reglementierungen und Einschränkungen persönlicher Freiheiten. Für rund 10 % der Schüler stellt Schule keinen Ort von Freundschaftsbeziehungen dar. Es konnte eine Kompensationsfunktion der peer-Erfahrungen ermittelt werden, denn das Erleben sozialer Bezüge und Kontakte scheint Schule in ihrer Reglementierungswirkung zu relativieren, zumindest nicht mehr so dominant erscheinen.
Tendenzen der Leistungsüberforderungen lassen sich bei einer Zahl von 13 % bzw. 15 % der Schüler feststellen, für die das Vermittlungstempo und der Schweregrad des Lernstoffes fast immer oder oft überfordernd ist.
Es läßt sich ferner eine ausgeprägte Erwartungshaltung der Eltern bezüglich der Schulleistungen des Kindes erkennen, restriktive Erziehungsstile oder gar ein Desinteresse an den schulischen Leistungen treffen für eine kleine Zahl von Schülern zu.
Schulleistungsbezogene Ängste sind sehr verbreitet, betreffen intensiver zwischen einem Viertel und einem Drittel der befragten Schüler, große prüfungsspezifische Ängste betreffen sogar über die Hälfte der Schüler.

Diese Phänomene liegen quer zu den Schulformen, sind also überall zu beobachten, an einigen Punkten sind Verteilungsunterschiede (aber keine Polarisierungen zugunsten einer Schulform) erkennbar, die auch geschlechts- oder klassenstufenspezifisch sein können.

Zusammenhangsprüfungen ergeben Beziehungen zwischen Leistungsüberforderungen, Elternerwartungen und schulleistungsbezogenen Ängsten: die Problemstruktur läßt sich hier als ein Gefüge aus Überforderungen im Unterricht, leistungsbezogenen Angstsituationen und -kognitionen sowie eher negativer schulbezogener Erziehungsatmosphäre in der Familie kennzeichnen.

1.2 Schüler-Schüler-Beziehungen

Schulische Sozialisationsbedingungen wurden in Kap. 2. 3/Teil 2 mit Hilfe eines Bezugsrahmens systematisiert, der Struktur- und Prozeßdimensionen sowie eine Interdependenzdimension unterscheidet. Das dort beschriebene Mehrebenenmodell wird durch die Berücksichtigung der Schülerperspektive im sozialen Erfahrungsraum Schule qualifiziert, hier bezogen auf die Leistungsanforderungen (siehe vorstehendes Kapitel), aber auch die sozialen Beziehungen zu Mitschülern und Lehrern. In diesem Kapitel wird ein zentraler Aspekt der Sozialisationsräume und -wirkungen von Schule (vgl. Kap. 2. 3/Teil 2) betrachtet - die Schüler-Schüler-Beziehungen. Die Beziehungen zwischen Schülern haben eine ausgeprägte sozialisatorische Relevanz. Neben Freundschafts- und solidarischen Bezügen (siehe auch vorstehendes Kapitel) ist das Leistungs- und Konkurrenzprinzip von Bedeutung. Charakteristika der (lernbezogenen) Interaktion zwischen Schülern sind dabei gegenseitige Hilfeleistungen und Unterstützung, Zusammenarbeit, Leistungsvergleich und Wetteifer, Bemühung um Anerkennung, Abqualifizierung und Ausgrenzung anderer. Dem Schüler ist dabei eine Ausbalancierung von Konkurrenz- und Gemeinschaftsnormen abverlangt.

Die Beziehungen zwischen Schülern sollen hier in Bezug auf zwei soziale Räume der Schule dargestellt werden: Zunächst wird die Bezugsebene „Schule allgemein" für die Kennzeichnung des Verhältnisses der Schüler untereinander hergestellt (1. 2. 1), danach (etwas ausführlicher) der Klassenverband als sozialer Raum in der Schule. Die Beobachtungen der Schüler in der Klasse werden nach zwei inhaltlichen Haupttendenzen getrennt erläutert. Zum einen werden Phänomene von Solidarität und Egoismus (1. 2. 2) in den Blick genommen, zum anderen Elemente negativer Kommunikation und abwertender Verhaltensweisen (1. 2. 3).

1.2.1 Verhältnis der Schüler untereinander - Bezugsebene: Schule allgemein

Um Probleme im sozialen Raum Schule allgemein abzubilden, wurde hier eine Engführung auf Phänomene der Gewalt an Schulen bzw. des Mobbing vorgenommen (vgl. aktuell Tillmann u. a. 1999, Tillmann 1999; Schubarth 2000). Nach Tillmann (vgl. 1999) sind wir über Formen und Häufigkeiten von Gewalterscheinungen an bundesdeutschen Schulen inzwischen recht gut informiert. Haupttendenzen sind die Zunahme verbaler Attacken, Beschimpfungen, Beleidigungen, und etwa 2 % der Schüler sind (oft/häufig) Opfer von Erpressungen, wobei man von keiner Veralltäglichung massiver Gewalttaten in Schulen sprechen kann. Auch differenzierte Ergebnisse über Schulform-, Alters- und Geschlechtsunterschiede beim gewaltförmigen Handeln liegen inzwischen vor. Es gibt hohe Geschlechterdifferenzen bei körperlicher Gewalt, kaum Differenzen bei verbaler Gewalt. Körperliche Aggressivität ist an Sonder- und Hauptschulen am höchsten, an Gymnasien am niedrigsten. Die Gewaltspitze liegt bei 13 bis 15jährigen, schlechtere Schüler sind öfter in Gewalthandlungen verwickelt. Tillmann (vgl.

ebd.) faßt zwei informelle „Kulturen" in der Schülerschaft zusammen: Zum einen Jugendliche, die sich von gewalttätigen Auseinandersetzungen fernhalten (weder Opfer noch Täter sind), zum anderen Jugendliche, die aggressiv orientiert sind (in Opfer- und Täterschaft bzgl. Prügeleien, Bedrohungen, Waffen).

Es sollen hier allgemeine Phänomene dargestellt werden, die von Schülern als mögliche Beobachtung an ihrer Schule erfragt wurden, eine differenziertere Erläuterung und Einordnung von gewaltförmigem Verhalten soll aber nicht an dieser Stelle (im Rahmen der Schüler-Schüler-Beziehungen), sondern im Kapitel 3 vor dem Hintergrund des Belastungsregulations- und Bewältigungshandelns erfolgen.
Die Aufmerksamkeit der Schüler wurde durch Itemvorgaben auf Aspekte gelenkt wie das Mobben/Fertigmachen schwächerer Schüler, erlebte Bedrohungen mit Waffen, Prügeleien zwischen Schülern sowie (cliquenorientiertes) Mobben:
- Schwächere Schüler werden von stärkeren richtig fertig gemacht
- Schüler bedrohen andere mit Waffen
- Streitigkeiten werden mit Prügeleien ausgetragen
- Schülerbanden mach andere Schüler fertig

Die Schüler sollten auf einem ordinalskalierten 4er-Antwortschema die Häufigkeit ihrer Beobachtungen solcher Phänomene einschätzen (von „sehr häufig" bis „nie").

Tab. 6: Bitte gib an, wie häufig Du Folgendes an Deiner Schule beobachtest!

	sehr häufig	oft	(sehr häufig/ oft)	selten	nie	(selten/ nie)
Schwächere Schüler werden von stärkeren richtig fertig gemacht (n = 1621)	11, 5 %	28, 3 %	39, 8 %	49, 4 %	10, 9 %	60, 3 %
Schüler bedrohen andere mit Waffen (n = 1618)	0, 4 %	0, 6 %	1, 0 %	10, 1 %	88, 9 %	99, 0 %
Streitigkeiten werden mit Prügeleien ausgetragen (n = 1621)	7, 9 %	27, 7 %	35, 6 %	54, 3 %	10, 1 %	64, 4 %
Schülerbanden machen andere Schüler fertig (n = 1618)	2, 9 %	9, 1 %	12, 0 %	32, 4 %	55, 6 %	88, 0 %

Fast 40 % der Schüler macht die Beobachtung, daß schwächere Schüler von stärkeren sehr häufig oder oft richtig fertig gemacht werden (siehe Tab. 6). Fast die Hälfte der Schüler (49, 4 %) nehmen dies noch selten wahr, bei 10. 9 % der Schüler taucht diese Beobachtung im Schulalltag nie auf. Eine hohe Zahl von Schülern macht also häufig die Beobachtung, daß andere Schüler den negativen Handlungen (z. B. Zufügen von Schmerz, Verletzungen, Unannehmlichkeiten, herabsetzende Äußerungen, Beschimpfungen als Erscheinungsformen des Mobbing) von Mitschülern ausgesetzt sind, und daß das Ungleichgewicht der Kräfte hierbei gegeben ist (asymmetrisches Kräfteverhältnis ist ein wichtiges Kriterium des Mobbing, vgl. Olweus 1999). In den Klassenstufen 6 und 8 (als potentielle Opfer) tritt diese Beobachtung am häufigsten auf (50, 8 % bzw. 45, 8 % erleben diese Situation sehr häufig oder oft), in den Klassen 9 und 10 nimmt diese Beobachtung dann ab (34, 4 % bzw. 34, 5 %; höchst signifikanter Verteilungsunterschied von p = ,000). An Gymnasien tritt das Fertigmachen von schwächeren Schülern vergleichsweise weniger auf (24, 6 % machen sehr häufig oder oft diese Beobachtung), am stärksten an den Hauptschulen (52, 2 %) und den Realschulen (49, 4 %), an den Integrierten Gesamtschulen werden 44, 4 % sehr häufig oder oft Zeuge dieses Verhaltens zwischen Schülern.

In cliquenorientierter Form wird das fertigmachen von Schülern seltener beobachtet, aber noch von 12 % der Schüler sehr häufig oder oft, über die Hälfte der Schüler (55, 6 %) macht diese Beobachtung nie. Das Ungleichgewicht der Kräfte im Mobbing-Verhältnis stellt sich also stärker in dyadischer Form dar, Schülerbanden als personell überzählige Victimisierer werden weniger beobachtet. Auffällig ist, daß Probleme mit Schülerbanden stärker in den unteren Klassen berichtet werden. In den Klassen 5 und 6 machen 15, 8 % bzw. 15, 2 % der Schüler sehr häufig oder oft diese Beobachtung, während in den Klassen 9 und 10 dieser Anteil abnimmt (auf 7, 8 % bzw. 7, 0 %). Jüngere Schüler sind also stärker durch Zusammenschlüsse von Schülern und ihrer Aggressionen bedroht, als dies in höheren Klassen der Fall ist (signifikanter Verteilungsunterschied von p = ,015). Generell tauchen cliquenorientierte Aggressionen wiederum an Gymnasien weniger auf (6, 2 % der Schüler machen sehr häufig oder oft diese Beobachtung), an den Integrierten Gesamtschulen vergleichsweise am häufigsten (21, 6 %). Hauptschüler beobachten dieses Phänomen mit einem Anteil von 17, 3 %, Realschüler am wenigsten (14, 5 %; höchst signifikanter Verteilungsunterschied von p = ,000).

Extreme gewaltförmige Verhaltensweisen, wie durch Bedrohungen mit Waffen repräsentiert, werden sehr selten von den Schülern beobachtet. 1 % der Befragten macht diese Beobachtung in der Schule sehr häufig oder oft, immerhin 10, 1 % noch selten. Die deutliche Mehrzahl der Schüler (88, 9 %) wird nie Zeuge von Bedrohungen mit Waffengewalt im Schulalltag. Auch hier läßt sich ein signifikanter Verteilungsunterschied (p = ,021) zwischen den Schulformen ermitteln: Schüler an Gymnasien machen diese Beobachtung seltener (7, 9 % sehr häufig, oft oder selten), an Integrierten Gesamtschulen stärker (19, 8 %), Haupt- und Realschüler machen diese Erfahrung mit einem Anteil von 14, 6 % bzw. 12 %.

Entsprechend der einleitend genannten Haupttendenzen gewaltförmigen Handelns sind Prügeleien als Austragungsmittel bei Streitigkeiten ausgeprägter vertreten. 35, 6 % der Befragten sieht an der Schule Prügeleien zwischen Schülern sehr häufig oder oft, über die Hälfte macht selten diese Beobachtung, nur 10, 1 % nie im Schulalltag. Diese Beobachtungen werden wiederum von den Klassenstufen 5 und 6 häufiger gemacht (42, 9 % bzw. 52, 8 %), in den Klassen 9 und 10 gibt es weniger Schüler, die Prügeleien sehr häufig oder oft beobachten (26, 2 % bzw. 23, 4 %).
Die Differenzierung nach Schulformen ergibt das gleiche Bild wie bei den bereits genannten Aspekten: an Gymnasien kommt dies aus Sicht von 17, 7 % der Schüler sehr häufig oder oft vor, die anderen Schulformen sind mit untereinander relativ ähnlichen Werten stärker vertreten (Hauptschule 50, 5 %, Realschule 46, 1 %, Integrierte Gesamtschule 51, 3 % der Schüler mit entsprechenden Angaben. Jungen machen diese Beobachtung stärker als Mädchen (33, 7 % gegenüber 33, 6 %), vielleicht ist dies ein Indikator dafür, daß Beobachtungen dieser Phänomene zum Teil auch gleichzusetzen sind mit der Involviertheit in ihnen, als Täter oder Opfer. Wobei hier nicht spekuliert werden soll, da der Aspekt von devianten, gewaltförmigen Verhaltensweisen in Kapitel 3 ausführlicher (und ausdrücklich so erfragt) in der subjektiven Perspektive der Handlungsbeteiligung dargestellt wird.

Gewaltförmiges Verhalten wird von Schülern aller Schulformen beobachtet, wobei extreme Formen des Gewalthandelns selten vorkommen. Häufiger sind das Ausnutzen von Kräfteungleichgewichten (in dyadischer und cliquenorientierter Form) für Mobbingphänomene sowie

Prügeleien als Austragungsmittel bei Streitigkeiten. Schulformspezifische Verteilungsunterschiede lassen sich trotzdem erkennen. Die Gymnasien sind weniger von den vorgegebenen Phänomenen des Gewalthandelns betroffen. Die anderen Schulformen erreichen untereinander oft ähnliche Werte, z T. sind entsprechende Angaben der Hauptschüler und der Schüler an Integrierten Gesamtschulen stärker vertreten.

1. 2. 2 Verhältnis der Schüler untereinander - Bezugsebene: Klassenverband (Solidarität und Egoismus)

Die sozialen Beziehungen zwischen Schülern in der Klasse werden zunächst hinsichtlich der erlebten Kohäsion und Solidarität, der gegenseitigen Unterstützung und Hilfe sowie der Phänomene von Egoismus und Abgrenzung im Klassenverband thematisiert. Diese beiden Grundprinzipien Gemeinschaftsorientierung und Konkurrenzorientierung wurden mit den folgenden Items von den Schülern erfragt, die sich auch durch eine Faktorenanalyse (Extraktionsmethode: Hauptkomponentenanalyse, Rotationsmethode: Varimax mit Kaiser-Normalisierung) entsprechend zuordnen ließen:

Tab. 7: Faktorenanalyse-Schüler-Schüler-Beziehungen (Bezugsebene Klassenverband). In meiner Klasse...

	Faktorladung
Faktor 1: *Solidarität/gegenseitige Unterstützung*	
... machen wir uns gegenseitig Mut, wenn wir uns etwas nicht zutrauen	,752
... halten wir als Gruppe fest zusammen	,743
... unterstützen wir uns gegenseitig	,736
... erhält jeder Hilfe, der in Schwierigkeiten steckt	,665
Faktor 2: *Egoismus/Abgrenzung*	
... wollen die meisten mit anderen Klassen nichts zu tun haben	,747
... sind den meisten Schülern nur die eigenen Noten wichtig	,631
... interessiert sich niemand für die Probleme der anderen	,475
... werden Schüler, deren Kleidung nicht „in" ist, links liegen gelassen	,352

Solidarität und gegenseitige Unterstützung wurden in den Items als Ermutigung, Hilfe in Schwierigkeiten und Gruppenzusammenhalt beschrieben, Egoismus meint die Ich-Zentrierung, wenn es um die Noten geht und das Desinteresse an den Problemen anderer als auch die Abgrenzung von anderen Klassen. Als Ausgrenzungsphänomen wurde hier ein von der Gruppe sanktionierter, von der peer-Definition abweichender Kleidungsstil gewählt. Die Schüler sollten ihre Zustimmung auf einem ordinalskalierten 4er-Antwortschema einschätzen (von „trifft voll zu" bis „trifft überhaupt nicht zu") (siehe Tab. 8).

Gegenseitige Ermutigung und ein fester Gruppenzusammenhalt wird von einer Mehrheit der Schüler voll oder eher zutreffend bestätigt (65, 2 % bzw. 63, 2 %) (siehe Tab. 8). Für gut ein Drittel der Schüler trifft diese Erfahrung also (eher) nicht zu, eine Zahl von 7 % bis 8 % der Schüler sagt eindeutig, daß sie diese Erfahrung in ihrer Klasse überhaupt nicht machen. Diese Zahl von Schülern kann also bei Belastungen im Schulalltag kaum auf Solidarität und Unterstützung im Klassenverband zählen, sie sieht sich eher vereinzelt und auf sich gestellt im klassenspezifischen Schulalltag wieder.

Tab. 8: Bitte gib an, inwiefern das Folgende auf Deine Klasse zutrifft!

	trifft voll zu	trifft eher zu	(trifft voll zu/ trifft eher zu)	trifft eher nicht zu	trifft überhaupt nicht zu	(trifft eher nicht zu/ trifft überhaupt nicht zu)
... machen wir uns gegenseitig Mut, wenn wir uns etwas nicht zutrauen (n = 1617)	18, 3 %	46, 9 %	65, 2 %	27, 5 %	7, 3 %	34, 8 %
... halten wir als Gruppe fest zusammen (n = 1618)	21, 4 %	41, 8 %	63, 2 %	28, 5 %	8, 3 %	36, 8 %
... unterstützen wir uns gegenseitig (n = 1619)	16, 0 %	54, 0 %	70, 0 %	25, 4 %	4, 6 %	30, 0%
... erhält jeder Hilfe, der in Schwierigkeiten steckt (n = 1619)	10, 6 %	41, 2 %	51, 8 %	40, 6 %	7, 5 %	48, 1 %
... wollen die meisten mit anderen Klassen nichts zu tun haben (n = 1617)	8, 1 %	24, 2 %	32, 3 %	44, 4 %	23, 3 %	67, 7 %
... sind den meisten Schülern nur die eigenen Noten wichtig (n = 1615)	14, 2 %	35, 3 %	49, 5 %	43, 8 %	6, 7 %	50, 5 %
... interessiert sich niemand für die Probleme der anderen (n = 1618)	6, 1 %	25, 8 %	31, 9 %	54, 3 %	13, 8 %	68, 1 %
... werden Schüler, deren Kleidung nicht „in" ist, links liegen gelassen (n = 1617)	5, 4 %	17, 8 %	23, 2	43, 2 %	33, 6 %	76, 8 %

Konkret erfragte gegenseitige Unterstützung wird sogar von 70 % der Schüler als eher oder voll zutreffend beantwortet, für eine Zahl von fast 5 % der Schüler trifft dies überhaupt nicht zu, hier wird keine Unterstützungsfunktion der Mitschüler beschrieben. Bei diesen drei Aspekten der Solidarität (Ermutigung, Unterstützung, Gruppenzusammenhalt) lassen sich schulformspezifische Verteilungsunterschiede ermitteln (P = ,000). An den Haupt- und Realschulen sagen mehr Schüler, daß diese Erfahrung von Sozialität (eher) nicht erwartbar ist als dies an Gymnasien und Integrierten Gesamtschulen der Fall ist. An den Haupt- und Realschulen sind es zwar noch 50 % bis 60 % der Schüler, die Erfahrungen gegenseitiger Unterstützung machen, an den Gymnasien und Integrierten Gesamtschulen sind es aber 70 % bis 80 %, dort ist die Qualität der Schüler-Beziehungen im Klassenverband also stärker auf Solidarität und Kohäsion bezogen.

Es ist aber zu vermuten, daß die Hilfe und Unterstützung scheinbar nicht auf den gesamten Klassenverband, sondern eher auf Cliquen bezogen von den Schülern beurteilt wird, denn Hilfe für jeden in Schwierigkeiten wird nur von gut der Hälfte der Schüler als voll oder eher zutreffend beschrieben (51, 8 %). Hilfe und Solidarität ist wohl nicht bedingungslos für jeden vorgesehen, sondern scheint an Bedingungen, sicher von Gruppenzugehörigkeiten abzuhängen. Nach Schulformen differenziert ergibt sich das gleiche Bild, wie bei den bereits genannten Aspekten, an den Haupt- und Realschulen ist die Hilfe in Schwierigkeiten für jeden von weniger Schülern als Klassenvorsatz bejaht als an Gymnasien und Integrierten Gesamtschulen (höchst signifikanter Verteilungsunterschied, p = ,000).
Die Klasse ist sowohl sozialer Raum der Unterstützung und gegenseitiger Ermutigung, sie zeigt sich aber auch als Ort von Individualisierungsphänomenen im Sinne von Konkurrenz- und Abgrenzungstendenzen als Repräsentierung gewachsenen Leistungsdrucks (vgl. Kap. 2. 4/Teil 2). Dieser bewältigungsorientierte Aufforderungscharakter entsteht für den Einzelnen in der Schulklasse, da dort Schüler in der Organisationsform des Unterrichts zusammengeführt

werden, dessen wesentliche Konstitutionsbedingung Leistung ist. Die altershomogene Zusammensetzung der Schulklasse bietet jedem Schüler die Möglichkeit des Vergleichs (seiner Leistung), gleichzeitig fördert die leistungsheterogene Zusammensetzung Belastungspotentiale in Form von Leistungsdruck, denn der Vergleichsprozeß bedeutet die Auseinandersetzung mit konkurrierenden Ansprüchen und Normen gleichzeitig. Konkurrierende Normen können dann cliquenorientiert (in Untergruppen der Klasse) eingeebnet werden, zugunsten erlebter Gemeinsamkeit, ohne die persönliche Verantwortetheit für die Schulleistungen aufzuheben (es findet also nur eine Reduzierung, nicht eine Aufhebung der Konkurrenzorientierung statt, vgl. Kap. 2. 1/Teil 2).

Daß nur die eigene Person zählt und Probleme der anderen kaum beachtet werden, trifft aus Sicht von fast einem Drittel der Schüler voll oder eher zu (31, 9 %), der Klassenverband zeigt hier eher keine Wirkung im Sinne eines Gruppenzusammenhalts, die Schüler verbindet eher nur die gemeinsame Verpflichtung auf das Lernziel in der Zwangsgemeinschaft im Unterricht. Vielleicht zeigt sich hier ein Indikator für die in Kap. 2. 1/Teil 2 beschriebene geringe Ausprägung von Konzentration auf ein zentrales Gruppenziel für die „Gruppe" Schulklasse. So daß eher der Blick auf den einzelnen im schulischen Rahmen, weniger auf die Probleme und Sorgen der anderen gerichtet ist. Eine ähnliche Einschränkung verläßlicher Gemeinsamkeit in der Schulklasse wird hinsichtlich des individuell verfolgten Leistungsprinzips deutlich. Fast die Hälfte der Befragten (49, 5 %) macht in der Klasse die Erfahrung, daß den meisten Schülern nur die eigenen Noten wichtig sind (voll/eher zutreffend). Diese Phänomene lasen sich nach Schulformen differenzieren und ergeben ein ähnliches Bild wie bei den Tendenzen der Solidarität und Unterstützung im Klassenverband: Das Desinteresse an den Befindlichkeiten der Mitschüler ist von Hauptschülern am stärksten geäußert (41, 1 % sagen, dies trifft voll oder eher zu), an Realschulen und Integrierten Gesamtschulen werden entsprechende Angaben von 36, 4 % bzw. 30, 6 % der Schüler gemacht. Schüler an Gymnasien berichten vergleichsweise am geringsten über die Ich-Zentrierung und das Desinteresse an Problemen anderer (dort sind es aber noch fast ein Viertel der Schüler, für die dies voll oder eher zutrifft; höchst signifikanter Verteilungsunterschied von p = ,000). Die Orientierung am eigenen Fortkommen zuungunsten der Berücksichtigung des anderen ist hingegen weniger deutlich differenzierbar: Zwar tritt auch dieser Aspekt an Gymnasien weniger auf (für 42, 2 % der Schüler trifft dies voll oder eher zu), der Unterschied zu den anderen Schulformen ist aber nicht mehr so groß, dort liegen die entsprechenden Aufgaben zwischen 48 % und 50 %. Jungen berichten diese Erfahrung von Egoismus, Abgrenzung und Konkurrenz signifikant häufiger als Mädchen.

Die Schulklasse produziert durch ihre soziale Organisation, das regelmäßige und langfristige Beisammensein der Schüler (Zeit und Raumbedingungen) eine „Wir-die-Differenz", „Klassengeist" und Homogenität, aber auch Abschottung und Statushierarchien zwischen Klassen, Abwertungen und peer-definierte Abgrenzungsvorgaben („mit wem darf Konktakt aufgenommen werden?"). Dieser Interpretationsspielraum zwischen eher positiv konnotierter Gruppenzugehörigkeit und eher negativ gewerteter Abgeschlossenheit des Klassenverbandes nach außen ist gegeben, wenn man die Zahl von fast einem Drittel der befragten Schüler sieht (32, 3 %), die über ihre Klasse sagen, daß die meisten mit anderen Klassen nichts zu tun haben wollen. Für gut zwei Drittel ist die soziale Organisation Klasse somit auch tendenziell offen und ermöglicht Kontakte klassenübergreifend.

Eine gruppenorientierte Dynamik läßt sich erwähnen, wenn Schüler wegen nicht zeitgemäßer, durch peer-Kulturen definierte Kleidung als Außenstehende deklariert werden: daß Schüler, deren Kleidung nicht „in" ist, links liegen gelassen werden, sagen fast ein Viertel der (für 23, 2 % trifft dies voll oder eher zu). Ein Aspekt, der bei Mädchen eine größere Rolle spielt als bei Jungen (höchst signifikanter Verteilungsunterschied von p = ,000).

Die sozialen Beziehungen der Schüler im Klassenverband lassen sich sowohl als Qualität der gegenseitigen Ermutigung und Unterstützung sowie als Gruppenzusammenhalt kennzeichnen (Solidarität), als auch mit Kategorien der Konkurrenzorientierung und Abgrenzung (Egoismus). Die Qualitäten von Unterstützung und Ermutigung sind dabei vermutlich auf Mitglieder der Cliquen (Untergruppen der Klassen) bezogen, denn uneingeschränkte Hilfe für jeden wird vergleichsweise geringer zugestanden. So ist auch das Nebeneinander dieser beiden Beziehungsqualitäten Solidarität und Egoismus erklärbar, das sich im individuellen Erleben als Ausbalancierung von Konkurrenz- und Gemeinschaftsnormen darstellt. Schulformspezifische Differenzierungen ergeben, daß an Haupt- und Realschulen positive Qualitäten in den Schülerbeziehungen geringer ausgeprägt sind als an Gymnasien.

1. 2. 3 Verhältnis der Schüler untereinander - Bezugsebene: Klassenverband (negative und abwertende Verhaltensweisen)

Die Qualität der sozialen Beziehungen im Klassenverband wird nun hinsichtlich der Phänomene negativer Kommunikation und abwertender Verhaltensweisen betrachtet, die laut Trendaussagen mehrerer Studien (vgl. aktuell Tillmann u. a. 1999, Tillmann 1999) zugenommen haben. Verbale Aggressionen, Beleidigungen, Beschimpfungen unter Schülern gehören vermehrt zum schulischen Alltag. Abgefragt werden hier zum einen unterrichtsbezogene Störungen von Schülern, körperliche Auseinandersetzungen in der Klasse (Prügeleien) sowie Formen negativer Kommunikation (Beschimpfungen, Hänseleien, Lästern):

- Schüler stören den Unterricht
- es gibt Prügeleien zwischen Schülern
- Schüler werden direkt beschimpft
- Schüler werden gehänselt und geärgert
- über Schüler wird heimlich gelästert

Die Schüler schätzten die Häufigkeit ihrer Beobachtung dieser Aspekte in der Klasse auf einem ordinalskalierten 4er-Antwortschema ein (von „sehr oft" bis „nie") (siehe Tab. 9).

Unterrichtsstörungen kommen aus Sicht der Schüler am häufigsten vor (siehe Tab. 9): 81, 4 % der Schüler sagen, daß der Unterricht sehr häufig oder oft unter Störungen leidet. In den unteren Klassen wird dies weniger benannt als in den oberen Klassenstufen (höchst signifikanter Verteilungsunterschied von p = ,001). Unterrichtsstörungen kommen in allen Schulformen in hohem Maße vor, vergleichsweise geringer aber an Gymnasien (73, 7 % der Schüler erleben dort sehr oft oder häufig Unterrichtsstörungen). Am häufigsten treten Unterrichtsstörungen an den Hauptschulen auf (89 %), Realschulen und Integrierte Gesamtschulen sind etwas geringer vertreten (mit 85, 6 % bzw. 85, 5 % der Schüler, die entsprechende Angaben machen).
Verbale Aggressionen sind in ausgeprägtem Maße Bestandteil der Klassenatmosphäre: Direkte Beschimpfungen und Hänseleien treten aus Sicht von 47 % bzw. 44, 2 % der Schüler sehr oft oder häufig auf.

Tab. 9: Wie häufig kommt das Folgende in Deiner Klasse vor?

	sehr oft	häufig	(sehr oft/ häufig)	selten	nie	(selten/ nie)
Schüler stören den Unterricht (n = 1621)	32, 2 %	49, 2 %	81, 4 %	17, 6 %	0, 9 %	18, 5 %
es gibt Prügeleien zwischen Schülern (n = 1621)	4, 5 %	17, 2 %	21, 7 %	53, 7 %	24, 6 %	78, 1 %
Schüler werden direkt beschimpft (n = 1619)	15, 0 %	32, 0 %	47, 0 %	43, 5 %	9, 5 %	53, 0 %
Schüler werden gehänselt und geärgert (n = 1620)	14, 4 %	29, 8 %	44, 2 %	43, 9 %	11, 9 %	55, 8 %
über Schüler wird heimlich gelästert (n = 1617)	26, 4 %	38, 3 %	64, 7 %	29, 7 %	5, 6 %	35, 3 %

Diese Formen des Umgangs sind an allen Schulformen stark vertreten, vergleichsweise geringer wiederum an den Gymnasien (mit 34, 7 % und 34, 5 %), am stärksten an den Hauptschulen (dort machen 68, 8 % bzw. 64, 2 % der Schüler sehr häufig oder oft diese Erfahrung).
Das heimliche Lästern über Mitschüler ist noch stärker vertreten. Fast zwei Drittel der Schüler (64, 7 %) sagen, daß abwertende Kommunikation hinter dem Rücken der Betroffenen sehr oft oder häufig vorkommt. Hier gibt es keine schulformspezifischen Unterschiede, Mädchen wenden eher diese subtilere Form verbaler Aggression oder Abwertung an, Jungen sind bei direkten Beschimpfungen stärker vertreten.

Körperliche Auseinandersetzungen sind im Vergleich zu den verbalen Aggressionen weniger ausgeprägt, immerhn fast ein Viertel der Schüler (21, 7 %) beobachtet Prügeleien zwischen Klassenkameraden sehr häufig oder oft. Prügeleien kommen stärker in den unteren Klassenstufen vor und werden mehr von Jungen ausgetragen (jeweils höchst signifikante Verteilungsunterschiede von p = ,000). An Gymnasien treten ähnlich wie bei den verbalen Aggressionen auch körperliche Auseinandersetzungen seltener auf, 8, 3 % der Gymnasiasten sind sehr häufig oder oft mit Prügeleien im Klassenverband konfrontiert, an den Hauptschulen liegt der Anteil entsprechender Angaben bei 36, 7 % der Schüler (Realschule 30, 2 %, Integrierte Gesamtschule 20, 5 %), also am höchsten.

Hinsichtlich negativer Kommunikation und Verhaltensweisen im Klassenverband ragen die Unterrichtsstörungen als stärkstes Phänomen heraus, mit hohem Anteil an allen Schulformen. Verbale Aggressionen (Beschimpfungen, Beleidigungen, Lästern) sind im Klassenverband ausgeprägter als körperliche Auseinandersetzungen (Prügeleien), wobei auch diese Aspekte von den Schülern aller Schulformen beobachtet werden; allerdings sind Verteilungsunterschiede erkennbar, an Gymnasien kommen verbale Aggressionen und körperliche Auseinandersetzungen seltener vor als an Haupt- und Realschulen. Teilweise sind klassenstufen- und geschlechtsspezifische Differenzierungen möglich.

1.2.4 Zusammenhänge von: Leistungsanforderungen und Solidarität/Egoismus bzw. negativen Verhaltensweisen im Klassenverband

Bevor Zusammenhänge zwischen Leistungsanforderungen und den Schüler-Schüler-Beziehungen hergestellt werden, seien letztere noch einmal hinsichtlich der verschiedenen bereits dargestellten inhaltlichen Dimensionen miteinander in Verbindung gebracht.

Problemelemente der Schüler-Schüler-Beziehungen sind Unterrichtsstörungen, körperliche Auseinandersetzungen und verbale Aggressionen. Gleicht man diese mittels Korrelationsberechnungen mit der Qualität der Schülerbeziehungen im Klassenverband ab (Solidarität vs. Egoismus), so ergibt sich folgendes Bild: Es lassen sich negative Korrelationen zwischen Unterrichtsstörungen und Solidaritätsaspekten sowie positive Korrelationen zwischen sozialer Unterstützung und Tendenzen der Abgrenzung/des Egoismus ermitteln. D. h. Schüler, die sehr oft oder häufig Unterrichtsstörungen erleben, beurteilen auch die Qualität sozialer Beziehungen in der Klasse negativer. Das Desinteresse an den Problemen der anderen ist dann größer (r = ,159) und die Wichtigkeit eigener Noten ist dann ausgeprägter (r = ,159). Gleichzeitig werden Unterstützungspotentiale in der Klasse weniger erlebt. Gegenseitige Unterstützung (r = -,184), Ermutigung (r = -,135), Hilfe in Schwierigkeiten (r = -,172) und Gruppenzusammenhalt (r = -,167) werden von diesen Schülern in der Klasse eher nicht beobachtet. Kurz: Im Rahmen negativ geprägter sozialer Beziehungen der Klasse treten Unterrichtsstörungen stärker auf, bei positiven Beziehungen weniger.

Das gleiche Verhältnis ergibt sich mit Blick auf körperliche Auseinandersetzungen sowie verbaler Aggression, wenn man die sozialen Beziehungen in der Klasse gegenüberstellt: Erlebte Prügeleien in der Klasse führen zu einer negativen Einschätzung des Klassenklimas. Desinteresse an Problemen anderer und Notenzentrierung sind ausgeprägter (r = -,174 bzw. r = -,159), Unterstützungsleistungen sind weniger erwartbar (Unterstützung r = -,202; Ermutigung r = -,192; Hilfe r = -,172; Gruppengefühl r = -,167). Körperliche Auseinandersetzungen sind also eingebettet in eher negative Beziehungsqualitäten zwischen Schülern in der Klasse.

Verbale Aggressionen treten ebenso stärker in Klassenverbänden auf, die durch gering ausgeprägte Potentiale an sozialer Unterstützung und höheren Werten bei Phänomenen des Egoismus gekennzeichnet sind. Am Beispiel von Beschimpfungen läßt sich dies nachweisen (ähnliche Korrelationskoeffizienten ergeben sich bei Hänseleien): Desinteresse an Befindlichkeiten der Mitschüler und Konzentration auf die eigenen Noten kommen im Klassenverband stärker vor (r = -,232 bzw. r = -,201), Unterstützung (r = -,254), Ermutigung (r = -,218), Hilfe (r = -,215) und Gruppenzusammenhalt (r = -,185) dagegen weniger.

Neben diesen bivariaten Zusammenhängen wurde mit Hilfe einer multiplen linearen Regression der Zusammenhang zwischen Leistungsüberforderungen und den Beziehungsqualitäten im Klassenverband geprüft. Wurde die Überforderung mit dem Unterrichtstempo als abhängige Variable definiert, gingen in die Regressionsrechnung Aspekte ein wie Desinteresse an Problemen anderer, Ausgrenzung (jemanden links liegen lassen) und körperliche Auseinandersetzungen (multipler Korrelationskoeffizient r = -,187). Bei der Überforderung mit dem Schweregrad des Unterrichtsstoffes gingen in die Regressionsanlyse Aspekte ein wie negative Kommunikation (Lästern), körperliche Auseinandersetzungen, Ausgrenzung und Egoismus bezüglich der Noten (multipler Korrelationskoeffizient her r = -,140).

Schüler die mit den Anforderungen im Unterricht überfordert sind, kennzeichnen die Schüler-Schüler-Beziehungen im Klassenverband eher hinsichtlich körperlicher Auseinandersetzun-

gen, negativer Kommunikation und abwertender Verhaltensweisen sowie Egoismus/Abgrenzung.
Unterrichtsstörungen, körperliche Auseinandersetzungen, verbale Aggressionen treten stärker in negativ geprägten Sozialbeziehungen in der Klasse auf. Schüler, die mit den Anforderungen im Unterricht eher überfordert sind, kennzeichnen den Klassenverband eher hinsichtlich auftretender körperlicher Auseinandersetzungen, Egoismus und negativer Kommunikation.

1. 2. 5 Zusammenfassung: Schüler-Schüler-Beziehungen

Die Sozialbeziehungen zwischen den Schüler wurden zunächst bezogen auf den Raum Schule allgemein thematisiert, erfragt wurden vor allem Erscheinungsformen gewalttätigen Handelns. Kernergebnis ist, daß gewaltförmiges Handeln von Schülern aller Schulformen beobachtet wird, extreme Formen des Gewalthandelns kommen seltener vor (z. B. mit Waffen). Mobbingphänomene im Sinne des „Fertigmachens" von Schülern treten häufiger im schulischen Alltag auf (sowohl dyadisch als auch cliquenorientiert). Prügeleien als körperliche Auseinandersetzung bei Streitigkeiten sind ebenfalls recht stark vertreten. Schulformspezifische Verteilungsunterschiede sind ermittelt worden, an den Gymnasien wird gewaltförmiges Verhalten von den Schülern vergleichsweise weniger beobachtet.

Die sozialen Beziehungen der Schüler im Klassenverband sind hinsichtlich positiver Qualitäten beschreibbar (wie gegenseitige Unterstützung, Ermutigung, Hilfe in Schwierigkeiten und Gruppenzusammenhalt), daneben existieren aber auch negative Qualitäten (wie Egoismus in Form von Desinteresse an Befindlichkeiten anderer oder die Konzentration auf da eigene Fortkommen in der Schule). Dieses Nebeneinander von Egoismus und Solidarität im Klassenverband verlangt Schülern eine Ausbalancierung von Gemeinschafts- und Konkurrenznormen ab. An Hauptschulen werden Phänomene der Solidarität und Unterstützung vergleichsweise geringer geäußert.

Problemaspekte im Klassenverband wurden in den Aspekten negativer Kommunikation, abwertender Verhaltensweisen und Unterrichtsstörungen zusammengefaßt. Unterrichtsstörungen stellen das ausgeprägteste Phänomen dar, verbale Aggressionen (Beschimpfungen, Beleidigungen, Lästern) sind im Klassenverband häufiger zu beobachten als körperliche Auseinandersetzungen (Prügeleien). Diese Aspekte sind an allen Schulformen erkennbar, wobei an Gymnasien diese Äußerungen vergleichsweise geringer gemacht werden. Zusammenhangsprüfungen haben ergeben, daß Unterrichtsstörungen, körperliche Auseinandersetzungen und verbale Aggressionen stärker in Klassenverbänden auftreten, deren Sozialbeziehungen negativ charakterisiert werden. Schüler, die eher als leistungsüberfordert bezeichnet werden können, beschreiben die Klasse eher mit negativen Attributen der Sozialbeziehungen (Egoismus, negative Kommunikation und körperliche Auseinandersetzungen).

1. 3 Lehrer-Schüler-Beziehungen: Verhältnis der Schüler zu den Lehrern - negative/positive Attributionen und Disziplin-/ Ordnungsorientierung

Die Sozialisationsräume und -wirkungen von Schule wurden in Kapitel 2. 3/Teil 2 beschrieben, wobei neben den sozialen Beziehungen zwischen Schülern im Klassenverband auch die Beziehungen zu den Lehrern eine wesentliche Rolle spielen. Die Lehrer-Schüler-Beziehungen wurden als asymmetrische Interaktionsstruktur mit ungleicher Machtverteilung gekennzeichnet und aus interaktionistischer Sicht reformuliert. Dabei gelten die Versachlichung der Beziehung, die Lehrermacht, restriktive Formen sozialer Kontrolle und hohe Erwartungen, geringes Engagement für sozial schwache oder auffällige Schüler sowie lehrerspezifische Vermittlungsformen der Lerninhalte als die Hauptprobleme in der Lehrer-Schüler-Beziehung, die gleichzeitig von hoher schulsozialisatorischer Bedeutung sind. Schülern ist abverlangt, sowohl generalisierte Regeln, die durch Lehrer repräsentiert sind, so weit wie möglich zu erfüllen, als auch spezifischen Anforderungen einzelner Lehrer (unterschiedlichen Persönlichkeitsmerkmalen und unterrichtlichen Situationen) gerecht zu werden.

Die vorgelegten Items zur Erfassung der Lehrer-Schüler-Beziehungen aus Sicht der Schüler lassen sich in drei inhaltliche Dimensionen untergliedern, die auch durch eine Faktorenanalyse (Extraktionsmethode: Hauptkomponentenanalyse, Rotationsmethode: Varimax mit Kaiser-Normalisierung) abbildbar sind (siehe Tab. 10).

Zunächst gibt es negative Attributionen und Einschätzungen des Verhältnisses zu den Lehrern, die den Umgangston (Befehlston und Schreien im Unterricht), Personmerkmale (Ungeduld und zu hohe Anforderungen im Unterricht), Charakteristika der Wissensvermittlung (spulen Unterrichtsstoff nur ab oder fragen diesen nur ab, gehen zu wenig auf Fragen ein) sowie Handgreiflichkeiten gegenüber Schülern umfassen.

Tab. 10: Faktorenanalyse - Verhältnis der Schüler zu den Lehrern - negative/positive Attributionen und Disziplin-/ Ordnungsorientierung. Die Lehrer meiner Schule...

	Faktorladung
Faktor 1: *negative Attributionen/Einschätzungen*	
... reden im Befehlston mit Schülern	,721
... werden ungeduldig, wenn Schüler etwas nicht gleich verstehen	,689
... schreien im Unterricht	,687
... spulen ihren Unterrichtsstoff nur ab	,685
... stellen zu hohe Anforderungen	,557
... werden handgreiflich gegenüber Schülern	,532
... fragen den behandelten Unterrichtsstoff nur ab	,518
... gehen zu wenig auf unsere Fragen ein	,509
Faktor 2: *positive Attributionen/Einschätzungen*	
... verstehen Spaß	,709
... geben bei Problemen einzelner Schüler Rat und leisten Hilfe	,668
... sind freundlich zu den Schülern	,649
... lassen auch mal etwas durchgehen	,601
... beziehen auch unsere alltäglichen Erfahrungen und Erlebnisse in den Unterricht mit ein	,591
... achten darauf, daß alle Schüler im Unterricht mitkommen	,559
Faktor 3: *Disziplin- und Ordnungsorientierung*	
... achten genau auf die Einhaltung der Schulordnung	,784
... achten sehr auf Ruhe und Ordnung im Unterricht	,774

Die positiven Attributionen und Einschätzungen der Lehrer-Schüler-Beziehung beziehen sich auf Personmerkmale der Lehrer (Spaß verstehen, Freundlichkeit, etwas durchgehen lassen), Charakteristika der Wissensvermittlung (Einbeziehung von alltäglichen Erfahrungen in den Unterricht und Sensibilität für unterschiedliche Lerntempi der Schüler im Unterricht) sowie Beratungs- und Unterstützungsleistungen. Ferner wurde die Disziplin- und Ordnungsorientierung der Lehrer thematisiert und in den Items abgebildet mit der Beachtung der Schulordnung und der Durchsetzung von Ruhe und Ordnung im Unterricht.

Die Schüler sollten auf einem ordinalskalierten 5er-Antwortschema die Anzahl der Lehrer einschätzen, für die das jeweils Beschriebene zutrifft (von „(fast) alle Lehrer" bis „gar keine

Lehrer"). Der Umgangston wird aus Sicht der meisten Schüler eher positiv beschrieben (siehe Tab. 11): 66, 6 % der Schüler sagen, daß einige wenige bzw. gar keine Lehrer im Befehlston reden, 54, 2 % der Schüler sagen dies auch bezüglich des Schreiens im Unterricht. Immerhin 15, 3 % der Schüler sehen sich in der Begegnung mit fast allen oder der Mehrheit der Lehrer in einem Befehlston angesprochen, das schreien im Unterricht erleben für die Zahl von Lehrern fast ein Viertel der Schüler (23, 9 %). Der Umgangston wird von Hauptschülern für fast alle/die Mehrheit der Lehrer negativer beschrieben als von Schülern an Realschulen und Integrierten Gesamtschulen, am Gymnasium ist die Zahl der Schüler geringer, die fast allen/der Mehrheit der Lehrer einen negativen Umgangston attestieren (höchst signifikanter Verteilungsunterschied von p = ,000).

Tab. 11: Wie würdest Du die Lehrer Deiner Schule beschreiben?...

	(fast) alle Lehrer	die Mehrheit der Lehrer	(fast alle/die Mehrheit)	etwa die Hälfte	einen/ einige wenige Lehrer	gar keine Lehrer	(einen/ einige wenige/gar keine Lehrer)
... reden im Befehlston mit Schülern (n = 1617)	5, 4 %	9, 9, %	15, 3 %	18, 1 %	45, 6 %	21, 0 %	66, 6 %
... werden ungeduldig, wenn Schüler etwas nicht verstehen (n = 1619)	3, 0 %	7, 4 %	10, 4 %	14, 1 %	53, 4 %	22, 0 %	75, 4 %
... schreien im Unterricht (n = 1621)	9, 9 %	14, 0 %	23, 9 %	21, 9 %	47, 7 %	6, 5 %	54, 2 %
... spulen ihren Unterrichtsstoff nur ab (n = 1613)	3, 9 %	6, 8 %	10, 7 %	16, 6 %	47, 5 %	25, 2 %	72, 7 %
... stellen zu hohe Anforderungen (n = 1617)	5, 6 %	12, 1 %	17, 7 %	25, 2 %	48, 2 %	8, 9 %	57, 1 %
... werden handgreiflich gegenüber Schülern (n = 1618)	1, 1 %	1, 1 %	2, 2 %	2, 8 %	24, 3 %	70, 8 %	95, 1 %
... fragen den behandelten Unterrichtsstoff nur ab (n = 1617)	5, 6 %	10, 0 %	15, 6 %	25, 5 %	44, 8 %	14, 2 %	59, 0 %
... gehen zu wenig auf unsere Fragen ein (n = 1617)	4, 0 %	12, 1 %	16, 1 %	26, 8 %	45, 0 %	12, 2 %	57, 2 %
... verstehen Spaß (n = 1620)	13, 8 %	30, 1 %	43, 9 %	31, 0 %	23, 0 %	2, 1 %	25, 1 %
... geben bei Problemen einzelner Schüler Rat und leisten Hilfe (n = 1617)	16, 0 %	25, 4	41, 4 %	22, 3 %	30, 7 %	5, 5 %	36, 2 %
... sind freundlich zu den Schülern (n = 1621)	21, 8 %	34, 7 %	56, 5 %	26, 6 %	15, 1 %	1, 8 %	16, 9 %
... lassen auch mal etwas durchgehen (n = 1620)	10, 2 %	24, 6 %	34, 8 %	26, 7 %	35, 1 %	3, 5 %	38, 6 %
... beziehen auch unsere alltäglichen Erfahrungen und Erlebnisse in den Unterricht mit ein (n = 1613)	6, 6 %	17, 0 %	23, 6 %	26, 3 %	39, 2 %	10, 8 %	50, 0 %
... achten darauf, daß alle Schüler im Unterricht mitkommen (n = 1621)	23, 2 %	32, 3 %	55, 5 %	23, 1 %	19, 2 %	2, 2 %	21, 4 %
... achten genau auf die Einhaltung der Schulordnung (n = 1620)	30, 2 %	30, 2 %	60, 4 %	21, 2 %	16, 8 %	1, 6 %	18, 4 %
... achten sehr auf Ruhe und Ordnung im Unterricht (n = 1621)	36, 6 %	37, 0 %	73, 6 %	17, 3 %	8, 3 %	0, 7 %	9, 0 %

Negativ kondolierte Personmerkmale wie Ungeduld und ein zu hoher Anspruch tauchen in vergleichbarer Größenordnung aus Sicht der Schüler auf: 10, 4 % der Befragten macht mit fast allen/der Mehrheit der Lehrer die Erfahrung, daß diese ungeduldig im Unterricht werden, wenn Schüler nicht gleich etwas verstehen, 17, 7 % sehen sich von der gleichen Anzahl von Lehrern mit zu hohen Anforderungen im Unterricht konfrontiert. Aus Sicht der meisten Schüler treffen diese negativen Personmerkmale also eher nicht bzw. nur für wenige Lehrer zu (75, 4 % bzw. 57, 1 % der Schüler machen entsprechende Angaben). Auch diese Punkte werden von Haupt- und Realschülern stärker genannt, am Beispiel der Ungeduld im Unterricht sei dies prozentual verdeutlicht: 15, 3 % bzw. 13, 4 % der Haupt- und Realschüler sagen, daß Ungeduld im Unterricht für fast alle/die Mehrheit der Lehrer zutrifft, während an Gymnasien 6, 2 % und an den Integrierten Gesamtschulen 9, 9 % der Schüler entsprechende Angaben machen.

Auch die negativen Charakteristika der Wissensvermittlung im Unterricht werden von der Mehrheit der Schüler nur wenigen Lehrern zugeschrieben. Aus Sicht von 72, 2 % der Schüler trifft es nur für einige oder gar keine Lehrer zu, den Unterrichtsstoff nur abzuspulen, 57, 2 % bzw. 59 % der Schüler beobachten bei der gleichen Zahl der Lehrer, daß sie den Unterrichtsstoff nur abfragen oder zu wenig auf ihre Fragen eingehen. Signifikante Verteilungsunterschide belegen das gleiche Bild wie bei den bereits genannten Aspekten: Hauptschüler sind eher mit Formen der Wissensvermittlung und entsprechenden Lehrerverhalten konfrontiert, das die passiv-reaktive Schülerrolle fördert, als dies Schüler an Gymnasien tun (die Realschule und Integrierte Gesamtschule nehmen eine Mittelposition ein).

Übergriffe seitens der Lehrer werden von einer kleinen Zahl von Schülern (2, 2 %) bei fast allen bzw. der Mehrheit der Lehrer erlebt, was bedenklich stimmen sollte, auch wenn die große Mehrhit der Befragten (70, 8 %) dies gar keinem Lehrer zuschreibt, so trifft dies aus Sicht von fast einem Viertel (24, 3 %) der Schüler noch für einen oder einige wenige Lehrer zu, was auch mit Blick auf Ausnahmen im Kollegium natürlich nicht haltbar und ein unangemessener Ausdruck der Wiedergewinnung von Lehrermacht über verlorene Einflußnahme auf das Lerngeschehen ist.

Positive Personmerkmale werden einer relativ hohen Zahl der Lehrer zugesprochen: 43, 9 % der Schüler sagen, daß fast alle bzw. die Mehrheit der Lehrer Spaß verstehen, genauso viele Lehrer sind aus Sicht von 56, 6 % der Schüler freundlich im Umgang. Etwas geringer, aber immer noch von gut einem Drittel der Schüler angegeben, wird eine Lockertet im Umgang erkannt; 34, 8 % der Schüler machen bei fast allen oder der Mehrheit der Lehrer die Erfahrung, daß diese auch mal etwas durchgehen lassen-der Spaß hört auf, wenn Unterrichtsziele gefährdet sind und ein Etwas-durchgehen- lassen könnte der Anfang einer solchen Entwicklung sein?
Von den Hauptschülern werden diese positiven Personmerkmale seltener der Mehrheit der Lehrerschaft zugestanden als in den anderen Schulformen (höchst signifikanter Verteilungsunterschied von p = ,000), Schüler an den Gymnasien beschreiben eine größere Zahl ihrer Lehrer positiv.

Bei den positiv bewerteten Formen der Wissensvermittlung bzw. der Sensibilität für unterschiedliche Lerntempi der Schüler im Unterricht muß man eine Unterscheidung treffen, die quantitativ deutlich ausgedrückt wird: Über die Hälfte (55, 5 %) der Schüler erkennt bei fast allen/der Mehrheit der Lehrer, daß diese auf ein angemessenes Vermittlungstempo (alle

Schüler berücksichtigendes) achten. Die Wissensinhalte sind aber nur aus Sicht von knapp einem Viertel der Schüler (23, 6 %) auch aus alltäglichen Erfahrungen und Erlebnissen der Schülerschaft inspiriert, diese Öffnung des Curriculums hin zu den lebensweltlichen Bezügen der Schüler trifft nur für wenige Lehrer zu.

Die Unterstützungs- und Beratungsfunktion von Lehrern wird von 41, 4 % der Schüler bei der Mehrheit der Lehrer erfüllt gesehen, genau die Hälfte der Befragten sieht diesen Akzent der Lehrerrolle aber nur bei einigen wenigen oder sogar gar keinen Lehrern umgesetzt. Die Unterstützungs- und Beratungstätigkeit, für Schüler wohl ein eher befremdliches Moment der Lehrerrolle, wird vor allem partiell auf einzelne Lehrer übertragen (vielleicht aufgrund der vertrauensvollen Beziehung dieser Lehrer zu den Schülern, die eben nicht mit allen Lehrern herzustellen ist) - für die gesamte, im Schulalltag erlebte Lehrerschaft, trifft dies aus Schülersicht mehrheitlich nicht zu (tendenziell aber schon in recht hohem Maße).

Neben der positiven Beschreibung des Verhältnisses zu den Lehrern erleben die Schüler aber trotzdem eine Dominanz der Ordnungs- und Disziplinorientierung im Schulalltag, die aus Sicht von 60, 4 % bzw. 73, 6 % der Schüler von fast allen bzw. der Mehrheit der Lehrer repräsentiert wird: Auf die Einhaltung der Schulordnung und auf Ruhe und Ordnung im Unterricht wird trotz allem geachtet, die Beziehungen zu den Lehrern werden eben in einem reglementierten institutionellen Rahmen aufgebaut.

Zusammenhangsprüfungen mittels einer multiplen linearen Regression ergeben eine Belastungsstruktur, das sich als ein Gefüge aus Leistungsüberforderungen (der Unterricht ist zu schwer oder zu schnell) und negativen Sozialbeziehungen zu Lehrern (negative Personmerkmale) sowie Mitschülern im Klassenverband (erlebter Egoismus) darstellt: Definiert man die Überforderung mit dem Unterrichtstempo als abhängige Variable, so gehen in die Regressionsrechnung Aspekte ein wie Schreien und Ungeduld der Lehrer im Unterricht sowie das Desinteresse der Mitschüler an den Problemen anderer (der multiple Korrelationskoeffizient ist hier r = ,280). Auf die Überforderung mit dem Unterrichtsstoff nehmen Aspekte Einfluß wie Ungeduld und Befehlston der Lehrer im Unterricht sowie das Desinteresse der Mitschüler an den Problemen anderer und die Konzentration eines jeden auf das eigene Fortkommen in der Schule (multipler Korrelationskoeffizient r = ,205).

Insgesamt wird die Lehrer-Schüler-Beziehung aus Sicht der befragten Schüler eher positiv beschrieben: Negative Beschreibungen werden mehrheitlich auf wenige Lehrer bezogen. Dies betrifft sowohl Personmerkmale als auch Wissensvermittlungsformen und Umgangsweisen. Es lassen sich Verteilungsunterschiede bezüglich der Schulformen erkennen. An den Hauptschulen werden diese negativen Attribuierungen stärker einer größeren Zahl von Lehrern zugeordnet. Positive Personmerkmale der Lehrer werden von den Schülern relativ hoch eingeschätzt, eine (auch) lebensweltorientierte Wissensvermittlung und Unterrichtsgestaltung wird aber nur mit wenigen Lehrern in Verbindung gebracht. Auch die Beratungs- und Unterstützungsfunktion der Lehrerschaft wird von Schülern erkannt. Die Disziplin- und Ordnungsorientierung der Lehrer ist trotz allem hoch und von vielen Schülern bei den meisten Lehrkräften wahrgenommen.

Zusammenhangsprüfungen ergeben eine Belastungsstruktur, die sich als Gefüge aus Leistungsüberforderungen und negativen sozialen Beziehungen zu Mitschülern und Lehrern darstellt.

1.4 Familiär zu sichernde Mindeststandards - Armutsaspekte

In Kap. 3.2/Teil 2 wurde die Armutsentwicklung als ein strukturell eingebundener Aspekt der Einschränkung von Unterstützungsleistungen der Familie genannt, durch Armut belastete Familienstrukturen ziehen häufig massive Einschränkungen des Lern- und Erfahrungsraums von Kindern und Jugendlichen nach sich. Dies kann sich in unzureichenden Rückzugsmöglichkeiten zu Hause, mangelnder Unterstützung und Förderung oder auch der Ausgrenzung aus der Kinder und Jugendkultur ausdrücken. Letzteres soll im folgenden anhand von Indikatoren geprüft werden wie fehlendes Geld für Lehr- und Lernmittel, für Klassenfahrten, Freizeitaktivitäten oder die Teilnahme an Geburtstagen von Klassenkameraden. Hier sind Armutsaspekte mit Schulbezug von Belang, wobei Schulbezug zum einen die Arbeitsmaterialien und die Teilnahme an schulischen Veranstaltungen meint, zum anderen aber auch das Ausrichten von eigenen bzw. die Teilnahme an Geburtstagsfeiern von Klassenkameraden - dies sind Sachverhalte, die im Klassengeschehen unmittelbar zum Tragen kommen, auf peer-definierte Standards treffen, sie nicht erfüllen und zumeist soziale Sanktionierungen nach sich ziehen (z. B. ausgedrückt in Marginalisierung) Ob sich diese Erfahrungen in generellen Stigmatisierungs- und Ausgrenzungsprozessen verdichten und die materielle Einschränkung verknüpft ist mit sozialer und psychischer Deprivation, wird in den Kapiteln 2 und 3 näher betrachtet, da dort Verbindungen zwischen schulbezogenen Armutsaspekten, psychischen und physischen Belastungssymptomen, Selbstbildern und Bewältigungsverhalten hergestellt werden.

Um schulbezogene Armutsaspekte zu erfragen, wurden den Schülern folgende Itemformulierungen vorgelegt:
- Freizeitangebote, die Geld kosten, kann ich (fast) nie nutzen
- Meine Arbeitsmaterialien in der Schule sind unvollständig und alt, für neue habe ich kein Geld
- An Klassenfahrten kann ich (meistens) nicht teilnehmen, ich kann die Kosten für die Reise nicht aufbringen
- An Geburtstagen meiner Klassenkameraden kann ich nicht teilnehmen, weil ich kein Geld für ein Geschenk habe
- Ich kann niemanden zu meinem Geburtstag einladen und feiern, weil ich mir eine Party nicht leisten kann

Die Schüler gaben ihre Zustimmung oder Ablehnung auf einer dichotomisierten Nominalskala angegeben („trifft zu/trifft nicht zu"):

Tab. 12: Armutsaspekte mit Schulbezug

	trifft zu	trifft nicht zu
Freizeitangebote, die Geld kosten, kann ich (fast) nie nutzen (n = 1614)	21, 6 %	78, 4 %
Meine Arbeitsmaterialien in der Schule sind unvollständig und alt, für neue habe ich kein Geld (n = 1615)	6, 0 %	94, 0 %
An Klassenfahrten kann ich (meistens) nicht teilnehmen, ich kann die Kosten für die Reise nicht aufbringen (n = 1614)	4, 0 %	96, 0 %
An Geburtstagsfeiern meiner Klassenkameraden kann ich nicht teilnehmen, weil ich kein Geld für ein Geschenk habe (n = 1613)	3, 3 %	96, 7 %
Ich kann niemanden zu meinem Geburtstag einladen und feiern, weil ich mir eine Party nicht leisten kann (n = 1615)	3, 4 %	96, 6%

Es läßt sich ein wesentlicher quantitativer Unterschied feststellen (siehe Tab. 12), und zwar zwischen der Zahl der Befragten, die eingeschränkt an Freizeitangeboten des kommerziellen Sektors teilnehmen können und der Zahl der Schüler, denen die Erfüllung von eher als Mindeststandards zu bezeichnenden Aspekten nicht möglich ist. Die erste Zahl der Schüler ist größer, 21, 6 % der Schüler sagen, daß sie an Freizeitangeboten, die Geld kosten, (fast) nie teilnehmen können. Diese relativ hohe Zahl kann dahingehend gedeutet werden, daß der materielle Standard und das Anspruchsverhalten der Jugendlichen unterschiedlich hoch ist und (gewünschte) Angebote des kommerziellen Sektors nicht immer genutzt werden können, da diese inzwischen so kostspielig sein können, daß eine eher finanzschwache Schülerschaft an ihm nicht entsprechend der eigenen Bedürfnisse partizipieren kann. In ähnlichem Maße wie diese Gesamtzahl verteilt sich auch das Antwortverhalten über die Schulformen hinweg: an den Gymnasien machen etwas weniger Schüler entsprechende Angaben (aber auch 16 %), an Realschulen und Integrierten Gesamtschulen sind es 24, 6 % bzw. 21, 6 % der Schüler, die an Freizeitangeboten des kommerziellen Sektors (fast) nie teilnehmen können. Die Hauptschüler sind mit einer größeren Zahl zustimmender Antworten vertreten, hier können 30 % der Schüler kommerzielle Freizeitangebote eher nicht nutzen.

Fragt man nach nicht erfüllten, familiär zu sichernden Mindeststandards, so wird die Zahl der betroffenen Schüler kleiner. Daß die Qualität der Arbeitsmaterialien leidet und aus finanziellen Gründen nicht den Vorgaben entsprechen, trifft für 6 % der befragten Schüler zu. Für Schüler des Gymnasiums trifft dies wiederum weniger zu (2, 8 %), am höchsten ist der Anteil an den Integrierten Gesamtschulen (10 %), die Schüler an Haupt- und Realschulen antworten mit 8, 1 % bzw. 6, 4 %, daß ihre Arbeitsmaterialien in der Schule unvollständig und alt sind, weil sie für neue kein Geld haben (höchst signifikanter Verteilungsunterschied von p = ,000). Die Teilnahme an Klassenfahrten ist 4 % der Schüler meistens nicht möglich, da sie die Kosten für die Reise nicht aufbringen können. Die Differenzierung nach Schulformen ergibt eine ähnliche Verteilung wie beim vorstehenden Aspekt: Schüler an Gymnasien (1, 5 %) sind aus finanziellen Gründen weniger von Klassenfahrten ausgeschlossen als Schüler an der Realschule (5 %) und der Integrierten Gesamtschule (6, 4 %). Die Hauptschüler sind vergleichsweise stärker vertreten (9, 1 % der Schüler können an den Klassenfahrten (meistens) nicht teilnehmen; höchst signifikanter Verteilungsunterschied von p = ,000).
Diese Verteilung ergibt sich ebenso bei der Frage nach der Teilnahme an Geburtstagsfeiern und dem Ausrichten eigener Geburtstagsparties: An den Gymnasien sagen kaum Schüler aus, daß ihnen dies nicht möglich ist, an den Hauptschulen dagegen vergleichsweise am höchsten. Insgesamt können 3, 3 % bzw. 3, 4 % der befragten Schüler an Geburtstagsfeiern von Klassenkameraden nicht teilnehmen, weil sie kein Geld für ein Geschenk haben bzw. niemanden zu ihrem Geburtstag einladen, weil sie sich keine Party leisten können.

Eine Kleine Zahl der Schüler ist mit eingeschränkten familiär zu sichernden finanziellen Mindeststandards konfrontiert, was sich in veralteten und unvollständigen Arbeitsmaterialien, der Nichtteilnahme an Klassenfahrten und Geburtstagsfeiern von Klassenkameraden in einem unmittelbar schulischem Bezug ausdrückt. Schüler an den Hauptschulen sind vergleichsweise stärker von finanziellen Einschränkungen betroffen.
Ob diese Einschränkungen auch mit einer psychischen und sozialen Deprivation zusammenhängen wird in den nächsten Abschnitten geprüft. Zusammenhänge mit den bislang dargestellten Belastungselementen im Schulalltag, wie der Leistungsüberforderungen im Unterricht oder der Einschätzung der Schüler-Schüler-Beziehungen, lassen sich nicht herstellen. D. h. es gibt keine Korrelationen zwischen Armutserfahrungen und diesen Elementen, die betroffen

Schüler sind nicht eher leistungsüberfordert und schätzen die Sozialbeziehungen im Klassenverband auch nicht negativer ein als andere Schüler.

1.5 Zusammenfassung: Objektive Belastungsstrukturen im Schulalltag

Schule als ambivalenter Lebensraum zwischen sozialem und funktionalem Raum spiegelt sich im Erleben der Schüler wider. Schule wird als Raum von Freundschaftsbeziehungen und peer-Erfahrungen gesehen, aber auch als Ort starker Reglementierungen und Einschränkungen persönlicher Freiheiten. Für rund 10 % der Schüler stellt Schule keinen Ort von Freundschaftsbeziehungen dar. Es konnte eine Kompensationsfunktion der peer-Erfahrungen ermittelt werden, denn das Erleben sozialer Bezüge und Kontakte scheint Schule in ihrer Reglementierungswirkung zu relativieren, zumindest nicht mehr so dominant erscheinen.

Tendenzen der Leistungsüberforderungen lassen sich bei einer Zahl von 13 % bzw. 15 % der Schüler feststellen, für die das Vermittlungstempo und der Schweregrad des Lernstoffes fast immer oder oft überfordernd ist.

Es läßt sich ferner eine *ausgeprägte Erwartungshaltung der Eltern* bezüglich der Schulleistungen des Kindes erkennen, restriktive Erziehungsstile oder gar ein Desinteresse an den schulischen Leistungen treffen für eine kleine Zahl von Schülern zu.

Schulleistungsbezogene Ängste sind sehr verbreitet, betreffen intensiver zwischen einem Viertel und einem Drittel der befragten Schüler, große prüfungsspezifische Ängste betreffen sogar über die Hälfte der Schüler.
Diese Phänomene liegen quer zu den Schulformen, sind also überall zu beobachten, an einigen Punkten sind Verteilungsunterschiede (aber keine Polarisierungen zugunsten einer Schulform) erkennbar, die auch geschlechts- oder klassenstufenspezifisch sein können.

Die *Sozialbeziehungen zwischen den Schülern* wurden zunächst bezogen auf den *Raum Schule* allgemein thematisiert, erfragt wurden vor allem Erscheinungsformen gewalttätigen Handelns. Kernergebnis ist, daß *gewaltförmiges Handeln* von Schülern aller Schulformen beobachtet wird, extreme Formen des Gewalthandelns kommen seltener vor (z. B. mit Waffen). Mobbingphänomene im Sinne des „Fertigmachens" von Schülern treten häufiger im schulischen Alltag auf (sowohl dyadisch als auch cliquenorientiert). Prügeleien als körperliche Auseinandersetzung bei Streitigkeiten sind ebenfalls recht stark vertreten. Schulformspezifische Verteilungsunterschiede sind ermittelt worden, an den Gymnasien wird gewaltförmiges Verhalten von den Schülern vergleichsweise weniger beobachtet.

Die *sozialen Beziehungen der Schüler im Klassenverband* sind hinsichtlich positiver Qualitäten beschreibbar (wie gegenseitige Unterstützung, Ermutigung, Hilfe in Schwierigkeiten und Gruppenzusammenhalt), daneben existieren aber auch negative Qualitäten (wie Egoismus in Form von Desinteresse an Befindlichkeiten anderer oder die Konzentration auf das eigene Fortkommen in der Schule). *Dieses Nebeneinander von Egoismus und Solidarität* im Klassenverband verlangt Schülern eine Ausbalancierung von Gemeinschafts- und Konkurrenznormen ab. An Hauptschulen werden Phänomene der Solidarität und Unterstützung vergleichsweise geringer geäußert.
Problemaspekte im Klassenverband wurden in den Aspekten negativer Kommunikation, abwertender Verhaltensweisen und Unterrichtsstörungen zusammengefaßt. *Unterrichtsstörun-*

gen stellen das ausgeprägteste Phänomen dar, *verbale Aggressionen* (Beschimpfungen, Beleidigungen, Lästern) sind im Klassenverband häufiger zu beobachten als *körperliche Auseinandersetzungen* (Prügeleien). Diese Aspekte sind an allen Schulformen erkennbar, wobei an Gymnasien diese Äußerungen vergleichsweise geringer gemacht werden.

Eine kleine Zahl von Schülern kann aufgrund *eingeschränkter materieller Ressourcen* an Klassenfahrten (fast) nie teilnehmen, an Geburtstagsfeiern der Klassenkameraden nicht teilnehmen oder eigene Geburtstagsparties ausrichten. Die Arbeitsmaterialien dieser Schüler sind unvollständig und alt, da für neue kein Geld da ist.

Insgesamt wird die *Lehrer-Schüler Beziehung* eher positiv beschrieben. Negative Beschreibungen (Personmerkmale, Formen der Wissensvermittlung und Umgang/Begegnung) werden mehrheitlich eher wenigen Lehrern zugeschrieben. Es lassen sich hierbei Verteilungsunterschiede bezüglich der Schulformen erkennen, an den Hauptschulen werden negative Charakteristika stärker einer größeren Zahl von Lehrern zugeschrieben. Positive Personmerkmale der Lehrer sind von den Schülern relativ hoch eingeschätzt worden, eine (auch) lebensweltorientierte Wissensvermittlung und Unterrichtsgestaltung wird aber nur mit wenigen Lehrern in Verbindung gebracht. Auch die Beratungs- und Unterstützungsfunktion wird bei einem recht großen Teil der Lehrerschaft anerkannt. Trotz allem ist die Disziplin- und Ordnungsorientierung hoch und von vielen Schülern bei der Mehrheit der Lehrer als solche wahrgenommen.
Die bisherigen Teilergebnisse lassen sich in drei Belastungsstrukturen zusammenfassen, die auch mittels Zusammenhangsprüfungen vorstehend belegt wurden. Die Problemstrukturen (mit einem individuell erlebten Belastungsgefüge als Bewältigungsaufforderung) lassen sich wie folgt schematisch darstellen (siehe Abb. 7).

2 Belastungssymptome im Schulalltag

Im folgenden werden Belastungssymptome im Schulalltag ermittelt, die gemäß der theoretischen Vorannahmen und des Hypothesensystems mit den objektiv wahrgenommenen Belastungen in Verbindung gebracht werden sollen. Es werden einzelne Formen psychosozialer Belastung vorgestellt, wobei in Anlehnung an Mansel/Hurrelmann (vgl. 1994) zwischen Belastungssymptomen auf psychischer und sozialer Ebene unterschieden wird. So zum Beispiel emotionale Anspannungen und negative Gefühlszustände (2. 1. 1), negative Selbstwertschätzung (2. 1. 2), aber auch eine negative soziale Positionierung in der Klasse, Marginalisierung und Stigmatisierung, die Mansel/Hurrelmann (vgl. 1994, S. 173) interiorisierende Formen der Belastungsregulation nennen. Ergänzend werden Zukunftsängste der Schüler erfragt, die sich auf die Berufseinmündungsphase und den antizipierten Lebensstandard beziehen, also auch mit dem Qualifikationsparadox in Verbindung gebracht werden können (2. 1. 3).

Zum anderen werden physische Belastungssymptome vorgestellt, die Mansel/Hurrelmann (vgl. ebd.) interiorisierende Formen der Belastungsregulation auf somatischer und physischer Ebene bezeichnen. Dazu zählen hier die subjektive Einschätzung des Gesundheitszustandes, psychosomatische Beschwerden und eher manifeste Krankheitssymptome (2. 2).
Es werden abschließend Zusammenhänge zwischen den psychischen und physischen Belastungssymptomen geprüft und auch Verbindungen zu den objektiven Belastungen (Kap. 1/Teil 3) hergestellt, im Sinne einer Prüfung der Auswirkung dieser Belastungen auf die psychischen und physischen Verfaßtheiten der Schüler (2. 1 4 und 2. 2. 1).

Abb. 7: Belastungsstrukturen im Schulalltag (als Belastungsgefüge mit Bewältigungsaufforderung)

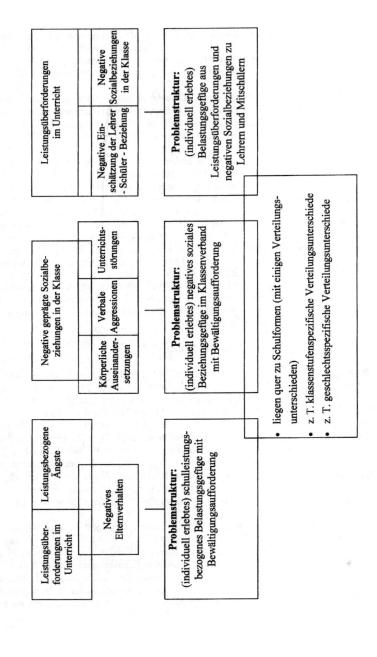

2.1 Psychische Belastungssymptome: Stimmungen/Emotionen, Selbstbilder und Zukunftsängste

Nach der Ermittlung von objektiv wahrgenommenen Belastungen im Schulalltag wird nun der Blick auf die psychische Verfaßtheit der Schüler gelenkt, auf ihre Stimmungen und Emotionen, die sie in die Schule mitbringen, die sich dort verdichten, vielleicht auch dort entstehen, zumindest aber die Wahrnehmung der Schüler von Aspekten des Schulalltags beeinflussen und überformen können. Es werden zunächst die Verteilungen von negativen Emotionen und Anspannungen sowie positive Emotionen und Zufriedenheitsgefühle beschrieben (2.1.1).
Dann werden Indikatoren für negative Selbstbilder zu ermitteln, die vor allem in ihrer sozialen Relevanz betrachtet werden (d. h. in ihrer Bedeutung für Marginalisierungsprozesse und -erscheinungen im Klassenverband bzw. in der Mitschülerschaft).
Daneben werden Phänomene der Stigmatisierung thematisiert, die sich vor allem auf erlebte Etikettierungsprozesse in der Interaktion mit Lehrern beziehen (2.1.2). Ob die geschilderte Antizipation des Bildungsparadoxes auch zu konkreten berufsbezogenen Zukunftsängsten bei den Schülern führen, wird in 2.1.3 gefragt. Schließlich werden Indikatoren psychischer Belastung (negative Emotionen, Stigmatisierung/Marginalisierung und Zukunftsangst) in Verbindung mit objektiven Belastungen im Schulalltag gebracht und auf Zusammenhänge geprüft (2.1.4).

2.1.1 Stimmungen und Emotionen (psychische Verfaßtheiten)

Schule als Kumulationsfeld soziostruktureller und gesellschaftlicher Bedingungen ist, wie in Kap. 2.5/Teil 2 dargestellt, für Schüler mit einem Bewältigungscharakter verbunden. Die Belastung durch schulische Leistungsanforderungen und -überforderungen bzw. antizipiertes Leistungsversagen ist mitverantwortlich für psychosoziale Belastungen, die sich in Form depressiver Syndrome, emotionaler Anspannung und negativer Selbstwertschätzung widerspiegeln können.
Hier soll zunächst die Ausdrucksweise psychischer Belastung hinsichtlich der Gefühlslage betrachtet werden, wobei eine Beeinträchtigung des individuellen Empfindens als emotionale Anspannung (emotionaler Streß) bezeichnet wird (vgl. auch Mansel/Hurrelmann 1994, S. 175 ff.). In Anlehnung an die modellhaft dargestellten Variablenzusammenhänge in Kap. 1/Teil 3 kann die emotionale Ebene und die Unausgeglichenheit einer Person als Ausgangspunkt einer problematischen oder destruktiven Belastungsregulation gesehen werden: „Eine emotionale Unausgeglichenheit stellt nicht nur einen ersten Einschnitt in die subjektiv empfundene und wahrgenommene Lebensqualität dar, Gefühle sind auch häufig ein gewichtiger Aspekt bei der Entscheidungsfindung und der Erarbeitung von Handlungsstrategien" (Mansel/Hurrelmann 1994, S. 175). Emotionen als Erlebnisart des Subjektes (als „Gefühlslage") sind Reaktionen auf persönliche Bewertungen von Situationen bzw. situationalen Anforderungen und Belastungen, sie entstehen also aus sozialen Zusammenhängen und wirken auch auf diese strukturell zurück. Diese subjektive Gefühlslage kann aufgrund sozialer Konstellationen und Bedingungen über einen längeren Zeitraum konstant gehalten werden und determiniert damit wesentlich Handlungsstrategien und Wahrnehmungen. So werden Situationen in positiver Stimmung anders wahrgenommen und Handlungen darauf abgestimmt als in negativer Stimmung oder Aggression. Daher soll im zweiten Schritt (gemäß der genannten Variablenzusammenhänge in Kap. 1/Teil 3) die Verbindung der Emotionen (Wahrnehmungsebene) mit den Verhaltensformen (Bewältigungsebene) vorgenommen werden.

Die Faktorenanalyse (Extraktionsmethode: Hauptkomponentenanalyse, Rotationsmethode: Varimax mit Kaiser-Normalisierung) extrahiert zwei Faktoren, die sich als „negative Emotionen/Anspannungen" und „positive Emotionen/Zufriedenheit" umschreiben lassen. Zu den negativen Emotionen zählen anomische Gefühle (traurig, hilflos und ohnmächtig, überflüssig fühlen), aggressive Gefühle (wütend, zornig fühlen) und Belastungsgefühle (angespannt und gestreßt fühlen). Die positiven Gefühle meinen Glück, Zufriedenheit, positive Stimmung und Stolz (siehe Tab. 13).

Um gegebenenfalls länger anhaltende Gefühlszustände der Schüler bestimmen zu können, wurden die Häufigkeit der Wahrnehmung verschiedener Gefühle abgefragt, die Schüler sollten auf einer vierstufigen Antwortskala die Häufigkeit des Erlebens der Gefühlszustände wiedergeben (von „meistens" bis „nie") (siehe Tab. 14).

Tab. 13: Faktorenanalyse-Stimmungen und Emotionen (psychische Verfaßtheiten)

	Faktorladung
Faktor 1: *negative Emotionen/Stimmungen, Anspannungen*	
Ich bin ohne besonderen Grund traurig	,678
Ich fühle mich hilflos und ohnmächtig	,675
Ich bin wütend und zornig	,609
Ich fühle mich überflüssig	,581
Ich fühle mich gestreßt und angespannt	,574
Faktor 2: *positive Emotionen, Zufriedenheit*	
Ich bin glücklich und zufrieden	,792
Ich bin fröhlich und gut drauf	,754
Ich bin stolz auf mich	,634

Tab. 14: Stimmungen und Emotionen - Bitte überlege, wie häufig diese Angaben auf Dich zutreffen!

	meistens	häufig	(meistens/ häufig)	nur manchmal	nie	(nur manchmal/nie)
Ich bin ohne besonderen Grund traurig (n = 1614)	2, 7 %	8, 7 %	11, 4 %	34, 0 %	54, 6 %	88, 6 %
Ich fühle mich hilflos und ohnmächtig (n = 1612)	2, 2 %	3, 8 %	6, 0 %	21, 5 %	72, 5 %	94, 0 %
Ich bin wütend und zornig (n = 1611)	3, 1 %	9, 5 %	12, 6 %	63, 2 %	24, 2 %	87, 4 %
Ich fühle mich überflüssig (n = 1610)	3, 7 %	8, 4 %	12, 1 %	47, 5 %	40, 3 %	87, 8 %
Ich fühle mich gestreßt und angespannt (n = 1612)	13, 9 %	27, 6 %	41, 5 %	51, 1 %	7, 4 %	58, 5 %
Ich bin glücklich und zufrieden (n = 1613)	37, 0 %	43, 2 %	80, 2 %	17, 2 %	2, 6 %	19, 8 %
Ich bin fröhlich und gut drauf (n = 1613)	43, 6 %	43, 6 %	87, 2 %	11, 7 %	1, 7 %	13, 4 %
Ich bin stolz auf mich (n = 1609)	12, 6 %	28, 3 %	40, 9 %	46, 1 %	13, 0 %	59, 1 %

Das Anspannungsgefühl sticht bei den negativen Emotionen deutlich heraus, 41, 5 % der Schüler fühlen sich meistens/häufig gestreßt und angespannt. Dieses Ausgangsgefühl nimmt mit steigender Klassenstufe zu (von 30 % der Schüler in Klasse 5 auf 59, 7 % der Schüler mit Streßgefühlen in Klasse 10) und betrifft signifikant häufiger Hauptschüler (dort fühlen sich

47, 2 % der Schüler meistens/häufig angespannt und gestreßt gegenüber 39, 3 % der Realschüler, 42, 9 % der Gymnasiasten und 40, 9 % der Schüler an Integrierten Gesamtschulen. Die relative Dauerhaftigkeit dieses Anspannungsgefühles macht einen konstanten Anforderungscharakter in der Schule deutlich, der von über der Hälfte der Schüler (58, 5 %) nur manchmal oder nie zu Streßgefühlen führt. Bei den anomischen Gefühlen sind die Traurigkeit und das Sich-überflüssig-fühlen quantitativ ähnlich ausgeprägt: ohne besonderen Grund traurig sind 11, 4 % der Befragten meistens/häufig, mit gleicher Häufigkeit ereilt 12, 1 % der Schüler das Gefühl des Überflüssigseins. Das Gefühl der Traurigkeit nimmt mit steigender Klassenstufe zu, zeigt also auch eine jugendphasenspezifische Abhängigkeit (veränderte Stimmungslagen im Prozeß der Identitätsbildung und erhöhter Reflexivität) und betrifft Mädchen stärker als Jungen (15, 4 % gegenüber 6, 9 % der Jungen, die diesen Gefühlszustand in der Befragung zugeben). Schüler der Hauptschulen spüren diese Gefühlslage seltener als die Schüler der anderen Schulformen (8, 1 % gegenüber 11 % - 12 %; jeweils höchst signifikante Verteilungsunterschiede). Betrifft die meisten Schüler eine solche Gefühlslage nur manchmal oder nie, so sollte auch die kleinere Zahl von Schülern mit andauernder negativer Stimmungslage nicht vernachlässigt oder verharmlost werden, da Verhaltensstrategien hiervon eingeschränkt und soziale Situationen mitbestimmt werden (im Wechselprozeß der gegenseitigen Verstärkung). Eine dem entsprechende Gefühlslage, die Hilflosigkeit und Ohnmacht, also die Erfahrung oder Annahme einer nicht erfolgreichen Bewältigung von Lebenssituationen (das Gefühl erlernter Hilflosigkeit versus der Erfahrung aktiver Selbstwirksamkeit) betrifft etwas weniger Schüler in dauerhafterer Form: meistens oder häufig fühlen sich 6 % der Schüler hilflos oder ohnmächtig.

Aggressive Gefühle von Wut und Zorn treffen für 12, 6 % der Schüler meistens oder häufig zu. Wobei diese Gefühlslage von Schülern am Gymnasium seltener geäußert wird als an den anderen Schulformen (9, 8 % gegenüber 18, 3 % an Integrierten Gesamtschulen, 15, 4 % an Hauptschulen und 13, 6 % an Realschulen). Auch hier ist eine kleinere Zahl von Schülern mit einer eher stetigen aggressiven Gefühlslage nicht zu vernachlässigen, auch wenn die große Mehrheit der Schüler nur manchmal oder nie wütend oder zornig ist.

Ausbleibende Glücks- und Zufriedenheitsgefühle betreffen fast 20 % der Schüler, sie fühlen sich nur manchmal oder nie glücklich und zufrieden. Auch die ausbleibenden Glücks- und Zufriedenheitsgefühle, analog zu den anomischen Gefühlen, nehmen mit steigender Klassenstufe zu (höchst signifikanter Verteilungsunterschiede von p = ,000). Nur manchmal oder nie sind 13, 4 % der Schüler „gut drauf" oder fröhlich, für die überwiegende Mehrheit der Schüler trifft eine positive Stimmungslage also häufiger zu. Stolz auf sich selbst sein, das können 40, 9 % der Schüler meistens oder häufig, nur manchmal oder nie tritt diese Gefühlslage bei 59, 1 % der Schüler ein (auch das Gefühl von Stolz nimmt mit steigender Klassenstufe ab; höchst signifikanter Verteilungsunterschied von p= ,000).

Die überwiegende Zahl der Schüler kennzeichnet die eigene Gefühlslage meistens/häufig mit positiven Emotionen, negative Emotionen haben dennoch keinen Seltenheitswert. Eine Zahl von ca. 11 % bis 20 % beschreibt ihre eigene Gefühlslage eher mit anomischen und aggressiven Gefühlszuständen. Anspannungs- und Streßgefühle sind am stärksten verbreitet und betreffen fast die Hälfte der Schüler.

2.1.2 Selbstbilder und -zuschreibungen sowie Marginalisierungs- und Stigmatisierungsaspekte

Negative und positive Emotionen stehen in engem Zusammenhang zum Selbstwert oder zur Selbsteinschätzung einer Person. Mit der Häufigkeit der Wahrnehmung negativer Emotionen steigt auch die Wahrscheinlichkeit, daß sich die betreffende Person als minderwertig oder benachteiligt fühlt. Die Selbstbewertung einer Person ist Ausdruck der Bewertung erlebter Situationen und des eigenen Handelns in ihnen (bewertete Erfahrungen). Es findet eine reflexive Verarbeitung von selbstbezogenen Informationen statt, die im interaktiven Prozeß mit der Umwelt gewonnen werden. Es soll hier aber nicht das komplexe Gefüge von Selbstwahrnehmung, Selbstreflexion und Selbstbewertung (vgl. Hurrelmann 1994) als Konstituenten des Selbstbildes ermittelt werden, sondern vielmehr schulbezogene Indikatoren für (im interaktiven Prozeß gesteuerte) Phänomene der Stigmatisierung und Marginalisierung beschrieben werden. Stigmatisierung wird hier als Prozeß der Interaktion zwischen Schülern und Lehrern verstanden, in dem ein Schüler dadurch sozial oder schulleistungsbezogen diskreditiert wird, daß ihm ein sozial negativ bewertetes Merkmal (Stigma) zugeschrieben wird. Diese Zuschreibung kann der Schüler sich im Sinne einer self-fulfilling-prophecy zu eigen machen, d. h. der Schüler integriert nach und nach die Zuschreibungen in sein Selbstbild.
Marginalisierungsphänomene sind hier durch anomische Gefühle gesteuerte erlebte oder gedachte Ausgrenzungsprozesse im Klassenverband.

Die Faktorenanalyse (Extraktionsmethode: Hauptkomponentenanalyse, Rotationsmethode: Varimax mit Kaiser-Normalisierung) hat zwei Faktoren extrahiert, die sich als „Stigmatisierung/Benachteiligung" und „Marginalisierung/soziale Isolation" umschreiben lassen:

Tab. 15: Faktorenanalyse -Selbstbilder und -zuschreibungen/Marginalisierung und Stigmatisierung

	Faktorladung
Faktor 1: *Stigmatisierung/Benachteiligung*	
Ich kann den Lehrern überhaupt nichts recht machen	,791
Ich habe bei den Lehrern einen Ruf als schlechter Schüler	,780
Manche Lehrer haben immer mich im Verdacht, wenn in der Schule etwas vorgefallen ist	,704
Ich werde bei den Noten immer benachteiligt	,699
Ich habe das Gefühl, weniger zu können als andere	,504
Faktor 2: *Marginalisierung/soziale Isolation*	
In meiner Klasse fühle ich mich als Außenseiter	,808
Ich habe das Gefühl, daß sich keiner für mich interessiert	,804
Ich habe das Gefühl, daß mich keiner versteht	,705

Stigmatisierungs- und Benachteiligungsaspekte sind in diesem Zusammenhang beobachtete, erfahrene Situationen im Umgang mit den Lehrern und betreffen die dauerhafte Nichterfüllung von vorgegebenen Lernstandards (den Lehrer nichts recht machen können), die erlebte Etikettierung (einen schlechten Ruf haben) und das davon abhänge Verdachtsmoment und die ständige selektive Wahrnehmung der Schüler als potentielle Abweichler (jd. Gleich in Verdacht haben). Hinzu tritt die Erfahrung der Benachteiligung bei der Notengebung und das eher als Ergebnis von Stigmatisierungserfahrungen zu bezeichnende Gefühl, weniger zu könne als andere (also den Selbstwahrnehmungscharakter infolge äußerer, vergleichend bewerteter Erfahrungen).

Marginalisierung und soziale Isolation wird hier aus Schülersicht als ein Gefühl des Ausgeschlossenseins abgebildet (Außenseiterposition) und der anomischen Gefühle des Unverstandenseins (keiner interessiert sich für mich, keiner versteht mich).
Die Schüler schätzten den Grad ihrer Zustimmung auf einer vierstufigen Antwortskala ein (von „trifft voll zu" bis „trifft überhaupt nicht zu") (siehe Tab. 16).

Relativ verbreitet ist die Einschätzung der Schüler, weniger zu können als andere (siehe Tab. 15). Dieses Gefühl trifft für fast ein Viertel (24 %) voll oder eher zu. Es gibt hier keinerlei Verteilungsunterschiede zwischen Klassenstufen, Schulformen oder den Geschlechtern.
16, 5 % der Schüler sagen von sich, daß sie den Schülern überhaupt nichts recht machen können (voll/eher zustimmend). Hiervon sind Gymnasiasten weniger betroffen als Schüler der anderen Schulformen (9, 9 % gegenüber 20 % bis 24 % der Schüler an den anderen Schulformen; höchst signifikanter Verteilungsunterschied von $p = ,000$). Jungen haben diesen Eindruck von ihrer Beziehung zu den Lehrern stärker als Mädchen, die mit einem Anteil von 12, 3 % sagen, daß sie den Lehrern überhaupt nichts recht machen können (gegenüber 21 % der Jungen, die voll oder eher zustimmen).

Tab. 16: Selbstbilder und -zuschreibungen/Marginalisierung und Stigmatisierung - Wenn Du an die Schule denkst, inwiefern trifft dann das Folgende auf Dich zu?

	trifft voll zu	trifft eher zu	(trifft voll zu/ trifft eher zu)	trifft eher nicht zu	trifft überhaupt nicht zu	(trifft eher nicht zu/ trifft überhaupt nicht zu)
Ich kann den Lehrern überhaupt nichts recht machen (n = 1588)	4, 3 %	12, 2 %	16, 5 %	41, 2 %	42, 3 %	83, 5 %
Ich habe bei den Lehrern einen Ruf als schlechter Schüler (n = 1587)	3, 3 %	9, 1 %	12, 4 %	31, 7 %	55, 9 %	87, 6 %
Manche Lehrer haben immer mich im Verdacht, wenn in der Schule etwas vorgefallen ist (n = 1591)	3, 1 %	7, 4 %	10, 5 %	22, 8 %	66, 7 %	89, 5 %
Ich werde bei den Noten immer benachteiligt (n = 1589)	2, 4 %	7, 4 %	9, 8 %	35, 4 %	54, 9 %	90, 3 %
Ich habe das Gefühl, weniger zu können als andere (n = 1588)	5, 2 %	18, 8 %	24, 0 %	38, 5 %	37, 6 %	76, 1 %
In meiner Klasse fühle ich mich als Außenseiter (n = 1593)	2, 9 %	7, 2 %	10, 1 %	26, 7 %	63, 2 %	89, 9 %
Ich habe das Gefühl, daß sich keiner für mich interessiert (n = 1588)	3, 0 %	10, 7 %	13, 7 %	33, 2 %	53, 1 %	86, 3 %
Ich habe das Gefühl, daß mich keiner versteht (n = 1590)	3, 3 %	12, 8 %	16, 1 %	38, 2 %	45, 7 %	83, 9 %

Als negativ etikettiert und von vornherein als Abweichler aus der Sicht der Lehrer eingeschätzt, sieht sich eine Zahl von 10 % bis 12 % der Befragten. Ein schlechter Ruf eilt 12, 4 % der Schüler nach und sofort in Verdacht geraten 10, 5 % der Schüler bei Vorfällen in der Schule (voll/eher zustimmend). Jungen sehen sich höchst signifikant ($p = ,000$) häufiger als Opfer solcher negativer Zuschreibungen durch Lehrer als Mädchen.
Eine etwas kleinere Zahl von Schülern (9, 8 %) sieht eine solche Benachteiligung konkrete in der Notenvergabe ausgedrückt, sie haben den Eindruck, immer schlechtere Noten zu bekommen als andere.

Eine Zahl von 10, 1 % der Schüler hat das Gefühl, in der Klasse ein Außenseiter zu sein, was häufiger von Mädchen so wahrgenommen wird (sehr signifikanter Verteilungsunterschied von p = ,006). Etwas höher ist die Zahl derjenigen Schüler, die das Gefühl haben, daß sich keiner für sie interessiert (13, 7 % sagen, das trifft voll oder eher zu). Während diese beiden Aussagen eher aus der Erfahrung sozialer Isolation heraus formuliert werden, ist die Tatsache, sich unverstanden zu fühlen, kein Indikator für Marginalisierung, sondern kann vielmehr ein Hinweis für die Qualität erlebter sozialer Beziehungen sein (die vorhanden, aber unbefriedigend sind). 13, 7 % der Schüler stimmen voll/eher zu das Gefühl zu haben, sie verstünde niemand.

Eine Zahl von 10 % bis 16 % der Schüler macht die Erfahrung von Stigmatisierungsprozessen in der Beziehung zu Lehrern bzw. der Marginalisierung im Klassenverband. Hier ist zu vermuten, daß Etikettierung und Kontrollmaßnahmen Folgen permanenter Regelverletzung sind, die Abweichung manifestieren (sekundäre Devianz) und damit auch eine sukzessive Übernahme der Zuschreibung in das Selbstbild des Schülers verbunden ist.

2. 1. 3 Zukunftsängste

In Kap. 2. 5/Teil 2 sind die wesentlichen Gründe der Belastungssituation in der Schule die Rollenungewißheit und Statusverunsicherung der Schüler (im Sinne noch nicht gewonnener beruflicher Identität) und der Druck gesellschaftlicher induzierter Leistungserwartungen und -anforderungen. Beide Punkte bündeln sich in paradoxen Effekten, die individuell bewältigt und gehandhabt werden müssen: der höhere leistungsbezogene Außendruck steigert die subjektive Bedeutung der Schullaufbahn und damit verbundene Erfahrungen und zusätzlich die Unsicherheit über den Nutzen der Leistung (Qualifikationsparadox). Die Konfrontation mit dieser „strukturell belastenden Ausgangssituation" (vgl. Kap. 2. 5/Teil 2) kann sich auch in Zukunftsängsten der Schüler widerspiegeln.

Um dies zu erfragen, wurden den Schülern folgende Items vorgelegt:
- Es beunruhigt mich, später mal keine Lehrstelle/Arbeit zu bekommen
- Ich habe Angst, später mal arm zu sein
- Ich habe Angst, daß ich später nicht so leben kann wie meine Eltern

Die Schüler haben den Grad ihrer Zustimmung auf einer vierstufigen ordinalskalierten Antwortskala eingeschätzt (von „trifft voll zu" bis „trifft überhaupt nicht zu").

Tab. 17: Zukunftsängste - Wenn Du an die Zukunft denkst, inwiefern trifft dann das Folgende auf Dich zu?

	trifft voll zu	trifft eher zu	(trifft voll zu/ trifft eher zu)	trifft eher nicht zu	trifft überhaupt nicht zu	(trifft eher nicht zu/ trifft überhaupt nicht zu)
Es beunruhigt mich, später mal keine Lehrstelle/Arbeit zu bekommen (n = 1610)	35, 5 %	35, 4 %	70, 9 %	18, 1 %	11, 1 %	29, 2 %
Ich habe Angst, später mal arm zu sein (n = 1609)	24, 1 %	26, 5 %	50, 6 %	34, 4 %	14, 9 %	49, 3 %
Ich habe Angst, daß ich später nicht so leben kann wie meine Eltern (n = 1610)	14, 6 %	24, 1 %	38, 7 %	39, 2 %	22, 1 %	61, 3 %

Die strukturell belastende Ausgangssituation macht sich vor allem in einer als problematisch erlebten bzw. antizipierten Berufseinmündungsphase bemerkbar (siehe Tab. 17). Über zwei Drittel der Befragten (70, 9 %) sagen, daß es sie beunruhigt, später mal keine Lehrstelle oder Arbeit zu bekommen. In diesem Maße kommt das an allen Schulformen vor, vergleichsweise weniger an Gymnasien (vermeintlicher Glaube an struktureller Bevorteilung der Statushöheren?) und an Hauptschulen (Resignation der sich als strukturell benachteiligt Erfahrenen?), dort sind es 67, 4 % bzw. 68, 8 % der Schüler, für die es voll/eher zutrifft, gegenüber 73 % an Realschulen und 75, 2 % an Integrierten Gesamtschulen. Die Beunruhigung über die schwierige Arbeitsmarktsituation steigt mit zunehmendem Alter erwartungsgemäß, wobei die Berufseinmündungsphase bereits von den unteren Klassen mehrheitlich reflektiert wird. In den Klassen 5 und 6 sind es jeweils fast 60 % der Schüler (59, 5 % bzw. 58, 5 %), die dieser Beunruhigung voll oder eher zustimmen (in Klasse 10 sind es 76, 6 %).

Ähnliche Differenzierungen ergeben sich bei der Frage der Schüler nach ihrer Angst davor, später mal arm zu sein. Hier sind es gut die Hälfte der Schüler (50, 6 %), die voll/eher zustimmen, vor zukünftiger Armut Angst zu haben. Auch diese Angst ist an Gymnasien und Hauptschulen weniger ausgeprägt als an Realschulen und Integrierten Gesamtschulen (44, 5 % bzw. 50, 4 % gegenüber 55, 6 % und 48, 6 %). Mit steigendem Alter vergegenwärtigen die Schüler sich stärker ihren zukünftigen Lebensstandard (in Klasse 10 sind 64, 6 % der Schüler, die voll/eher zustimmen, Angst vor Armut zu haben), aber auch schon in den Klassen 5 und 6 bewegen fast die Hälfte der Schüler (43, 7 % bzw. 48, 3 %) diesen Aspekt gedanklich. Man könnte von einer „Akzeleration der Konfrontation mit dem Ungewissen" sprechen, was die Lebensphase der Kids zunehmend kennzeichnet (vgl. Kap. 1/Teil 2).

Geringer fällt die Zahl derjenigen aus, die Angst davor haben, später mal nicht so leben zu können wie ihre Eltern, 38, 7 % stimmen voll oder eher zu. Die Zahl fällt sicher etwas geringer aus, weil Abgrenzungen vom elterlichen Lebensstandard, vor allem aber vom Lebensstil von den Jugendlichen mitgedacht werden (die Zahl der Schüler, die zustimmen, ist in Klasse 10 bei 44, 5 % während es in Klasse 5 35, 6 % der Schüler sind).

Die Einmündung in den Lehrstellen- bzw. Arbeitsmarkt wird von einer großen Zahl der Schüler als problematisch und beunruhigend antizipiert, ebenso verhält es sich mit dem Gedanken an spätere Armut. Etwas geringer fällt die Zahl derjenigen aus, die Angst davor haben, nicht so leben zu können wie ihre Eltern. Erwartungsgemäß steigen diese Ängste mit zunehmendem Alter, bemerkenswert ist aber, daß bereits in unteren Klassen diese Beunruhigung und Ängste in großem Maße bestehen („Akzeleration der Konfrontation mit dem Ungewissen").

2. 1. 4 Zusammenhänge von: psychischen Belastungssymptomen und Leistungsanforderungen, Schüler-Schüler-Beziehungen und Armutsaspekten

Zusammenhangsprüfungen ergeben (eher geringe) Korrelationen zwischen den Emotionen und Phänomenen der Leistungsüberforderung, Zukunftsängsten sowie Stigmatisierung- und Marginalisierungsaspekten. Als Indikatoren für die negativen und positiven Emotionen sowie Stigmatisierungsphänomene wurden die höchstladenden Items gemäß der Faktorenanalyse verwendet, als Indikator für Zukunftsängste wurde die Angst vor späterer Armut (intern am höchsten korrelierend) und für die Leistungsüberforderung die Aussagen „der Unterricht ist zu schnell" und „der Unterrichtsstoff ist zu schwer" eingesetzt.

Schüler, die eher leistungsüberfordert sind, zeigen auch eher negative Emotionen (Indikator: Traurigkeit ohne Grund), der Korrelationskoeffizient beträgt r = ,160 bzw. r = ,153 (Unterricht ist zu schnell bzw. zu schwer). Positive Emotionen treten hier entsprechend weniger auf (Indikator: Glück und Zufriedenheit mit negativen Korrelationen r = -, 127 bzw. r = ,-121).
Schüler mit negativer Gefühlslage neigen eher zu Zukunftsängsten (Angst vor Armut r = ,198), Schüler, die sich oft glücklich und zufrieden fühlen, eher weniger (r = -,162). Marginalisierungsphänomene (r = ,157) und die Erfahrung der Stigmatisierung (r = ,168) treten häufiger bei Schülern mit negativen Emotionen auf (bzw. stellen eine Wechselbeziehung dar). Schüler, die weniger unter Marginalisierung im Klassenverband und negativer Etikettierung durch Lehrer leiden, zeigen entsprechend positivere Gefühlslage (r = -,154 und r = -,167).
Es lassen sich keine Korrelationen zwischen den sozialen Beziehungen in der Klasse und Emotionen sowie zwischen Armutsaspekten und Emotionen, Selbstbildern oder sozialen Beziehungen in der Klasse herstellen.
Mit Hilfe einer multiplen linearen Regressionsanalyse wurde der Einfluß von Leistungsüberforderung, schulleistungsbezogenen Ängsten, Emotionen und sozialen Beziehungen in der Klasse auf Marginalisierungs- und Stigmatisierungserfahrungen geprüft, so daß ein erweitertes (die bisherigen Dimensionen einbeziehendes) Belastungsgefüge ermittelt werden kann: Stigmatisierungserfahrungen werden beeinflußt durch Leistungsüberforderungen im Unterricht, Versetzungsangst, Angst vor Armut, Traurigkeit und Egoismus im Klassenverband (multipler Korrelationskoeffizient r = ,395). Marginalisierungserfahrungen werden beeinflußt durch Leistungsüberforderung im Unterricht, Traurigkeit, Angst, den Anschluß zu verlieren und Egoismus im Klassenverband (r = ,263).

Verallgemeinert kann man sagen, daß Stigmatisierungs- und Marginalisierungserfahrungen als ein Gefüge aus erlebter Leistungsüberforderung, schulleistungsbezogener Angst, negativer Gefühlslage und negativen sozialen Beziehungen im Klassenverband darstellbar ist.

2. 1. 5 Zusammenfassung: Psychische Belastungssymptome: Stimmungen/Emotionen, Selbstbilder, Zukunftsängste sowie Marginalisierungs- und Stigmatisierungsaspekte

Die Schülerschaft ist mehrheitlich mit einer positiven Gefühlslage beschreibbar, eine Zahl von 10 % bis 20 % der Schüler kennzeichnet die eigene Gefühlslage aber eher mit anomischen und aggressiven Gefühlszuständen. Anspannungs- und Streßgefühle betreffen über die Hälfte der befragten Schüler.
Stigmatisierungs- und Marginalisierungserfahrungen betreffen eine relativ hohe Zahl von 10 % bis 16 % der Schüler (in der Beziehung zu Lehrern bzw. im Klassenverband).
Eine große Zahl der Schüler beunruhigt die antizipierte Berufseinmündungsphase und hat Angst vor Armut. Diese Ängste nehmen mit steigendem Alter zu, beschäftigen aber bereits in beträchtlichem Maße die unteren Jahrgangsstufen.
Marginalisierungs- und Stigmatisierungserfahrungen stellen sich als ein Gefüge von Erfahrungen mit Leistungsüberforderung, schulleistungsbezogenen Ängsten, negativen Gefühlen und negativ geprägten Sozialbeziehungen im Klassenverband dar.

2.2 Physische Belastungssymptome: Gesundheitszustand und körperliche Beschwerden/Erkrankungen

„In der interdisziplinären Gesundheits- und Krankheitsforschung werden heute nicht nur psychische, sondern auch körperliche Beschwerden als Indikatoren für bio-psycho-soziale Spannungszustände gewertet, also für eine Überforderung der Anspannungs- und Verarbeitungskapazitäten des Organismus und der Psyche. In der neueren Streßforschung werden zunehmend auch die psychosozialen Belastungen-und nicht mehr nur physiologische Fehlsteuerungen oder Infektionen - als Stressoren gewertet, also als Auslöser für psychobiologische Anpassungs- und Fehlanpassungsprogramme des Organismus (Mansel/Hurrelmann 1994, S. 193). Gesundheitsbeeinträchtigungen, bei vorliegender psycho-biologischer Vulnerabilität, können auch durch psychische und soziale Belastungen ausgelöst werden. Gesundheit wird auf der Grundlage sozialwissenschaftlicher Überlegungen stärker als eine Anpassungsfähigkeit und Verarbeitungskompetenz eines Menschen bei körperlichen, psychischen und sozialen Belastungen aufgefaßt. Antonovsky entwickelt in seinem salutogenetischen Modell ein „Gesundheits-Krankheits-Kontinuum", in dem sich eine Person im Sinne eines interaktiven Prozesses zwischen belastenden Faktoren (Stressoren) und schützenden Faktoren (Widerstandsressourcen) im biografischen Prozeß verortet (vgl. Waller 1995, S. 15 ff.). Ist die Diskrepanz zwischen Anforderungen und Ressourcen zu groß, wird die Verarbeitungskapazität also überschritten, kann es zu sozio-psycho-somatischen Reaktionsformen auf unterschiedliche Stressoren (z. B. schulische Anforderungen) kommen. Beeinträchtigungen des Organismus und der psychosozialen Befindlichkeit führen zu Einschränkungen der Handlungs- und Leistungsfähigkeit: „Körperliche Beschwerden geben Auskunft über das aktuelle subjektive Wohlbefinden und Hinweise auf zugrunde liegende Konflikte, psychische Störungen können Reaktionen auf soziale Anspannungen und auch auf körperliche Leiden sein, soziale Abweichungen können auf psychische und somatische Störungen zurückführbar sein. Das Resultat ist in allen Fällen ein Beschwerdebild mit oder ohne organische Basis, dessen Ursachen in psychischen Konflikten, Spannungszuständen, Gefühlsanspannungen usw. liegen, die eine körperliche Reaktion oder eine körperliche Begleiterscheinung mit sich bringen (Mansel/Hurrelmann 1994, S. 194; vgl. das sozialisationstheoretische Gesundheitsmodell bei Hurrelmann/Laaser 1991, Waller 1995).

Wie in Kap. 2. 5/Teil 2 benannt, können Belastungen durch schulische Leistungsanforderungen und Leistungsversagen mitverantwortlich sein für die Beeinträchtigung des Gesundheitszustandes. Hier soll nicht die Perspektive einer Kausalbeziehung zwischen erlebter Belastung und gewählter Form der Problemverarbeitung eingenommen werden, vielmehr geht es um die Benennung von Äußerungsformen eines eingeschränkten körperlichen Gesundheitszustandes, der in seiner Entstehung auf ein komplexes Zusammenspiel bio-psycho-sozialer Faktoren verweist. Ob nun psychosomatische Beschwerden Antwort auf (oder Bewältigung von) Problemlagen und Belastungen unterschiedlicher Art sind, oder jungen Menschen die Bewältigung einer gegebenen Situation abverlangt ist (z. B. die Bewältigung einer somatisch manifestierten Erkrankung), der schulische Sozialisationskontext ist davon betroffen. Schule ist damit konfrontiert, daß diese Erfahrungswelten den schulischen Alltag durchdringen, nicht auf schulische Ziele normierbar sind, sondern in ihrem Umgang damit auf die lebensweltlichen Bedingungen der Schüler verweisen - Probleme, die Schüler belasten, werden in Schule hineingetragen (vgl. Kap. 1. 5/Teil 2).

Die Erfassung von psychosomatischen Beschwerden und Beeinträchtigungen des körperlichen Gesundheitszustandes geschieht hier im Rückgriff auf eine gekürzte Symptomchecklist, die u. a. von Mansel/Hurrelmann (vgl. 1994) getestet wurde. Die Faktorenanalyse (Extraktionsmethode: Hauptkomponentenanalyse, Rotationsmethode: Varimax mit Kaiser-Normalisierung) extrahierte drei Faktoren, die sich als „Innere Unruhezustände mit z. T. somatischen Äußerungen", „somatische Äußerungen von Belastungszuständen" und „eher somatisch manifestierte Beschwerden" umschreiben lassen.

Tab. 18: Faktorenanalyse - Physische Belastungssymptome: Gesundheitszustand und körperliche Beschwerden/Erkrankungen

	Faktorladung
Faktor 1: *Innere Unruhezustände/z. T. somatische Äußerungen*	
Schweißausbrüche	,727
Nervosität/Unruhe	,704
Konzentrationsschwierigkeiten	,614
Starkes Herzklopfen	,580
Schlaflosigkeit	,572
Faktor 2: *somatische Äußerungen von Belastungszuständen*	
Bauch-/Magenschmerzen	,676
Kopfschmerzen	,674
Appetitlosigkeit	,651
Schwindelgefühle	,603
Rückenschmerzen	,472
Faktor 3: *eher somatisch manifestierte Beschwerden*	
Allergien	,852
Atembeschwerden	,684

Die Schüler sollten anhand eines vierstufigen ordinalskalierten Antwortschemas angeben, wie häufig sie unter den entsprechenden Symptomen leiden (von „nein, nie" bis „fast ständig/täglich").

Tab. 19: Kommt es vor, daß Du unter den folgenden Beschwerden leidest?

	nein, nie	selten	(nein, nie/ selten)	ja, öfter	(fast) ständig/ täglich	(öfter/ ständig/ täglich)
Schweißausbrüche (n = 1615)	55, 8 %	32, 1 %	87, 9 %	10, 0 %	2, 1 %	12, 1 %
Nervosität/Unruhe (n = 1617)	29, 6 %	41, 8 %	71, 4 %	23, 9 %	4, 6 %	28, 5 %
Konzentrationsschwierigkeiten (n = 1615)	27, 0 %	51, 0 %	78, 0 %	19, 0 %	3, 0 %	22, 0 %
Starkes Herzklopfen (n = 1616)	53, 3 %	32, 7 %	86, 0 %	11, 8 %	2, 2 %	14, 0 %
Schlaflosigkeit (n = 1615)	41, 9 %	40, 3 %	82, 2 %	14, 1 %	3, 7 %	17, 8 %
Bauch-/Magenschmerzen (n = 1616)	22, 3 %	57, 4 %	79, 7 %	18, 5 %	1, 9 %	20, 4 %
Kopfschmerzen (n = 1616)	15, 2 %	55, 4 %	70, 6 %	25, 7 %	3, 7 %	29, 4 %
Appetitlosigkeit (n = 1614)	46, 8 %	37, 0 %	83, 8 %	12, 9 %	3, 2 %	16, 1 %
Schwindelgefühle (n = 1612)	46, 2 %	36, 5 %	82, 7 %	14, 9 %	2, 5 %	17, 4 %
Rückenschmerzen (n = 1617)	38, 4 %	41, 1 %	79, 5 %	16, 9 %	3, 6 %	20, 5 %
Allergien (n = 1616)	64, 0 %	19, 4 %	83, 4 %	11, 0 %	5, 7 %	16, 7 %
Atembeschwerden (n = 1614)	74, 8 %	18, 3 %	93, 1 %	4, 8 %	2, 0 %	6, 8 %

Bei den inneren Unruhezuständen mit z. T. somatischen Äußerungen sind die Nervosität und Unruhe sowie Konzentrationsschwierigkeiten am stärksten vertreten (siehe Tab. 19). Gut ein

Viertel der Schüler (28, 5 %) leidet öfter oder fast ständig unter Nervosität bzw. Unruhe, knapp ein Viertel unter Konzentrationsschwierigkeiten (22 %). Schlaflosigkeit belastet 17, 8 % der Schüler öfter bzw. fast ständig/täglich. Schweißausbrüche (12, 1 %) und starkes Herzklopfen (14 % der Schüler machen entsprechende Angaben) sind in dieser Intensität etwas weniger vorhanden. Diese inneren Unruhezustände (v. a. Nervosität, Konzentrationsschwierigkeiten, Schlaflosigkeit) nehmen mit steigender Klassenstufe zu, Mädchen sind höchstsignifikant häufiger von diesen Beschwerden betroffen.

In einem ähnlichen Ausmaß verteilen sich auch somatische Äußerungen von Belastungszuständen in der befragten Schülerschaft. Kopfschmerzen sind in höherer Intensität am verbreitetsten, fast ein Drittel der Schüler (29, 4 %) leidet öfter oder fast ständig/täglich unter ihnen. Hauptschüler sagen dabei vergleichsweise seltener, daß sie unter diesen Beschwerden leiden (19, 1 % gegenüber 27, 6 % an Gymnasien, 30, 8 % an Realschulen, 38, 5 % der Schüler an Integrierten Gesamtschulen, die öfter/fast ständig unter Kopfschmerzen leiden; höchst signifikante Verteilungsdifferenz von p = ,000). Bauch- und Magenschmerzen sowie Rückenschmerzen werden von 20, 4 % bzw. 20, 5 % der Schüler öfter bzw. ständig/täglich erlitten. Schwindelgefühle (17, 4 %) und Appetitlosigkeit (16, 1 %) sind etwas seltener in dieser Intensität von den Schülern erlebt. Auch hier ist überdeutlich, daß Mädchen stärker unter diesen Beschwerden leiden als Jungen (jeweils höchst signifikanter Verteilungsunterschied von p = ,000).

Eher somatisch manifestierte Beschwerden, hier repräsentiert durch Allergien und Atembeschwerden, kommen im Vergleich zu den ersten Symptomen weniger vor, die Allergien sind aber mit 16, 7 % der Schüler, die öfter/fast ständig/täglich unter ihnen leiden, relativ weit verbreitet. 6, 8 % der Schüler hat in gleicher Intensität Atembeschwerden (auch hier sind die Mädchen höchst signifikant häufiger betroffen, p = ,000).

Physische Belastungssymtome sind bei zwar bei der Mehrzahl der Schüler nicht zu ermitteln. Eine relativ hohe Zahl von Schülern leidet aber in erhöhtem Maße unter den vorgegebenen Symptomen. Eine Zahl zwischen fast einem Viertel und fast einem Drittel der Schüler leidet vor allem unter Nervosität/Unruhe, Konzentrationsschwierigkeiten (als innere Unruhezustände bezeichnet), aber auch unter Bauch-/Magenschmerzen, Kopfschmerzen und Rückenschmerzen (als somatische Äußerungen von Belastungszuständen bezeichnet). Eher somatisch manifestierte Beschwerden kommen vergleichsweise geringer vor. Innere Unruhezustände nehmen mit steigender Klassenstufe zu, Mädchen sind generell stärker von den Beschwerden betroffen als Jungen.

Neben den objektiven physiologischen Störungen sollte auch die subjektiv Einschätzung des Gesundheitszustandes ermittelt werden (siehe Tab. 20). Die Schüler wurden daher gefragt, wie sie ihren gegenwärtigen Gesundheitszustand umschreiben würden. Auf diese allgemeine Frage, die Aufschluß über die „subjektive Rezeption des Gesundheitszustandes" (Mansel/Hurrelmann) durch die Schüler geben soll, waren als Antwortmöglichkeiten „sehr gut", „zufriedenstellend" und „eher schlecht" vorgegeben.

Über die Hälfte der Schüler (54, 7 %) schätzt ihren gegenwärtigen Gesundheitszustand als sehr gut ein, 41, 8 % beschreibt ihn als zufriedenstellend. Eine kleine Zahl von Schülern (3, 5 %) sagt, daß ihr Gesundheitszustand als eher schlecht zu beschreiben ist. Jungen schätzen ihren Gesundheitszustand häufiger als sehr gut ein als Mädchen (59, 9 % gegenüber 50, 1 %).

Tab. 20: Wie würdest Du Deinen Gesundheitszustand einschätzen?

(n = 1609)	Gesamt	Jungen	Mädchen
sehr gut	54,7 %	59,9 %	50,1 %
zufriedenstellend	41,8 %	37,3 %	45,8 %
eher schlecht	3,5 %	2,8 %	4,1 %

Trotz der oben genannten relativ hohen Werte von psychosomatischen Beschwerden umschreiben fast alle Schüler ihren Gesundheitszustand mit „sehr gut" oder „zufriedenstellend". Hiermit wird deutlich, daß die beiden Variablen unterschiedliche Befindlichkeiten erfassen und deshalb auch getrennt voneinander interpretiert werden müssen.

Die große Mehrheit der Schüler beschreibt ihren Gesundheitszustand als positiv („sehr gut" oder „zufriedenstellend"), eine kleine Zahl kennzeichnet ihn als eher schlecht.

2.2.1 Zusammenhänge von: physischen Belastungssymptomen und psychischen Belastungssymptomen, Leistungsanforderungen und Schüler-Schüler-Beziehungen

Zusammenhänge zwischen physischen Belastungssymptomen und den Emotionen lassen sich wie folgt beschreiben: Schüler, die häufiger unter Nervosität/Unruhe bzw. Konzentrationsschwierigkeiten leiden, sind auch häufiger „ohne Grund traurig" (Zusammenhang zwischen inneren Unruhezuständen und negativen Emotionen $r = -,262$ bzw. $r = -,266$). Umgekehrt beklagen Schüler, die sich häufig glücklich und zufrieden fühlen, weniger Unruhezustände oder Konzentrationsschwierigkeiten (Zusammenhang zwischen inneren Unruhezuständen und positiven Emotionen $r = ,299$ und $r = ,203$). Bauch- und Magenschmerzen, als Indikatoren für somatische Äußerungen von Belastungszuständen, führen im Zusammenhang mit den Emotionen der Schüler zum gleichen Bild: Häufige Beschwerden gehen mit negativen Emotionen einher ($r = -,263$), wenig Beschwerden mit positiven Emotionen ($r = ,118$).

Schüler mit häufigen Konzentrationsschwierigkeiten oder inneren Unruhezuständen sind auch stärker von Prüfungs- und Versetzungsängsten betroffen ($r = -,240/r = -,101$ bzw. $r = -,229/r = -,235$).

Schüler, die Lehrern nichts recht machen können (Indikator für Stigmatisierung, siehe vorstehende Ausführungen) leiden häufiger unter Nervosität ($r = -,215$) und Konzentrationsschwierigkeiten ($r = -,289$). Die Schüler mit diesen Beschwerden fühlen sich auch öfter als Außenseiter im Klassenverband ($r = -,157$ bzw. $r = -,165$).

Vor allem Schüler mit Konzentrationsschwierigkeiten berichten erwartungsgemäß, daß ihnen der Unterricht oft zu schnell ($r = ,274$) oder zu schwer ist ($r = -,227$), innere Unruhezustände und Leistungsüberforderungen zeigen also ebenfalls Zusammenhänge auf.

Prüfungen von multivariaten Zusammenhängen mit Hilfe einer multiplen linearen Regressionsanalyse ergeben zwei interessante Ergebnisse: Konzentrationsschwierigkeiten als Indikator für innere Unruhezustände sind beeinflußt durch Leistungsüberforderungen (Unterricht ist zu schnell), negative Emotionen (ohne Grund traurig sein), schulleistungsbezogenen Ängsten (Prüfungs-/Versetzungsangst), Marginalisierungs- und Stigmatisierungserfahrungen (Lehrern nichts recht machen können, sich als Außenseiter fühlen) und negativen Sozialbeziehungen in der Klasse (Indikator hierfür ist die Variable „den Schüler sind nur die eigenen Noten wichtig"). Der multiple Korrelationskoeffizient beträgt hier $r = ,458$. Ähnlich sind Unruhezustände und erlebte Nervosität beeinflußt, mit dem Unterschied, daß Leistungsüberforderungen hier keine Rolle spielen (multipler Korrelationskoeffizient r = ,393).

Innere Unruhezustände (repräsentiert durch Konzentrationsschwierigkeiten und Nervosität/Unruhe) sind also durch ein Gefüge aus negativen Emotionen, schulleistungsbezogenen Ängsten, Stigmatisierungs- und Marginalisierungserfahrungen sowie negative Sozialbeziehungen in der Klasse beeinflußt, Konzentrationsschwierigkeiten zusätzlich durch Leistungsüberforderungen.

Somatische Äußerungen von Belastungszuständen (Indikator hierfür: Bauch- und Magenschmerzen) werden dagegen von anderen Faktoren beeinflußt: In die Regressionsanalyse gehen ein negative Emotionen (ohne Grund traurig sein), schulleistungsbezogene Ängste (Prüfungsangst) negative Lehrer-Schüler-Beziehungen (negativer Umgang und Disziplinorientierung). Der multiple Korrelationskoeffizient beträgt hier r = ,316.

Bauch- und Magenschmerzen als somatische Äußerungen von Belastungszuständen deuten auf eine nach innen gerichtete Form der Belastungsregulation hin. Sie sind begleitet durch negative Emotionen, Ängste und durch eine, dem Auslöser für die Belastungen entsprechend, als funktional erlebte Begegnung mit Lehrern (negative Lehrer-Schüler-Beziehung). Dahingegen zeigen Unruhe/Nervosität und Konzentrationsschwierigkeiten mit daraus resultierenden Verhaltensmustern stärker sozial strukturierende Effekte. Sie gehen einher mit Marginalisierungs- und Stigmatisierungserfahrungen sowie als negativ erlebten Schüler-Schüler-Beziehungen (neben negativen Emotionen und schulleistungsbezogenen Ängsten), im Sinne einer Wechselwirkung von individuellen Verhaltensweisen und Personmerkmalen und dem darauf reagierenden sozialen Umfeld (mit der Qualität der Sanktionierung und Ausgrenzung).

2. 2. 2 Zusammenfassung: Physische Belastungssymptome

Physische Belastungssymptome wurden sowohl hinsichtlich psychosomatischer Beschwerden erfragt als auch mit Blick auf eine pauschale Einschätzung des Gesundheitszustandes, die auch deshalb notwendig war, weil die Liste von Einzelsymptomen im Rahmen statistischer Erhebungen notwendig unvollständig bleiben müßte und deshalb der gesamte Gesundheitszustand von Jugendlichen nicht im Detail ermittelt werden konnte.

Die Mehrzahl der Schüler leidet eher nicht unter Beeinträchtigungen des Gesundheitszustandes. Eine relativ hohe Zahl von Schülern ist aber von inneren Unruhezuständen (vor allem Nervosität/Unruhe, Konzentrationschwierigkeiten), somatischen Äußerungen von Belastungszuständen (vor allem Bauch-/Magenschmerzen, Kopfschmerzen, Rückenschmerzen) und auch eher somatisch manifestierten Beschwerden (Allergien, Atembeschwerden) betroffen. Mädchen sind von den Beschwerden insgesamt stärker betroffen als Jungen.
Die große Mehrheit der Schüler umschreibt ihren Gesundheitszustand als positiv. Eine kleine Zahl von Schülern kennzeichnet ihn als eher schlecht.
Innere Unruhezustände stellen sich als multivariates Gefüge von negativen Emotionen, schulleistungsbezogenen Ängsten, Stigmatisierungs- und Marginalisierungserfahrungen sowie negativen Sozialbeziehungen in der Klasse dar, Konzentrationsschwierigkeiten sind zusätzlich durch Leistungsüberforderungen beeinflußt. Diese inneren Unruhezustände zeigen in ihrer Äußerung sozial strukturierende Effekte, während somatische Äußerungen von Belastungszuständen eher Ausdruck verinnerlichter Regulation schulleistungsbezogener Belastungen zu sein scheinen.

2.3 Zusammenfassung: Belastungssymptome im Schulalltag

Für die große Mehrheit der Schülerschaft trifft eine *positive Gefühlslage* zu. Eine Zahl von 10 % bis 20 % der Schüler kennzeichnet die eigene Gefühlslage aber eher mit *anomischen und aggressiven Gefühlszuständen*. *Anspannungs- und Streßgefühle* betreffen über die Hälfte der befragten Schüler.

Stigmatisierungs- und Marginalisierungserfahrungen betreffen eine relativ hohe Zahl von 10 % bis 16 % der Schüler (in der Beziehung zu Lehrern bzw. im Klassenverband).

Eine große Zahl der Schüler beunruhigt die *antizipierte Berufseinmündungsphase* und hat *Angst vor Armut*. Diese Ängste nehmen mit steigendem Alter zu, beschäftigen aber bereits in beträchtlichem Maße die unteren Jahrgangsstufen („Akzeleration der Konfrontation mit dem Ungewissen").

Marginalisierungs- und Stigmatisierungserfahrungen stellen sich als ein Gefüge von Erfahrungen mit Leistungsüberforderung, schulleistungsbezogenen Ängsten, negativen Gefühlen und negativ geprägten Sozialbeziehungen im Klassenverband dar.

Die Mehrzahl der Schüler leidet eher nicht unter *Beeinträchtigungen des Gesundheitszustandes*, eine relativ hohe Zahl von Schülern ist aber von *inneren Unruhezuständen* (vor allem Nervosität/Unruhe, Konzentrationsschwierigkeiten), *somatischen Äußerungen von Belastungszuständen* (vor allem Bauch-/Magenschmerzen, Kopfschmerzen, Rückenschmerzen) und auch *eher somatisch manifestierte Beschwerden* (Allergien, Atembeschwerden) betroffen. Mädchen sind von den Beschwerden insgesamt stärker betroffen als Jungen.

Die große Mehrheit der Schüler umschreibt ihren *Gesundheitszustand als positiv*, eine kleine Zahl von Schülern kennzeichnet ihn als eher schlecht.
Innere Unruhezustände stellen sich als multivariates Gefüge von negativen Emotionen, schulleistungsbezogenen Ängsten, Stigmatisierungs- und Marginalisierungserfahrungen sowie negativen Sozialbeziehungen in der Klasse dar, Konzentrationsschwierigkeiten sind zusätzlich durch Leistungsüberforderungen beeinflußt. Diese *inneren Unruhezustände zeigen* in ihrer Äußerung *sozial strukturierende Effekte*, während *somatische Äußerungen von Belastungszuständen* eher Ausdruck verinnerlichter Regulation schulleistungsbezogener Belastungen zu sein scheinen.

Diese Teilergebnisse lassen sich in drei Problemstrukturen zusammenfassen, die auch mittels Zusammenhangsprüfungen vorstehend belegt wurden. Die Problemstrukturen (mit Anzeichen negativer Belastungsregulation als Belastungssymptome psychischer und physischer Art) lassen sich wie folgt schematisch darstellen (siehe Abb. 8).

Abb. 8: Problemstrukturen im Schulalltag (mit Anzeichen negativer Belastungsregulation als Belastungssymptome psychischer und physischer Art)

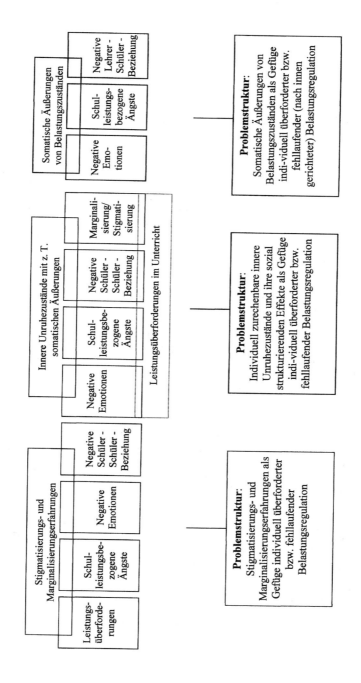

3 Belastungsregulations- und Bewältigungshandeln

Vor dem Hintergrund des hier gewählten theoretischen Hintergrundes der Rollentheorie wurde im Kap. 2. 5/Teil 2 ein bewältigungsorientiertes Schulmanagement als Anforderung für Schüler skizziert, das die Spannung zwischen den schulischen Verhaltensanforderungen (Schülerrolle) und dem lebensweltlichen Schülersein ausgleichen muß.
Die in den Kap. 1 und 2/Teil 2 geschilderten Bewältigungsanforderungen für Kids und Jugendliche stellen zum einen Entwicklungsanreize, zum anderen aber auch ein Potential an Belastungen und Überforderungen dar. Gemäß der gewählten handlungstheoretisch fundierten Sozialisationstheorie wird die Entwicklung des jungen Menschen als „produktive Realitätsverarbeitung" gesehen. Notwendige Handlungskompetenzen werden durch diese Realitätsverarbeitung und -bewältigung aufgebaut. Das Verhältnis von individueller Handlungskompetenz und äußeren Handlungsanforderungen entscheidet dabei über ge- oder mißlingende Entwicklungsdynamiken. Situationen der Überforderung und krisenhaftes Erleben treten immer dann auf, wenn die individuellen Handlungskompetenzen nicht ausreichen, um die Anforderung der Individuation (Aufbau einer individuellen Persönlichkeitsstruktur) und Integration (soziale Verortung und Mitgliedschaft der Person) aufeinander zu beziehen und auszugleichen.

Das damit zusammenhängende Bewältigungshandeln, das Bemühen, Diskrepanzen zwischen der eigenen Position und des eigenen Entwicklungsstandes sowie den Anforderungen zu beheben, setzt sich zusammen aus Fertigkeiten, Kompetenzen und Verarbeitungsformen als Reaktion auf Anforderungen im Sinne von Verarbeitungsprozessen. Diese können in psychische Zustände münden wie aggressive Verarbeitung, selektive Wahrnehmung oder Rückzug.

Bewältigung heißt also vor allem der Rückgriff auf individuelle Strategien der Bewältigung, die komplexes Rollenhandeln und Selbststeuerungsfertigkeiten meint (Handlungskompetenz als Set an verfügbaren Fertigkeiten zur Auseinandersetzung mit äußeren Anforderungen). Die individuelle Bewältigungskompetenz ist entscheidend geprägt durch die soziale Unterstützung wichtiger Bezugsgruppen, die vielfältige Anregungen, Hilfen und Erfahrungsspielräume für die Erprobung und Stabilisierung von Handeln bieten (vgl. Kap. 1. 6/Teil 2 und empirisch betrachte Kap. 5/Teil 3).

Bisher wurden Belastungssymptome vorgestellt, die als Indikatoren für eine problematische Bewältigungsregulation in eher rückzugsorientierter Art fungieren. Angesprochen wurde eine psychische und soziale Ebene (z. B. emotionale Anspannung und negative Selbstwertschätzung) sowie eine somatische und psychische Ebene (z. B. psychosomatische Beschwerden, subjektiv negative Einschätzung des Gesundheitszustandes). Diese Ebenen sollen nun ergänzt werden durch eine nach außen gerichtete Art des Bewältigungsverhaltens in konstruktiv-positiver oder destruktiv-negativer Form.
Bewältigungshandeln wird in diesem Abschnitt als Problembewältigungs- und Selbstwirksamkeitsverhalten empirisch erfaßt (konstruktive oder destruktive, nicht fremdschädigende Formen der Bewältigung, 3. 1) und als Verhalten (schulischer) Devianz als destruktives und fremdschädigendes Verhalten (3. 2) in Täter- und Opfer-Perspektive.

Gemäß der theoretisch plausibilisierten Variablenzusammenhänge (siehe Kap. 1/Teil 3) werden dann Zusammenhänge zwischen dem Bewältigungshandeln und Belastungssymptomen sowie objektiven Belastungsstrukturen hergestellt (3. 3). Schließlich werden Problemstrukturen im Rahmen der Ebene des Bewältigungsverhaltens schematisch dargestellt (3. 4).

3.1 Problembewältigungs- und Selbstwirksamkeitsverhalten

Problembewältigungsverhalten, das nicht fremdschädigend-konfrontativ ist, wird hier in folgender Weise systematisiert: Eine mögliche Form der Passung zwischen äußeren Anforderungen und Belastungen sowie den eigenen Kompetenzen kann der Rückzug, das Vermeidungsverhalten sein. In einer Situation erhöhter Belastung kann das Sich-Entziehen zur vorübergehenden Belastungsregulation (Anspannungs-, Angstminderung etc.) führen, ohne aber konstruktiv (d. h. belastungsauslösende Faktoren) die Situation verändernd zu gestalten. Belastende Reaktionen tauchen weiterhin auf, intensivieren sich und machen eine immer größere selektive Wahrnehmung und einen stärkeren sozialen Rückzug derjenigen nötig, die auf diese Weise Situationen bewältigen. Formen der Selbstregulation, der Abwägung von Handlungsalternativen, letztendlich die Erfahrung der Selbstwirksamkeit kann durch Vermeiden der Situation nicht gelernt werden (die spezifische Handlungskompetenz bleibt dann auf das Vermeidungsverhalten beschränkt).

Rückzugstendenzen wurden in der Befragung erhoben mit Umschreibungen wie die Meidung des Kontaktes mit Mitschülern, sich unauffällig verhalten und nicht angesprochen werden wollen. Daneben wird auch eine Kognition abgefragt, die häufig mit Vermeidungsverhalten einhergeht-Hilflosigkeitskognitionen („kann sowieso nichts ändern") als Begleitung des Rückzugsverhaltens.

Eine zweite Form des Bewältigungsverhaltens wird als Selbstwirksamkeitserfahrung beschrieben. Hier wird abgefragt, inwiefern Schüler die Erfahrung aktiver Selbstwirksamkeit und -regulation im Umgang mit Belastungen machen. Gemeint ist damit zum einen eine bewußte bzw. korrektive Selbstregulation, in der ein Schüler sein eigenes Verhalten in Hinblick auf selbstgesetzte Ziele oder erfahrene Belastungen steuert. Die Regulation findet durch die Modifikation und den Einsatz des eigenen Verhaltens statt bzw. durch die Einflußnahme auf die Situation (vgl. Sieland 1994) („Wenn mich etwas belastet, denke ich über Lösungen des Problems nach und packe die Sache dann an"). Durch die praktische Erprobung eigenen Handelns in unterschiedlichen Situationen besteht die Möglichkeit für neue Erfahrungen der Selbstwirksamkeit. Aktive Selbstwirksamkeit ist auch wesentlich gesteuert durch Vorstellungen und Gedanken, die das Verhalten bedingen, wie z. B. Selbstbeschreibungen, Überzeugungen, Bewertungen und Erwartungen. Abgefragt werden hier daher Selbstermutigungen und -beruhigungen sowie positive Verhaltensziele.

Die Diskrepanz zwischen äußeren Anforderungen und eigenen Bedürfnissen/Kompetenzen kann auch durch die Anpassung des Verhaltens an diese Anforderungen eingeebnet werden. Durch die Erfüllung vorgegebener Normen werden positive Effekte erwartet, die die Konfliktsituation zwischen eigenen Bedürfnissen und Erwartungen vordergründig aufhebt. Konsequenz ist aber ein Verhaltensautomatismus und eine Funktionalisierung des Handelns zum Zwecke der Normerfüllung, Verhaltensalternativen und vielfältige Erfahrungsmuster werden dann nicht kennengelernt. Normanpassung wird im Sinne einer ausgeprägten Erfüllung der schulischen Anforderungen erhoben.
Eine individuelle Handlungsentlastung tritt ferner ein, wenn durch die Anpassung an Klassenmeinungen oder Gruppen von überlegenen Schülern ein Verhaltensvorteil erwächst, der kaum selbstgesteuert werden muß. Diese Opportunitätsorientierung entlastet situativ, ermöglicht aber keine Auseinandersetzung mit den Anforderungen im Sinne aktiver Selbstwirksamkeit.
Die Faktorenanalyse (Extraktionsmethode: Hauptkomponentenanalyse, Rotationsmethode: Varimax mit Kaiser-Normalisierung) extrahierte entsprechend fünf Faktoren, die als „Rück-

zug/Vermeidungsverhalten", „aktive Selbstwirksamkeit", „Normanpassung", „Opportunitätsorientierung/Klassenmeinung" und „Opportunitätsorientierung/Stärkere" umschrieben werden können (siehe Tab. 21).
Die Schüler haben auf einem vierstufigen, ordinalskalierten Antwortschema die Häufigkeit der von ihnen produzierten Verhaltensweisen eingeschätzt (von „(fast) immer" bis „nie") (siehe Tab. 22).

Ausgeprägteres Vermeidungsverhalten wird von 9, 1 % bzw. 15, 5 % der Schüler gezeigt, die fast immer oder oft versuchen, ihren Mitschülern aus dem Weg zu gehen oder froh sind, wenn sie nicht angesprochen werden. In höheren Klassen wird dieses Verhalten seltener von Schülern geprägt (signifikanter Verteilungsunterschied von p = ,010). Schüler an Gymnasien bejahen diese Strategien seltener als Schüler der anderen Schulformen (höchst signifikanter Verteilungsunterschied von p = ,000). Größer wird die Zahl der Schüler, die in dieser Intensität Rückzugstendenzen zeigen, wenn eine generelle Unauffälligkeit als Verhaltensziel und die Hilflosigkeitskognition erfragt werden. Hier sind es dann jeweils fast ein Drittel der Schüler, die fast immer oder oft entsprechend agieren (31, 7 % bzw. 33, 4 % der Schüler machen diese Angaben). Unauffälligkeit als Vorbeugung von Sanktionierungen und Polarisierungen wird von Mädchen stärker ausgeprägt als von Jungen (sehr signifikanter Verteilungsunterschied von p = ,007). Von der Mehrheit der Schüler werden also Rückzugstendenzen nicht als Verhaltensstrategie im Schulalltag angesehen und praktiziert (ca. 60% bis 98 % sagen, daß sie selten oder nie entsprechend handeln).
Erfahrungen der Selbstwirksamkeit nehmen mit steigender Klassenstufe und zunehmender Verhaltenserprobung und -flexibilität im Jugendalter zu, wobei Schüler der Gymnasien signifikant häufiger diese Strategien der Selbstregulation und -wirksamkeit wählen als Schüler der anderen Schulformen (höchst signifikanter Verteilungsunterschied von p = ,000).

Eine bewußte Selbstregulation bei erlebten Belastungen wird von fast drei Viertel der Schüler fast immer/oft angewandt (73, 6 %). Diese Schüler reflektieren Belastungssituationen und schätzen ihre Verhaltensoptionen daraufhin ein. Gut ein Viertel der Befragten stimmt dieser vorgegebenen Form der Belastungsregulation also nicht zu. Auf Selbstermutigungen und -beruhigungen greifen 56, 8 % bzw. 74, 7 % der Schüler fast immer/oft in belastenden Situationen zu. Fast zwei Drittel der Schüler (60, 3 %) versucht zudem, sich in Problemsituationen nicht aufzuregen. Positive Erwartungen und Verhaltensziele in belastenden Situationen haben sogar 82 % der Schüler fast immer/oft.
Eine relativ große Zahl von Schülern zwischen fast einem Viertel und fast der Hälfte der Schüler kann nicht mit diesen Merkmalen der Selbstwirksamkeit und sie begleitender positiver Kognitionen beschrieben werden, sie wenden diese Strategien selten oder nie in belastenden Situationen an.
Ein ausgeprägter Arbeitsaufwand für die Schule wird von 25, 9 % der Schüler fast immer/oft bewältigt, sie lernen und arbeiten fast den ganzen Tag für die Schule. Eine eher taktisches Verhalten zu interpretierende Strategie wird von der Mehrheit im Schulalltag angewandt, 75, 2 % der Schüler versuchen, fast immer/oft die Wünsche der Lehrer zu erfüllen und richten sich nach ihren Anweisungen. Taktische, sanktionsvermeidende Strategien werden hier angewandt, die im Schulalltag nicht unnötige Belastungen wachrufen sollen und diesen durch ein Agieren auf der Hinterbühne von Schule als sozialem Raum erträglich gestalten.

Tab. 21: Faktorenanalyse – Problembewältigungs- und Selbstwirksamkeitsverhalten

	Faktorladung
Faktor 1: *Rückzug*	
Ich versuche, meinen Mitschülern aus dem Weg zu gehen	,733
Ich versuche, mich möglichst unauffällig zu verhalten	,651
Ich bin froh, wenn mich keiner anspricht	,642
Ich halte mich aus allem raus, kann ja sowieso nichts ändern	,597
Bestimmten Cliquen in der Schule versuche ich aus dem Weg zu gehen	,566
Faktor 2: *aktive Selbstwirksamkeit*	
Wenn mich etwas belastet, denke ich über Lösungen des Problems nach und „packe die Sache dann an"	,717
Wenn mir ein Problem Sorgen macht, ermutige ich mich selbst und rede mir gut zu	,666
Wenn es Probleme gibt, versuche ich ruhig zu bleiben	,591
Ich versuche auch aus Schwierigkeiten immer das Beste zu machen	,589
Ich nehme die Dinge wie sie sind und versuche, mich nicht aufzuregen	,482
Faktor 3: *Normanpassung*	
Ich lerne und arbeite fast den ganzen Tag für die Schule	,809
Ich versuche, die Wünsche meiner Lehrer zu erfüllen und richte mich nach ihren Anweisungen	,623
Faktor 4: *Opportunitätsorientierung 1: Anpassung an Klassenmeinung*	
Ich passe mich der Klassenmeinung an	,818
Faktor 5: *Opportunitätsorientierung 2: Orientierung an Stärkeren*	
Ich stelle mich bei Streitigkeiten in der Schule auf die Seite der Stärkeren	,837

Der Konformitätsdruck, die Ausbalancierung von Gruppen- und Leistungsnormen scheint recht hoch, so daß gut die Hälfte der Schüler sich an die Klassenmeinung anpassen. Nur 17, 3 % der Schüler stellen sich aber bei Strategien in der Schule auf die Seite der Stärkeren. Diese Formen der Opportunitätsorientierung werden von Schülern der Gymnasien seltener gewählt als von Schülern der anderen Schulformen (sehr signifikanter Verteilungsunterschied).

Ausgeprägte Strategien des Rückzugs bzw. Vermeidungsverhalten werden von einer kleineren Zahl der Schüler im Schulalltag eher dauerhaft gelebt. Rund ein Drittel der Schüler sieht Unauffälligkeit als Verhaltensziel im Schulalltag an und begleitet das Vermeidungsverhalten mit Hilflosigkeitskognitionen. Rückzugstendenzen sind also mehrheitlich nicht die gewählte Verhaltensstrategie der Schüler, ca. 60 % bis 90 % handeln nie oder selten im Rückgriff auf Vermeidungsstrategien.

Eine relativ große Zahl zwischen fast einem Drittel und fast der Hälfte der Schüler macht eher nicht die Erfahrung aktiver Selbstwirksamkeit in belastenden Situationen. Ihr Verhalten ist eher nicht mit den entsprechen Strategien und Kognitionen beschreibbar.

Normanpassungsprozesse kommen vor allem als taktische Strategie der Sanktionsvermeidung häufiger vor. Opportunitätsorientierungen hängen vor allem mit dem Konformitätsdruck im Klassenverband zusammen.

Tab. 22: Problembewältigungs- und Selbstwirksamkeitsverhalten - Wie häufig treffen die genannten Verhaltensweisen für Dich zu?

	(fast) immer	oft	(fast immer/ oft)	selten	nie	(selten/ nie)
Ich versuche, meinen Mitschülern aus dem Weg zu gehen (n = 1591)	3, 3%	5, 8 %	9, 1 %	35, 0 %	55, 9 %	90, 9 %
Ich versuche, mich möglichst unauffällig zu verhalten (n = 1583)	6, 8 %	24, 9 %	31, 7 %	41, 3 %	27, 0 %	68, 3 %
Ich bin froh, wenn mich keiner anspricht (n = 1589)	4,4 %	11, 1 %	15, 5 %	43, 8 %	40, 7 %	84, 5 %
Ich halte mich aus allem raus, kann ja sowieso nichts ändern (n = 1584)	9, 3 %	24, 1 %	33, 4 %	48, 7 %	17, 9 %	66, 6 %
Bestimmten Cliquen in der Schule versuche ich aus dem Weg zu gehen (n = 1582)	14, 8 %	19, 3 %	34, 1 %	32, 7 %	33, 2 %	65, 9 %
Wenn mich etwas belastet, denke ich über Lösungen des Problems nach und „packe die Sache dann an" (n = 1581)	25, 4 %	48, 2 %	73, 6 %	20, 3 %	6, 1 %	26, 4 %
Wenn mir ein Problem Sorgen macht, ermutige ich mich selbst und rede mir gut zu (n = 1584)	16, 0 %	40, 8 %	56, 8 %	31, 4 %	11, 8 %	43, 2 %
Wenn es Probleme gibt, versuche ich ruhig zu bleiben (n = 1592)	28, 2 %	46, 5 %	74, 7 %	19, 5 %	5, 8 %	25, 3 %
Ich versuche auch aus Schwierigkeiten immer das Beste zu machen (n = 1588)	31, 4 %	50, 6 %	82, 0 %	14, 6 %	3, 5 %	18, 1 %
Ich nehme die Dinge wie sie sind und versuche, mich nicht aufzuregen (n = 1587)	18, 3 %	42, 0 %	60, 3 %	29, 5 %	10, 2 %	39, 7 %
Ich lerne und arbeite fast den ganzen Tag für die Schule (n = 1594)	3, 9 %	21, 0 %	24, 9 %	59, 7 %	15, 4 %	75, 1 %
Ich versuche, die Wünsche meiner Lehrer zu erfüllen und richte mich nach ihren Anweisungen (n = 1588)	26, 3 %	48, 9 %	75, 2 %	21, 2 %	3, 7 %	24, 9 %
Ich passe mich der Klassenmeinung an (n = 1591)	15, 1 %	39, 0 %	54, 1 %	33, 6 %	12,3 %	45, 9 %
Ich stelle mich bei Streitigkeiten in der Schule auf die Seite der Stärkeren (n = 1590)	4, 3 %	13, 0 %	17, 3 %	44, 0 %	38, 8 %	82, 8 %

3. 2 Verhaltensweisen von (schulischer) Devianz in Täter- und Opferperspektive

Belastungen können nicht nur durch nach innen gerichtete Formen der Belastungsregulation bewältigt werden („interiorisierende Verhaltensweisen") oder konstruktive Formen der Bewältigung, sondern auch durch destruktives, nach außen gerichtetes, konfrontatives und andere schädigendes Verhalten. Aggressive und gewaltförmige Verhaltensweisen können Ausdruck der Diskrepanz zwischen äußeren Anforderungen und eigener Kompetenz, damit Form „produktiver Realitätsverarbeitung" sein. Gewalt als Modernisierungsfolge bedeutet, daß Jugendliche vor dem Hintergrund psychosozialer Belastungen des Biographiemanagements Aggression und Gewalt als Bewältigungshandeln ausprägen. Holtappels (1999, S. 31) formuliert die entsprechende Leitthese: „Je unsicherer und labiler die Lebensbedingungen, je unklarer die Perspektiven, je weniger verläßlich die Sozialbeziehungen und je gewalthaltiger die vorgelebten und erlernten Handlungsmuster, desto eher müssen wir von psychisch und soziale verunsicherten jungen Menschen ausgehen und desto größer wird die Wahrscheinlichkeit, daß Aggression und Gewalt die Problemlösungs- und Bewältigungstechniken bestimmen."

Neben der sozialisationstheoretischen Sicht liefern interaktionistische Ansätze Erklärungen für Devianz als Produkt schulischer Etikettierungsprozesse. Gewaltverhalten wird dann als sekundäre Devianz von Stigmatisierungsprozessen und stigmabezogenen Problemlösungsversuchen gesehen („Stigma-Management"). Hier steht also die Prozeßhaftigkeit der Gewaltgenese im Vordergrund, die nicht nur auf primäre Ursachen, sondern auch das Interaktionshandeln zurückzuführen ist (vgl. ebd., S. 37 ff.). Der Untersuchungsbegriff von Gewalt beinhaltet an dieser Stelle physische Gewalt gegen Personen (Gewalttätigkeiten wie Waffenbedrohungen, jemanden richtig verprügeln) und psychische Gewalt (Erpressungen). Verbale Aggressionen wurden bereits in Kap. 2/Teil 3 dargestellt und sind daher hier nicht Gegenstand der Analyse. Gewaltförmige Verhaltensweisen werden in Täter- und Opferperspektive abgefragt.

Desweiteren werden Formen schulischer Devianz, also Verstöße gegen schulisch definierte Normen erfaßt, wie Unterrichtsstörungen, Unaufmerksamkeiten, Nichterledigung von Hausaufgaben, das Anschreien/Belügen von Lehrern und Abschreiben von Mitschülern.
Die Faktorenanalyse (Extraktionsmethode: Hauptkomponentenanalyse, Rotationsmethode: Varimax mit Kaiser-Normalisierung) zwei Faktoren, die mit „Gewalt/Aggressionen in Täter-/Opferperspektive" und „Verhaltensweisen schulischer Devianz" umschreibbar sind.

Tab. 23: Faktorenanalyse - Verhaltensweisen von (schulischer) Devianz in Täter- und Opferperspektive

	Faktorladung
Faktor 1: *Gewalt/Aggressionen in Täter- und Opferperspektive*	
Ich habe jemanden mit Waffen bedroht	,770
Ich bin mit Waffen bedroht worden	,762
Ich habe Mitschüler bestohlen oder erpreßt	,697
Ich bin bestohlen oder erpreßt worden	,677
Ich bin richtig verprügelt worden	,642
Ich bin von Schülerbanden terrorisiert worden	,623
Ich habe als Mitglied einer Schülerbande andere fertig gemacht	,592
Ich habe jemanden richtig verprügelt	,549
Faktor 2: *Verhaltensweisen schulischer Devianz*	
Ich habe den Unterricht gestört	,766
Ich habe mich im Unterricht mit anderen Dingen beschäftigt	,746
Ich habe keine Hausaufgaben gemacht	,696
Ich habe Lehrer belogen	,682
Ich habe von Mitschülern abgeschrieben	,652
Ich habe Lehrer angeschrien	,522

Die Schüler haben auf einem vierstufigen, ordinalskalierten Antwortschema die Häufigkeit ihrer Erfahrungen mit den vorgegebenen Verhaltensweisen in Täter- und Opferperspektive eingeschätzt (von „nein, noch nie" bis „ja, häufig").

Tab. 24: Verhaltensweisen von (schulischer) Devianz in Täter- und Opferperspektive - Hast Du Folgendes schon mal gemacht bzw. erlebt?

	nein, noch nie	ja, 1 oder 2mal	(nie/ 1-2mal)	ja, schon öfter	ja, häufig	(öfter/ häufig)
Ich habe jemanden mit Waffen bedroht (n = 1580)	94,7 %	2,8 %	97,5 %	1,1 %	1,3 %	2,4 %
Ich bin mit Waffen bedroht worden (n = 1580)	93,2 %	3,8 %	97,0 %	1,5 %	1,5 %	3,0 %
Ich habe Mitschüler bestohlen oder erpreßt (n = 1589)	94,2 %	2,9 %	97,1 %	1,8 %	1,1 %	2,9 %
Ich bin bestohlen oder erpreßt worden (n = 1580)	80,2 %	15,5 %	95,7 %	2,2 %	2,0 %	4,2 %
Ich bin richtig verprügelt worden (n = 1578)	82,3 %	12,3 %	94,6 %	3,2 %	2,1 %	5,3 %
Ich bin von Schülerbanden terrorisiert worden (n = 1578)	86,0 %	8,9 %	94,9 %	2,9 %	2,2 %	5,1 %
Ich habe als Mitglied einer Schülerbande andere fertig gemacht (n = 1578)	84,5 %	10,5 %	95,0 %	2,7 %	2,3 %	5,0 %
Ich habe jemanden richtig verprügelt (n = 1580)	75,2 %	16,8 %	92,0 %	5,5 %	2,5 %	8,0 %
Ich habe den Unterricht gestört (n = 1584)	17,9 %	44,3 %	62,2 %	27,7 %	10,2 %	37,9 %
Ich habe mich im Unterricht mit anderen Dingen beschäftigt (n = 1584)	6,1 %	31,3 %	37,4 %	46,0 %	16,6 %	62,6 %
Ich habe keine Hausaufgaben gemacht (n = 1582)	6,2 %	32,3 %	38,5 %	45,9 %	15,6 %	61,5 %
Ich habe Lehrer belogen (n = 1580)	40,7 %	40,3 %	81,0 %	14,5 %	4,6 %	19,1 %
Ich habe von Mitschülern abgeschrieben (n = 1583)	15,2 %	38,9 %	54,1 %	34,8 %	11,1 %	45,9 %
Ich habe Lehrer angeschrien (n = 1581)	72,8 %	19,7 %	92,5 %	4,7 %	2,8 %	7,5 %

Die Ergebnisse zeigen, daß extremer Gewaltformen von nur einem kleinen Teil der Befragten ausgeführt werden (siehe Tab. 24): Jemanden mit Waffen bedroht oder Mitschüler bestohlen/erpreßt haben 2,4 % bzw. 2,9 % der Schüler bereits öfter oder sogar häufig. Von Hauptschülern wird dies häufiger geäußert als von Schülern der anderen Schulformen (12 % der Hauptschüler sagen, daß sie häufig/öfter Mitschüler bestohlen oder erpreßt haben gegenüber 2,7 % an Realschulen, 1,6 % an Gymnasien und 2,9 % an Integrierten Gesamtschulen; höchst signifikanter Verteilungsunterschied von p = ,000). Gruppenorientiertes Gewalthandeln kommt etwas häufiger vor, hier sagen 5 % der Befragten, daß sie als Mitglied einer Schülerbande andere fertig gemacht haben (häufig/öfter). Jemanden richtig verprügelt haben 8 % der Schüler bereits häufiger bzw. öfter. Auch diese Phänomene sind von Hauptschülern häufiger geäußert, von Schülern an Gymnasien am wenigsten (p = ,000).

In ähnlichem Maße verteilen sich die vorgegebenen Verhaltensweisen auch aus der Opferperspektive, wobei die Angaben der Opfer jeweils etwas höher sind als die der Täter: So sind 3 % der Schüler bereits häufig oder oft mit Waffen bedroht worden, 4,2 % der Schüler sind genauso häufig bestohlen oder erpreßt worden. Opfer von Prügeleien wurden 5,3 % bereits häufig oder oft, Terrorisierungen von Schülerbanden haben 5,1 % der Schüler bereits häufig oder oft erlitten.

Entsprechend der quantitativen Verteilung aus der Täterperspektive sind die Hauptschüler stärker als Opfer von devianten, gewaltförmigen Verhaltensweisen betroffen als Schüler anderer Schulformen, Gymnasiasten am wenigsten (höchst signifikanter Verteilungsunterschied von p = ;000). Jungen sind auch als Opfer stärker betroffen als Mädchen (höchst signifikanter Verteilungsunterschied von p = ,000).

Die Ergebnisse entsprechen im wesentlichen den Befunden der jüngeren Gewaltforschung (vgl. Tillmann u. a. 1999, 1999b; Meier/Tillmann 2000; Schwind u. a. 1999): Man kann von keiner Veralltäglichung massiver Gewalt an Schulen sprechen. Extremere Formen der Gewalt betreffen in Täter- und Opferperspektive eine kleine Zahl der Schüler. Es gibt hohe Geschlechterdifferenzen bei körperlicher Gewalt. Aggressive Verhaltensweisen sind in der Hauptschule am höchsten.
Körperliche Auseinandersetzungen ereignen sich an jeder Schule. Erpressungen und Diebstähle werden von Schülern der Klassen 5 und 6 am stärksten geäußert (in Täter- und Opferperspektive).

Oppositionelle und schuldeviante Verhaltensweisen sind dagegen sehr viel stärker ausgeprägt: Fast zwei Drittel der Schüler hat bereits häufig oder oft keine Hausaufgaben gemacht (61, 5 %) oder sich im Unterricht mit anderen Dingen beschäftigt. Dies sind sicher Aspekte, die jeden Schüler schon mal betroffen haben und als eher normalisiert gelten können, in diesem Ausmaß also nicht überraschen. Dauerhafte Unterrichtsstörungen werden von 37, 9 % der Schüler bejaht, von Mitschülern abgeschrieben haben 45, 9 % der Befragten bereits häufig oder oft. Das Anlügen von Lehrern erinnern 19, 1 % der Schüler als häufig oder oft praktiziert, verbale Attackierungen von Lehrern sind dagegen seltener, 7, 5 % der Schüler tun dies häufig oder oft.
Diese Formen schuldevianten Verhaltens nehmen erwartungsgemäß mit steigender Klassenstufe und erhöhtem Individuationsstreben zu (höchst signifikanter Verteilungsunterschied von p = ,000).
Die benannten Reaktionsformen und Handlungsstrategien zwischen Anpassung und Abweichung zur Bewältigung von Schule sind als Verhaltenskompromiß zwischen schulischen Forderungen und eigenen Bedürfnissen zu deuten (vgl. Kap. 2. 3/Teil 2).

Schuldeviantes Verhalten ist weitaus häufiger ausgeprägt als gewaltförmiges Verhalten und kann als normalisierte Bewältigungsstrategie von Diskrepanzen zwischen eigenen Bedürfnissen und schulischen Anforderungen gewertet werden. Diese Diskrepanz nimmt mit steigendem Alter zu, so daß auch schuldeviantes Verhalten in höheren Klassenstufen sehr viel häufiger genannt wird. Verbale Attackierungen von Lehrern kommen immerhin zu fast 10 % häufig oder sehr oft vor.

3. 3 Zusammenhänge von: Bewältigungshandeln und Belastungssymptomen, Leistungsanforderungen und Schüler-Schüler-Beziehungen

Zunächst lassen sich bivariate Zusammenhänge feststellen zwischen:

- Problembearbeitungsstrategien und gewaltförmigem Verhalten
- Selbstbild in Schüler-Schüler-Interaktion und gewaltförmigem Verhalten
- Problembearbeitungsstrategien und Emotionen
- Problembearbeitungsstrategien und Leistungsanforderungen
- Problembearbeitungsstrategien und Schüler-Schüler -Beziehungen

Im einzelnen: Schüler, die eher mit Vermeidungsverhalten auf Belastungssituationen reagieren (Rückzug), sind häufig auch Opfer von gewaltförmigem Verhalten (r = -,141). Täter gewaltförmigen Verhaltens (hier Indikator: jemanden richtig verprügeln) sind häufig auch Opfer (r = ,398). Schuldeviantes Verhalten (Unterricht stören) hängt auch mit körperlichen Auseinandersetzungen in der Schule zusammen (Täter r = ,324; Opfer r = ,143).
Schüler, die gewaltförmiges Verhalten ausüben, sind in der Beziehung zu Lehrern eher stigmatisiert (r = -,188), wobei Opfer zusätzlich im Klassenverband als marginalisiert eingestuft werden können (r = -,170).
Vermeidungsverhalten in Belastungssituationen geht einher mit negativen Emotionen: Diese Schüler sind häufig ohne Grund traurig (r = ,127) und weniger glücklich und zufrieden (r = -,143). Schüler mit sozialen Rückzugstendenzen beschreiben sich in der Beziehung zu Lehrern eher als stigmatisiert (r = ,122) und im Klassenverband als Außenseiter (r = ,369).
Schüler mit sozialen Rückzugstendenzen sind eher von Leistungsüberforderungen betroffen (r = ,140) als Schüler, die eher Erfahrungen der aktiven Selbstwirksamkeit machen (r = -,127).
Die sozialen Beziehungen in der Klasse werden von Schülern mit Vermeidungsverhalten eher negativ eingeschätzt: Gegenseitige Unterstützung und Ermutigung wird von ihnen weniger erfahren (r = -,145), dafür sind Egoismus (r = ,070) und Hänseleien (r = ,159) vorrangige Qualitäten, mit denen die Sozialbeziehungen im Klassenverband beschrieben werden. Schüler mit Bewältigungsstrategien aktiver Selbstwirksamkeit kennzeichnen die sozialen Beziehungen eher positiv (r = ,160).

Mit Hilfe einer multiplen linearen Regressionsanalyse wurde zudem versucht, Problemstrukturen zu ermitteln, ausgehend von der Frage, welche Belastungen, Belastungssymptome und Bewältigungsstrategien die Opfer- und Täterrolle gewaltförmigen Verhaltens beeinflussen. Ferner wurde geprüft, welche Faktoren Vermeidungsverhalten als Problembewältigungsstratgie bedingen.

Opfer von gewaltförmigem Verhalten sind eher von Stigmatisierungs- und Marginalisierungserfahrungen, von Armutsbelastungen, einem eher restriktivem Familienklima, schulleistungsbezogenen Ängsten und Rückzug als Bewältigungsstrategie betroffen (multipler Korrelationskoeffizient r = ,352).
Die Gruppe der Täter wird von ähnlichen Wirkfaktoren beeinflußt: neben Stigmatisierungs- und Marginalisierungserfahrungen, Armutsbelastungen und schulleistungsbezogenen Ängsten treten negative Emotionen, Leistungsüberforderungen und negative soziale Beziehungen zu Schülern und Lehrern hinzu (multipler Korrelationskoeffizient r = ,361).

Diese Zusammenhänge entsprechen in etwa den Charakterisierungen typischer Gewaltopfer und -täter (vgl. Lösel u. a. 1999, Olweus 1999, Melzer/Darge 2000): Gewaltopfer gelten als ängstlicher, rückzugsorientierter und sozial isoliert in der Schule, während bei Gewalttätern ähnliche Faktoren ermittelt werden können (Täter- und Opfergruppen lassen sich nicht klar voneinander trennen; vgl. Melzer/Darge 2000, S. 19 ff.). Daneben treten aber die sozial strukturierenden Effekte der Gewalttätigkeit als Komponente regelverletzender Verhaltensmuster hinzu (negative soziale Beziehungen in der Schule).
Gewaltförmiges Verhalten ist also im Bedingungsgefüge und hinsichtlich seiner Effekte in den Täter- und Opfergruppen als vielschichtig zu kennzeichnen (vgl. Meier 1999, Schubarth 2000). Es zeigt sich, so Meier/Tillmann (2000, S. 47), „(...) daß alle monokausalen Erklärungsversuche in die Irre gehen: Es gibt nicht die eine Ursache für problematisches Schülerverhalten, sondern wir haben es mit einem komplexen Wirkgefüge (und damit auch mit vielen Beteiligten) zu tun. Deshalb kann es auch nicht eine einzige, besonders erfolgversprechende

pädagogische Maßnahme geben. Vielmehr wird man wohl auf vielfältige und je spezifisch ausgearbeitete Programme setzen müssen."

Auch Rückzugstendenzen als Problembearbeitungsstrategie lassen sich in einem solchen komplexen Wirkgefüge abbilden: Schüler mit Meidungsverhalten sehen sich im Klassenverband eher als marginalisiert an, sind häufig Opfer von gewaltförmigem Verhalten, sind mit den Leistungsanforderungen im Unterricht eher überfordert und sind mit Armutsbelastungen sowie negativen Sozialbeziehungen zu ihren Mitschülern konfrontiert (multipler Korrelationskoeffizient $r = ,416$).

Dahingegen sind Schüler mit aktiver Selbstwirksamkeitserfahrung eher nicht mit den Leistungen im Unterricht überfordert, sind weniger Opfer von gewaltförmigem Verhalten und beschreiben die Schüler-Schüler-Beziehungen positiver (multiples $r = ,173$).

3.4 Zusammenfassung: Belastungsregulations- und Bewältigungshandeln

Vermeidungsverhalten als Problembewältigungsstrategie wird von einer kleinen Zahl von Schülern in Belastungssituationen praktiziert. Rund ein Drittel der Schüler möchte sich im Schulalltag möglichst unauffällig verhalten und zeigt eher Tendenzen erlernter Hilflosigkeit ("kann sowieso nichts ändern"). Die große Mehrheit der Schüler meidet Belastungssituationen nicht und praktiziert eher keinen sozialen Rückzug.

Aktive Selbstwirksamkeitserfahrungen sind zwar keine Seltenheit in der Schülerschaft, eine relativ große Zahl zwischen fast einem Drittel und fast der Hälfte der Schüler beschreibt sich aber nicht mit Kategorien bewußter Selbstregulation.

Normanpassungsstrategien dienen vor allem als taktische Strategie in relativ breiter quantitativer Verteilung. *Opportunitätsorientierungen* sind im Klassenverband ausgeprägter (Konformitätsdruck).

Gewaltförmiges Verhalten betrifft in *massiver Weise* eine kleine Zahl von Schülern als Täter- und Opfer. *Körperliche Auseinandersetzungen* (Prügeleien) kommen etwas häufiger und an allen Schulformen vor. An Hauptschulen sind aggressive Verhaltensweisen aber am stärksten ausgeprägt. Jungen sind häufiger Täter und Opfer gewaltförmigen Verhaltens.

Schuldeviantes Verhalten ist dagegen häufiger benannt worden und betrifft als normalisierte Bewältigungsstrategie schulischer Anforderungen vor allem die partielle Leistungsverweigerung (oppositionelles Verhalten). Schuldeviantes Verhalten nimmt mit steigendem Alter zu.

Opfer und Täter von gewaltförmigem Verhalten weisen in der Bedingung dieser Verhaltensform ein komplexes Gefüge auf, das sich sehr ähnelt: Beide Gruppen sind von Marginalisierungs- und Stigmatisierungserfahrungen betroffen, sie sind durch Armutsbelastungen und schulleistungsbezogene Ängste charakterisierbar, wobei die Tätergruppe darüberhinaus mit negativen Emotionen, Leistungsüberforderungen und negativen sozialen Beziehungen zu Schülern und Lehrern beschrieben werden kann.

Die empirischen Ergebnisse zum Bewältigungs- und Belastungsregulationshandeln der Schüler läßt sich in drei Problemstrukturen darstellen, die schematisch Zusammenhänge abbilden (siehe Abb. 9).

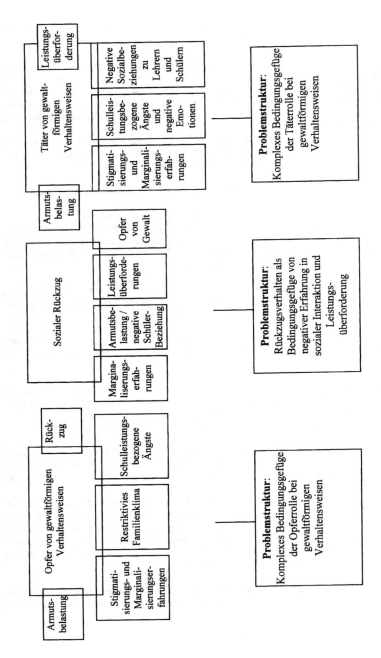

Abb. 9: Problemstrukturen im Zusammenhang mit Bewältigungs- und Belastungsregulationshandeln

4   Problemverteilung und -kumulationen: eingrenzbare Problemgruppe vs. entgrenzte Probleme und Belastungen?

Deuten die bisherigen Ergebnisse eine kleine Zahl von Schülern an, die mit Problemen im Schulalltag konfrontiert sind, während das Gros der Schülerschaft davon entlastet ist? Mit Blick auf die hier gewählte Systematik kann man als Kernergebnis formulieren:

Es läßt sich eine etwas engere Problemstruktur an den Schulen nachweisen und gleichzeitig eine breitere Belastungsstruktur. Dies betrifft alle Schulformen gleichermaßen. Keine Schule stellt eine „problemfreie Zone" dar. Es gibt allerdings Verteilungsunterschiede bei den genannten Phänomenen.

Dieses Kernergebnis wird durch eine Diskriminanzanalyse untermauert, mit der versucht wurde zwei Gruppen voneinander zu unterscheiden: Gruppen von Schülern, die als eher stigmatisiert gelten und diejenigen, die eher nicht dazu zählen. Gleiches wurde vorgenommen für die Aspekte der Marginalisierung, der positiven und negativen Emotionen, der inneren Unruhezustände und somatischen Belastungssymptome, konstruktiven und destruktiven Bewältigungsformen sowie Täter- und Opferschaft bei deviantem Verhalten. Es wurde mit Hilfe der Berechnung überprüft, welche Problembereiche die beiden Gruppen gut voneinander unterscheidbar machen.

Die eher problembelasteten Schüler (also diejenigen, bei denen Bewältigungsstrategien überfordert oder fehllaufend sind, was sich in Rückzug, Marginalisierung oder Devianz etc. zeigt) sind je nach Variablen mit einem Anteil von ca. 8 % bis fast 30 % vertreten, die Gruppe der eher nicht problembelasteten Schüler also mit einem Anteil von 92 % bis 70 %. Beide Gruppen ließen sich mit Hilfe der Diskriminanzanalyse kaum trennen, die kanonischen Diskriminanzfunktionen waren jeweils sehr gering. Variablen, die mehrfach in die Berechnung eingingen und die Gruppen voneinander unterschieden, waren vor allem Leistungsüberforderungen und negative Beziehungen der Schüler zu den Lehrern. Diese Problembereiche führten also zu einer stärkeren Trennung der Gruppen, ansonsten sind die Werte bei beiden Gruppen sehr ähnlich.

Das heißt, die Belastungsstruktur (im Sinne von Variablen, die beide Gruppen betreffen) ist vor allem gekennzeichnet durch die Dimensionen der Schüler-Schüler-Beziehung (Solidarität, Konkurrenz, Egoismus, Devianz im sozialen Raum Klasse und Schule), der Elternerwartungen (leistungsbezogener Außendruck), der schulleistungsbezogenen (als mögliche psychische Repräsentierung dessen) und Zukunftsängste.

Man kann also von einer breiten Belastungsstruktur ausgehen, die allen Jugendlichen Bewältigungshandeln abverlangt (es aber nicht zwangsläufig überfordert), und etwas engeren Problemstrukturen, die durch eine Bewältigungsaufforderung gekennzeichnet sind, auf die der einzelne aber mit überfordertem oder fehllaufendem Bewältigungshandeln reagiert (siehe Belastungsgefüge der ermittelten Problemstrukturen).

Es deuten sich damit konzeptionelle Schwerpunktsetzungen schulbezogener Angebote der Jugendhilfe auf die lebenslagengestaltend-strukturierenden Angebote an (als Reaktion auf Belastungsstrukturen – Räume zum Flexibilisieren, Verstetigen und Ausleben von Bewältigungshandeln), mit zusätzlichen problembearbeitend-integrierenden Hilfen (als Reaktion auf Problemstrukturen - Räume zur Korrektur und zum Erlernen von Bewältigungshandeln), als Bestandteile eines integrierten sozialpädagogischen Ansatzes, da die Übergänge zwischen Belastungen und Problemen bzw. dem darauf reagierenden Bewältigungshandeln in seiner

Angemessenheit oder Überfordertheit fließend sind (wie theoretisch in Teil 2 plausibilisiert). Dies sei nur ein erster Hinweis auf die Konzeptualisierung schulbezogener Angebote der Jugendhilfe, der in Kapitel 6 ausführlicher aufgegriffen wird.

5 Ressourcen sozialer Unterstützung bei Problemen und Belastungen im Schulalltag

In den vorstehenden Abschnitten wurden objektive Belastungsstrukturen, subjektiv wahrgenommene Belastungssymptome und Strategien konstruktiven oder destruktiven Bewältigungshandelns thematisiert. Schulische Bewältigungsanforderungen können auch Situationen der Überforderung darstellen, wenn die individuellen Kompetenzen nicht ausreichen, um die gestellten Anforderungen zu meistern. Eine gelingende (schulische) Sozialisation tritt insbesondere dann ein, wenn die individuelle Leistungsfähigkeit mit neuen Handlungsanforderungen eine Flexibilität und Erweiterung erhält, die Selbststeuerung und -regulation der situations- und rollenbezogenen Normen (hier schulische Anforderungen), ihre Reflexion und Modellierung sowie die Abstimmung mit eigenen Bedürfnissen gelingt. Das damit zusammenhängende Bewältigungshandeln ist entscheidend geprägt durch die soziale Unterstützung von Bezugsgruppen, die vielfältige Anregungen, Hilfen und Erfahrungsspielräume für die Erprobung und Stabilisierung von Bewältigungshandeln bieten können.

Ob eine Problemkonstellation zu einer dauerhaften, als unüberwindbar erlebten, Belastung führt, hängt von dem Ausmaß und der Flexibilität der Kompetenzen für die Problembewältigung ab, aber auch von den Unterstützungspotentialen der sozialen Umwelt, die einen Beitrag zur Entwicklung konstruktiver und effektiver Formen der Problemverarbeitung und -bewältigung leisten.

In Kap. 1. 6/Teil 2 wurde soziale Unterstützung im Kontext des „Netzwerkes von Unterstützung" beschrieben, dessen soziales Beziehungsgefüge den besseren Umgang mit ungünstigen Lebensbedingungen und Belastungssituationen fördert (Abfederung von Belastungen). Die beschriebenen veränderten Lebensbedingungen von Kids und Jugendlichen führen zu einem spezifischen Bedarf der Unterstützung, die von unterschiedlichen Sozialisationsinstanzen mit jeweils spezifischen Anteilen realisiert werden, in der Erfahrung des jungen Menschen aber als biographisches Zusammenspiel sozialisatorischer Orte abbildbar ist. Dieses Zusammenspiel wird mit dem Begriff des sozialen Netzwerkes beschrieben, das die Möglichkeiten der Kontaktaufnahme, Kooperation und Kommunikation sowie eine mehr oder weniger ausgeprägt soziale Unterstützung darstellt. In Kap. 1. 6/Teil 2 wurde zwischen lokal-gemeinschaftlichen und öffentlich-institutionellen Netzwerken unterschieden, deren Unterstützungswirkung interaktionsbezogen, auf Bewußtseins-/Gefühlszustände bzw. Einstellungen oder auf emotionale Aspekte bezogen sein kann.

Im Kap. 3/Teil 2 wurden die jeweils unterschiedlichen Unterstützungsleistungen und -wirkungen der Sozialisationsinstanzen des lokal-gemeinschaftlichen und öffentlich-institutionellen Netzwerkes beschrieben. Im folgenden wird daher auf empirischer Grundlage der Frage nachgegangen, welche Ressourcen sozialer Unterstützung den Kids und Jugendlichen bezüglich der schulischen Belastungen zur Verfügung stehen. Es werden gemäß der Systematik in Kap. 3/Teil 2 zunächst die Familie (5. 1) und der Freundeskreis (5. 2) als Netzwerkbestandteile thematisiert, danach wird überprüft, inwiefern die Angebotsstrukturen in der Schule die Qualität eines Lebensraumes ermöglichen (5. 3). Es folgen Jugendarbeitsangebote als Ressource (5. 4) und Angebote der Schulsozialarbeit als Ressource sozialer Unterstützung im schulischen Alltag (5. 5).

Schließlich wird ein spezifisches Modell der Analyse von Unterstützungsressourcen dargestellt (5. 6), in dem von Schülern erfragt wurde, ob sie vorgegebene Probleme und Belastungen im Schulalltag kennen (orientiert an den dargestellten Problembereichen) und mit wessen Hilfe es gegebenenfalls gelöst wird.

Ziel dieses Abschnittes ist also die Erfassung der den Kindern und Jugendlichen zur Bewältigung von Belastungen und Problemen im Schulalltag zur Verfügung stehenden Unterstützungspotentiale.

5. 1 Familie als Ressource sozialer Unterstützung

Die zentrale Leistung der Familie besteht im Kontext pluralistischer Sozialisation in der Vermittlung sozialer Basiskompetenzen, in der sozialen Unterstützung und gegenseitigen Hilfe sowie in der emotionalen Stabilisierung der Familienmitglieder (vgl. Kap. 3. 1/Teil 2). Mit dem Gefühl der Verbundenheit und des Rückhalts in der Familie sind Unterstützungswirkungen verbunden, die sich vor allem auf emotionale Aspekte beziehen (wie die Vermittlung von Geborgenheit, Liebe und Anerkennung, Wertschätzung, Zuneigung und Ermutigung, Motivierung sowie die Gewährung von Schutz). Soziale Unterstützung und gegenseitige Hilfe zeigt sich neben psychischer und emotionaler Unterstützung auch in instrumentell-konkreten Hilfen, wie z. B. materielle Unterstützung, Ratschläge, Information, Beratung, Betreuung, gemeinsame Aktivitäten etc.

Schulbezogene Unterstützungsleistungen der Familie sind vor allem die positive, aushandlungsorientierte Beziehungsgestaltung und Förderung problemlösender Interaktion, die Aufmerksamkeit für den schulischen Lernprozeß, die Teilhabe am schulischen Geschehen, instrumentell-konkrete Hilfen und Unterstützung, die Gestaltung von Lern- und Erfahrungsräumen sowie die Ermöglichung von Spannungsabbau (vgl. Kap. 3. 1/Teil 2).

Um diese Dimensionen schulbezogener familialer Unterstützung aus Sicht der Schüler abzufragen, wurden ihnen folgende Items vorgelegt:
- Wenn ich mit meinen Familienangehörigen zusammen bin, fühle ich mich wohl
- Meine Eltern trauen mir viel zu und motivieren mich, Probleme anzupacken
- Meine Eltern nehmen ernst, was ich sage
- Wenn ich Probleme habe, behalte ich sie lieber für mich, als meine Eltern um Rat zu fragen
- Mit meinen Eltern spreche ich darüber, wie es nach der Schule weitergehen soll
- Ich unternehme etwas mit meinen Eltern
- Ich kann mit meinen Eltern über Regeln und Verbote und diskutieren
- Wenn ich meine Eltern brauche, nehmen sie sich Zeit für mich

Die Schüler haben die wahrgenommene Häufigkeit dieser Erfahrung im Familienmilieu auf einem vierstufigen, ordinalskalierten Antwortschema eingeschätzt (von „immer" bis „nie"):

Als Generaleinschätzung des Familienklimas (siehe Tab. 25) wurde abgefragt, wie häufig sich die Kids und Jugendlichen in ihrer Familie wohl fühlen: Die große Mehrheit der Befragten fühlt sich in der Familie immer oder oft wohl (87, 5 %), eine kleinere Zahl der Schüler hat diesen Eindruck selten oder nie. Für 12, 5 % der Schüler stellt sich im Familienmilieu also eher keine positive Kommunikation ein. Hier ist eine Einschränkung der Stabilisierungsfunktion von Emotionen und Motivationalität zu erwarten. Zum anderen ist diese Einschränkung aber auch jugendphasenspezifisch provoziert, da mit steigendem Alter die Zufriedenheit abnimmt. Schüler der höheren Klassen fühlen sich in ihrer Familie seltener wohl als Schüler der unteren Klassen (p = ,000), Konflikte im beginnenden Ablösungsprozeß von der Familie lassen diese negative Einschätzung normalisieren, da andere soziale Kontexte zunehmend an Bedeutung gewinnen (vor allem die peers). Schüler an Hauptschulen sagen signifikant häufiger, daß sie sich selten in ihrer Familie wohl fühlen (21, 1 %), Gymnasiasten äußern das am wenigsten (8, 3 % mit entsprechenden Angaben).

Tab. 25: Inwiefern treffen die folgenden Aussagen auf Deine Familie/Eltern zu?

	immer	oft	(immer/ oft)	selten	nie	(selten/ nie)
Wenn ich mit meinen Familienangehörigen zusammen bin, fühle ich mich wohl (n = 1578)	38, 6 %	48, 9 %	87, 5 %	10, 9 %	1, 6 %	12, 5 %
Meine Eltern trauen mir viel zu und motivieren mich Probleme anzupacken (n = 1572)	34, 6 %	46, 9 %	81, 5 %	15, 8 %	2, 6 %	18, 4 %
Meine Eltern nehmen ernst, was ich sage (n = 1575)	30, 2 %	48, 4 %	78, 6 %	18, 5 %	2, 9 %	21, 4 %
Wenn ich Probleme habe, behalte ich sie lieber für mich, als meine Eltern um Rat zu fragen (n = 1572)	11, 7 %	28, 4 %	40, 1 %	46, 9 %	13, 0 %	59, 9 %
Mit meinen Eltern spreche ich darüber, wie es nach der Schule weitergehen soll (n = 1572)	16, 2 %	43, 6 %	59, 8 %	31, 7 %	8, 6 %	40, 3 %
Ich unternehme etwas mit meinen Eltern (n = 1573)	13, 4 %	43, 2 %	56, 6 %	36, 6 %	6, 8 %	43, 4 %
Ich kann mit meinen Eltern über Regeln und Verbote diskutieren (n = 1579)	24, 6 %	44, 2 %	68, 8 %	23, 2 %	8, 1 %	31,3 %
Wenn ich meine Eltern brauche, nehmen sie sich Zeit für mich (n = 1569)	38, 0 %	42, 8 %	80, 8 %	16, 6 %	2, 5 %	19, 1 %

Eine förderliche Beziehungsgestaltung im Sinne der Vermittlung von Anerkennung und der Motivation/des Ansporns ist rund 20 % der befragten Schüler in der Familienkommunikation eher fremd: 18, 4 % der Schüler sagen, daß ihre Eltern ihnen selten oder nie viel zutrauen und sie dazu motivieren, Probleme anzupacken. Hauptschüler äußern diesen Eindruck wiederum häufiger (28, 7 %), Schüler des Gymnasiums am wenigsten (13, 6 % der Schüler mit entsprechenden Angaben). 21, 4 % der Schüler werden von ihren Eltern selten oder nie in dem, was sie zu Hause mitteilen, ernst genommen (nach Schulformen ergibt sich die gleiche Verteilung wie vorstehend). Mit steigender Klassenstufe verliert die Familie an Stellenwert für diese Funktion der Vermittlung von Anerkennung und Motivierung (höchst signifikanter Verteilungsunterschied von p = ,000), Schüler in höheren Klassen nehmen diese Aspekte seltener in der Familienkommunikation wahr.

Für eine große Zahl der Schüler gestaltet sich die Familienkommunikation wohl nicht (mehr) derart vertrauensvoll, daß sie ihre Probleme auch berichten und mit den Eltern besprechen würden; 40, 1 % der Befragten verschweigen dies immer oder oft, anstatt ihre Eltern um Rat zu fragen. Auch dieses Phänomen trägt jugendphasenspezifische Züge, denn mit steigender Klassenstufe nimmt es zu, so daß bestimmte Probleme eher mit Freunden oder anderen Vertrauenspersonen besprochen werden.

Eine eher aushandlungsorientierte Kommunikation in der Familie als Basis für die Förderung problemlösender Interaktion erleben fast ein Drittel der Schüler (31, 2 %) selten oder nie. Für Hauptschüler trifft dies am häufigsten zu (37, 5 % machen diese Angaben), am Gymnasium ist es dagegen ein Teil von 28 % der Schüler, die eher nicht die Erfahrung eines „Verhandlungshaushaltes" machen können.

Gemeinsame Unternehmungen mit den Eltern gehen über die Hälfte der Schüler immer oder oft ein (56, 6 %), wobei Schüler in den unteren Klassen dies häufiger tun als Schüler der höheren Klassen (auch hier ist die jugendphasenspezifische Abkehr von der Familie hin zur peer-group sicher für diesen Verteilungsunterschied mitverantwortlich; p = ,000).

Fast 20 % der Schüler haben nicht nur den Eindruck einer unbefriedigenden Beziehung zu ihren Eltern, sondern können diese in wichtigen Situationen gar nicht erst aufbauen: 19 % der Schüler machen die Erfahrung, daß ihre Eltern sich selten oder nie die Zeit nehmen, gerade wenn sie für ihre Kinder als Berater oder Unterstützer wichtig wären.

Schülern ist die Planung und Gestaltung ihres Lebenslaufes immer früher selbst abverlangt und zugemutet („Biografisierungsaspekt"), was auch zu Situationen der Belastung und der Entstehung von Zukunftsängsten führen kann. Eltern nehmen für eine große Zahl der Schüler (40, 3 %) eher nicht die Rolle der Berater in diesem Punkt ein: Diese Schüler sagen, daß sie selten oder nie mit ihren Eltern darüber sprechen, wie es nach der Schule weitergehen kann. Dies trifft sowohl für Hauptschüler (44 %) und Gymnasiasten (44, 6 %) häufiger zu als für Realschüler (37, 3 %) und Schüler an Integrierten Gesamtschulen (36, 5 %), die selten oder nie mit ihren Eltern über ihre Zukunft nach der Schule sprechen.

Neben diesen Aspekten des Familienklimas wurde auch die Informiertheit der Eltern über die Leistungen ihres Kindes in der Schule aus Sicht der Schule abgefragt (mit Hilfe eines dichotomisierten Antwortmodells „trifft zu"/"trifft nicht zu"):
Zum einen gibt es eine relativ hohe Informiertheit der Eltern über die aktuellen Noten des Kindes in den Unterrichtsfächern (Leistungsaspekt), drei Viertel der Schüler sagen, daß ihre Eltern über ihre Noten informiert sind. Diese Quote verringert sich aber, wenn man die Informiertheit über den Inhaltsaspekt des Lernens dagegenhält: es gibt hier nur noch 42, 8 % der Schüler, die behaupten, daß ihre Eltern über den Unterrichtsstoff in den einzelnen Fächern informiert sind.

Die Informiertheit (damit wohl auch das Interesse) der Eltern über die Anforderungen und Leistungen ihres Kindes in der Schule bezieht sich vor allem auf den Leistungsaspekt von Schule (Noten), der Inhaltsaspekt spielt dabei weniger eine Rolle. Damit sind natürlich auch Unterstützungspotentiale instrumentell-konkreter Art eingeschränkt, da das Interesse am Lernprozeß der Kinder seitens der Eltern eher leistungsorientiert ist.
Die Familienbeziehungen (das „Binnenklima") wird zwar mehrheitlich von den Schülern als positiv beschrieben, eine relativ große Zahl von Schülern macht aber nicht die Erfahrung einer aushandlungsorientierten und die problemlösende Interaktion fördernde Beziehungsgestaltung in der Familie: Für 12 % bis fast ein Drittel der Schüler trifft dies eher nicht zu, von einer verstärkten Ausprägung des Kommunikationsaspektes im innerfamilialen Diskurs zu sprechen. Bei diesen Schülern ist davon auszugehen, daß die Bedeutung verbaler Aushandlungsprozesse, von Beziehungsmomenten und der Akzeptanz von Individualität und Selbständigkeit im Familiendiskurs eher geringer ist. Hiermit scheint auch das Unterstützungspo-

tential der Eltern eingeschränkt, vor allem die emotionale und motivationale Komponente der Unterstützung betreffend.
Die Familienbeziehungen werden von Schülern der Hauptschulen negativer eingeschätzt, Schüler des Gymnasiums treffen positivere Aussagen, wobei Einschränkungen der Begleitung und Unterstützung des schulischen Lernprozesses an allen Schulformen ermittelbar sind (also keine Polarisierung).

5.2 Freundeskreis als Ressource sozialer Unterstützung

Die Gleichaltrigengruppe als größeres Netzwerk bietet, wie in Kapitel 3.2/Teil 2 dargestellt, viele Möglichkeiten für Beziehungen und eine breite Streuung von Anregungen und Informationen. Peer-Beziehungen sind als lokales Netzwerk weniger verbindlich, langfristig und intensiv, die oft sehr unterschiedlichen Bedingungen in peer-groups haben eine geringere Regulations- und Kontrollfunktion als in engen Netzwerken (wie der Familie beispielsweise). Die aktive Aneignung von Räumen und Stilen jugendzentrierter peer-Kulturen in der Gruppeninteraktion fördert zentrale soziale Kompetenzen und hat eine prägende sozialisatorische Funktion. Die Gleichaltrigengruppe hat für den Einzelnen mehrere wichtige Funktionen wie die Erfahrung von Orientierung und Sinnbezügen, die Möglichkeit der Erprobung von Aktivitäten und Handlungsmustern in einem sozialen Freiraum (als Pendant zu reglementierten Lebensräumen), schließlich fördert die Gleichaltrigengruppe durch die Bestätigung von Lebensstilen und Selbstdarstellungen die persönliche Identitätsfindung. Freundschaftsbeziehungen ermöglichen darüberhinaus eine engere und intimere Interaktion, deren emotionale Verbundenheit im Verlauf der Jugendphase als Basis sozialer Beziehungsstrukturen zunehmend an Bedeutung gewinnt.

Jugendkulturelles Peer-Erleben hat eine wichtige Kompensations- und Schutzfunktion mit entlastendem und selbstwertförderndem Effekt. Es werden Darstellungsmöglichkeiten und kommunikative Bedürfnisse befriedigt, die auf Schule und die von ihr produzierten Bewältigungsanforderungen bezogen sind und sie erträglich machen. Peer-Kontakte eröffnen Räume und Gelegenheitsstrukturen als Ergänzung zu den Lebensorten Schule und Familie, die diese so nicht realisieren können. Im Rahmen dieser Untersuchung wurden von den Schülern nicht unterschiedliche Qualitäten der Beziehung in peer-groups erfragt, sondern nur ein Gesamtbild erfaßt. Die Schüler sollten einschätzen, wie viele „echt" Freunde sie haben:

Die Ergebnisse zeigen, daß fast alle Schüler in Freundschaftsbeziehungen oder -gruppen eingebunden sind. Die meisten Schüler haben mehrere Freunde (mehr als zwei 85,6 %), 11,4 % der Befragten bezeichnen eine Person als echten Freund. Eine kleine Gruppe von Schülern (3 %) sagt über sich, gar keine echten Freunde zu haben. Diese Zahl ist kleiner, als der Anteil der Schüler, die in der Schule keine Freunde haben (aber vielleicht außerhalb, vgl. Kap. 1/Teil 3), wir können also davon ausgehen, daß hier peer-Beziehungen und Kontakte nur durch Unterstützung in professionell inszenierten Räumen zustande kommt - diese Schüler sind auf die Hilfe Erwachsener angewiesen, um die beschriebenen vielfältigen sozialisatorischen Effekte der Gleichaltrigengruppe für ihre Persönlichkeitsentwicklung nutzen zu können.

Diese Notwendigkeit inszenierter Räume und Gelegenheitsstrukturen wird durch Ergebnisse eine Diskriminanzanalyse unterstrichen, die das Antwortverhalten von zwei definierten Gruppen vergleicht: Schüler, die gar keine Freunde haben, unterscheiden sich von Schülern mit Freundschaftsbeziehungen durch folgende Merkmale: erstere fühlen sich öfter als Außenseiter, fallen durch Unterrichtsstörungen auf (als Ausdrucksmittel?) und wählen gleichzeitig eher ein Vermeidungsverhalten als Bewältigungsstrategie. Sie sind weniger durch positive Emotionen, positive Sozialbeziehungen im Klassenverband und die Erfahrung aktiver Selbstwirksamkeit gekennzeichnet.

Tab. 26: Anzahl „echter" Freunde
(n = 1563)

gar keine	3, 0 %
nur einen	11, 4 %
zwei bis fünf	45, 8 %
mehr als 5	39, 8 %

Fast alle Schüler befinden sich in Freundschaftsbeziehungen. Mit steigender Klassenstufe wird der Freundeskreis kleiner, Jungen geben größere Freundeskreise an als Mädchen. Eine kleine Zahl von Schülern hat überhaupt keine Freunde. Diese Schüler machen im Schulalltag Marginalisierungserfahrungen, wählen eher Vermeidungsverhalten und weniger aktives Selbstwirksamkeitsverhalten als Bewältigungsstrategie. Aufgrund negativ beschriebener Sozialbeziehungen im Klassenverband und einer eher gesenkten Stimmung scheinen hier professionell inszenierte Räume notwendig, in denen diese Schüler durch peer-Erlebnisse und Aktivitäten Handlungsalternativen erlernen können.

5.3 Angebotsstrukturen in der Schule

In Kap. 4. 1/Teil 2 ist der Anteil der Schule an der Mobilisierung und Stärkung individueller Verarbeitungsstrukturen und sozialer Unterstützungsressourcen junger Menschen betont worden.: Schule hat neben der Aufgabe der Wissensvermittlung auch immer die Gestalt eines sozialen Forums, ist als sozialer Erfahrungsraum Bestandteil des Alltags Jugendlicher. Bewußt arrangierte, als Lebensraum inszenierte soziale Erfahrungsräume fördern die individuelle Entwicklung der Schüler, denn neben der unterrichtlichen Dimension gibt es auch immer die interaktive, soziale und Entwicklungsprozesse anregende Dimension von Schule.
Neben personalen Trägern sozialer Unterstützung spielen vor allem strukturelle Aspekte zur Ressourcenerschließung eine Rolle, um Schule als soziokulturelles Zentrum infolge von Öffnungsbemühungen zu konzeptualisieren. Voraussetzung und Konsequenz der erhöhten Unterstützungsbereitschaft von Schule sind strukturelle Entwicklungen (Schulmodelle), die eine stärkere Beziehung der Schule zu den lebensweltlichen Erfahrungen der Schüler realisieren sollen. Diese Hinwendung zu den lebensweltlichen Vollzügen soll durch Schulöffnungskonzepte und gemeinwesenorientierte Konzepte optimiert werden. Schulöffnung meint zum einen die Bezugnahme auf das Schulumfeld (soziokulturelle Funktion), zum anderen einen Bildungs- und Lernaspekt (pädagogische Funktion).
Alles in allem haben die Schulöffnungskonzepte gemeinsam, Schule stärker als Lebensraum zu verstehen, die Gestaltung des Schullebens als schülerorientierter Lern-, Lebens- und Erfahrungsraum wird hervorgehoben.
Im folgenden soll dargestellt werden, inwiefern dieser Vorsatz einer Lebensraumgestaltung auch Effekte in der Organisation und Vorhaltung schulisch veranstalteter Angebote zeigt - wie lassen sich die Angebotsstrukturen in der Schule beschreiben, welche Angebote nehmen Schüler in Anspruch, welche werden gewünscht? Hier können also erste Schlüsse für eine Bedarfsermittlung gezogen werden. Den Schülern wurden im Fragebogen verschiedene Ange-

botsformen vorgelegt, die Faktorenanalyse (Extraktionsmethode: Hauptkomponentenanalyse, Rotationsmethode: Varimax mit Kaiser-Normalisierung) extrahierte vier Faktoren, die sich als „Aktivitäten/Aktionen und außerschulische Bildungsangebote", „(Gelegenheits-, Kontakt-, Aufenthalts-) Räume", „in schulischen Ablauf integrierte/turnusmäßige Veranstaltungen" und „Hausaufgabenhilfe" umschreiben lassen:

Tab. 27: Faktorenanalyse - Schulinterne Angebote und Veranstaltungen

	Faktorladung
Faktor 1: *Aktivitäten/Aktionen*	
Discos/Parties	,633
AG/Projektgruppen	,627
Sportangebote	,627
Freizeitangebote	,584
Faktor 2: *(Gelegenheits-, Kontakt-, Aufenthalts-) Räume*	
Aufenthaltsräume	,768
Räume nach Unterrichtsschluß	,616
Schülerclub/-café	,534
Faktor 3: *in schulischen Ablauf integrierte/turnusmäßige Veranstaltungen*	
Klassenfahrten	,633
Schul-/Klassenfeste	,563
Faktor 4: *Hausaufgabenhilfe*	
Hausaufgabenhilfe	,418

Die Schüler sollten Aussagen über das Vorhandensein, die eigene Inanspruchnahme und den Wunsch nach Angeboten machen, sie konnten zwischen folgenden Antwortvorgaben wählen (siehe Tab 28):
1 = gibt es an unserer Schule-nehme ich in Anspruch
2 = gibt es an unserer Schule-nehme ich aber nicht in Anspruch
3 = gibt es an unserer Schule nicht-würde ich mir aber wünschen
4 = gibt es an unserer Schule nicht-ist auch nicht nötig

Zunächst kann man für alle Schulformen sagen, daß die Veranstaltungen und Aktionen etwas stärker von Schülern der unteren Klassen in Anspruch genommen werden, zugleich aber Schüler der oberen Klassen einen größeren Wunsch nach diesen Angeboten angeben (siehe Tab. 28). Mann kann also davon ausgehen, daß das bestehende Angebot an schulinternen Veranstaltungen altersgruppenspezifische Mängel aufweist, auf die Bedürfnisse Jugendlicher nicht vollends abgestimmt sind - das Interesse an diesen Angeboten ist aber bei den Jugendlichen vorhanden.

In der ersten Gruppe von Angeboten werden außerunterrichtliche Bildungsangebote (AG's und Projektgruppen) sowie Sportangebote am stärksten in Anspruch genommen, über ein Drittel der Befragten nutzt diese Veranstaltungen (37, 1 % bzw. 35 %). Discos und Parties sowie allgemeine, offene Freizeitangebote werden mit 25, 1 % und 18, 6 % etwas weniger genutzt. Dies ist aber nicht automatisch Ausdruck eines Desinteresses an Parties und offenen Freizeitangeboten, sie werden nämlich am stärksten gewünscht (mit 33, 2 % bzw. 31, 2 %). Mädchen nehmen stärker Discos und Parties in Anspruch (27, 1 % gegenüber 22, 7 % der Jungen), sie wünschen sich auch stärker diese Angebote (35, 8 % gegenüber 30, 4 % der Jungen; p = ,000). Sportangebote hingegen werden stärker von Jungen in Anspruch genommen (41, 5 % gegenüber 29, 0 % der Mädchen), der Wunsch nach diesen Angeboten ist bei ihnen auch ausgeprägter (p = ,000).

Tab. 28: Gibt es die folgenden Angebote und Veranstaltungen an Deiner Schule? Nutzt Du sie?

	1	2	3	4
Discos/Parties (n = 1611)	25, 1 %	18, 7 %	33, 2 %	23, 0 %
AG/Projektgruppen (n = 1603)	37, 1 %	31, 6 %	14, 1 %	17, 2 %
Sportangebote (n = 1610)	35, 0 %	41, 3 %	14, 5 %	9, 3 %
Freizeitangebote (n = 1610)	18, 6 %	24, 2 %	31, 2 %	26, 0 %
Aufenthaltsräume (n = 1603)	36, 9 %	21, 0 %	24, 8 %	17, 3 %
Räume nach Unterrichtsschluß (n = 1605)	23, 3 %	31, 1 %	17, 6 %	28, 0 %
Schülerclub/-café (n = 1613)	32, 3 %	22, 3 %	26, 8 %	18, 6 %
Klassenfahrten (n = 1617)	94, 7 %	3, 1 %	1, 9 %	0, 3 %
Schul-/Klassenfeste (n = 1612)	73, 3 %	15, 3 %	7, 6 %	3, 2 %
Hausaufgabenhilfe (n = 1609)	11, 1 %	26, 4 %	29, 8 %	32, 8 %

Gelegenheits-, Kontakt- und Aufenthaltsräume werden in einem ähnlichen Ausmaß von den Schülern genutzt: 36, 9 % der Schüler nutzen das Angebot an Aufenthaltsräumen in der Schule, der Schülerclub wird von fast einem Drittel der Befragten besucht (32, 3 %). Räume nach Unterrichtsschluß werden von fast einem Viertel der Befragten (23, 3 %) aufgesucht. Der Wunsch nach Kontakt- und Aufenthaltsräumen ist etwas geringer ausgeprägt als der nach Aktionen und Aktivitäten, aber immerhin rund ein Viertel der Schüler wünscht sich Aufenthaltsräume (24, 8 %) und einen Schülerclub (26, 8 %).
Aufenthaltsräume und der Schülerclub werden von Schüler an Gymnasien und Integrierten Gesamtschulen stärker in Anspruch genommen als von Schülern der anderen Schulformen, an den Haupt- und Realschulen ist der Wunsch danach größer.
Mädchen nehmen Gelegenheits- und Konträume stärker in Anspruch als Jungen, der Wunsch nach diesen Räumen ist von Mädchen auch ausgeprägter als von Jungen.

Schulisch integrierte und turnusmäßige Veranstaltungen werden von der großen Mehrheit der Schüler in Anspruch genommen, der Wunsch danach ist entsprechend geringer: 1, 9 % der Schüler wünschen sich Klassenfahrten (stärker Schüler der Haupt- und Realschulen), 7, 6 % der Schüler vermissen Schul- und Klassenfeste an ihrer Schule.

Die Hausaufgabenhilfe wird im Vergleich zu den anderen Angeboten am wenigsten genutzt (11, 1 %), fast ein Drittel der Schüler (29, 8 %) wünscht sich diese Angebotsform als Unterstützung im Schulalltag. Auffällig ist, daß Schüler an Gymnasien sie am wenigsten nutzen (3, 3 %) gegenüber 26, 6 % der Schüler an Integrierten Gesamtschulen, mit dem größten Anteil), gleichzeitig die Hausaufgabenhilfe aber am stärksten wünschen (rund 40 % der Schüler an Gymnasien äußern das) - hier ist augenscheinlich ein erheblicher Bedarf benannt worden.

Für mindestens rund die Hälfte der Schüler stehen in der Schule Aktivitäten, Aktionen, außerschulische Bildungsangebote, Konträume, turnusmäßige Schulveranstaltungen zur Nutzung bereit. Man kann also eine deutliche Tendenz erkennen, daß Schule neben ihrer Aufgabe der Wissensvermittlung auch die Gestaltung eines Lebens- und Erfahrungsraumes verstärkt realisiert. Neben den turnusmäßigen Schulveranstaltungen (Klassenfahrten/Schulfeste) werden vor allem außerunterrichtliche Bildungsangebote, Sportangebote und Kontakt-, Gelegenheits- und Aufenthaltsräume von den Schülern genutzt. Es besteht an allen Schulformen ein

Wunsch nach den vielfältigen Angeboten im Schulalltag, besonders sind Discos/Parties, Freizeitangebote und Aufenthaltsräume/der Schülerclub gewünscht. Mädchen nehmen mehr als Jungen die Gelegenheitsräume in Anspruch und wünschen sich diese auch stärker. Alle Angebote werden gerade von Jugendlichen stärker gewünscht, während Kids sie gegenwärtig mehr nutzen (altersgruppenspezifisches Angebotsdefizit).

5.4 Jugendarbeitsangebote als Ressource sozialer Unterstützung

Offene Jugendarbeit gerät vermehrt unter Rechtfertigungszwang. Ihr wird vorgeworfen, sie sei ineffektiv, da sie zu wenig Jugendliche erreiche, unattraktive Programme und nicht bedürfnisgerechte Angebote hätte. Öffentliche Freizeitangebote seien ohnehin nicht mehr nötig angesichts der Mediatisierung, Computerisierung und Kommerzialisierung des Freizeitsektors (vgl. Münchmeier 1998). Zu kritisieren wäre aber nicht der Stellenwert von offener Jugendarbeit schlechthin, sondern die Tatsache, daß sie auf veränderte Lebenswelten von Kindern und Jugendlichen mit unveränderten Konzepten reagiert, dazu schon quantitativ gar nicht bedarfsdeckend entwickelt ist.

Aus fachlicher Sicht ist aber unumstritten (vgl. Kap. 4. 2/Teil 2), daß offene Jugendarbeit eine Bedeutung als soziale Infrastruktur im Jugendbereich hat (Böhnisch u. a. 1998, Böhnisch/Münchmeier 1987), daß sie ein qualifizierter Raum für junge Menschen ist und ihre Erfahrungsmöglichkeiten und Gelegenheitsstrukturen ein Gegengewicht zur Erlebnisarmut, Langeweile oder den hohen und undurchschaubaren Anforderungen an Jugendliche darstellt. Dieses Ziel erreicht sie am ehesten mit flexiblen, ständig zu aktualisierenden und weiterentwickelten Konzepten, das durch Merkmale gekennzeichnet ist wie (vgl. Münchmeier 1998, S. 14 ff.)

- *Offenheit und Profil*: Offene Jugendarbeit muß sich ein eindeutiges Profil schaffen, eine Auswahl von Angeboten treffen, nicht alles, sondern etwas Besonderes anbieten. Ihr Profil muß vor allem darin bestehen, Jugendlichen das Erlebnis aktiver Gestaltung der Freizeiträume zu ermöglichen - ein Aspekt, der auch bei Freizeitangeboten in der Schule zentral ist. Attraktivität der Angebote ist genauso selbstverständlich wie schwierig, es muß etwas Relevantes angeboten werden, etwas Wichtiges für die Lebenssituation Jugendlicher, für ihren Durchblick, für ihre Orientierung, für ihren Gestaltungsdrang. Jugendarbeit muß sich also öffnen für alltägliche Lebensbedingungen, für den Hintergrund jugendlichen Lebens - eine weitere Parallele zu schulischen Öffnungskonzepten.
- *Beziehungspersonen als handelnde Personen*: Offene Jugendarbeit braucht Beziehungspersonen für Jugendliche, keine „Erzieher", sondern als Vertrauens- und Bezugsperson erlebte Erwachsene - ein Aspekt, der als Motiv für die Inanspruchnahme von Angeboten offener Jugendarbeit eine immer größere Bedeutung erhält (vgl. Böhnisch u. a. 1997).
- *Offene Jugendarbeit als sozialer Raum*: Angebote der offenen Jugendarbeit stellen auch immer eine zugängliche Quelle für Ressourcen sozialer Unterstützung dar, sie leisten Hilfen zur Lebensbewältigung des Einzelnen, bieten Offenheit für das Einbringen und Klären von Orientierungs- und Sinnkrisen Jugendlicher (vgl. Böhnisch 1998).
- *Erweiterung des Professionsverständnisses*: Eine an der Lebenswelt orientierte Jugendarbeit bedeutet, nach den Verhältnissen der jungen Menschen zu fragen, in denen sie sich vorfinden und behaupten, nach räumlichen, zeitlich-biographischen und sozialen Erfahrungen zu fragen, ebenso wie nach den pragmatischen und alltäglichen Handlungsmustern, mit denen sich Jugendliche in ihren Verhältnissen arrangieren (vgl. Thiersch 1992a). Dies bedeutet ferner die Kompetenz, Räume gestaltbar zu halten, ohne selbst gestalten zu müssen.

Freizeit zu gestalten ist eine wesentlicher Stützpfeiler solch verorteter Konzepte der offenen Jugendarbeit (vgl. Fromme 1998). Offene Jugendarbeit hat dabei eine Zwischenstellung zwischen freien, gestaltbaren Räumen und Angeboten bzw. Treffs sowie auf der anderen Seite vorstrukturierten Gruppenangeboten und Projekten (wie sie ansonsten eher vereins- oder einrichtungsbezogen organisiert sind). Offene Jugendarbeit hat immer einen Doppelcharakter:

- *Jugendfreizeitarbeit*: sie bietet Freiräume für eine selbständige Kinder- und Jugendkultur (Methoden: arrangieren und animieren) und
- *problembezogene Hilfe- und Unterstützungsarbeit*: offene Jugendarbeit ist auch eine sozialpädagogische Institution mit Unterstützungsaufgaben bei gefährdeten oder benachteiligten Sozialisationsprozessen (Methoden: beraten und begleiten).

Vor dem Hintergrund der großen Vielfalt an Freizeitmöglichkeiten und den schwieriger und komplexer gewordenen Lebenswelten Jugendlicher heute trägt die offene Jugendarbeit mit ihren Angeboten ebenso wie eine gemeinwesenorientierte Schule mit zusätzlichen Freizeitangeboten zur Verbesserung der Freizeit und Lebenssituation bei. Sie sind Bestandteil einer regionalen Angebotsstruktur, werden in der Gestaltung jugendlicher Lebenslagen gar zum Mittelpunkt und zu zentralen Instanzen, die diese Entfaltungs- und Erfahrungsräume bereithält.

Zunächst sollte ermittelt werden, wie viele der befragten Schüler Angebote der offenen Jugendarbeit in Anspruch nehmen:

Tab. 29: Jugendarbeitsangebote als Ressource - Gehst Du manchmal ins Jugendzentrum oder in einen Jugendclub o. ä. ? (n = 1554)

Ja, dahin gehe ich praktisch immer, wenn das Jugendzentrum oder der Jugendclub geöffnet ist	10, 7 %
Ja, dahin gehe ich 1 bis 2 mal in der Woche	9, 8 %
Ja, dahin gehe ich, aber nur selten und unregelmäßig	25, 0 %
nein, da gehe ich gar nicht hin	54, 4 %

Rund ein Fünftel der Schüler nutzt die Angebote eines Jugendzentrums, Jugendclubs oder ähnlichem praktisch immer, wenn sie geöffnet sind oder relativ häufig in der Woche (ein- bis zweimal). Ein Viertel der Schüler nutzt die Angebote unregelmäßig, über die Hälfte (54, 4 %) gar nicht.

Die Angebote der offenen Jugendarbeit werden von Schülern aller Schulformen genutzt, es gibt aber Verteilungsunterschiede zugunsten der Haupt- und Realschüler. Letztere nutzen mit einem Anteil von 33, 6 % bzw. 22, 9 % immer oder ein- bis zweimal in der Woche die Angebote eines Jugendzentrums oder Jugendclubs. 15, 8 % der Schüler an Gymnasien und 18, 6 % der Schüler an Integrierten Gesamtschulen nutzen in gleicher Intensität das Angebot, vergleichsweise also weniger (höchst signifikanter Verteilungsunterschied von p = ,000). Die Angebote der offenen Jugendarbeit scheinen Jungen eher anzusprechen als Mädchen, gut ein Viertel der männlichen Jugendlichen (25, 2 %) nutzen die Angebote praktisch immer oder ein- bis zweimal in der Woche, von den Mädchen geht ein Anteil von 16, 2 % genauso oft in das Jugendzentrum oder den Jugendclub (auch ein höchst signifikanter Verteilungsunterschied von p = ,000).

Schüler, die aus ländlichen Regionen stammen, nutzen die Angebote der offenen Jugendarbeit häufiger als Schüler aus den Groß- oder Kleinstädten: 36, 8 % der Schüler aus ländlichen Regionen nutzen das Jugendzentrum praktisch immer oder ein- bis zweimal in der Woche, Schüler der Großstadt tun dies mit 18, 2 %, Schüler aus Kleinstädten mit einem Anteil von 11 %. Ein Grund für die erhöhte Inanspruchnahme der offenen Jugendarbeit auf dem Land ist sicher der dort ansonsten geringer ausgeprägte kommerzielle Freizeitsektor, offene Jugendarbeit hat hier also einen zentralen Stellenwert für die Freizeitgestaltung von Kindern und Jugendlichen.

Neben der Inanspruchnahme wurde von den befragten Schülern auch die Bewertung der Jugendfreizeitangebote, die sie kennen, vorgenommen. Auf einer vierstufigen Antwortskala (von „trifft voll zu" bis „trifft überhaupt nicht zu") machten sie Angaben zu den Aspekten strukturellen Rahmenbedingungen (Öffnungszeiten/Erreichbarkeit), Nutzern/Besuchern, Mitarbeitern und Angeboten.

Tab. 30: **Jugendarbeitsangebote als Ressource - Bitte bewerte das Angebot von Jugendfreizeiteinrichtungen, das Du kennst!**

	trifft voll zu	trifft eher zu	(trifft voll zu/ trifft eher zu)	trifft eher nicht zu	trifft überhaupt nicht zu	(trifft eher nicht zu/ trifft überhaupt nicht zu)
Die Öffnungszeiten der Freizeiteinrichtung(en) sind ungünstig für mich (n = 1480)	16, 7 %	20, 6 %	37, 3 %	38, 2 %	24, 5 %	62, 7 %
Die Freizeiteinrichtung(en) ist (sind) zu weit von meinem Wohnort entfernt (n = 1482)	16, 8 %	21, 1 %	37, 9 %	28, 7 %	33, 5 %	62, 2 %
Die Besucher dort sind mit zu jung (n = 1481)	9, 1 %	14, 7 %	23, 8 %	40, 2 %	36, 0 %	76, 2 %
Die Besucher dort sind mit zu alt (n = 1480)	8, 5 %	16, 0 %	24, 5 %	39, 1 %	36, 4 %	75, 5 %
Die Angebote und Aktivitäten der Freizeiteinrichtung(en) sind eintönig und langweilig (n = 1475)	18, 0 %	23, 8 %	41, 8 %	35, 2 %	23, 1 %	58, 3 %
Die Mitarbeiter dort sind langweilig (n = 1468)	14, 7 %	19, 5 %	34, 2 %	37, 4 %	28, 4 %	65, 8 %

Gut ein Drittel der befragten Schüler kritisiert die strukturellen Rahmenbedingungen der offenen Jugendarbeit (siehe Tab. 30): Die Öffnungszeiten sind aus Sicht von 37, 3 % ungünstig (häufiger von Schülern der unteren Klassenstufen geäußert), die Erreichbarkeit ist für 37, 9 % der Schüler nicht gegeben, sie sagen, daß die Freizeiteinrichtungen zu weit von ihrem Wohnort entfernt sind. Dies trifft vor allem für Schüler der ländlichen Regionen zu (45, 3 % stimmen voll oder eher zu gegenüber 33, 7 % der Schüler aus Großstädten, 27, 2 % aus Kleinstädten). Gerade in den ländlichen Regionen kann von einer bedarfsgerechten, erreichbaren Angebotsstrukturen der offenen Jugendarbeit kaum gesprochen werden.

Knapp ein Viertel der Schüler ist mit der Altersstruktur der Besucher offener Angebote der Jugendarbeit unzufrieden. Die Ausdifferenzierung der Angebote nach altersgruppenspezifischen Gesichtspunkten scheint weniger realisiert, so daß den Bedürfnissen der Kids und Jugendlichen in ihrer unterschiedlichen Art nicht vollends entsprochen werden kann.

Gut ein Drittel der Schüler (34, 2 %) finden die Mitarbeiter der Jugendzentren oder Jugendclubs langweilig, hier ist es sicher nicht gelungen, die Beziehung zwischen Jugendlichen und Mitarbeitern als lohnenswert, anregend und motivierend zu gestalten, diese Zahl von Schülern trifft in der offenen Jugendarbeit keine als relevant erlebten anderen Erwachsenen an (vgl. Kap. 4. 2).

Am stärksten ausgeprägt ist aber die Kritik an den Angeboten und Aktivitäten der Freizeiteinrichtungen: 41, 8 % der Schüler bewerten die Angebote als eintönig und langweilig (voll oder eher zustimmend). Insgesamt scheint also das Angebot der Freizeiteinrichtungen offener Jugendarbeit den Erwartungen und Vorstellungen der Besucher nicht ausreichend gerecht zu werden, aktuelle Konzepte der Jugendzentren und Jugendclubs müssen die aktuellen Bedürfnisse der Kinder und Jugendlichen stärker berücksichtigen. Eine sozialräumliche Jugendarbeit scheint notwendig, das nicht nur als inhaltliches Konzept, sondern auch als Orientierung an der Lebenswelt der Kindern und Jugendlichen und einer auf der Analyse der Lebensbedingungen junger Menschen beruhende Konzeptualisierung von Jugendarbeit meint (vgl. Huttanus/Maykus 1998a, 1998b). Daß dies umso mehr für Jugendliche zutrifft und ihre sich rasch ändernden und dynamischen Bedürfnisse in flexible Konzepte der Jugendarbeit aufgegriffen werden müssen, zeigt die stärkere Kritik von Schülern der höheren Klassen.

Der Stellenwert der Angebote offener Jugendarbeit kann aus Sicht der Schüler sehr unterschiedlichen Aspekten beigemessen werden. Es ist daher den Schülern eine Reihe von Gründen vorgelegt worden, die die Motivation für die Nutzung der Angebote erfassen können. Die Faktorenanalyse (Extraktionsmethode: Hauptkomponentenanalyse, Rotationsmethode: Varimax mit Kaiser-Normalisierung) extrahierte zwei Faktoren, die mit „Freiraum mit geringer Reglementierung" und mit „Solidarität und Tätigkeitsorientierung" umschrieben werden können:

Tab. 31: Faktorenanalyse - Jugendarbeitsangebote als Ressource - Wenn Du die Angebote des Jugendzentrums oder des Jugendclubs nutzen würdest, was wäre Dir dabei wichtig? Mir ist dort wichtig ...

	Faktorladung
Faktor 1: *Freiraum mit geringer Reglementierung*	
... daß es weniger Verbote und Regeln als in der Schule gibt	,818
... daß es keine Erwachsenen gibt, die ständig Vorschriften machen	,712
... keinen Leistungsanforderungen und Erwartungen wie in der Schule ausgesetzt zu sein	,675
Faktor 2: *Sozialität und Tätigkeitsorientierung*	
...daß ich neue Leute kennenlerne	,812
... immer jemanden zu finden, mit dem ich über meine Probleme reden kann	,703
... daß ich tun kann, was mir Spaß macht	,542
... daß ich da „richtig was los" machen kann	,472

Die Schüler haben auf einem vierstufigen, ordinalskalierten Antwortschema die Wichtigkeit der formulierten Gründe für ihre (hypothetische) Teilnahme an Angeboten offener Jugendarbeit eingeschätzt (von „sehr wichtig" bis „völlig unwichtig").

Tab. 32: Jugendarbeitsangebote als Ressource -Wenn Du die Angebote des Jugendzentrums oder des Jugendclubs nutzen würdest, was wäre Dir dabei wichtig? Mir ist dort wichtig ...

	sehr wichtig	eher wichtig	(sehr wichtig/ eher wichtig)	eher unwichtig	völlig unwichtig	(eher unwichtig/ völlig unwichtig)
... daß es weniger Verbote und Regeln als in der Schule gibt (n = 1531)	42, 6 %	35, 8 %	78, 4 %	16, 1 %	5, 6 %	21, 7 %
... daß es keine Erwachsenen gibt, die ständig Vorschriften machen (n = 1530)	34, 1 %	33, 8 %	67, 9 %	23, 7 %	8, 4 %	32, 1 %
... keinen Leistungsanforderungen und Erwartungen wie in der Schule ausgesetzt zu sein (n = 1527)	50, 8 %	27, 4 %	78, 2 %	14, 3 %	7, 5 %	21, 8 %
...daß ich neue Leute kennenlerne (n = 1527)	46, 5 %	37, 3 %	83, 8 %	10, 7 %	5, 4 %	16, 1 %
... immer jemanden zu finden, mit dem ich über meine Probleme reden kann (n = 1529)	41, 1 %	32, 1 %	73, 2 %	18, 1 %	8, 6 %	26, 7 %
... daß ich tun kann, was mir Spaß macht (n = 1526)	57, 9 %	32, 4 %	90, 3 %	7, 0 %	2, 7 %	9, 7 %
... daß ich da „richtig was los" machen kann (n = 1523)	29, 5 %	35, 9 %	65, 4 %	27, 8 %	6, 7 %	34, 5 %

Die im Kap. 4. 2/Teil 2 beschriebenen Arbeitsprinzipien der Milieubildung und Alltagsarbeit in ihrer aktivierenden und interaktiven Dimension finden in ihrer Relevanz für offene Jugendarbeit eine klare Bestätigung in den Befragungsergebnissen. Die einleitend beschriebenen Grundbedürfnisse Jugendlicher in ihrer Freizeit (frei gestaltbare Räume, wenig Reglementierung und Geselligkeit) finden sich mehrheitlich in den Angaben der Schüler wieder (siehe Tab. 32): Gut drei Viertel der Schüler sehen die offene Jugendarbeit als Pendant zu den Erfahrungen in der Schule, als Freiraum mit geringer Reglementierung an. Dabei ist es ihnen wichtig, weniger Verbote und Regeln als in der Schule ausgesetzt zu sein und keinen Leistungsanforderungen gerecht werden zu müssen (78, 4 % bzw. 78, 2 % der Schüler finden diese Punkte sehr oder eher wichtig).

Auch das Bild der Erwachsenen in der offenen Jugendarbeit stellt ein solches Pendant dar: Wichtig ist den Schülern, daß diese keine Vorschriften machen, also keine Träger von Regeln und Verbote sind, sondern entweder im Hintergrund oder als Beratungs- und Ansprechpersonen agieren - deren Akzeptanz durch Nähe zu den Jugendlichen aufkommt und nicht durch die Rolle eines Funktionsträgers („schulische Ziele umsetzen") eingeschränkt wird.

Das Bedürfnis nach einem wenig reglementierten Raum, in dem man seine Freizeit verbringen kann, nimmt mit steigendem Alter zu. Auffällig ist ferner, daß Schüler der Gymnasien stärker auf den Aspekt „Entlastung von Schule" oder „Freiräume erleben" Wert legen als Schüler der anderen Schulformen. Hier scheint ein besonderes Bedürfnis vorzuliegen, sich von den Strapazen und Zumutungen des Schulalltags distanzieren zu können (jeweils höchst signifikante Verteilungsunterschiede von p = ,000).

Geselliges Zusammensein mit Gleichaltrigen, sei es, um neue Leute kennen zu lernen oder jemanden zu haben, mit dem man über seine Probleme reden kann, ist für die Mehrheit der Schüler ein Vorzug von Angeboten der offenen Jugendarbeit (83, 3 % bzw. 73, 3 % der Schüler finden diese Aspekte sehr oder eher wichtig). Ebenso wichtig ist den Befragten das aktive und unbeschwerte Verbringen ihrer Zeit in den Jugendfreizeiteinrichtungen, ohne größeren Einschränkungen zu erliegen und sich einfach der „Spaßorientierung" hinzugeben.

90, 3 % sehen als bedeutsam an, in den Freizeiteinrichtungen tun zu können, was ihnen Spaß macht oder dort „richtig was los machen zu können" (65, 4 %). Sozialität und Geselligkeit als Effekt der Freizeitgestaltung in Jugendzentren, Jugendclubs oder ähnlichem wird von Mädchen wichtiger eingeschätzt als von Jungen, die stärker Wert auf Tätigkeitsorientierung legen. Beide Aspekte sind Schülern der Gymnasien wiederum etwas wichtiger, als Schüler anderer Schulformen, die den Stellenwert der offenen Jugendarbeit für sich einschätzen.

Über die Hälfte der Schüler nutzt die Angebote von Jugendfreizeiteinrichtungen nie, ein Fünftel regelmäßig. Die Angebote der offenen Jugendarbeit werden von Schülern aller Schulformen genutzt, es gibt aber Verteilungsunterschiede zugunsten der Haupt- und Realschüler. Ferner nutzen Schüler aus ländlichen Regionen die Angebote von Jugendfreizeiteinrichtungen stärker als Schüler aus Groß- und Kleinstädten.
Die Jugendfreizeiteinrichtungen werden zwar von der Mehrheit der Schüler eher positiv beschrieben. Mehr als ein Drittel der Schüler kritisiert aber Rahmenbedingungen (Öffnungszeiten, Erreichbarkeit), Besucherstrukturen und die Qualität der Angebote. Die Angebote scheinen den Erwartungen und Vorstellungen der Besucher nicht ausreichend gerecht zu werden.
Der Stellenwert von Angeboten der offenen Jugendarbeit liegt in ihrem Ergänzungs- und Kompensationscharakter von Erfahrungen im schulischen Alltag. Jugendarbeit fungiert als Freiraum mit geringer Reglementierung und als Ort der Geselligkeit mit Gleichaltrigen im gemeinsamen, spaßorientierten Tun. Diese Aspekte haben für Schüler aller Schulformen eine hohe Bedeutung, Schüler der Gymnasien äußern sie aber besonders.

5.5 Schulsozialarbeit als Ressource sozialer Unterstützung

In der Einführung und in Kap. 4.2/Teil 2 wurde eine Dimensionierung schülerbezogener Angebote der Schulsozialarbeit nach dem derzeitigen Praxisstand vorgenommen. Wesentliche Angebotssegmente sind dabei:

– Freizeitgestaltung (offene Freizeitangebote und Freizeitangebote mit offenen Gruppen)
– Betreuungsangebote (zur Verfügung gestellte Räume ohne zielorientierte Intervention im Einzelfall)
– Außerunterrichtliche Bildungsangebote (Informationsveranstaltungen, Projekt etc.)
– Beratung als institutionalisiertes Setting (z. B. als Sprechstunde)
– Berufsorientierung, -findung, -bewerbung
– Hilfen bei schulisch relevanten sozialen Problemen/Bewältigungsproblemen

Die Grundlage der Schulsozialarbeit bewegen sich dabei auf der Grundlage der §§ 11 und 13 des KJHG, zum Teil als kombinatorischer Typ dazwischen. Schulbezogene Jugendarbeit bietet zum einen freie, gestaltbare Räume und Treffs als Freiraum für jugendkulturelle Bedürfnisse, zum anderen konzipiert sie vorstrukturierte Gruppenangebote und Projekte.
Schulbezogene Jugendarbeit stellt mit ihren Angeboten eine Bereicherung des Lebensraumes Schule dar. Indem sie sowohl „personale Angebote" als auch „sozialräumliche Angebote" zur Verfügung stellt und dabei Funktionen umfaßt wie Prävention, Hilfe zur Lebensbewältigung, Bildung, Freizeitgestaltung und peerorientierte Identifikation.
Daneben richten sich die Angebote der schulbezogenen Jugendsozialarbeit an Schüler, die zur sozialen Integration und Sicherung der schulischen Ausbildung Hilfe bedürfen. Schulbezogene Jugendsozialarbeit umfaßt schwerpunktmäßig die Funktionen beruflicher Orientierungshilfe, Persönlichkeitsbildung, Lernhilfen, Förderung der sozialen Kompetenz und Hilfen zur

Alltags- und Lebensbewältigung, vor allem an sozial benachteiligte und individuell beeinträchtigte Kinder und Jugendliche.

Im Rahmen der Untersuchung sollte zunächst geklärt werden, wie viele Schüler die Möglichkeiten haben, solche Angebote der Schulsozialarbeit wahrzunehmen. Es wurde also als erstes gefragt, ob Angebote von Sozialpädagogen, Freizeitpädagogen oder Vereinen an der Schule der Befragten stattfinden.

Das Verhältnis zwischen Schülern, an deren Schule solche Angebote stattfinden, und denjenigen, die keine Schulsozialarbeit an ihrer Schule haben, ist fast ausgeglichen: 52, 9 % der Schüler sagen, daß sozialpädagogische Angebote an ihrer Schule stattfinden, 47, 1 % der Schüler verneinen dies. Man kann also sagen, daß knapp über die Hälfte der Schüler Angebote von Sozial- oder Freizeitpädagogen an ihrer Schule vorfinden.

Welche Angebote führen Sozial- und Freizeitpädagogen an den Schulen durch? Welche Angebote nutzen die Schüler? Um diese Fragen zu beantworten, wurden den Schülern unterschiedliche Angebotsformen gemäß der oben vorgenommenen Dimensionierung vorgelegt. Auf einer vierstufigen Antwortskala sollten die Schüler den Nutzungsgrad einschätzen (von „kenne ich nicht" bis „gibt es - nutze ich oft immer"):

Tab. 33: Schulsozialarbeit als Ressource - Welche der folgenden Angebote führen Schulsozialarbeiter, Freizeitpädagogen oder Vereine in Eurer Schule durch und welche davon nutzt Du?

	1	2	3	4	(5)
Arbeitsgemeinschaften/Interessengruppen/Projektgruppen (n = 779)	37, 0 %	42, 0 %	15, 0 %	6, 0 %	21, 0 %
Hausaufgabenhilfe (n = 782)	46, 0 %	40, 9 %	8, 8 %	4, 2%	13, 0 %
Nachhilfe-/Förderunterricht, Lernhilfen (n = 784)	26, 5 %	52, 8 %	12, 8 %	7, 9 %	20, 7 %
Beratung für einzelne Schüler (n = 779)	36, 7 %	49, 4 %	10, 4 %	3, 5 %	13, 9 %
Informationsveranstaltungen zu bestimmten Themen (n = 780)	42, 8 %	30, 1 %	20, 5 %	6, 5 %	27, 0 %
Freizeitangebote, an denen man teilnehmen kann, wenn man Lust hat (n = 780)	21, 4 %	44, 1 %	22, 9 %	11, 5 %	34, 4 %
Schülerclub oder -café (n = 780)	39, 2 %	22, 8 %	21, 9 %	16, 0 %	37, 9 %
Hilfen zur Berufsorientierung und Berufsbewerbung (n = 772)	53, 5 %	24,1 %	15, 9 %	6, 5 %	22, 4 %
Gesprächsrunden (n = 774)	58, 9 %	23, 8 %	11, 4 %	5, 9 %	17, 3 %
Organisation von gemeinsamen Aktionen außerhalb der Schule (n = 772)	31, 0 %	26, 3 %	28, 4 %	14, 4 %	42, 8 %

1= kenne ich nicht, 2 = gibt es, nutze ich aber nie, 3= gibt es, nutze ich manchmal, 4= gibt es, nutze ich oft/immer, 5= gibt es, nutze ich manchmal/ gibt es, nutze ich oft/immer

Organisation von gemeinsamen Aktionen außerhalb der Schule werden seitens der Schulsozialarbeit eine gern genutzte Abwechslung von der Schule, die 42, 8 % der Schüler manchmal oder oft/immer nutzen (siehe Tab. 33). An erster Stelle stehen also Aktionen, die Schülern Geselligkeit ermöglichen, danach folgen Räume zur freien Verfügung und offene Freizeitangebote ohne verpflichtenden und bindenden Charakter: Schülerclubs oder -cafés werden von 37, 9 % der Schüler manchmal oder oft/immer aufgesucht als Orte, an denen die Selbstorganisation und -tätigkeit der Schüler angeregt wird sowie die Begegnung und der Austausch zwischen Schülern möglich ist. Offene Freizeitangebote, an denen man teilnehmen kann, wenn man Lust dazu hat, werden von 34, 4 % der Schüler manchmal oder oft/immer genutzt. Diese Angebote werden von Gymnasiasten häufiger genutzt als von Schülern der anderen Schulformen (p = ,000). Am stärksten (von gut einem Drittel bis knapp die Hälfte der Schüler) werden somit Angebote der Schulsozialarbeit genutzt, die die jugendkulturelle Tätigkeitsorientierung und Bedürfnisse der Geselligkeit befriedigen - mithin als Pendant zum erlebten schulischen Schulalltag fungieren.

An zweiter Stelle rangieren außerunterrichtliche Bildungsangebote und Hilfen zur Berufsorientierung und -bewerbung. Gut ein Viertel der Schüler (27 %) nehmen Informationsveranstaltungen zu bestimmten Themen wahr, die von Schulsozialarbeitern angeboten werden, 21 % der Schüler engagieren sich in Arbeitsgemeinschaften, Interessen- oder Projektgruppen. Schüler, die Hilfe zur Berufsorientierung und -bewerbung benötigen, finden diese beim Schulsozialarbeit, was 22, 4 % der Befragten auch manchmal oder oft/immer in Anspruch nehmen. Letzteres hat für Schüler höherer Klassenstufen (erwartungsgemäß) eine zunehmende Bedeutung, Schüler der Gymnasien nehmen dieses Angebot vergleichsweise weniger in Anspruch (jeweils ein höchst signifikanter Verteilungsunterschied von p = ,000).
Hilfen bei schulisch relevanten Leistungsproblemen (wie Leistungsüberforderungen oder -schwächen) werden demgegenüber seltener von den Schülern genutzt. Hilfe bei den Hausaufgaben erhalten 13 % manchmal oder oft/immer vom Schulsozialarbeiter, gut ein Fünftel der Schüler nutzt Lernhilfen oder den Nachhilfe- bzw. Förderunterricht (20, 7 %). Die Hausaufgabenhilfe wird von Schülern der Haupt- und Realschulen häufiger genutzt, Schüler der Gymnasien nutzen Lernhilfen vergleichsweise am geringsten.

Beratung für einzelne Schüler ist eine Hilfe- und Unterstützungsform des Schulsozialarbeiters, die von 13, 9 % der Schüler manchmal oder oft/immer genutzt werden. Beratung durch den Schulsozialarbeiter erhält mit steigender Klassenstufe eine höhere Bedeutung , hier zeigt sich sicher, daß Beratungsanlässe nicht nur unmittelbar schulisch relevante Probleme sind, sondern auch allgemeine bzw. persönliche (jugendtypische) Probleme und Orientierungsfragen.

Welchen Stellenwert haben die Angebote des Schulsozialarbeiters für die Schüler? Welchen Nutzen ziehen sie aus ihnen, welche Erfahrung machen sie damit? Die Schüler sollten einschätzen, welchen Effekt die einzelnen Angebote für sie haben, dabei haben sie ihre Einschätzung auf einer vierstufigen Skala getroffen (von „kann man gut" bis „kann ich nicht beurteilen") (siehe Tab. 34).

Entsprechend der genutzten Angebote hat die Tätigkeits- und Geselligkeitsorientierung für die Schüler einen hohen Stellenwert (siehe Tab. 34): Aus Sicht von 56, 5 % der Schüler kann man sich in den Angeboten der Schulsozialarbeit gut austoben und Sport treiben, 58, 5 % sehen die Angebote als einen Ort, an dem man Schüler anderer Klassen kennenlernen kann und Begegnung stattfindet.
In außerunterrichtlichen Bildungsangeboten Anderes und auf andere Weise zu lernen als im schulischen Unterricht, dieser Effekt wird von den Schülern ebenfalls als bedeutsam eingeschätzt: 48, 2 % erhalten mittels der Angebote und Hilfen nützliche Informationen und Ratschläge, zusätzliches Wissen und Können zu erwerben, ist ein zentraler Nutzen für 41, 4 % der Befragten.

Tab. 34: Schulsozialarbeit als Ressource - Was kann man bei den Angeboten, die Du selber nutzt, besonders gut, was kann man nicht so gut oder gar nicht?

	kann man gut	kann man nicht so gut	kann man gar nicht	kann ich nicht beurteilen
Unterstützung bei eigenen Lernschwierigkeiten finden (n = 784)	31, 4 %	24, 0 %	6, 6 %	38, 0 %
Unterstützung bei Konflikten mit anderen Schülern finden (n = 781)	28, 9 %	29, 7 %	9, 1 %	32, 3 %
Unterstützung bei Konflikten mit Lehrern finden (n = 781)	26, 0 %	31, 2 %	12, 0 %	30, 7 %
Sich mit einem Erwachsenen unterhalten, der einen versteht (n = 780)	41, 5 %	26, 5 %	9, 2 %	22, 7 %
Über Probleme reden, ohne daß andere davon etwas erfahren (n = 780)	42, 6 %	25, 8 %	9, 5 %	22, 2 %
Nützliche Informationen und Ratschläge bekommen (n = 782)	48, 2 %	24, 0 %	7, 4 %	20, 3 %
Sich entspannen und abspalten (n = 782)	38, 0 %	28, 9 %	15, 0 %	18, 2 %
Zusätzliches Wissen und Können erwerben (n = 781)	41, 4 %	27, 4 %	9, 7 %	21, 5 %
Sich austoben und Sport treiben (n = 782)	56, 5 %	20, 6 %	5, 2 %	17, 6 %
Schüler anderer Klassen kennenlernen (n = 782)	58, 5 %	20, 7%	4, 9 %	15, 9 %
Kreativ sein (n = 780)	31, 2 %	21, 0 %	17, 6 %	30, 3 %
gemeinsam mit anderen etwas entwickeln (n = 780)	30, 5 %	27, 1 %	15, 0 %	27, 4 %
eigene Ideen einbringen und umsetzen (n = 713)	36, 0 %	27, 6 %	12, 5 %	23, 8 %

Ebenfalls über 40 % der Schüler erachten die personal-verstehende und pädagogisch-interaktive Dimension der Beziehung zum Schulsozialarbeiter als wichtig: Vertraulichkeit in einer verläßlichen Beziehung ist dabei von entscheidender Bedeutung, denn 42, 6 % der Schüler sagt, daß man gut mit dem Schulsozialarbeiter über Probleme reden kann, ohne daß andere davon erfahren. Diese Vertraulichkeit wird ferner in einer als relevant erlebten Begegnung mit dem Schulsozialarbeiter erfahren, mit einem Erwachsenen, der als interessiert, zugewandt und verstehend-personenorientiert erlebt wird; 41, 5 % der Schüler unterhalten sich mit dem Schulsozialarbeiter als einem Erwachsenen, „der einen versteht".

Etwas geringer fällt der Stellenwert der Beratung und Unterstützung durch den Schulsozialarbeiter bei schulisch relevanten sozialen Beziehungen aus: Gut ein Viertel der Schüler erhält vor allem Unterstützung bei Konflikten mit anderen Schülern (28, 9 %) und mit Lehrern (26 %) vom Schulsozialarbeiter.

Knapp über die Hälfte der Schüler können an ihrer Schule an Angeboten und Aktivitäten teilnehmen, die von Sozial- oder Freizeitpädagogen organisiert und durchgeführt werden. Sehr beliebt sind Räume zur freien Verfügung und Gestaltung (hier der Schülerclub/-café) und offene Freizeitangebote ohne verpflichtenden Charakter. Am stärksten werden somit Angebote der Schulsozialarbeit genutzt, die der Tätigkeits- und Geselligkeitsorientierung der Jugendlichen entspricht. Ferner sind auch außerunterrichtliche Bildungsangebote, Hilfen zur Berufsorientierung und -bewerbung sowie Hilfen bei Schulleistungsproblemen für die Schüler von Bedeutung. Mit zunehmendem Alter wird auch die einzelfallorientierte Beratung häufiger genutzt.
Entsprechend des Inanspruchnahmeverhaltens ziehen die Schüler einen vielfältigen Nutzen aus den Angeboten des Schulsozialarbeiters: Wichtig sind eigene Tätigkeit und Geselligkeit,

der Erwerb von Informationen und zusätzlichem Wissen/Können sowie das Eingehen einer vertrauensvollen Beziehung mit einem als relevant erlebten anderen Erwachsenen.

5.6 Spezifiziertes Ressourcenmodell

Neben der Ermittlung gegenwärtig relevanter Probleme und Belastungen im Schulalltag sollen nun abschließend die den Kindern und Jugendlichen konkrete, d. h. in Form personaler Träger, zur Verfügung stehenden Ressourcen und Unterstützungspotentiale zur Bewältigung erfaßt werden.

Den Schüler wurden unterschiedliche Probleme und Belastungen im Schulalltag vorgelegt, wobei die Formulierung der Probleme jeweils mit unterschiedlichen Hilfearten kombiniert wurde. Zum einen hatten die Schüler die Möglichkeit anzugeben, ob sie mit diesen Problemen alleine zurecht kommen würden, keinerlei soziale Unterstützung zur Verfügung hätten oder die Belastungen mit Hilfe anderer gemeinsam bewältigen (hypothetischer Zugang). Zum anderen konnten die Schüler vorgegebene Personen bzw. Personengruppen ankreuzen, die ihnen beim jeweiligen Problem Hilfe und Unterstützung bieten könnten. Vorgegeben wurden dabei Mutter/Vater, Geschwister, andere Verwandte, Freunde, Klassenlehrer, Beratungs-/Vertrauenslehrer, andere Lehrer, Mitarbeiter in Jugendfreizeiteinrichtungen und Beratungsstellen sowie Sozial- oder Freizeitpädagogen in der Schule (*Hilfeträger*).

Die formulierten Belastungen und Probleme lassen sich fünf inhaltlich voneinander abgrenzbaren Problembereichen zuordnen (*Problemarten*), die angelehnt sind an die Systematik der Problemermittlung in den vorstehenden Kapiteln:
1. Probleme im Bereich schulischer Anforderungen
2. Probleme im Verhältnis der Schüler untereinander
3. Probleme im Lehrer-Schüler-Verhältnis
4. Psychische Belastungssymptome
5. Probleme in Form eingeschränkter Selbstwirksamkeit und –regulation

Diese Probleme wurden in den Itemformulierungen mit unterschiedlichen *Hilfearten* kombiniert, die sich gemäß der Ausführungen zu den Funktionen des sozialen Netzwerkes (vgl. Kap. 1.6/Teil 2) folgendermaßen dimensionieren lassen:

- interaktionsbezogen: konkret-instrumentelle Unterstützung, Informations- und Wissensvermittlung, Ratschläge, Beratung, gemeinsame Aktivitäten, Gespräche,
- bezogen auf Bewußtseins- und Gefühlszustände: Vermittlung von Anerkennung, Orientierung, Wertschätzung, Aufgreifen von Perspektiven,
- bezogen auf emotionale Aspekte: Ermutigung, Mobilisierung, Gewährung von Entlastung, aktives Zuhören und Verhaltenskorrektur durch Sozialität.

Im folgenden werden zentrale Ergebnisse in Bezug auf die den befragten Schülern zur Verfügung stehenden Unterstützungsressourcen und -potentialen entlang dieser Problembereiche dargestellt.

5. 6. 1 Probleme im Bereich schulischer Anforderungen

Schwierigkeiten und Probleme mit den schulischen Lern- und Leistungsanforderungen sollten durch die folgenden Items abgebildet werden (siehe Tab. 35).
Für 12 % der Schüler sind Verständnisprobleme im Unterricht kein Grund, andere um Hilfe zu bitten, sie sagen, daß sie damit alleine zurecht kommen würden (siehe Tab. 35). Eine kleine Zahl von Schülern (1, 5 %) wüßte bei diesem Problem niemanden, der/die ihnen helfen könnte. Hier gibt es keine Verteilungsunterschiede zwischen den Schulformen, allerdings geben mehr Hauptschüler an, allein damit klar zu kommen - hingegen wollen Schüler der Gymnasien bei Problemen im Unterricht nicht auf sich allein gestellt sein: Sie sagen am seltensten, damit allein klar zu kommen, sie mobilisieren am stärksten Hilfe aus ihrem Umfeld (höchst signifikanter Verteilungsunterschied von p = ,000).

Tab. 35: Ressourcenmodell: Probleme im Bereich schulischer Anforderungen

Wenn Du...	1	2	3
... im Unterricht mal nicht mitgekommen bist oder etwas nicht verstanden hast, wer könnte Dir Deine Fragen beantworten? (n = 1587)	12, 0 %	1, 5 %	86, 5 %
... im Unterricht völlig den Anschluß verloren hast, wer könnte Dir Nachhilfe geben oder Nachhilfe organisieren? (n = 1582)	15, 6 %	6, 8 %	77, 6 %
... Schwierigkeiten bei den Hausaufgaben hast, wer kann Dir dann durch Erklärungen helfen? (n = 1584)	14, 3 %	2, 1 %	83, 7 %
... Streß in der Schule hast, wer unternimmt dann etwas mit Dir und lenkt Dich ab? (n = 1582)	26, 9 %	8, 5 %	64, 5 %
... schlechte Noten bekommen hast, wer macht Dir wieder Mut? (n = 1581)	27, 8 %	6, 9 %	65, 3 %

1 = damit würde ich alleine zurecht kommen, 2 = da wüßte ich niemanden, der mir helfen könnte, 3 = da würden mir andere helfen

Die Mehrzahl der Schüler (86, 5 %) würde Verständnisprobleme im Unterricht mit anderen lösen wollen. Dabei mobilisieren Mädchen stärker Hilfe in ihrem sozialen Umfeld, Jungen geben öfter an, alleine diese Probleme zu bewältigen (p = ,000). Bei Verständnisproblemen im Unterricht haben die Freunde und die Eltern den größten Stellenwert für die Jugendlichen: 30 % bzw. 26, 9 % der Nennungen fallen auf diese personalen Träger sozialer Unterstützung. Danach folgt der Klassenlehrer (13, 8 %), Geschwister (11 %) und andere Lehrer (9, 7 % der Nennungen).

Wenn Verständnisprobleme in der Schule so groß sind, daß Nachhilfe in Anspruch genommen werden sollte, wüßten 6, 8 % der Schüler niemanden, der/die diese geben oder organisieren könnte. Würden 15, 6 % der Schüler dies alleine lösen, so bauen mehr als drei Viertel der Schüler (77, 6 %) auf Unterstützung durch andere. Die Schüler an Gymnasien geben vergleichsweise am geringsten an, Nachhilfe alleine zu organisieren, sie setzen am stärksten auf Hilfe durch andere (während dies an den anderen Schulformen genau umgekehrt ist, p = ,003). Mit steigender Klassenstufe wird eher das Umfeld zu rate gezogen, während Schüler der unteren Klassen eher alleine das Problem bewältigen würden. Mädchen setzen stärker auf Unterstützung durch andere als Jungen (je p = ,000).
Die Organisation von Nachhilfe oder Unterstützung durch sie wird den Eltern etwas stärker zugesprochen als den Freunden (28, 2 % gegenüber 24, 8 %), diese Personen sind aber am stärksten bei diesem Problem ausgewählt. Es folgen die Lehrer als potentielle Vermittler (Klassenlehrer 16, 3 % und auf andere Lehrer fallen 10, 7 %) der Nennungen).

Ohne Unterstützung bei den Hausaufgaben wären 2, 1 % der Schüler; 14, 3 % der Schüler wären in diesem Fall nicht auf Erklärungen durch andere Angewiesen, sie kämen damit alleine zurecht. Eine große Zahl von Schülern (83, 7 %) würde auf Hilfe durch andere zurückgreifen. Unterstützung wird vor allem bei den Eltern gesucht (36, 3 %, den Freunden (26, 3 %) und den Geschwistern (15, 6 % der Nennungen).
Die Differenzierung nach Schulformen ergibt das gleiche Bild wie in den vorstehenden Erläuterungen: Gymnasiasten mobilisieren häufiger Hilfe durch andere als Schüler der anderen Schulformen (p = ,003). Jungen geben häufiger an als Mädchen, allein mit diesem Problem klar zu kommen.

Bei den beiden folgenden Itemformulierungen ist die Zahl der Schüler, die alleine diese Probleme bewältigen würden vergleichsweise am größten: Jeweils über ein Viertel der Schüler würde stärker in Form einer Selbstwirksamkeit sich vom Streß in der Schule ablenken bzw. sich selbst bei Mißerfolgserlebnissen in der Schule ermutigen. Vergleichsweise hoch ist in diesem Bereich auch die Zahl derjenigen, denen keine soziale Unterstützung zur Verfügung stünde, 8, 5 % bzw. 6, 9 % der Schüler wüßten niemanden, der/die helfen könnte. Jeweils knapp zwei Drittel der Schüler (64, 5 % bzw. 65, 3 %) würden Unterstützung von anderen erbeten, um Ablenkung vom Streß in der Schule oder Erfahrungen der Ermutigung bei Mißerfolgserlebnissen zu machen.
Ablenkung vom Streß in der Schule wird vor allem im Freundeskreis gesucht, fast die Hälfte der Nennungen (46, 6 %) fallen hierauf. Es folgen die Eltern (25, 7 %) und Geschwister (14 %). Die Ermutigung bei Mißerfolgserlebnissen wird hingegen etwas stärker den Eltern zugesprochen als den Freunden (37, 8 % gegenüber 32, 6 % der Nennungen), die Geschwister folgen mit 11, 8 %. In den unteren Klassen ist die Zahl derjenigen, die alleine mit Mißerfolgserlebnissen in der Schule klarkommen würden größer als in den höheren Klassen. In den höheren Klassen geben auch weniger Schüler an, keine Unterstützung im sozialen Umfeld erhalten zu können (p = ,000). Mädchen setzen wiederum stärker auf soziale Unterstützung, Jungen auf Selbstbezogenheit.

Die Mehrzahl der Schüler würde bei Problemen im Bereich schulischer Anforderungen soziale Unterstützung in ihrem Umfeld finden. Besonderen Stellenwert haben hier Freunde (stärker bei Verständnisproblemen im Unterricht und Ablenkung vom Schulstreß), Eltern (stärker bei konkreten Hilfen und emotionaler Unterstützung), aber auch (Klassen-)Lehrer und Geschwister. Spezialisierte oder professionelle Helfer spielen aus Sicht der Schüler kaum eine Rolle als Unterstützer. Nur bei konkreten Problemen mit der Leistungserfüllung (Nachhilfe) tauchen Mitarbeiter der Jugendfreizeiteinrichtungen/Beratungsstellen sowie Sozial-/Freizeitpädagogen mit 1, 3 % bzw. 0, 8 % der Nennungen auf (ansonsten war der Anteil noch geringer). Schüler der Gymnasien würden stärker Hilfe aus ihrem Umfeld in Anspruch nehmen als Schüler der anderen Schulformen. Im Gegensatz zu den Jungen mobilisieren Mädchen stärker soziale Unterstützung. Eine relativ große Zahl von Schülern zwischen ca. 2 % und 9 % finden bei schulischen Leistungsproblemen keine soziale Unterstützung.

5.6.2 Probleme im Verhältnis der Schüler untereinander

Im Zentrum möglicher Probleme in der Schüler-Schüler-Interaktion stehen Phänomene von Ausgrenzung, konkreter Bedrohung sowie Streit unter Mitschülern. Dies wurde in den folgenden Formulierungen ausgedrückt:

Tab. 36: Ressourcenmodell: Probleme im Verhältnis der Schüler untereinander

Wenn Du...	1	2	3
... das Gefühl hast, die Klassenkameraden lassen Dich links liegen, wer könnte Dir gute Tips geben, damit Du mehr Anerkennung findest? (n = 1576)	33,3 %	13,5 %	53,2 %
... von anderen Schülern bedroht wirst, wer könnte dafür sorgen, daß sie Dich in Ruhe lassen? (n = 1569)	22,6 %	6,8 %	70,5 %
... Streit mit Deinen Mitschülern in der Klasse hast, wer könnte schlichten? (n = 1562)	40,8 %	9,1 %	50,1 %

1 = damit würde ich alleine zurecht kommen, 2 = da wüßte ich niemanden, der mir helfen könnte, 3 = da würden mir andere helfen

Mit der Erfahrung der Ausgrenzung im Klassenverband würden gut ein Drittel der Schüler alleine klar kommen (33,3 %), während über die Hälfte der Schüler (53,2 %) auf Tips für mehr Anerkennung durch andere hoffen (siehe Tab. 36). Relativ viele Schüler (13,5 %) wüßten niemanden, der/die ihnen bei Problemen im Klassenverband helfen könnte. Freunde werden hier als Ansprechpartner etwas stärker favorisiert als die Eltern (33,5 % gegenüber 30,3 % der Nennungen), es folgen an dritter Stelle die Geschwister (14,8 %).
Sähen sich die Schüler von anderen bedroht, so würden dies 22,6 % alleine durchstehen, 6,8 % der Schüler wären auf sich gestellt ohne Unterstützungsmöglichkeiten durch andere. Die Mehrzahl der Schüler aber würde Hilfe aus dem sozialen Umfeld erhalten (70,6 %), und dies vor allem von Freunden (31,6 %) und den Eltern (24,%), die dafür sorgen könnten, daß der Schüler in Ruhe gelassen wird. Dies versprechen sich die Schüler auch vom Klassenlehrer (18,7 %) oder von den Geschwistern (10 % der Nennungen). Schüler in höheren Klassen geben häufiger an, alleine mit Bedrohungen durch Mitschüler klar zu kommen als Schüler der unteren Klassen (p = ,004).
Streitschlichtung im Klassenverband trauen sich 40,8 % alleine zu, 9,1 % der Schüler könnten hier keine Unterstützung von anderen erhalten. Bei Streit mit Mitschülern setzen aber rund die Hälfte der Schüler (50,1 %) auf Hilfe von anderen. Dies sind vorrangig die Freunde (39,9 %), der Klassenlehrer (25,%) und erst an dritter Stelle die Eltern (13,6 %). Andere Lehrer sind mit einem Anteil von 10 % als Schlichter von Streit zwischen Schülern als potentielle Helfer vertreten.

Auch bei Problemen im Verhältnis der Schüler untereinander setzen die meisten Schüler auf Hilfe durch ihr soziales Umfeld: Freunde sind als potentielle Unterstützer am häufigsten genannt, neben den Eltern und Klassenlehrern (bei Problemen im Klassenverband). Mit steigender Klassenstufe nimmt die Einschätzung der Schüler zu, Probleme mit Mitschülern alleine bewältigen zu können, in den unteren Klassen sind Schüler häufiger ohne Unterstützung. Jungen setzen sich mit diesen Problem eher alleine auseinander, Mädchen würden Hilfe von anderen suchen, um Schwierigkeiten im Verhältnis zu den Mitschülern zu bestehen. Eine Zahl von ca. 7 % bis 14 % der Schüler könnte nicht auf soziale Unterstützung zurückgreifen. Professionelle oder spezialisierte Helfer wie Beratungs-/Vertrauenslehrer, Jugendarbeiter, Sozial- und Freizeitpädagogen spielen wiederum kaum eine Rolle als Unterstützer.

5.6.3 Probleme im Lehrer-Schüler-Verhältnis

Im Bereich der Lehrer Schüler-Interaktion wurden den Schülern zwei Probleme vorgegeben und zwar:

Tab. 37: Ressourcenmodell: Probleme im Lehrer-Schüler-Verhältnis

Wenn Du...	1	2	3
... Dich von einem Lehrer ungerecht behandelt fühlst, wer könnte sich für Dich einsetzen? (n = 1564)	25,1 %	9,9 %	65,0 %
... Ärger mit einem Lehrer hast, mit wem könntest Du Dich einmal ausführlich darüber unterhalten? (n = 1562)	13,2 %	5,4 %	81,4 %

1 = damit würde ich alleine zurecht kommen, 2 = da wüßte ich niemanden, der mir helfen könnte, 3 = da würden mir andere helfen

Bei Problemen mit Lehrern kommen 25,1 % bzw. 13,2 % der Schüler alleine zurecht, wie würden keine Hilfe von anderen beanspruchen (siehe Tab. 37). Mit Ärger oder ungerechter Behandlung durch einen Lehrer müßten 9,9 % bzw. 5,4 % alleine zurechtkommen, sie wüßten niemanden, der/die ihnen hilft. Die Unterstützung durch andere (mehrheitlich favorisiert bei der Bewältigung von Problemen im Verhältnis zu den Schülern) wird vor allem auf die Eltern bezogen (42,4 % bzw. 40,4 %), die sowohl konkrete Hilfe leisten (Interessenvertretung) als auch als Gesprächspartner fungieren. Freunde (jeweils rund ein Viertel der Angaben fallen auf sie) und der Klassenlehrer als mögliche Ressource sozialer Unterstützung bei Problemen im Verhältnis zu den Lehrern. Signifikante Verteilungsunterschiede nach Schulformen und Klassenstufen ergeben sich nicht, auch hier zeigt die Differenzierung nach Geschlechtern eine größere Selbstbezogenheit bei den Jungen und eine stärkere soziale Orientierung der Mädchen (p = ,000).

Die Eltern spielen als Träger sozialer Unterstützung bei Problemen im Lehrer-Schüler-Verhältnis die größte Rolle, sowohl als Interessenvertreter als auch als Interaktionspartner. Neben den Freunden hat hier auch der Klassenlehrer eine relativ große Bedeutung als sozialer Unterstützer. Mit fehlender Unterstützung sieht sich eine Zahl von ca. 5 % bis 10 % der Schüler konfrontiert.

5.6.4 Psychische Belastungssymptome

Unter psychischen Belastungssymptomen werden hier sowohl Motivationslosigkeit und unterschiedliche Formen von (Schul-) Angst, aber auch manifestere Belastungsformen wie Orientierungslosigkeit und eine negative Selbstwahrnehmung gefaßt. Im Fragebogen wurden dafür Formulierungen gewählt wie in Tab. 38 ersichtlich.

Mit Schulunlust würden (23,6 %) der Schüler alleine klarkommen, 10,1 % der Schüler wüßten niemanden, der/die ihnen helfen könnte, die Gründe für die Motivationslosigkeit zu klären (siehe Tab. 38). Gut zwei Drittel der Schüler würden das Gespräch mit anderen suchen (66,4 %), dies sind vor allem die Eltern (41,8 %), Freunde (32,5 %) und Geschwister (12 % der Nennungen).
Die gleichen Ansprechpartner werden auch in dieser Reihenfolge favorisiert, wenn es um die Überwindung von schulleistungsbezogenen Ängsten oder der Vermittlung von Anerkennung und eine positive Spiegelung bei mangelndem Selbstvertrauen geht. Die Mehrzahl der Schüler

würde auf diese personalen Träger sozialer Unterstützung setzen, jeweils knapp ein Viertel ist der Meinung, diese Probleme alleine zu meistern. Eine kleinere Zahl von ca. 6 % bis 8 % steht diesen Problemen allein und ohne Unterstützung aus ihrem sozialen Umfeld gegenüber.

Tab. 38: Ressourcenmodell: Psychische Belastungssymptome

Wenn Du...	1	2	3
... keine Lust hast zur Schule zu gehen, mit wem könntest Du Dich über die Gründe unterhalten? (n = 1560)	23, 6 %	10, 1 %	66, 4 %
... regelrecht Angst hast, die Versetzung oder den Schulabschluß nicht zu schaffen, wer könnte Dir wieder Mut machen? (n = 1555)	22, 1 %	6, 4 %	71, 5 %
... das Gefühl hast, nichts richtig zu machen, ständig zu versagen, wer könnte Dir wieder Selbstvertrauen geben? (n = 1563)	23, 4 %	7, 9 %	68, 7 %
... Angst vor Klassenarbeiten oder Prüfungen hast, wer hilft Dir dabei, sie zu überwinden? (n = 1560)	39, 8 %	6, 7 %	53, 5 %
... Dich ohnmächtig und hilflos fühlst, wer zeigt Dir, wie Du die Dinge wieder in den Griff bekommst? (n = 1533)	28, 5 %	9, 3 %	70, 2 %

1 = damit würde ich alleine zurecht kommen, 2 = da wüßte ich niemanden, der mir helfen könnte, 3 = da würden mir andere helfen

Prüfungsängste überwinden gut ein Drittel der Schüler (39, 8 %) alleine und ohne Unterstützung, 6, 7 % der Befragten kann auf keine soziale Unterstützung hoffen. Über die Hälfte der Schüler (52, 1 %) nützt Kontakte zu anderen Personen, um diese Belastung zu bewältigen. Es sind hier wiederum die Eltern vor den Freunden und Geschwistern, die Unterstützung bei Prüfungsängsten leisten.

Fast 10 % der Schüler kann bei Gefühlen der Ohnmacht und Hilflosigkeit nicht auf emotionale und selbstwertbezogene Unterstützung durch ihr soziales Umfeld hoffen. Gut ein Viertel der Schüler (28, 5 %) überwindet anomische Gefühle aus eigener Kraft, fast zwei Drittel der Befragten mit Hilfe anderer - ebenfalls vorrangig den Eltern (41, 2 %), Freunden (32, 2 %) und Geschwistern (10, 4 %).

Es lassen sich keine signifikanten Verteilungsunterschiede zwischen den verschiedenen Schulformen und Klassenstufen ermitteln. Mädchen sind auch bei psychischen Belastungssymptomen stärker an Unterstützung aus dem Umfeld orientiert, während Jungen eher angeben, diese Belastungen alleine zu bewältigen.
Auf sich alleine gestellt und ohne die Möglichkeit von Unterstützung aus dem sozialen Umfeld müssen 6 % bis 10 % mit psychischen Belastungssymptomen umgehen. In diesem Problembereich werden durchgehend die Eltern als erste Quelle interaktionsbezogener, emotionaler und selbswertbezogener Unterstützung von den Schüler angesehen, es folgen die Freunde und Geschwister. Lehrer sowie sozialpädagogische Fachkräfte werden als potentielle Unterstützer kaum angegeben.

5. 6. 5 Probleme in Form eingeschränkter Selbstwirksamkeit und -regulation

Unter Problemen im Bereich eingeschränkter Selbstwirksamkeit und -regulation werden hier zum einen allgemeine Schwierigkeiten der Orientierung und Zielfindung im Leben junger Menschen verstanden, zum anderen Verhaltensweisen mit normübertretenden bzw. verletzendem Charakter in der sozialen Interaktion. Dazu zählen folgende Items:

Tab. 39: Ressourcenmodell: Probleme in Form eingeschränkter Selbstwirksamkeit und -regulation

Wenn Du...	1	2	3
... das Gefühl hast, daß Dir Ziele und Halt im Leben fehlen, wer unterstützt Dich dabei, eigene Wege zu finden? (n = 1588)	22,0 %	6,3 %	71,8 %
... mal über die Stränge schlägst, wer weist Dich in die Schranken und bremst Dich? (n = 1556)	21,8 %	7,7 %	70,5 %
... Dich Deinen Mitschülern gegenüber unfair verhältst, wer sagt Dir ehrlich, daß Du etwas falsch gemacht hast? (n = 1551)	16,0 %	9,9 %	74,2 %

1 = damit würde ich alleine zurecht kommen, 2 = da wüßte ich niemanden, der mir helfen könnte, 3 = da würden mir andere helfen

Fast ein Viertel der Schüler würde mit Problemen der eigenen Orientierung und Zielfindung im Leben alleine zurecht kommen, 6,3 % der Schüler stehen mit diesen jugendphasentypischen Findungsprozesssen eigener Identität ohne soziale Unterstützung da (siehe Tab. 39). 70 % der Befragten ziehen bei diesen Problemen Ansprechpartner aus ihrem sozialen Umfeld zu Rate, allen voran die Eltern (42,8 %), an zweiter Stelle die Freunde (27,4 %), dann Geschwister (11,6 %9 und andere Verwandte (10,3 %). Hauptschüler beziehen in diesem Bereich seltener Unterstützung aus ihrem Umfeld ein, sie sind stärker auf ihre eigene Bewältigungsleistung konzentriert als Schüler anderer Schulformen (sehr signifikanter Verteilungsunterschied von p = ,002).
Eltern und Freunde sind auch bei ungenügender Selbststeuerung und Fähigkeit, sich auf Situationen angemessen einzustellen als Ansprechpersonen mehrheitlich gefragt (39,8 % bzw. 32 % der Nennungen fallen auf sie). Auf Unterstützung dieser und anderer Personen setzen 69,8 % der Schüler, wenn sie mal über die Stränge schlagen. In solchen Situationen gibt es aber nicht für alle Schüler Personen im sozialen Umfeld, die regulierend wirken, 7,7 % der Schüler wüßten niemanden, der/die diese Rolle einnehmen könnte. Hierunter sind etwas stärker Schüler der unteren Klassen vertreten, die gleichzeitig weniger Ressourcen im sozialen Umfeld angeben. Diese nehmen dann mit steigender Klassenstufe zu (Verteilungsunterschied von p = ,001). Hauptschüler drücken auch hier eine stärkere Selbstbezogenheit aus und weniger eine soziale Orientierung bei der Bewältigung dieser Situationen. An Gymnasien stellt sich dies genau umgekehrt dar (Verteilungsunterschied von p = ,008).

Direkte Rückmeldung über unfaires Verhalten gegenüber Mitschülern erhalten die Betreffenden vor allem von den Freunden, die sicher unmittelbar auf die schulische Interaktion bezogen sind. 54,6 % der Nennungen fallen auf die Freunde als diejenigen, die hier einschreiten würden. Geringer fallen die Werte für Eltern (17,1 %) und die Klassenlehrer (11,9 %) aus. Fast drei Viertel der Schüler würde auf diese und andere Ansprechpersonen zurückgreifen, 16 % sind der Meinung, diese Unterstützung nicht zu benötigen, Fast 10 % der Schüler hätten in solchen Situationen niemanden, der/die Hilfe und Unterstützung, hier regulierendes Feedback in sozialer Interaktion, leisten könnte.

Genau wie bei den vorstehenden Problembereichen setzen die Jungen eher auf sich selbst und weniger auf Unterstützung von außen, Mädchen würden Probleme der eingeschränkten Selbstwirksamkeit und -regulation eher unter Mitwirkung von anderen Personen bewältigen (p = ,000).

Bei Fragen der Orientierung und Zielfindung im eigenen Leben sind die Eltern vorrangige Ansprechpartner und Berater. Die Freunde erhalten einen stärkeren Stellenwert bei Problemen, die in der sozialen Interaktion in der Schule deutlich werden und auf die sie direkter

bezogen sind als Eltern (Umgang mit Mitschülern und Feedback hierzu). Ca, 6 % bis 10 % der Schüler können im Bereich der eingeschränkten Selbstwirksamkeit keine soziale Unterstützung in Anspruch nehmen. Schüler der Hauptschule zeigen eine stärkere bewältigungsorientierte Selbstbezogenheit als Schüler der unteren Schulformen. Professionelle werden kaum als potentielle Unterstützer benannt.

5.7 Zusammenfassung: Ressourcen sozialer Unterstützung von Schülern

Die *Informiertheit der Eltern über die Anforderungen und Leistungen ihres Kindes in der Schule* bezieht sich vor allem auf den Leistungsaspekt von Schule (Noten), der Inhaltsaspekt spielt dabei weniger eine Rolle. Damit sind natürlich auch Unterstützungspotentiale instrumentell-konkreter Art eingeschränkt, da das Interesse am Lernprozeß der Kinder seitens der Eltern eher leistungsorientiert ist.

Die *Familienbeziehungen (das „Binnenklima")* werden zwar mehrheitlich von den Schülern als positiv beschrieben, eine relativ große Zahl von Schülern macht aber nicht die Erfahrung einer aushandlungsorintierten und die problemlösende Interaktion fördernde Beziehungsgestaltung in der Familie: Für 12 % bis fast ein Drittel der Schüler trifft dies eher nicht zu, von einer verstärkten Ausprägung des Kommunikationsaspektes im innerfamilialen Diskurs zu sprechen. Bei diesen Schülern ist davon auszugehen, daß die Bedeutung verbaler Aushandlungsprozesse, von Beziehungsmomenten und der Akzeptanz von Individualität und Selbständigkeit im Familiendiskurs eher geringer ist. Hiermit scheint auch das Unterstützungspotential der Eltern eingeschränkt, vor allem die emotionale und motivationale Komponente der Unterstützung betreffend.

Die Familienbeziehungen werden von Schülern der Hauptschulen negativer eingeschätzt, Schüler des Gymnasiums treffen positivere Aussagen, wobei Einschränkungen der Begleitung und Unterstützung des schulischen Lernprozesses an allen Schulformen ermittelbar sind (also keine Polarisierung).

Fast alle Schüler befinden sich in *Freundschaftsbeziehungen*. Mit steigender Klassenstufe wird der Freundeskreis kleiner, Jungen geben größere Freundeskreise an als Mädchen. Eine kleine Zahl von Schülern hat überhaupt keine Freunde. Diese Schüler machen im Schulalltag Marginalisierungserfahrungen, wählen eher Vermeidungsverhalten und weniger aktives Selbstwirksamkeitsverhalten als Bewältigungsstrategie. Aufgrund negativ beschriebener Sozialbeziehungen im Klassenverband und einer eher gesenkten Stimmung scheinen hier professionell inszenierte Räume notwendig, in denen diese Schüler durch peer-Erlebnisse und Aktivitäten Handlungsalternativen erlernen können.

Für mindestens rund die Hälfte der Schüler stehen in der Schule *Aktivitäten, Aktionen, außerschulische Bildungsangebote, Kontakträume, turnusmäßige Schulveranstaltungen* zur Nutzung bereit. Man kann also eine deutliche Tendenz erkennen, daß Schule neben ihrer Aufgabe der Wissensvermittlung auch die Gestaltung eines Lebens- und Erfahrungsraumes verstärkt realisiert. Neben den turnusmäßigen Schulveranstaltungen (Klassenfahrten/Schulfeste) werden vor allem außerunterrichtliche Bildungsangebote, Sportangebote und Kontakt-, Gelegenheits- und Aufenthaltsräume von den Schülern genutzt. Es besteht an allen Schulformen ein Wunsch nach den vielfältigen Angeboten im Schulalltag, besonders sind Discos/Parties, Freizeitangebote und Aufenthaltsräume/der Schülerclub gewünscht. Mädchen nehmen mehr als Jungen die Gelegenheitsräume in Anspruch und wünschen sich diese auch stärker. Alle Angebote werden gerade von Jugendlichen stärker gewünscht, während Kids sie gegenwärtig mehr nutzen (altersgruppenspezifisches Angebotsdefizit).

Über die Hälfte der Schüler nutzt die *Angebote von Jugendfreizeiteinrichtungen* nie, ein Fünftel regelmäßig. Die Angebote der *offenen Jugendarbeit* werden von Schülern aller Schulformen genutzt, es gibt aber Verteilungsunterschiede zugunsten der Haupt- und Realschüler. Ferner nutzen Schüler aus ländlichen Regionen die Angebote von Jugendfreizeiteinrichtungen stärker als Schüler aus Groß- und Kleinstädten.

Die Jugendfreizeiteinrichtungen werden zwar von der Mehrheit der Schüler eher positiv beschrieben, mehr als ein Drittel der Schüler kritisiert aber Rahmenbedingungen (Öffnungszeiten, Erreichbarkeit), Besucherstrukturen und die Qualität der Angebote. Die Angebote scheinen den Erwartungen und Vorstellungen der Besucher nicht ausreichend gerecht zu werden.

Der Stellenwert von Angeboten der offenen Jugendarbeit liegt in ihrem Ergänzungs- und Kompensationscharakter von Erfahrungen im schulischen Alltag. Jugendarbeit fungiert als Freiraum mit geringer Reglementierung und als Ort der Geselligkeit mit Gleichaltrigen im gemeinsamen, spaßorientierten Tun. Diese Aspekte haben für Schüler aller Schulformen eine hohe Bedeutung, Schüler der Gymnasien äußern sie aber besonders.

Knapp über die Hälfte der Schüler können an ihrer Schule an *Angeboten und Aktivitäten* teilnehmen, die *von Sozial- oder Freizeitpädagogen* organisiert und durchgeführt werden. Sehr beliebt sind Räume zur freien Verfügung und Gestaltung (hier der Schülerclub/-café) und offene Freizeitangebote ohne verpflichtenden Charakter. Am stärksten werden somit *Angebote der Schulsozialarbeit* genutzt, die der Tätigkeits- und Geselligkeitsorientierung der Jugendlichen entspricht. Ferner sind auch außerunterrichtliche Bildungsangebote, Hilfen zur Berufsorientierung und -bewerbung sowie Hilfen bei Schulleistungsproblemen für die Schüler von Bedeutung. Mit zunehmendem Alter wird auch die einzelfallorientierte Beratung häufiger genutzt.

Entsprechend des Inanspruchnahmeverhaltens ziehen die Schüler einen vielfältigen Nutzen aus den Angeboten des Schulsozialarbeiters: Wichtig sind eigene Tätigkeit und Geselligkeit, der Erwerb von Informationen und zusätzlichem Wissen/Können sowie das Eingehen einer vertrauensvollen Beziehung mit einem als relevant erlebten anderen Erwachsenen.

Die Mehrzahl der Schüler würde bei *Problemen im Bereich schulischer Anforderungen soziale Unterstützung* in ihrem Umfeld finden. Besonderen Stellenwert haben hier Freunde (stärker bei Verständnisproblemen im Unterricht und Ablenkung vom Schulstreß), Eltern (stärker bei konkreten Hilfen und emotionaler Unterstützung), aber auch (Klassen-)Lehrer und Geschwister. Spezialisierte oder professionelle Helfer spielen aus Sicht der Schüler kaum eine Rolle als Unterstützer. Nur bei konkreten Problemen mit der Leistungserfüllung (Nachhilfe) tauchen Mitarbeiter der Jugendfreizeiteinrichtungen/Beratungsstellen sowie Sozial-/Freizeitpädagogen mit 1, 3 % bzw. 0, 8 % der Nennungen auf (ansonsten war der Anteil noch geringer). Schüler der Gymnasien würden stärker Hilfe aus ihrem Umfeld in Anspruch nehmen als Schüler der anderen Schulformen. Im Gegensatz zu den Jungen mobilisieren Mädchen stärker soziale Unterstützung. Eine relativ große Zahl von Schülern zwischen ca. 2 % und 9 % finden bei schulischen Leistungsproblemen keine soziale Unterstützung.

Auch bei *Problemen im Verhältnis der Schüler* untereinander setzen die meisten Schüler auf Hilfe durch ihr soziales Umfeld: Freunde sind als potentielle Unterstützer am häufigsten genannt, neben den Eltern und Klassenlehrern (bei Problemen im Klassenverband). Mit steigender Klassenstufe nimmt die Einschätzung der Schüler zu, Probleme mit Mitschülern alleine bewältigen zu können, in den unteren Klassen sind Schüler häufiger ohne Unterstützung. Jungen setzen sich mit diesen Problem eher alleine auseinander, Mädchen würden Hilfe von anderen suchen, um Schwierigkeiten im Verhältnis zu den Mitschülern zu bestehen. Eine Zahl von ca. 7 % bis 14 % der Schüler könnte nicht auf soziale Unterstützung zurückgreifen. Professionelle oder spezialisierte Helfer wie Beratungs-/Vertrauenslehrer, Jugendarbeiter, Sozial- und Freizeitpädagogen spielen wiederum kaum eine Rolle als Unterstützer.

Die Eltern spielen als Träger sozialer Unterstützung bei *Problemen im Lehrer-Schüler-Verhältnis* die größte Rolle, sowohl als Interessenvertreter als auch als Interaktionspartner. Neben den Freunden hat hier auch der Klassenlehrer eine relativ große Bedeutung als soziale Unterstützer. Mit fehlender Unterstützung sieht sich eine Zahl von ca. 5 % bis 10 % der Schüler konfrontiert.

Auf sich alleine gestellt und ohne die Möglichkeit von Unterstützung aus dem sozialen Umfeld müssen 6 % bis 10 % mit *psychischen Belastungssymptomen* umgehen. In diesem Problembereich werden durchgehend die Eltern als erste Quelle interaktionsbezogener, emotionaler und selbstwertbezogener Unterstützung von den Schüler angesehen, es folgen die Freunde und Geschwister. Lehrer sowie sozialpädagogische Fachkräfte werden als potentielle Unterstützer kaum angegeben.

Bei *Fragen der Orientierung und Zielfindung im eigenen Leben* sind die Eltern vorrangige Ansprechpartner und Berater. Die Freunde erhalten einen stärkeren Stellenwert bei Problemen, die in der sozialen Interaktion in der Schule deutlich werden und auf die sie direkter bezogen sind als Eltern (Umgang mit Mitschülern und Feedback hierzu). Ca. 6 % bis 10 % der Schüler können im Bereich der eingeschränkten Selbstwirksamkeit keine soziale Unterstützung in Anspruch nehmen. Schüler der Hauptschule zeigen eine stärkere bewältigungsorientierte Selbstbezogenheit als Schüler der unteren Schulformen. Professionelle werden kaum als potentielle Unterstützer benannt.

Probleme im Bereich der beruflichen Perspektive werden vor allem mit Hilfe der Eltern angegangen, weitere Ansprechpartner bei Orientierungs- und Bewerbungsfragen sind Freunde, andere Verwandte oder Geschwister. In diesem Problembereich haben die sonst eher wenig genannten Jugendarbeiter und Mitarbeiter in Beratungsstellen eine stärkere Unterstützungsfunktion aus Sicht der Schüler.

6 Zusammenfassende Interpretation der empirischen Ergebnisse (Teil 3) und Ansatzpunkte für die Konzeptualisierung schulbezogener Angebote der Jugendhilfe

Die Befragung der Schüler zeigt eine Vielzahl von Belastungen in der subjektiven Wahrnehmung. Davon betroffen sind in unterschiedlicher Form fast alle Schüler. Das Aufzeigen der Zusammenhänge einzelner Problemelemente, ihrer Wahrnehmung und der Verhaltensstrategien macht darauf aufmerksam, daß wir es nicht mit spezifischen, isolierbaren Problemen zu tun haben, sondern vielmehr komplexe Bedingungs- bzw. Äußerungsgefüge von Problemen vorfinden. Wie in Kap. 4 bereits beschrieben, ist es auch kaum möglich, eine kleine Gruppe von Schülern durchgängig als multiproblembelastet zu identifizieren, die also in besonderer Weise kumulativ mit den Problemen konfrontiert wäre. Vielmehr betreffen die dargestellten Problemstrukturen nicht eine immer wiederkehrende Gruppe, sondern viele Schüler. So haben dann auch Auswertungen ergeben, daß Schüler, die sich jeweils in einer eher negativen bzw. in einer eher positiven Stimmungslage verorten, in gleicher Weise mit psychosomatischen

Beschwerden, Unruhe- und Anspannungszuständen, Leistungs- und Zukunftsängsten und der Erfahrung negativer sozialer Beziehungen in der Klasse konfrontiert sind. Festzuhalten bleibt auch, daß es keine Schulform gibt, die sich als „problemfreie Zone" darstellt.
Kernergebnis ist also eine breite Belastungsstruktur und eine engere Problemstruktur, die in ihrer unterschiedlichen Äußerung aber nicht eine bestimmte, identifizierbare Gruppe betrifft, die man an den Schulen ermitteln kann. Ordnet man diese Aussage der theoretischen Rahmung eines Konzeptes schulbezogener Angebote der Jugendhilfe zu, so läßt sich folgendes sagen:

- Eine *latente Problematik (abstrakt-konkreter Sachverhalt - Belastung)* macht das Erleben vieler Schüler im Schulalltag aus, d. h. sie sind gesellschaftlich induzierten, entgrenzten sozialen Risiken oder auch normalisierten Konfliktpotentialen und -situationen ausgesetzt, die eine Entsprechung im individuellen Erleben haben und daher auch bewältigt werden müssen, d. h. auf Formen der Regulation und Verarbeitung drängen. Hier liegen die Kernelemente einer akuten Problematik zwar (noch) nicht vor. Die latente Problematik betrifft aber Ereignisse, die mittel- oder langfristig Problemmerkmale akuter Sachverhalte nicht unwahrscheinlich werden lassen. Die Mehrheit der Schüler ist also Belastungen ausgesetzt, die Bewältigungshandeln herausfordern, ohne zwangsläufig eigene Bewältigungsstrategien zu überfordern, aber auf (auch professionell inszenierte) Räume zur Entfaltung des Bewältigungshandelns und zur Abfederung der Belastung verweisen. Geschieht dies nicht, kann es zu akuten Problemsituationen kommen (wie der Beeinträchtigung des Selbstwertgefühls, Angstzuständen oder Verhaltensschwierigkeiten), die Ausdruck überforderter Bewältigungskompetenz der Schüler sind. Eine solche Überforderung des Bewältigungshandelns bzw. fehllaufende Formen der Bewältigung lassen sich in der engeren Problemstruktur abbilden:
- Eine *akute Problematik (individuell-konkreter Sachverhalt - Problem)* betrifft jeweils weniger Schüler, womit gemeint ist, daß Schüler in einem konkreten Fall betroffen sind, eine Einschränkung ihres Lern-, Erfahrungs-, Bildungsspielraums, ihres Kommunikations- und Interaktionsspielraums oder auch ihres Regenerationsspielraums vorliegt, zudem eine subjektive Lösungsschwierigkeit bedingt. Man kann hier von einer im schulischen Rahmen geäußerten Diskrepanz zwischen eigenen Ressourcen der Bewältigung und den gestellten Anforderungen sprechen, so daß eine Problemlösung aus eigener Kraft nicht möglich ist und der Unterstützung bedarf. Diese Sachverhalte konnten empirisch beschrieben und in ihrer Bewältigungsanforderung plausibilisiert werden für

  - das Belastungsgefüge aus Leistungsüberforderungen und negativen sozialen Beziehungen in der Schule,
  - Stigmatisierungs- und Marginalisierungserfahrungen,
  - innere Unruhezustände oder somatische Äußerungen von Belastungszuständen, die jeweils mit negativen Emotionen, Angstzuständen und eingeschränkten Sozialbeziehungen einhergehen,
  - das komplexe Bedingungsgefüge der Opfer- und Täterrolle bei gewaltförmigen Verhaltensweisen sowie für
  - Rückzugsverhalten, soziale Isolation und destruktive Formen der Bewältigung.

Wie im theoretischen Rahmenkonzept beschrieben, läßt sich zwischen Belastungen und Problemstrukturen eine Verbindung im Sinne eines fließenden Übergangs (in beide Richtungen) konstatieren. Damit ist auch eine Verbindung zwischen den unterschiedlichen Qualitäten der Hilferessourcen gegeben, die nicht mehr strikt voneinander getrennt, sondern als Netzwerk sozialer Unterstützung einer Biografieorientierung statt einer Klientelorientierung geschuldet sind - während akute Problematiken Integrationshilfen zur Teilhabe an Normalität (und hier am schulischen Bildungsprozeß) notwendig machen, sind latente Problematiken auf Strukturierungsangebote zum Umgang mit schwieriger gewordener Normalität angewiesen. Entgrenzten Belastungen und Problemen stehen damit entgrenzten und flexiblen Hilfen und Unterstützungsformen unterschiedlicher Personen/Institutionen gegenüber. Der Blick auf Belastungs- und Problemstrukturen verweist also gleichsam auf Spielräume oder Einschränkungen der sozialen Beziehungen, auf Ressourcen sozialer Unterstützung und Räume der Entlastung und Entfaltung für Schüler.

Die Ergebnisse zeigen mit Blick auf die unterschiedlichen Sozialisationsinstanzen jeweils die Qualitäten der Unterstützung bei Problemen und Belastungen im Schulalltag, aber auch ihre Grenzen auf, die vor dem Hintergrund der theoretischen Rahmung im Teil 2 kurz resümiert werden sollen:

Für die überwiegende Zahl der Schüler stellt die *Familie* eine Ressource der Unterstützung des schulischen Bildungsprozesses und damit auch der Bewältigung von Belastungen im Kontext Schule dar. Es ließ sich eine positive, emotional stützende und aushandlungsorientierte Beziehungsgestaltung beschreiben, auch instrumentell-konkrete Hilfen (bei Hausaufgaben helfen, bei Konflikten in der Schule beraten, schlichten, sich einsetzen) und die Möglichkeit der Regeneration und des Spannungsabbaus im familiären Rahmen konnten aus Schülersicht ermittelt werden. Für einige Schüler trifft dies aber nicht zu. Sie können auf diesen Rückhalt in der Familie eher nicht zählen. Wiederum für die meisten Schüler gilt, daß das Verhältnis ihrer Eltern zum schulischen Lernen ambivalent bleibt, denn neben der Unterstützung ist die Teilhabe der Eltern am schulischen Lernprozeß eher durch eine Leistungsorientierung gekennzeichnet. Dies kann z. T. eine Einschränkung der emotionalen und motivationalen Komponente im Umgang, mithin Konflikte bedeuten. Ich denke, die Familie hat ihren Wert für die Schüler vor allem in der Erlangung sozialer Basiskompetenzen, gleichzeitig als verläßlicher Ort emotionaler Stabilisierung. Die notwendige Erprobung und Ausdifferenzierung der problemlösenden Interaktion findet aber in außerfamilialen Sozialräumen statt. Familie bietet also Unterstützungspotentiale für die individuelle Entwicklung, ist aber selbst nur eingeschränkt (gerade mit zunehmendem Alter der Schüler) auch Entwicklungsraum.

Diesen scheinen die *peers* deutlicher zu bilden. Die Ergebnisse zeigen die hohe Funktionalität der Gleichaltrigengruppe für das soziale Erleben des Einzelnen in der Schule. Die peers schränken Schule in ihrer funktionalen Dominanz ein zugunsten eines erlebten sozialen Raumes, der Kompensations- und Entlastungszwecke hat, die Selbstwertförderung durch jugendkulturelle Darstellungsmöglichkeiten und kommunikative Bedürfnisse begünstigt. Arrangierte Kontakt- und Gelegenheitsräume scheinen für Schüler immer bedeutsamer, um sozialräumliche Aneignungsprozesse und Identitätsgestaltung zuzulassen. Erkennbar ist aber auch, daß für einen Teil der Schülerschaft kaum Freundschaftsbeziehungen existieren und dies zu erheblichen Einschränkungen im Sozialisationsprozeß führt (wie Marginalisierung, Rückzug, negative Stimmungslagen). Die peers stellen im Klassenverband eine Ressource der Unterstützung und Solidarität dar, genauso wie sie Ursprung und Plattform von Konflikten in sozialen Beziehungen sind. Hier ist die Moderation von sozialen Beziehungen, aber auch die Mediation und Konfliktschlichtung angezeigt, um das Potential peerorientierten Lernens für die Entwicklung des Einzelnen fruchtbar zu machen.

Die *Schule* stellt aus Sicht der Schüler zwar in beträchtlichem Umfang Aktivitäten, Aktionen und Krafträume zur Verfügung, auch außerschulische Bildungs- und Freizeitangebote sind schulisch organisiert, so daß die Tendenz einer stärkeren Gestaltung von Schule als Lebensraum erkennbar ist (als Resultat ihrer Öffnungsbemühungen). Die Träger sozialer Unterstützung in der Schule stoßen in der Wahrnehmung der Schüler aber an durch sie gesetzte Grenzen. Spezialisierte schulische Helfer wie Beratungs- oder Vertrauenslehrer bzw. Schulpsychologen haben kaum einen Stellenwert als potentielle Helfer. Der Klassenlehrer wird bei schulleistungsbezogenen Problemen und Konflikten in den Schulen in Erwägung gezogen, ansonsten werden vor allem aus dem privaten Kreis Ansprechpersonen benannt. Hier zeigt sich, daß die in Teil 2 beschriebene institutionsspezifische Problemsicht der Hilfeträger in der Schule auch eine institutionsspezifische Problembearbeitung bedingt, die von den Schülern erkannt und entsprechend hinsichtlich schulbezogener Probleme im engeren (institutionell definierten) Sinne abgerufen werden, ansonsten nicht: Die Bereitschaft, Lehrer als Helfer anzusprechen, ist aufgrund ihrer Doppelrolle begrenzt und sich wohl auch im Erleben der Schüler eher auf die Normabweichung im schulischen Rahmen konzentriert, nicht auf die komplexe Bewältigungsanforderung der Schüler. Die Rollenträger in der Schule suggerieren eine Parzellierung (schulisch definierter) Beratungsanlässe mit Spezialisierungstendenzen, die aus Sicht der Schüler als weniger hilfreich antizipiert wird. Die Ausdifferenzierung der Lehrerrolle stößt natürlich an Grenzen und kann nicht beliebig ausgeweitet werden (so daß der Hauptzweck - Unterricht - nicht mehr geleistet werden kann). Der Klassenlehrer scheint aber durch intensivere soziale Beziehungen zu den Schülern eine größere Bedeutung zu bekommen. Wenn er zum „sozialen Diagnostiker" qualifiziert würde, der soziale Sachverhalte erkennen, etwaige Unterstützung einleiten und mit anderen pädagogischen Professionen kompetent kooperieren kann (und weniger selbst tätig wird, was über die schulbezogenen Anlässe hinaus eine Überforderung darstellen würde).

Hat also die Ausdifferenzierung der Lehrerrolle (auch aus der Sicht der Schüler) ihre Grenze weitgehend erfahren, so ist die Ausdifferenzierung pädagogischer Rollen in der Schule noch an ihrem Anfang. Sie könnte wesentlich durch *sozialpädagogische Fachkräfte* vorangetrieben werden, die einen Beitrag dazu leisten, Schule als „Synergieraum Lern- und Entwicklungsprozesse gestaltender Professionen" zu verstehen. Es entstünden dann spezifische pädagogische Orte, die einen fließenden Übergang zwischen Räumen der Prävention, Belastungsregulation oder Problembearbeitung im Bedarfsfalle zulassen und sich nicht von vornherein an bestimmten Normabweichungen, sondern an den je individuellen Bewältigungsthematiken orientieren. Gewiß, die sozialpädagogischen Fachkräfte werden von den Schülern ebenfalls selten als potentielle Ansprechpersonen bei Problemen im schulischen Kontext gesehen. Dennoch, die Qualität der außerschulischen Jugendarbeitsangebote oder der Schulsozialarbeitsangebote ist aus Sicht der Schüler eine eindeutige: Sie stellen vor allem Kontakt- und Begegnungsräume dar, ermöglichen Geselligkeit und peer-Erleben sowie Entlastung, Rückzug und eine eigenständige Freizeitgestaltung. Wichtig ist den Schülern auch die Rolle der sozialpädagogischen Fachkraft als Ansprech- und Vertrauensperson, die nicht die regelementierenden und machtvollen Züge der Lehrerrolle trägt. D. h. die sozialpädagogischen Angebote stellen ein deutliches Pendant zum schulisch normierten Handlungsrahmen dar.

Die eher geringe Zahl der Sozialpädagogen an Schulen macht eine breite Kenntnis ihrer Rolle bei den Schülern kaum möglich, sie tauchen daher in der Wahrnehmung der Schüler nur selten auf. Damit dies verändert wird, ist es wichtig, *sozialpädagogische Angebote als Alltäglichkeit* in der Wahrnehmung der Schüler entstehen zu lassen und nicht als spezialisierte, abgeschirmte und im besonderen Einzelfall zum Tragen kommende Hilfen. Sozialpädagogische Angebote müssen zum alltäglichen Schulbild gehören, normalisiert und in ihrem Stellenwert für die Schüler transparent sein. Ein solcher *Entwicklungsprozeß schulbezogener sozialpädagogischer Angebote zwischen Normalisierung und Profilschärfung* ist auch den schulnah verorteten Angeboten der offenen Jugendarbeit abverlangt. Eine adressatenorientierte, von den Bedürfnissen der Kinder und Jugendlichen ausgehende, dynamische Konzeptentwicklung kann vielleicht die Attraktivität ihres Wirkens erhöhen und die angesprochene Entlastungsfunktion gegenüber dem schulischen Rahmen stärker für sich nutzbar machen. Hier steht eine von der schulischen Alltagswelt ausgehende Betonung des Sozialräumlichkeits- und des Gruppenprinzips in der offenen Jugendarbeit als zentraler konzeptioneller Schwerpunkt oftmals noch am Anfang.

Um die Unterstützungspotentiale für junge Menschen im schulischen Rahmen oder im unmittelbaren Schulumfeld zu erhöhen, scheint die Konzeptualisierung einer schulalltagsorientierten Sozialpädagogik notwendig, die die Fokussierung der Schule auf Normabweichungen als Hilfeanlaß eindämmt bzw. ergänzt zugunsten einer Orientierung an der komplexen Bewältigungsanforderung Jugendlicher. Sie trägt in Form von Schulbezogenen Angeboten der Jugendhilfe dazu bei, in einer um ihre Öffnung bemühten und mit kooperationskompetenten Lehrern agierenden Schule Hilfe zur Lebensbewältigung für Schüler zu leisten und einen gelingenderen Alltag mit problemnaher Orientierung im Kontext Schule zu befördern. Schulbezogene Angebote der Jugendhilfe leisten hierauf bezogen Netzwerkarbeit, sie koordinieren soziale Ressourcen in der Familie, der peer-group und im schulischen Rahmen, erschließen oder verweisen auf kompetente Hilfeträger, die spezifische Probleme und eingeschränkte soziale Ressourcen angemessen beheben helfen können.

Wie läßt sich demnach, im Sinne einer abschließenden Zusammenführung von Theorie und Empirie, eine systematische Aufgabenbestimmung schulbezogener Angebote der Jugendhilfe als schulalltagsorientierte Sozialpädagogik vornehmen? In Anlehnung an die eingangs formulierten erkenntnisleitenden Fragen (siehe Einführung) soll dies anhand von sechs Dimensionen geschehen:

1. *„Anspruchs- und Auslösedimension"*
   (Wann sind schulbezogene Angebote der Jugendhilfe aufgefordert und angezeigt? Wie lautet der generelle Begründungszusammenhang?)
2. *„Bezugsdimension"*
   (Hinsichtlich welcher Zielgruppen und -dimensionen können schulbezogene Angebote der Jugendhilfe verortet werden?)
3. *„Zieldimension"*
   (Was sind fachliche Prämissen, Handlungsorientierungen und adressatenbezogene Ziele schulbezogener Angebote der Jugendhilfe?)
4. *„(Re-) Aktionsdimension"*
   (Was sind die Qualitäten, Typen und Formen schulbezogener Angebote der Jugendhilfe?)
5. *„Professionalisierungsdimension"*
   (Wie kann eine Verfachlichung und Qualifizierung dieses Handlungsfeldes erzielt werden?)
6. *„Implementierungsdimension"*
   (Welche Rahmenbedingungen sind notwendig, um dieses Handlungsfeld zu etablieren?)

Anhand dieser sechs Punkte soll eine Bilanzierung der Beschäftigung mit theoretischen und empirischen Aspekten zur Konzeptualisierung schulbezogener Angebote der Jugendhilfe vorgenommen werden. Dabei werden die Bezüge zu den Teilen 2 (Theorie) und 3 (Empirie) jeweils kenntlich gemacht, so daß die daraus resultierenden Schlußfolgerungen deutlich werden. Schließlich folgt eine Zusammenfassung des Teils 4 und eine kurze Darstellung offener Fragen und Problematiken.

Teil 4: **Konzeptualisierung schulbezogener Angebote der Jugendhilfe als schulalltagsorientierte Sozialpädagogik - Gegenstands- und Aufgabenbestimmung**

1 „Anspruchs- und Auslösedimension"
(Wann sind schulbezogene Angebote der Jugendhilfe aufgefordert und angezeigt? Wie lautet der generelle Begründungszusammenhang?)

Hier ist der generelle Begründungszusammenhang schulbezogener Angebote der Jugendhilfe zu klären. Damit ist eine „Generaldimension" angesprochen, die den Stellenwert und die Zielsetzung schulbezogener Angebote der Jugendhilfe allgemein verortet. Die Ebene dieser grundsätzlichen Klärung wird von mir als Anspruchs- und Auslösedimension beschrieben. Sie ist diejenige Dimension, auf der der generelle Stellenwert schulbezogener Angebote im System der Jugendhilfe als gedanklicher Überbau für die Differenzierungen innerhalb der weiteren Dimensionen bestimmbar ist.

Schulbezogene Angebote der Jugendhilfe sind als eigenständiges Segment im Jugendhilfesystem zu verstehen und dort auch ausdrücklich zu verankern (was im Punkt 6 ausführlich aufgegriffen wird). Es ist also Jugendhilfe angesprochen als ein Bestandteil des sozialen Sektors und Sicherungssystems des Sozialstaates. Die Aufgaben der Jugendhilfe leiten sich aus diesen sozialstaatlich gerahmten Zielsetzungen sozialpädagogischer Hilfestellung ab, sind durch sie wesentlich bestimmt. Daher sind auch schulbezogene Angebote der Jugendhilfe aus diesem allgemeinen sozialpädagogischen Handlungsauftrag abzuleiten und in ihren Aufgaben bezüglich des konzeptionell ausgedrückten Institutionen- und Adressatenbezuges (Schule und Schüler) zu präzisieren (vgl. Teil 2/Kap. 4. 2).
Im einzelnen: Jugendhilfe ist ein Teil der Leistungs- und Interventionssysteme der modernen Sozialpolitik (vgl. Böhnisch u. a. 1999, S. 201 ff.). Die sozialen Sicherungssysteme als Kernbereich der Sozialpolitik (Versicherung und Versorgung) beziehen sich vorrangig auf die Bearbeitung standardisierbarer Lebensrisiken, während soziale Dienste sozialpolitische Leistungen als personenbezogene Hilfen in die Lebenswelten vermitteln, auf kaum mehr standardisierbare komplexe Probleme der Lebensbewältigung im lebensweltlich-biografischen Zusammenhang reagieren. Jugendhilfe als personenbezogene soziale Dienstleistung ist Bestandteil des Fürsorgegedankens, der die Hinwendung zu den Adressaten in ihrer gesamten Lebenssituation meint (im Gegensatz zur Versorgung und Versicherung), die als Notlage oder Belastungssituation gefaßt wird, aus der die Adressaten herausgeführt werden sollen bzw. die professionell inszenierte Räume für den Erwerb von Kompetenzen zur Lebensbewältigung notwendig erscheinen lassen (vgl. Teil 2/Kap. 4. 2. 3. 3). Auf psychosoziale Probleme und Probleme sozialer Desintegration in biografischer Vielfalt reagiert sowohl eine versorgungs- und lebenslagenorientierte Sozialpolitik, als auch ein lebensweltorientiertes und pädagogisch ausgerichtetes Unterstützungssystem, wie die moderne Jugendhilfe, das gleichsam institutioneller und funktioneller Teil von Sozialpolitik ist. Moderne Jugendhilfe stellt mit ihren Angeboten und Hilfestellungen eine mögliche Reaktion auf psychosoziale Bewältigungsprobleme einer individualisierten und pluralisierten Gesellschaft dar, die ihre Eigenständigkeit im sozialen Sektor durch ein spezifisches pädagogisches Verhältnis zu den Adressaten erlangt (vgl. Böhnisch u. a. 1999, S. 239 ff.): „Da die Dauerkrise aufgrund ihrer strukturellen Anlage gesellschaftlich nicht aufhebbar ist, muß sie in ihren Folgen für den und am einzelnen behandelt, also pädagogisch transformiert werden. Gleichzeitig enthalten die psychosozialen Bewältigungskonstellationen selbst einen pädagogischen Aufforderungscharakter, das heißt sie folgen

nicht der Rationalität der ökonomischen Arbeitsteilung, sondern dem sozialstaatlich nur bedingt kalkulierbaren Eigensinn der Menschen" (ebd., S. 239 f.). Die sozialpädagogische Transformation sozialstaatlicher Zielsetzungen gelangt damit in die Ebene der Sozialisation und lebensweltlichen Integration in moderner Gesellschaft, in deren sozialen Zusammenhängen die Raum- und Zeitordnung in ihrer sozialisatorischen Wirkung (als Orientierungsmuster für individuelles Handeln) aufgehoben ist.(vgl. Teil 2/Kap. 1)[9].

Diese Lebenslagenorientierung umfaßt als analytische Kategorie sowohl eine Subjektperspektive (den Blick auf das lebensweltliche Bewältigungshandeln des einzelnen) als auch eine Strukturierungsprinzip der Totalität von Lebensbedingungen, nach dem die individuelle Verfügbarkeit von Ressourcen zur Bewältigung der alltäglichen biografischen Lebensführung, damit die Spielräume für die soziale Teilhabe systematisiert werden können. Dies sind mit Blick auf Jugendhilfe als *pädagogisch ausgerichtete Unterstützungsleistungen* die Spielräume der (vgl. Teil 2/Kap. 4. 2. 3. 3)
- Erfahrung und des Lernens, der Bildung,
- Kommunikation und Interaktion,
- Regeneration und Belastungsregulation,

während materielle Spielräume und ihre Einschränkung durch die Versorgungs- und Versicherungssysteme (vgl. Schulte 2000) bearbeitet werden. Die sozialstaatliche Stützungs- und Entwicklungsfunktion stellt sich somit als integraler Bestandteil moderner Lebenslagen dar, wobei die sozialen Dienste, wie die Jugendhilfe, diese lebensweltlich (als Hilfe zur Lebensbewältigung) umsetzen, pädagogisch transformieren und ausgestalten. Gemäß meiner Definition (vgl. Teil 2/Kap. 4. 2. 3. 3) geschieht das in einer
- lebenslagengestaltend-strukturierenden und einer
- problembearbeitend-integrierenden Aufgabenstellung bzw. Zielsetzung.

Schulbezogene Angebote der Jugendhilfe zielen demnach als komplementäres Unterstützungssystem (neben der Schule und anderen schulbezogenen psychosozialen Diensten) auf die Gestaltung von sozialpädagogisch arrangierten Entwicklungs- und Lernräumen, die die Bildungsbeteiligung von Kindern und Jugendlichen befördern wollen (vgl. Teil 2/Kap. 4. 2. 4). Sozialstaatliche Relevanz erhält der Blick auf die Bildungsteilhabe in zweifacher Hinsicht: Zum einen ist erkennbar, daß eine ungleiche Verteilung von Bildungschancen auch zu einer ungleichen Verteilung von *Lebenschancen* beiträgt, also biografisch prägend ist (dies zeigt sich z. B. in der Bedeutung schulischer Bildung für die Teilhabe am und die Erfolgsaussichten im Erwerbsleben). Anderseits hat die Bildungsteilhabe auch unmittelbaren Einfluß auf die Ausprägung von *Orientierungsvermögen*, denn die Teilhabe an Bildung ermöglicht dem einzelnen den Erwerb von kognitiven Kompetenzen, die als Orientierungswissen im komplexer werdenden Alltag fungieren (dies kann hinsichtlich des Einflusses von Bildung auf z. B. eine gesundheitsgerechtere Lebensführung oder auf politische Orientierungen und politisches Engagement belegt werden, vgl. hierzu Klemm 2000).

Der sozialisationstheoretische Zugang zu schulbezogenen Angeboten der Jugendhilfe (vgl. Teil 2/Kap. 1 und 2) ermöglicht einen erweiterten Blick auf die Konzeptualisierung und die Adressaten der Unterstützung. Während eine institutionell-funktionelle Sicht eher das Bild einer Randgruppe mit Kompetenz- und Motivationsproblemen zeichnet, lenkt die sozialisati-

---

[9] Bei der Planung, Konzeptualisierung und Ausgestaltung von Unterstützungsleistungen sind immer auch demografische Trends und bundeslandbezogene Binnenmigrationsbewegungen zu beachten (vgl. Datenreport 1999, Leisering 1992)

onstheoretische Sicht den Blick auf Probleme und Belastungen im Gesamtzusammenhang der Lebensbedingungen junger Menschen, die sich im schulischen Rahmen und in der Bildungsteilhabe äußern. Es werden damit allgemeine Bewältigungsprobleme des Jugendalters als biografisch und strukturell eingebunden erkennbar, die dem einzelnen je spezifische Bewältigungsleistungen abverlangen (vgl. Teil 2/Kap. 1. 5). In dieser biografischen und sozialstrukturell rückgebundenen Bewältigungsperspektive wird die Anknüpfung an die allgemeine Bewältigungsthematik im Jugendalter möglich, damit an eine sozialpädagogische Akzentuierung, die schulbezogene Angebote der Jugendhilfe als integrierten und flexiblen Hilfeansatz (entgrenzte Angebotsformen) auf komplexe Bewältigungsanforderungen Jugendlicher reagieren läßt (entgrenzter Adressatenkreis), gleichermaßen schulbezogen lebenslagengestaltend-strukturierende und problembearbeitend-integrierende Interventionsziele im biografischen Vollzug des einzelnen verfolgen kann (neben der klassischen Polarisierung von Adressatengruppen wird nunmehr der Überschneidungs- und Übergangsbereich stärker betont, anders ausgedrückt: der Klientelbezug weicht einem Biographiebezug sozialpädagogischer Unterstützung) (vgl. Teil 2/Kap. 4. 2. 4).

Ausgehend von der theoretischen Verortung schulbezogener Angebote der Jugendhilfe in Rahmenkonzepten sozialpädagogischen Handelns (vgl. Teil 2/Kap. 4. 2. 3. 1, 4. 2. 3. 2 und 4. 2. 3. 3.) ist der Aufforderungscharakter für dieses Angebotssegment in der Jugendhilfe anhand von drei Aspekten genauer zu klären: Ich werde zunächst den *sozialpädagogischen Sachverhalt* kennzeichnen (soziale Probleme und Belastungen als Auslöser für sozialpädagogisches Handeln in der Schule), dann *Problem- und Bewältigungsmerkmale* bestimmen (als Indikatoren für das Vorliegen von Elementen des sozialpädagogischen Sachverhaltes) und schließlich den daraus abzuleitenden *Handlungsauftrag* schulbezogener Angebote der Jugendhilfe beschreiben, der dann in seiner pädagogischen Transformierung in den weiteren Dimensionen dieser Aufgabenbestimmung ausdifferenziert werden soll.

Der (schulbezogene) *sozialpädagogische Sachverhalt* setzt sich aus vier Elementen zusammen:

1. liegt eine beschreibbare *(schul-) sozialisatorische Mangelsituation bzw. Belastungs- und Bewältigungssituation* von Kindern und Jugendlichen vor. Erstere basiert auf einem Mangel von entwicklungsfördernder Erziehung, von anregend gestalteten Lernsituationen und -erfahrungen sowie auf nicht (ausreichend) vorhandene soziale Netzwerke mit ihrem Unterstützungs- und Hilfepotential. Diese Mangelsituation äußert sich im schulischen Rahmen in spezifischer Weise und führt zur eingeschränkten Möglichkeit der Bildungsteilhabe. Letztere bezieht sich auf die allgemeine Bewältigungsthematik Jugendlicher und rückt das bewältigungsorientierte Schulmanagement als biografisch und sozialstrukturell rückgebundene sozialpädagogische Kategorie in den Mittelpunkt der Betrachtung (vgl. Teil 3/Kap. 1. 2. 5, 1. 1. 6; 2. 2. 2; 3. 3; 5). Eine sozialpädagogisch akzentuierte Analyse der schulsozialisatorischen Situation betont zwei Ebenen der schulbezogenen Bewältigungsanforderungen junger Menschen (vgl. Teil 2/Kap. 2. 5):

- Anforderungen in der Schule: Die Jugendlichen sind mit individuell zu bewältigenden Anforderungen im Leistungs- und Sozialbereich konfrontiert. D. h. sie müssen die Fähigkeit zur sozialen Anpassung und reflektierten Beziehungsgestaltung im schulischen Rahmen haben sowie die Zurückstellung eigener Bedürfnisse zugunsten der Organisationsform Unterricht realisieren können.
- Strukturell belastende Ausgangssituation: Die subjektive Bedeutung der Schullaufbahn und damit verbundene Erfahrungen sowie die Unsicherheit über den Nutzen der Leistung nehmen zu, diese paradoxen Effekte müssen bei wachsendem leistungsbezogenen Außendruck individuell austariert und bewältigt werden.

Gemäß der handlungstheoretischen Fundierung erhöht ein gekonnter Umgang mit diesen Anforderungen die Chancen für einen gelingenden Individuationsprozeß, der ungekonnte Umgang damit schränkt den Individuationsprozeß eher ein (vgl. Teil 2/Kap. 1. 5). Sozialpädagogik in der Schule richtet den Blick auf die individuellen Kompetenzen der Bewältigung dieser Anforderungen sowie auf die zur Verfügung stehenden Ressourcen sozialer Unterstützung als Basis für eine gelingende Persönlichkeitsentwicklung unter jugendphasenspezifischen Bedingungen.

2. Innerhalb dieser (schul-) sozialisatorischen Situation äußert sich nicht selten die Erfahrung *subjektiver Belastung* (vgl. Teil 3/Kap.2) als Ausdruck der Auseinandersetzung mit den Anforderungen bzw. mit der konkreten Mangelsituation oder des Erlebens daraus abzuleitender Effekte (wie z. B. negative Stimmungen, Anspannungen, Motivationsprobleme oder Ausgrenzung, Benachteiligung, soziale Isolation), womit

3. *Bewältigungsüberforderungen bzw. -herausforderungen* (vgl. Teil 3/Kap.3) dieser Erfahrungen verbunden sein können. Bewältigungsüberforderungen können sich als Ohnmacht und Hilflosigkeit in diesen Verhältnissen widerspiegeln, als die Erfahrung, daß bisher erlernte Bewältigungsstrategien (vgl. Teil 3/Kap.3. 1, 3. 2.), eigenes Können, nicht ausreichen, um die Situation zu verändern und „Normalität", weniger belastende Situationen herzustellen. Aber auch fehllaufende Bewältigungsstrategien können sich aus ungelösten Konflikten und als unbewältigbar erscheinenden Notlagen entwickeln, Rückzug und Isolation oder Aggression, Gewalt und Delinquenz stellen dann vordergründig kompensierende, aber nicht konstruktiv-wirksame Entgegnungen der Situation dar (nicht selten werden dann diese fehllaufenden Bewältigungsstrategien von Kindern, Jugendlichen oder Eltern als alleiniger Anlaß von Hilfemaßnahmen (miß-) verstanden). Bewältigungsherausforderungen sind eine permanent aktualisierte Reaktion auf äußere Anforderungen, die mit Hilfe individueller und sozialer, auch professionell gebotener, Ressourcen gemeistert werden und der Regulation bedürfen. Geschieht dies nicht, kann es zu Bewältigungsüberforderungen kommen.

4. Das letzte Element des sozialpädagogischen Sachverhalts ist schließlich der *gesetzliche Auftrag*, der eine professionelle Hilfestellung auslösen kann und mit einem spezifischen System an Hilfen auf den sozialpädagogischen Sachverhalt und seinen Aufforderungscharakter reagiert. Hier bietet das KJHG den Rahmen für die Konzipierung schulbezogener Angebote der Jugendhilfe, Bezugspunkte sind (vgl. Teil 2/Kap. 4. 2, 4. 2. 1, 4. 2. 2)
   - der § 1: Jugendhilfe soll die Erziehung zu einer eigenverantwortlichen und gemeinschaftsfähigen Persönlichkeit mit unterstützen, dabei die individuelle und soziale Entwicklung fördern und Benachteiligungen vermeiden bzw. abbauen helfen. Jugendhilfe hat einen Beitrag zur Gestaltung positiver Lebensbedingungen junger Menschen, sie nimmt als lebensweltorientierte Jugendhilfe damit auch die Schule als ihr Handlungsfeld in den Blick.
   - die §§ 11 und 13: Nach der bisherigen Systematik des KJHG liefern die Angebotsformen der Jugendarbeit und Jugendsozialarbeit schulbezogene Akzentuierungen, jedoch halte ich eine bundesrechtliche Neuverortung schulbezogener Angebote der Jugendhilfe für notwendig, um dieses eigenständige Angebotssegment rechtlich entsprechend zu codifizieren - ein Modell einer solchen Neuverortung (§ 13a: Schulbezogene sozialpädagogische Angebote und Hilfen) wird in Punkt 6 entwickelt,
   - und der § 81: Jugendhilfe soll mit anderen Stellen und öffentlichen Einrichtungen zusammenarbeiten, dabei wird auch die Schule ausdrücklich benannt.

Merkmale als Indikatoren für das Vorliegen des schulbezogenen sozialpädagogischen Sachverhaltes sind eingeschränkte Spielräume der Kommunikation und Interaktion im schulischen Rahmen, damit Einschränkungen des sozialen Lernens, der Auseinandersetzung und Erfahrung sowie der Regeneration und Belastungsregulation als Rückzugs- und Entfaltungsräume. Es kann ferner überfordertes Bewältigungshandeln erkennbar sein, das sich in institutionell definierten (schul-) devianten Verhaltensweisen äußert, schließlich könnte eine manifeste Gefährdung der schulischen Bildung vorliegen. Neben der institutionell-funktionellen Sicht auf diese Phänomene (der Nichterfüllung von Leistung oder schulischen Normen) kann hier im Rückgriff auf eine sozialstrukturell begründete Bewältigungsthematik auch von *sozialen Problemen und Belastungen im Kontext Schule* die Rede sein (vgl. Teil 2/Kap. 4. 2. 3. 3, 4. 2. 4).
Das heißt, hier sind gesellschaftlich mitbedingte Phänomene angesprochen, die daher auch eine gesellschaftliche Verantwortung für ihre Bearbeitung auslösen (im Sinne von Jugendhilfeangeboten als pädagogisch transformierte Unterstützungsleistung sozialpolitischer Ziele).
Die Belastungs- und Problemgefüge komplexer Entstehung und Äußerung in der Schule lassen sich zusammenfassen mit (vgl. Teil 3/Kap.1, 2, 3):

- Belastungsgefüge aus Leistungsüberforderungen, Leistungsängsten und Erwartungsdruck,
- negativen und zum Teil aggressiven sozialen Beziehungen,
- Stigmatisierungs- und Marginalisierungserfahrungen,
- psychischen und physischen Belastungsanzeichen,
- dem komplexen Bedingungs- und Äußerungsgefüge der Täter- und Opferrolle bei gewaltförmigen Verhaltensweisen sowie
- destruktiven Bewältigungsstrategien.

Schule ist im Rahmen dieser erweiterten und sozialpädagogisch akzentuierten Sicht auf Probleme im Kontext *Schule als ein Interdependenz- und Kumulationsraum sozialer Belastungen und Probleme* zu verstehen. Daher muß auch ein *Interdependenzraum sozialer Unterstützung* darauf reagieren, also ein Netzwerk unterschiedlicher Hilfeträger (lokal-gemeinschaftlicher und gesellschaftlich-institutioneller Art) auf diese Komplexität abgestimmt sein (vgl. Teil 2/Kap. 2. 5; 4. 1; 4. 1. 3).

Zu diesem Netzwerk gehören auch schulbezogene Angebote der Jugendhilfe, dessen *Handlungsauftrag* sich schlußfolgernd als die Leistung komplementärer (schul- und familienergänzender) sowie koordinierender schülerbezogener Hilfen und Angebote beschreiben läßt. Schulbezogene Angebote der Jugendhilfe sind an der komplexen Bewältigungsthematik Jugendlicher in ihrer spezifischen Äußerung im Kontext Schule orientiert und verfolgen drei sozialpädagogisch fundierte Zielsetzungen (vgl. Teil 2/Kap. 4. 2. 4):

1. *Sozialräumlich-aneignender Aspekt* (Ziel: Verhaltenserweiterung): Hiermit sind Räume und Gelegenheitsstrukturen gemeint, die Kindern und Jugendlichen das Erlernen neuer Bewältigungsstrategien ermöglichen, indem angemessene Entwicklungsanreize arrangiert werden. Dieser Beitrag zur Verhaltenserweiterung hängt zusammen mit dem zweiten Aspekt, der als
2. *Strukturpräventiver Aspekt* (Ziel: Verhaltensstützung) bezeichnet werden kann und auf das Erproben und Ausleben von Bewältigungshandeln abzielt, seine Ausdifferenzierung in der Auseinandersetzung mit anderen, aber auch die Abfederung von Belastungen und Regeneration ermöglicht.

3. *Problembearbeitender Aspekt* (Ziel: Verhaltenskorrektur): Hier steht die Bearbeitung von Situationen und Verfaßtheiten überforderten/fehllaufenden Bewältigungshandelns im Mittelpunkt, es werden Verhaltensalternativen angeboten, erprobt und trainiert.

2 „Bezugsdimension"
(Hinsichtlich welcher Zielgruppen und -dimensionen können schulbezogene Angebote der Jugendhilfe verortet werden?)

Bevor Zielsetzungen, Prämissen und Handlungsformen schulbezogener Angebote der Jugendhilfe näher betrachtet werden können, gilt es übergreifende Bezüge herzustellen, da diese die Ausgestaltung der schulbezogenen Praxis sozialpädagogischen Handelns mit beeinflussen. Die Herstellung von Bezugsgrößen möchte ich als gesellschaftsorientiert, institutionenorientiert und adressatenorientiert fassen:

Vorstehend wurden schulbezogene Angebote der Jugendhilfe als Bestandteil sozialer Dienste, damit als Bestandteil des sozialen Sektors in der Jugendhilfe beschrieben. Sie tragen als gemäß der allgemeinen sozialpädagogischen Zielsetzung als pädagogischer Transformierung sozialpolitischer Ziele zur sozialen Sicherung, Integration und zur Wahrung von Bildungsteilhabe und -chancen bei. Schulbezogene Angebote der Jugendhilfe als *gesellschaftsorientiert* zu verorten, meint also zunächst sie als Element des gesellschaftlich organisierten Hilfsystems sozialer Dienste zu sehen. Schulbezogene Angebote der Jugendhilfe sind ebenso gesellschaftsorientiert, da sie eine pädagogische Reaktion auf soziale Probleme darstellen, auf Probleme also, die gesellschaftlich (sozialstrukturell) mitbedingt sind und eine gesellschaftliche Mitverantwortung an ihrer Bearbeitung auslösen. Sozialpädagogische Unterstützungsleistungen im Kontext Schule zielen vorrangig auf im Kontext Schule in spezifischer Weise geäußerte und von der Schule allein nicht bearbeitbaren Belastungen und Problemen, die sich dem einzelnen als Bewältigungsleistung darstellen. Schulbezogene Angebote der Jugendhilfe reagieren damit zum einen auf Probleme, die als Umfeldbedingungen in der Schule kumulieren, zu Schulproblemen führen, und zum anderen auf Probleme, die aufgrund einer gesellschaftlich bedingten Widersprüchlichkeit der Institution Schule und ihrer Funktionen zustande kommt, zu Problemen von Schule führen (vgl. Teil 2/Kap. 2. 6).

Die Gesellschaftsorientierung schulbezogener Angebote der Jugendhilfe bezieht sich jedoch nicht nur auf die Bearbeitung sozialer Probleme, sondern auch auf das Ziel der sozialen Integration und Befähigung zur Individuation im gegebenen gesellschaftlichen Kontext (Gesellschaftsorientierung durch Norm- und Wertorientierung). Die sozialpädagogischen Unterstützungsleitungen sollen sowohl für das Leben im gesellschaftlichen Rahmen qualifizieren als auch ihre kritische Reflexion durch den einzelnen befördern, also einen Beitrag zur gesellschaftlich akzeptierten Austarierung von Integrations- und Individuationsbemühungen (Subjektwerdung) leisten (vgl. Teil 2/Kap.1. 5, 4. 2).

Vor diesem Hintergrund läßt sich eine Institutionenorientierung schulbezogener Angebote der Jugendhilfe konstatieren. Sozialpädagogik findet in institutionellen Settings statt, die je nach Zielsetzung und Konzept unterschiedlich organisiert und ausgestaltet werden (vgl. Teil 2/Kap. 4. 2.). Schulbezogene Angebote der Jugendhilfe als *institutionenorientiert* zu verorten, meint sie in „Aktionsräumen", als veranstaltete Sozialpädagogik in unterschiedlichen Angebotsformen und -orten zu denken. Schulbezogene Angebote der Jugendhilfe sind auch deshalb institutionenorientiert zu verstehen, da sie andere Einrichtungen und Dienste gemäß ihrer Ziele und Aufgaben koordiniert, in die Arbeit mit einbezieht, auf sie bezogen ist und mit ihnen kooperiert. Hier ist also eine „Vernetzung von Aktionsräumen" angesprochen, die schulbezogene Angebote der Jugendhilfe in den Mittelpunkt dieser koordinativen Tätigkeit stellt.

Schulbezogene Angebote der Jugendhilfe sind schließlich nicht nur in institutionellen Settings organisiert, auf andere bezogen, sondern finden auch in einer Institution bzw. in ihrem unmittelbaren Umfeld statt: der Schule. Sozialpädagogik findet in der Schule statt, ist in ihrem Handlungsauftrag und in ihren Zielen an ihr orientiert und auf sie bezogen, es kann daher eine „Verschränkung von Aktionsräumen" im sozialpädagogischen Handlungsrahmen genannt werden (vgl. Teil 2/Kap. 4. 2. 4).

Institutionenorientierte Sozialpädagogik heißt hier auch immer eine Selbstkritik im Sinne eines Hinterfragens eigener Settings, einer Analyse eigener Handlungsbedingungen und Angebotsformen unter dem Blickwinkel der pädagogischen Ziele, um Entfremdungen und Verzerrungen der Subjektwerdung unter institutionellen Bedingungen zu verhindern. Gleiches leistet sie auch als kritische Begleiterin von Schule, so daß von einer Institutionen(selbst)kritik, einer Institutionenanalyse und einem Institutionenwandel bzw. einer Insitutionenentwicklung als Ergebnis professioneller Reflexionen ausgegangen werden kann (vgl. Teil 2/Kap. 4. 2. 4).

Schulbezogene Angebote der Jugendhilfe sind schließlich *adressatenorientiert* zu verorten. Adressaten sind in Anlehnung an den allgemeinen Begründungszusammenhang der Kooperation von Jugendhilfe und Schule und den ermittelten Belastungsstrukturen im Kontext Schule, vor allem die Schüler. Sie stellen die primäre Adressatengruppe dar, da sie unmittelbar in der Schule oder in ihrem Umfeld mit den Angeboten erreicht werden, die sich als Hilfe zur Lebensbewältigung im schulischen Kontext verstehen, daher auf die individuellen Bewältigungsanforderungen bezogen sind. Damit hängt unmittelbar eine Umfeldorientierung zusammen, die die sozialen Kontexte der Schule (das Gemeinwesen, die Schulumgebung) und die sozialen Kontexte der Schüler (soziale Netzwerke) meint. Schulbezogene Angebote der Jugendhilfe sind umfeldorientiert im Sinne einer schul- und schülerbezogenen Gemeinwesen- und Netzwerkarbeit (vgl. Teil 2/Kap. 4. 2. 2, 4. 2. 2. 3).

Familienorientierte Hilfen werden von Schulsozialpädagogen nicht grundständig angeboten, sie handeln eher vermittelnd und koordinierend, sie stehen als qualifizierte Kooperationspartner den hierfür spezialisierten Diensten zur Verfügung, bringen ihre Sicht und ihr Wissen einzelfallbezogen ein. Lehrerorientiert zu handeln, meint vor allem das Zusammenwirken mit ihnen und ihre Beratung.
Eine schülerorientierte Schwerpunktsetzung sollte die Überfrachtung von sozialpädagogischen Zielen und Tätigkeiten in der Schule vermeiden.

Kurz und anders (gemäß der entwickelten theoretischen Rahmung) ausgedrückt: Schulbezogene Angebote der Jugendhilfe sind bezogen auf (vgl. Teil 2/Kap. 2. 6, 4. 2. 4):
- Probleme mit Schule (primär: Gestaltung von schülerbezogenen Lern- und Entwicklungsräumen als *problembearbeitend-integrierender und lebenslagengestaltend-strukturierender Aspekt*)
- Probleme für Schule (als Effekt der primären Aufgabe: Beitrag zur Verbesserung der Lebensbedingungen von jungen Menschen, der Umfeldbedingungen, die in Schule kumulieren als *Aspekt der Strukturgestaltung*) und
- Probleme von Schule (als Effekt der primären Aufgabe: Beitrag zur sozialpädagogischen Qualifizierung von Schule, zur Eindämmung institutioneller Probleme im Sinne eines institutionenkritischen *Aspektes der Schulentwicklung*).

3 „Zieldimension"
(Was sind fachliche Prämissen, Handlungsorientierungen und adressatenbezogene Ziele schulbezogener Angebote der Jugendhilfe?)

Nach der Benennung von Indikatoren für schulbezogene Angebote der Jugendhilfe und ihrer Einordnung in Aufgabenbezüge (Schwerpunktsetzungen) soll nun ihre Zielsetzung differenziert beschrieben werden. Die Zielsetzung sozialpädagogischer Arbeit in der Schule setzt sich dabei aus drei Teilaspekten zusammen: Zielsetzung meint zunächst, die durch sozialpädagogische Rahmenkonzepte definierten sozialpädagogischen Interventionsziele (fachliche Prämissen), desweiteren sind konzeptionelle Kernpunkte als Leitbilder professionellen Handelns (Handlungsorientierungen) Bestandteil der Zieldimension. Schließlich sind einzelfallorientierte Ziele schulbezogener Angebote der Jugendhilfe gemeint, hier also vor allem schülerbezogene Handlunsgsziele (adressatenbezogene Zielsetzungen).

Als *fachliche Prämissen* schulbezogener Angebote der Jugendhilfe gelten meines Erachtens die Lebensweltorientierung, die Alltagsorientierung (Thiersch) und das Konzept der biografischen Lebensbewältigung (Böhnisch) in der Sozialpädagogik (vgl. Teil 2/Kap. 4. 2. 3).
Das Rahmenkonzept der Lebensweltorientierung in der Sozialpädagogik ist als ein integratives Denk- und Handlungskonzept zu verstehen. Die Orientierung an der Lebenswelt, meint die Orientierung an der alltäglich wiederkehrenden Erfahrungswelt der Adressaten, wie sie sich ihnen darstellt und auf die das subjektive Verstehen und Handeln bezogen ist. Diese Erfahrungen werden in der Auseinandersetzung mit der sozialen Umwelt, in Interaktions- und Kommunikationsprozessen gemacht. Die lebensweltliche Erfahrung ist dabei immer gespeist aus Begegnungen mit anderen Personen und mit sozialen Organisationen und Institutionen, die persönliche Begegnung bündeln und Rahmen (wie z. B. die Schule). Eine an der Lebenswelt orientierte Jugendhilfe bedeutet, nach den Verhältnissen der jungen Menschen zu fragen, in denen sie sich vorfinden und behaupten, die räumlichen, zeitlich-biografischen und sozialen Erfahrungen zu erfassen, ebenso die pragmatischen und alltäglichen Deutungs- und Handlungsmustern, mit denen sich Jugendliche in ihren Verhältnissen arrangieren. Die Lebenswelt der Jugendlichen zu betrachten heißt auch, ihre Strukturen und (nicht) verfügbaren Ressourcen in der Determiniertheit gesellschaftlicher und sozialer Voraussetzungen zu erkennen. Schließlich wird die Lebenswelt der Jugendlichen als Ort subjektiver Anstrengung der Lebensbewältigung verstanden. Probleme der Lebensbewältigung werden somit im Sinne einer lebensweltlichen Analyse als Diskrepanz zwischen sozialen Anforderungen und individuellen Bewältigungskompetenzen angesehen, dessen sozialpädagogische Relevanz sich in einem „Komponentendreieck der Lebenswelt" abbilden läßt: Dieses besteht aus (überhöhten/situationsinadäquaten) individuellen Bedürfnissen und (geringen/situations-inadäquaten) Kompetenzen der Jugendlichen, belastenden Strukturen (schul-) sozialisatorischer Lebensräume und der (Nicht-) Verfügbarkeit bzw. unangemessenen Nutzung von Ressourcen der Unterstützung. Allgemein bestehen die Aufgaben von lebensweltorientierten schulbezogenen Angeboten der Jugendhilfe in der Analyse von negativen Bedingungen in diesem Komponentendreieck (die zu Bewältigungsproblemen/Belastungen führen) und ihrer Veränderung bzw. präventiven Entgegenwirkung (vgl. Teil 2/Kap. 4. 2. 3. 1).

Lebensweltorientierung in der Sozialpädagogik konzentriert sich wesentlich in der Maxime der Alltagsorientierung, die ein heuristisches Konzept und einen spezifischen Modus des Handelns meint (vgl. Teil 2/Kap. 4. 2. 3. 1). Alltagsorientierung meint die Orientierung am sozialen und pragmatischen Handeln des einzelnen, an Rollen, Routinen, Typisierungen und Entfremdungen, damit die Interpretation komplexer Phänomene der Alltäglichkeit in ihren räumlichen Erfahrungen und sozialen Bezügen, wie sie sich für Jugendliche in den unterschiedlichen Alltagswelten (wie z. B. der Schule) darstellen. Alltag, strukturiert durch die Elemente Alltäglichkeit und Alltagswelten, bietet Anknüpfungspunkt für sozialpädagogisches Handeln, das da ansetzt, wo Probleme entstehen, in der Komplexität des gegebenen Alltags. In dieser alltagsnahen Hilfe zur Lebensbewältigung und Problembearbeitung ist Sozialpädagogik immer auf den Eigensinn des Menschen, auf seine Situation und Deutungs- und Handlungsmuster in ihr orientiert, um in Aushandlungsprozessen effektive Unterstützungsleistungen realisieren zu können.

Alltag als Ort der Lebensbewältigung eröffnet den Blick auf den soziostrukturellen Aufforderungscharakter der Jugendphase, auf das Sich-Auseinandersetzen mit dem Aufgegebenen als „biografische Lebensbewältigung" (vgl. Teil 2/Kap. 4. 2. 3. 2), als ein Streben junger Menschen nach psychosozialer Handlungsfähigkeit und Orientierung. Aus sozialisationstheoretischer Sicht kennzeichnet sich die jugendphasentypische Bewältigungsaufforderung in Suchbewegungen wie der Suche nach Selbstwertstabilisierung, Orientierung und Integration sowie Halt und sozialer Unterstützung.

Schulbezogene Angebote der Jugendhilfe sind als Schlußfolgerung aus diesen (noch einmal kurz resümierten) fachlichen Prämissen veranstaltete Sozialpädagogik in der Schule oder in ihrem Umfeld, an den lebensweltlichen Erfahrungen, wie sie in Schule hineingetragen, dort repräsentiert sind, orientiert - aber auch an den alltäglichen Vollzügen der schulisch bestimmten Lebensräume, den schulisch induzierten Belastungen und Problemen. Schulbezogene Angebote der Jugendhilfe setzen also an den Bewältigungsanforderungen im Kontext Schule an, den in ihr entstehenden, in sie hineingetragenen und in ihr verdichteten, von der Schule gemäß ihrer Funktion und von anderen Instanzen wie Familie und Freundeskreis nicht angemessen bearbeiteten Phänomenen der Lebensbewältigung: **Schulbezogene Angebote der Jugendhilfe sind schulalltagsorientierte Sozialpädagogik** (vgl. Teil 2/Kap. 4. 2. 4).

Schulalltagsorientierte Sozialpädagogik versteht Schule als Alltagswelt, erfaßt diesen Erfahrungsraum in seiner Funktion und als Interdependenzraum lebensweltlicher Einflüsse und den daraus resultierenden Folgen für das Handeln der Schüler. Es kommt also darauf an, Schule sowohl aus den institutionsorientierten (Rahmenbedingungen, Zwänge aber auch Opportunitätskontexte betreffende) als auch aus der subjektorientierten (das individuelle Erleben und Verhalten betreffende) zu betrachten. Schulalltagsorientierte Sozialpädagogik ist am schulisch vermittelten „Lebenswelt-Komponentendreieck" orientiert, an den Strukturen und objektiven Bedingungen der Alltagswelt als Erfahrungsraum (institutionell produzierte Normen, soziale Beziehungen und dort verdichtete lebensweltliche Bezüge), an der subjektiven Ebene der Bedürfnisse, Kompetenzen und Bewältigungsformen als Ausdrucksformen von Alltäglichkeit (Erleben, Handeln) sowie an den sozialen Milieus und Ressourcen (wie den peer-Kontexten, der Familie oder anderen Netzwerkbestandteilen). An diesem Wechselspiel, an den an diesem Schnittpunkt und in diesem Austauschprozeß auftretenden Belastungen und Problemen von Schülern sind schulbezogene Angebote der Jugendhilfe orientiert, ihre schulalltagsorientierte Fundierung rückt sie damit in die Nähe der je gegebenen Komplexität des Alltags (vgl. Teil 2/Kap. 4. 2. 4).

Aus diesen fachlichen Prämissen resultieren nunmehr konzeptionelle Kernpunkte als Leitbilder professionellen Handelns. Als solche *Handlungsorientierungen* einer schulalltagsorientierten Sozialpädagogik (vgl. Teil 2/Kap. 4. 2., 4. 2. 4) sind vor allem das Prinzip der Sozialräumlichkeit, der Ressourcen- und Netzwerkorientierung sowie des Empowerments zu nennen.

Raumaneignung als sozialwissenschaftlicher Begriff (vgl. Deinet 1993) bedeutet, daß sich soziale Verhältnisse Kindern und Jugendlichen vor allem räumlich darstellen. Die Gegenstandsbedeutung heißt für Jugendliche, den Gegenstand aus einer Gewordenheit zu begreifen uns sich die darin verkörperten sozial vermittelten Eigenschaften anzueignen. Dieser Aneignungsprozeß ist eingebettet in den „Raum" unserer Gesellschaft, in räumliche Gegebenheiten. Fragen mit sozialpädagogischer Relevanz ergeben lauten vor diesem Hintergrund etwa:
- Wie ist der Lebensraum von Kindern und Jugendlichen strukturiert?
- Wie und wo finden Aneignungsprozesse statt?
- Wodurch werden Aneignungsprozesse gefördert bzw. behindert?

Schulalltagsorientierte Sozialpädagogik stellt sich diese Fragen im schulischen Kontext, blickt auf die Möglichkeiten der sozialräumlichen Aneignungsprozesse, mithin auf das in ihnen stattfindende Rollenhandeln, beachtet Strukturen, die diese Entwicklungsprozesse eher verhindern. Der institutionelle Rahmen Schule wurde aus handlungstheoretischer Sicht ausführlich geklärt, so daß die organisatorisch induzierte Reduzierung des Jugendlichen auf die Schülerrolle sichtbar wurde (vgl. Teil 2/Kap. 2. 4). Aneignungsräume im schulischen Kontext, aber auch im außerschulischen Kontext sind nicht immer gegeben, dazu institutionell nicht mehr verläßlich abzurufen, sondern müssen im Kontext individualisierter Sozialisationsprozesse stärker selbst und neu in ihren Sozialbezügen aufgebaut werden (vgl. Teil 2/Kap. 1. 4). Sozialpädagogik kann einen Beitrag dazu leisten, im schulischen Rahmen solche Aneignungsräume zu gestalten, damit den Kindern und Jugendlichen Möglichkeits- und Gelegenheitsräume zu erschließen, die sich für sie ansonsten eingeschränkter und schwerer zugänglich erweisen. Schulbezogene Angebote der Jugendhilfe sind im Vergleich zur Schule nicht gezwungen, ihre Arbeit nach institutionellen Lernzielen zu organisieren, ihre Strukturprinzipien Freiwilligkeit, Offenheit, unreglementierter Zugang stellen damit ein Pendant dar (vgl. Teil 2/Kap. 4).

Aneignungsprozesse als Eigentätigkeit werden durch Anforderungsstrukturen angeregt, so daß sich individuell eine Erweiterung des Handlungsraumes oder eine Veränderung vorhandener Arrangements vollzieht. **Raumaneignung** als pädagogisches Konzept (vgl. Böhnisch/Münchmeier 1993) bekommt **im Rahmen schulalltagsorientierter Sozialpädagogik** eine besondere Bedeutung hinsichtlich...

- *einer Orientierung an Potentialen von Entwicklungsanreizen in sozialräumlichen Kontexten durch den Aufbau von Themenbezügen* (Hier ist der Kernpunkt sozialräumlicher Jugendpädagogik gemeint, denn die Pädagogik bringt ihre Themen in jugendkulturell wirkende Räume ein. Auf freiwilliger Basis und wenig vorstrukturiert wird Lernen im Austausch von sozialräumlicher Struktur und thematischem Angebot ermöglicht. Die eingebrachten Themen werden in einer sozialräumlich-jugendkulturellen Dynamik eigenständig verändert, verfremdet und gehandhabt, so daß Freiräume für jugendliches Territorialverhalten entstehen),
- *eines thematisch strukturierten Möglichkeitsraumes für professionell inszenierte Lernprozesse* (Hier wird auf die pädagogische Dimension des Lernens und der Erfahrung hingewiesen, indem Situationen geschaffen werden, die die individuellen Handlungsräume erweitern lassen und Lernprozesse ermöglichen. Eine pädagogisch arrangierte Spannung zwischen Gekonntem und Ungekonntem, als gestellte Entwicklungsaufgabe, aber auch die Konfrontation der Jugendlichen mit unbekannten Räumen können Auslöser für Lernprozesse im Sinne eines erfahrungsgesteuerten Aneignungsprozesses sein),
- *der Erweiterung reflexiver Handlungsmöglichkeiten* (Die handlungstheoretische Perspektive des Aneignungskonzeptes ermöglicht den Anschluß an den pädagogischen Begriff der

Kompetenz, der vor diesem Hintergrund eine interaktionistisch-sozialreflexive Kompetenz und sozialräumliche Erweiterungen meint, statt des Trainings bloßen „Anpassungsverhaltens").

Schulbezogene Angebote der Jugendhilfe werden in diesem Sinne als Medium für Raumaneignungsprozesse strukturiert, wobei sie den Prinzipien folgt
- „ermöglichen und zulassen" (Räume anbieten),
- „selbständige Aktivitäten entstehen lassen und unterstützen" (Aneignungen gewähren lassen und intensivieren) und
- „Reflexion der sozialräumlichen Erfahrungen ermöglichen" (Vergewisserung und Auseinandersetzung ermöglichen).

Schulsozialpädagogen halten Räume gestaltbar, ohne sie zwangsläufig selbst zu gestalten, sie streben eine Vernetzung nach außen an (Transparenz herstellen) und nehmen verstärkt die Individualität der Kindern und Jugendlichen sowie Authentizität in den Blick, als personale Dimension des pädagogischen Prozesses (vgl. Teil 2/Kap. 4. 2. 3. 3). Die Orientierung an Personen hat hierbei für Jugendliche eine größer werdende Bedeutung, seien es Gleichaltrige oder als relevant erlebte Erwachsene (pädagogische Beziehung): „Diese personale Orientierung hat ihre besondere sozialräumliche Dimension: Man muß Personen „begegnen", muß wissen, wo sie sind, wie man sie treffen kann, zu wem sie gehören. Personen symbolisieren Spielräume, Gelegenheitsstrukturen, Perspektiven" (Böhnisch/Münchmeier 1993, S. 56). Das Konzept der Raumaneignung verweist auch immer auf Milieukontexte der Gegenseitigkeit, auf Netzwerke sozialer Unterstützung und Ressourcen der individuellen und sozialen Entwicklung.

Schulalltagsorientierte Sozialpädagogik betreibt daher auch **soziale Netzwerkarbeit und Ressourcenerschließung**. Die netzwerk- und ressourcenorientierte Perspektive betrachtet nicht nur das Individuum als Träger von Kompetenzen und Defiziten, sondern auch das soziale Netzwerk als mögliche Belastungs- oder Hilfe- und Unterstützungsquelle. Ziel der sozialpädagogischen Arbeit ist es, Hindernisse für die Entwicklung und Verstetigung sozialer Netzwerke abzubauen, um somit Ressourcen dauerhaft zu erschließen (vgl. Teil 2/Kap. 4. 2. 3. 3 und Teil 3/Kap. 5). Hierzu werden zwei Zielrichtungen der sozialen Netzwerkarbeit angestrebt (vgl. Bullinger/Nowak 1998, S. 140 ff.): Zum einen sollen personenbezogene Hemmnisse für soziale Unterstützung abgebaut werden. Hiermit sind einstellungs- und verhaltensorientierte Strategien gemeint (z. B. Konfrontation mit Handlungsalternativen, Reduzierung von Angst, Kompetenztraining, funktionale Äquivalente zu deviantem Verhalten anbieten), die die sozialen Fertigkeiten der Jugendlichen erhöhen helfen und somit soziale Interaktionen und Beziehungen (wieder) ermöglichen. Ziel ist die Vermittlung von Kompetenzen zum Aufbau von Beziehungen, zum Aufrechterhalten von Beziehungen und zur Förderung von Kontakten. Auf der anderen Seite sollen umfeldbezogene Hemmnisse für soziale Unterstützung abgebaut werden, das meint eine Befähigung des Umfeldes als Ressource sozialer Unterstützung, wie die Intensivierung sozialer Bezüge zwischen Lehrern und Schülern, die Anregung von Hilfepotentialen in der Familie oder in peer-Kontexten (vgl. Teil 2/Kap.1. 6; 3. 1; 3. 2).

Die soziale Netzwerkarbeit des Schulsozialpädagogen zielt auf die Unterstützung bei der Problemartikulation des einzelnen Schülers, so daß Anknüpfungspunkte für begleitende Hilfestellungen überhaupt möglich werden. Ferner muß eine Analyse des jeweiligen sozialen Netzwerkes (adressaten- und institutionenbezogen) erfolgen, um Unterstützungsressourcen, -hemmnisse, -bedürfnisse und -kompetenzen sichtbar zu machen. Durch diesen rekonstruierenden Zugang können Ausgangspunkte für die Erweiterung der Bewältigungskompetenzen und des Verhaltensrepertoires für die selbständige Netzwerkbildung abgeschätzt werden und Interventionen zum Netzwerkaufbau und zur Ressourcenmobilisierung in aushandlungsorientierten pädagogischen Beziehungen durchgeführt werden. Die soziale Netzwerkarbeit des Schulsozialpädagogen bezieht sich zudem auf die Veränderung der äußeren, unterstützungshemmenden Strukturen, auf die sozialen Kontexte eines Schülers im Raum Schule und damit auf die institutionellen Bedingungen und Möglichkeiten zur Mobilisierung der pädagogischen Selbsterneuerung und Ressourcenmobilisierung von Schule (vgl. Teil 2/Kap. 4. 1). Soziale Netzwerkarbeit meint aber nicht nur die Veränderung defizitärer sozialer Unterstützung, sondern auch die Intensivierung vorhandener und verfügbarer Unterstützung. Das heißt Schulsozialpädagogen bieten Räume an, in denen vorhandene Kontakte ausgelebt, soziale Bezüge außerhalb der Schule in sie hineingetragen werden können und dadurch ihre entwicklungsfördernde Wirkung verstärken. Netzwerkbildung bezieht sich somit auf alle Schüler, im Sinne einer Schulleben- und Schulumfeldgestaltung (Strukturgestaltender Effekt) (vgl. Teil 2/Kap. 4. 2. 4). Vor diesem Hintergrund und im Rückgriff auf die fachlichen Prämissen schulbezogener Angebote der Jugendhilfe ist die Rolle des Schulsozialpädagogen einerseits als „Lebenswelt-Analytiker" (Herriger 2000) zu kennzeichnen, der adressaten- und institutionenbezogen das Lebenswelt-Komponentendreieck in der Alltagswelt Schule analysiert (und sie in den individuell-biografischen Bezug integriert), andererseits ist er „Netzwerker und Ressourcenmobilisierer" (ebd.), der neue soziale Zusammenhänge erschließen hilft, die Gruppeneffekte der emotionalen Stützung und Solidarität verstärkt und neben der Gestaltung von Gruppenprozessen auf Ressourcenmobilisierung gerichtet ist (Aufbau von Netzwerken, Intensivierung vorhandener Netzwerke und Koordination von Netzwerken zum Zwecke ihrer Effektivierung).

Wichtiges Prinzip der Sozialräumlichkeits- und Netzwerkorientierung ist das Empowerment-Konzept (vgl. Stark 1996). **Empowerment als Handlungsorientierung schulbezogener Angebote der Jugendhilfe** meint die Orientierung an den Stärken, Kompetenzen und Ressourcen der Schüler und die aktive Förderung solidarischer Formen der Selbstorganisation. Empowerment meint zunächst die Selbstorganisation der Schüler im schulischen Alltag, aber auch die Entdeckung der Potentiale zur Lebensbewältigung. Empowerment-Konzepte im schulischen Kontext betreffen auf der individuellen Ebene die Mobilisierung von Ressourcen, auf der Gruppenebene Netzwerkarbeit und die Unterstützung von Selbstorganisation in Entwicklungsgemeinschaften und auf der institutionellen Ebene die Partizipationsmöglichkeiten von Schülern sowie die Vernetzung von Diensten (um einen Informationsfluß, ihre Abstimmung und die inhaltliche Zusammenarbeit in schul(umfeld)bezogenen und -gestaltenden Fragen zu realisieren). Empowerment-Arbeit, durch Schulsozialpädagogen angeregt, bedeutet Arbeit am „Projekt Gemeinschaftlichkeit" (Herriger 2000) in der Schule und in ihrem Umfeld, wobei der Ermächtigung der Schüler zur eigenverantwortlichen Ausfüllung entsprechender Räume und Strukturen ihre Befähigung dazu (Kompetenzvermittlung) vorausgehen muß, so daß die Verbindung der drei Handlungsorientierungen „Sozialräumlichkeit als pädagogisches Konzept", „Netzwerkbildung und Ressourcenmobilisierung" sowie „Empowerment" deutlich wird.

Aus den fachlichen Prämissen einer schulalltagsorientierten Sozialpädagogik, den daraus resultierenden Handlungsorientierungen schulbezogener Angebote der Jugendhilfe, können nun die *adressatenbezogenen Zielsetzungen* (im Rückgriff auf die Auslösebedingungen und die Bezugsdimension) abgeleitet werden. Die adressatenbezogenen Zielsetzungen beziehen sich aufgrund der erfolgten Schwerpunktsetzung vorrangig auf schülerbezogene Interventionen, sekundär sind familien- und lehrerbezogene Zielsetzungen, die zwar benannt, aber eher zu

Effekten sozialpädagogischer Arbeit in Schulen zählen und nicht in den Mittelpunkt der Arbeit des sozialpädagogisch Tätigen rücken können.

Die **schülerbezogenen Zielsetzungen** schulbezogener Angebote der Jugendhilfe sind auf die Hilfe zur Lebensbewältigung im schulischen Kontext gerichtet. Sie tragen bei zur Strukturierung der alltagsweltlichen Komplexität und ihrer Anforderungen in der Schule bzw. auf sie bezogen. Schüler erhalten Unterstützungsleistungen für den Umgang mit den Anforderungen in der Schule, zur Bewältigung des Leistungs- und Sozialbereiches, sie können aber auch zur Erhöhung der eigenen Kompetenz biografischer Selbstgestaltung Hilfe beim Entwurf persönlicher Lebensziele in einer strukturell belastenden Ausgangssituation (Qualifikationsparadox) erhalten (vgl. Teil 2/Kap. 2. 5).
Schulbezogene Angebote der Jugendhilfe leisten einen Beitrag zur Persönlichkeitsbildung junger Menschen (neben den anderen Sozialisationsinstanzen), zur Schaffung positiver Lebensbedingungen und Entfaltungsräume im Kontext Schule. Sie sind dabei konzeptuell orientiert an dem Primat der Förderung kompetenten Rollenhandlens und der Optimierung von Bewältigungskompetenz in gegebenen Strukturen und den institutionellen Anforderungen Schule (vgl. Teil 2/Kap. 1 und 2). Sozialpädagogik zielt in diesem Kontext auf die Herstellung oder Verbesserung von Lernfähigkeit und Lernmotivation, auf ihren Anteil an der Sicherung der schulischen Bildung, ohne ihre professionellen Programme auf diese Aspekte zu reduzieren. Schulbezogene Angebote der Jugendhilfe sind ausgerichtet auf die Erweiterung bzw. Entfaltung von Spielräumen der Interaktion und Kommunikation (Austausch, Verständigung, Anerkennung, Erfahrungen der Gegenseitigkeit), des Lernens und der Bildung (Lernbedingungen mitgestalten, Schüler motivieren, befähigen) sowie der Regeneration (Organisation von Rückzugsräumen, Gegenpolen zu schulischen Anforderungen, Freizeitgestaltung) eines jeden Schülers zur Vermeidung von Benachteiligungs- und Ausgrenzungstendenzen.

Schulbezogene Angebote der Jugendhilfe tragen also (gemäß der beschriebenen Zentraltheorie) zur Subjektwerdung von Kindern und Jugendlichen bei, sie gestalten Lernräume, in denen Kinder und Jugendliche die aktive Auseinandersetzung mit ihrer Umwelt erlernen und Rollenhandeln proben können (produktiv-realitätsverarbeitendes Subjekt). Sozialpädagogik, orientiert am allgemeinpädagogischen Ziel der Unterstützung der Subjektwerdung von Kindern und Jugendlichen, stellt im Sozialisationsraum Schule spezifisch inszenierte Räume her, die Strukturierungs- und Integrationsangebote vereinen und als sozialräumliches Angebot Aneignungsprozesse von Kindern und Jugendlichen ermöglichen, die durch die Auseinandersetzung mit ihren Strukturen, Herausforderungen und personal-interaktiven Dimensionen erlebter pädagogischer Beziehung zu relevanten Erwachsenen befördert werden (vgl. Teil 2/Kap. 4. 2. 4).

Sozialpädagogik in der Schule ermöglicht geleitete Komplexität als professionell inszeniertes Grundmuster einer produktiven Realitätsverarbeitung junger Menschen, sie trägt bei zur Vermittlung von biografischen Kompetenzen (Qualifizierung für das individuelle Lebensmanagement), institutionellen Kompetenzen (kompetentes Rollenhandeln in der Schule als bewältigungsorientiertes Schulmanagement) sowie sozialräumlichen Kompetenzen (kompetentes Rollenhandeln im Zusammenspiel sozialisatorischer Orte). Schüler erhalten Unterstützung für die Entwicklungsanforderungen in der Jugendphase, die mit den folgenden Formeln gekennzeichnet werden können (vgl. Teil 2/Kap. 1. 3 -1. 6):
- Integration in das soziale Umfeld als konflikthafter Prozeß zwischen Individuation und Sozialintegration („Vermittlungsleistung")
- Umgang mit widersprüchlichen Einflüssen der Sozialisationsinstanzen in pluralistischen Lebensbedingungen („Integrationsleistung")

- Handeln in unsicheren Strukturen und Umgang mit Offenheit („Leistung der Herstellung lebbarer Gegenwart bei unsicherer Zukunft")
- Aufgabe der eigenen Herstellung von Halt und Strategien der Lebensbewältigung („Orientierungsleistung")
- Umgang mit Benachteiligung und Ausgrenzung („Kompensationsleistung")

Schulbezogene Angebote der Jugendhilfe leisten einen Beitrag zur individuellen und sozialen Entwicklung der Kinder und Jugendlichen in der Schule, indem sie ausgehend von den Problem- und Belastungsstrukturen in der Schule (vgl. Teil 3/Kap.1-3) folgenden Grunddimensionen sozialpädagogischer Interventionsziele folgt (vgl. Teil 2/Kap. 4. 2. 3. 3):

1. Die Wiedergewinnung des Selbstwertes von Schülern befördern, zur Selbstwertstabilisierung beitragen, die durch negative soziale Beziehungen in der Schule, durch Erfahrungen der Ausgrenzung, der Gewalt oder als Reaktion auf eigene Bewältigungsprobleme beeinträchtigt sein kann. Damit hängt das Ziel der
2. sozialen Unterstützung und des Aufbaus von Netzwerken zusammen. Schüler sollen dazu befähigt werden, eigene Netzwerke aufzubauen, sie zu erhalten, sie angemessen als Unterstützungsquelle abzurufen. Isolation, eingeschränkte soziale Beziehungen, Rückzugsverhalten und destruktive Formen der Bewältigung sollen Milieukontexten der Gegenseitigkeit, Kontakten, Erfahrungen der Solidarität, des gemeinsamen Tuns und der Auseinandersetzung weichen. Damit wird ein Beitrag zur
3. Integration geleistet und Orientierung ermöglicht. Die sozialräumliche Suchbewegung Jugendlicher verlangt nach Antworten, nach Begleitung und Beratung, nach Informationen über Ressourcen der alltäglichen Lebensbewältigung, sie macht die Vermittlung von Zugängen und Kontakten notwendig, das Vermitteln von Wissen für das Selbermachen und -organisieren sowie den Zugang zu peerorientierten Vergleichs- und Auseinandersetzungsmöglichkeiten. Schließlich ist die
4. Regeneration in Rückzugsräumen als Pendant zu schulischen Anforderungen (z. B. Freizeitgestaltung) ein wichtiges Bedürfnis von Kindern und Jugendlichen, denen in entsprechenden sozialpädagogisch arrangierten und eigentätig zu gestaltenden Räumen die Regulation persönlich erlebter Belastungen (durch Leistungsan- und überforderungen und negativen sozialen Beziehungen in der Schule) ermöglicht wird. In diesen Räumen wird Jugendlichen Normalisierungshandeln ermöglicht, das innere Unruhezustände, Äußerungen von Belastungszuständen, negative Emotionen und Streßzustände, Angstzustände und Frustrationen zu reduzieren und Abverlangtes lebbar werden läßt. Gemeint ist letztendlich der Beitrag von Sozialpädagogik zur Erhöhung der
5. Alltagskompetenz, die im schulischen Rahmen zum Tragen kommt, aber auch darüber hinaus wirkt, und Kindern und Jugendlichen Selbstwirksamkeitserfahrungen ermöglicht.

Die **elternbezogene Zielstellung** schulbezogener Angebote der Jugendhilfe bezieht sich auf den Beitrag der Schulsozialpädagogen zur Erhöhung der familiären Aufmerksamkeit für das schulische Leben des Kindes, auf die Anregung von Elternengagement in der Schule und auf die Verbesserung des Kontaktes zu Lehrern (vgl. Teil 2/Kap.3. 1. 3; 3. 1. 4 und Teil 3/ Kap. 1. 1. 3; 5. 1). Wichtig ist auch der Beitrag schulbezogener Angebote der Jugendhilfe zur Optimierung der Familie als Ressource der Unterstützung im schulischen Kontext und die Erhöhung ihres Informationsstandes über soziale Dienste und ihre Rechte. Hier erhalten schulbezogene Angebote der Jugendhilfe einen Stellenwert als unterstützende Elternarbeit mit dem Ziel der Förderung einer reflexiven Elternschaft. Diese Ziele können in Angebotsformen wie Informationsveranstaltungen, Gesprächskreisen, der gemeinsamen Gestaltung des Schullebens

oder auch als eine erste klärende Familien- und Erziehungsberatung verfolgt werden. Zentral ist die Rolle des Schulsozialpädagogen als Koordinator und Informierer, denn einen hohen Stellenwert bekommt die Interessenvertretung der Eltern durch die Vermittlung von Hilfen, die nicht von den Schulsozialpädagogen geleistet werden (z. B. Familienhilfe).
Hier sind schulbezogene Angebote der Jugendhilfe auf familiär vermittelte „Probleme für Schule" gerichtet, haben einen Beitrag zur umfeldbezogenen Ressourcenmobilisierung (Strukturgestaltung).

Lehrer- und institutionenbezogen haben schulbezogene Angebote der Jugendhilfe zwei Funktionen: Sozialpädagogik stellt einerseits „Importwissen" für die Qualifizierung von Schule dar, das heißt sie leistet einen Beitrag zur Öffnung des Schullebens nach außen, zur sozialpädagogischen Qualifizierung der Lehrkräfte (Erhöhung der Kooperationskompetenz) und zur sozialpädagogischen Akzentuierung von Schulkonzepten (vgl. Teil 2/Kap. 4. 1 und Teil 3/Kap. 5. 3-5. 5). Auf der anderen Seite wird Sozialpädagogik zum „Kooperationspartner in Form von Jugendhilfeangeboten", das heißt die Effektivierung der Unterstützung von Schülern durch ein kooperatives Vorgehen und die gemeinsame Gestaltung des Schullebens wird hierdurch angestrebt. Schulsozialpädagogen können neben der kooperativen Bearbeitung von schulisch relevanten Problemen auch die fall- und problembezogene Beratung der Lehrer in sozialpädagogischen Fragen vornehmen. Die sozialpädagogische Fort- und Weiterbildung der Lehrer sowie Supervision sollten in anderen Formen und durch andere (sozialpädagogische) Fachkräfte institutionalisiert werden. Diese kontinuierliche Qualifizierung der Schule kann als fortlaufender und dynamischer Prozeß nicht vorrangig den Schulsozialpädagogen aufgebürdet werden, sie haben hier eine ergänzende Funktion. Hier sind schulbezogene Angebote der Jugendhilfe auf „Probleme von Schule bezogen", tragen bei zur Schulentwicklung (vgl. Teil 2/Kap. 2. 6).

4 „(Re-) Aktionsdimension"
(Was sind die Qualitäten, Typen und Formen schulbezogener Angebote der Jugendhilfe?)

Schulbezogene Angebote der Jugendhilfe stellen eine mögliche Reaktion auf die komplexe Bewältigungsthematik von Kindern und Jugendlichen in der schulischen und außerschulischen Sozialisation dar. Die „(Re-) Aktionsdimension beschäftigt sich daher mit der Entwicklung von Angebots- und Unterstützungsqualitäten schulbezogener Angebote der Jugendhilfe, ihrer handlungsmethodischen Umsetzung und Bündelung in ein Praxiskonzept. Die Erscheinungsform schulbezogener Angebote der Jugendhilfe wird dabei aus den Auslösebedingungen und den Zielsetzungen abgeleitet, entsprechend der hierbei abgeleiteten Schwerpunktsetzung werden im folgenden schülerbezogene Handlungsanforderungen beschrieben.

Zunächst fällt in der bisherigen Fachdiskussion auf, daß Praxiskonzepte der Kooperation von Jugendhilfe und Schule überwiegend mittels verschiedener Angebotsformen (z. B. Freizeitangebote, Hausaufgabenhilfe) verdeutlicht werden. Hiervon möchte ich mich abgrenzen, indem ich ausgehend von Angebotsqualitäten und einer Typik als Entsprechung des Zusammenspiels dieser Qualitäten zu den Angebotsformen und -inhalten komme. Letztere lassen sich kaum mehr durch neue Zugänge ergänzen, die gesamte Vielfalt möglicher Angebote wurde bereits mehrfach benannt. Daher lege ich den Schwerpunkt auf die Beschäftigung mit den Angebotsqualitäten und ihrer Bündelung in einem Praxis- und Strukturkonzept sowie auf daraus resultierende Handlungsanforderungen für die Schulsozialpädagogen.

Gegenwärtig wird stärker ein „integrierter Ansatz" der Schulsozialarbeit gefordert (vgl. Olk u. a. 2000), der jedoch an der Versäulung der bisherigen schulbezogenen Jugendhilfeangebote (§ 11 Jugendarbeit und § 13 Jugendsozialarbeit) festhält und seine Integriertheit lediglich im Entwurf eines „kombinatorischen Typs" aus eben diesen Angebotssegmenten erhält, mithin vorrangig an einem Problemgruppenbezug festhält (vgl. ebd., S. 183). Die Diskussion um Praxiskonzepte und Erscheinungsformen der Schulsozialarbeit bleiben daher hinter den Standards der jüngeren Fachdiskussion in der Sozialpädagogik zurück, die rege und kritisch integrierte und flexible Hilfen verhandelt (vgl. Wolff 2000, Koch/Lenz 1999, Peters u. a. 1998, Peters/Wolff 1997). Gerade hier denke ich wesentliche Anhaltspunkte und Anregungen für die Konzeptualisierung schulbezogener Angebote der Jugendhilfe zu finden, die als schulalltagsorientierte Sozialpädagogik mit einem integrierten und flexiblen Unterstützungsansatz auf die Problem- und Belastungsstrukturen im schulischen Kontext reagieren können. Im einzelnen:

Die beschriebenen Problem- und Belastungsstrukturen im schulischen Kontext haben komplexe Äußerungsformen und ebenso komplexe Bedingungs- und Entstehungsgefüge, genannt wurden Leistungsan- und -überforderungen, destruktive und abweichende Bewältigungsstrategien, negative Emotionen und Selbstbilder sowie konflikthafte soziale Beziehungen in der Schule. Schulbezogene Angebote der Jugendhilfe, die vor diesem Hintergrund Hilfe zur Lebensbewältigung leisten wollen, sehen sich mit Komplexität und nicht mit Parzellierungen als Handlungsanlässe konfrontiert. Schulbezogene Angebote der Jugendhilfe haben einen potentiell entgrenzten Handlungsgegenstand und sind in ihren Zielen und Interventionen biographieorientiert denn klientel- oder problemorientiert, wie dies aus den fachlichen Prämissen der jüngeren Sozialpädagogik ableitbar ist. Die pädagogischen *Unterstützungsqualitäten* von Schulsozialpädagogen sind entsprechend vielfältig: Sie haben die Aufgabe, soziale *Ressourcen* für Schüler zu *erschließen*, die *Netzwerkbildung* zu *befördern* und vorhandene Unterstützungsmöglichkeiten besser *abzustimmen*. Sie *begleiten* Schüler im schulischen Lernprozeß und tragen zur Bewältigung von psychosozialen Äußerungsformen des Leistungsdrucks bei. Die *Anregung* von Selbsttätigkeit der Schüler, die *Erkundung* und *Förderung* ihrer Interessen und Stärken im gemeinsamen Erleben mit Gleichaltrigen hat dabei einen besonderen Stellenwert. Schulsozialpädagogen sind zudem *Interessenvertreter* der Schüler, können *Vermittler* bei Konflikten mit Lehrern sein und die Schüler zu ihrer eigenen Interessenvertretung *befähigen*. Im Einzelfall sind die Schulsozialpädagogen *beratend* und *klärend* tätig, sie *eröffnen* Schülern Verhaltensalternativen und *stellen Räume* zu ihrer Erprobung und Stabilisierung *zur Verfügung*. Schüler können aber auch in entsprechenden Angeboten für soziale Aufgaben qualifiziert werden, als Streitschlichter oder Berater tätig werden, sie werden also durch die Schulsozialpädagogen *geschult* und *ausgebildet*.

Schulbezogene Angebote der Jugendhilfe, die auf die Bearbeitung von sozialen Problemen und die Organisation von Räumen der Belastungsreduktion (auf die Gestaltung von Lebenslagen) abzielt, mithin am Primat der Hilfe zur Selbsthilfe organisiert ist, bedeutet die Schaffung bzw. Optimierung jener Milieubedingungen, die Erfahrungen der Selbstwirksamkeit und gekonnten Bewältigungshandelns von Schülern erst begünstigen und stützen. Dabei bekommt die sozialräumliche Arbeit der Milieubildung eine besondere Bedeutung. In Milieus als biografisch verfügbaren, sozialräumlichen und sozialemotionalen Kontext der Gegenseitigkeit, können sich Bewältigungskompetenzen von Schülern entwickeln, Milieu ist damit auch das räumliche Setting der Entfaltung interaktiver Personalität pädagogischer Beziehungen. Der sozialpädagogische Prozeß der Entwicklung und Strukturierung solcher Kontexte wurde bereits als Milieubildung gekennzeichnet, als ein sozialpädagogisches Gestaltungsprinzip. Drei Dimensionen spielen für den Entwicklungsprozeß der Milieubildung durch Schulsozial-

pädagogen eine Rolle: Der Schulsozialpädagoge handelt personal-verstehend, d. h. er analysiert die sozioemotionalen Funktionen unterschiedlicher Milieubezüge für Jugendliche. Gemeint ist ein professioneller Verstehens- und Wahrnehmungszugang zu Milieukonstitutenten als personal verfügbaren Bewältigungskontext und die Anerkennung des Stellenwertes des Milieus für die Selbstwertkonstituierung und soziale Orientierung.
Er handelt ferner aktivierend, sein Handeln ist ein Beitrag zum „gelingenderen Alltag" mittels Qualifizierung des Milieus als Ressource, wobei die Schaffung von Lernerfahrungen bei Gewährung eigener lokaler Räume des Rückzugs (Alltagssicherheit) im Vordergrund stehen. Sozialpädagogische Arbeitsprinzipien sind hier vor allem das Gruppenprinzip und das sozialräumliche Prinzip - Ziel ist hier die Gestaltung von Gegenseitigkeitsstrukturen sozialer Beziehungen. Schließlich geht der Schulsozialpädagoge pädagogisch-interaktiv vor und stellt sich Jugendlichen als Interaktionspartner zur Verfügung, die vermehrt die Orientierung an der erwachsenen aber auch jugendzugewandten Persönlichkeit des Sozialpädagogen suchen, an anderen, als relevant erlebten Erwachsenen. Zentral wird die Gestaltung einer pädagogischen Interaktion zwischen Schulsozialpädagogen und Schüler im Sinne einer pädagogischen Beziehung als personal vermittelte Deutungsspielräume, die Offenheit und Grenzen mitteilen und personale Verständigung im Kontext von Vertrauen, Verläßlichkeit und Erreichbarkeit ermöglichen.

Die Komplexität von Belastungs– und Problemstrukturen und der potentiell entgrenzte Handlungsgegenstand rufen begleitende pädagogische Beziehungen und Begegnungen mit geringem Spezialisierungsgrad auf den Plan, zur Gestaltung pädagogischer Orte im Kontext Schule.

Notwendig ist damit ein flexibler und integrierter Hilfeansatz, der sich von der Orientierung an den versäulten Hilfen (§§ 11 und 13) löst und statt dessen sich an den verändernden und verlagernden Bedürfnissen der Kinder und Jugendlichen orientiert. Ziel ist die Maximierung von Individualität, Partizipation und Normalität in flexiblen Organisations- und Angebotsformen statt einer Etablierung von Spezialprojekten mit Problembezug (Modellcharakter), die eine Anpassung der Bedürfnisse von Kindern und Jugendlichen an die institutionellen Settings fördern. Es deutet sich dagegen eine

- *Verknüpfung* von Angeboten in der Schule oder auf sie bezogen an („Schulbezogene Angebote der Jugendhilfe"), mit dem Sektor der offenen Jugendarbeit, der berufs- und ausbildungsbezogenen Jugendsozialarbeit sowie gemeinwesenorientierten Projekten und Diensten. In diesem Zusammenhang beschreibt *Integriertheit*
  - die Integration von Hilfequalitäten, Hilfetypen und -formen,
  - die Einbeziehung potentieller Hilfemöglichkeiten (Integration der regionalen Hilfestruktur und in die regionale Hilfestruktur) sowie
  - die Integration aller Kinder und Jugendlichen im Sinne einer sozialräumlichen Verantwortung, damit auch die Integration von benachteiligten Kindern und Jugendlichen.

Die entstrukturierten und kaum parzellierbaren Probleme spiegeln sich damit in entstrukturierten Unterstützungssettings mit geringem Spezialisierungsgrad wider, die eine Ausgrenzung und Selektion von Adressaten durch eine zu starke Differenzierung zu verhindern sucht. Angestrebt ist in diesem Praxiskonzept eine Annäherung der Interventions- und Praxislogik mit der Adressaten- und Biographielogik und der Organisations- und Institutionenlogik. Dieser Anspruch ist nur in Schulsozialpädagogen-Teams einlösbar, die bei freien Trägern der Jugendhilfe mit einem entsprechenden Angebotssegment angestellt und regionalisiert bzw.

vernetzt und vernetzend tätig sind. Vereinzelte Kräfte an den Schulen können dieses Zusammenspiel von Unterstützungsqualitäten als Entsprechung zur lebensweltlichen Komplexität kaum leisten. Stattdessen halte ich regionalisierte Schulsozialpädagogen-Teams mit einem komplexen Handlungsauftrag für notwendig, denen eine flexible Reaktion auf die unterschiedlichen Bedürfnisse der Kinder und Jugendlichen möglich ist (lebensweltliche Öffnung).

Eine *Typik schulbezogener Angebote der Jugendhilfe* läßt sich demnach nicht statisch darstellen, im Sinne abgrenzbarer Angebots- und Hilfetypen, vielmehr kommt die Typik im jeweils bedarfs- und bedürfnisgerechten Einsatz der Elemente von Milieubildung und Netzwerkarbeit zum Tragen, als flexible Gewichtung von Unterstützungsqualitäten schulalltagsorientierter Sozialpädagogik. Diese lassen sich beschreiben als (vgl. Teil 2/Kap. 4. 2. 4)

- lebenslagengestaltend-strukturierende schulbezogene Perspektive, die die Gestaltung von Räumen zum Erlernen von Bewältigungskompetenz (Verhaltenserweiterung-sozialräumlich-aneignender Aspekt) und von Räumen zur Abfederung von Belastungen bzw. zur Entfaltung von Bewältigungshandeln (strukturpräventiver Aspekt-Verhaltensstützung) meinen. Sie sind als Lern- und Erfahrungsräume offener Art ohne Interventionscharakter zu verstehen, die sozialräumliche Entwicklungsthematik der Jugendlichen im Kontext Schule, aber auch latente Problematiken (Belastungen) aufgreifen; und als
- problembearbeitend-integrierende schulbezogene Perspektive, die die Gestaltung von Räumen zur Bearbeitung von Situationen und Verfaßtheiten überforderten/fehllaufenden Bewältigungshandelns (Verhaltenskorrektur-problembearbeitender Aspekt) umfaßt.

Diese Angebotssegmente sind als Bestandteile eines integrierten jugendpädagogischen Zugangs zum Lebensraum Schule zu verstehen, als schulalltagsorientierte Sozialpädagogik, die sich auf eine sozialpädagogische Betrachtung des institutionellen und außerinstitutionellen Rahmens stützt (vgl. Teil 2/Kap. 4. 2. 4). Mögliche Angebote der Schulsozialpädagogen (als Erscheinungsformen) können in diesem Zusammenhang z. B. sein

- Aufenthalts-, Kontakt- und Begegnungsräume zur Belastungsregulation und Anregung von Selbsttätigkeit,
- Freizeitgestaltung in offenen und festen Gruppen,
- Informationsveranstaltungen und Schulungen,
- gemeinsame Umsetzung von Stadtteil- und Gemeindefesten im Schulumfeld, Festivals und City-Treffs,
- Beratung bei jugendtypischen Problemen,
- gruppen- oder einzelfallorientiertes Kompetenztraining oder die
- Mediation und Moderation sozialer Beziehungen.

Reflexive Prozesse in Teams sind dabei eine wichtige Voraussetzung für die Schaffung lernfähiger Organisationen, die flexible institutionelle Settings tragen und ermöglichen. Die Etablierung einer Reflexionskultur, als selbstreflexive und themen- sowie problemorientierte Teamarbeit in *enthierarchisierten Strukturen* verstanden, fördert eine fachliche und konzeptionelle Identität der Schulsozialpädagogen sowie die interne Netzwerkbildung. Dieser integrierte Ansatz schulbezogener Angebote der Jugendhilfe verlangt zudem eine *Professionalität und Handlungskompetenz*, die ich in der Umsetzung des Modus „Handlungsbezogene Reflexion" realisiert sehe, als ein professionelles Handlungsmodell (Praxislogik), das der Organisations- und Adressatenlogik dieser Unterstützungsform entspricht und dem aktuellen Methodenverständnis in der Sozialpädagogik gerecht wird:

Exkurs: Die Vielfältigkeit und Diffusität von Begrifflichkeiten in der Diskussion um das Methodische ist für eine Klärung des methodischen Handelns in der Sozialpädagogik kaum gewinnbringend, sondern sorgt eher für Verwirrung. Die Begriffsvielfalt wertet das Methodische dann als einen Aspekt der Sozialpädagogik, der letztendlich isoliert und in Abhängigkeit zur Methodologie meist klinisch-psychologischer Verfahren steht. Dieses Verständnis vom Methodischen führt zu seiner Abspaltung von der Aufgaben- und Gegenstandsklärung des jeweiligen sozialpädagogischen Sachverhaltes, das Methodische tritt erst auf den Plan, wenn klinische Verfahren angewendet werden.

Statt dessen spreche ich von der Sozialpädagogik als generell methodischer (also geplanter, zielorientierter) Arbeit, die mehrere Dimensionen bereichs- und disziplinübergreifender Tätigkeiten aufweist (die unmethodisch, planlos und nicht zielorientiert gar nicht effektiv leistbar sind). Die Anwendung klinischer Verfahren (oft als das Methodische in der Sozialpädagogik (miß-) verstanden) ist nur ein Grundprinzip der Handlungsarten von mehreren (unten dargestellten).

Konsequenz: Das Methodische ist nicht gleichzusetzen mit Verfahren und Techniken, letztere sind mehr oder weniger differenziert und erforscht dem methodischen Vorgehen untergeordnet, in ihrer Anwendung abhängig von einem komplexen Prozeß der Wahrnehmung und Strukturierung der sozialpädagogischen Situation, die einen Aufforderungscharakter zur Hilfestellung hat. Es wird nicht einfach und zufällig vom sozialpädagogisch Tätigen reagiert, sondern in Rückgriff auf ein Interventions- und Situationsrepertoire berufsbezogenen Wissens die Bearbeitung der situativ entstandenen Anforderungen konzeptualisiert (vgl. Possehl 1995). Ob dafür auch die Anwendung von Verfahren und Techniken notwendig ist, hängt von der Zielformulierung des geplanten Handelns ab.

Dabei ist zu betonen, daß Interventionsziele in der Sozialpädagogik in der Regel Prozeßziele sind, dabei ist immer auch eine reflexive Grundhaltung des Handlungsprozesses angesprochen, die sich mit dem kontinuierlichen Entscheidungszwang in der Situation, der Zielorientierung, den Deutungs- und Wahrnehmungsmustern der Beteiligten und der Einbettung des Handelns in das Gefüge sozialer Hilfesysteme und individueller Ressourcen beschäftigt (vgl. ebd. und Meinhold 1995).

Dem genannten Grundverständnis entsprechend haben Wensierski/Jakob (1997, S. 7) als Zeitdiagnose zur Methodendiskussion und -entwicklung formuliert, daß insbesondere Methoden gefragt sind, die sozialpädagogisches Handeln als Prozeß im dialogischen Stil konzeptualisieren (vgl. Schumann, 1994; Thiersch 1995; Dewe u. a. 1993). Es ist also gegenwärtig ein grundsätzlich verändertes Methodenverständnis erkennbar, das jene Aspekte im Rahmen sozialpädagogischer Arbeit betont, die auf eine planvolle und nachvollziehbare Gestaltung von Praxis zielen. Kern der so verstandenen methodischen Kompetenz ist die Fähigkeit, Praxissituationen in ihrer Komplexität wahrnehmen zu können, sie zu beschreiben und sich (wissensbasiert und theoretisch fundiert) in Zusammenhänge und Bedingungsgefüge einzudenken. Dies ist Voraussetzung für die Konstituierung und einzelfallorientierte Gestaltung von Lernräumen und Entwicklungsmöglichkeiten. Methodisches Handeln muß sich dabei am Kriterium der Alltagsnähe messen lassen (Sozialpädagogik ist alltagsorientiert) und der generellen situativen Offenheit sozialpädagogischen Handelns eine professionell inszenierte „strukturierte Offenheit" (Thiersch 1993; Rauschenbach u.a. 1993) entgegenhalten.

Diese Grundverständnis läßt sich unmittelbar auf die Handlungsanforderungen schulbezogener Angebote der Jugendhilfe übertragen, das Tätigkeitsprofil von Schulsozialpädagogen, im

Sinne eines Rahmenkonzeptes als Modus *„Handlungsbezogene Reflexion"* bezeichnet, setzt sich zusammen aus den Elementen
1. der Informationsgewinnung und Situationsanalyse,
2. der Gestaltung von Kommunikations- und Erfahrungsräumen in unterschiedlichen Sozialformen und bezüglich unterschiedlicher Adressatengruppen sowie der
3. kleinschrittigen Planung und Evaluation des eigenen Handelns umschließt.

Der Modus „Handlungsbezogene Reflexion" ist als *Kreislaufmodell* zu verstehen (verändert nach einem Modell alltagspsychologischer Handlungs- und Entscheidungsprozesse, vgl. Sieland 1994, von mir als grundständiges Tätigkeitsprofil in der Sozialpädagogik entwickelt und plausibilisiert für den Bereich stationärer Erziehungshilfe, vgl. Maykus 2000b), das sich in drei Schritten, jeweils unterteilt in zwei Phasen, darstellt.

1. Schritt: **Beschreibung** und **Bewertung** der Situation (oder eines aktuell auftretenden Problems) als soziale Diagnose/sozialpädagogisches Fallverstehen (Analyse, Reflexion)
   - *Beschreibung der Ist- und Soll-Situation und Bewertung der Diskrepanz bzgl.:*
     - Rollenhaushalt und -kompetenz
     - psychsozialer Belastungen
     - sozialen Netzwerken und Spielräumen der Kommunikation, des Lernens, der Erfahrung sowie

     (im Rückbezug) bzgl. aktueller Situationen anhand der
     - *Fragen* (Beschreibung):
     1. Was ist die Situation?
     2. Was sind die Hauptmerkmale der Situation? Was „gehört" zur Situation?
     - *Fragen* (Bewertung):
     1. Wie sollte die Situation sein? Wie war sie vorher?
     2. Ist die Situation tolerierbar oder muß gehandelt werden?

2. Schritt: **Erklärung** und **Prognose** meint die Erklärung der Situation und die Einschätzung und Planung von Hilfen (Betreuungs-/Handlungsplanung)
   - *Klärung von Entstehungsbedingungen und Entwicklungswahrscheinlichkeiten* anhand der
     - *Fragen* (Erklärung):
     3. Was beeinflußt einen Zustand? (Suche nach Bedingungsfaktoren)
     4. Wie kam es dazu? (Entstehungsgeschichte als Wechselspiel von Bedingungsfaktoren)
     5. Welche Faktoren sind beeinflußbar?

     Fragen (Prognose):
     6. Wie entwickelt sich die Situation ohne Maßnahmen?
     7. Welche Handlungen sind wie wahrscheinlich möglich?
     8. Welche Ergebnisse werden welche Handlungen haben?

3. Schritt: Zielorientiertes **Handeln** mit anschließender **Überprüfung** der Zielerreichung. Dieser Schritt besteht wiederum aus der Beschreibung einer neuen Situation und bei einer Diskrepanz zwischen Zielsetzung und Ist-Stand zum Neueinsetzen des Reflexionsprozesses führt.

- *Übersetzung einzelfallorientierter Aufgaben infolge interdisziplinärer Datenerhebungsstrategie und Überprüfung des Handlungsbedarfes - das Handeln ist geprägt durch*
  - eine personale Dimension:
    (intensive, emotional besetzte, vertrauensvolle Beziehungen; Vermittlung von Hoffnung, Ermutigung und Verläßlichkeit der Unterstützung; persönliche Profile als modellhafte Auslöser für Lernprozesse; gemeinsames Tun)
  - und eine professionelle Dimension:
    (methodisch reflektierte Untersetzung des Handelns, Balancierung des Nähe-Distanz-Verhältnisses, Orientierung an unterschiedlichen Zielgruppen, ggf. Verfahrenanwendung (z. B. Verhaltensmodifikation), Selbstevaluation des Handelns)

Der Modus „Handlungsbezogene Reflexion" soll verdeutlichen, daß methodisches Handeln von Schulsozialpädagogen nicht dann zustande kommt, sobald ein bestimmtes Verfahren angewandt wird, sondern indem ein wissensbasierter Wahrnehmungs- und Strukturierungsprozeß (hier z. B. bzgl. Entwicklungspsychologie, Interaktionsanalysen, Jugendsoziologie) stattfindet, der zielorientiertes und methodisches Handeln (unter Umständen auch unter Berücksichtigung der gängigen Verfahren/Techniken und Arbeitsformen, vgl. Stimmer 2000, Galuske 1998) ermöglicht. Dabei ist dieser Modus immer auch Grundlage für die Gestaltung von Aushandlungsprozessen für die Abstimmung unterschiedlicher Perspektiven und die gemeinsame Veränderung von Situationen: sowohl zwischen Schulsozialpädagogen und Jugendlichen („Wie beschreibt der Jugendliche eine Situation, was sind seine Erklärungen, wie bewertet er sein bisheriges Handeln?") als auch im Team („Wie beschreiben die Mitarbeiter eine Situation, was sind ihre Erklärungen, wie bewerten sie ihr bisheriges Handeln?").

Daß dieses Rahmenkonzept einer Konkretisierung im je unterschiedlich gestalteten Praxisalltag bedarf, ist evident, denn es beschreibt ausdrücklich nicht einzelne Handlungselemente (z. B. Verfahren der Verhaltensmodifikation, der Gestaltung von Gruppenprozessen oder Methoden der Beratung, des Kompetenztrainings, die in den schulbezogenen Angeboten der Jugendhilfe zum Tragen kommen können, dem Spektrum sozialpädagogischer Methoden entstammen). Vielmehr wurde versucht, das darüberliegende Netz der „Meta-Sicht" (durch den praktisch Tätigen!) im Alltag zu beschreiben und die Notwendigkeit seiner Sichtbarwerdung und seines gezielten Einsatzes als Strukturierungshilfe zu betonen. Ziel des Modus ist es auch,
- in der Einzelfall- und Gruppenarbeit Handlungen planbar, überprüfbar, vielleicht beeinflußbarer zu machen. Analysiert werden muß aber auch, wo es scheitert (weil der Handlungsdruck den „forschenden Praktiker" im Alltag, das Auf-die-Situation-schauen, in die Ecke drängt), schließlich
- wie auch Teamprozesse und -gespräche anleiten kann, um in der Teamarbeit die eigene Arbeit (einzelfall- und gruppenorientiert) zu beschreiben, Informationen zu gewinnen, Ziele zu formulieren und die Praxis immer wieder zu optimieren.

Das Rahmenkonzept „Handlungsbezogene Reflexion" kann zur Vergewisserung über das Profil sozialpädagogischer Praxis in den Schulen beitragen, die aufgabenspezifisch Wissens- und Handlungskategorien verschiedener wissenschaftlicher Disziplinen bündelt und Synergieeffekte für begleitende pädagogische Beziehungen erzielen will. Damit könnte auch der Stellenwert der sozialpädagogischen Tätigkeit beschreibbarer und vermittelbarer sein und den zunehmenden Prozeß der Professionalisierung schulbezogener Angebote der Jugendhilfe fortsetzen.

5 „Professionalisierungsdimension"
(Wie kann eine Verfachlichung und Qualifizierung dieses Handlungsfeldes erzielt werden?)

Schulbezogene Angebote der Jugendhilfe als flexible und integrierte Hilfen zu konzeptualisieren und ein professionelles Handlungsmodell zu entwerfen, das dem Modus „Handlungsbezogene Reflexion" folgt, kann nicht voraussetzungslos geschehen. Die Aktionsformen der sozialpädagogisch Tätigen können in dieser Form nur auf einer umfassenden fachlichen Grundlage entwickelt und im Praxisalltag realisiert werden. Ein fundiertes, für dieses Handlungsfeld beschreibbares Berufswissen, das schließlich die fachliche Identität der Tätigen ausmacht, ihre Rolle und ihr Selbstverständnis klären hilft, muß in wissenschaftlicher Forschung gewonnen und im Hochschulstudium vermittelt werden. Die handlungsfeldbezogene Qualifizierung der schul- und sozialpädagogischen Studiengänge ist dabei ein wichtiger Aspekt, um ein möglichst hohes Qualifikationsniveau in diesem Bereich der Jugendhilfe zu erzielen. Dieser Punkt wird in Punkt 6 aufgegriffen und beinhaltet die entsprechende Entwicklung von Curricula an den Hochschulen.

In diesem Abschnitt möchte ich dagegen drei Bereiche aufgreifen, die ich als Voraussetzung für die weitere Professionalisierung des Handlungsfeldes „Schulbezogene Angebote der Jugendhilfe" ansehe: dies sind die kontinuierliche Möglichkeit der Fortbildung und Supervision zur fortlaufenden Qualifizierung und Überprüfung eigenen Wissens und Handelns. Desweiteren halte ich eine themenbezogene und interdisziplinär ausgerichtete (sozialwissenschaftliche) Grundlagenforschung für unabdingbar, hier wäre an die Etablierung eines Forschungssektors zu denken, den ich „schulbezogene Jugendhilfeforschung" nennen möchte. Schließlich ist als Bindeglied zwischen der Praxis- und der Forschung ein vielfältiges Feld an Praxis- und Evaluationsforschung sinnvoll, um auf wissenschaftlichem Wege die Durchdringung der alltäglichen Praxis anzuregen und im Austausch zwischen Wissenschaftlern und Praktikern eine Optimierung der Praxis anzustreben. Im einzelnen:

Eine kontinuierliche *Fortbildung* sollte dem Schulsozialpädagogen die kurzfristige Erneuerung, Vertiefung oder Erweiterung berufsspezifischer Fähigkeiten ermöglichen. Aufbauend auf die Qualifizierung durch das Hochschulstudium halte ich für das Feld der schulbezogenen Angebote der Jugendhilfe eine fortlaufende Beschäftigung mit folgenden Wissenselementen für notwendig, um auf die je aktuellen und dynamischen Handlungsbedarfe angemessen zu reagieren:

- adressatenbezogene Wissenselemente: Gestaltung von Gruppenprozessen und Strategien multiperspektvischer Fallarbeit (als Handlungslogik des Modus „Handlungsbezogene Reflexion")
- projektmanagementbezogene Wissenselemente: Administration, Selbstevaluation, Qualitätssicherung, Bedarfsanalysen, Konzeptentwicklung, Öffentlichkeitsarbeit (zur Herstellung einer „Kooperationsöffentlichkeit")
- übergreifende Wissenselemente: Schul-, Jugend-, Sozialrecht, Jugend- und Sozialpolitik

Diese Wissensbereiche und das Erlernen von Fähigkeiten ihrer handlungsmethodischen Umsetzung tragen zur Erhöhung der beruflichen Kompetenz bei und stellen desweiteren die Möglichkeit der Überprüfung der eigenen Fachkompetenz dar.

Neben dem Stellenwert von Fortbildung (der Auseinandersetzung mit spezifischen Wissenselementen) ist die regelmäßige *Supervision* als berufliche Praxisbegleitung von hoher Bedeutung (vgl. Pallasch 1994). Sie sollte in erster Linie eine fachliche Beratung und Begleitung der Schulsozialpädagogen sein, ohne bewertend oder beurteilend zu fungieren. In zweiter Linie kann Supervision auch psychohygienische Effekte und eine Entlastungsfunktion bei beruflichen Problematiken haben. In Form von Einzelsupervision kann dem Schulsozialpädagogen die Möglichkeit einer intensiven und personzentrierten Auseinandersetzung mit speziellen Thematiken eingeräumt werden. Eine enges und vertrautes Verhältnis zum Supervisor ermöglicht dann eine kontrollierte Psychohygiene. Gruppensupervision, die sowohl teambezogen als auch eigenverantwortlich im kollektiven Austausch erfolgen kann, bietet dagegen mehr Vielfalt an Erfahrungen und unterschiedlichen Meinungen, kann zudem das Gefühl der gegenseitigen emotionalen Stützung vermitteln (Gruppeneffekte). Supervision leistet für Schulsozialpädagogen in jedem Fall einen Beitrag ...

- zur Auseinandersetzung mit der beruflichen Rolle und Identität, die in diesem heterogenen und wenig konturierten Praxisfeld eine besondere Bedeutung hat. Unklare (oder widersprüchliche) Aufgaben und Zuständigkeiten lösen einen hohen Bedarf an berufsrollenbezogener Reflexion aus, wie es von Sozialpädagogen in Fortbildungs- und Supervisionskursen auch immer wieder geäußert wird.
- zur Auseinandersetzung mit den unterschiedlichen Zielen und Bedingungen der Institutionen Schule und Jugendhilfe, die jeweiligen Vorgesetzten und Kooperationspartner sowie mit der daraus resultierenden „Inter-Professionalität" (dem „Handeln zwischen" als integrale Anforderung).
- zur Auseinandersetzung mit der Sinnhaftigkeit des eigenen Tuns als Motivationsquelle.
- zur Auseinandersetzung mit Macht- und Interessenfragen im Berufsalltag schulbezogener Angebote der Jugendhilfe und ihre Auswirkungen (Determinierungen) auf das eigene Tun sowie auf den eigenen Status.
- zur Verbesserung der Kooperation mit Kollegen und Vorgesetzten (Erhöhung der reflexiven Kooperationskompetenz).
- zur Selbststeuerung und zum Selbstmanagement im Berufsalltag (Supervison als Lerninstrument/Hilfe zur Selbsthilfe).

Für die Konzeptweiterentwicklung und die Optimierung der sozialpädagogischen Praxis in den Schulen erhalten wissenschaftliche Begleitforschungen einen immer größer werdenden Stellenwert. *Praxisforschung* charakterisiert sich durch einen besonderen Zugang zur sozialen Praxis und durch ein spezifisches Verhältnis zwischen Forschung und Praxis. Praxisforschung ist auf Anwendung hin orientiert und soll der Entwicklung der sozialen Praxis dienen, indem sie die Bedingungen, Zusammenhänge und Wirkungen in der Praxis analysiert und somit auch Interventionsstrategien in Praxis impliziert (vgl. Heiner 1988, Filsinger/Hinte 1988, Müller 1988, Moser 1995). Mit Praxisforschung wird sozialpädagogische Forschung beschrieben, die prozeßorientiert ist, also nicht abschließende Einschätzungen von Maßnahmen oder Einrichtungen formuliert (summative Forschung),sondern auf die Veränderung Verbesserung der Praxisvollzüge zielt (formative Forschung). Dieser Anspruch wird durch ein breites Methodenspektrum und die Kooperation mit den in der Praxis Handelnden einzulösen versucht. Gerade in der Praxis sozialpädagogischer Projekte in der Schule wird ein Forschungsbedarf erkennbar und geäußert. Insbesondere die Heranziehung zusätzlichen Wissens zur Konzipierung alternativer Handlungsformen und die Bearbeitung von mit konventionellen Mitteln nicht lösbaren Praxisproblemen (z. B. aufgrund der Umstrukturierung sozialer Dienste oder methodischer Neuorientierungen) werden als Grund für den Forschungsbedarf genannt. Allen Anlässen ist ein Bedürfnis nach Erweiterung von Wissensbeständen und nach Beratung gemeinsam, Anforderungen also, die auch im Selbstverständnis von Praxisforschung berücksichtigt werden.

Praxisforschung als Kontext- und Prozeßforschung hat vorrangig die Praxis der Akteure in einem für sie wichtigen Ausschnitt (Kontext) zum Inhalt. Damit findet eine Abgrenzung zur Forschung statt, die Entstehungs- und Entwicklungszusammenhänge gesamtgesellschaftlicher Art aufzeigen will. Die Bedeutung von Praxisforschung liegt in der Aufklärungs- und Orientierungsfunktion für Praktiker (vgl. Dewe/Otto 1987, 1989) mittels der Analyse komplexer sozialer Tatbestände. Das Prozeßhafte soll vor allem in kontaktreichen Aushandlungsprozessen zustande kommen, so daß dem kommunikativen Forschungsprozeß in Verbindung mit Beratung im Forschungsdesign eine zentrale Bedeutung bekommt. Die Einseitigkeit des Wissenstransfers in die Praxis wird aufgegeben, Kooperation zum wichtigen Element, das einen wechselseitigen Lernprozeß provoziert.

In der Praxisforschung gibt es gegenwärtig mehrere Entwicklungsrichtungen)z. B. die Regional- und Lokalsozialforschungen oder die Versorgungsnetzforschung), wobei mir im Bereich der schulbezogenen Angebote der Jugendhilfe vor allem die Arbeitsfeld- und Institutionenanalyse besonders bedeutsam erscheint. Sie hat zum Ziel, ein Untersuchungsfeld (hier die sozialpädagogische Praxis in der Schule als ein konkretes, ausgewähltes Projekt der Jugendhilfe) und Handlungszusammenhänge in ihm abzubilden. Dabei können hier Fragen für den Praxisforschungsprozeß erkenntnisleitend sein wie z. B.

- Wie ist die objektive Struktur des Handlungsfeldes beschaffen (z. B. Auftrag, Ressourcen, Zeit- und Tätigkeitsstruktur), welches sind die Auswirkungen (z. B Selektion der Adressaten, Belastungsfaktoren für Mitarbeiter)?
- Wie bedingt der institutionelle Rahmen das konzeptionelle und professionelle Handeln?
- Wie arrangieren sich die Adressaten und Mitarbeiter mit den institutionellen Bedingungen?
- Welche offiziellen/informellen Ziele, Kommunikations- und Entscheidungsstrukturen gibt es?
- Welche Verbindungen zu anderen Einrichtungen gibt es?
- Gibt es Handlungsspielräume für alternative Lösungen?

In der Praxisforschung gewinnen Konzepte handlungstheoretischer und prozeßorientierter Art immer mehr Raum, die den Kontext des Handelns erhellen wollen. Stehen dabei Entwicklungsprozesse, Folgen von Interventionen und Widerstände/Probleme des Handlungsfeldes im Mittelpunkt, so kann Praxisforschung immer auch Züge der (Selbst-) Evaluation bekommen und Basisdaten für Qualitätssicherung liefern (vgl. Heiner 1994, 1996; Meinhold 1997). Zwar kann man von einer geringen Ausbeute objektiver Erkenntnisse über Erfolge ausgehen, jedoch können die verschiedenen subjektiven Perspektiven eine Form von Feedback ermöglichen, das Anregungen für die Modifizierung und Optimierung des jeweiligen Handlungsvollzüge sozialpädagogischer Arbeit in den Schulen bietet. Wichtige Verfahren der Praxisforschung sind in diesem Zusammenhang die Basisdokumentation eines Projektes (z. B. Nutzeranalysen, Bedarfsstudien) sowie qualitative Vorgehensweisen wie teilnehmende Beobachtung, Interviews, Gruppendiskussionen oder ähnliches.

Im Kontext schulbezogener Angebote der Jugendhilfe muß eine solche Praxisforschung durch die Produktion von sozialwissenschaftlichem Grundlagenwissen als sozialpädagogische Forschung (vgl. Dewe/Otto 1996a, 1996b, 1996c) ergänzt werden, die durch einen interdisziplinären Zugang einen Forschungsbereich „schulbezogene Jugendhilfeforschung" bilden könnte. Forschungsbemühungen in diesem Bereich tragen dazu bei, ein strukturiertes Deutungswissen und ein handlungsbezogenes Reflexionswissen zu generieren, Wissensbereiche also, die Bereiche der Fortbildung, der Handlungskompetenz und Praxisforschung erst auf ein sozialwissenschaftliches Fundament stellen. Eine solche *grundlagenorientierte schulbezogene Jugendhilfeforschung* sollte dabei zwei Funktionen der Erkenntnis erfüllen:

- eine Problemstrukturanalyse mit dem Ziel der weiteren und spezialisierten Analyse des Sozialisationsraumes Schule aus sozialpädagogischer Sicht, der Ermittlung von Forschungsfragen zu institutionellen, handlungsbezogenen und adressatenbezogenen Aspekten des Arbeitsfeldes schulbezogene Angebote der Jugendhilfe sowie der Generierung von beschreibungs- und Reflexionswissen als Durchdringung der Praxis; sowie eine
- Prognosefähigkeit ermöglichen, das heißt, sich den Fragen zu widmen wie „Welche Wirkungen gehen von welchen Interventionsformen aus?", „Wie entwickeln sich die Bedürfnislagen der Adressaten?" oder „Welche Konsequenzen sind erwartbar, wenn bestimmt Interventionen ausbleiben?"

Das Ziel eines solchen Sektors sozialpädagogischer Forschung (als „Export-Forschung", der Bezugnahme sozialpädagogischen Wissens auf die Institution Schule), also einer schulbezogenen Jugendhilfeforschung, wäre die Beschreibung typischer Merkmale, Strukturen und Zusammenhänge des Handlungsfeldes „schulbezogene Angebote der Jugendhilfe", bezogen auf

- Adressaten schulbezogener Angebote der Jugendhilfe (hier sind z. B. Themen wichtig wie die dynamischen sozialisatorischen Bedingungen des Schülerseins, die Beschreibung von Zielgruppen, die Ermittlung von Entstehungsbedingungen von Problemen),
- sozialpädagogisch Tätigen (z. B. bezüglich des professionellen Selbstverständnisses, der Deutungs- und Handlungsmuster, der Gestaltungsprinzipien und Konzepte),
- Institutionen Schule und Jugendhilfe (z. B. mit Blick auf Funktionen, Aufgaben, organisatorische Aspekte, institutionell induzierte Probleme/Grenzen, die Lernfähigkeit der Institutionen).

Ein derart etabliertes Forschungsinteresse würde sozialpädagogische Forschung konstituieren, eine Zusammenführung von Forschungsfrage und -gegenstand, sozialpädagogischem Diskurs und die Bezugnahme auf ein sozialpädagogisches Handlungsfeld verfolgen.

6 „Implementierungsdimension"
(Welche Rahmenbedingungen sind notwendig, um dieses Handlungsfeld zu etablieren?)

Notwendige Rahmenbedingungen zur Effektivierung des Zusammenwirkens von Jugendhilfe und Schule werden in der Fachdiskussion gegenwärtig vermehrt beschrieben (vgl. z. B. Hartmann 1998, Olk u. a. 2000), daher möchte ich förderliche Bedingungen für die Entwicklung schulbezogener Angebote hier nur kursorisch benennen und als Aspekte einer hierfür notwendigen

- Schulentwicklung („*Sozialpädagogik als Importwissen*" für die Gestaltung des Schullebens, als fester Bestandteil von Schulkonzepten und als Qualifizierungsziel bei Lehrkräften) und
- Jugendhilfeentwicklung („*Sozialpädagogik als Kooperationspartner*" in Form von Jugendhilfeangeboten im Kontext Schule) kennzeichnen.

Ein Aspekt soll jedoch ausführlicher begründet und ausgeführt werden, da er in der bisherigen Diskussion vernachlässigt wurde: Die Notwendigkeit einer Neuverortung schulbezogener Angebote der Jugendhilfe im KJHG als jugendhilferechtlich codifizierte Entsprechung eines integrierten und flexiblen Hilfe- und Angebotsansatzes sozialpädagogischer Unterstützung im Kontext Schule.

Zunächst: Neben einer *gesicherten Finanzierung* der sozialpädagogischen Arbeit in der Schule, die eine kontinuierliche Arbeit ermöglicht und damit die grundlegende Voraussetzung für die Effektivität schulbezogener Angebote der Jugendhilfe ist, ist die Schaffung von Voraussetzungen notwendig, die *Schule und Jugendhilfe als gegenseitig entwicklungsoffene sozialisatorische Räume* konzipiert. Hier ist vor allem die Entwicklung von Qualifizierungsstandards in den schul- und sozialpädagogischen Ausbildungsgängen wichtig, die eine Auseinandersetzung über gemeinsame pädagogische Ziele, aber auch über unterschiedliche Intentionen und Handlungsweisen der Sozial- und Schulpädagogik ermöglicht, so daß in dieser *Diskurskultur* die *Kooperationskompetenz beider Professionen* erhöht wird.
Ebenso ist die *kontinuerliche Fort- und Weiterbildungsmöglichkeit* für Sozialpädagogen und Lehrer zu etablieren, die mit speziell für das Thema der Kooperation von Jugendhilfe und Schule entwickelten Curricula den dynamischen und komplexen Praxisanforderungen gerecht zu werden versucht. Ferner scheint die *Zusammenführung der Schulsozialarbeiter-Teams in kleinräumigen Arbeitsgemeinschaften* oder Qualitätszirkeln sinnvoll, in denen durch gemeinsame regionale, sozialräumliche und institutionelle Bezüge ein Informationsaustausch über die jeweilige Praxis, ihre Entwicklung in Konzepten sowie über ihre Evaluation und Veränderung stattfinden kann. So könnte ein aufgaben- und themenbezogenes Forum entstehen, das die Entwicklung, Ausdifferenzierung und Optimierung dieses Handlungsfeldes unterstützt.

Die *schulbezogenen Kooperationsbedingungen* hängen in ihrer Reichweite zum einen von der Möglichkeit für den Sozialpädagogen ab, sich in den verschiedenen schulischen Gremien zu beteiligen, so daß ein Informationsfluß entsteht, der die Arbeit in der Schule und die gemeinsame Konzeptentwicklung befördert. Ein solcher gemeinsamer Austausch bekommt eine besondere Bedeutung hinsichtlich der Profilbildung und -schärfung schulbezogener Angebote der Jugendhilfe an der jeweiligen Schule. Denn hierfür ist die *Klärung des Selbstverständnisses und der Aufgaben von Sozialpädagogik* an der Schule notwendig, so daß auf dieser kommunikativen Grundlage Klarheit, Transparenz und damit eine erhöhte Akzeptanz der sozialpädagogischen Arbeit erzielt werden kann. In diesem Zusammenhang ist auch die sozialpädagogische Qualifizierung der Schulleitung und der Lehrer zu nennen, die auf der Grundlage eines *sozialpädagogischen Analysewissens* die gemeinsame Aufgabenerfüllung, aber auch eigenständige Arbeit in Abgrenzung vom Kooperationspartner begründet (*reflexive Kooperationskompetenz*). Ferner ist ein *sozialpädagogisch akzentuiertes Schulkonzept* die grundlegende Basis für die Anerkennung von Jugendhilfeangeboten als integraler Bestandteil der Schule. Die *Entwicklung eines Projektkonzeptes* ist notwendig, um als fachliche Orientierung für die sozialpädagogischen Mitarbeiter zu fungieren und damit gleichzeitig die Außendarstellung und Konzeptdiskussion zu unterstützen. Die *jugendhilfebezogenen Kooperationsbedingungen* können weiterhin optimiert werden, wenn die kontinuierliche Möglichkeit des kollegialen Austausches in Schulsozialarbeiter-Teams und *trägerinternen Qualitätszirkeln* gegeben ist. Eine solche gruppen- und teambezogene Reflexion kann dann auch Züge der Selbstevaluation annehmen und eine dynamische Angebotsweiterentwicklung unterstützen.

Die rechtliche Codifizierung der Zusammenarbeit von Jugendhilfe und Schule ist einerseits im Sinne eines festen Bestandteils der *Schulgesetze* in den Bundesländern vorzunehmen: Die jugendhilferechtliche Kooperationsverpflichtung des KJHG (§ 81) findet bislang nur in wenigen Schulgesetzen der Länder eine Entsprechung. Von einer verbindlichen Verankerung der Zusammenarbeit von Schule und Jugendhilfe auf Seiten der Schulgesetzgebung könnten neue Impulse für eine äußere Öffnung der Schule ausgehen, in die sich auch schulbezogene Angebote der Jugendhilfe systematisch verorten lassen. Auf der anderen Seite ist die *Neuverortung schulbezogener Angebote der Jugendhilfe im KJHG* angezeigt, denn ein in der hier entwikkelten Weise verstandener integrierter und flexibler Ansatz schulbezogener Angebote der Jugendhilfe findet bislang keine eindeutige rechtliche Grundlage im KJHG (vgl. Teil 2/Kap. 4. 2. 2. 2). Vielmehr lassen sich in der bisherigen Auseinandersetzung mit den jugendhilferechtlichen Rahmenbedingungen *drei Argumentationsfiguren* ermitteln:

1. Zunächst ist eine Position erkennbar, die die *Impulsfunktion der neuen rechtlichen Regelungen der Jugendhilfe* für eine Intensivierung der Kooperation von Jugendhilfe und Schule betont. Wulfers ermittelt in diesem Zusammenhang grundlegende Impulse des KJHG für die Ausweitung von Schulsozialarbeit und sieht die Systematik des KJHG insgesamt als neue „Ermöglichungsstruktur" (vgl. zusammenfassend Wulfers 1997). Neben der ausdrücklichen Benennung von schulbezogener Jugendarbeit und (die schulische und berufliche Integration fördernder) Jugendsozialarbeit als „wichtigster Hinweis auf die Kooperation von Jugendhilfe und Schule" sieht Wulfers (1997, S. 58) in ca. 30 Paragraphen des KJHG Bezüge zur Schulsozialarbeit auf organisatorisch-struktureller Ebene (betrifft z. B. Gewährungsverpflichtung, Trägerpluralität, Zusammenarbeitsgebot öffentlicher und freier Träger sowie allgemeine Kooperationsverpflichtung), auf adressatenbezogener Ebene (Beteiligungsrechte und -formen, Adressatenorientierung) und auf konzeptioneller Ebene (Präzisierung der Leistungen und Aufgaben der Jugendhilfe, Beziehungen zwischen den Hilfen etc.).
2. Schulsozialarbeit wird in dieser Position als *eindeutig gesetzlich verankerte Regelaufgabe der Jugendhilfe* angesehen. Bezugnehmend auf die fachtheoretische Konzeptualisierung einer lebensweltorientierten Jugendhilfe (vgl. BMFSFJ 1990), die auch die Berücksichtigung des für Kinder und Jugendliche zentralen Lebensraums Schule als Handlungsfeld der Jugendhilfe fordert, wird z. B. von Raab (1994, S. 147) eine parallele jugendhilferechtliche Codifizierung dieser fachlich-konzeptuellen Forderung erkannt, denn „... ( ) mit dem neuen Kinder- und Jugendhilfegesetz (ist) auch für die Kooperation von Jugendhilfe und Schule und für die Schulsozialarbeit eine bessere Rechtsgrundlage geschaffen worden. Der neue § 13 Jugendsozialarbeit enthält nun auch eine eigene Vorschrift für die Schulsozialarbeit."
3. Eine dem widersprechende Position führt aus, daß die gegenwärtig zu beobachtende pädagogisch-konzeptionelle und organisatorisch-strukturelle Vielfalt der an allen Schulformen realisierten Arbeitsansätze von Schulsozialarbeit im KJHG keine angemessene Berücksichtigung findet. Segel (1996, S. 484) formuliert entsprechend: „Im KJHG ist Schulsozialarbeit nicht ausdrücklich erwähnt. Lediglich aus § 13 kann Schulsozialarbeit abgeleitet werden, allerdings eingeschränkt auf ‚schulische und berufliche Ausbildung' und ‚Eingliederung in die Arbeitswelt' (§ 13 Abs. 1 KJHG). Das KJHG wird damit dem derzeitigen Stand in der Schulsozialarbeit nicht gerecht." Zum gleichen Ergebnis kommt Maykus (vgl. 2000a), der die jugendhilferechtliche Entsprechung einer Angebotsform sozialpädagogischer Hilfen in der Schule als Teil offensiver, moderner Jugendhilfe bislang nicht realisiert sieht.

Zunächst muß man zustimmen, daß mit dem neuen KJHG eine bessere Grundlage für die Kooperation von Jugendhilfe und Schule geschaffen wurde. Die unverkennbare lebensweltorientierte Ausrichtung spiegelt sich sowohl in *grundlegenden Prämissen* (z. B. § 1 Abs. 3 Z. 1 sowie Z. 4) als auch in *Hinweisen auf die Kooperation von Jugendhilfe und Schule* (§ 11 Abs. 3 Z. 1 „schulbezogene Jugendarbeit", § 13 Abs. 1 „Jugendsozialarbeit" sowie § 81 Z. 1 Zusammenarbeit mit „Schulen und Stellen der Schulverwaltung"; Jugendrecht 1998). Wulfers vergegenwärtigt diesen generellen Möglichkeitsraum, der eine rechtliche Rahmung für eine

Ausgestaltung und Konkretisierung lebensweltorientierter Jugendhilfe darstellt, die entsprechend ihres Konzeptes den Lebensraum Schule als Handlungsfeld nicht ausgrenzen kann. Genau diese Konkretisierung wird aber bislang in rechtlichen Festschreibungen nicht deutlich, daher sollten schulbezogene Angebote der Jugendhilfe als Angebotsform ausdrücklich berücksichtigt werden. Von der beschriebenen Ermöglichungsperspektive (die die Gesamtsystematik des KJHG betrifft) geht eben diese Konkretisierungswirkung nicht aus (die, als Bestandteil dieser Gesamtsystematik formuliert, neue Impulse erhielte).

Vertreter, die Schulsozialarbeit als gesetzlich verankerte Regelaufgabe der Jugendhilfe ansehen, übersehen dabei den Zielgruppenbezug der Formulierung im § 13 Abs. 1, der der aktuellen Praxisentwicklung zum Teil widerspricht: „Jungen Menschen, die zum Ausgleich sozialer Benachteiligungen oder zur Überwindung individueller Beeinträchtigungen in erhöhtem Maße auf Unterstützung angewiesen sind, (...)", sollen schulbezogene sozialpädagogische Hilfen erhalten. Hier wird also der Schwerpunkt auf eher „klassische„ Sozialarbeit gelegt, die einen Problemgruppenbezug mit Integrationsauftrag hat. Was an sich nicht falsch ist, wenn das eigene Verständnis von Schulsozialarbeit darauf ausdrücklich zugeschnitten wird (z. B. bei Mühlum 1993). Sobald aber die Ziele von Schulsozialarbeit in die Prämissen moderner Jugendhilfe eingebettet werden, entsteht eine Schieflage zwischen einem damit verbundenen eher integrierten Ansatz auf der konzeptionellen Ebene und dem spezialisierten Zielgruppenbezug auf der jugendhilferechtlichen Seite: so beispielsweise Raab (1994, S. 148), der für Schulsozialarbeit „(...) das gesamt Spektrum der Ansätze und Methoden von Jugendarbeit und Jugendsozialarbeit (...)" vorsieht und ihr „(...) dabei immer einen eigenständigen, vorwiegend präventiven Aufgabenbereich (...)" zuordnet, gleichzeitig die rechtliche Verankerung dieser Zielsetzung aber im § 13 sieht.

Es ist erkennbar, daß die bisherigen rechtlichen Regelungen des KJHG mit Bezug auf schulbezogene Angebote nicht zum Verständnis eines integrierten sozialpädagogischen Hilfe- und Angebotsansatzes der Jugendhilfe im Kontext Schule führen. Denn dieser Ansatz umfaßt, wie oben beschrieben, lebenslagengestaltend-strukturelle und problembearbeitend-integrierende Hilfen und Angebote im Kontext Schule, die als Angebotssegmente und -qualitäten, nicht aber als spezialisierte Hilfeformen fungieren.
Die Verbindung dieser Handlungsebenen, im Sinne eines lebensweltorientierten Zugangs zum Kind oder Jugendlichen, sieht sich gegenwärtig einer jugendhilferechtlichen Situation gegenüber, die ...
- eine unterschiedliche Indikation und Gewichtung der Angebote und Hilfen suggeriert (hier in den §§ 11 und 13), deren Indikationskriterien und Grenzen sich aber in der Praxis immer wieder als ein fließender gegenseitiger Übergang darstellen, also so eindeutig nicht immer zu ziehen (und auch so formulieren) sind,
- zwar lebensweltlich orientiert ist, dies aber institutionell ausdrückt, als „lebensweltliche Öffnung der Hilfeformen„ (Böhnisch), statt an der komplexen lebensweltlichen Wirklichkeit der Kinder und Jugendlichen und dem darin entstehenden sozialpädagogischen Aufforderungscharakter orientiert zu sein.

Die integrierte Interventionsorientierung der sozialpädagogischen Praxis folgt also der Logik eines Zusammenspiels der Hilfen und Angebote, ihrer Verbindung, während im KJHG eher eine institutionelle Differenzierung und Spezialisierung suggeriert wird (Logik der Trennung der Hilfen und Angebote). Die Praxislogik ist tendenziell entkoppelt von der gegenwärtigen jugendhilferechtlichen Codifizierung.

Ich plädiere daher für eine Präzisierung und Neuverortung der schulbezogenen Angebote im KJHG (vgl. Maykus 2000, Hartnuß/Maykus 1999, 2000), die eine Entsprechung der Praxislogik und Interventionsorientierung darstellt. Die erhofften Impulse dieser Neuverortung sind ...

- das Ernstnehmen und fortschreitende Etablieren einer eigenständigen Angebotsform der Jugendhilfe mit Schulbezug,
- der Auftakt für eine weitere Konkretisierung der Hilfen und Angebote statt einer begrifflichen und konzeptionellen Beliebigkeit,
- daher auch die Anerkennung von Zielen und Methoden moderner Jugendhilfe als grundlegend für schulbezogene sozialpädagogische Hilfen (damit auch die Orientierung an der sozialpädagogischen Berufsrolle, mit dem Ziel der Profilschärfung) und
- die Festigung des Verständnisses schulbezogener Angebote der Jugendhilfe als eigenständiger, integrierter und flexibler Arbeitsansatz, der in den organisatorischen und fachlichen Zusammenhang der Jugendhilfe eingebunden ist.

Diese Grundüberlegung einer Neuverortung schulbezogener Angebote der Jugendhilfe im KJHG besteht darin, den § 13 KJHG ausdrücklich auf berufsausbildungs- und arbeitsweltbezogene Jugendsozialarbeit zu focussieren und als Berufshilfe engzuführen. Damit würde man auch den grundsätzlichen Bedenken Münders u. a. entsprechen, die in der gegenwärtigen Entwicklung eine mit dem § 13 nicht zu rechtfertigende Ausweitung von Aufgaben und Zuständigkeiten der Jugendsozialarbeit erkennen und kritisieren: „Eine tendenzielle Allzuständigkeit von Jugendsozialarbeit für grundsätzlich alle Problemfelder junger Menschen führt daher zu einer Profilverwischung der spezifischen Leistungsfähigkeit von Jugendsozialarbeit und ist deshalb abzulehnen (1998, S. 174).

Als Konsequenz der notwendigen Profilschärfung sowohl von Jugendsozialarbeit als auch von schulbezogenen Angeboten der Jugendhilfe sollte ein neuer Paragraph 13a entwickelt werden, der schulbezogene sozialpädagogische Hilfen und Angebote als eigenständige Angebotsform festschreibt.

Folglich könnte im § 11 die schulbezogene Jugendarbeit gestrichen werden, da sie im neuen § 13a als Angebotssegment aufgenommen wird. Zwischen diesen Paragraphen 13, 13a und 11 soll eine verbindliche Kooperations- und Vernetzungsorientierung vereinbart werden, die in jedem Paragraphen Erwähnung findet, ebenso wie die Beziehungen zu anderen Aufgaben und Angeboten der Jugendhilfe.

Die Ausführungen der Paragraphen könnten dann wie folgt lauten (eine in dieser Form präzisierte Stellung der schulbezogenen Angebote der Jugendhilfe im KJHG ist m. E. ein wichtiger Impuls für die weitere Konkretisierung dieser Hilfen und Angebote, der auch das Verständnis eines eigenständigen und integrierten Arbeitsansatzes der Jugendhilfe in der Schule angemessen berücksichtigt):

§ 13 Berufsausbildungs- und arbeitsweltbezogene Jugendsozialarbeit.

(1) Jungen Menschen, die zum Ausgleich sozialer Benachteiligungen oder zur Überwindung individueller Beeinträchtigungen in erhöhtem Maße auf Unterstützung angewiesen sind, sollen im Rahmen der Jugendhilfe sozialpädagogische Hilfen angeboten werden, die ihre berufliche Ausbildung, Eingliederung in die Arbeitswelt und ihre soziale Integration fördern.

(2) bleibt in gleicher Form bestehen

(3) Jungen Menschen kann während der Teilnahme an diesen beruflichen Bildungsmaßnahmen (oder auch schulischen gemäß der Angebote des § 13a) oder bei der beruflichen Eingliederung Unterkunft in sozialpädagogisch begleiteten Wohnformen angeboten werden. In diesen Fällen sollen auch der notwendige Unterhalt des jungen Menschen sichergestellt und Krankenhilfe nach Maßgabe des § 40 geleistet werden.

(4) Die Angebote sollen mit den Maßnahmen der Bundesanstalt für Arbeit, der Träger betrieblicher und außerbetrieblicher Ausbildung sowie der Träger von Beschäftigungsangeboten abgestimmt werden. Träger der Angebote sollen ferner mit den Trägern der Angebote gemäß § 13a zusammenarbeiten, so daß eine effektive Abstimmung und Koordination der Angebote und Hilfen im Bedarfsfall erfolgen kann.

§ 13a Schulbezogene sozialpädagogische Hilfen und Angebote.

(1) Schülerinnen und Schülern sollen im Rahmen der Jugendhilfe sozialpädagogische Hilfen und Angebote in der Schule oder ausdrücklich auf Schule bezogene, im unmittelbaren Schulumfeld angesiedelte Angebote, in Anspruch nehmen können, die einen Beitrag zu ihrer Persönlichkeitsbildung darstellen, ihre individuelle und soziale Entwicklung fördern, ihre schulische Ausbildung sichern und dazu beitragen, Bildungsbenachteiligungen abzubauen. Die Angebote sollen zur Bereicherung des Schullebens, zum unterstützenden Erlernen von Strategien der Bewältigung und zur Abfederung von Lernbelastungen beitragen.

(2) Die Angebote umfassen zum einen Hilfen für Schülerinnen und Schüler mit sozialen Defiziten und Problemen, die durch die Schule allein nicht aufgefangen werden können. Im Mittelpunkt stehen hier Konzepte zur Bearbeitung von Ausgrenzungs- und Benachteiligungstendenzen und Aktivitäten, die die Lernmotivation und Lernfähigkeit fördern. Gleichzeitig sollen die Angebote Freizeit-, Kontakt- und Erfahrungsräume im Kontext Schule zur Verfügung stellen, die an den Bedürfnissen, Interessen und Wünschen der Schülerinnen und Schüler anknüpfen, von ihnen als soziale Unterstützung abrufbar sind, zur Selbstbestimmung befähigen und soziales Lernen fördern.

(3) Die Angebote sind mit der Schulverwaltung abzustimmen und beruhen in der Regel auf einer vereinbarten, intensiven und kontinuierlichen Kooperation von Jugendhilfe und Schule. Die Träger der Angebote haben ferner mit den Trägern der Angebote gemäß § 11 und gemäß § 13 zusammenzuarbeiten, um eine effektive regionale Angebotsstruktur zu etablieren und ihre Angebote abzustimmen und zu koordinieren. Die Träger der Angebote sollen darüber hinaus mit anderen, angrenzenden Angeboten kooperieren. Die Angebote stellen auch einen Beitrag zur sozialpädagogischen Qualifizierung von Schule dar und sind systematisch in Schulentwicklungspläne einzubinden.

§ 11 Jugendarbeit.

(1) und (2) bleiben bestehen wie bisher

(2) in Z. 3 wird die schulbezogene Jugendarbeit gestrichen.

(3) bleibt bestehen.

(5) Die Träger der Angebote sollen mit den Trägern der Angebote gemäß § 13a zusammenarbeiten, um ihren spezifischen Anteil an der Verwirklichung der Ziele der Angebote gemäß § 13a zu leisten im Sinne einer Nutzbarmachung bewährter fachlicher Standards und der Koordination regionaler Ressourcen und Angebotsstrukturen.

7 Zusammenfassung von Teil 4 sowie offene Fragen und weiterführende Problematiken

Schulbezogene Angebote der Jugendhilfe sind Teil pädagogisch ausgerichteter Unterstützungsleistungen im sozialstaatlichen Sicherungs- und Fürsorgesystem. Ihr Aufforderungscharakter kann in Form eines sozialpädagogischen Sachverhaltes beschrieben werden (Elemente sind eine Belastungs- bzw. Problemsituation, subjektive Belastungswahrnehmung, Bewältigungsherausforderung bzw. -probleme und der gesetzliche Handlungsauftrag). Schulbezogene Angebote der Jugendhilfe sind als komplementäre und koordinierende schülerbezogene Hilfen Bestandteil eines Interdependenzraumes sozialer Unterstützung. Ihre Interventionsziele sind beschreibbar mit einem sozialräumlich-aneignenden, einem strukturpräventivem und einem problembearbeitendem Aspekt („*Auslösedimension*").

Schulbezogene Angebote der Jugendhilfe konnten als gesellschaftsorientiert verortetet werden. Sie sind Teil des gesellschaftlich organisierten Hilfesystems, bearbeiten soziale Probleme und Belastungen und verfolgen die soziale Befähigung und Integration. Als intitutionenorientierte Hilfe verschränkt sie nicht nur unterschiedliche schulbezogene Aktionsräume, sondern geht auch institutionen(selbst)kritisch und -entwickelnd vor. Schließlich sind schulbezogene Angebote der Jugendhilfe adressatenorientiert, primär schülerbezogen und sekundär familien- und lehrerbezogen tätig („*Bezugsdimension*").

Fachliche Prämissen schulbezogener Angebote der Jugendhilfe sind die Lebenswelt- und Alltagsorientierung sowie die biographische Lebensbewältigung, daraus resultieren Handlungsorientierungen wie das Prinzip der Sozialräumlichkeit, der Netzwerk- und Ressourcenorientierung sowie des Empowerments. Die schülerbezogenen Zielsetzungen lassen sich daher als Hilfe zur Lebensbewältigung im schulischen Kontext (bewältigungsorientiertes Schulmanagement) und zur biographischen Selbstgestaltung kennzeichnen („*Zieldimension*").

Schulbezogene Angebote der Jugendhilfe sind als flexibler und integrierter Ansatz in lernfähigen Organisationen freier Träger und enthierarchisierten, regionalisierten Schulsozialpädagogen-Teams zu verstehen. Bedarfs- und bedürfnisorientiert leisten sie an einer oder mehreren Schulen in der Region eine Verknüpfung eigener und externer schulbezogener Angebote. Sie vollziehen die Integration von Hilfequalitäten und der regionalen Hilfestruktur sowie aller Kinder und Jugendlichen im Sinne sozialräumlicher Verantwortung („*(Re-) Aktionsdimension*"). Der Modus „Handlungsbezogene Reflexion" als integratives Tätigkeitsprofil flexibler Hilfen wird qualifiziert durch Fortbildung, Supervision, Praxis- und Evaluationsforschung sowie grundlagenorientierte Forschung (schulbezogene Jugendhilfeforschung) („*Professionalisierungsdimension*").

Eine Reihe von schul- und jugendhilfebezogenen Rahmenbedingungen sind für die Effektvierung der Kooperation von Jugendhilfe und Schule wichtig. Ausführlich entwickelt wird in diesem Zusammenhang eine Neuverortung schulbezogener Angebote der Jugendhilfe im KJHG (§ 13a) („*Implementierungsdimension*").

Abb. 1: Bestimmung schülerbezogener Aufgaben schulbezogener Angebote der Jugendhilfe

| Fachtheoretischer Bezug: | Sozialpädagogik ist orientiert am Prinzip der „*biographischen Lebensbewältigung*" (Böhnisch) und am Rahmenkonzept der „*Lebenswelt- und Alltagsorientierung*" (Thiersch) |

Ziele von Sozialpädagogik:

(Wieder-) Gewinnung des Selbstwertes Orientierung/Integration/ Normalisierung soziale Unterstützung/ Netzwerke Alltags- und Lebensbewältigungskompetenz

Handlungsdimensionen:

Gestaltung von Lebenslagen/ Abfederung von Belastungen *Bearbeitung sozialer Probleme* und Vermeidung von Desintegrationslagen

Bestandteile eines *integrierten Ansatzes* sozialpädagogischer Unterstützung (statt Klientel-/Problemgruppenbezug nunmehr *Biographiebezug*)

Arbeitsprinzipien:

Biographieorientierung   *Milieubildung* (Alltagsarbeit)   *Netzwerkbildung* (sozialräumlich-integrative Vernetzungsarbeit)

übertragen auf das Handlungsfeld/die Institution Schule → *übertragen auf institutionelle Problem- und Belastungsstrukturen*

Ziele von Sozialpädagogik in der Schule:

Beitrag
- zur Persönlichkeitsbildung von Kindern und Jugendlichen
- zur Förderung der individuellen und sozialen Entwicklung
- zur Sicherung der schulischen Ausbildung zum Abbau von Bildungsbenachteiligungen

- zur Förderung kompetenten Rollenhandelns und Optimierung von Bewältigungskompetenz im Kontext Schule
- zur Herstellung bzw. Verbesserung der Lernfähigkeit und -motivation

ohne professionelle Programme darauf zu reduzieren: Sozialpädagogik in der Schule zielt auf: Erweiterung der Spielräume der Kommunikation, des Lernens und der Regeneration eines jeden Schülers als Beitrag zur Subjektwerdung und zur Vermeidung von Benachteiligungsstrukturen

Handlungsdimensionen von Sozialpädagogik in der Schule:

lebenslagengestaltend - strukturierende schulbezogene Angebote	*problembearbeitend - integrierende* schulbezogene Hilfen
Räume zum Erlernen von Bewältigungshandeln/zur Abfederung von Belastungen	Räume zur Bearbeitung von Situationen/Verfaßtheiten fehllaufenden/überforderten Bewältigungshandelns

Funktionen von Sozialpädagogik in der Schule:

Bestandteile eines *integrierten flexiblen Zugangs* schulalltagsorientierter Sozialpädagogik mit den Funktionen:

Präventionsfunktion	Bildungsfunktion	Freizeitfunktion	Funktionen der Lernhilfe und beruflichen Orientierung
	in Form von sozialpädagogisch arrangierten	*Lern- und Entwicklungsräumen, die*	
Freizeit gestalten helfen	intensive Beziehungen zu relevanten Erwachsenen ermöglichen		regulierende, normalisierende Hilfen bei schulisch relevanten Bewältigungs- und sozialen Problemen leisten
Beratung als Begleitung im sozialräumlichen Kontext ermöglichen	Berufsorientierung, findung,- bewerbung ermöglichen		peer - orientiertes Lernen ermöglichen

Abb. 2: Tätigkeitsanforderungen eines Schulsozialpädagogen-Teams

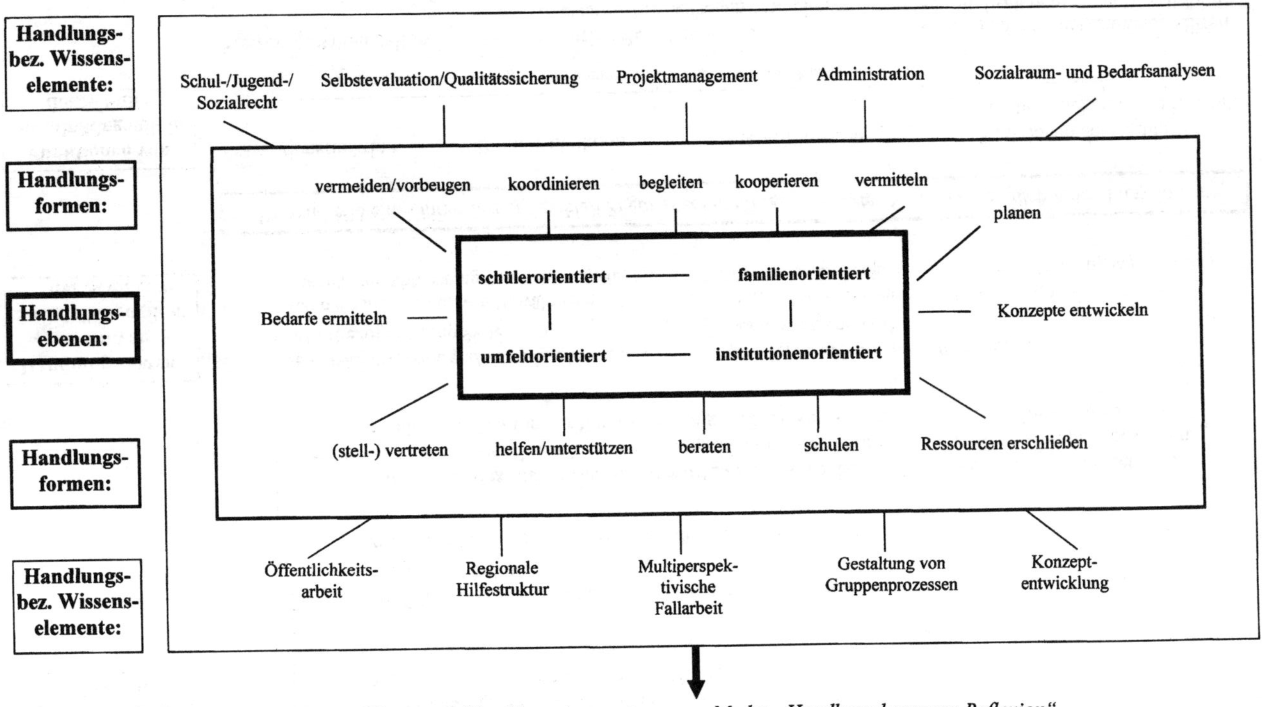

Handlungsbez. Wissenselemente: Schul-/Jugend-/Sozialrecht, Selbstevaluation/Qualitätssicherung, Projektmanagement, Administration, Sozialraum- und Bedarfsanalysen

Handlungsformen: Bedarfe ermitteln, vermeiden/vorbeugen, koordinieren, begleiten, kooperieren, vermitteln, planen, Konzepte entwickeln

Handlungsebenen: schülerorientiert, familienorientiert, umfeldorientiert, institutionenorientiert

Handlungsformen: (stell-) vertreten, helfen/unterstützen, beraten, schulen, Ressourcen erschließen

Handlungsbez. Wissenselemente: Öffentlichkeitsarbeit, Regionale Hilfestruktur, Multiperspektivische Fallarbeit, Gestaltung von Gruppenprozessen, Konzeptentwicklung

Tätigkeitsprofil/zentrale Handlungskompetenz: *Modus „Handlungsbezogene Reflexion"*

Natürlich bleiben auch nach dieser ausführlichen Beschäftigung mit dem Thema der Kooperation von Jugendhilfe und Schule, mit der Konzeptualisierung schulbezogener Angebote der Jugendhilfe als schulalltagsorientierte Sozialpädagogik *offene Fragen*, sind auch *weiterführende Problematiken* erkennbar, die aber in diesem Rahmen nicht geklärt werden können. Sie sollen daher perspektivisch und impulsartig benannt werden, damit den Blick für weitere Vertiefungen spezieller Teilfragestellungen eröffnen. Ich möchte diese Anregung offener Fragen nach fünf Punkten untergliedern, so daß eine Einordnung und Ordnung der exemplarischen Aspekte möglich ist. Offene Fragen ergeben sich meines Erachtens hinsichtlich

- adressatenbezogener,
- institutionenbezogener,
- forschungsbezogener,
- fachtheoretisch-disziplinärer und
- praxiskonzeptioneller Aspekte.

Die Zielsetzung, schulbezogene Angebote der Jugendhilfe fachtheoretisch zu verorten, als schulalltagsorientierte Sozialpädagogik zu konzeptualisieren und als ein Angebotssegment im Jugendhilfesystem zu verstehen, deutet auf die Entwicklung eines Rahmenkonzeptes hin, auf die Fundierung eines sozialpädagogischen Handlungsfeldes, die Benennung und Systematisierung ihrer Stützpfeiler, ihrer fachlichen Basis. Inwiefern dieses Konzept aber bezüglich einzelner, *spezieller Adressaten* und *Problemgegenstände* zum Tragen kommt, konnte hier nicht überprüft werden. Es wurden zwar der Gegenstand (Belastungs- und Problemstrukturen) und Aufgaben (Reaktionen darauf) schulbezogener Angebote der Jugendhilfe bestimmt. Diese fachtheoretische Klärung sollte hier aber nicht in die Entwicklung spezieller Handlungskonzepte münden, mit denen speziellen Adressatengruppen oder Problemen begegnet wird. Im Gegenteil wurde für ein reflexives Handlungskonzept plädiert, das einen Problem- und Themenbezug nicht in erster Linie, als sein konstitutives Element, betrachtet, sondern den Biographiebezug als Ausgangspunkt des Handelns nimmt. Deshalb werden bestimmte Problembezüge nicht negiert (wie z. B. Gewalt, Schulverweigerung oder manifeste Verhaltensauffälligkeiten), jedoch in den Zusammenhang anderer analytischer Kategorien gestellt, als dies bislang überwiegend der Fall ist. Es wird daher keine Orientierung an „Modell- oder Spezialprojekten" als Antwort auf vermeintlich spezielle und separierbare Probleme vorgenommen, sondern eine Bezugnahme auf die komplexe Bewältigungsthematik Jugendlicher, eine Betonung des „Hinter-die-Phänomene-Schauens" und ihrer komplexen konzeptionellen Begegnung statt einer fachlichen Engführung auf spezielle Interventionsverfahren. Daher bleibt hier eine Thematisierung gängiger Konzepte wie der Gewaltprävention, Konfliktschlichtung, Verhaltensmodifikation etc. aus, ihre Einordnung in des vorliegende Konzept daher unbehandelt (wenn auch Ansatzpunkte dafür geliefert wurden), statt eines Modellcharakters von Schulsozialarbeit wird ein strukturgestaltendes Konzept schulalltagsorientierter Sozialpädagogik entwickelt.

Hier deuten sich auch *institutionenbezogene* Fragen an, sowohl mit Blick auf die Schule als auch auf die Jugendhilfe. Das vorliegende Konzept wurde mit Blick auf allgemeinbildende Schulen entwickelt, nicht berücksichtigt wurden die besonderen Handlungsbedarfe in Grundschulen, Förder- und Berufsschulen. Die Übertragung des Konzeptes schulbezogener Angebote der Jugendhilfe auf diese Schulformen und Adressaten verdient eine ausführliche Thematisierung und wäre mit einer kursorischen Betrachtung nicht angemessen berücksichtigt. Hier deutet sich die Entwicklung spezifizierter Praxiskonzepte an, die ihren Ausgang jedoch im Konzept einer schulalltagsorientierten Sozialpädagogik finden könnten.

Vertieft werden müßte auch die Frage, welche Schulmodelle die Integration von Jugendhilfeangeboten am optimalsten zulassen, denn Aspekte der Schulentwicklung wurden hier nur angedeutet. Eine entsprechende schulpädagogisch motivierte Diskussion wäre das Pendant zu der hier verfolgten sozialpädagogischen Schwerpunktsetzung.

Das Konzept integrierter und flexibler schulbezogener Hilfen und Angebote machte lernfähige und flexible Organisationsformen in der Jugendhilfe notwendig, die der Gefahr einer „Baukastenprofessionalität", bestehend aus der Kombination herkömmlicher Handlungsmodelle und -formen unter dem Deckmantel der Modernisierung, entgegenwirken und bedarfsgerechte Unterstützungsqualitäten zu realisieren vermögen. Hier gilt es weiterhin, träger- und professionalisierungsbezogene Innovationen für die konkrete Praxisgestaltung zu diskutieren.

Die vorliegende Argumentation hatte das Ziel einer grundlagenorientierten Klärung, die vertiefende Erforschung von bereits angedeuteten Teilfragestellungen macht andere *forschungsmethodische* Zugänge notwendig. Es wäre vor allem ein methodisches Vorgehen im Sinne einer Kombination mit qualitativen Verfahren oder ein rein qualitativer, etwa einzelfallstudienartiger, Bezug denkbar. Die Einengung des Forschungsfeldes (vielleicht auf eine Schule, ein Schulsozialpädagogen-Team, eine Zahl von Adressaten) und ein veränderter forschungsmethodischer Zugang oder aber eine Ergänzung grundlagenorientierter Ermittlungen durch qualifizierende Teilstudien könnten spezielle, aufbauende und ergänzende Erkenntnisse liefern, die hier nicht angestrebt waren.

Generell wäre es interessant, diese Arbeit und andere vorliegende Studien zu diesem Themenbereich in die Systematik sozialpädagogischer Forschung (vgl. Rauschenbach/Thole 1998a, 1998b) einzuordnen und eine Zusammenführung der unterschiedlichen Forschungszugänge unter diesem Theorie- und Konzeptrahmen zu versuchen. In dieser Arbeit erfolgte eine adressatenbezogene Forschung, aus der professionsbezogene und organisationsbezogene Konsequenzen abgeleitet wurden. Auch ein Abgleich mit vorliegenden Studien zu professions-, organisations- und arbeitsfeldbezogenen Themenbereichen in der Jugendhilfe (vgl. Flösser u. a. 1998) im Sinne einer gegenseitigen Befruchtung und Entwicklung neuer Fragestellungen sowie Konzept wäre denkbar. Vielleicht könnte eine solche kriterien- und handlungsfeldbezogene Sichtung von Studien der beteiligten Wissenschaftsdisziplinen wie z. B. der Erziehungswissenschaft (Sozialpädagogik und Schulpädagogik), Psychologie und Soziologie zu einer Etablierung eines Forschungsbereiches beitragen, den ich als „schulbezogene Jugendhilfeforschung" bezeichnet habe.

Mit der *fachtheoretischen* Verortung und Konzeptualisierung eines Handlungsfeldes wurden handlungs- und arbeitsfeldbezogene theoretische Sätze entwickelt, die konsequent aus den Rahmenkonzepten der jüngeren Sozialpädagogik abgeleitet wurde. Es wäre spannend zu sehen, inwiefern theoretische Klärungen angrenzender Handlungsbezüge unter dem hier entwickelten Konzept zusammenzuführen sind, wo Anknüpfungs- aber auch Reibungspunkte entstünden und eine weitere Ausdifferenzierung befördert würde. Auch die Klärung des gleichen Handlungs- und Problembezuges unter anderen theoretischen Vorzeichen könnte gegenübergestellt, ein theorievergleichender Zugang also angestrebt werden, was hier aber nicht verfolgt wurde und einem anderen Argumentationsziel unterliegen würde.

Auf der *praxiskonzeptionellen* Ebene deutet sich die Frage nach einer Einordnung des flexiblen und integrierten Ansatzes schulbezogener Angebote in die Praxis der angrenzenden Angebote und Institutionen der Jugendhilfe an. Es wäre z. B. zu prüfen, inwiefern schulbezogene Angebote der Jugendhilfe als Scharnier zwischen Schule und Kinder- und Jugendschutz sowie den Hilfen zur Erziehung fungieren können, um eine Kooperation zu intensivieren (gegenwärtig wird in den Hilfen zur Erziehung das Thema schulische Förderung eher marginal verhandelt; vgl. Gabriel 1999). Hier besteht vor allem Handlungsbedarf bei den flexiblen und integrierten Hilfen zur Erziehung sowie der Erziehung in einer Tagesgruppe. Hier wäre auch zu prüfen, inwiefern das in die Diskussion eingebrachte Konzept einer „Schulbezogenen Jugendhilfe" (vgl. Bettmer/Prüß 2000) eine Weiterführung der vorliegenden Überlegungen darstellt, wo es Berührungspunkte und Differenzen gibt und wo es durch das Modell einer schulalltagsorientierten Sozialpädagogik als Fundierung schulbezogener Angebote der Jugendhilfe kritische Impulse erhielte. Zudem wäre es zukünftig interessant zu sehen, wie das dem flexiblen Ansatz entsprechende methodische Konzept „Handlungsbezogene Reflexion" in Einrichtungskonzeptionen integriert und durch unterschiedliche, dort sattfindende Handlungselemente ausgefüllt wird.

Die Bearbeitung dieser Fragen muß zukünftiger Forschung überlassen bleiben. Mir scheint aber die Beschäftigung mit diesen Themen und Problematiken durch die vorliegende Argumentation auf eine Basis gestellt, die ihren Stellenwert, ihren Nutzen und ihr Potential für weitere Klärungsversuche in der Fachdiskussion behaupten muß. Das Konzept schulbezogener Angebote der Jugendhilfe als schulalltagsorientierte Sozialpädagogik zu verstehen, heißt, über es hinauszugehen, denn die Kooperation von Jugendhilfe und Schule ist das, wofür viele Sozialpädagogen und Lehrer sie halten, am allerwenigsten - Sache der anderen.

Literaturverzeichnis

Ansen, H. (1998): Armut und soziale Arbeit. Frankfurt/M. u. ö.
Ansen, H. (1999): Kinderarmut und Heimerziehung. In: Colla, H. E:. u. a. (Hg.): Handbuch Heimerziehung und Pflegekinderwesen in Europa. Neuwied/Kriftel, S. 471 ff.
Bärsch, W. (1992): Modellversuche zur Beratung. In: Landesinstitut für Schule und Weiterbildung (Hg.): Beratungslehrerinnen/ Beratungslehrer. Beiträge zur Schulberatung. Soest, S. 19 ff.
Bäumer, G. (1929): Die historischen und sozialen Voraussetzungen der Sozialpädagogik und die Entwicklung ihrer Theorie. In: Nohl, H./Pallat, L. (Hg.): Handbuch der Pädagogik. Bd. 5. Langensalza
Baethge, M. (1985): Individualisierung als Hoffnung und als Verhängnis. In: Soziale Welt 1985, S. 299 ff.
Barres, E./Basler, E./Diener, K. (1990): Beratungslehrer. Beratungstätigkeit und Arbeitssituation. Eine empirische Studie. Opladen
Beck, U. (1986). Risikogesellschaft. Auf dem Weg in eine andere Moderne. Frankfurt/M.
Beck, U. (1983): Jenseits von Stand und Klasse? In: Kreckel, R. (Hg.): Soziale Ungleichheit. Frankfurt/M 1983, S. 35 ff.
Beck, U./Giddens, A./Lash, S. (1996): Reflexive Modernisierung. Frankfurt/M.
Behnken, I. (1991): Schülerstudie 90. Jugendliche im Prozeß der Vereinigung. Weinheim/München
Berger, P. A. (1996): Individualisierung. Statusunsicherheit und Erfahrungsvielfalt. Opladen
Bettmer, F./Prüß, F. (2000): Schule und Jugendhilfe. In: Otto, H. U./Thiersch, H. (Hg.): Handbuch der Sozialpädagogik und der Sozialarbeit. Neuwied/Kriftel
Bildungskommission NRW (1995): Zukunft der Bildung - Schule der Zukunft. Neuwied u. ö.
Böhm, G. (1992): Beratung zur Lernförderung in der Schule. In: Landesinstitut für Schule und Weiterbildung (Hg.): Beratungslehrerinnen/ Beratungslehrer. Beiträge zur Schulberatung. Soest, S. 97 ff.
Böhnisch, L. (1992): Sozialpädagogik des Kindes- und Jugendalters. Eine Einführung. Weinheim/München
Böhnisch, L. (1994): Gespaltene Normalität. Lebensbewältigung und Sozialpädagogik an den Grenzen der Wohlfahrtsgesellschaft. Weinheim/München
Böhnisch, L. (1996): Pädagogische Soziologie. Eine Einführung. Weinheim/München
Böhnisch, L. (1997): Sozialpädagogik der Lebensalter. Eine Einführung. Weinheim/München
Böhnisch, L. (1998a): Milieubildung und Netzwerkorientierung. In: Peters, F. u. a. (Hg.): Integrierte Erziehungshilfen. Qualifizierung der Jugendhilfe durch Flexibilisierung und Integration? Frankfurt/M., S. 11 ff.
Böhnisch, L. (1998b): Grundbegriffe einer Jugendarbeit als „Lebensort". Bedürftigkeit, Pädagogischer Bezug und Milieubildung. In: Böhnisch u. a. 1998, S. 155 ff.
Böhnisch, L./Lenz, K. (Hg.): (1997): Familien. Eine interdisziplinäre Einführung. Weinheim/München
Böhnisch, L./Münchmeier, R. (1987): Wozu Jugendarbeit? Orientierung für Ausbildung, Fortbildung und Praxis. München
Böhnisch, L./Münchmeier, R. (1993): Pädagogik des Jugendraums: zur Begründung und Praxis einer sozialräumlichen Jugendpädagogik. 2. Aufl. Weinheim/München
Böhnisch, L./Rudolph, M./Wolf. B. (1998): Jugendarbeit als Lebensort. Jugendpädagogische Orientierungen zwischen Offenheit und Halt. Weinheim/München

Böhnisch, L./Arnold, H./Schröer, W. (1999): Sozialpolitik. Eine sozialwissenschaftliche Einführung. Weinheim/München
Bonhoeffer, M. (1965): Das Haus auf der Hufe - ein Göttinger Versuch. In: Neue Sammlung 1965 (H. 1), S. 64 ff.
Brandtstädter, J. (1985): Entwicklungsberatung unter dem Aspekt der Lebensspanne: Zum Aufbau eines entwicklungspsychologischen Anwendungskonzeptes. In: ders./Gräser, H. (Hg.): Entwicklungsberatung unter dem Aspekt der Lebensspanne. Göttingen u. ö., S. 1 ff.
Braun, K.-H. (1994): Schule und Sozialarbeit in der Modernisierungskrise. In: neue praxis 1994 (H. 2), S. 107 ff.
Braun, K.-H. (1997): Professionalisierung der Schulsozialarbeit durch Fort- und Weiterbildung. In: Jugendhilfe 1997 (H. 1)
Braun, K. H./Wetzel, K. (2000): Sozialpädagogisches Handeln in der Schule. Neuwied/Kriftel
Brose, G. H./Hildenbrandt, B.(1988): Biographisierung von Erleben und Handeln. In: dies. 1988, S. 12 ff.
Brüggemann, K./Schmidt, M. (1996): Neue Bedingungen des Aufwachsens von Jugendlichen im gesellschaftlichen Transformationsprozeß. In: Flösser u. a. 1996; S. 140 ff.
Brüggemann-Helmold, K. u. a. (1996): Psychosoziale Belastungen und soziale Unterstützungssysteme. Eine empirische Rekonstruktion der Vielfältigkeit des Hilfe- und Unterstützungsbedarfs junger Menschen. In: ZfPäd 1996 (H. 6), S. 811 ff.
Brüggemann-Helmold, K. u. a. (1997): Lebenslagen und soziale Unterstützungssysteme - Herausforderungen für die Jugendhilfe. Zur Situation junger Menschen und ihrer Familien in Sachsen-Anhalt. In: Hauser/Olk (Hg.), S. 223 ff.
Büchner, P. u. a. (1994): Kindliche Lebenswelten, Bildung und innerfamiliäre Beziehungen. München
Bullinger, H./Nowak, J. (1998): Soziale Netzwerkarbeit. Freiburg i. Br.
Bundesministerium für Familie, Senioren, Frauen und Jugend (BMFSFJ) (1990): Achter Jugendbericht. Bericht über Bestrebungen und Leistungen der Jugendhilfe. Bonn
Bundesministerium für Familie, Senioren, Frauen und Jugend (BMFSFJ) (1994b): Neunter Jugendbericht. Bericht über die Situation der Kinder und Jugendlichen und die Entwicklung der Jugendhilfe in den neuen Bundesländern. Bonn
Bundesministerium für Familie, Senioren, Frauen und Jugend (BMFSFJ) (1997a): Die Familie im Spiegel der amtlichen Statistik. Bonn
Bundesministerium für Familie, Senioren, Frauen und Jugend (BMFSFJ) (1998): Zehnter Kinder- und Jugendbericht. Bericht über die Lebenssituation von Kindern und die Leistungen der Kinderhilfen in Deutschland. Bonn
Chassé, K.-A. (1999): Soziale Arbeit und Lebenslage - Zur Einführung in das Lebenslage-Konzept. In: Hörster, R./Treptow, R. (Hg.): Sozialpädagogische Integration. Entwicklungsperspektiven und Konfliktlinien. Weinheim/München, S. 147 ff.
Colla, H. E. (1968): Das Haus auf der Hufe. In: Neue Sammlung 1968 (H. 3), S. 326 ff.
Colla, H. E. (1973): Der Fall Frank. Neuwied
Colla, H. E. (1987): Zum sozialpädagogisch verantworteten Handeln im pädagogischen Alltag. Ms Lüneburg
Colla, H. E. (1990): Jugend und Aids. Aids-Prävention und -Bewältigung in stationären Einrichtungen der Jugendhilfe. Lüneburg
Colla, H. E. (1996): Zur Wiederentdeckung des Pädagogischen im Aushandlungs-prozeß. In: Grunwald, K. u. a. (Hg.): Alltag, Nicht-Alltäglichkeit und die Lebenswelt. Weinheim/München, S. 225 ff.

Colla, H. E. (1999a): Personale Dimension des (sozial-)pädagogischen Könnens - der pädagogische Bezug. In: ders. u. a. (Hg.): Handbuch Heimerziehung und Pflegekinderwesen in Europa. Neuwied/Kriftel, S. 341 ff.

Colla, H. E. (1999b): Suizidales Verhalten junger Menschen - eine nicht wahrgenommene Aufgabe in der Heimerziehung. In: ders. u. a. (Hg.): Handbuch Heimerziehung und Pflegekinderwesen in Europa. Neuwied/Kriftel, S. 541 ff.

Dangschat, J. S. (1998): Sozialräumliche Aspekte der Armut im Jugendalter. In: Klocke/Hurrelmann (Hg.) 1998, S. 112 ff.

Datenreport 1999/Statistisches Bundesamt: Zahlen und Fakten über die Bundesrepublik Deutschland. Bonn

Deinet, U. (1992): Das Konzept „Aneignung" im Jugendhaus: neue Impulse für die offene Kinder- und Jugendarbeit. Opladen

Deinet, U. (1993): Raumaneignung in der sozialwissenschaftlichen Theorie. In: Böhnisch/Münchmeier 1993, S. 57 ff.

Deinet, U. (Hg.) (1997): Schule aus - Jugendhaus? 2. Aufl. Münster

Deinet, U. (1998): Das sozialräumliche Muster in der offenen Jugendarbeit. In: Deinet, U./Sturzenhecker, B. (Hg.): Handbuch offene Jugendarbeit. Münster 1998, S. 211 ff.

Dewe, B./Otto, H. U. (1987): Verwissenschaftlichung ohne Selbstreflexivität - Produktion und Applikation wissenschaftlicher Problemdeutungen in der Sozialarbeit und Sozialpädagogik. In: Olk, T./Otto, H. U. (Hg.): Soziale Dienste im Wandel (Bd. 1). Neuwied/Darmstadt 1987, S. 285 ff.

Dewe, B./Otto, H. U. (1989): Akzeptanzprobleme der Sozialexpertise. Zum veränderten Verhältnis von Wissenschaft und Berufspraxis in der Sozialarbeit und Sozialpädagogik. In: Böllert, K./Otto, H. U. : Soziale Arbeit auf der Suche nach Zukunft. Bielefeld 1989, S. 225 ff.

Dewe, B./Otto, H. U. (1996a): Die Sozialpädagogik im Prozeß der Disziplinbildung - eine Zustandsbeschreibung. In: Dewe/Otto 1996c, S. 9 ff.

Dewe, B./Otto, H. U. (1996b): Vom Nutzen und Nachteil des sozialwissenschaftlichen Blicks auf die Sozialpädagogik. In: Dewe/Otto 1996c, S. 117 ff.

Dewe, B./Otto, H. U. (1996c): Zugänge zur Sozialpädagogik. Reflexive Wissenschaftstheorie und kognitive Identität. Weinheim/München

Dewe, B./Ferchhoff, W./Scherr, A./Stüwe, G: (1993): Professionelles soziales Handeln. Soziale Arbeit im Spannungsfeld zwischen Theorie und Praxis. Weinheim

Diederich, J./Tenorth, H.-E. (1997): Theorie der Schule. Ein Studienbuch zu Geschichte, Funktionen und Gestaltung. Berlin

Dietrich, G. (1987): Spezielle Beratungspsychologie. Göttingen u. ö.

Dietrich, G. (1991): Allgemeine Beratungspsychologie. Göttingen u. ö. 2. Aufl.

Drößler, T. (1998): Zwischen Offenheit und Halt. Einige Befunde neuer Jugendstudien. In: Böhnisch/Rudolph/Wolf 1998, S. 75 ff.

Elsner, G. (1996): Schulsozialarbeit in Sachsen. DJI-Arbeitspapier 2-124. München

Fend, H. (1980): Theorie der Schule. München

Fend, H. (1988): Sozialgeschichte des Aufwachsens. Frankfurt/M.

Fend, H. (1998): Qualität im Bildungswesen. Weinheim/München

Filsinger, D./Hinte, W. (1988): Praxisforschung: Grundlagen. Rahmenbedingungen und Anwendungsbereiche eines Forschungsansatzes. In: Heiner 1988, S. 34 ff.

Flösser, G./Otto, H. U./Tillmann, K. J. (Hg.) (1996): Schule und Jugendhilfe. Neuorientierung im deutsch-deutschen Übergang. Opladen

Flösser, G./Otto, H. U./Tillmann, K. J. (1996): Schule und Jugendhilfe: Standortbestimmung im Transformationsprozeß. In: dies. 1996, S. 8 ff.

Flösser, G./Otto, H.-U. (1996): Kontinuität und Wandel der Jugendhilfe in den neuen Bundesländern. In: Flösser u. a. 1996, S. 42 ff.

Flösser, G./Otto, H. U./Rauschenbach, T./Thole, W. (1998): Jugendhilfeforschung. Beobachtungen zu einer wenig beachteten Forschungslandschaft. In: Rauschenbach/Thole (Hg.) 1998, S. 225 ff.

Forneck, H. (1997):Funktion von Schule in gefährdeter Gesellschaft. In: Grossenbacher u. a. 1997, S. 41 ff.

Friedel, J. A. (1993): Beratungslehrer und Schulpsychologe im Tätigkeitsfeld der Systemberatung: Aufgaben und Erwartungen. Münster

Fromman, A. (1984): Schulsozialarbeit. In: Eyferth, H./Otto, H. U./Thiersch, H. (Hg.): Handbuch zur Sozialarbeit/Sozialpädagogik. Neuwied, S. 870 ff.

Fromman, A./Kehrer, H./Liebau, E.(1987): Erfahrungen mit Schulsozialarbeit. Möglichkeiten der Zusammenarbeit von Sozialpädagogik und Schule. Weinheim/München

Fromme, J. (1998): Freizeit gestalten. In: Deinet, U./Sturzenhecker, B. (Hg.): Handbuch offene Jugendarbeit. Münster 1998, S. 130 ff.

Fthenakis, W. E. (1998): Ta panta rei: Familie im Wandel - Risiken und Chancen für Eltern und Kinder. In: Huber, H. (Hg.): Lebensraum Familie. Lebensweltliche Perspektiven. Donauwörth, S. 12 ff.

Fuchs, W. (1983): Jugendliche Statuspassage oder individualisierte Jugendbiographie? In: Soziale Welt 1983 (H. 34), S. 341 ff.

Fülbier, P. (1997): Schulsozialarbeit: Spezifische Zielgruppen, eindeutige Interessen und ein klares Profil aus Sicht der Jugendsozialarbeit. In: Grossenbacher u. a. 1997, S. 44 ff.

Fülbier, P./Schaefer, H.-P. (1999): Die Misere der Jugendsozialarbeit. Umsetzung des § 13 KJHG auf kommunaler Ebene - eine kritische Bilanz. In: neue praxis 1999 (H. 5), S. 500 ff.

Gabriel, T. (1999): Theoriebildung und -anwendung. Eine Studie über die Forschung zur Heimerziehung in Großbritannien und Deutschland. Lüneburg

Galuske, M. (1998): Methoden der Sozialen Arbeit. Eine Einführung. Weinheim/München

Gawlik, M./Kraft, E./Seckinger, M. (1995): Jugendhilfe und sozialer Wandel. Die Lebenssituation Jugendlicher und der Aufbau der Jugendhilfe in Ostdeutschland. München

Geißler, R. (1996): Die Sozialstruktur Deutschlands. Zur gesellschaftlichen Entwicklung mit einer Zwischenbilanz zur Vereinigung. Opladen

Geiser, K. (1997): Zu den Funktionen Sozialer Arbeit in gefährdeter Gesellschaft. In: Grossenbacher u. a. 1997, S. 67 ff.

Gernert, W. (1993): Jugendhilfe. 4. Aufl. München

Geulen, D. (1999): Subjekt-Begriff und Sozialisationstheorie. In: Leu/Krappmann 1999, S. 21 ff.

Geulen, D./Hurrelmann, K. (1980): Zur Programmatik einer umfassenden Sozialisationstheorie. In: Hurrelmann, K./Ulich, D. (Hg.): Handbuch für Sozialisationsforschung. Weinheim/Basel, S. 51 ff.

Giesecke, H. (1996): Wozu ist die Schule da? Die neue Rolle von Eltern und Lehrern. Stuttgart

Glanzer, W. (1993): Schulsozialarbeit in den neuen Ländern - Schlagwort oder zu kunftsweisende strukturelle Maßnahme? In: Jugendhilfe 1993 (H. 1), S. 19 ff.

Glanzer, W. (1997): Schulsozialarbeit auf der Suche nach Zukunft. In: Jugendhilfe 1997 (H. 1), S. 3 ff.

Goffman, E. (1973): Asyle. Über die soziale Situation psychiatrischer Patienten und anderer Insassen. Frankfurt/M. (zuerst 1961)

Goffman, E. (1992): Stigma: Über Techniken der Bewältigung beschädigter Identität. Frankfurt/M. (zuerst 1963)
Gottschalch, W. (1994): Sozialisation. In: Stimmer, F. (Hg.): Lexikon der Sozialpädagogik und der Sozialarbeit. München u. ö., S. 463 ff.
Grewe, N. (1990): Beratungslehrertätigkeit - Zwischenbilanz und Perspektiven. In: ders. (Hg.): Beratungslehrer - eine neue Rolle im System. Neuwied, S. 9 ff.
Grossmann, W. (1978): Sozialarbeit in der Schule. In: neue praxis (H. 8), S. 202 ff.
Grossmann, W. (1987): Aschenputtel im Schulalltag. Historische Entwicklungen und Perspektiven im Schulalltag. Weinheim
Grundmann, M. (1998): Milieuspezifische Einflüsse familialer Sozialisation auf die kognitive Entwicklung und den Bildungserfolg. In: Klocke/Hurrelmann (Hg.) 1998, S. 161 ff.
Gutzwiller, P. (1998): Konzeptualisierung eines schulpsychologischen Dienstes. Strukturelle, methodische und inhaltliche Aspekte der psychologischen Intervention. Frankfurt/M. u. ö.
Hartmann, S. (1998): Jugendhilfe und Schule - Kooperation oder Konfrontation? In: Archiv für Wissenschaft und Praxis der sozialen Arbeit 1998 (H. 3), S. 263 ff.
Hartnuß, B./Maykus, S. (1999): Zur Notwendigkeit der Präzisierung schulbezogener Angebote der Jugendhilfe im KJHG. In: Zentralblatt für Jugendrecht 1999 (H. 12)
Hartnuß, B./Maykus, S. (2000): Kooperation von Jugendhilfe und Schule - zur Neuverortung im KJHG. In: Theorie und Praxis der sozialen Arbeit 2000 (H 5), S. 177 ff.
Hauser, R./Olk, T. (1997): Soziale Sicherheit für alle? Opladen
Heiner, M. (1988): Praxisforschung in der sozialen Arbeit. Freiburg i. Br.
Heiner, M. (1994): Selbstevaluation in der sozialen Arbeit. Freiburg i. Br.
Heiner, M. (1996): Ziel- und kriterienbezogenes Qualitätsmanagement in der sozialen Arbeit. Vom Katalogisieren der Aktivitäten zur Reflexion von Qualitätskriterien. In: Merchel, J. (Hg.): Neue Steuerung. Tendenzen der Organsiationsentwicklung in der Sozialverwaltung. Münster 1996, S. 210 ff.
Helsper, W. (1993): Jugend und Schule. In: Krüger 1993, S. 351 ff.
Helsper, W./Krüger, H.-H./Wenzel, H. (Hg) (1996): Schule und Gesellschaft im Umbruch. 2 Bde. Weinheim
Helsper, W./Krüger, H.-H./Wenzel, H.(1996): Schule und Gesellschaft im Umbruch - einleitende Anmerkungen und Fragen. In: dies (Hg.) 1996, S. 9 ff.
Heitmeyer, W./Olk, T. (Hg.): (1990): Individualisierung von Jugend. Weinheim/München
Herlyn, I. (1994): Gruppen in schulischen Lehr- und Lerngruppen. In: Schäfers, B. (Hg.): Einführung in die Gruppensoziologie. Heidelberg/Wiesbaden, S. 114 ff.
Herriger, N. (2000): Empowerment. In: Stimmer, F. (Hg.): Lexikon der Sozialpädagogik und der Sozialarbeit. München u. ö., S. 174 ff.
Herriger, N./Malinowski, P. (1981): Schulsozialarbeit - Arbeitsbeschaffung oder Reformperspektive. In: neue praxis (H. 1), S. 78 ff.
Hilke, R./Aschenbach, G. (1985): Zu den konzeptionellen Grundlagen psychologischer Praxis zwischen Beratung und Therapie. In: Brandtstädter, J./Gräser, H. (Hg.): Entwicklungsberatung unter dem Aspekt der Lebensspanne. Göttingen u. ö., S. 16 ff.
Höhn, C./Dorbritz, J. (1995): Zwischen Individualisierung und Institutionalisierung - Familiendemographische Trends im vereinten Deutschland. In: Nauck/Onnen-Isemann (Hg.) 1995, S. 149 ff.
Hollenstein, E. (1999): Sozialisationsprozesse in der Schule: Ein Begründungszusammenhang zur Schulsozialarbeit. In: ders./Tillmann 1999a, S. 81 ff.
Hollenstein, E./Tillmann, J. (Hg.) (1999a): Schulsozialarbeit. Studium, Praxis und konzeptionelle Entwicklungen. Hannover

Hollenstein, E./Tillmann, J. (1999b): Schulsozialarbeit: Eine Vorbemerkung zum Begriff und zur Kooperationspraxis zwischen Schule und Jugendhilfe. In: dies. (Hg.) 1999, S. 24 ff.

Holtappels, H. G. (1987): Schulprobleme und abweichendes Verhalten aus der Schülerperspektive. Empirische Studie zu Sozialisationseffekten im situationellen und interaktionellen Handlungskontext der Schule. Bochum

Holtappels, H. G. (1994): Ganztagsschule und Schulöffnung. Perspektiven für die Schulentwicklung. Weinheim/München

Holtappels, H.-G. (1999): Sozialwissenschaftliche Theorien und Konzepte schulischer Gewaltforschung. In: ders. u. a. (Hg.) 1999, S. 27 ff.

Holtappels, H.-G./Zimmermann, P. (1990): Wandel von Familie und Kindheit - Konsequenzen für die Grundschule. In: Rolff, H. G. (Hg.): Jahrbuch der Schulentwicklung. Bd. 6. Weinheim/München, S. 149 ff.

Holtappels, H.-G./Heitmeyer, W./Melzer, W./Tillmann, K.-J. (Hg.) (1999): Forschung über Gewalt an Schulen. Erscheinungsformen und Ursachen, Konzepte und Prävention. Weinheim/München

Holthaus, L. (1980): Schulsozialarbeit - Aufgabe der Jugendhilfeträger. In: neue praxis (H. 2), S. 224 ff.

Homfeldt, H. G./Iauff, W./Maxeiner, J. (1977): Für eine sozialpädagogische Schule. Grundlagen, Probleme, Perspektiven. Weinheim/München

Homfeldt, H.-G./Schulze-Krüdener, J. (1997): Sozialpädagogik und Schule - Geschichtlicher Rückblick und neuere Entwicklungen. In: Fatke, R./Valtin, R. (Hg.): Sozialpädagogik in der Grundschule. Aufgaben, Handlungsfelder und Modelle. Frankfurt/Main, S. 33 ff.

Hornstein W. (1971): Bildungsplanung ohne sozialpädagogische Perspektiven. In: Zeitschrift für Pädagogik (H. 3), S. 285 ff.

Hoyer, H.-D./Väth, E. (1994): Schulsozialarbeit in den ostdeutschen Bundesländern. Ziele, Aufgaben und Handlungsfelder. In: Jugendhilfe 1994 (H. 4); S. 204 ff.

Huber, H. (Hg.) (1998): Lebensraum Familie. Lebensweltliche Perspektiven. Donauwörth

Hübinger, W. (1996): Prekärer Wohlstand. Neue Befunde zu Armut und sozialer Un gleichheit. Freiburg i. Br.

Hurrelmann, K. (1990a): Familienstreß, Schulstreß, Freizeitstreß. Gesundheitsförderung für Kinder und Jugendliche. Weinheim/Basel

Hurrelmann, K. (1990b): Einführung in die Sozialisationstheorie. Über den Zusammenhang von Sozialstruktur und Persönlichkeit. Weinheim/Basel

Hurrelmann, K. (1990c): Die Rolle der Schule im sozialen Unterstützungsnetzwerk Jugendlicher. In: Die deutsche Schule 1990, S. 426 ff.

Hurrelmann, K. (1992): Warum die Beratung in der Schule heute so wichtig geworden ist. In: Landesinstitut für Schule und Weiterbildung (Hg.): Beratungslehrerinnen/ Beratungslehrer. Beiträge zur Schulberatung. Soest, S. 7 ff.

Hurrelmann, K. (1994): Lebensphase Jugend. Weinheim/München

Hurrelmann, K. (1996): Beide Seiten profitieren. Vorteile bei der Kooperation von Jugendarbeit und Schule. In: sozialmagazin 1996 (H. 1); S. 16 ff.

Hurrelmann, K./Laaser, U. (Hg.) (1991): Gesundheitswissenschaften. Handbuch für Forschung, Lehre und Praxis. Weinheim/Basel

Hurrelmann, K./Ulich, D. (Hg.) (1991): Neues Handbuch der Sozialisationsforschung. 4. Völlig neub. Aufl. Weinheim/Basel

Huttanus, A./Maykus, S. (1998a): Voll daneben oder echt stark? Zum Stellenwert des Jugendzentrums aus Sicht Jugendlicher. In: sozialmagazin 1998 (H. 3), S. 19 ff.

Huttanus, A./Maykus, S. (1998b): Konzeptentwicklung und kontinuierliche Fachplanung unter sozialräumlichen Gesichtspunkten als Anforderung an professionelle Jugendarbeit. In: sozialmagazin 1998 (H. 3), S. 26 ff.
Jakob, G. (1997): Sozialpädagogische Forschung. Ein Überblick über Methoden und Ergebnisse qualitativer Studien in Handlungsfeldern der Sozialen Arbeit. In: Jakob/Wensierski (Hg.) 1997, S. 124 ff.
Jakob, G./Wensierski, H.-J. v. (Hg.) (1997): Rekonstruktive Sozialpädagogik. Konzepte und Methoden sozialpädagogischen Verstehens in Forschung und Praxis. Weinheim/München
Joos, M. (1997): Armutsentwicklung und familiäre Armutsrisiken von Kindern in den neuen und alten Bundesländern. In: Otto (Hg.) 1997, S. 47 ff.
Jordan, E./Sengling, D. (1994): Jugendhilfe. Einführung in Geschichte und Handlungsfelder, Organisationsformen und gesellschaftliche Problemlagen. 3. Aufl. Weinheim/München
Jordan, E./Sengling, D. (2000):Kinder- und Jugendhilfe. Einführung in Geschichte und Handlungsfelder, Organisationsformen und gesellschaftliche Problemlagen. Neuauflage. Weinheim/ München
Jugendrecht (1998): Jugendrecht. Kinder- und Jugendhilfegesetz u. a. 22. Aufl. München
Kaufmann, F. X. (1988): Familie und Modernität. In: Lüscher, K. u. a. (Hg.):
Jugendwerk der deutschen Shell (Hg.) (1992): Jugend`92. Opladen
Die "postmoderne" Familie. Familiale Strategien und Familienpolitik in der Übergangszeit. Konstanz, S. 391 ff.
Kaufmann, F. X. (1995): Zukunft der Familie im vereinten Deutschland. Gesellschaftliche und politische Bedingungen. München
Keupp, H. (1987): Soziale Netzwerke - eine Metapher des gesellschaftlichen Umbruchs? In: ders./Röhrle 1987, S. 11 ff.
Keupp, H./Röhrle, B. (1987): Soziale Netzwerke. Frankfurt/M.
Klemm, K. (2000): Bildung. In: Allmendinger, J./Ludwig-Mayerhofer, W. (Hg.): Soziologie des Sozialstaats. Gesellschaftliche Grundlagen, historische Zusammenhänge und aktuelle Entwicklungstendenzen. Weinheim/München, S. 145 ff.
Klocke, A./Hurrelmann, K. (Hg.) (1998): Kinder und Jugendliche in Armut. Umfang, Auswirkungen und Konsequenzen. Opladen
Koch, J./Lenz, S. (Hg.) (1999): Auf dem Weg zu einer integrierten und sozialräumlichen Kinder- und Jugendhilfe. Frankfurt/M.
Kohli, M. (1988): Normalbiographie und Individualität: Zur instituitonellen Dynamik des gegenwärtigen Lebenslaufregimes. In: Brose, H. G./Hildenbrandt, B. (Hg.): Vom Ende des Individuums zur Individualität ohne Ende? Opladen 1988, S. 33 ff.
Kolip, P. (1993): Freundschaften im Jugendalter. Der Beitrag sozialer Netzwerke zur Problembewältigung. Weinheim/München
Konrad, F.-M. (1997): Von der Konfrontation zur Kooperation. Zur Geschichte des Verhältnisses von Schule und Sozialpädagogik/Sozialarbeit. In: Fatke, R./Valtin, R. (Hg.): Sozialpädagogik in der Grundschule. Aufgaben, Handlungsfelder und Modelle. Frankfurt/Main, S. 20 ff.
Krappmann, L. (1991): Sozialisation in der Gruppe der Gleichaltrigen. In: Hurrelmann/Ulich 1991, S. 355 ff.
Krappmann, L. (1993): Soziologische Dimensionen der Identität. Strukturelle Bedingungen für die Teilnahme an Interaktionsprozessen. 8. Aufl. Stuttgart (zuerst 1969)
Krüger, H.-H. (Hg.) (1993): Handbuch der Jugendforschung. Opladen

Krumm, V. (1997): Die Familie wandelt sich. Und die Schule? Über die Bereitschaft der Schule, sich den 'neuen' Eltern und den 'neuen' Kindern anzupassen. In: Grossenbacher u. a. 1997, S. 195 ff.
Küching, W. (1992): Beratungslehrer: Für wen, für was? In: Landesinstitut für Schule und Weiterbildung (Hg.): Beratungslehrerinnen/ Beratungslehrer. Beiträge zur Schulberatung. Soest, S. 88 ff.
Kunkel, P. C. (1999): Grundlagen des Jugendhilferechts. Systematische Darstellung für Studium und Praxis. 2. Aufl. Baden-Baden
Landesjugendbericht Mecklenburg-Vorpommern. Schwerin 1998
Lange, E. (1997): Jugendkonsum im Wandel. Opladen
Leisering, L. (1992): Sozialstatt und demografischer Wandel: Wechselwirkungen, Generationenverhältnis, politisch – institutionelle Steuerung. Frankfurt/M.
Lenz, K. (1998): Zur Biografisierung der Jugend. Befunde und Konsequenzen. In: Böhnisch/Rudolph/Wolf 1998, S. 51 ff.
Lenz, K./Böhnisch, L. (Hg.) (1997): Zugänge zu Familien - ein Grundlagentext. In: Böhnisch/Lenz 1997
Leu, H. R. (1999): Die „biographische Situation" als Bezugspunkt eines sozialisationstheoretischen Subjektverständnisses. In: ders./Krappmann (Hg.) 1999, S. 77 ff.
Leu, H. R./Krappmann, L. (1999): Zwischen Autonomie und Verbundenheit. Bedingungen und Formen der Behauptung von Subjektivität. Frankfurt/M.
Lösel, F./Bliesener, T./Averbeck, M. (1999): Erlebens- und Verhaltensprobleme von Tätern und Opfern. In: Holtappels u. a. (Hg.) 1999, S. 137 ff.
Mack, W. (2000): Bildung und Bewältigung. Stuttgart
Malsch, B. (1992): Schulpsychologie. Frankfurt/M. u. ö.
Mansel, J./Hurrelmann, K. (1994): Alltagsstreß bei Jugendlichen. Eine Untersuchung über Lebenschancen, Lebensrisiken und psychosoziale Befindlichkeiten im Statusübergang. 2. Aufl. Weinheim/München
Martin, L. R. (1996): Klassenlehrer und Tutorinnen. Aufgaben, Tätigkeiten, Leistungen, Konzeptionen. Bad Heilbrunn
Maykus, S. (2000a): Schulsozialarbeit. In: Stimmer, F. (Hg.): Lexikon der Sozialpädagogik und der Sozialarbeit. München u. ö., S. 583 ff.
Maykus, S. (2000b): Der Modus „Handlungsbezogene Reflexion". In: Archiv für Wissenschaft und Praxis der Sozialen Arbeit 2000 (H. 2), S. 155 ff.
Mead, G. H. (1968): Geist, Identität und Gesellschaft. Frankfurt/M.
Mead, G. H. (1987a): Die Definition des Psychischen. In: ders.: Gesammelte Aufsätze (hg. von H. Joas). Frankfurt/M., S. 83 ff.
Mead, G. H. (1987b): Die soziale Identität. In: ders.: Gesammelte Aufsätze (hg. von H. Joas). Frankfurt/M., S. 241 ff.
Meier, U. (1999): Gewalt im sozialökologischen Kontext der Schule. In: Holtappels u. a. (Hg.) 1999, S. 225 ff.
Meier, U./Tillmann, K.-J. (2000): Gewalt in der Schule - importiert oder selbstproduziert? In: Praxis der Kinderpsychologie und Kinderpsychiatrie 2000 (H. 1), S. 36 ff.
Meinhold, M. (1995): Ein Rahmenmodell zum methodischen Handeln. In: Heiner u. a. (Hg.): Methodisches Handeln in der Sozialen Arbeit. Freiburg i. Br. ^{2}1995: 184 ff.
Meinhold, M. (1997): Qualitätssicherung und Qualitätsmanagement in der sozialen Arbeit. Freiburg i. Br.
Melzer, W. (1987): Familie und Schule als Lebenswelt. München

Melzer, W. (1996): Zur Transformation des Bildungssystems in Ostdeutschland - Veränderungen im Verhältnis von Schule, Elternhaus und Jugendkultur. In: Helsper u. a. (Hg.) 1996, S. 49 ff.

Melzer, W. (1997): Elternhaus und Schule - ein Beispiel mißlungener und gelungener gesellschaftlicher Partizipation von Familie. In: Böhnisch/Lenz 1997, S. 299 ff.

Melzer, W./Darge, K. (2000): Gewalt in der Schule - Analyse und Prävention. In: Praxis der Kinderpsychologie und Kinderpsychiatrie 2000(H. 1), S. 16 ff.

Meyer, H. (1997): Schulpädagogik. Bd. 1. Berlin

Mitterauer, M. (1986): Sozialgeschichte der Jugend. Frankfurt/M.

Möhle, M. (1997): Alleinerziehende in den neuen Bundesländern. In: Hauser/Olk (Hg.), S. 311 ff.

Montada, L. (1985): Entwicklungsberatung als Angewandte Entwicklungspsychologie. In: Brandtstädter, J./Gräser, H. (Hg.): Entwicklungsberatung unter dem Aspekt der Lebensspanne. Göttingen u. ö., S. 30 ff.

Moser, H. (1995): Grundlagen der Praxisforschung. Freiburg i. Br.

Mühlum, A. (1993): Schulsozialarbeit. In: Becker-Textor, I./Textor, M. R. (Hg.): Handbuch der Kinder- und Jugendbetreuung. Neuwied 1993, S. 241-269

Müller, C. W. (1988): Achtbare Versuche. Zur Geschichte von Praxisforschung in der sozialen Arbeit. In: Heiner 1988, S. 16 ff.

Münchmeier, R. (1998): Was ist offene Jugendarbeit? Eine Standortbestimmung. In: Deinet, U./Sturzenhecker, B. (Hg.): Handbuch offene Jugendarbeit. Münster 1998, S. 13 ff.

Münder, J. (1996): Einführung in das Kinder- und Jugendhilfegesetz. Münster

Münder, J. u. a.(1998): Frankfurter Lehr- und Praxiskommentar zum Kinder- und Jugendhilfegesetz. 4. Aufl. Münster

Nauck, B./Joos. M. (1996a): Wandel der familiären Lebensverhältnisse von Kindern in Ostdeutschland. In: Trommsdorff, G. (Hg.): Souialisation und Entwicklung von Kindern vor und nach der Vereinigung. Opladen, S. 243 ff.

Nauck, B./Onnen-Isemann,C. (Hg.) (1995): Familie im Brennpunkt von Wissenschaft und Forschung. Neuwied/Kriftel

Nave-Herz, R. (1998): Familie und Kindheit aus familiensoziologischer Sicht. In: Beinroth, R. (Hg.): Familie und Jugendhilfe. Herausforderungen des Kinder- und Jugendhilfegesetzes an eine familienorientierte Jugendhilfe. Neuwied, S. 15 ff.

Nestmann, F. (1988): Alltägliche Helfer. Berlin

Nestmann, F. (1997): Familie als soziales Netzwerk und Familie im sozialen Netzwerk. In: Lenz/Böhnisch 1997

Neuberger, C. (1997): Auswirkungen elterlicher Arbeitslosigkeit und Armut auf Familien und Kinder. In: Otto (Hg.) 1997, S. 79 ff.

Nieslony, F. (1997): Schulsozialarbeit in den Niederlanden. Sozialpädagogische Arbeit in Schulen des niederländischen Bildungssystems. Opladen

Nieslony, F. (1998a): Schulbegleitung und Schulsozialarbeit in den Niederlanden. In: neue praxis 1998 (H. 4), S. 350 ff.

Nieslony, F. (1998b): Schulbegleitung durch Schulsozialarbeit? In: Archiv für Wissenschaft und Praxis der Sozialen Arbeit 1998 (H. 3), S. 252 ff.

Oelerich, G. (1996): Jugendhilfe und Schule: Zur Systematisierung der Debatte. In: Flösser u. a. 1996, S. 222 ff.

Oelerich, G. (1998): Zum Verhältnis der Jugendhilfe zur Schule. Systematische Rekonstruierung und empirische Analyse inter-institutioneller Beziehungen. Heidelberg

Oerter, R./Montada, L. (1987) : Entwicklungspsychologie. Weinheim

Olk, T./Bathke, G.-W./Hartnuß, B. (1996): Schulsozialarbeit in Sachsen-Anhalt. Übernahme sozialpädagogischer Funktionen und Aufgaben durch SchulsozialarbeiterInnen sowie Kooperationschancen mit LehrerInnen am Ort der Schule. Halle (Forschungsbericht)

Olk, T./Bathke, G.-W./Hartnuß, B. (2000): Jugendhilfe und Schule. Theoretische Reflexionen und empirische Befunde zur Schulsozialarbeit. Weinheim/München

Olk, T./Hartnuß, B. (1999): Schulsozialarbeit auf neuen Wegen. Bedingungen und Chancen der Kooperation von Jugendhilfe und Schule am Beispiel eines Modellprogramms in Sachsen-Anhalt. In: Jugendhilfe 1999 (H. 2), S. 75 ff.

Olk, T./Rentzsch, D. (1998): Kinder in ostdeutschen Armutshaushalten. In: Klocke/Hurrelmann (Hg.) 1998, S. 87 ff.

Olweus, D. (1999): Täter-Opfer-Probleme in der Schule: Erkenntnissstand und Interventionsprogramm. In: Holtappels u. a. (Hg.) 1999, S. 281 ff.

Oswald, H. (1992): Beziehungen zu Gleichaltrigen. In: Jugendwerk der Deutschen Shell (Hg.): Jugend '92, Bd. 2. Opladen, S. 319 ff.

Oswald, H./Krappmann, L. (2000): Phänomenologische und funktionale Vielfalt von Gewalt unter Kindern. In: Praxis der Kinderpsychologie und Kinderpsychiatrie 2000 (H. 1), S. 3 ff.

Otto, U. (Hg.) (1997): Aufwachsen in Armut. Erfahrungswelten und soziale Lagen von Kindern armer Familien. Opladen

Pallasch, W. (1994): Supervision. Neue Formen beruflicher Praxisbegleitung in pädagogischen Arbeitsfeldern. Weinheim/München

Parsons, T. (1972): Das System moderner Gesellschaften. München

Peters, F./Wolff, M. (1997): Handeln in (über-) komplexen Situationen. Zur Professionalität in integrierten, flexiblen Hilfen. In: Forum Erziehungshilfen 1997 (H. 3), S. 116 ff.

Peuckert, R. (1991): Familienformen im sozialen Wandel. Opladen

Possehl, K. (1993): Methoden der Sozialarbeit. Theoretische Grundlagen und 15 Praxisbeispiele aus der sozialen Einzelhilfe. Frankfurt/M. u. ö.

Preuss-Lausitz, U. (1999): Schule als Schnittstelle moderner Kinderfreundschaften - Jungen und Mädchen im Austausch von Distanz und Nähe. In: ZSE 1999 (H. 2), S. 163 ff.

Proksch, R. (1992): Allgemeine rechtliche Grundlagen im KJHG. In: Textor 1992, S. 27 ff.

Prüß, F. (1994): Ein Weniger an „Schule" - ein Mehr an Leben: Schule und Jugendhilfe. In: Schriftenreihe Jugendpolitik der SPD (Band III: Zwischen Optimismus und Resignation. Ein Diskurs zum 9. Jugendbericht der Bundesregierung) Bonn, S. 20 ff.

Prüß, F. (1995): Chancen und Wege zur sozialen Arbeit in der Schule. In: Jugendhilfe 1995 (H. 1), S. 13 ff.

Prüß, F. (1997a): Soziale Arbeit in der Schule - Eine Perspektive für die neuen Bundesländer. In: Fatke, R./Valtin, R. (Hg.): Sozialpädagogik in der Grundschule. Aufgaben, Handlungsfelder und Modelle. Frankfurt/Main, S. 47 ff.

Prüß, F. (1997b): Die Situation von Schülern in Ostdeutschland - Anforderungen an die Jugendhilfe. In: Verein für Kommunalwissenschaften e. V. (Hg.): Lebenslagen von Kindern und Jugendlichen im Wandel: Neue Anforderungen an Jugendhilfe und Schule. Berlin [2]1997, S. 137 ff.

Prüß, F. (1998): Schule - Handlungsort für zwei Professionen? In: Pehnke, A./Förster, G./Schneider, W. (Hg.): Anregungen international verwirklichter Reformpädagogik: Traditionen, Bilanzen, Visionen. Frankfurt/M., S. 185 ff.

Prüß, F./Bettmer, F. (1996): Schule und Jugendhilfe - neue Kooperationschancen im Osten? In: Flösser u. a. 1996, S. 238 ff.

Prüß, F./Muschick, B./Köhn, B. (1997a): Dokumentation zur wissenschaftlichen Begleitung des Projektes „Öffnung der Schulen" in der Hansestadt Greifswald. Greifswald

Prüß, F./Köhn, B./Zosel, E./Zosel, C. (1997b): Dokumentation zur wissenschaftlichen Begleitung des Projekts „Schulsozialarbeit" im Landkreis Ludwigslust. Greifswald

Prüß, F./Köhn, B. (1997c): Dokumentation zur wissenschaftlichen Begleitung des Projektes „Jugendarbeit mit Schülern" in Mecklenburg-Vorpommern. Greifswald

Prüß, F./Bettmer, F./Hartnuß, B./Maykus, S. (1999): Entwicklung der Kooperation von Jugendhilfe und Schule in Mecklenburg-Vorpommern. Notiz zu einem Forschungsprojekt an der Universität Greifswald. In: Jugendhilfe 1999 (H. 2); S. 113 ff.

Prüß, F./Bettmer, F./Hartnuß, B./Maykus, S. (2000): Entwicklung der Kooperation von Jugendhilfe und Schule in Mecklenburg-Vorpommern. Forschungsbericht. Greifswald

Quirin, A. (1997): Wirkungen von Schulsozialarbeit aus der Sicht der Freien Jugendhife. In: Hentze u. a. 1997, S. 24 ff.

Raab, E. (1994): Begründungszusammenhänge und Konzepte von Schulsozialarbeit. In: Pädagogische Führung, 5.Jg., 1994 (H.4), S.145-148

Raab, E. (1997): Schulsozialarbeit heute - Situation, Leistungen, Perspektiven. In: Hentze u. a. 1997, S. 11 ff.

Raab, E./Rademacker, H. (1982): Schulsozialarbeit in der Bundesrepublik. Konzepte, Probleme, Maßnahmen. München

Raab, E. u. a. (1987): Handbuch zur Schulsozialarbeit. Konzeption und Praxis sozialpädagogischer Förderung von Schülern. München

Rademacker, H. (1994): Schulsozialarbeit - die beargwöhnte Liaison von Jugendhilfe und Schule. In: Kalb, P. E. u. a. (Hg.): Jugendarbeit und Schule. Für eine andere Jugendpolitik. Weinheim/Basel, S. 32 ff.

Rademacker, H. (1996): Schulsozialarbeit vor neuen Herausforderungen - Bilanz und Perspektiven der Schulsozialarbeit in den alten und neuen Bundesländern. In: Schubarth,W. u. a. (Hg.): Gewalt an Schulen. Ausmaß, Bedingungen und Prävention. Opladen, S. 216 ff.

Rauschenbach, T. (1999): Das sozialpädagogische Jahrhundert. Analysen zur Entwicklung Sozialer Arbeit in der Modern. Weinheim/München

Rauschenbach, T./Thole, W. (1998a): Sozialpädagogik - ein Fach ohne Forschungskultur? In: Rauschenbach/Thole (Hg.) 1998b, S. 9 ff.

Rauschenbach, T./Thole, W. (1998b): Sozialpädagogische Forschung. Gegenstand und Funktionen, Bereiche und Methoden. Weinheim/München

Rauschenbach, T. u. a. (Hg.) (1993): Der sozialpädagogische Blick. Lebensweltorientierte Methoden in der Sozialen Arbeit. Weinheim/München

Röhrle, B. (1994): Soziale Netzwerke und soziale Unterstützung. Weinheim

Rüdiger, D. (1990): Beratung in der Schule: Aufgaben für Lehrer, Beratungslehrer und Schulpsychologen. In: Grewe, N. (Hg.): Beratungslehrer - eine neue Rolle im System. Neuwied, S. 27 ff.

Sack, F./König, R. (Hg.) (1968): Kriminalsoziologie. Frankfurt/M.

Salustowicz, P. (1983): Sozialarbeit in der Schule - ein Überblick über die Beiträge zur Begründungsfrage. In: Recht der Jugend und des Bildungswesens, S. 306 ff.

Schmidt, S. (1998): Der sozialarbeiterische Sachverhalt und seine Lösung. Berlin

Schneewind, K. A. (1991): Familienpsychologie. Stuttgart u. ö.

Schröder, H. (1995): Jugend und Modernisierung. Strukturwandel der Jugendphase und Statuspassagen auf dem Weg zum Erwachsensein. Weinheim/München

Schubarth, W. (1998): Schule zwischen Offenheit und Halt. In: Böhnisch u. a. (Hg.) 1998, S. 235 ff.

Schubarth, W. (2000): Gewaltprävention in Schule und Jugendhilfe. Neuwied/Kriftel

Schubarth, W./Stenke, D./Melzer, W. (1996): Schule und Schüler-Sein unter neuen gesellschaftlichen Bedingungen. In: Flösser u. a. 1996 (Hg.), S. 101 ff.

Schubert, B./Seiring, W. (2000): Waffen in der Schule - Berliner Erfahrungen und Ansätze. In: Praxis der Kinderpsychologie und Kinderpsychiatrie 2000 (H. 1), S. 53 ff.

Schubert, F. C. (1998): Lebensweltorientierte Sozialarbeit. Grundpostulate, Selbstverständnis und Handlungsperspektiven. In: Klüsche, W. (Hg.): Professionelle Identitäten in der Sozialarbeit/Sozialpädagogik. Anstöße, Herausforderungen und Rahmenbedingungen im Prozeß der Entwicklung eines beruflichen Selbstverständnisses. Mönchengladbach

Schulte, B. (2000): Das deutsche System der sozialen Sicherheit: ein Überblick. In: Allmendinger, J./Ludwig-Mayerhofer, W. (Hg.): Soziologie des Sozialstaats. Gesellschaftliche Grundlagen, historische Zusammenhänge und aktuelle Entwicklungstendenzen. Weinheim/München, S. 15 ff.

Schumann, M. (1994a): Modernisierung durch Methodenbildung. In: Groddeck, N./Schumann, M. (Hg.): Modernisierung Sozialer Arbeit durch Methodenentwicklung und -reflexion. Freiburg i. Br.: 12 ff.

Schumann, M. (1994b): Methoden als Mittel professioneller Stil- und Identitätsbildung. In: Groddeck, N./Schumann, M. (Hg.): Modernisierung Sozialer Arbeit durch Methodenentwicklung und -reflexion. Freiburg i. Br.: 41 ff.

Schwind, H.-D./Roitsch, K./Gielen, B. (1999): Gewalt in der Schule aus der Perspektive unterschiedlicher Gruppen. In: Holtappels u. a. (Hg.) 1999, S. 81 ff.

Seckinger, M. u. a. (1998): Situation und Perspektiven der Jugendhilfe. München

Segel, G. (1996): Schulsozialarbeit. In: Kreft, D./Mielenz, I. (Hg.): Wörterbuch Soziale Arbeit. Weinheim 4. Aufl., S. 484-485

Sengling, D. (1995): Jugendhilfe - Ausfallbürge auch für die Schule? In: Reiß, G. (Hg.): Schule und Stadt. Lernorte, Spielräume, Schauplätze für Kinder und Jugendliche. Weinheim/München, S. 163 ff.

Seithe, M. (1998): Abschlußbericht der wissenschaftlichen Begleitung des Landesprogramms „Jugendarbeit an Thüringer Schulen". Bd. 1. Erfurt

Seithe, M. (1999): Schulsozialarbeit. In: Chassé, A./Wensierski, H.-J. von (Hg.): Praxisfelder der sozialen Arbeit. Eine Einführung. Weinheim/München, S. 76 ff.

Sieland, B. (1990): Beratung als Ermutigung. In: Grewe, N. (Hg.): Beratungslehrer - eine neue Rolle im System. Neuwied, S. 55 ff.

Sieland, B. (1994): Klinische Psychologie. Bd. 1. Stuttgart

Silbereisen, R. K. (Hg.) (1997): Jungsein in Deutschland: Jugendliche und junge Erwachsene 1991 und 1996. Opladen

Stark, W. (1996): Empowerment. Neue Handlungsperspektiven in der psychosozialen Praxis. Freiburg i. Br.

Stimmer, F. (Hg.) (2000): Methodisches Handeln in der Sozialen Arbeit. In: ders. (Hg.): Lexikon der Sozialpädagogik und der Sozialarbeit. München u. ö., S. 425 ff.

Textor, M. R. (1991): Familien: Soziologie, Psychologie. Eine Einführung für soziale Berufe. Freiburg i. Br.

Textor, M. R. (1992) (Hg.): Praxis der Kinder- und Jugendhilfe. Handbuch für die sozialpädagogische Anwendung des KJHG. Weinheim/Basel

Thiersch, H. (1978): Alltagshandeln und Sozialpädagogik. In: neue praxis 1978, S. 11 ff.

Thiersch, H. (1986): Erfahrung der Wirklichkeit. Perspektiven einer alltagsorientierten Sozialpädagogik. Weinheim/München

Thiersch, H. (1992a): Lebensweltorientierte Soziale Arbeit. Aufgaben der Praxis im sozialen Wandel. Weinheim/München

Thiersch, H. (1992b): Lebensweltorientierte Jugendhilfe - Zum Konzept des 8. Jugendberichtes. In: ders. 1992a, S. 13 ff.

Thiersch, H. (1992c): Alltag als Rahmenkonzept und spezielles Handlungsmuster - ein Nachtrag. In: ders. 1992a, S. 41 ff.

Thiersch, H. (1992d): Schule von der Sozialpädagogik her gesehen. In: ders. 1992a, S. 142 ff.

Thiersch, H. (1992e): Schon wieder - und noch einmal - alltagsorientierte Sozialpädagogik. In: Otto, H. U./Hirschauer, P./Thiersch, H. (Hg.): Zeit - Zeichen sozialer Arbeit. Neuwied, S. 33 ff.

Thiersch, H. (1993): Strukturierte Offenheit. Zur Methodenfrage einer lebensweltorientierten Sozialen Arbeit. In: Rauschenbach, T. u. a. (Hg.): Der sozialpädagogische Blick. Lebensweltorientierte Methoden in der Sozialen Arbeit. Weinheim/München : 11 ff.

Thiersch, H. (1995a): Lebenswelt und Moral. Beiträge zur moralischen Orientierung Sozialer Arbeit. Weinheim/München

Thiersch, H. (1995b): Soziale Arbeit im Umbruch. Desiderate, Provokationen und Perspektiven der lebensweltorientierten Sozialen Arbeit. In: ders. 1995a, S. 211 ff.

Thiersch, H. (1998a): Lebensweltorientierte Soziale Arbeit und Forschung. In: Rauschenbach/Thole 1998, S. 81 ff.

Thiersch, H. (1998b): Notizen zum Zusammenhang von Lebenswelt, Flexibilität und flexiblen Hilfen. In: Peters, F. u. a. (Hg.): Integrierte Erziehungshilfen. Qualifizierung der Jugendhilfe durch Flexibilisierung und Integration? Frankfurt/M., S. 24 ff.

Thiersch, H. (1999): Integrierte und flexible Hilfen. In: Koch, J./Lenz, S. (Hg.): Auf dem Weg zu einer integrierten und sozialräumlichen Kinder- und Jugendhilfe. Frankfurt/M., S. 15 ff.

Tillmann. K. J. (Hg.) (1976): Sozialpädagogik in der Schule. München

Tillmann, K. J. (Hg.) (1982): Schulsozialarbeit. Problemfelder und Erfahrungen aus der Praxis. München

Tillmann, K.-J. (1990): Sozialisationstheorien. Eine Einführung in den Zusammenhang von Gesellschaft, Institution und Subjektwerdung. Reinbek bei Hamburg

Tillmann, K.-J. (1994): Von der Kontinuität, die nicht auffällt. Das Schulsystem im Übergang von der DDR zur BRD. In: Pädagogik 1994 (H. 7-8), S. 40 ff.

Tillmann, K.-J. (1996): Kontinuität und Wandel im Schulwesen der neuen Bundesländer. In: Flösser u. a. 1996, S. 30 ff.

Tillmann, K.-J. (1999): Gewalt an Schulen: Öffentliche Diskussion und erziehungswissenschaftliche Forschung. In: Holtappels u. a. (Hg.) 1999, S. 11 ff.

Tillmann, K.-J./Holler-Nowitzki, B./Holtappels, H. G./Meier, U./Popp, U. (1999): Schülergewalt als Schulproblem. Verursachende Bedingungen, Erscheinungsformen und pädagogische Handlungsperspektiven. Weinheim/München

Peters, F. /Trede, W./Winkler, M. (Hg.) (1998): Integrierte Erziehungshilfen. Qualifizierung der Jugendhilfe durch Flexibilisierung und Integration? Frankfurt/M.

Treptow, R./Hörster, R. (1999): Zur Einführung: Sozialpädagogische Integration heute. In: dies. (Hg.): Sozialpädagogische Integration. Entwicklungsperspektiven und Konfliktlinien. Weinheim/München, S. 9 f.

Ulich, K. (1983): Schüler und Lehrer im Schulalltag. Eine Sozialpsychologie der Schule. Weinheim/Basel

Ulich, K. (1991): Schulische Sozialisation. In: Hurrelmann, K./Ulich, D. (Hg.): Neues Handbuch der Sozialisationsforschung. Weinheim/Basel, S.377 ff.

Veith, H. (1996): Theorien der Sozialisation. Zur Rekonstruktion des modernen sozialisationstheoretischen Denkens. Frankfurt/New York

Waller, H. (1995): Gesundheitswissenschaft. Eine Einführung in Grundlagen und Praxis. Stuttgart u. ö.
Weigand, H. (1998): Empirie - Hat sie ihren Stellenwert und ihre Bedeutung für Theorie und Praxis der Sozialen Arbeit eingebüßt? In: Huppertz, N. (Hg.): Theorie und Forschung in der Sozialen Arbeit. Neuwied, S. 67 ff.
Winkler, M. (1988): Eine Theorie der Sozialpädagogik: über Erziehung als Rekonstruktion der Subjektivität. Stuttgart
Winkler, M. (1993): Schule als sozialer Lebensraum. In: Impulse. Hg. vom Thüringer Institut für Lehrerfortbildung, Lehrplanentwicklung und Medien (ThILLM). Arnstadt, S. 74 ff.
Wolff, M. (2000): Integrierte Erziehungshilfen. Weinheim/München
Wulfers, W. (1991): Schulsozialarbeit. Ein Beitrag zur Öffnung, Humanisierung und Demokratisierung der Schule. Hamburg
Wulfers, W. (1997): Das Kinder- und Jugendhilfegesetz (KJHG) und Schulsozialarbeit - Gesetzliche Grundlagen und ihre Realisierungsmöglichkeiten. In: Fatke, R./Valtin, R. (Hg.): Sozialpädagogik in der Grundschule. Aufgaben, Handlungsfelder und Modelle. Frankfurt/Main, S. 54 ff.
Zimmermann, G. E. (1998): Formen von Armut und Unterversorgung im Kindes- und Jugendalter. In: Klocke/Hurrelmann (Hg.) 1998, S. 51 ff.

Greifswalder Studien zur Erziehungswissenschaft

Herausgegeben von Andreas Pehnke

Band 1 Hermann Röhrs / Andreas Pehnke (Hrsg.): Die Reform des Bildungswesens im Ost-West-Dialog. Geschichte, Aufgaben, Probleme. 1994. 2., erw. Aufl. 1998.

Band 2 Herbert Flach / Joachim Lück / Rosemarie Preuß: Lehrerausbildung im Urteil ihrer Studenten. Zur Reformbedürftigkeit der deutschen Lehrerbildung. 1995. 2., durchges. Aufl. 1997.

Band 3 Selma-Maria Behrndt / Martina Steffen (Hrsg.): Lese-Rechtschreibschwäche im Schulalltag. 1996.

Band 4 Andreas Pehnke (Hrsg.): Einblicke in reformorientierte Schulpraxis der neuen Bundesländer. Anregungen einer Tagung. 1996.

Band 5 Friedhelm Käpnick: Mathematisch begabte Kinder. Modelle, empirische Studien und Förderungsprojekte für das Grundschulalter. 1998.

Band 6 Karel Rýdl: Geschichte und Gegenwart dänischer Schulreformbestrebungen. 1999.

Band 7 Sylvia Mebus: Zur Entwicklung der Lehrerausbildung in der SBZ/DDR 1945 bis 1959 am Beispiel Dresdens. Pädagogik zwischen Selbst- und Fremdbestimmung. 1999.

Band 8 Andreas Pehnke / Gabriele Förster / Wolfgang Schneider (Hrsg.): Anregungen international verwirklichter Reformpädagogik. Traditionen, Bilanzen, Visionen. 1999.

Band 9 Reimund Meffert: Schulreform in Pommern 1815-1933. Studien zur Bildungsgeschichte einer preußischen Provinz. 2000.

Band 10 Stephan Maykus: Schulalltagsorientierte Sozialpädagogik. Begründung und Konzeptualisierung schulbezogener Angebote der Jugendhilfe. Eine theoretisch-empirische Bestimmung von Aufgaben der Jugendhilfe im Sozialisationsraum Schule. 2001.

Peter Lang · Europäischer Verlag der Wissenschaften

Olaf Backes

Jugendhilfe in Internaten

Konzepte, Praxis und Entwicklung stationärer Jugendhilfe in Internaten in freier Trägerschaft

Frankfurt/M., Berlin, Bern, Bruxelles, New York, Wien, 2000.
361 S., 4 Abb., zahlr. Tab.
Berliner Beiträge zur Pädagogik. Bd. 1
Herausgegeben von Gerhard de Haan, Heike Neuhäuser und Tobias Rülcker
ISBN 3-631-35451-7 br. DM 98.–*

Internate sehen sich zunehmend mit Jugendlichen konfrontiert, die aufgrund unterschiedlicher familiärer und erzieherischer Problemlagen zu ihnen kommen. Eine Antwort auf diese pädagogische Herausforderung ist die verstärkte Zusammenarbeit einiger Internate mit Institutionen der Jugendhilfe. Sieben sehr unterschiedliche Internate, die diesen Weg gehen, werden in dieser Arbeit untersucht. Im Brennpunkt stehen dabei sowohl strukturelle und organisatorische Fragen heutiger Internatspraxis als auch die Sicht der betroffenen Mitarbeiter und Jugendlichen. Daraus entsteht ein breites Bild der Jugendhilfe in Internaten, das viele Möglichkeiten zur Intensivierung von Weiterentwicklung der Verbindung zwischen Jugendhilfe und Internatserziehung bietet.

Aus dem Inhalt: Historische Entwicklung des Internatswesens in Deutschland – Heutige Probleme – Jugendhilfe in Internaten in der Praxis: eine Untersuchung in sieben Internaten unterschiedlicher Ausrichtung – Inhalte einer lebensweltorientierten Jugendhilfe in Internaten

Frankfurt/M · Berlin · Bern · Bruxelles · New York · Oxford · Wien
Auslieferung: Verlag Peter Lang AG
Jupiterstr. 15, CH-3000 Bern 15
Telefax (004131) 9402131

*inklusive Mehrwertsteuer
Preisänderungen vorbehalten
Homepage http://www.peterlang.de